# 课 题 组

**课题组负责人:** 李本和

**课题组成员:** 华兴顺　刘　健　王泽强
　　　　　　　赵家俊　孙都光　范和生
　　　　　　　李宇涵

# 促进中部崛起与区域经济协调发展

李本和　等著

人民出版社

责任编辑:陈寒节

责任校对:湖　催

**图书在版编目(CIP)数据**

促进中部崛起与区域经济协调发展/李本和 等著.
—北京:人民出版社,2009.11
ISBN 978 - 7 - 01 - 008362 - 9

Ⅰ.促…　Ⅱ.李…　Ⅲ.地区经济－经济发展－研究－中国
Ⅳ.F127

中国版本图书馆 CIP 数据核字(2009)第 183222 号

促进中部崛起与区域经济协调发展
CUJIN ZHONGBU JUEQI YU QUYU JINGJI XIETIAO FAZHAN

李本和　等著

人民出版社 出版发行

(100706　北京朝阳门内大街166号)

北京瑞古冠中印刷厂印刷　新华书店经销

2009 年 11 月第 1 版　2009 年 11 月北京第 1 次印刷

开本:710 毫米×1000 毫米　1/16　印张:39.75

字数:586 千字　印数:1－2500 册

ISBN 978 - 7 - 01 - 008362 - 9　定价:78.00 元

邮购地址:100706　北京朝阳门内大街 166 号

人民东方图书销售中心　电话:(010)65250042　65289539

# 目　录

## 第一篇　理论基础与问题提出

# 第二篇 区域互动与协调发展

# 第三篇　功能定位与建设布局

# 第四篇　科学发展与体制创新

# 第五篇 区域合作与加快发展

# 前　言

　　党的十七大报告中提出,要继续实施区域发展总体战略,深入推进西部大开发,全面振兴东北地区等老工业基地,大力促进中部地区崛起,积极支持东部地区率先发展。其中,在当前全球发生金融危机的新形势下,如何按照深入贯彻落实科学发展观的要求,大力促进中部崛起与实现区域经济协调发展,已成为人们所关注的问题之一。《促进中部崛起与区域经济协调发展》一书,是2003年9月立项的国家社会科学基金项目《中部大发展与区域经济协调》(批准号:03BJL050)的最终成果。该书旨在通过运用系统论的观点,把促进中部崛起与实现区域经济协调发展有机联系起来加以研究,一方面为树立统筹区域发展的科学发展观和增强干部群众促进中部崛起的信心提供理论支持;另一方面可以充实和丰富我国区域经济理论研究的内容,为国家和中部地区具体制定和组织实施促进中部崛起和区域经济协调发展的规划和政策提供科学依据。

　　全书以现有的国内外区域经济理论与方法为基础,以国内外促进区域经济协调发展方面的社会实践为依据,以我们党创立和不断完善的区域发展战略思想和科学发展观为指导,应用有关系统论的观点,把统筹区域经济协调发展看作是一个由不同功能要素有机构成的经济社会发展系统,从分析组成这一大系统的东中西"三大地带"之间的互动关系及其对中部地区的功能定位入手,以统筹区域经济协调发展为主线,以促进中部崛起为重点,以分析促进中部崛起的主要构成要素和完善其功能作用为主要内容,以在这方面遇到的矛盾和问题为突破口,从理论到实践、从整体到局部、从宏观到微观、从一般到个别,分专题进行系统而深入的研究。从宏观统筹大系统研究中把握微观区域子系统在整体布局中的功能定位,在微观区域子系统的研究中分析其在宏观布局中的作用及影响;用理论分析统领实证分析,把实证分析上升到理论分析,力求运用系统论观点,把理论分析方法与实证分析方法有机结合起来,是本课题研究的主要特色。

这一研究方法的创新之处具体体现在五个方面的突破:一是突破就经济谈经济的学科局限性,跨学科从经济、社会、文化等制约因素来综合考察区域发展问题;二是突破孤立地就一个地区来谈一个地区发展问题的"区域局限"性,从"区域关联"中来研究区域发展问题;三是突破仅从某个层面去研究区域发展问题的局限性,从点、线、网、面多个层面去研究区域发展问题;四是突破以缩小区域差距为取向的思维定式,突出以统筹区域协调发展为取向的功能研究;五是突破目前学术界存在的学术性研究和操作性研究"两层皮"的不良影响,注重从理论与实践的结合上来研究区域发展问题。

全书的基本框架分为五篇,内容共有二十二章。第一篇:理论基础与问题提出。由第一、二、三、四章组成,在系统总结有关研究区域经济协调发展问题的理论演进、方法论基础、实践依据和指导方针的基础上,重点探讨了我国统筹区域经济协调发展系统及其对中部崛起的影响,并提出和分析了有关中部崛起所需要解决的理论与现实问题。第二篇:区域互动与协调发展。由第五、六、七、八章组成,以东中西"三大地带"的区域互动与协调发展为主线,主要是研究了我国统筹区域经济协调发展系统中,中部与东、西部地区之间的互动关系以及中部地区内部六省之间的协调发展问题。重点是研究促进中部崛起中空间要素的协调系统问题。第三篇:功能定位与建设布局。由第九、十、十一、十二、十三章组成,以中部"三个基地、一个枢纽"的功能定位与建设布局为主线,主要研究了中部地区的功能区建设、新农村建设、新型工业化道路、综合交通运输体系建设、城市经济网络建设。重点是研究促进中部崛起中物质要素的支撑系统问题。第四篇:科学发展与体制创新。由第十四、十五、十六、十七、十八章组成,以中部地区的科学发展与体制创新为主线,主要研究了新形势下中部地区经济发展方式的转变、完善现代市场体系建设、大力培育高素质的创业主体、政府职能转变及其创新、区域文化心理重构等构成要素及其对促进中部崛起和区域经济协调发展的影响作用。重点是探讨促进中部崛起中社会要素的动力系统问题。第五篇:区域合作与加快发展。由第十九、二十、二十一、二十二章组成,以促进泛长三角区域合作为主线,以安徽加快发展为重点,从微观层面在各种要素系统相互作用的结合上分析促进中部崛起突破口的选择问题。

全书的研究内容大体为宏观理论探讨、中观对策研究和微观实证分析三个层次。其研究的顺序为:先从宏观层面对我国统筹区域经济协调发展系统进行理论探讨,然后从中观层面对促进中部崛起的空间要素协调系统、物质要素支撑系统和社会要素动力系统分别进行研究,最后从微观层面在各种要素系统相互作用的结合上对安徽加快发展进行实证分析。从而使五篇之间以及章与章之间既相对独立又有机统一,形成了一个比较完整的科学体系。其主要内容及观点概括起来有以下五个方面:

1.坚持用系统论的观点研究和探讨促进中部崛起与区域经济协调发展问题。围绕如何促进区域经济协调发展问题,国内外经济学界在对落后地区开发实践总结的基础上曾经提出过许多理论与方法,并总结出了区域经济发展的一般规律。有关这方面的研究成果,为我们探讨和研究促进中部崛起与区域经济协调发展问题提供了许多有益的借鉴与重要的启示。新中国成立以来,促进区域经济协调发展是我们党和国家的一贯指导方针,党的三代中央领导集体都非常重视区域协调发展问题,先后经历了从均衡发展到非均衡发展、到新的均衡发展、再到统筹发展的长期探索过程。目前我们党提出的统筹区域协调发展战略,体现了科学发展观的要求。科学发展观的提出,既是对国内外区域经济理论与方法研究成果的高度概括,也是对我们党在促进区域经济协调发展方面长期探索实践的科学总结。研究和探讨我国区域经济协调发展面临的中部崛起问题,必须坚持以科学发展观为指导。坚持以科学发展观为指导来研究和探讨统筹区域协调发展中的中部崛起问题,应采取更能适合统筹区域协调发展的系统论观点,即把统筹区域经济协调发展看作是一个由不同功能要素有机构成的经济社会发展系统。

在我国统筹区域经济协调发展系统中,从空间范围看,它是一个由东、中、西"三大经济地带"组成的一个社会开放系统;从战略布局看,它是由东、中、西和东北地区"四大政策板块"不同功能定位有机构成的互动协调系统;从制约因素看,它是一个由经济、政治和文化等要素综合形成的社会发展系统;从运行状态看,它是一个不断由非均衡达到新的均衡的动态过程;从运动过程看,它先后经过东部率先、西部开发、东北振兴、中部崛起的分区推进到统筹协调发展的过程;从运行机制看,它是一个由政府宏观调控的经济社会运行系统,具体通过健全市场机制、合作机制、互助机制和扶持机制等互动机制来加以实现;从运行方式看,它是由优化开发、重点开发、限制开发、禁止开发等四类主体功能区构成的可持续发展系统。在其运行过程中既表现出一般系统所具有的整体性、结构性、功能性、动态性、层次性等特征,同时又具有社会系统所特有的能动性和可控性等特征。

统筹区域经济协调发展客观上需要促进中部崛起。所谓"中部崛起",是指在党和国家促进中部崛起政策的指导下,中部地区的经济发展速度超过全国平均发展速度,中部地区的经济发展水平超过全国的平均水平,并逐步缩小与东部地区的发展差距。中部崛起标准可分为低、中、高三个层次的标准,中部崛起的目标相应地可分为短期、中期和长期三个阶段的目标。中部地区三个阶段的目标划分与我国基本实现社会主义现代化总目标及其各阶段分目标是相适应的。从目前中部崛起的发展态势看,到2010年实现短期的初级目标,即中部地区发展速度达到全国平均发展速度是有可能的。当前在促进中部崛起中面临着五大矛盾、两大政策机遇,正在形成十大协调发展因素和三大要素系统。五大矛盾是:统筹城乡发展中城市化进程加快与农村经济仍较薄弱的矛盾、统筹区域发展中各省"分兵突围"与中部"板块崛起"的矛盾、产业结构调整中重化工业比重偏大与服务业发展滞后的矛盾、经济社会发展中经济发展开放性与思想观念相对保守的矛盾、对内对外开放中要素流动市场化与体制机制障碍较多的矛盾。两大政策机遇:一是国家关于促进中部地区崛起的政策机遇;二是国家关于扩内需、调结构、保增长的政策机遇。十大协调发展因素是:国家政策的导向作用、地方政府的促进作用、体制创新的驱动作用、创业主体的推动作用、扩大内需的拉动作用、结构调整的带动作用、经济增长的支撑作用、城乡发展的联动作用、区域合作的互动作用、区域文化的融合作用。三大要素系统是在十大协调发展因素相互作用基础上形成的促进中部崛起的空间要素协调系统、物质要素支撑系统和社会要素动力系统。

2.从系统论观点来看,我国区域经济协调发展是一个由东中西"三大地带"共同组成的有机连续、功能互补、互动协调的经济社会发展系统。根据梯度转移理论,这个系统运动的启动点在东部、支撑点在中部、落脚点在西部。按照统筹区域发展战略的要求,应形成东中西互动、优势互补、相互促进、共同发展的新格局。其中,中部地区在整个区域经济协调发展系统中具有着承东启西、连接南北、辐射全国的重要枢纽功能。这将有助于形成促进中部崛起的空间要素协调系统。东部开放与率先发展,为中部崛起带来了资金、人才、技术等方面的要素支持;同时它也需要从中部发展中获得支撑作为后盾,才能增强在国际上的竞争力。西部开发在给中部崛起带来许多发展机遇的同时,也使中部崛起面临着诸多的挑战。西部大开发能否取得成效乃至全国区域经济能否实现协调发展,在很大程度上取决于中部的发展程度与支持力度。目前,东部率先和西部开发已初步形成了东西两环联动的发展格局。中部发展的战略选择,应着力扩大对内对外开放,加快体制机制创新,在充分发挥全国重要枢纽功能以及自身的综合比较优势的基础上,变"不东不西"为"左右逢源",紧紧抓住"东西联动"的两环,加快实现自身的"引体向上"。一方面,中部地区应加强与东部地区的经济互动与协调发展,加快推进与毗邻的东部沿海地区的经济一体化进程,努力提高对外开放水平,更好地承接东部地区和国际产业的转移;另一方面,中部地区要加强与西部地区在人口流动与就业方面的合作,在粮食、能源、原材料、基础设施和生态环境建设等方面建立长期稳定的合作关系。同时,中部地区内部六省之间也要建立经济协调发展的机制,形成促进中部地区板块崛起的合力,共同培育内生性经济增长极,并以此带动整个中部地区的快速崛起。

3. 按照系统论的观点进行研究,我国统筹区域协调发展大系统主要由东部率先、西部开发、东北振兴和中部崛起四个子系统有机构成,每个子系统都有着不同的功能定位,只有对各子系统的不同功能进行科学布局与合理分工,使其既各展所长又有机统一,才能促进整个区域经济系统协调发展。为此,在促进中部崛起过程中,就必须根据我国推进形成主体功能区建设的需要和中部各省不同地区的资源环境承载能力和发展潜力,按照优化开发、重点开发、限制开发和禁止开发的要求,建立相应的差别化区域政策和考核评价体系,努力实现中部地区的全面协调可持续发展。中部地区在整个统筹区域协调发展系统中的功能定位是"三个基地、一个枢纽",即全国重要粮食生产基地、能源原材料基地和现代装备制造及高新技术产业基地、综合交通运输枢纽。"三个基地"与"一个枢纽"的有机结合,便形成了中部地区的城市经济网络。它们之间的相互作用与相互影响,从而构成了促进中部崛起的物质要素支撑系统。因此,为了尽快促进中部崛起,在区域战略布局方面,中部地区应按照"三个基地、一个枢纽"的功能定位要求,扎实稳步推进社会主义新农村建设,加快建设全国重要粮食生产基地,大力发展现代农业;走新型工业化道路,加强能源原材料基地和现代装备制造及高新技术产业基地建设,推进工业结构优化升级;加快综合交通运输体系规划实施,提升交通运输枢纽地位,促进商贸流通旅游业发展;加快推进城市经济网络建设,增强中心城市辐射与带动功能,促进城市群和县域发展。

4. 按照系统论的观点进行深入分析,统筹区域协调发展大系统中的中部崛起由经济、政治和文化等社会要素构成。在社会实践中,它们具体表现为经济发展方式的转变、现代市场体系的完善、创业主体的培育、政府职能的转变和区域文化心理的重构等方面。这些要素的相互作用与相互影响,构成了促进中部崛起的社会要素动力系统。其中,转变经济发展方式是中部地区实现科学发展的客观要求,也是促进中部崛起的根本途径。在转变经济发展方式方面,中部地区应实施三大战略,即在需求结构方面,采取以内源型为主与外向型经济相结合的发展战略;在产业结构方面,采取以发展现代工业为主与三次产业协调带动相结合的发展战略;在要素投入方面,采取以社会人文资源投入为主与物质资源投入相结合的发展战略。

完善现代市场体系是促进中部崛起的中心环节。当前完善中部地区现代市场体系的主要内容有：加强区域大市场建设，规范和建设跨区域的商贸流通大市场，促进信息市场的培育和发展，完善区域金融市场和发展资本市场，加快发展产权、技术、劳动力等要素市场，发展和壮大农村专业市场，进一步扩大消费品市场，开拓旅游市场等。创业主体的形成和发展是推动中部崛起的重要力量，同时与东部地区相比也是相对较少的社会资源，促进中部崛起必须要培育众多的充满生机与活力的创业主体。实现政府职能转变及其创新是促进中部崛起的关键因素，政府在促进中部崛起和区域协调发展方面具有着重要的职能作用。在统筹区域发展和按功能区构建区域发展格局的新形势下，政府促进区域经济发展的职能应实现六个转变，即区域发展模式应从"分区推进"向"统筹协调"转变，制定发展规划应从"行政区规划"向"功能区规划"转变，资源配置方式应从按行政区配置为主向按功能区配置为主转变，考核指标体系应从注重经济考核向注重全面考核转变，区域协调机制应从单一互动机制向多种互动机制转变，政府行为取向应从注重区域竞争向注重区域合作转变。区域文化心理的重构可以为促进中部崛起提供内在精神动力与科学发展理念。东中西"三大地带"的发展差距从表面上看是经济发展水平方面的差距，深层次地分析是区域文化心理方面的差距，"三大地带"的区域文化心理具有着各自不同的特征，为了促进中部崛起与区域经济协调发展，应以中部为重点对东中西"三大地带"区域文化心理分别采取不同的内容及途径进行重构，以适应全面建设小康社会和构建和谐社会的需要，这样才能更好地体现科学发展观的要求，全面促进中部崛起和实现我国区域经济协调发展。

5. 在统筹区域经济协调发展系统中，促进中部崛起与长江经济带建设协调发展是其中一个重要内容。沿江中部地区（湖北、湖南、江西、安徽）既是促进中部崛起的主要组成部分，也是长江经济带建设的重点区域。沿江中部地区与长江经济带的协调发展，对促进东中西"三大地带"的互动发展有着重要意义。东部的长三角地区目前已成为全国最具有经济活力和竞争力的地区,沿江中部地区特别是安徽积极参与泛长三角区域分工与合作,对增强长三角对周边地区的辐射带动作用和促进中部崛起具有着重要意义。它很有可能成为促进中部崛起的重要突破口。安徽与沪苏浙地区客观上存在着地理发育的延展性、生产要素的互补性、产业结构的差异性、发展水平的梯度性和区域文化的相通性,在实现区域经济一体化方面具有着坚实的基础和诸多有利条件。安徽在参与泛长三角区域分工合作中可以在多方面扮演重要角色,同时在促进中部与东部的互动与协调发展方面可以发挥桥梁与纽带作用。安徽省作为中部地区的一个重要组成部分,在促进中部崛起中凭借其独特的地理区位优势、丰富的自然资源和优秀的传统文化积淀,正在抢抓机遇、乘势而上、东向发展、全民创业,奋力成为促进中部崛起的战略支点。为此,安徽应根据科学发展观的要求,按功能区构建安徽区域经济协调发展的新格局,尽快实现由"一线两点"(一线:沿江产业带,两点:合肥、黄山)向"两带("马芜铜宜"为主轴的沿江产业经济带,以宣城、黄山、池州为中心的皖南旅游经济带)、四区(以阜阳、亳州为中心的皖西现代农业区,以合肥、六安、巢湖为中心的皖中高新技术产业区,以淮南、淮北、蚌埠、宿州为中心的皖北能源工业区和以滁州为中心的皖东北综合加工服务区)、三圈(即沿江城市圈、沿淮城市圈和合肥经济圈)、一网(即由上述二带、四区、三圈纵横交错,多层覆盖所构架起来的立体式的多维经济网络结构)生产力布局的转变。其中,"马芜铜宜"沿江产业带具有率先发展的许多有利条件,是皖江城市带承接长三角产业转移示范区的重要平台,对促进安徽加快发展以及整个长江经济带建设具有重大影响,国家和安徽省政府应在政策上给予大力支持,创造条件,加快其率先发展的步伐。

该成果的学术价值在于,坚持以科学发展观为指导,在总结国内外区域经济方面研究成果的基础上,从系统论这一新的视角,综合运用有关现代理论与实证分析方法,从制约中部地区发展的各主要因素的功能关系上探讨了促进中部崛起与区域协调发展的新途径,特别是按功能区构建中部地区与安徽省区域经济协调发展新格局的理论尝试,开拓了区域经济研究的新领域,深化了对促进中部崛起和区域经济协调发展理论的认识,并通过一系列具有创新意义的思想观点和理论分析,进一步丰富了我国区域经济理论的内容,提升了区域经济研究的层次。

该成果的应用价值在于,通过应用有关系统论的观点,综合运用多学科知识,从"三大地带"之间以及中部地区点、线、网、面等多层面探讨促进中部崛起的空间要素协调系统问题;从中部地区"三个基地、一个枢纽"功能定位及战略布局中产业结构调整与优化升级的发展态势,研究促进中部崛起的物质要素支撑系统问题;从制约区域协调发展的经济、政治和文化等要素的相互影响中,分析促进中部崛起社会要素的动力系统问题;在微观层面从各种要素系统的结合上,探讨促进中部崛起突破口的选择问题,等等。这些研究成果,可以为消除人们在当前全球金融危机的新形势下所产生的有关思想困惑和增强促进中部崛起的信心提供理论支持。同时,为国家和中部地区具体制定和组织实施促进中部崛起与区域经济协调发展的规划和政策提供科学依据。它对于各地运用科学发展观指导区域经济协调发展的社会实践具有一定的参考价值和借鉴意义。

由于促进中部崛起与区域经济协调发展涉及到的研究领域广泛而深入,加之近几年来这方面的形势发展变化很快,现实生活中提出的难点和热点问题较多,进入研究过程之后,我们深感这一课题的难度,尽管我们在教学与工作之余孜孜不倦地投入本课题的研究工作,并根据有关专家的意见进行了多次修改,但由于我们的研究水平有限,其最终成果仍感到有许多不足之处。我们衷心地希望有关专家学者阅后多多提出宝贵意见,以便促进我们把对这一课题的研究引向深入,共同为促进中部崛起和实现区域经济协调发展做出应有的贡献。在此课题的研究中,我们借鉴和引用了国内外有关专家学者在这方面的一些研究成果,在此表示衷心的感谢!

本书由李本和提出总体框架与主要观点,课题组成员分工研究撰写。各章的作者分别是:李本和(前言、第一章、第二章、第三章、第四章、第五章、第八章、第十二章、第十四章、第十五章、第十六章、第十八章、第十九章)华兴顺(第十一章、第十七章、第二十一章)、王泽强(第六章)、刘健(第七章)、李宇涵(第九章、第十章)、赵家俊(第十三章)、范和生(第二十章)、孙都光(第二十二章)。全书由李本和统稿、修改和定稿。

李本和

2009 年 7 月

# 第一篇

# 理论基础与问题提出

**内容提要:**

　　本篇在系统总结有关研究区域经济协调发展问题的理论演进、方法论基础、实践依据和指导方针的基础上,主要探讨了我国统筹区域经济协调发展系统及其对中部地区的影响,并提出和分析了有关中部崛起所需要解决的重大理论与现实问题。

# 第一章 探讨促进中部崛起与区域经济协调发展的主要依据

当前,如何按照深入贯彻落实科学发展观的要求,大力促进中部崛起与区域经济协调发展,已成为人们关注的热点问题之一。这既是一个理论问题,同时也是一个实践问题。促进区域经济协调发展是我们党和国家的一贯指导方针,促进中部地区崛起是国家"十一五"规划中实施区域发展总体战略的重要内容之一。促进中部崛起与区域经济协调发展有着密切的联系。新形势下,坚持以科学发展观为指导,从国内外有关区域经济理论与实践的结合上来探讨这个问题,对于找到解决这一问题的途径和完善有关政策及措施具有十分重要的意义。

## 一、国内外促进区域经济协调发展的理论借鉴及其应用

促进我国区域经济协调发展是一个由多种因素组成的复杂的社会系统工程。研究内容的复杂性决定了研究理论及其方法的创新性。坚持以科学发展观为指导,通过在对国内外区域经济理论与方法的借鉴及应用、比较与提升的基础上,推进研究内容与方法的创新,有助于为深入研究促进中部崛起与区域经济协调发展问题提供科学的理论依据和方法论基础。

### (一)国外区域经济理论的历史演进及其借鉴

国外区域经济理论是在区位论与发展经济学有关理论的基础上逐渐演化发展而来。自1826年德国经济学家冯·杜能在其著作《孤立国同农业和国民经济的关系》一书中提出农业区位论以来,至今已有180多年的历史。它大体经历了三个阶段。

　　第一阶段,是在第二次世界大战以前,区域经济理论研究主要局限在对企业、产业和城市的区位选择、空间行为和组织结构方面。在这一时期,涌现了一批至今仍有较大影响的区位理论,如杜能(J. H. von Thunen,1826)的农业区位论、韦伯(A. Weber,1909)的工业区位论、克里斯塔勒(W. Christaller,1993)的中心地理论、勒施(A. Losch,1939)的市场区位理论等。这些区域经济理论都采用新古典经济学的静态局部均衡分析方法,以完全竞争市场结构下的价格理论为基础来研究单个厂商的最优区位决策,因而又叫古典区位论。

　　第二阶段,是在上世纪50年代至70年代,由于世界各国各种区域问题的出现,区域经济理论研究的重点开始转向区域经济发展和区域政策问题。在这一时期,由于空间相互作用模式、网络和扩散理论、系统论及运筹学等思想与方法的应用使区位论获得迅速发展,对区域经济运行的动态性、总体性研究,促使地域空间结构理论、现代区位理论逐渐形成。其中,较有影响的有诺思(North,1955)提出的输出基础理论、佩鲁(F. Perroux,1955)提出的增长极理论、缪尔达尔(G. Myrdal,1957)的"累积因果理论"、弗里德曼(J. Friedmann,1966)的"核心—边缘理论"和新古典区域增长模型等。

　　第三阶段,是自上世纪80年代以来,随着官方统计数据的大量公布和计算机网络技术的迅速发展,区域经济理论研究开始逐步走向计量化,实证研究成为一种新时尚。在这一时期,无论是在区域理论还是在区域发展和区域政策方面,西方区域经济研究的范围和领域都有了很大的扩展,研究的内容和深度也越来越深入。特别是对发展中国家的经济发展问题,一些经济学家做了大量的工作。一是根据发展中国家的不同情况,分门别类进行类型学研究和经验分析。二是重视非经济因素对经济发展的影响,从社会、政治、历史、法律、文化等多重领域进行跨学科综合研究。三是在由结构研究转向制度和政策研究为主的同时,有人试图将不同的理论和方法加以综合,但至今未能统一起来。

　　自上世纪80年代以来,国外区域经济理论对发展中国家的研究主要取得了以下进展和突破:一是罗默(Romer,1987)和卢卡斯(Lucas,1988)等人提出了内生技术进步或内生人力资本的新增长理论。二是一些经济学家注意到发展中国家的社会、政治、经济、法律等制度安排与经济发展的因果关系,提出了新制度理论。三是在90年代初出现的关于经济增长和人口、资源与环境等长期协调发展的理论。

国外区域经济理论在其历史演进过程中所提出的各种理论及其所取得的研究成果,实际上反映了西方国家在不同历史阶段区域经济发展的客观要求。这些理论成果及其研究方法对于我们今天探讨促进中部崛起与区域经济协调发展问题仍具有重要的借鉴意义。自上世纪80年代开始,有不少中国学者运用早期的结构主义发展理论和方法研究中国的经济发展问题,其中比较流行的理论有二元经济模式、平衡增长、不平衡增长和经济成长阶段论(起飞说)等。

但是,对于发展中国家来讲,其地区差异是在诸多因素的综合作用下形成的,特别是对于我国来讲,除了具有世界各国区域发展中的共性外,如区位、资源、技术、产业等因素对差距的影响,还有本国改革与发展中独特的制度、政策与社会历史文化背景。所以,如果完全照搬国外区域经济理论及其研究方法,来考察某些因素对我国地区差异形成的影响,其局限性是显而易见的。因此,如何有选择地合理吸收和借鉴国外区域经济理论与方法,设计出一些更能适合我国国情的新方法,综合分析各种因素对地区差异形成的影响,提出更为有效的促进我国区域经济协调发展的政策及措施,将是我国区域经济理论今后需要研究和探索的方向。

### (二)国内区域经济理论与方法的发展轨迹与分析

新中国成立后,以1978年为界,中国区域经济研究和区域经济学的发展大体经历了两个时期。1978年以前,中国仿效原苏联模式建立起高度集中的指定性计划经济体制。在这种体制下,基本上不存在相对独立的区域经济。当时我国的区域经济研究主要受前苏联生产力配置理论的影响,研究的重点集中在"全国一盘棋"的生产力布局方面。1979年以后,随着经济发展战略和经济体制的转轨以及经济运行机制的变化,特别是宏观经济分级调控体系的建立,使中国区域经济发生了一系列新变化,传统的生产力布局理论已不能适应区域经济发展的需要,理论界开始探讨社会主义市场经济条件下的经济布局理论问题。[①] 当时主要是吸收借鉴西方区域经济理论和方法,创建有中国特色的区域经济理论与方法;同时针对我国区域经济发展实践中出现的一系列新问题、新现象,逐步拓展区域经济研究的领域,包括区域经济结构、区域经济发展战略、区际分工与区际贸易、区域发展差异、区域政策、区域经济体制与管理,等等。

上世纪 80 年代中期以后,西方区域经济理论陆续被翻译介绍给国内读者,国内经济学界、地理学界开始采用西方区域经济的一些概念、理论、方法分析研究中国问题,同时结合中国的国情,开展区域经济理论的学科建设,并取得可喜的研究成果。比如根据邓小平"让一部分人、一部分地区先富起来"的不平衡发展思想及技术空间转移的规律,提出了"梯度推移理论",在社会上引起广泛的影响,并为国家"七五"规划的宏观经济政策制定提供了科学依据。陈栋生率先提出的东中西"三大经济地带"的划分及其政策含义,迄今仍为区域研究学者所采用。还有一些经济学理论工作者从不同角度相继提出了我国区域经济发展的不同模式。如反梯度推移理论、区位开发理论、一个半重点论、"四沿"展开论、点轴开发论、"H"型布局论等。

上世纪 90 年代末至本世纪初,随着东部大开放的深入发展和西部大开发战略的组织实施,"中部塌陷"问题开始引起国内外一些专家和学者的关注,并围绕中部崛起问题开展研究,提出了"雄鸡起飞"理论、"牛肚子"理论等。以后,随着振兴东北老工业基地战略的提出,从全国整体布局出发,有的专家与学者又提出了"龙"形理论、"四带一区"理论和"三足鼎立、中心开花"理论等。[②]

近几年来,随着党和国家统筹区域发展战略的实施和促进中部崛起政策的提出,我国对区域经济理论研究的内容更加丰富,同时也更加细化,主要集中在国内外区域理论探讨、区域分工与协作、长江三角洲、珠江三角洲、

---

① 魏后凯主编:《现代区域经济学》,经济管理出版社 2006 年版,第 11 页。
② 参见林斐:《与时俱进的中国区域经济发展研究——十六大后中国区域经济发展理论研讨会综述》,《经济学动态》2003 年第 10 期。

环渤海经济圈、西部开发、振兴东北、中部崛起、城市经营与管理、县域经济和区域发展战略研究等领域,并涌现出了一大批这方面的研究成果。这一时期,在区域经济理论研究方法上,重视定性与定量分析结合,实证与规范研究的结合,尤其注意运用计量经济模型对区域经济发展和区域差异的变化进行大量实证分析。

在广泛实践与深入探讨的基础上,我国区域经济理论与方法的学科建设改革开放以来有了较大进展。20 世纪 80 年代以来出版的区域经济研究和理论方法方面的专著,远远超过前 30 年的总和。仅国内正式出版的区域经济学专著,就有周起业、刘再兴等著(1989),程必定主编(1989),陈栋生主编(1993),金元欢、王建宇著(1997),张敦富主编(1999),郝寿义、安虎森主编(1999),朱传耿等著(2001),王连刚主编(2002),叶依广主编(2002),吴殿廷主编(2003),孟庆红主编(2003),储东涛主编(2003),孙久文、叶裕民编著(2003),丁四保等编著(2003),安虎森主编(2004),杨云彦主编(2004),武友德等编著(2004),肖万春和吴焕新主编(2005)等数十个版本。有关区域经济理论方法和中国区域经济研究的学术著作,更是不计其数。①

上述区域经济理论成果与研究方法反映了改革开放以来我国区域经济关系发生的深刻变化,也反映出这方面研究在逐步深入,对促进中部崛起与区域经济协调发展的研究,可以说都有许多借鉴意义和参考价值。但是,其中对我们的研究有重要启发意义的,是陈栋生教授提出的"三大地带"划分的理论以及与探讨"三大地带"的区域性发展战略相适应的系统论证方法。

陈栋生教授在长期对我国生产力布局战略对策的研究中,最早发表了"三大地带"划分的观点,探讨了"三大地带"的区域性发展战略,提出了"三级梯度、三大地带,东靠西移、有序展开,因地制宜、扬长避短,东西对话、横向联合,中心开花、极核先抓,墨渍扩散、辐射联系,产业走廊、纵横交错,空间网络、运转灵活"的布局对策(1985)。以后,在对"八五"计划和十年规划

---

① 魏后凯主编:《现代区域经济学》,经济管理出版社 2006 年版,第 13—14 页。

生产力布局方针的建议中，他调整充实为"适度倾斜、协调发展，合理分工、各展所长、横向联合、优势互补，结构递进、动态耦合，以点带面、联点成带，产业走廊、纵横交错"。这可以说是对我国区域经济如何协调发展的较高层次的科学概括。在生产力布局研究与论证方法的革新上，他坚持系统论的思想，提出生产力布局是整个社会再生产的"空间侧面"，必须紧密结合社会再生产的其他侧面，在时空结合中研究布局问题。他认为生产力布局是由多层次（宏观、中观、微观）、经纬交织和点、线、面、网构成的多维网络结构。由此出发，他提出了"三个层次、三个结合，高瞻远瞩、深察底里，宏微相接、及时反馈，经纬交织、蓝图渐显，平衡效益、须臾不离，空间侧面、不离整体，优选区位、布定成局"的系统论证方法，并进一步运用到生产力布局学科体系的构建中。他还根据经纬交织的思想，反复强调生产力布局的宏观调控应把产业政策和区域政策有机结合起来，实行"双坐标定位"，做到产业政策区域化、区域政策产业化，以引导不同产业向各自的优区位集聚，以促进各产业重心区和各地区主导产业的形成。①

陈栋生教授所提出的"三大地带"划分的理论及其系统论证方法的应用价值，在于从区域经济研究中有关时间与空间、主体与客体、经与纬的关系出发，为从理论上还原我国区域经济发展演变的本相，首先要从不同侧面对"区域一般"运行解剖；继而从"区域关联"出发，对区域进行总体研究；最后，再基于区域客体发展规律，对区域政策选择与设计进行研究。其理论意义在于这一理论和方法中包含着十分丰富的唯物辩证法思想和普遍联系与变化发展的观点，从马克思主义哲学的高度将国内外不同的理论与方法融会贯通，统一于研究中国区域经济协调发展的实践中，对有中国特色的区域经济理论体系建设和方法论的形成起到了一定的奠基作用。陈栋生教授提出的"三个地带"划分理论及其所采用的系统论证方法，为我们从事促进中部崛起与区域经济协调发展的研究提供了重要的理论依据与方法论基础。

---

① 陈栋生：《西部大开发与可持续发展》，经济管理出版社2001年版，第330页。

## 二、关于国内外促进区域经济协调发展一般规律的探讨

在世界经济发展过程中,促进落后地区开发与区域经济协调发展,对于一些国土面积较大的国家来说是现代化过程中面临的共同问题。在世界近现代史上,美国和前苏联等国家由于实行对不发达地区的大规模开发而获得了问鼎世界强国的实力,并且获得了一些宝贵的成功经验。新中国成立以来,我国在这些方面曾进行了大胆探索与社会实践,有教训也有经验。大胆吸收和借鉴这方面的经验和教训,在此基础上总结出一些具有普遍性的一般规律,并结合我国新的社会历史条件加以合理运用,可以使我国在促进中部崛起与区域经济协调发展过程中少走弯路,采取有效政策和措施,早日实现社会主义现代化建设奋斗目标。

**(一)优先发展沿海并逐步扩展到内陆,是实现从传统农业经济向现代工业经济转变的一般趋势**

在美国,工业革命是首先从东北部兴起的,但不久就在"到西部去!"的号召下展开了一场声势浩大的拓殖运动,从此对西部的开发伴随着美国现代化的全过程。俄国本勃发于欧洲,从 1582 年越过乌拉尔山脉起,逐步征服的西伯利亚成了它的"边疆",虽然早在十六七世纪就陆续地向那里移民,但真正意义上的开发却是在 19 世纪后期伴随其工业化的启动而展开的,而在"十月革命"后方进入高潮。英国最早获得发展的是以伦敦为中心的东南沿海地区,那是大西洋贸易的必经之地,工业革命把资本和劳动力引向西北部,结果形成了以伯明翰为中心的工业区。在加拿大,最先发展起来的是魁北克为中心的东部,那是法国人在北美建立的最早的殖民地,后来英国人在加拿大西部建立了以温哥华为中心的不列颠哥伦比亚,也未能改变由东向西发展的总趋势。

为什么这些国家在从传统农业经济向现代工业经济转变的过程中,会常常伴随着一个先发展沿海.再由沿海到内地的过程? 这主要是因为:第一,在传统农业社会里,社会分工主要是建立在自然分工的基础之上,民族之间的分工往往比国内行业分工更发达,对外贸易特别是海上贸易在经济

中占据特殊地位；第二，由于水域开拓了比陆路开拓的广大得多的市场，所以，从来各种产业的分工、改良都自然而然地开始于沿海河口一带，"这种改良往往经过许久以后才慢慢普及到内地"（亚当·斯密语）；第三，现代工业经济是建立在商品交换的基础上的，它对效率和效益的不断追求，需要开拓尽可能广大的原料来源与销售市场。换言之，从经济上讲，这种由沿海到内地的发展过程，在本质上是现代工业经济内在发展的需要。正因为如此，在许多国家，尤其是在一些幅员辽阔的大国中，在其现代化过程中都出现了落后地区开发或类似的现象。

同样，历史悠久的中华文明虽然发源于黄河和长江流域，但近代意义的工商业均起源于东南沿海地区。中国第一座近代工厂1861年建于安庆市，第一条铁路在1876年修建于上海，等等。我国的现代工业也主要集中在沿海。对此毛泽东同志在《论十大关系》中曾指出："我国全部轻工业和重工业，都有约百分之七十在沿海，只有百分之三十在内地。这是历史上形成的一种不合理的状况。"①而相当于中国版图的2/3的内地，则长期处于相对落后状态，很有大开发的必要。这说明，我国要实现由传统农业经济向现代工业经济的转变，也有一个由沿海到内地的一个不断拓展过程。

改革开放以来，邓小平同志正是吸收和借鉴了国外一些国家发展的这一成功经验，并根据我国东部沿海和中西部地区经济发展不平衡的基本特征，提出了"两个大局"的战略思想：一是沿海地区要充分利用有利条件，较快地先发展起来，内地要顾全这个大局；二是当发展到一定时候，可以设想在20世纪末全国达到小康水平的时候，就要拿出更多的力量帮助中西部地区加快发展，东部沿海也要服从这个大局。

在邓小平同志"两个大局"战略思想的指引下，我国通过开放确立生产力布局方向，打开国门，让沿海地区"加快对外开放，使这个拥有两亿人口的广大地带较快地先发展起来，从而带动内地更好地发展"②。20世纪80

---

① 《毛泽东文集》第7卷，人民出版社1999年版，第25页。
② 《邓小平文选》第3卷，人民出版社1993年版，第277页。

年代先后创办了深圳、珠海、汕头、厦门和海南5个经济特区,开放了14个沿海城市和长江、珠江、闽南3个三角洲地带,形成了较为完整的沿海地区对外开放格局,从而使东部沿海地区的优势得到充分发挥,地区经济高速增长,并成为影响和带动内陆地区经济发展的战略基地。在我国东部沿海经济取得巨大进展的同时,区域经济发展中也开始呈现出从沿海向内地进行产业转移的发展态势。正是在这样的社会背景下,以江泽民同志为核心的党中央第三代领导集体提出了实施西部大开发战略和加快中西部地区的发展问题,以胡锦涛同志为总书记的中央领导集体又适时提出了促进中部崛起和统筹区域协调发展问题。这些都充分反映了我们党对区域经济协调发展规律的认识在不断地深化。

**(二)把落后地区开发与促进区域经济协调发展有机统一起来,是增强国家经济实力的重要途径**

美国的西部开发把美国农业中心从东部转至西部,使美国成为世界上最大的农业帝国,并在工业化之后仍能保持农业长盛不衰。而以芝加哥为中心的五大湖重工业带的建立,不仅把美国的工业中心由新英格兰西移至中西部,也使美国工业的结构以轻工业为主转变为以重工业为主,从而最终完成了工业化。由于西部的大规模开发,拓殖的西部与工业的北部和奴隶制的南部"鼎足而立"。这种区域差异所造成的互补关系和由此引起的交换使美国拥有了世界上最大的国内市场,早在19世纪初,其国内贸易就超过了各国对外贸易的总和。苏联从1933年起至1942年在边疆大开发中由于实施工业东移政策和有计划的重点投资,通过产业结构调整,秋明超过西部的巴库成了全国最大的石油天然气中心,使苏联石油产量在1974年超过美国而位居世界第一;西伯利亚的克罗沃生产的钢材占全国的1/4,生铁占1/3,煤炭占1/2。以伊尔库茨克为中心的安加拉—叶尼塞河地区,则成为全国木材加工、有色金属和化学合成原料的重要生产基地。20世纪50年代以后,西伯利亚不仅成为苏联的重工业基地,也是各种高科技研究和产业的重要基地,著名的新西伯利亚就是其中之一。根据苏联官方的资料,至1975年,苏联的工农业生产总值一度上升到美国的80%～85%。可以说,苏联的边疆开发,促进了产业结构的调整和产品升级,加强了本国工业化的物质基础,大大增强了整个国家的综合实力。如果没有西伯利亚(包括中亚地区)边疆落后地区的开发,就不可能实现苏联完全的工业化,也就不能拥有其超级大国的地位,而与美国一争高低。

毛泽东同志在《论十大关系》中曾经指出:"我们说中国地大物博,人口众多,实际上是汉族'人口众多',少数民族'地大物博',至少地下资源很可能是少数民族'物博'。"[①]这从某种意义上来讲,也是实现优势互补的一个重要条件。据有关部门测算,在新的世纪,人口众多的东部地区60%的原材料需中西部供给,50%的能源靠西部输送。因此,在很大程度上,中国经济发展的后劲可能取决于中西部地区的资源开发。所以在西部开发和中部崛起中,如何实现东部沿海地区在人才、科技、资金和管理等方面的社会资源优势与中西部地区在土地、生物和矿藏等方面的自然资源优势的互补,对调整和优化我国产业结构至关重要。在这方面,我们一定要吸取和借鉴国内外在这方面的历史经验。无论是实施西部大开发战略还是促进中部崛起,都不能搞重复建设。要根据国内外市场的变化,从各地资源和自身优势出发,依靠科技进步,发展有市场前景的特色经济和优势产业,培育和形成新的经济增长点。我国未来10多年的发展过程中,东部的许多产业将向西移,中部崛起与西部开发正好为东部地区的产业升级和结构调整提供了广阔的空间。一种在东部和中西部地区之间相互依存、相互促进、优势互补、协调发展的新格局将会形成。

**(三)充分发挥政府调控与市场机制的积极作用,是加快落后地区开发的基本方式**

在各国对边疆落后地区开发中,从开发方式上可分为两大类型:一是计划经济的方式,如苏联对西伯利亚的开发方式。其特点是开发项目完全纳入国家计划,项目的选择从属于国家政治和军事目标,所用资金也主要来自政府拨款,劳动力靠有组织的分配。其优点是重点突出、运行有序;缺点是

---

① 《毛泽东文集》第7卷,人民出版社1999年版,第33页。

缺乏活力和多样性。二是市场经济方式,如美国等对西部的开发,都属于此类。其中,美国最为典型。因为它对西部的开发正式启动于独立之后,殖民时期的各种封建残余已清除干净,整个开发以土地开发为中心展开,而为其提供规范的 1784、1785 和 1787 年土地法,是美国开发西部的纲领。其核心是"公地出售"的原则:一是宣布西部土地国有化;二是决定将公地向自由民开放;三是规定在西部建立的新州,必须采取共和制,并不得实行强迫劳动。从而将整个开发置于市场经济运行和新的行政管理体制的基础上。但无论采用哪种开发方式,其核心观念都是现代的,强调社会效益和经济效益的统一,增加开发中的科技含量,注意人与自然的协调发展。美国在 1785 年土地法中,就为市镇学校的发展专门保留了土地,1862 年制定的"摩利尔法",成为西部发展高等实业教育的重要基础,随着 1887 年资助农业实验站的"海琪法案"的通过,西部农业的发展走上了广泛应用实验科学的道路。针对西部开发过程中的水地流失和环境破坏情况,西奥多·罗斯福总统 20 世纪初在世界上首创自然保护思想和有关政策。苏联在西伯利亚开发中,也有一系列增加科技含量的重要举措,如每年从东部抽调大批干部和专家到西部或外国去培训和学习,1944 年组建苏联科学院西伯利亚研究所,1957 年又组建苏联科学院西伯利亚学院,著名科学城新西伯利亚就是在这种背景下建立起来的。可以说,无论是美国西部还是苏联西伯利亚的一些重要城市,最终都在边疆开发的过程中成为重要的科学研究的前沿阵地。

我国在新中国成立后近 30 年间,在对中西部开发的问题上,当时也叫"三线"建设,从总体上采用的是一种类似于苏联的以国家投资向中西部大幅度倾斜为基本特征的传统计划方式。由于采用这种传统的计划方式开发中西部,带有一定的平均主义色彩,实行的是一种粗放型的经济增长方式,形成了高投入、低产出,高消耗、低效益的状况。其结果,一方面国家在中西部投入了上千亿元的资金,建成了一大批新兴工业基地、国有大中型企业和科研单位,从而为西部的工业化奠定了一定的基础;另一方面则人为地抑制了沿海地区的发展,而使包括内地的整个国民经济发展付出了高昂的代价,这个教训必须认真加以反思。

以改革开放为起点，我国在经济管理体制方面，开始由传统计划经济体制向社会主义市场经济体制的转变；在经济增长方式方面，开始由粗放型向集约型转变。这两个历史性转变，在我国的东部沿海地区已经取得了举世公认的成就。认真总结这方面的实践经验，并把其应用于中西部发展方面，就是仍然要坚持以市场为导向，运用市场调节和宏观调控双重机制配置资源，在充分发挥市场机制作用的同时，还要加强政府必要的协调指导和宏观调控，主要是运用经济、法律的手段，并辅之以必要的行政手段，采取优先安排基础设施和资源开发项目，逐步实现规范财政转移支付制度，鼓励国内外投资者到中西部投资等多种形式，加大对中西部地区的支持力度。同时，还要注意充分利用中西部地区自身的力量和优势加快发展的步伐，其中包括对"一五"与"三线"建设在中西部建立的以机械、纺织、仪器、仪表等为支柱的工业基地，进行技术改造和经营管理体制的创新。

与我国经济体制改革和经济增长方式转变的需求相适应，中西部地区发展过程中应该进一步解放思想，在所有制结构调整方面大胆地进行制度创新，大力发展非公有制经济，特别是要重视发展个体私营经济，改变目前中西部地区由于国有经济比重大，非公有制经济比重小，所形成的"一条腿长，一条腿短"的局面。另外，国家还需要在价格、财税、金融以及用人制度等方面进一步完善向中西部地区的倾斜政策。改变在市场经济条件下中西部地区与东部地区存在着的不公平竞争状况。同时，采取有效政策和措施搞好生态环境保护和建设，大力发展中西部地区的科学文化教育事业。这既是对国外边疆开发经验大胆吸收和借鉴的结果，也是对我国过去进行中西部地区开发建设中的教训深刻反思的结果。

**（四）落后地区开发应根据区域经济协调发展的内在规律性，有重点、分阶段地去加以实施**

美国西部开发，从发展过程看，可分为三个阶段：农业开发阶段（1750～1850年）、工业开发阶段（1850～1950年）、科技开发阶段（1950年至今）。其开发随着时间的推移而日渐深化，由浅层开发至深层开发。与此同时，美国经济发展重心也相应地发生了变化，新英格兰、中西部和加利福尼亚可以被看作这种转移的几个标志。

俄国对西伯利亚的征服完成于 1582 年至 1689 年,并从 1684 年起开始向那里移民,但在其早期开发阶段(1648 ~ 1860 年)的移民仅四五十万,且主要是被放逐的罪犯;1820 ~ 1890 年,平民在移民中仅占 1/4。1860 年废除农奴制,1900 年取消流放制,特别是 1904 年日俄战争中的失败,使俄国感到了西伯利亚和远东在其战略上的重要性,开始逐步加快对西伯利亚的开发。从总体上看,这一阶段的开发还处在农业开发阶段。到十月革命前,整个西伯利亚人口不过 800 万、农场数 200 万、耕地 2100 万英亩、牲畜 3700 万头,基本上是以农业为主,工业较少。1917 年十月革命后,国家百废待举,又面临西方的威胁,苏联政府决定实施工业东移政策,开始进入工业开发阶段,一面将一些工业从欧洲迁往东部,同时有计划有步骤地加快西伯利亚的开发。从第二个五年计划(1933 ~ 1937 年)起,国家投资使用方向开始向西伯利亚倾斜,重点投资于煤炭、钢铁、非金属工业、机械、化学和重工业等工业领域。此后历次五年计划都有大量投入,并采取优惠政策吸引技术人才和劳动力向西伯利亚转移,使其每隔 5 年、10 年都要上一个新台阶。到 1942 年,西伯利亚生产的钢材已占全国的 1/4,生铁已占 1/3,煤炭已占 1/2。20 世纪 50 年代以后,开始进入科技开发阶段,西伯利亚不仅成为苏联工业的重要基地,也是各种高科技研究和产业的重要基地,著名的新西伯利亚就是其中之一。

从以上美国西部、俄国西伯利亚等边疆落后地区的开发可以看出,他们都经过了一个长期的发展过程。俄罗斯(包括苏联时期)对西伯利亚的开发用了近 300 多年的时间。美国西部开发进行得较快,也用了大约 100 年时间。而且当时的美国西部,基本上是片未开垦的处女地,美国公民中只要在西部连续拓荒 5 年,就可免费获得 160 英亩土地。我国现在进行的西部大开发,实际上是一个再开发过程。这既不同于俄罗斯对西伯利亚的开发,也不同于美国的西部开发。我国西部地区尽管地域辽阔、资源丰富,但遭破坏的程度也十分严重,经过几十年的过度开采,森林资源乱砍滥伐,水土流失严重,土地荒漠化加剧,自然灾害频繁。从可持续发展的角度上讲,我们已经没有足够的资源让拓荒者免费拥有。相反,开发西部,我们还要承担沉重的环境保护与建设的任务。而要完成这样的任务,除了有国家政策的倾斜和沿海地区的支持外,还需要有中部地区的鼎力相助。

因此,在落后地区开发与促进我国区域经济协调发展过程中,决不能跳过中部地区而让沿海去支持西部,实现产业转移,应该遵循区域经济协调发展的内在规律性,根据从东部沿海经过中部,再到西部的产业转移的一般趋势,有计划、有步骤、有重点、分阶段去具体实施。当前,要优先发展中西部地区一些条件成熟的地区和城市,形成产业带,在东中西联动中促进我国区域经济协调发展。

**(五)走新型工业化道路是加快落后地区发展与促进区域经济协调的重要途径**

中国正在实施的促进中部崛起和西部大开发的战略,是为我国在新世纪中保持国民经济持续稳定快速发展而提出的重大战略举措。但是,应特别强调的是,如果说改革开放初期进行的东部开放是在短缺经济背景下进行,开发过程呈鲜明的数量扩张特性,而今天将要进行的西部开发和中部崛起则是在世界进入知识经济时代,全球经济日益呈现一体化特征,我国经济发展较长时期受有效需求不足困扰的背景下进行的。如果说当年东部是靠政策优惠和区位优势而快速发展起来的话,那么,在今天绝大多数产品市场已经饱和,传统产业发展空间已很小的情况下,中西部发展如重走发展一般传统产业的老路,势必受到市场的制约。即使将当年支持东部发展的优惠政策运用于中西部开发,也会产生很强的"逆市场调节性"。因此,在中西部发展中,要大力发展有市场前景的高科技产业,通过自主创新,走新型工业化道路。

今后中西部发展应该以高新科学技术为先导,以信息产业为突破口,带动工业化,以工业化促进信息化,走新型工业化道路。根据知识经济时代特点,以中心城市的科研院所为依托,大力推动自主创新,促进经济发展方式的转变,使目前中西部中心城市聚集的科技潜力充分发挥出来,以高科技产业带动中西部发展,从而使中西部发展建立在减少对资源的掠夺性开采和减少对环境污染的可持续发展基础上。在这方面,我们应该吸取和借鉴美国西部开发中逐步建立的以信息技术为基础的"硅谷"经验。

在美国,从旧金山向南至圣何塞约纵深100公里,面临太平洋的一块谷地就是硅谷。这个原来盛产樱桃,从没有任何大型传统工业的谷地,其1998年的产值相当于我国国内生产总值的1/4。硅谷对世界经济的发展有良好的示范作用,在非传统工业地区发展信息产业,带动区域经济发展,成为许多国家的热切愿望。硅谷的发展,有几个成功经验:一是硅谷人的创新精神;二是依托斯坦福等各大学强大的科技力量;三是有完善的法律体系;四是开放型、专业化的产业结构;五是人才流动频繁,法律环境宽松。在硅谷发展过程中,政府的作用体现在三个方面:一是制定"游戏规则"(法律、规定等);二是政府采购、收购新兴产业的头几批产品;三是对科研和早期开发经费给予支持。我国中西部的一些城市,如武汉、长沙、南昌、合肥、郑州、成都、西安、重庆、兰州等城市的科研院所,都有很强的科技能力,以它们为依托,以开放的体制和锐意进取的创业精神,也可以创造出中国的"硅谷"。这些城市都已建立了以大学和科研院所为依托的电子信息科技工业园区,并已形成一定规模。在此基础上,完全有可能采用高效灵活的新技术开发和产业化运行机制,建设我国中西部地区信息技术虚拟园区,并以此带动中西部地区其他相关产业的发展。在当今知识经济时代,我国中西部发展中只要将信息技术作为先导产业优先扶持发展,并形成自己独特的风格,就会大大加快我国中西部地区的现代化进程。

综上所述,通过对美国、俄罗斯(苏联)等国家与我国在落后地区实施开发与促进区域经济协调发展方面进行历史与现实的纵横比较研究,可以看出,各国的大开发都带动了经济的大发展,同时也为我国在加快中部地区发展与促进区域经济协调发展方面,提供了许多宝贵的经验和重要的启示。我们在此基础上可以总结出一些具有普遍性的一般规律:即在发展趋势上,都有一个从沿海地区向内陆地区的扩展过程;在经济发展上,都有一个调整产业结构和实现区域经济协调发展的融合过程;在开发过程上,都有一个由浅层开发向深层开发的长期过程;在开发方式上,都有一个综合运用计划和市场两种手段的长处,不断进行观念和制度的创新过程;在发展方向上,都有一个从传统产业向高新技术产业转变的过程。① 只要我们尊重区域经济协调发展的一般规律,并结合我国中部地区发展实际加以合理运用,采取相应的有效政策和措施,就可以更好地促进我国区域经济协调发展。

## 三、促进区域经济协调发展是党和国家的一贯指导方针

中国是一个拥有 960 万平方公里国土、人口众多的发展中大国。由于受各种自然环境因素和社会历史因素的影响和制约,生产力发展很不平衡,由东向西呈现出多层次分布状况。除各地区参差交错的复杂情况不论,我国各地区(除台湾外)按地理分布以及经济发展的水平差异大体可划分为三个经济地带:东部、中部和西部。东部地区过去又曾称为沿海,中西部地区被称为内地。尽管三大经济地带各有优势,但从总体上看,客观上存在着一个明显的阶梯型,即东部经济发展水平较高、中部次之、西部经济较落后。这种阶梯型的经济地带分布,构成了中国的基本国情特征。我国东部沿海地区和内陆地区经济社会发展的不平衡性,决定了区域经济的协调发展在国民经济中占据极为重要的地位。新中国成立半个多世纪以来,党的三代中央领导核心,从毛泽东、邓小平、江泽民到以胡锦涛为总书记的中央领导集体,都非常重视我国区域经济的协调发展与共同繁荣,进行了长期的艰辛探索,并根据不同历史阶段的时代特点与要求,先后提出了一系列有关促进区域经济协调发展的战略思想。从理论上仔细研究它们的异同,并应用于当前统筹区域发展的实践,对于促进中部地区崛起以及区域经济协调发展,具有着极其重要的指导意义。②

## (一)毛泽东创立的区域经济均衡协调发展战略思想及其深远影响

20 世纪 50 年代中期,以毛泽东为核心的党中央第一代领导集体在积极探索适合中国国情的社会主义建设道路的过程中,在广泛调查研究和吸

---

① 李本和:《国内外落后地区开发的比较与借鉴》,《生产力研究》2000 年第 1—2 期。

② 李本和:《均衡·非均衡·新的均衡——党的三代领导核心区域经济发展战略思想比较研究》,《前沿》2001 年第 7 期。

取苏联经验教训的基础上,高屋建瓴地提出了社会主义建设的十大关系,其中包括沿海工业和内地工业布局等事关我国区域经济协调发展的重大问题。

毛泽东在《论十大关系》中指出:"我国的工业过去集中在沿海。所谓沿海,是指辽宁、河北、北京、天津、河南东部、山东、安徽、江苏、上海、浙江、福建、广东、广西。我国全部轻工业和重工业,都有约百分之七十在沿海,只有百分之三十在内地。这是历史上形成的一种不合理的状况。沿海的工业基地必须充分利用,但是,为了平衡工业发展的布局,内地工业必须大力发展。"①这里所说的内地工业主要是指广大的中西部地区的工业。在这里,毛泽东首先对我国的区域经济布局情况,进行了比较科学的实事求是的分析,并根据当时沿海工业与内地工业发展不平衡的状况,特别强调了内地工业必须大力发展。他第一次提出了我国区域经济均衡协调发展的战略思想。

毛泽东当时提出的区域经济均衡协调发展战略,即内地工业必须大力发展,新的工业布局总体上由沿海转向内地。从指导思想上讲,主要是出于以下几个方面的考虑:第一,从经济上讲,使工业布局逐步平衡,"为了平衡工业发展的布局,内地工业必须大力发展",使新的工业发展重点转向内地。第二,从军事上讲,有利于备战。他认为,当时朝鲜还在打仗,国际形势还很紧张,不能不影响我们对沿海工业的看法。"新的工业大部分应当摆在内地,使工业布局逐步平衡,并且利于备战,这是毫无疑义的。"②第三,从政治上讲,考虑到汉族和少数民族的关系。他指出:"我们说中国地大物博,人口众多,实际上是汉族'人口众多',少数民族'地大物博',至少地下资源很可能是少数民族'物博'。"为了搞好汉族和少数民族的关系,巩固各民族的团结,共同努力于建设伟大的社会主义祖国,"我们要诚心诚意地积极帮助少数民族发展经济建设和文化建设"。③

---

① 《毛泽东文集》第 7 卷,人民出版社 1999 年版,第 25 页。
② 《毛泽东文集》第 7 卷,人民出版社 1999 年版,第 26 页。
③ 《毛泽东文集》第 7 卷,人民出版社 1999 年版,第 33、34 页。

　　在如何推进我国区域经济均衡协调发展和大力发展内地工业问题上，毛泽东提出：

　　一是要"好好地利用和发展沿海的工业老底子，可以使我们更有力量来发展和支持内地工业。如果采取消极态度，就会妨碍内地工业的迅速发展"。因此，"沿海也可以建立一些新的厂矿，有些也可以是大型的"。

　　二是在内地工业建设中，要特别注重人的因素。中西部地区"天上的空气、地上的森林、地下的宝藏，都是建设社会主义所需要的重要因素.而一切物质因素只有通过人的因素，才能加以开发利用"。因此，他主张充分调动和发挥人的主观能动性，"必须搞好汉族和少数民族的关系，巩固各民族的团结，来共同努力于建设伟大的社会主义祖国"。[①]

　　三是主张进行领导管理体制改革，调动一切积极因素。毛泽东主张应当"在巩固中央统一领导的前提下，扩大一点地方的权力，给地方更多的独立性，让地方办更多的事情"，"我们的国家这样大，人口这样多，情况这样复杂，有中央和地方两个积极性，比只有一个积极性好得多"。[②]

　　四是在促进经济发展问题上要学习和借鉴外国的先进经验。包括"去学习资本主义国家的先进的技术和企业管理方法中合乎科学的方面。工业发达国家的企业，用人少、效率高，会做生意，这些都应当有原则地好好学过来，以利于改进我们的工作"[③]。

　　毛泽东当时所提出的上述有关我国区域经济均衡协调发展的战略思想中，有许多积极的合理的科学因素，如关于沿海和内地经济的不平衡性及其经济带科学划分的思想；用辩证统一观点看待沿海工业和内地工业的关系并以沿海工业发展促进内地工业发展的思想；注重人的因素并搞好汉族与少数民族关系的思想；进行领导管理体制改革和调动中央与地方两个积极性的思想；学习和借鉴外国先进的科学技术和管理方法的思想，等等。毛泽东所提出的这些战略思想，对于指导我们当前促进区域经济协调发展和从

---

　　① 《毛泽东文集》第 7 卷，人民出版社 1999 年版第 34 页。
　　② 《毛泽东文集》第 7 卷，人民出版社 1999 年版，第 31 页。
　　③ 《毛泽东文集》第 7 卷，人民出版社 1999 年版，第 43 页。

事中西部开发建设都具有着重要的指导意义。从某种意义上讲,毛泽东关于区域经济协调发展的战略思想,为后来邓小平提出"两个大局"的战略构想和共同富裕的战略目标的形成奠定了一定思想基础。我们应该看到二者之间的这种内在联系。

但是,从总体上看,由于种种社会历史原因,特别是受前苏联传统计划经济体制模式的影响,这种区域经济协调发展的战略思想,基本上是属于一种以平均主义的"大锅饭"为基本特征的区域经济均衡发展模式,表现在实践中就是完全依靠行政手段实行国家投资向内地大幅度倾斜政策,其中最明显的例子就是在计划经济体制下从事的"三线"建设。其结果,一方面为中国内地的工业化奠定了一定的基础,并为今天的西部大开发建设和促进中部崛起创造了一定的物质技术条件;另一方面则人为地抑制了东部沿海地区经济的发展,从而使包括内地的整个国民经济的发展付出了高昂的代价。这方面的教训,在今天实施的西部大开发和促进中部崛起中应认真地加以吸取,以避免重走历史上曾经走过的弯路。

这种均衡发展模式实施的经验教训告诉我们:区域经济协调发展和共同富裕是社会主义的本质要求,而在我国社会生产力水平呈现多层次的不平衡发展状况的条件下,要想通过截长补短的平均主义方式,实现各个地区同时同步地达到这两大目标是不现实的。正像邓小平后来所总结概括的那样:"平均发展是不可能的。过去搞平均主义,吃'大锅饭',实际上是共同落后,共同贫穷。"[①]

**(二)邓小平提出的区域经济非均衡协调发展战略思想及其主要特征**

以党的十一届三中全会为标志,形成了以邓小平同志为核心的党的第二代中央领导集体。以改革开放为起点,我国区域经济发展模式经历了历史性的转变。1978年12月中央工作会议上,邓小平在总结过去区域经济发展经验教训的基础上,突破计划经济体制条件下所形成的均衡发展的传统观念,首次提出了区域经济发展的新构想。他指出:"在经济政策上,我

---

① 《邓小平文选》第3卷,人民出版社1993年版,第155页。

认为要允许一部分地区、一部分企业、一部分工人农民,由于辛勤努力成绩大而收入先多一些,生活先好起来","这样,就会使整个国民经济不断地波浪式地向前发展,使全国各族人民都能较快地富裕起来"。并强调指出,"这是一个大政策,一个能够影响和带动整个国民经济的政策"。① 这一个大政策以承认不同地区经济发展差距和收入分配差距的积极作用为前提,提出了一种非均衡发展模式。它的提出和实施把人们的劳动与物质利益联系起来,极大地提高了人们的劳动积极性和地区的发展积极性,并由此从多方面带动了整个经济体制改革和各地经济的发展,特别是促进了东部沿海地区经济的发展。

改革开放以来,我国东部沿海地区具有加快经济改革和先富起来的优势,国际投资也向该地区倾斜,邓小平就主张首先发展东部沿海地区,然后再帮助较落后的中西部地区。他根据改革开放新形势对区域经济协调发展的客观要求,在继承和发展毛泽东提出的关于发展沿海工业和支持内地工业辩证统一关系思想的基础上,于1988年提出了"两个大局"的区域经济协调发展的战略思想。邓小平指出:"沿海地区要加快对外开放,使这个拥有两亿人口的广大地带较快地先发展起来,从而带动内地更好地发展,这是一个事关大局的问题。内地要顾全这个大局。反过来,发展到一定时候,又要求沿海拿出更多力量来帮助内地发展。这也是个大局。那时沿海也要服从这个大局。"②邓小平"两个大局"战略构想的提出,标志着我国区域经济非均衡协调发展模式的形成。

邓小平提出的区域经济非均衡协调发展模式与毛泽东的区域经济均衡协调发展模式相比较,在追求区域经济协调发展和共同富裕这一社会主义本质要求方面有许多共同性,具有其继承性的一面。但是,它又结合新的历史条件和时代特点,在实现的方式和途径等方面又具有其发展性的一面。从总体上讲,它是一种以不平衡推进与协调发展相结合来实现共同富裕的

---

① 《邓小平文选》第2卷,人民出版社1994年版,第152页。
② 《邓小平文选》第3卷,人民出版社1993年版,第277—278页。

区域经济协调发展的新模式,并呈现出自己的一些显著特征。

第一,在区域经济协调发展的途径上,指明了先富带后富是实现共同富裕之路。邓小平根据我国区域经济发展不平衡的客观规律,突破了平均主义传统观念的束缚,指出要允许一部分经济基础较好和具有区位优势的地区先发展起来,然后发挥其作为经济增长极的示范效应和辐射作用,带动落后地区,形成全国加快发展、共同富裕的局面。他指出:"一部分地区发展快一点,带动大部分地区,这是加快发展、达到共同富裕的捷径。"①

第二,在区域经济协调发展的动力上,提出以改革开放促进各地资源的优化配置。这种非均衡发展模式,通过改革突破了传统计划经济体制的束缚,在国家宏观调控下运用市场机制,促进各区域间产业配置的合理化和资源利用率的提高,使各地的比较优势得到了进一步的发展,并通过开放确立生产力布局的方向,打开国门,让沿海地区"加快对外开放,使这个拥有两亿人口的广大地带较快地先发展起来,从而带动内地更好地发展"②。并以此引导区域建设朝外向型经济发展,把中国区域经济置于世界经济发展总格局中加以筹划,形成一个立足国内走向世界的开放性区域经济发展模式。

第三,在区域经济协调发展的布局上,提出由沿海向内地分层次进行梯度推移。由于沿海地区具有经济技术和对外开放地理条件等优势,一般比内地较为发达,这种非均衡发展模式改变了过去那种"损东补西"、"以高填低"的做法,依据梯度推移规律,科学选择东部沿海为优先发展地区,使其"如虎添翼",成为能对其他地区产生强大辐射作用的经济战略支点,推动整个国民经济由沿海地区渐次向内陆地区梯度发展。同时,坚持地区协调发展,促进区域经济朝着分工合理、各展其长、优势互补、协调发展的方向前进。

第四,在区域经济协调发展的进程上,与"分三步"的战略目标有机结合在一起,分阶段组织实施。它有别于过去那种全国一哄而上齐头并行搞

① 《邓小平文选》第3卷,人民出版社1993年版,第166页。
② 《邓小平文选》第3卷,人民出版社1993年版,第277页。

"大跃进"的做法,因地制宜,因条件而异,由点到线、由线到面,由少数推向多数、由部分推向整体,展示出波浪式发展的状态,体现了由量变到质变的辩证统一发展过程。邓小平在"两个大局"战略构想中,曾把 20 世纪末达到小康目标作为由内地支持沿海过渡到沿海支持内地的转折点。他指出:"可以设想,在本世纪末达到小康水平的时候,就要突出地提出和解决这个问题。到那个时候,发达地区要继续发展,并通过多交利税和技术转让等方式大力支持不发达地区。"①

改革开放以来的实践证明,邓小平提出的区域经济非均衡协调发展模式,既顺应当代世界经济发展的客观趋势,又符合中国社会主义初级阶段发展不平衡的基本国情,有力地促进了各区域经济的协调快速发展。从 20 世纪 80 年代起,我国区域经济发展战略布局空间上,呈现出明显的由沿海向内地、由东向西、由南向北逐步梯度推移的发展态势。首先是东部沿海地区经济高速增长,在面积和人口分别为亚洲四小龙 5 倍和 4 倍的 5 个省份(广东、福建、浙江、江苏、山东),连续每年保持约 12% 的经济增长速度,创造了人类经济增长史上的奇迹。长江三角洲、珠江三角洲、闽南三角洲、山东半岛、辽东半岛开始成为带动中国经济增长 5 个充满活力的经济增长极。中西部地区经济发展速度也明显快于改革开放以前,各省区的国民生产总值平均增长速度普遍在 8% 以上,部分省区的国民生产总值平均增长速度超过 10% ,1995 年提前实现翻两番的目标,各地区人民生活水平迅速提高,许多先发展起来的地区已基本达到小康,使我国成为同期世界上经济增长和社会进步最快的国家。

但是,在看到我国经济取得巨大进展的同时,也应该看到区域经济发展中存在着诸多不尽如人意的问题。尤其是中西部地区与东部沿海地区之间在经济发展和收入分配方面的差距出现了拉大的趋势,引起了人们的广泛关注。如何解决新的历史条件下这一新的矛盾问题,逐渐地被提到了以江泽民同志为核心的党的第三代中央领导集体的重要议事日程。

---

① 《邓小平文选》第 3 卷,人民出版社 1993 年版,第 374 页。

### （三）江泽民对毛泽东和邓小平区域经济发展战略思想的继承与发展

进入20世纪90年代以来，以江泽民同志为核心的第三代中央领导集体，继承毛泽东思想，坚持和发展邓小平理论，精辟分析了我国社会主义现代化建设中十二个重大战略关系，针对东部沿海与中西部地区的经济发展和收入分配方面存在的差距问题，在1995年9月召开的党的十四届五中全会上，明确提出了加快中西部地区发展的问题。在这次全会上所通过的中央关于"九五"计划和2010年远景目标的建议中，把坚持区域经济协调发展，逐步缩小地区发展差距作为一条重要方针提了出来。江泽民同志在这次全会闭幕式上的讲话中强调指出："对于东部地区与中西部地区经济发展中出现的差距扩大问题，必须认真对待，正确处理"，并指出"从'九五'开始，要更加重视支持中西部地区经济的发展，逐步加大解决地区差距继续扩大趋势的力度，积极朝着缩小差距的方向努力。"①

在20世纪末我国进入小康社会之际，以江泽民同志为核心的党的第三代领导集体从新世纪中国发展的战略全局出发，按照邓小平关于"两个大局"的战略构想，适时提出了进一步促进区域经济协调发展和加快中西部地区发展的具体政策和措施。江泽民同志在党的十五大报告中指出："促进地区经济合理布局和协调发展。东部地区要充分利用有利条件，在推进改革开放中实现更高水平的发展。有条件的地方要率先基本实现现代化。中西部地区要加快改革开放和开发，发挥资源优势，发展优势产业。国家要加大对中西部地区的支持力度，优先安排基础设施和资源开发项目，逐步实行规范的财政转移支付制度，鼓励国内外投资者到中西部投资。进一步发展东部地区同中西部地区各种形式的联合和合作。更加重视和积极帮助少数民族地区发展经济。从多方面努力，逐步缩小地区发展差距。"②

此后，江泽民同志又先后在有关会议上，多次强调提出加快中西部发展的这一战略构想，并把它进一步具体明确为西部大开发战略。他认为实施

---

① 《江泽民文选》第1卷，人民出版社2006年版，第466页。
② 《江泽民文选》第2卷，人民出版社2006年版，第25页。

西部大开发是全国发展的一个大战略、大思路,目前加快中西部地区发展的条件已经基本具备,时机已经成熟,从现在起就要作为党和国家一项重大的战略任务,摆到更加突出的位置上。

从江泽民同志在上个世纪末提出把解决地区发展差距和坚持区域经济协调发展作为今后改革和发展的一项战略任务,到本世纪初提出的西部大开发战略的整个思想发展过程,可以看出一个面向新世纪的新的区域经济均衡发展战略思想正在形成。这一新的区域经济均衡发展战略思想,一方面继承了毛泽东在《论十大关系》中提出的内地工业与沿海工业协调发展战略思想中一些积极的因素,另一方面又坚持和发展了邓小平同志在"两个大局"战略构想中所体现的效率优先和兼顾公平的原则。它是一种在新的历史条件下把毛泽东均衡发展战略思想中追求共同富裕目标的强烈愿望与邓小平非均衡发展战略中实现这一目标务实的科学态度有机结合的产物。

江泽民所提出的新的区域经济均衡发展战略思想与毛泽东当时所提出的区域经济均衡发展战略思想相比,有许多相似之处。其继承性方面主要表现在:一是对于东部地区与中西部地区经济发展中出现的差距扩大问题,二者都认为是一种不合理的状况,是事关整个全局的大问题,必须认真对待,正确处理。二是在生产力总体布局方面,二者都主张经济建设的重点应从东部沿海地区逐步转移到中西部地区,加快内地工业的发展步伐。三是在加大对中西部地区的支持力度方面,二者都主张要好好利用东部沿海地区工业的设备能力和技术力量。四是在处理汉族和少数民族关系方面,二者都能从政治的高度来重视和积极帮助少数民族地区经济的发展。

从表面上看江泽民所提出的新的均衡发展战略,类似于"回归"到毛泽东所提出的区域经济均衡发展战略。但是,实际上这是一种在新的基础上和新的历史条件下的更高层次上的"回归"。它有着毛泽东所提出的区域经济均衡发展战略思想所不具有的新的时代内涵。其发展性主要表现在:一是二者之间在指导思想方面不同。建国初期,毛泽东所提出的大力发展内地工业主要是为了备战,在实践中具体表现为支援"三线"建设。而现在加快中西部地区的发展,实施西部大开发战略,主要是为了调整产业结构,发展社会主义市场经济。二是二者在认识东西部地区经济发展差距问题上的视角和观点不同。毛泽东主要从历史的角度来看待地区经济发展差距问题,认为这是历史上形成的一种不合理状况,因而从消极的方面理解差距比较多,急于在短期内消除差距。而江泽民认为不仅要历史地看待这个问题,而且还要辩证地看待地区经济发展差距问题。现在地区之间的经济差距是属于发展中的差距,不仅有消极的一面,还有先富带后富的积极一面,因而在区域经济协调发展方向上是缩小地区差距,而不是从根本上消除这种差距。三是二者在处理东西部经济发展差距问题上方式不同。毛泽东的均衡发展战略思想主要是在计划经济体制条件下运用行政手段的方式来解决地区差距的,其结果不仅人为地压抑了沿海工业的发展,也影响了内地工业的发展。而江泽民提出的新的均衡发展战略思想,主要是在国家宏观调控下运用市场机制,采取合理分工、各展其长、优势互补、互惠互利和地区协作与联合等方式进行,以促进区域经济协调发展。四是二者在实现区域经济协调发展方面所体现的原则不同。毛泽东的均衡发展战略思想体现的是公平优先、兼顾效率;江泽民提出的新的均衡发展战略思想则体现的是效率优先、兼顾公平。因此,从某种意义上讲,毛泽东的均衡发展战略思想所追求的是一种带有一定平均主义色彩的共同富裕理想,而江泽民所提出的新的均衡发展战略思想是要实现一种能够逐步缩小差别的共同富裕目标。

江泽民所提出的新的区域经济均衡发展战略思想,与邓小平的非均衡发展战略思想既有联系也有区别。二者之间的联系在于:一是江泽民所提出的坚持区域经济协调发展和逐步缩小东西部地区差距的战略思想,属于邓小平提出的"两个大局"战略构想的一个重要组成部分,是在努力实现第二个大局的战略任务。二是二者的奋斗目标都是为了实现全国各区域经济的协调发展和共同富裕。三是在实现区域经济协调发展的方式上,二者都体现了效率优先、兼顾公平的原则,都注意充分发挥计划和市场两种手段的长处。四是在实现共同富裕目标的途径上,二者都遵循了我国地区经济发展不平衡规律,以承认一定的合理的发展差距为前提,通过一部分地区先富起来的示范作用,来促进区域经济协调发展。五是二者都具有鲜明的时代特色,坚持全方位对外开放的方针,以改革促进地区经济协调发展。江泽民在以上几个方面都继承了邓小平非均衡发展战略思想。

但是,同时也应看到.江泽民所提出的新的均衡发展战略思想中,又具有邓小平非均衡发展战略思想中所不具有的新的内涵。这主要表现在:一是二者之间在区域经济发展方面的战略重点不同。邓小平的非均衡发展战略重点在东部沿海地区,而江泽民提出的新的均衡发展战略重点开始向中西部地区进行转移。二是二者所解决的矛盾的性质不同。邓小平的非均衡发展战略主要针对过去区域经济发展中存在着平均主义"大锅饭"的社会现状而提出的;而江泽民所提出的新的均衡发展战略,是针对东西部地区之间在经济发展和收入分配方面所存在的差距日益扩大的趋势而言的。三是二者的历史任务不同。邓小平的非均衡发展战略的主要历史任务是通过改革开放,首先促进东部沿海地区经济的快速发展,通过一部分人、一部分地区先富起来,合理地拉开地区之间的经济发展差距,实现第二步战略目标,达到小康水平;而江泽民提出的新的均衡发展战略的历史任务则是通过体现共同富裕这一社会主义本质要求,努力缩小地区之间的经济差距,向实现第三步战略目标迈进,使人民生活走向共同富裕。四是二者在推动区域经济协调发展方面所采用的经济增长方式不同。邓小平提出的非均衡发展战略,针对我国当时还处在卖方市场条件下的短缺经济时期的现状,一般采用的是一种粗放型的经济增长方式,实行的是一种增大经济总量的扩张政策,强调的是经济发展速度;而江泽民提出的新的均衡发展战略,针对现在我国已基本告别短缺经济时代,进入了买方市场时期,商品供过于求,客观上存在着一些盲目发展的重复性建设问题,采用的是一种集约型的经济增长方式,注重的是经济运行质量的提高。五是二者在区域经济发展的政策倾斜方向上也有所不同。邓小平的非均衡发展战略的政策制定主要倾斜在东部沿海地区,特别是在经济特区的改革开放试点方面制定了许多优惠政策,以加快这些地区经济发展;而江泽民新的均衡发展战略所制定的政策主要倾斜在中西部地区,通过实施西部大开发战略,扩大内需,拉动市场需求。除此之外,江泽民新的均衡发展战略在注重运用国家宏观调控力量推动区域经济协调发展方面还制定了许多具体的有效措施,在一定程度上进一步丰富和发展了邓小平所提出的"两个大局"的战略思想。

**(四)以胡锦涛为总书记的党中央提出的统筹区域发展战略及其指导意义**

新世纪以来,随着经济体制改革的不断深化和全方位、宽领域、多层次的对外开放格局的基本形成,极大地促进了社会生产力、综合国力和人民生活水平的提高,使我国经受住了国际经济金融动荡和国内严重自然灾害、重大疫情等严峻考验。同时在发展中,也存在经济结构不合理、分配关系尚未理顺、农民收入增长缓慢、就业矛盾突出、资源环境压力加大、经济整体竞争力不强等问题。这些问题在东北地区和中部地区表现得尤为突出,不仅直接影响到西部大开发的顺利进行,而且也在一定程度上制约了东部沿海地区的对外开放。

为了适应经济全球化和科技进步加快的国际环境,适应全面建设小康社会的新形势,以胡锦涛为总书记的党中央在 2003 年 10 月召开的党的十六届三中全会上,适时提出了坚持以人为本,树立全面、协调、可持续的科学发展观,提出了要按照统筹城乡发展、统筹区域发展、统筹经济社会发展、统筹人与自然和谐发展、统筹国内发展和对外开放的要求,更大程度地发挥市场在资源配置中的基础性作用,增强企业活力和竞争力,健全国家宏观调控,完善政府社会管理和公共服务职能,为全面建设小康社会提供强有力的体制保障。特别是在区域经济发展战略上,提出了要加强对区域发展的协调和指导,积极推进西部大开发,有效发挥中部地区综合优势,支持中西部地区加快改革发展,振兴东北地区等老工业基地,鼓励东部有条件地区率先基本实现现代化,并要形成促进区域经济协调发展的机制。①

为了更好地贯彻落实科学发展观和组织实施统筹区域发展战略,党中央和国务院 2004 年 12 月在北京召开的中央经济工作会议上,首次把促进

---

① 参见《中共中央关于完善社会主义市场经济体制若干问题的决定》,人民出版社 2003 年版。

"中部崛起"作为 2005 年经济工作的六项任务之一。胡锦涛总书记在此次经济工作会议上指出,经过多年努力探索,我们初步形成了各有侧重的区域发展战略,就是实施西部大开发,振兴东北地区等老工业基地,促进中部地区崛起,鼓励东部地区率先发展,实现相互促进、共同发展。在 2005 年 10 月召开的党的十六届五中全会所通过的《中共中央关于制定国民经济和社会发展第十一个五年规划的建议》中,首次把东中西部和东北地区作为一个整体,完整地阐明了四大区域的战略布局。2006 年 3 月,第十届全国人大四次会议所批准的《中华人民共和国国民经济和社会发展第十一个五年规划纲要》,对实施统筹区域发展总体战略进行了具体部署。2006 年 4 月 15 日下发了《中共中央国务院关于促进中部地区崛起的若干意见》,把具体组织实施"促进中部地区崛起"的战略提到了重要的议事日程。

科学发展观,第一要义是发展,核心是以人为本,基本要求是全面协调可持续,根本方法是统筹兼顾。科学发展观的提出以及在这一科学发展观指导下所形成的一系列统筹区域经济协调发展战略的政策及措施,体现了"三个代表"重要思想的要求,反映了我们党对社会主义市场经济规律和我国区域经济协调发展规律的认识不断深化,是对我们党执政以来在促进区域经济协调发展方面成功经验的全面概括和系统总结,对在新形势下促进中部崛起与区域经济协调发展具有着重大的指导意义。

第一,明确提出了统筹我国区域经济协调发展的科学发展观。这就是坚持以人为本,树立全面、协调、可持续的发展观,促进经济社会和人的全面发展。坚持以人为本,就是要着眼于促进人自身的全面发展。树立全面、协调、可持续的发展观,就是要在集中力量把经济搞上去的同时,还要促进经济与社会的全面进步,物质文明建设与政治文明建设、精神文明建设的协调统一,人与自然的和谐发展,努力构建社会主义和谐社会。它要求我们在促进区域经济协调发展过程中,要突破就经济谈经济的局限性,要从科学发展观的高度,全面分析制约区域经济协调发展的各种因素,从多层面上发现和把握其规律性,更好地促进我国区域经济协调发展。

第二,全面提出了统筹我国区域经济协调发展的主要内容。这就是除了统筹国内区域之间的协调发展,还要统筹国内发展和对外开放;既要统筹区域的城乡发展,还要统筹区域的经济社会发展以及区域的人与自然和谐发展。"五个统筹"要求我们在促进我国区域经济协调发展过程中,要把我国整个区域经济协调发展看成是一个由不同功能要素有机构成的经济社会发展系统,只有从整体上加以"统筹兼顾",才能"全面协调"发展。

第三,明确提出了统筹我国区域经济协调发展要着眼于制度、体制与机制的创新。这就是要更大程度地发挥市场在资源配置中的基础性作用,增强企业活力和竞争力,健全国家宏观调控,完善政府社会管理和公共服务职能,加强对区域发展的协调和指导,为促进区域经济协调和全面建设小康社会提供强有力的体制保障。为此,要完善公有制为主体,多种所有制经济共同发展的基本经济制度;建立有利于逐步改变城乡二元经济结构的体制;形成促进区域经济协调发展的机制;建设统一开放竞争有序的现代市场体系;完善宏观调控体系、行政管理体制和经济法律制度;健全就业、收入分配和社会保障制度;建立促进经济社会可持续发展机制等。

第四,系统地提出了统筹我国区域经济协调发展的总体战略部署与空间布局要求。这就是坚持推进西部大开发,振兴东北地区等老工业基地,促进中部地区崛起,鼓励东部有地区率先发展的区域发展总体战略,健全区域协调互动机制,形成合理的区域发展格局。根据资源环境承载能力,现有开发密度和发展潜力,统筹考虑未来我国人口分布、经济布局、国土利用和城镇化格局,将国土空间划分为优化开发、重点开发、限制开发和禁止开发四类主体功能区,按照主体功能定位调整完善区域政策和绩效评价,规划空间开发秩序,形成合理的空间开发结构。

第五,科学界定了中部地区在我国经济社会发展中所具有的重要地位,系统地提出了促进中部地区崛起的重大意义及其原则和有关政策。认为促进中部地区崛起,有利于提高我国粮食和能源保障能力,缓解资源约束;有利于深化改革开放,不断扩大内需,培育新的经济增长点;有利于实现国民经济和社会发展第十一个五年规划的宏伟目标,促进城乡区域协调发展,构建良性互动的发展新格局。在促进中部地区崛起过程中,应坚持深化改革和扩大对外开放,推进体制机制创新,发挥市场配置资源的基础作用;坚持依靠科技进步和自主创新,走新型工业化道路;坚持突出重点,充分发挥比较优势,巩固提高粮食、能源原材料、制造业等优势产业,稳步推进城市群发展,增强对全国发展的支撑能力;坚持以人为本、统筹兼顾,努力扩大就业,逐步减少贫困人口,提高城乡公共服务水平,加强生态建设和环境保护,促进城市与农村、经济与社会、人与自然和谐发展;坚持立足现有基础,自力更生,国家给予必要的政策支持,着力增强自我发展能力。

上述以胡锦涛为总书记的党中央所提出的统筹区域协调发展战略,是在继承和发展毛泽东、邓小平、江泽民三代领导核心关于区域经济发展战略思想的基础上形成的。但与他们相比,又有着自己的鲜明时代特征:一是集中表现在明确提出了一个统领整个区域经济协调发展的科学发展观;二是在促进区域经济协调发展方面更加注重制度、体制和机制的创新;三是在整体布局方面,更加注重东中西互动、优势互补,实现各地区共同发展;四是在统筹区域发展的内容方面,更加注重城市与农村、经济与社会、人与自然和谐发展;五是在统筹区域发展的政策方面,开始向中部地区进行适当的倾斜。

总之,通过对毛泽东、邓小平、江泽民和以胡锦涛为总书记的党中央关于我国区域经济发展战略思想的比较与分析,可以看出,建国以来在进行社会主义现代化建设的过程中,促进区域经济协调发展是我们党和国家的一贯指导方针,但由于每个历史时期的时代特点不同,促进区域经济协调发展的内容与方式也有所不同,并呈现出一些阶段性特点。从我们党促进区域经济发展的探索历程来看,基本上是按照均衡—非均衡—新的均衡—统筹协调这一轨迹来运行的,呈现出波浪式前进的状态。① 以毛泽东同志为核心的第一代中央领导集体根据我国沿海和内地经济发展不平衡的基本国情特征,提出了解决地区之间平衡协调发展的问题。但是,由于走的是一条带

---

① 参见李本和:《均衡·非均衡·新的均衡——党的三代领导核心区域经济发展战略思想比较研究》,《前沿》2001 年第 7 期。

有平均主义色彩的传统均衡发展之路,使我国在支持中西部开发建设上既奠定了一定的物质基础,但也付出了高昂的代价。以邓小平同志为核心的党的第二代中央领导集体走的是一条非均衡发展之路,根据"两个大局"的战略构想,基本上完成了以东部沿海地区为经济发展增长极的第一个大局的任务,但也由此引起了东部沿海地区与中西部地区经济发展和收入分配上的差距,并呈现出逐步扩大的趋势。以江泽民同志为核心的党的第三代中央领导集体,继承了毛泽东均衡发展战略思想中的一些积极因素,在坚持和发展邓小平提出的"两个大局"战略思想的基础上,用新的眼光和新的视角,在新的基础上制定出了一系列有利于缩小地区经济发展差距的有效政策和措施,面向新世纪适时提出了实施西部大开发战略,实现了由内地服从沿海向沿海服从内地的历史性转变,但同时也出现了人们所关注的"中部塌陷"问题。以胡锦涛为总书记的党中央根据新形势适时提出统筹区域协调发展战略,坚持以科学发展观为指导,着眼于体制和机制的创新,在积极推进西部大开发、鼓励东部率先实现现代化和振兴东北老工业基地的同时,提出要有效发挥中部地区综合优势,并明确提出了促进中部崛起的方针、政策及措施,努力促进东中西互动、优势互补,实现各地区共同发展,正在逐步探索一条实现整个中华民族伟大复兴之路。

### 四、坚持用科学发展观探讨中部崛起与区域经济协调发展问题

科学发展观的提出,既是对国内外区域经济理论研究成果的高度概括,也是对国内外落后地区开发社会实践的科学总结,反映出我们党对社会主义市场经济规律和我国区域经济协调发展规律的认识不断深化。在探讨和研究中部崛起与区域经济协调发展问题时,如何坚持以科学发展观为指导,充分体现以人为本的发展理念和全面、协调、可持续发展的时代特征?这是在统筹区域协调发展新形势下对我国区域经济理论研究提出的新课题。

中部"塌陷"与中部崛起问题,自上个世纪 90 年代就引起国内一些专家关注。上世纪 90 年代末,中国区域经济学会副会长陈栋生教授在对《中部五省跨世纪发展的定位与目标》研究中指出:"综观我国区域经济格局之

演变,如果说,80、90 年代以沿海地区率先崛起为标志。那么,在世纪之交至下世纪头十几年,正是中部崛起之时。"①他认为,中国三大地带协调发展的主要矛盾在中部地区,关注中部、发展中部应该提到新的认识高度。上世纪末,西部大开发战略提出后,中国社科院工业经济研究所魏后凯研究员等在对《西部大开发与"三大地带"战略定位》研究中认为:"我们决不能用西部大开发战略来代替全国区域总体开发战略,更不能由此而忽视东部和中部地区的发展。"2001 年,河南省宋璇涛博士则从中部地区经济的特点及其在我国区域经济中的地位出发,揭示了东部、中部、西部三大经济地带的内在成长联系,专门撰写了《寻求区域经济非均衡协调发展——中部经济结构替代与经济起飞》一书。2002 年,湖北省社科院马福祥等在《谨防中部塌陷——西部大开发,中部怎么办?》一书中,对"中部塌陷"问题进行了系统地阐述。2003 年,江西省南昌大学周绍森教授等著《论中国中部崛起》一书和尹继东教授等从事的《中国中部经济发展问题研究》等成果相继涌现出来,对中部各省经济发展现状及对策进行了较为全面的分析与阐述,等等。当时人们对中部地区的研究主要集中在中部塌陷及其原因的分析以及对中部崛起在全国总体发展中的重要性等问题的认识上。

伴随着人们对中部塌陷问题认识的逐渐明晰和国家关于促进中部崛起战略的提出,对如何促进中部地区崛起问题的研究开始成为中国区域经济研究的新亮点。目前,这一研究主要围绕下述六个方面展开。②

## (一)对中部优势和战略定位的研究

在对中部优势的认识上,许多专家学者认为,由安徽、江西、河南、山西、湖北和湖南六省组成的中部地区地处我国的经济腹心,是我国东部与西部的连接桥梁、南方与北方的过渡地带和重要的粮食生产基地,工业体系比较完备,市场容量巨大,人力、旅游、水电等经济资源丰富。各省的经济状况、政策效用等呈现明显聚类特征,它们在东西南北的区域发展中形成了举足

---

① 陈栋生主编:《跨世纪的中国区域发展》,经济管理出版社 1999 年版,第 78 页。
② 参见储节旺、周绍森:《中部地区经济崛起研究现状综析》,《江淮论坛》2005 年第 3 期,第 25—29 页。

轻重的中部区域经济体系,是中国的粮仓和现代工业的摇篮。由于中部地区人口、资源、经济较为密集,优势和困难都十分突出,加上独特的地理区位,在全国区域经济大格局中具有独特的重要性。还有的学者认为,中部是整个中国新型工业化的突破口。中部兴则中国兴,中部崛起关系到国家整体战略实施。总体上看,中部地区的综合优势在于:区位、交通优势,资源、产品优势,科技、人才优势,生态文化优势等。根据中部综合优势,大多数学者认为,在统筹区域发展的新形势下,不能单纯地把中部地区定位于国家的重要粮食生产基地和能源原材料基地,中部地区应该有新的功能定位。大家对国家提出的"三个基地、一个枢纽"中部地区的战略定位,即把中部地区建设成全国重要的粮食生产基地、能源原材料基地、现代装备制造及高技术产业基地和综合交通运输枢纽,纷纷表示赞同,认为这样能为促进中部崛起提供更为广阔的政策空间。

### (二) 对中部崛起的衡量标准及其发展目标的研究

关于中部崛起的衡量标准,国务院研究室综合司副司长刘应杰研究员认为,中部崛起有三个重要标志:一是中部地区的发展速度要超过全国平均发展速度;二是中部地区的发展水平要超过全国的平均水平;三是中部地区与东部发达地区的发展差距相对缩小。中国社科院魏后凯研究员认为,中部崛起是一个相对概念,是一个动态的比较概念。衡量中部是否崛起,大体可分为最低标准和最高标准。最低标准是中部地区的经济增长速度超过全国各地的平均水平。最高标准是随着中部地区经济的持续快速增长,其主要经济指标的人均相对水平最终超过全国各地区的平均水平。

关于中部崛起发展目标的研究,主要有张启春等人的研究成果与预测方案。其主要观点认为,中部崛起的发展目标应从属和服务于国家发展的总体目标,并与国家的总体发展目标及其阶段性目标相适应,确立不同阶段不同层次的目标,可将 2010 年、2020 年和 2050 年分别作为短期、中期和长期目标的时间界限,分阶段予以实施。

### (三) 对中部崛起方略及其实现途径的研究

较早系统研究中部崛起战略的是周绍森教授,他在专著《论中国中部崛起》和《再论江西崛起——中部地区各省经济社会发展状况比较研究》中从战略和对策上,对中部地区的产业、科技、教育、历史文化、人才、金融、服务业、对外开放、工业化、城镇化、资本和可持续发展等方面与全国做了系统、全面的分析和比较。另一位对此研究比较深入的是河南大学的覃成林教授,他在《中部地区经济崛起的战略》中明确指出,目前关于中部崛起的观点主要有三种:一种观点着力论证中部地区在全国总体发展中的重要性,呼吁国家对中部地区的经济发展给予支持。另一种观点则从如何加强与东部联系、配合西部大开发方面寻找中部地区的发展机会。一些省提出了"东引西进"、"东拓西进"、"东进西出"等战略设想,希望通过这样的区际发展策略乘上东部经济发展和西部大开发的"东风"。还有一种观点主张中部地区应该从知识经济、加入 WTO 等方面去发现机遇,实现跳跃式发展。

还有的学者提出,中部地区经济崛起的战略取向应该是,在判明国内外经济环境变迁所带来的机遇与风险的前提下,根据利用机遇、规避风险的原则,立足于本地区的资源开发、对经济结构的重构和对空间结构的重组,实现各种经济发展力量的整合,建立具有可持续发展能力的区域经济自我发展机制,提高参与国内外市场竞争的能力,从而实现经济的快速崛起。具体可以采取:产业链战略、城市群战略、物流网战略和大市场战略。中部困难直接体现为城乡二元经济结构、大量农业人口、较低的城市化率等,所以,推进中部的工业化进程意义十分重大。

2003 年 11 月,南昌大学中国中部经济发展研究中心组织的"第二届区域合作与经济发展论坛"对中部的经济发展战略问题达成一定的共识。2004 年 5 月,在武汉组织召开的"首届中部区域创新论坛"对中部区域创新问题的讨论也取得了较好的成果。2005 年 2 月 23 日,促进中部崛起战略与政策研讨会在合肥召开,来自国务院发展研究中心和中部六省发展研究中心的 20 多位专家学者相聚合肥,共同讨论中部崛起需要中央采取的政策。在这次会议上,国务院发展研究中心提供了《关于促进中部崛起的几点建议》的讨论稿,提出了制定中部崛起战略要遵循的有关原则,并认为六省之间的合作和交流是其崛起的基础和前提,只有形成合力,加强区域之间的经济联系,才可能有中部这个经济板块的整体隆起。

**(四)对中部地区特定产业或问题的研究**

中部的农业、工业(尤其是高技术产业、汽车业)、服务业(主要是教育、金融业和旅游业),工业化、城市化(包括城市群等)和信息化等是众多学者关注的热点问题。如袁善腊在《实现中部崛起的农业发展问题研究》报告中,就提出发展中部农业问题的四大措施:深化税费改革、发展小城镇、农业产业化建设、拓展农村消费市场等。有的学者提出,中部六省高新技术产业发展,必须从区情省情出发,坚持"有所为,有所不为"的发展战略,按照"有限目标,突出重点"的思路,选择电子信息、新材料、生物工程、机电一体化、科技咨询服务业等。目前,比较一致的看法是,中部之痛,首痛在农业,农业是中部曾经的骄傲,农业产业化将是中部地区一个长时间要解决的重大问题。但是,中部的发展不能限于农业问题,否则,"三农"不仅解决不了,也会导致其他问题解决的延迟。所以,中部一定要走新型工业化的道路,发展工业尤其是制造业,并以工业的成果反哺农业,还要大力发展高新技术产业,培植具有自主知识产权的品牌。

另外,程劲松等对中部地区可持续发展做了初步探讨。他认为,中部发展不能走东部的发展模式,必须在科学发展观的指导下实现持续、健康、和谐的发展,"既要金山银山,更要绿水青山"。还有一些学者对中部的产业集群、城市集群和县域经济发展进行了有益的探索。如李春明、杨云彦论述的武汉城市圈的建设,安徽学者提出的马芜铜经济圈,河南学者等论证的大中原城市群(大郑州都市圈),湖南学者倡议的长株潭经济圈等也都备受瞩目。

**(五)对中部地区省域经济发展的研究**

对该专题的研究,主要从两个方面展开:一个方面是对中部各省经济的横向比较,分析各省的经济发展状况以及科技、教育、资源、人才等方面的发展态势,这方面有代表性的专家有周绍森、覃成林、胡树华、韦伟等;另一个方面是对各省自身经济的研究,这个工作由来已久,大多数是各省政府的发展研究中心、社科院以及当地高校研究机构,这种研究主要是纵向为主。

　　在研究中中部各省专家、学者都从本省实际出发,纷纷提出自己的建议和主张,有些建议已被社会所接受或被政府所采纳。湖北的经济实力为中部六省之最,区位优势、资源优势和人才优势比较明显,一直有中部第一的感觉,最先叫响中部崛起的也是他们,因而对该问题的研究也最多,他们提出发展武汉城市经济圈,并希望由此一统中部经济,成为中部崛起的龙头。江西由于经济的相对落后,对经济增长的渴望比较强烈,目前正在努力实施"三个基地、一个后花园"的发展战略,该战略的定位使江西经济得到较快发展,由于政府支持和学者的努力,国家重点人文社科基地——中国中部经济发展研究中心落户南昌。湖南建立长株潭经济圈,并渴望融入泛珠三角地区。河南凭借郑州的交通枢纽地位和农业大省、人口大省的地位,建立郑州经济圈,以谋求"中原崛起",近几年年均增长均在中部地区前 3 位。山西自古因地理位置、交通条件而与京津唐地区往来密切,并且是一个能源大省,人口较少,前几年经济发展势头强劲,连续多年稳坐中部六省头把交椅。安徽离东海岸线最近,但安徽过去曾经错过一次次的发展良机,然而安徽现在并没有气馁,无缝对接"长三角"、远交广联"珠三角"、借势借力"中六省"重要战略已经开始实施,全面推进和提升"861"行动计划,"抓住机遇,乘势而上,奋力崛起"。

　　从中部六省提出的发展战略看,各省出牌都没有考虑中部板块崛起问题,无怪乎有些专家认为中部是"一盘散沙"。安徽、江西和湖南都朝沿海看,山西要东进,只有湖北和河南"无亲可攀",尴尬留守中部。但是,中部省份由于地缘关系和经济结构相似性,各省的经济发展不能不考虑这个特点,脱离中部经济大环境,经济发展就会存在许多局限和不足。对这些问题的研究由于都仅从本省出发,在全国难以形成重要影响,难以争取有利的政策和发展机会。所幸的是,随着党和国家关于促进中部崛起政策的日益明朗化,中部各省开始同唱一台戏。2006 年,中部各省政府主要领导在郑州开会,共商中部崛起大计。中部六省再次将中部崛起的声音唱响,各省官员均在不同媒体上发表施政纲要,显示各省对发展本省经济和促进中部崛起的强烈渴望和勃勃雄心。

### (六) 关于中部崛起谁当先问题的研究

有的专家认为,从发展速度看,山西和江西有可能率先,但河南在2005、2006 年连续实现了高增长,超过两年位居第二的江西和曾连续四年位居第一的山西,所以从速度上难以判断。从发展的潜力看,连玉明在《中国数字黄皮书》中测算出湖北和安徽工业竞争优势最强,江西最弱,但 2002年至 2006 年的江西发展让大家不得不对此问题重新思索。从经济实力上看,湖北应该成为中部率先崛起的省份,但是,河南和安徽认为有足够的可能超过湖北。从综合因素看,安徽和江西竞争力较强,《决策》刊登的摩根士丹利亚洲有限公司董事、总经理谢国忠的一篇文章认为,明天的太阳将从安徽和江西升起。从近几年中部各省发展情况比较看,安徽、江西确实有加快发展的态势。安徽省委书记王金山论断"安徽可以在中部崛起进程中率先突破",他认为安徽能率先突破有三个方面原因:安徽的产业发展、资源优势、区位优势以及宏观调控都呈现良好的状态,尤其是"861"行动计划、新的交通体系的构建等重大决策的实施将显著增强安徽的发展能力。

因此,中部六省谁先崛起一时还难以预料。对中部省份而言,现在要做的不是去争论谁是第一,而是团结协作、奋发图强,争取更多的生存发展空间,用经济数据和人民群众的实际生活水平来说话。目前,让人们感到高兴的是,2005 年中央政府已将促进中部崛起的政策和措施纳入国家"十一五"规划,并于 2006 年 4 月专门下发了《中共中央国务院关于促进中部地区崛起的若干意见》。一些专家和学者认为,中部崛起的势头已开始出现,并对此充满了信心。从 2008 年和 2009 年一季度我国经济运行情况看,世界金融危机正在加速区域经济格局的调整。当沿海一些发达省市遭受金融危机重创,经济增速放缓时,中部地区由于外向型依赖度低,主要服务内需市场,加之得到中央政策的支持,经济发展势头较好,正在缩小与东部发达地区之间的差距。

但是,我们也应该看到,促进中部崛起与区域经济协调发展,是一项任务十分艰巨而复杂的社会系统工程,真正实施起来并不是一件容易的事情。特别是有关这方面的理论研究,还有许多需要完善的地方。例如,中部崛起的基本内涵、科学依据和发展目标需要进一步论证,有关中部崛起的研究内容还需要丰富,有关促进中部崛起动力机制的形成还有待研究,有关中部与东西部互动机制的研究还有待深化,等等。因此,按照科学发展观的要求,对统筹区域发展新形势下中部崛起与区域经济协调发展理论的研究,在内容上应该有所创新,在方法上有新的突破。一是突破过去那种就经济谈经济的学科局限性,跨学科从经济、社会、文化等各种制约因素来综合考察区域经济的发展问题;二是突破就一个地区来谈一个地区区域经济的发展问题,从地区与地区之间的相互影响,特别是从区域一般与区域个别的"区域关联"研究中部地区的经济发展问题;三是突破仅仅从某一个层面去研究区域经济发展问题,应从点、线、网、面多个层面研究区域经济协调发展问题;四是突破过去那种单纯以缩小地区发展差距为主要内容的简单对比研究的局限性,而应突出以促进各地区相互协调、共同发展为主要内容的功能关系研究;五是突破目前理论界存在的理论性研究与应用性研究"两张皮"的研究内容的局限性,从理论与实践的结合上研究促进中部崛起与区域经济协调发展问题,提出更有现实针对性的具体对策及措施。

总之,在新形势下对促进中部崛起与区域经济协调发展的研究,应采用更能体现统筹区域发展特点的系统论方法,以现有的国内外区域经济理论与方法为基础,以国内外促进区域经济协调发展方面的社会实践为依据,以我们党创立和不断完善的区域发展战略思想和科学发展观为指导,把统筹区域经济协调看作是一个由不同功能要素有机构成的经济社会发展系统,从分析组成这一大系统的东中西"三大地带"之间的互动关系以及中部地区的功能定位入手,以统筹区域经济协调发展为主线,以促进中部崛起为重点,以分析促进中部崛起的主要构成要素和完善其功能作用为主要内容,以在这方面遇到的矛盾和问题为突破口,从整体到局部、从宏观到微观、从一般到个别、从理论到实践、从历史到现实,分专题进行系统而深入的研究,从而为促进中部崛起与区域经济协调发展提供必要的理论支持与科学依据。

# 第二章 统筹区域经济协调发展系统及其互动机制研究

国家"十一五"规划提出,促进区域协调发展,"根据资源环境承载能力、发展基础和潜力,按照发挥比较优势,加强薄弱环节,享受均等化基本公共服务的要求,逐步形成主体功能定位清晰,东中西良性互动,公共服务和人民生活水平差距趋向缩小的区域协调发展格局"①。如何实现这一发展目标,目前已成为经济理论界关注的一个热点问题。我们认为,要促进我国区域协调发展,首先应在合理借鉴和科学运用现代区位理论的基础上,正确选择适合我国区域经济发展特点的统筹协调模式,采用更能体现统筹区域经济协调发展特点的系统论观点,把统筹区域经济协调发展看作是一个有机统一的经济社会发展系统,把促进各地区发展作为这个大系统中的一个子系统来看待,进而探讨统筹区域经济协调发展的互动机制。

## 一、关于我国区域经济发展协调模式的选择及其区位理论的借鉴

我国促进区域协调发展目标的实现,在很大程度上取决于根据当前我国各地区经济发展阶段的特点,进行区域协调模式的合理选择与区位理论的科学借鉴,并以此为依据按照合理分工与加强合作的要求,对整个区域范围内的各地区进行科学的功能定位。

---

① 《中华人民共和国国民经济和社会发展第十一个五年规划纲要》,人民出版社 2006 年版,第 34 页。

### （一）我国区域经济发展系统协调模式的比较与选择

建国以来,在借鉴国外有关区域发展理论的基础上并结合我国的具体实践,我国根据不同社会历史时期区域经济发展的特点,曾先后实行过以下三种区域协调模式:

一是计划型区域协调模式。这种模式是以均衡理论为指导,以行政主导为依据的协调模式。我国在改革开放之前的计划经济时代一直都是采用这种模式。其基本特征是高度的计划性、低水平的平衡性、对外的封闭性以及对市场经济的排斥性。它是以苏联的平衡与协调的生产力布局为实践依据,以马克思对资本主义生产力分布规律的分析为理论基础而构建起来的,其突出的特点是强调政治军事目的,忽视经济效益。

二是市场型区域协调模式。它的理论基础来源于新古典经济理论。其中,以美国费·威廉姆森的倒 V 型理论为代表,强调依靠市场力量及市场制度的完善来自动消除区域差异,是这一理论的全部要义。20 世纪 80 年代初,这一理论模式引入我国,并同其他不平衡发展理论学派,如经济二元结构论、技术成长阶段论等结合在一起,形成我国区域经济发展的梯度推进模式。这一区域协调发展模式,对我国区域经济发展的作用虽然是巨大的,但随着经济的进一步发展,也存在一定的缺陷,即梯度推进排序的机械性、地区间产业转移的单向性、区域间经济技术文化交流缺少互动性。

三是干预型区域协调模式。这种模式是指在市场调节基础上,通过政府干预实现国民经济总体最优增长,通过集中资源首先促进重点区域经济增长,以重点带动一般,从而实现区域间先后有序、由点联线成面的持续增长的网络式发展,这种模式主要以聚扩效应论、累积因果关系论、发展极理论等非均衡发展理论为基础。这一模式在我国实践中,作为梯度推进模式的辅助型模式,对我国经济发展和抑制区域差距的加大起到了积极作用。但在实践中,由于这种模式并没有作为独立的政策手段加以实施,而只是作为梯度推进模式的补充模式,因而在梯度推进模式的大框架下,其影响程度、作用方式和表现力度都是有限的。

反思新中国成立以来推进区域经济发展实践中所采取的上述三种区域

关系协调模式,无论是计划型区域协调模式,还是市场型协调模式,或者干预型协调模式,虽然对我国区域经济发展都不同程度地起到了一定的促进作用,但都未能最终实现中国区域发展的和谐与协调,这不仅在于这些模式本身固有的理论局限性,更在于这些模式本身所具有的制度性缺陷。一是从理论来源讲,漠视了中国区域问题的复杂性和特殊性,忽视了中国是世界上自然地理条件差别最大的国家之一,经济社会发展水平高低不等,区域历史文化背景千差万别,简单搬用国外的理论和方法,对我国现实的区域问题难以作出有分析力度的准确判断,制定出富有远见的发展决策。二是从目标导向看,以上模式均存在唯经济论倾向,而区域协调发展绝不是单纯的经济增长,还应该涵盖社会、环境和人的全面发展,除了生产力层面的,还应有生产关系和自然环境层面的内容,以往模式主要是在经济领域,往往只是在如何实现生产力布局平衡的问题上兜圈子,当然难以认识和解决我国区域发展中所面临的各种复杂问题。因而,只有突破区域发展上唯经济论框框的限制,坚持以人为本,树立全面、协调和可持续的发展观,对经济、社会、文化和生态环境等方面进行综合考察,才能制定出科学而切实可行的发展对策。

　　因此,在对上述三种区域协调模式合理性与不足进行辩证分析与综合运用基础上,根据我国的现实情况,在坚持我国区域经济协调是一个经济社会全面发展系统的前提下,我国区域经济协调发展应采取统筹型协调发展模式,这种统筹型的区域协调模式,就是综合各方面的区域发展因素,集计划型协调、市场型协调和干预型协调优势于一体的区域协调模式(见图2-

**图2-1　我国区域经济协调发展模式的选择**

1）。这种模式在对经济、社会、文化和生态等因素全面统筹协调发展的前提下，根据各地区的资源承载能力进行不同的功能定位，充分发挥各地的特色优势，以中心城市为依托，采取分层分类、有重点的点线网面、东中西联动的发展方式，逐步形成东中西"三大地带"互动一体化发展的格局。

**（二）我国统筹型区域经济协调模式的基本特征**

1. 在总体上具有超均衡特征。即跳出昔日均衡与非均衡两极循环的局限性，走一条均衡与非均衡兼而有之的新的均衡的协调发展道路，从而既克服了梯度推进模式有梯度之势而无推进之实的弊端，又克服了区位辐射模式因受梯度推进前提束缚而重蹈低水平均衡发展老路的缺陷。

2. 在空间上具有开放性特征。即把中国区域经济发展放在融入经济全球化的大背景下来考虑"三大地带"的协调发展问题，在国际比较中发现区域的各种竞争优势以及优势互补问题，从而克服梯度推进与产业转移只重过程和局部，不重目的和全局的发展缺陷。

3. 在内容上具有综合性特征。即在区域经济协调发展中不仅要考虑到各区域之间在经济方面的协调问题，还要考虑到各区域之间在生态环境、社会人口、体制环境等各方面因素的差异及其与经济发展之间的相互影响与相互作用，从而克服过去只注重经济增长和经济发展的单一发展缺陷。

4. 在结构上具有层次性特征。即把整个区域经济协调发展大体上分成点、线、网、面若干个层次。第一层次是"面"的层次，即把东中西"三大地带"分为不同区域的面，作为全国生产力布局的规划依据，形成生产力从高梯度向低梯度扩散的发展态势；第二层次是"网"的层次，即在面的层次上以各个产业带为基础，形成不同的经济网络；第三层次是"线"的层次，或叫做产业带或增长轴，形成生产力布局的骨骼系统；第四个层次是"点"的层次，即以一些大中城市为支撑，形成众多的增长极。

5. 在功能上具有互动性特征。这种互动性，一方面表现为生产力布局结构上的互动性，即以点连线、以线结网、以网撑面，逐步形成一个多层次互动一体化的发展格局；另一方面是表现为区域协调发展过程中各种生产要素与生态环境、区域文化、管理体制等发展因素之间的互动性，逐步形成我国区域发展中经济、社会、生态和文化等因素全面协调发展的社会网络体系。

### (三)对不同区域协调模式下的区位理论的分析与借鉴

区域的功能定位不是事先确定的,而是服从于区域经济协调发展目标与区域协调模式的选择,同一区域由于区域经济协调发展目标的不同以及区域协调模式的选择不同,就会形成不同的区域功能定位。

在计划型区域协调模式下,区域功能定位主要是以苏联的平衡与协调的生产力布局理论为基础。苏联经济学家 H·奥克拉索夫在总结区域经济理论时,强调均衡各地发展水平原则具有重要意义。苏联学者费根也认为有计划地在全国配置生产力,并尽可能均匀地在全国配置生产力,是社会主义生产力布局的原则,从而强化了社会主义生产力布局是平衡发展的理论,强调尽快消除区域差别,是社会主义国民经济有计划按比例规律在生产力布局理论上的应用与延伸。具体表现在各地区的功能定位上,就是强调全国一盘棋与集中统一,从全国总计划任务出发,国家综合计划为区域规定主要指标,具有指令性,要求必须完成,并通过平衡法将各区域的人、财、物资源同社会需求进行纵横比较,建立区域间、区域与部门间的相互依赖的比例关系和供求平衡,防止比例失调。由于它否认市场在资源空间配置上的作用,否认区域以及企业是独立主体,割断区域间的经济联系,经济效益必须服从一定时期的政治军事目的,所以区域的功能定位大多具有浓厚的政治军事色彩。有时为了一定的政治军事目的,往往可以不计成本、不讲代价、不进行投入与产出分析。因此,区域的政治、军事功能往往大于经济功能,区域的经济功能在经济活动中居于次要地位。

在市场型区域经济协调模式下,区域功能定位主要依据成本决定论和利润决定论。成本决定论产生于 19 世纪二三十年代,第一个系统研究工业区位理论的是德国经济学家韦伯(A. Weber)。他在 1909 年发表《工业区位理论》,其主要思想认为,一个区域对工业区位选择吸引力大小的决定力量是最小生产成本,而影响产品成本的一般性区位因素是:运输费、劳务费和集聚效益,其中运输费是对工业区位定向起决定作用的因素。韦伯的成本决定论运用成本—收益分析,揭示了工业布局中以最小成本支出取得最大经济效益的思想。他把区位选择总是趋向生产总成本费用最低的地点。[①]韦伯的成本决定论,不仅解决了使生产、投入与产出的运输成本之和最小化而为一个工厂定位的问题,而且将这种微观的企业选择理论导向了一个地区的产业配置理论。随着市场经济的发展,市场空间的形成与功能在生产力布局中显示出越来越重要的作用。传统的成本决定论由于排除了市场因素的影响,不能正确说明实际的区位选择和产业配置过程而受到批评,继而发展成为新古典经济学的利润决定论。利润决定论是在垄断资本条件下以对最大利润的追求为背景建立起来的。由德国学者克里斯塔勒(W. Christaller)于1933年首先系统阐明了"中心地理论",指出要有益地组织生产与流通,必须形成以城市为中心、由相应的多级市场区构成的空间市场结构,从而对产业配置产生巨大的吸引力。近代区位理论的代表勒施(A. Losch)于1940年发表的《区位经济学》,继承了克里斯塔勒的市场空间结构思想,将一般空间均衡方法引入区位分析,将贸易流和运输网络的中心地的服务区位问题也纳入区位理论的研究范围,研究市场规模和市场需求结构对区位选择和产业配置的影响,揭示了从供求结合上观察工业区的形成和发展离不开周围的消费者,消费需求量的大小是区位选择上优先考虑的主要因素;而市场容量又取决于消费强度,消费影响产品价格、市场半径、产品推销技术、单位产品的运费等相关因素。最低成本只是作为企业总利润的一个因素而发挥作用,成本最低点并不意味着利润最高点,企业家关心的实质不是成本最低,而是利润最高。因此,利润决定论以市场—价格分析,揭示出利润最大化是影响区位选择的决定性因素,并使区位理论走向宏观化。

在统筹型协调模式下,区域功能定位主要参照的是综合优势决定论。随着科技进步、人们收入和需求层次的提高,区位决定因素也发生了新的变化。现代区位理论特别强调以人的行为因素为依据对成本—市场因素作综合分析,进而发展成为综合的整体性的区位理论,即空间结构理论。美国的

---

① 参见[德]阿尔弗雷德·韦伯:《工业区位论》,李刚健等译,商务印书馆1997年版。

区域经济学家伊萨德（W. Lsard）明确指出，最大利润原则固然是产业配置的基本原则，但这一原则的实现同自然环境、产品成本和区域之间工资水平等因素有关。因此，合理的区位选择和产业配置必然受到各种因素的影响，必须对各种因素、特别是成本—市场因素进行综合分析。20 世纪 60 年代以来，区位理论更强调行为因素的作用，认为现代企业家不仅关心赚钱，同时也追求舒适安宁的生活，包括优美的自然环境、宜人的气候、完善的社会设施、良好的社会秩序以及享受文化娱乐活动的机会，等等。因此，区位决策者的思想行为及价值观念，往往成为区位的决定因素。决策者所满意的区位，不一定是成本最低或利润最高的最优区位，而是综合优势最显著的区位。从 20 世纪 70 年代起，现代区位理论开始向动态化迈进。近几年区位理论的研究一直建立在时空动态分析和中长期预测的目标体系上，包括区域经济发展与区域经济结构的调整，区域开发与社会、生态间的协调，改善社会经济空间结构以及为人类创造适宜的工作和生活环境等。其中，区域开发和空间结构改善问题占有突出地位。

从以上分析可以看出，不同的区域协调模式，都有相应的区位理论作为基础。各种区位理论与区域协调模式一样，不可避免地带有很大的局限性。但其科学的合理成分对我国区域经济协调发展模式的选择及其各地区的功能定位具有着很大的借鉴意义，特别是现代区位理论的研究成果对我国所采取的统筹型区域协调模式及其各地区的功能定位问题具有着重要的参考价值。如果说我国在改革开放之前的"三线"建设与生产力的均衡布局，主要是以计划型区域协调模式下苏联的平衡与协调的区域功能定位理论为基础；改革开放初期实施的东部沿海开放战略主要是受市场型区域协调模式指导下的成本决定论和利润决定论的影响；那么，本世纪初我国实施的东中西联动的统筹区域发展战略及其"四大板块"的功能定位，主要是以科学发展观为指导，按照所选择的统筹协调发展模式的要求，并在合理借鉴和吸收综合优势决定论科学成分的基础上形成的。

## 二、统筹区域经济协调发展是一个有机统一的经济社会发展系统

统筹区域经济协调发展,是指国家把我国经济社会中的区域问题和"问题区域",纳入国民经济与社会发展的全局之中,根据资源环境承载能力和发展潜力进行通盘筹划,实施区域发展总体战略,推进形成主体功能区,通过对各区域的科学分工与功能定位,并在区域间建立起一定的互动机制,使其形成一个有机统一整体,实现各区域的空间协调发展。我们之所以把统筹区域经济协调发展看作是一个有机统一的经济社会发展系统,是因为它既具有一般自然界物质系统所表现出来的整体性、结构性、功能性、互动性及层次性等特征,同时又具有人类社会系统所特有的能动性、可控性特征。

统筹区域经济协调发展作为一个有机统一的经济社会发展系统,主要表现在其构成内容和运行情况两个方面。在其构成内容方面,从空间范围看,它是一个由东、中、西"三大经济地带"共同组成的一个经济开放系统;从战略布局看,它是一个由东、中、西部和东北地区"四大政策板块"有机构成的互动协调系统;从制约因素看,它是一个由经济、社会和文化等因素综合形成的社会发展系统;从运行机制看,它是一个由政府宏观调控的经济社会运行系统,具体通过健全区域之间的市场机制、合作机制、互助机制和扶持机制等互动机制来加以实现;从发展方式看,它是一个由优化开发、重点开发、限制开发和禁止开发等四类主体功能区构成的可持续发展系统。在其运行情况方面,从运行状态看,它是一个不断由非均衡达到新的均衡的动态过程;从运行过程看,它先后经过东部率先、西部开发、东北振兴、中部崛起的分区推进到统筹发展的演进过程;从运行方向看,是要形成主体功能定位明确,东中西良性互动,公共服务和人民生活水平差距趋向缩小的区域协调发展格局,见图2-2。

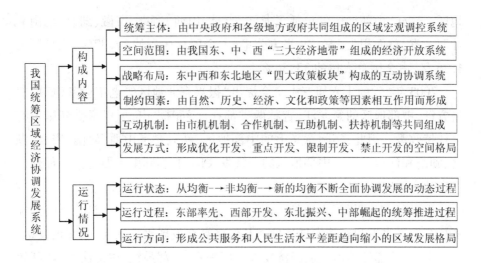

图2-2　我国统筹区域经济协调发展系统的构成要素及其运行情况

## （一）统筹区域经济协调发展是由"三大经济地带"组成的经济开放系统

我国区域之间发展有着很大的差异性,在空间范围上,从沿海到内地依照各省级行政区经济社会发展水平,可以把全国大致分为东部、中部和西部"三大经济地带",有时也简称"三大地带"。

上世纪80年代中期,根据国家第七个五年计划的划分,东部包括沿海的辽宁省、河北省、北京市、天津市、山东省、江苏省、上海市、浙江省、福建省、广东省、广西壮族自治区、海南省等12个沿海的省级行政区,面积占全国的16%,人口约占全国41.1%;中部包括黑龙江省、吉林省、内蒙古自治区、山西省、河南省、安徽省、江西省、湖北省、湖南省等9个省级行政区,面积占全国27%,人口占全国的35.7%;西部包括陕西省、甘肃省、宁夏回族自治区、青海省、新疆维吾尔自治区、四川省、重庆市、贵州市、云南省和西藏自治区等10个省级行政区,面积占全国57%,人口占全国23.2%。

上世纪90年代末,国家提出西部大开发战略后,对东、中、西部划分作了适当调整,内蒙古自治区和广西壮族自治区分别由中部和东部划入西部地区。这样,中部地区仅包括黑龙江、吉林、山西、河南、安徽、湖北、湖南和江西八省,总面积为 166.79 平方公里,占全国总面积的 17.37%,人口数为 4.26 亿,占全国总人口的 33.56%。

2003 年,党的十六届三中全会提出"振兴东北地区等老工业基地"的战略方针,中部地区的黑龙江、吉林两省都在此范围之内,可以享受到国家有关扶持政策。因此,实际意义上的中部地区,就只剩下山西、河南、安徽、湖北、湖南和江西六省。中部地区的经济发展问题,实际上主要是指中部地区六省的发展问题。

我国东、中、西"三大地带"在许多方面都有差别,其中比较突出的是经济社会发展水平和经济发展速度。从经济社会发展水平来看,东部最发达,中部次之,西部较落后。从经济发展速度来看,东部最快,中部次之,西部较慢。近几年来,随着国家区域发展战略的调整,区域划分出现了一些新的变化,但总体发展趋势看,东、中、西"三大地带"经济发展的基本格局仍没有变。

"三大地带"之间尽管在经济社会发展水平等方面存在着较大的差异,但它们都是构成我国区域经济协调发展的组成部分,是一个有机连续的社会统一整体。统筹区域经济协调发展,从全国的空间范围来讲,就是东、中、西"三大地带"之间的经济协调发展。统筹区域经济协调发展的实质就是在承认区际之间差异的条件下,在大力推进市场化进程中充分发挥各地比较优势的基础上,通过相互之间取长补短、互通有无,促进各种生产要素的合理流动,实现资源的优化配置,逐步缩小区域之间的发展差距,全面建设小康社会,共同构建和谐社会,实现各区域的社会主义现代化。

在这一过程中,除我国"三大地带"之间的协调发展之外,在我国加入WTO 之后,在融入经济全球化的新形势下,还面临着一个国内市场与世界市场接轨、参与国际经济大循环、促进我国各地区与世界各国经济共同繁荣与发展的新问题。因此,统筹区域经济协调发展具有开放性特征,是一个由我国东、中、西"三大经济地带"组成的经济开放系统。

## （二）统筹区域经济协调发展是由"四大政策板块"构成的互动协调系统

在促进我国区域经济协调发展的过程中，继"三大地带"划分的理论提出之后，随着党和国家区域发展战略的变化，又提出了"四大板块"的划分理论。这里所讲的"四大板块"是指和"东部率先、西部开发、东北振兴、中部崛起、东中西互动共进"的区域发展总体战略布局相匹配的四类区域政策覆盖区。尽管对这些地区的发展战略提出有先有后，发展重点各有侧重，但从区域间的内在联系上看，它们都是促进我国区域经济协调发展系统中的有机组成部分，见图2-3。

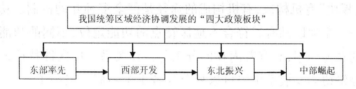

**图2-3 我国统筹区域协调发展的"四大政策板块"及其推进情况**

"四大板块"的提法与"三大地带"的划分，既有联系，也有区别。二者之间的联系在于：一是"四大板块"与"三大地带"在总体地理空间范围上是一致的；二是"四大板块"是在"三大地带"划分的基础上提出来的，是对"三大地带"划分理论的深化和发展。二者之间的区别在于：一是划分的标准不同。"三大地带"的划分是从经济社会发展水平存在着差异的角度提出的，是一个经济区域的概念；"四大板块"则属于政策区域的概念，具有着不同的区域政策和发展定位。二是所要解决的问题不同，"三大地带"的划分主要是解决如何看待和缩小区域之间存在着的发展差距问题；统筹区域发展战略中"四大板块"的提出，主要是解决区域之间在发展中根据各地的环境和潜力进行不同的功能定位问题，即如何通过有效的区域分工与协作，采取多种互动机制，实现优势互补、相互促进、共同发展的问题。

在我国统筹区域经济协调发展过程中，除了明确东中西和东北地区发展总体布局之外，各地区还要根据资源环境承载能力和发展潜力，按照优化开发、重点开发、限制开发和禁止开发的不同要求，明确不同区域的功能定位,逐步形成各具特色的区域发展格局。同时,为了实现区域经济协调发展系统的有效运行,还要形成区域间相互促进、优势互补的互动机制,具体包括健全市场机制、合作机制、互助机制和扶持机制等。

从系统论的角度来看,正是由于这种区域间的不同功能定位及其互动机制,才使得我国统筹区域经济协调发展形成了一个有机统一的整体,从而使统筹区域经济协调发展系统具有了整体性、结构性、功能性、层次性、能动性和可控性等社会系统特征。这里所说的整体性特征,是指我国的区域经济协调发展只靠某一地区的发展是协调不起来的,必须统筹协调、共同发展。结构性特征是指我国的区域经济发展系统由东部、中部、西部和东北地区"四大板块"有机构成,有机构成的途径是健全多种互动机制。功能性特征是指每一个地区都有着符合本地区特点的功能定位,不同的功能区发挥着不同的功能作用,具有着内在的分工与协作关系。层次性特征是指在我国区域经济协调发展系统中可以划分为若干个不同等级的子系统。"四大板块"的功能定位是最高层次,各地区内部按照优化开发、重点开发、限制开发和禁止开发的要求,又可以划分成不同的功能区。每个功能区又可以分成主体功能和辅助功能或附属功能。能动性特征是指在统筹区域经济协调发展中需要充分发挥人的主观能动性。可控性特征是指政府的宏观调控在统筹区域经济协调发展过程中自始至终发挥着主导作用。

当前,我国统筹区域经济协调系统运行的总体要求是,按照国家"十一五"规划的总体战略部署,坚持推进西部大开发,振兴东北等老工业基地,促进中部地区崛起,鼓励东部地区加快发展,逐步形成东中西互动、优势互补、相互促进、共同发展的新格局。

**(三)统筹区域经济协调发展是由多种因素综合形成的社会发展系统**

我国区域发展出现的东、中、西地带性差异,是由一系列自然因素、历史因素、经济因素、文化因素和政策因素等综合作用的结果,见图2-4。

从自然因素来看,东部地带气候湿润、雨热同期,利于作物生长,地势低平,比较有利于开发利用。而中西部地带多属于干旱区或高寒区,海拔较高,对农业发展极为不利。从地理区位上讲,东部地带面向大海,具有开放

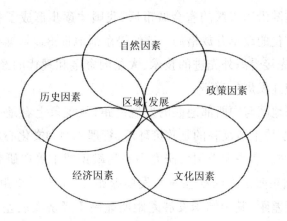

**图2-4 区域发展与诸因素的关系**

性和便利的海运,为发展开放型经济提供了优越的区位条件。而中部地带和西部地带则距海较远,长期处于比较闭塞的状态。

从历史因素来看,19世纪40年代以后,我国近代工业首先出现在东南沿海的一些城市。直到20世纪30年代,在抗日战争特殊的历史背景下,近代工业才一度出现向西推移的趋势;到中华人民共和国成立前后,还主要集中在东部的长江三角洲、辽宁、天津、青岛、广州等沿海地区和中部的武汉、太原等地。

从文化因素来看,"三大地带"在不同历史时期形成的历史文化传统和民族心理特性也不同。东部地区的人们思想观念比较开放,在经济竞争面前有比较强的危机感和紧迫感,有大力发展民族经济的强大的精神动力,而中西部地区则缺少这种开放的思想观念和强大的精神动力。

从经济因素来看,东部地带的产业结构相对优化,第二、三产业比重远大于第一产业,工业化、城镇化程度较高,生产力水平较高,而中西部地带第一产业比重仍相对较大,乡镇企业不发达,生产力水平较低,经济发展相对迟缓。

从政策因素来看,1978年我国的改革开放政策的实施首先是从沿海起步的,5个经济特区、14个沿海开放城市都位于东部沿海地带,而中西部地带实行改革开放则相对较晚一些,直到1992年进一步开放边境城市、长江沿岸城市和内陆沿边省区的省会城市后,我国才逐步形成了包括中西部地带在内的全方位的改革开放格局。这使得东部地带得以依据有利的区位和政策优势,首先接受海外先进的技术、大量的资金和现代的经营管理方式,走上了经济快速发展的道路。

东部沿海地区与中西部地区的发展差距,从现象上看是一种经济上的发展差距,而实质上所反映的是政策环境、管理体制和文化心理等方面的差距。中国科学院、清华大学国情研究中心胡鞍钢博士等在研究西部开发时曾指出:"中国东西部之间存在三大发展差距:经济发展差距、人类发展差距和知识发展差距,其中知识发展差距明显高于经济发展差距","有形资本投入造成的差异性仅占19%,其余大部分原因直接或间接为知识、信息、教育、技术、制度、市场竞争等无形因素的影响","不同的发展战略和政策会导致不同的经济发展结果"①。

从上述形成东、中、西"三大地带"差距的各种制约因素分析可以看出,我国区域发展差距是一种综合性差距,同时也说明我国区域经济协调发展是一个由多种因素共同形成的社会发展系统。所以,解决"三大地带"区域经济协调发展问题的对策,单纯地从某一个方面进行努力是难以有效的,必须采用综合性发展对策。在这种综合性发展对策中,不仅包括经济、社会层面的,也包括生态、文化层面的;不仅包括有形资本的投入,而且还应该包括无形资本的投入,并且应该把无形资本的投入放在首位。其中包括,各项教育事业的发展、人们思想观念的转变、民族社会心理的重构、人力资源的开发、管理体制的改革和制度的创新,等等。

**(四)统筹区域经济协调发展是从非均衡达到新的均衡的社会运行系统**

改革开放以前,我国经济发展目标是实现区域经济的均衡化,并考虑到"冷战"时期"备战"需要,加快内陆地区工业发展。国家用东部高比例的财政收入补给中西部欠发达地区,投资大量向中西部倾斜,结果是使我国东、

---

① 参见胡鞍钢主编:《地区与发展:西部开发新战略》,中国计划出版社2001年版"摘要"。

中、西部差距缩小。1953～1978年,东、中、西部地区 GDP 的增长率比例为5.75:5.73:6.18。

由于这一政策是以牺牲国民经济总体效益为前提的,所以改革开放后,国家在20世纪80年代以后,作了及时调整,实行以效益为中心的非均衡发展战略,对东部沿海地区实行投资和政策倾斜,支持东部优先发展,这一政策的结果是迅速拉大了东、中、西部之间的差距,东部在全国国内生产总值的比重一直在逐渐增加,同时,中部和西部在逐渐减少,如表2-1所示。

表2-1 "三个地带"国内生产总值所占比重的变化

单位:%

| 年份 | 1980 | 1985 | 1990 | 1995 | 1999 | 比重增减 |
|------|------|------|------|------|------|----------|
| 东部 | 52.3 | 52.9 | 53.8 | 58.3 | 58.8 | +6.5 |
| 中部 | 31.2 | 31.1 | 29.8 | 27.6 | 27.4 | -3.8 |
| 西部 | 16.5 | 16.0 | 16.4 | 14.1 | 13.8 | -2.7 |

资料来源:根据历年《中国统计年鉴》有关数据计算整理。

20世纪90年代以来,国家开始实施西部大开发战略,以西气东输、西电东送等重大工程的启动为标志,标志着我国东、中、西"三个地带"区域经济的发展开始迈向新的均衡发展的轨道,开始进入区域经济协调发展的新阶段。在西部大开发战略和国家有关政策的引导下,地区发展差距正在逐步缩小。东部沿海地区依靠产业集聚效应继续保持快速增长态势,成为支撑国民经济全局的重要力量。西部地区经济增长点不断生成,经济增长速度明显加快。而中部经济发展相对缓慢,处在"不东不西"的尴尬境地,并由此引发了一些专家和学者对"中部塌陷"问题的焦虑,见表2-2。

表 2－2　1991～2004 年"三个地带"各年 GDP 增长速度情况

单位:%

| 地区 | 1991 | 1992 | 1993 | 1994 | 1995 | 1996 | 1997 | 1998 | 1999 | 2000 | 2001 | 2002 | 2003 | 2004 | 期间平均 |
|------|------|------|------|------|------|------|------|------|------|------|------|------|------|------|----------|
| 东部 | 11.5 | 19.1 | 16.2 | 13.0 | 11.5 | 11.1 | 10.0 | 9.6 | 10.2 | 9.9 | 18.2 | 11.0 | 12.6 | 13.5 | 12.7 |
| 中部 | 5.7 | 13.1 | 13.8 | 12.4 | 12.8 | 11.0 | 8.9 | 7.6 | 8.6 | 8.9 | 13.8 | 9.8 | 10.8 | 12.6 | 10.7 |
| 西部 | 7.6 | 10.6 | 10.8 | 10.2 | 11.0 | 9.5 | 8.8 | 7.9 | 8.7 | 9.4 | 11.6 | 10.3 | 11.4 | 12.4 | 10.0 |

注:东部包括北京、天津、河北、辽宁、上海、江苏、浙江、福建、山东、广东、海南等 11 省、市;中部包
　　括山西、吉林、黑龙江、湖北、湖南、河南、安徽、江西等 8 省,西部包括广西、重庆、四川、贵州、
　　云南、西藏、陕西、甘肃、青海、宁夏、新疆、内蒙古等 12 省、区、市。
资料来源:根据历年《中国统计年鉴》,按可比价整理计算。

从上表可以看出,1998 年至 2003 年全国各地国内生产总值(GDP)增长数据表明,我国以往东快西慢中部居中的经济增长基本格局已被打破,经济发展呈现东部最快、西部居中、中部较慢的增长态势。这是一个重大的变化,它表明一些专家和学者对"中部塌陷"问题的焦虑,在这期间变成了现实。

西部经济增长速度快于中部发展的现实,不仅打破了传统的"梯度转移"的理论模式,也打破中部地区人们消极等待东部产业向中部转移的被动心理定势。如果说过去中部还有西部垫底的自我安慰的话,从此确实该奋起直追了。同时,由于中部地区独特的地理区位具有着承东启西、连接南北、辐射全国的特殊功能,如果中部"经济凹地"继续加深,反过来会更加拉大"三大地带"的发展差距,从而使我国区域经济协调发展将会面临更大的问题。所以,国家开始提出并组织实施促进中部崛起战略。

因此,新形势下一定要坚持以科学发展观为指导,按照统筹区域协调发展的总体要求,用新的观点和方法重新审视我国区域经济协调发展的战略问题,从我国整个区域经济协调发展系统的各种因素的内在联系入手来定位中部地区的战略地位及其功能作用,从东、中、西"三大地带"之间的内在成长规律来找出解决矛盾的关键环节,从这一社会发展系统运动变化趋势中寻求区域经济协调发展的动态平衡。

### (五)统筹区域经济协调发展系统运行的基本态势是从东向西推进

我国统筹区域经济协调发展系统运行的基本态势,总体上是依据梯度转移理论、按照邓小平同志提出的"两个大局"战略构想来进行的。首先是让东部沿海率先发展起来,中西部地区都要支持东部沿海的发展,这是一个大局;然后在20世纪末,即我国基本达到小康以后,再促进中西部地区发展起来,东部沿海要支持中西部地区的发展,这也是一个大局。因此,我国区域经济作为一个有机连续的动态社会发展系统,其基本运行态势是从东向西推进。它的启动点在东部,支撑点在中部,落脚点在西部。

我国区域经济协调发展的启动点之所以选择在东部沿海地区,主要是基于以下几个方面的考虑:一是东部沿海地区具有着对外开放的优越的区位条件,从历史上看东部沿海与国外就有着频繁的海外贸易往来;二是东部沿海有着较好的工业基础条件,通过国家政策的倾斜可以很快发展起来;三是东部沿海地区人们思想解放、观念更新快、商品经济意识较强、具有着经商传统,发展市场经济容易被人们所接受。所以,我国改革开放启动点就选择在东部沿海地区,通过东部沿海率先对外开放,使一部分人与一部分地区先富起来,然后再带动中西部地区的经济发展。我国改革开放以来的实践也证明了,在东部沿海率先实行对外开放的政策是正确的,东部沿海经过改革开放,经济有了飞速的发展,成为支撑全国国民经济快速发展的重要力量。

但是,同时也应该看到,在东部沿海地区率先发展起来以后,要想跨越中部地区去直接支持西部大开发建设,是不现实的。因为东、中、西部地区不仅在空间组合上是一个整体,而且在经济联系上有其内在的统一性、连续性和互动性。中部地区独特的地理区位和产业结构特点以及未来的发展趋势,决定了它在整个中国区域经济协调发展系统中发挥着重要的支撑点的作用。

武汉的老一代经济学家张培刚曾经形象地把中部地区的这种支撑点的作用称为"牛肚子理论"。意思就是说,牛陷到泥潭里后,只牵牛头或拽牛尾巴,牛是出不来的。老乡们一般是用扁担从牛肚子底下穿过,两端用力,抬牛肚子,整个牛就从泥潭里爬上来了。因此,他指出,我国经济要起飞,必须把力量用在中部。河南的宋璇涛博士则提出了"雄鸡起飞理论"。他认为中国区域经济发展的整体好象是一只雄鸡,东部和西部是两翼,中部是鸡身,只有两翼启动,鸡身才能起飞。但是,雄鸡起飞的重要前提是鸡身健壮有力,能够给两翼源源不断地提供能量和支持,只有这样,雄鸡才能高飞、远飞,如果鸡身瘦弱,即使雄鸡展翅,也只能是短暂的低飞。因此,他认为中国区域经济发展必须形成东中西内在协调发展的均衡点,这个点只能是在中部,因为中部存在着东部与西部内在协调发展的产业转化机制。①

作为西部大开发的西部地区是整个中国区域经济协调发展的落脚点。这主要是因为:一是西部地区是一个广大的地区,占我国整个土地面积的一半以上,同时西部地区内部各省份之间经济社会发展也很不平衡,欠发达地区占绝大部分;二是西部地区是我国少数民族的主要聚居地,在关系到整个国家安全与稳定方面的战略地位极为重要;三是地大物博、各种资源丰富,特别是石油、天然气等矿产资源极为丰富,有待于开发的价值很大。但是,同时它也是经过长期开发、自然环境最为恶劣的地区,加之这一地区人口素质普遍有待提高,因此,西部大开发将是一个长期的过程。在这一过程中,不仅需要国家财政的大力支持,还需要其他地区的支持以及民间和国外资本要素的大量投入。在众多资本要素的投入中,如果只有东部的支持,而没有中部发展起来以后的大力支持,是很难最终实现西部大开发的战略目标的,因此,西部大开发作为整个中国区域经济协调发展的落脚点是比较合适的。当然,这并不排除西部的局部地区,在充分发挥自身比较优势的基础上,率先在中西部地区发展起来的可能性。但是,从我国区域经济协调发展系统运行的总体态势来看,仍然是由东部沿海经过中部向西部逐步推移。

### (六)统筹区域经济协调发展是由政府宏观调控的社会经济运行系统

实行统筹区域经济协调发展的主体是各级政府,中央政府和地方政府

---

① 参见宋璇涛:《寻求区域经济均衡协调发展——中部经济结构模式替代与经济起飞》,中共中央党校出版社 2001 年版,第 267 页。

具有统筹区域经济协调发展的职责和能力。统筹区域经济协调发展强调政府对经济的宏观控制力,强调政府协调区域经济发展的责任,强调在遵循市场经济规律、充分发挥市场在资源配置中基础性作用的前提下,运用区域规划、区域政策和区域立法等手段来协调区域经济发展,充分发挥政府在经济调节、市场监管、公共管理和社会服务等方面的职能作用。

在统筹区域经济协调发展系统中,政府的宏观调控职能主要体现在五个方面:一是进行区域发展预测。主要是对区域优势的分析与发展障碍的诊断,目的在于通过专业的定性和定量技术分析,准确地寻找出地区发展的各种现实和潜在的动态比较优势以及发挥这些优势面临的困难与问题,为制定正确的区域发展战略提供可靠依据。二是制定区域发展规划。主要是根据各地区发展的比较优势和潜力,明确不同地区的功能定位,因地制宜地选择不同的主导产业,确定各区域的增长模式和发展方式,建立各具特色的区域经济体系。三是制定区域发展政策。主要是建立明确的地区财政支出平衡机制,保证公共服务水平的均衡化,将地区差距控制在社会可承受的范围之内,实现区域经济的普遍发展和繁荣。四是建立相应的法律法规。规范区域竞争与合作的行为,创建相对公平的区域竞争与合作平台。五是协调区域间的矛盾与冲突。主要是通过建立资源共享机制和利益协调机制,确立各方都能接受的有限目标,使区域规划和区域政策真正具有可操作性。

正是由于有了政府宏观调控的参与,才使得统筹区域经济协调发展具有了可控性特征。统筹区域经济协调发展系统的可控性主要体现在:它是在国家统筹区域发展战略指导下,按照预定的目标有序运行。它在运行过程中,在遵循区域发展规律和市场竞争规律的前提下,政府制定的区域规划和区域政策以及相应的法律法规等宏观调控机制发挥着重要的能动作用,并通过健全区域间的市场机制、合作机制、互助机制和扶持机制等互动机制来加以实现。因此,我们认为,统筹区域经济协调发展是一个由政府宏观调控的经济社会运行系统。

### 三、统筹区域协调发展系统中四大区域的战略布局及其互动机制

国家"十一五"规划坚持以科学发展观为指导,在借鉴现代区位理论研究成果的基础上,根据我们党几十年来理论和实践的探索,针对目前我国各区域发展现状,按照发挥比较优势、加强薄弱环节、促进协调发展等统筹型协调模式的要求,立足全局和长远,首先把东中西部和东北地区作为一个整体的社会发展系统,完整地阐明了四大区域的战略布局,分别提出了不同的发展定位要求。同时,还根据各地区资源环境承载能力和发展潜力,明确提出要按照四类主体功能区构建区域发展新格局,形成区域间相互促进、优势互补的互动机制等。这就不仅明确了西部、东部、中部和东北地区的总体战略布局及各地区的发展重点,而且明确了实现区域经济社会系统协调发展的机制和途径及其努力方向,从而使我国统筹区域经济协调发展系统形成了一个比较完整的框架体系(见图2-5)。

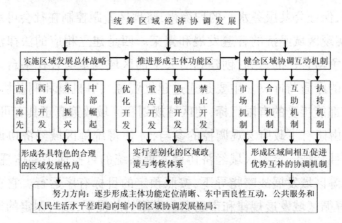

**图2-5 我国统筹区域经济协调发展系统的框架体系**

### (一)统筹区域发展系统中四大区域的发展定位及其特点

按照国家"十一五"规划的要求,西部地区要加快改革开放步伐,加强基础设施和生态环境保护,加快科技教育发展和人才开发,充分发挥资源优势,大力发展特色产业,增强自我发展能力。东北地区要加快产业结构调整

和国有企业改革改组改造,发展现代农业,着力振兴装备制造业,促进资源枯竭型城市经济转型,在改革开放中实现振兴。中部地区要抓好粮食主产区建设,发展有比较优势的能源和制造业,加强基础设施建设,加快建立现代市场体系,在发挥承东启西作用和产业发展优势中崛起。东部地区要努力提高自主创新能力,加快实现结构优化升级和增长方式转变,提高外向型经济水平,增强国际竞争力和可持续发展能力。

这一促进区域协调发展的总体战略布局与以往的区域发展战略相比,有以下特点:一是战略布局更加完整,首次把东中西部和东北地区作为一个整体的社会发展系统,完整地阐明了四大区域的战略布局。二是发展定位更加准确。针对各地区不同的发展条件和潜力,分别提出了不同的定位要求。三是发展重点更加清晰。针对不同地区的发展特点和发展任务,明确了各自发展的重点任务。四是政策导向更加明确。强调国家继续在经济政策、资金投入、产业发展等方面,加大对中西部地区的支持。

**(二)各地区按功能区构建区域协调发展的新格局及其重大意义**

国家"十一五"规划在明确提出东中西和东北地区发展总体布局的基础上,进一步要求各地区要根据资源环境承载能力和发展潜力,按照优化开发、重点开发、限制开发和禁止开发等四类功能区构建区域发展新格局。优化开发区域是指国土开发密度已经较高、资源环境承载能力开始减弱的区域,如东部沿海经济核心区、中西部和东北的超大城市中心区。在这一区域,要着力提高产业的技术水平,化解资源环境瓶颈制约,提升参与国际经济竞争的层次,使之成为带动全国经济社会发展的龙头和我国参与国际竞争的主体区域。重点开发区域,是指资源环境仍有一定的承载能力、经济和人口集聚条件较好的区域,如中西部及东北的中心城市及其所形成的产业带或城市群,东部沿海发展潜力较大的地区。在这一区域,要大力加强基础设施建设,增强吸纳资金、技术、产业和人口集聚的能力,加快工业化和城市化步伐,提升辐射功能,使之逐步成为支撑经济发展和人口集聚新的重要载体。限制开发区,是指生态环境脆弱、经济和人口集聚条件不够好并关系到全国或较大区域范围生态安全的区域,如退耕还林还草地区、天然林保护地区、草原"三化"地区、重要水源保护地区、重要湿地、水资源严重短缺地区、自然灾害频发地区等。在这一区域,要实行保护优先、适度开发的方针,既要加强生态环境整治,因地制宜地发展本地生态环境可承载的特色产业,更要引导人口自愿有序地向重点开发区域和优化开发区域转移,缓解人与自然关系紧张的状况。禁止开发区域,是指依法设立的各类自然保护区域。要依据法律法规规定实行强制性保护,严禁不符合功能定位的开发活动。

按功能区构建区域发展新格局对促进我国整个区域经济协调发展系统的健康运行具有着重大意义。一是体现了可持续发展的要求。我国目前相当部分田地的生态环境十分脆弱,实现第一个翻两番,人均国内生产总值达到1000美元,生态环境已经不堪重负。若仍按原有模式实现第二个翻两番,使人均国内生产总值达到3000美元,则势必大大超出生态环境承载能力,给生态环境带来更大破坏。按功能区构建区域发展新格局,引入了资源环境承载能力的新理念,要求统筹考虑人口分布、生产力布局和资源环境承载能力之间的关系,可以引导经济布局、人口分布与资源环境相协调。二是体现了因地制宜的要求。长期以来,我们对区域经济发展的评估基本上是按行政区划进行的。这虽然有利于调动行政区的积极性,便于区域政策操作,但对不同发展条件的地区按同样的发展目标进行评价,必然使区域发展难以从实际出发。按功能区构建区域发展格局,据此制定相应政策和评估指标,对各地发展水平的评价可以更有针对性,如对经济区的评价应主要看其经济发展水平,对生态区的评价则应看其生态环境保护情况,而不是把生产总值增长放在第一位,这对促进经济与社会、人与自然的和谐发展具有重要意义。三是体现了以人为本的要求。区域差距从本质上看不是各区域间经济总量的差距,而是不同区域的人民在收入水平、公共服务、生活水平上的差距。按功能区构建区域发展格局,有利于改变各地区把做大经济总量作为发展出发点和归宿的传统发展观念,体现了以人为本的发展目的。按此要求,促进区域协调发展,既要继续发展经济,也要促进将限制或禁止开发区内的人口逐步转移。同时配套采取财政转移支持等措施,逐步实现各类区域公共服务均等化,使全体人民共享发展的成果。

### (三) 形成区域间的互动机制是实现区域系统协调发展的重要途径

区域发展的总体布局和按功能区构建区域发展格局是从空间的结构和功能定位上作出的战略部署,互动机制则是为落实这一战略部署作出的制度性安排。为了促进我国区域经济社会系统健康有序地协调发展,客观上需要健全市场机制、合作机制、互助机制和扶持机制,形成区域间相互促进、优势互补的互动机制。健全市场机制,就是要打破行政区划的局限,促进生产要素在区域间自由流动,引导产业转移。健全合作机制,就是要鼓励和支持各地区开展多种形式的区域经济协作和技术、人才合作,形成以东带西、东中西共同发展的格局。健全互助机制,是指发达地区要采取对口支持、社会捐助等方式帮扶欠发达地区。健全扶持机制,就是按照公共服务均等化原则,加大国家对欠发达地区的支持力度,加快革命老区、民族地区、边疆地区和贫困地区经济社会发展。

为了有效形成区域间相互促进、优势互补的互动机制,实现按功能区构建区域发展新格局的目标,促进我国区域经济社会系统健康有序发展,在实际操作过程中还需要正确处理好以下几个关系。一是要处理好政府与市场的关系。按功能区构建区域发展新格局反映了政策对国土开发行为的调节,是国家战略意图的体现。区域主体功能一经确定,就要严格执行。在充分发挥市场配置资源基础性作用的同时,政府要研究制定相关规划和配套政策,综合运用各种调控手段,引导市场主体的行为方向,确保区域主体功能的实现。二是要处理好当前与长远的关系。按功能区构建区域发展格局是从长远利益出发谋划发展的战略布局,划定主体功能区涉及经济、人口和自然条件等各种因素,建立健全相应的体制机制和政策体系需要一个过程,必须积极稳妥推进,兼顾当前与长远。三是要处理好局部与全局的关系。按功能区构建区域发展格局是从全局利益出发对局部地区功能进行的调整。只有按功能区构建区域发展格局,才能真正实现我国整体利益的最大化。根据功能布局的要求,有的行政区域可能会局部"受损",但各地都将从区域协调发展的全局中受益。因此,各地要树立大局意识,确保国家战略意图的实现。四是要处理好行政区与功能区的关系。按功能区构建区域发展格局,明确不同区域的功能定位,主要是指主体功能,并不排斥其他辅助或附属功能。有些区域的主体功能是生态区,并不是任何产业都不能发展,关键是不发展那些破坏自然环境状况的产业。重点开发区域要大力发展经济,主体功能是经济区,但也要保护好生态环境。

由于统筹区域经济协调发展是一个有机统一的经济社会发展系统,所以,按照系统论的观点,在空间结构上要求中部地区的生产力布局必须最大限度地与全国相互适应,并相应地建立起中部与东西部地区之间的互动机制以及内部各省之间的协调发展机制。中部地区产业结构优化在立足本区域的基础上必须与全国或高层次区域相协调,必须从宏观全局高度全面考虑整体与局部、局部与局部、整体与层次、整体与环境之间的关系,其视野决不能只局限于本区域的产业结构与功能的发挥,而必须根据有关现代区位理论,按照地域分工规律在更高层次上或更大的范围内进行比较与思考。在时间序列上看,随着工业化的推进,区域产业结构的调整也表现为一个有机连续的动态变化过程,中部地区不能只从某一时间或某一阶段来进行区域产业结构的调整,而是应从区域产业结构的发展历史、现状到未来整个时空过程,来考虑区域产业结构调整与功能定位。这就要求区域产业结构的优化与功能发挥必须从整个产业结构演进的一个相当长的动态过程来分析,全面考虑当前和长远之间的关系,对于不同时期的工业化阶段,必须有与其相适应的阶段性的产业结构,并建立起由传统产业向现代产业转变的接续机制,在当前我国实施统筹区域发展战略和中部正在向工业化中级阶段加速推进的大背景下,对中部地区在我国区域经济协调发展系统中的功能定位应更加全面与科学,应体现走新型工业化道路的时代特征。

# 第三章 统筹区域发展战略下"中部崛起"问题的提出与分析

统筹区域发展是我国现代化建设中的一个重大战略问题。统筹区域发展,就是要把我国经济社会发展中的区域问题和"问题区域",纳入国民经济与社会发展的全局之中,进行统一筹划、通盘考虑,实现空间协调发展。当前,根据统筹区域发展战略的要求,党和国家已明确提出促进中部地区崛起,并采取了一系列有关政策及措施。但是,关于什么是中部崛起,为什么要促进中部崛起,中部能否实现崛起?目前国内理论界还没有一个统一的认识。本章试图在这些方面进行一些理论探讨。

## 一、我国区域发展战略的调整及其对中部地区的影响

中部地区地处中国腹地,是国家社会稳定的基础,在中国区域经济协调发展中处于十分重要的战略地位。促进中部崛起是党和国家实施区域发展总体战略的重要组成部分。落实科学发展观,统筹区域协调发展,必须促进中部崛起。

### (一)改革开放以来我国区域发展战略的演进过程

改革开放以来,在邓小平同志"两个大局"战略构想的指导下,我国区域发展战略有一个从"分区推进"到"统筹发展"的演进过程。

#### 1.东部沿海率先开放

1980年,中共中央和国务院根据党的十一届三中全会精神,相继在我国东南沿海的深圳、珠海、汕头、厦门兴办经济特区。1984年党中央和国务院进一步决定开放大连、天津、广州等14个沿海港口城市,先后批准兴建大

连、秦皇岛、宁波、青岛、烟台、湛江、广州、天津、南通、连云港、福州等 11 个经济技术开发区。1988 年,七届人大批准设立海南省,建立海南经济特区。1990 年,党中央国务院正式宣布开放上海浦东。在经济特区、经济技术开发区、沿海开放城市等特殊经济区域,中央政府实行了一系列的财政、税收、金融、外贸等优惠政策,下放了包括项目审批权、外汇留成权、企业进出口权等经济管理权限。2003 年以来,国务院先后批准上海外高桥、青岛、大连、宁波、张家港、厦门象屿、深圳盐田港、天津保税区实行区港联动试点。2005 年 6 月,国务院批准上海浦东新区为全国综合配套改革实验区,并批准设立上海洋山保税港区。2006 年 3 月,国家"十一五"规划纲要明确提出,推进天津滨海新区开发开放,支持海峡西岸和其他台商投资相对集中地区的经济发展。同年 5 月,批准天津滨海新区为全国综合配套改革试验区。深圳作为经济特区也享受全国综合配套改革试验区待遇。党和国家优惠的区域经济政策极大地促进了东部沿海地区的发展。

2. 实施西部大开发战略

1999 年 9 月,中共十五届四中全会正式提出"国家要实施西部大开发战略"。2000 年 1 月,国务院决定成立西部地区开发领导小组,并先后制定实施了一系列政策措施,包括《国务院关于实施西部大开发若干政策措施的通知》(2000 年 10 月)、国务院西部开发办《关于西部大开发若干政策措施的实施意见》(2001 年 8 月)、《国务院关于进一步推进西部大开发的若干意见》(2004 年 3 月)、国务院西部开发办等《关于促进西部地区特色优势产业发展的意见》(2006 年 5 月)。近年来,国务院又先后批复了《西部大开发"十一五"规划》(2007 年 2 月)、《兴边富农行动"十一五"规划》(2007 年 6 月)和《广西北部湾经济区发展规划》(2008 年 2 月),国家发展改革委还批准重庆市和成都市为全国统筹城乡综合配套改革试验区(2007 年 6 月)。截至 2007 年底,国家在西部地区新开工重点工程已达 92 项,投资总规模 13042 亿元。正是由于国家西部大开发政策的支持,才促进了西部地区经济发展速度的快速提升。

### 3. 振兴东北等老工业基地

2002 年 11 月,党的十六大报告中明确提出,支持东北等老工业基地加快调整和改造。2003 年 10 月 5 日,中共中央国务院联合发布了《关于实施东北地区等老工业基地振兴战略的若干意见》,同年 10 月底,振兴东北老工业基地的第一批 100 个项目获得国家发改委批准,总投资额 610 亿元,这标志着我国振兴东北地区老工业基地的战略进入实质性操作阶段。2003 年 12 月和 2004 年 4 月,国务院先后成立了振兴东北地区等老工业基地领导小组及其办公室,全面启动了振兴战略。在东北率先进行增值税转型试点,并从 2004 年 7 月 1 日起执行实施;社会保障试点由辽宁省扩大到黑龙江、吉林两省,实施工作已全面展开;企业分离办社会职能试点工作也在东北选择了一些企业开始启动;扩大资源型城市经济转型试点的政策也在东北开始研究实施;启动了 160 个东北老工业基地调整改造项目和高新技术产业化项目;东北 15 个采煤沉陷区的治理工程也已开工建设。2006 年 8 月,继上海洋山、天津东疆保税港区之后,国务院正式批准设立大连大窑湾保税港区。2007 年 8 月,国务院正式批复了《东北地区振兴规划》,国家发展改革委和国务院西部开发办等六部门还联合发布了《关于加强东西互动深入推进西部大开发的意见》。这一系列政策,使东北的经济增长明显提速,对东北地区经济振兴发挥了巨大的促进作用。

### 4. "中部崛起"战略的提出

本世纪初,在经历了东部大开放、西部大开发、东北大振兴等区域开发浪潮之后,中部地区在全国几大政策板块的格局中呈现"凹陷"态势,引起越来越多的人们对中部地区的关注和思考。促进"中部崛起"开始上升为国家战略。在 2004 年召开的中央经济工作会议上,"中部崛起"首次出现在 2005 年经济工作的六项任务之中。十届人大三次会议上的总理政府工作报告中明确指出,要抓紧研究制定促进中部地区崛起的规划和措施,国家将在政策、资金、重大建设布局等方面给予支持。在 2005 年 10 月 11 日党的十六届五中全会通过的《中共中央关于制定国民经济和社会发展第十一个五年规划的建议》中,首次,把中部崛起与东部率先、西部开发、东北振兴作为一个整体,完整地阐明了四大区域的战略布局。2006年4月,党和国家专门下发了《中共中央国务院关于促进中部崛起的若干意见》。5月,国务院办公厅发布了《关于落实中共中央国务院关于促进中部地区崛起若干意见有关政策措施的通知》,提出了56条具体落实意见。这标志着促进中部地区崛起开始进入组织实施阶段。2007年1月,国务院办公厅下发了《关于中部六省比照实施振兴东北地区等老工业基地和西部大开发有关政策范围的通知》,明确中部六省中26个城市比照实施振兴东北地区等老工业基地有关政策,243个县(市、区)比照实施西部大开发有关政策。同年12月14日,国家发展改革委又发文批准武汉都市圈和长株潭城市群为全国资源节约型和环境友好型社会建设综合配套改革试验区。目前,在党和国家有关促进中部崛起政策指引下,中部地区已在加快崛起步伐。

**(二)我国区域发展战略调整对中部地区的影响**

当人们关注中部的时候,往往是在呼吁中部在"塌陷",中部要"崛起",但实际上有时我们并不十分了解中部。比如,中部是"九省"、"八省",还是"六省"、"五省";中部是地理中部、经济中部、还是政策中部;中部现在到底是在"塌陷",还是在"崛起",等等。只有当我们把这些问题界定清楚了,才能谈如何促进中部崛起问题。由于受国家区域发展战略不断调整的影响,在我国区域发展格局中,中部实际上是一个动态变化的区域概念。从中部概念的提出到目前为止,大体上有三个方面的变化。

1. 中部地区范围的动态变化:从"九省"中部到"六省"中部

中部地区在"七五"期间包括九个省区,即山西、内蒙古、吉林、黑龙江、安徽、江西、河南、湖北、湖南(见图3-1)。1999年,自国家实施西部大开发战略后,内蒙古从中部划到西部,享受国家西部大开发政策。"九省"中部开始变成"八省"中部。2003年,国家提出振兴东北等老工业基地战略后,黑龙江、吉林又属于振兴老工业基地的政策范围,从中部地区划到了东北地区。这样,"八省"中部又变成了"六省"中部。所以,现在在"促进中部地区崛起"中,中部区域范围是"六省"中部,即山西、河南、湖北、湖南、江西、安徽六个省。其面积为102.7万平方公里,占全国的10.7%;总人口

3.6亿,占全国的28.1%(图3-2)。

**图3-1　"七五"期间中部地区范围示意图**

2. 中部地区含义的动态变化:从"经济中部"到"政策中部"

中部地区含义的演变是与国家区域发展战略的变化联系在一起的。改革开放以前,我国区域划分长期沿用沿海和内地的两分法,这实际上是按照我国区域地理分布差异而划分的。"七五"时期,我国各地区(除台湾外),按照区域发展水平差异提出了东、中、西"三大经济地带",这时才有了中部地区的概念。当时的中部地区实际上是一个经济概念上的中部。当国家先后实施东部开放、西部开发和东北振兴等区域发展战略后,在中国区域政策版图上,东部、西部、东北三大区域政策板块构成了三大政策高地,剩下的中部陷入了"政策洼地"。当时人们呼唤着"中部崛起",主要是指在政策上要"崛起"。当我国区域划分上升为某一地区以享受政策的差异来进行划分时,这时的中部实际上就演变为一个政策概念上的中部了。

3. 中部地区政策的动态变化:从"中部塌陷"到"中部崛起"

当东部依靠国家对外开放的政策实现加快发展,西部和东北依靠政府

图 3 - 2　2003 年后中部地区范围示意图

资料来源:http://www.cnhubei.com/荆楚网

投资增长速度带动经济快速增长时,中部地区确实处在"不东不西"的"政策洼地",遇到了前所未有的"中部塌陷"的尴尬境地。然而,从"中部崛起"首次出现在中央经济工作会议提出的 2005 年经济工作的六项任务之中;到十届人大三次会议上总理政府工作报告中明确提出,抓紧研究制定促进中部地区崛起的规划和措施,国家将在政策、资金、重大建设布局等方面给予支持;再到 2006 年 4 月党和国家专门下发了《中共中央国务院关于促进中部地区崛起的若干意见》,系统地提出了促进中部地区崛起的总体要求、原则及其方针政策。这时尽管中部的经济发展水平与东部相比仍处在较落后的位置,但它标志着国家在对中部地区的政策取向上,正在由"中部塌陷"走向"中部崛起"。

### 二、促进中部地区崛起提出的科学依据

目前,学术界有不少学者从"中部塌陷"的角度来探讨中部崛起问题,并把"中部塌陷"看成是党和国家提出促进中部崛起的科学依据。我们认为,"中部塌陷"是促进中部崛起提出的重要的直接原因之一,但并不是党和国家提出促进中部崛起的根本理由。党和国家之所以在新形势下提出促进中部崛起,有其更深远的意义,其科学依据主要有以下四个方面。

### (一)促进中部崛起有利于形成我国区域经济协调发展的新格局

全国的区域经济协调发展是一个整体的动态社会发展系统,所以在空间上要求中部的生产力布局必须最大程度地与全国相互适应。东部的扩张、东北的振兴需要开拓市场,需要为商品、资金、技术找出路,西部的发展需要借助外力,东、西部的互动发展都无法越过中部地区,在很大程度上中部地区承担着满足各经济带发展需求的重任。首先,没有中部的崛起,东部沿海地区的进一步发展将会受到制约。经过20多年的改革开放和政策倾斜,东部沿海经济率先发展起来了,当地居民也率先富裕起来了。但随着东部经济的发展,也开始出现新的问题,如土地、原料、矿产、能源和其他资源越来越稀缺,油电煤等能源越来越紧张,劳动力成本越来越高,而中部在这些方面具有很大优势。东部地区的进一步发展,客观上需要中部崛起作为重要支撑。其次,没有中部的崛起,西部大开发也难以成功。西部大开发,一方面需要承接东部的产业和生产要素,而东部产业和生产要素向西部的转移必须经过中部的传递,中部具有着联系东西部地区互动发展的桥梁和纽带的重要功能;另一方面西部发展必须要与周边地区形成良好的分工协作关系。从历史渊源、区位特点和发展水平等方面来看,西部与中部更容易形成配套的分工与协作关系。还有,中部六省虽不属于国家区域经济发展的重心,但中部的区位特点决定了中部在促进区域协调发展中承担着更为

重要的责任。在国家宏观经济布局的基本框架中,京广、京九、焦柳铁路等南北大通道和长江航道、新亚欧大陆桥东段的陇海铁路、浙赣铁路等东西大通道都交汇于中部地区,使中部成为水陆交通网的中枢。从区际关系和地缘关系看,中部六省南邻珠江三角洲和闽南金三角,东接长江三角洲,北近环渤海经济圈,西侧经长江和陇海、兰新铁路分别与大西南、大西北相通。中部地区独特的地理区位既便于从南、东、北三面承接高梯度地区的产业传递,又便于向广大西部地区辐射。因此,促进中部崛起,有利于促进我国区域经济协调发展,构建东中西良性互动的发展新格局。

**(二)促进中部崛起有利于提高我国粮食和能源保障能力**

中部是我国最重要的农业基地,拥有江汉平原、洞庭湖平原、鄱阳湖平原、黄淮海平原和南阳盆地等著名农业基地。2006 年,中部六省的粮食产量为 15714.9 万吨,占全国的 31.6%;油料产量为 1268 万吨,占全国的 41.4%;棉花产量为 214.8 万吨,占全国的 31.8%。目前,东部地区由于工业化和城市化的快速发展,粮食耕地面积在逐年减少,而西部地区又不适宜种粮食作物,只有中部担负着全国粮食安全的重任,全国粮食增产的 56% 来自中部。中部也是我国最重要的电力能源、原材料基地。长江中下游水能资源相当丰富,目前的水力发电已超过全国的 1/4。山西、河南、安徽的煤炭在全国名列前茅。2006 年,中部六省原煤产量为 9.6 亿吨,占全国的 40.3%。中部已探明的矿产有 80 多种,其中铜的保有储量占全国的 1/2,铝土矿约占 2/3,磷矿约占 2/5。此外,湖南的锑、锡、铋,湖北的岩盐、石膏,江西的金、银、铀,安徽的硫铁矿、石灰岩等在全国占相当重要的位置。中部是劳动力输出基地和培养人才的基地,中部的农村劳动力非常丰富,通过适当的组织、培训可以为全国乃至世界提供大量的合格的技术工人和劳务人员。中部的科技、教育比较发达,有雄厚的基础,可以为国家科研、技术创新和经济发展提供各种高素质人才。因此,促进中部崛起,有利于提高我国粮食和能源以及人才等方面的保障能力,缓解多种资源约束。

**(三)促进中部崛起是实现我国经济可持续发展的重要保证**

中部崛起是全面激活中国经济的引擎,是实现可持续发展的保障,对我国国民经济持续增长具有强大的支撑作用。一是中部地区是国民经济的产业基础,在国民经济发展中具有举足轻重的地位。中部经济发展的一个重要特点在于它的基础性,对其他区域发展有制约作用。比如,中部为东部提供动力能源,中部的煤电对东部发达地区发展影响很大;中部为东部提供农产品和原材料,为东部的电子、化工等产业提供很大支持。二是中部快速发展将推动全国经济高速增长。我国的经济已持续高速增长了20多年,而面对当前全球金融危机的影响,我国经济能否持续增长,在很大程度上取决于中部崛起的程度。目前东部的发展已达到了一定阶段,而中西部尚处于"起飞"阶段,尤其是中部潜藏着巨大的发展空间。中部的快速发展,有利于深化改革开放,不断扩大内需,培育新的增长点,推动全国的经济发展。三是中部崛起为中国政治稳定、经济社会协调发展提供了基础。由于受到各种自然经济条件和社会历史因素的影响,中部是我国城乡二元经济结构矛盾,区域之间发展差距矛盾,经济与社会矛盾,人口、资源与环境矛盾,国内发展与对外开放等矛盾的焦点,上述诸多矛盾的解决关键看发展。中部崛起不仅能为中部地区缓解上述矛盾作出贡献,也为整个国家的政治稳定、经济社会协调发展提供坚实的基础。

**(四)促进中部崛起是全面建设小康社会和构建和谐社会的要求**

由于中部在全国经济发展中的特有地位,中部地区的经济状况将直接决定中国经济的走向和格局,最终将影响能否如期实现国民经济和社会发展第十一个五年规划的宏伟目标。促进中部地区崛起,努力形成东中西相互支持、相互促进、协调发展的格局,是贯彻落实科学发展观、实现"五个统筹"和全面建设小康社会的必然要求。党的十六大提出全面建设小康社会,实现小康社会的重点和难点在农村。中部地区是农村人口最集中的地区,因此,中部崛起是全面建设小康社会的关键。从区域发展角度来讲,全面建设小康社会的关键在于变中部地区"塌陷"为中部地区"隆起"。在新的历史条件下,我们党又提出了构建社会主义和谐社会的新要求。构建社会主义和谐社会要求区域经济协调发展,要求缩小地区差距、城乡差距、贫富差距,扩大各地区中等收入者阶层的比重。一个"塌陷"中部的存在是无法实现上述目标的。相反,如果中部能快速崛起,变成中国的第二个沿海,中国的综合国力将会达到新的高度,中国全面建设小康社会和构建社会主义和谐社会的目标将会顺利实现。

### 三、中部崛起的基本内涵、衡量标准及其发展目标

当前,人们在分析中部地区现在到底是处在"塌陷"还是"崛起"时,往往看法并不一致。其中,一个重要原因就是对"中部崛起"的基本内涵、衡量标准认识不太统一。过去中部各省市提出的崛起目标,属地方性战略。现在中央政府提出"促进中部地区崛起",明显将它提升到国家战略的层面。作为国家战略的中部崛起,其内涵与目标会更丰富。因此,从理论与实践的结合上探讨并弄清这一问题,即明确什么是中部崛起? 对正确分析中部地区崛起的现状及其任务的艰巨性具有着重大的现实意义。

#### (一)中部崛起的基本内涵

"中部崛起"主要是针对"中部塌陷"而提出来的,其目的是要实现中部地区经济的快速增长和中国区域经济更加全面协调地向前发展。在中国经济东中西三大地带的区域发展格局中,中部崛起并不是要超过东部,成为中国经济增长和发展的高峰,而是要逐步填平"中部塌陷",达到和超过全国中等发展水平,促进中国区域经济更加全面协调向前发展。

湖南师范大学商学院院长刘茂松教授认为,中部崛起不是一般意义上的中部发展。中部崛起的实质是中部突进。面对"中部在塌陷"的局面,要实现中部崛起,缩小同东部地区的差距,进而达到区域协调发展的目标,很显然依靠传统产业的一般发展是行不通的,只能依靠现代产业来实现跨越式发展,即发挥后发优势,跨越某些传统产业发展的阶段,而实现工业化的突进,对东部地区进行追赶。这就是中部崛起的真正含义。[1]

所谓"中部塌陷",按照当时人们对中部地区含义变化的理解,具有双重含义,即从"经济中部"角度所看到的"经济塌陷"和从"政策中部"角度

---

① 刘茂松:《论中部崛起战略》,《湖南社会科学》2006年第1期,第85—88页。

所看到的"政策塌陷"。作为"经济塌陷"的中部,是指中部地区在经济发展水平上赶不上东部,在经济发展速度上超不过西部的"塌陷"处境。而作为"政策塌陷"的中部,是指东部对外开放政策下的市场力量和西部大开发政策下的国家计划投资政策以及国家对实现东北振兴的扶持政策,在当时都对中部发展产生不利的影响。

中部崛起的含义与"中部塌陷"的双重含义相对应,也分为"政策崛起"与"经济崛起"。所谓中部的"政策崛起",是指中部崛起能够得到党和国家政策的有力支持。所谓"经济崛起",是指在党和国家促进中部崛起政策的指导下,中部地区的经济发展速度超过全国平均发展速度,中部地区的经济发展水平超过全国的平均水平,并逐步缩小与东部地区的发展差距。

目前,中部崛起从"政策崛起"的层面来看,已经得到了党和国家明确的支持,"中部崛起"已上升为国家区域发展战略,中部"政策塌陷"的问题已经基本上得到了解决。但是从"经济崛起"的层面来看,从"中部塌陷"到"中部崛起"之间还存在着较大的距离,还需要在党和国家促进中部崛起政策的指引下,抓好具体组织实施,还有许多艰苦细致的工作要做。

因此,目前中部地区正处在由"政策崛起"向"经济崛起"的转化阶段。动态地看,中部崛起是一个发展过程,是一个不断实现崛起的过程。静态地看,中部崛起是一个发展结果,是达到一定程度的发展水平。要达到中部崛起的发展水平,就必须保持一定的发展速度。在这个过程中,中部地区与东部地区的发展差距呈现出相对缩小的趋势。

### (二)中部崛起的衡量标准

国务院研究室综合司副司长刘应杰研究员认为:"中部崛起有三个重要标志:一是中部地区的发展速度要超过全国平均发展速度;二是中部地区的发展水平要超过全国的平均水平;三是中部地区与东部发达地区的发展差距相对缩小。"[①]按照刘应杰研究员的理解,衡量中部崛起的标准,主要包括中部地区的发展速度、发展水平以及缩小与东部发达地区发展差距等三个

---

① 刘应杰:《关于中部崛起的思考》,《中州学刊》2005 年第 3 期,第 3 页。

方面的指标。

中国社科院魏后凯研究员认为,中部崛起是一个相对概念,是一个动态的比较概念。衡量中部是否崛起,大体可分为最低标准和最高标准。最低标准是中部地区的经济增长速度超过全国各地的平均水平。在这种情况下,中部地区经济总量在全国的比重将趋于增加,主要经济指标的人均相对水平将逐步提升。最高标准是随着中部地区经济的持续快速增长,其主要经济指标的人均相对水平最终超过全国各地区的平均水平。只有在这种情况下,中部地区经济才有可能实现真正的崛起。他认为,从发展的观点来看,中部地区要实现最低的崛起目标,应该说经过一段时期的努力是可以实现的。然而,中部地区要实现真正意义上的最高崛起目标,却是相当困难的,也并非是近中期能够实现的。但从东部地区的经验看,中部地区逐步实现经济的崛起是有可能的。同时,他认为,国家实施中部崛起战略不能单纯局限于这种增长目标。这种增长目标只是中部崛起战略的一部分。从以人为本的新的科学发展观角度看,国家促进中部崛起的根本目标应该是富民强区,促进中部地区经济社会的全面发展,力争到 21 世纪中叶,将中部地区建设成为一个经济繁荣、人民富裕、社会和谐、生态优美的现代化新中部。①

因此,新形势下的中部崛起,已不应仅仅局限于"经济崛起",而是整个中部地区的"社会崛起"。"中部崛起"的内涵还应该有所深化,不仅应包括经济发展,还应该包括管理体制的创新、发展方式的转变、生态环境的改善、和谐社会的构建、区域文化的塑造以及整个社会的进步等。在中部崛起的衡量标准方面,还应该按照科学发展观的要求进一步细化。除经济增长指标外,还应包括节能降耗、生活水平、社会环境、教育与健康等方面的指标。

中国人民大学调查评价中心于 2007 年 2 月 26 日首次发布"中国发展指数"。这次发布的中国发展指数包括健康指数、教育指数、生活水平指数、社会环境指数等四个单项指数。其中,健康指数包括出生预期寿命、婴

---

① 魏后凯:《促进中部崛起的科学基础与国家援助政策》,参见周绍森、陈栋生主编:《中部崛起论》,经济科学出版社 2006 年版,第 28—29 页。

儿死亡率、每万人病床数等指标；教育指数包括成人文盲率、大专以上文化程度人口比例等；生活水平指数包括农村居民年人均纯收入、人均 GDP、城乡居民年人均消费比、城市居民恩格尔系数等；社会环境指数包括城镇失业登记率、第三产业增加值占 GDP 比例、人均道路面积、城市居民人均居住面积等。按照"中国发展指数"的标准，将我国的 31 个省级行政区（不包括港澳台地区）划分为四个类群，第一类是北京、上海，总指数得分为 92.62；第二类是天津、浙江、江苏、广东、福建，总指数得分为 80.22；第三类是辽宁、吉林、山东、内蒙古、河北、山西、黑龙江、湖南、河南、湖北、新疆、陕西，总指数为 75.69；第四类是重庆、海南、广西、宁夏、江西、四川、安徽、青海、甘肃、云南、贵州、西藏，总指数为 75.15。中部地区六省中有四个被列入第三类，二个省被列入第四类，仍处在较落后的位置。①

我们认为，从中部地区发展的现实性和可能性来看，应在综合有关专家建议的基础上，建立一个比较客观而科学的衡量中部崛起的指标体系。它应具有以下特点：一是具有整体性，即它是指整个中部地区，不是指中部地区的某个省或几个省，如果中部只有一、二个省份达到了这个指标，还不能说就是中部崛起了，只有整个中部都达到了这个指标，才能称"中部崛起"了。二是具有动态性，即在中部加快发展的同时，东、西部地区也在加快发展。因此，中部地区各省在发展速度与发展水平方面要想达到和超过全国的平均水平，就要不断地努力，不断地调整自己的崛起标准。三是具有层次性。即这个指标体系，不是能同步实现的，而是有易有难、分阶段进行实施。从近几年来中部地区各省的发展趋势看，中部地区的发展速度要超过全国平均发展速度，是比较容易的，但由于受基础设施、思想观念和经济体制等方面因素的影响和制约，在发展水平上达到全国的平均水平是有一定难度的，要想缩小与东部发达地区的发展差距，难度会更大。可以初步设想分初、中、高三个层次的衡量标准：初级标准为，中部地区发展速度达到全国平均发展速度；中级标准为，中部地区发展水平达到全国平均水平；高级标准

---

① 简雅洁、李世兵：《京沪领跑中国发展指数》，《安徽商报》2007 年 2 月 27 日。

为,中部缩小与东部地区的发展差距。然后,根据其崛起的难易程度分阶段加以实施。四是具有综合性。即不仅要考虑到经济增长,还要考虑到节能降耗和促进社会和谐等因素,即实现中部地区经济社会又好又快发展。

### (三)中部崛起的发展目标

中部崛起的发展目标应与中部崛起的衡量标准相适应。可以根据中部崛起标准的层次性划分,即根据初、中、高标准三个层次划分的难易程度,将其转换成短期、中期和长期三个不同阶段的目标体系,在不同阶段达到不同层次的衡量标准,实现不同要求的发展目标。即在短期内达到初级标准,中期达到中级标准,长期达到高级标准。可以考虑以2010年、2020年和2050年分别作为实现中部崛起的短期、中期和长期目标的时间界限,分阶段予以实施(见表3-1)。

表3-1　中部崛起的衡量标准与发展目标的转换情况

| 衡量标准 | 主要指标内容 | 发展目标 | 时间界限 |
|---|---|---|---|
| 初级标准 | 发展速度超过全国平均速度 | 短期目标 | 2010年 |
| 中级标准 | 发展水平达到全国平均水平 | 中期目标 | 2020年 |
| 高级标准 | 缩小与东部地区发展差距 | 长期目标 | 2050年 |

对中部崛起的发展目标之所以进行这样的阶段划分和时间界定,主要基于以下三个方面的考虑。

一是中部崛起的发展目标从属和服务于国家的总体发展目标,并与国家的总体发展目标及其阶段性目标相适应。实现现代化分三步走的总体部署、十六大提出的全面建设小康社会的战略目标以及党的十七大提出的实现全面建设小康社会奋斗目标的新要求,是较长时期内我国经济社会发展的总体纲领,中部崛起的发展目标及其政策的制定要紧紧围绕和服务于这一战略部署与战略目标。根据十六大全面建设小康社会的战略部署,21世纪头20年,是必须紧紧抓住并且可以大有作为的重要战略机遇期。前10年要全面完成"十五"、"十一五"规划和2010年的奋斗目标,使经济总量、综合国力和人民生活水平再上一个大台阶,为后 10 年的更大发展打好基础。"十一五"时期,我国政府强调用科学发展观统领经济社会发展全局,坚持以人为本,全面、协调、可持续发展,实行"五个统筹",把促进中部崛起与西部开发、东北振兴、东部率先一起纳入到统筹区域发展的整体格局之中,构建社会主义和谐社会,更鲜明地体现了全面建设小康社会的时代特点。在党的十七大报告中,胡锦涛同志在谈到实现全面建设小康社会奋斗目标的新要求时期明确提出,要增强发展协调性,加快转变经济发展方式,努力实现经济又好又快发展,在优化结构、提高效益、降低消耗、保护环境的基础上,实现人均国内生产总值到 2020 年比 2000 年翻两番。与我国本世纪中叶基本实现社会主义现代化的总目标及其各阶段的分目标相适应,并以此为依据,我们将中部崛起的发展目标分为 2010 年、2020 年和 2050 年三个阶段。

二是立足于中部地区经济社会发展和政府财政能力等方面的实际情况,只能在不同阶段确定不同层次的发展目标。中部地区虽然具有良好的区位优势、丰富的矿产资源和一定的工业基础,特别是近两年来在国家促进中部崛起政策的指引下,有加快发展的趋势,但是与东部地区相比,在工业化水平、产业结构和基础设施发展水平等方面差距很大,在所有制结构和市场化进程等体制性因素方面的差异也十分明显,政府财力的支持更不在同一档次。因此,促进中部地区崛起是一项长期而艰巨的任务,不可能在短期内一蹴而就,中部崛起发展目标的实现必须跨越一段较长时期,由易到难分阶段去实施,采取"三步走"的发展战略。即第一步,到 2010 年,实现中部崛起短期的初级目标,发展速度达到全国平均发展速度;第二步,到 2020 年,实现中部崛起中期的中级目标,发展水平达到全国平均水平;第三步,到 2050 年,实现中部崛起长期的高级目标,缩小与东部地区的发展差距。

三是参照和借鉴了国内理论界的相关研究,主要包括刘再兴、刘树成、王一鸣、刘应杰、魏后凯、张启春等人的研究成果与预测方案。① 综合理论界已有的研究，一般都认为缩小地区差距，坚持区域经济协调发展是一项长期而艰巨的社会系统工程，应该根据区域差距的实际情况和政府的财政能力，确定不同阶段不同层次的目标，可以考虑以 2010 年、2020 年和 2050 年分别作为短期、中期和长期目标的时间界限，分阶段予以实施。其中，有的专家学者提出，无论是总体经济增长还是区域差距的缩小，从解决影响国民经济全局的若干深层次问题来看，现在至 2010 年都是非常重要的一段时期。根据上述专家学者研究得出的结论，我们认为，实现中部地区崛起，促进区域经济协调发展，实际上就是要缩小区域发展差距。因此，中部崛起的发展目标应该与上述缩小地区发展差距的阶段划分与时间界限相一致。特别是 2006～2020 年，是实现中部崛起的重要战略机遇期，应该取得突破性进展。

综合考虑上述因素，中部崛起的主要阶段划分和目标分解如下：

第一步：在 2006～2010 年，实现中部崛起的初级或短期目标。在这一时期，政府要通过区域调控，重点支持中部地区加强基础设施建设，搞好投资环境建设，实现公共服务均等化，基本消除绝对贫困，遏制经济发展差距继续扩大的趋势，使中部地区的经济增长速度达到或超过全国平均增长速度。

第二步：在 2010～2020 年，实现中部崛起的中级或中期目标。在这一时期内，应考虑解决深层次的区域差距问题，即通过市场化程度的提高和区域管理体制的创新，开始发挥中部地区的后发优势，加快经济发展和生态环境的改善，保证中部地区人均 GDP 和居民收入的相对水平稳步提高，实现人均国内生产总值到 2020 年比 2000 年翻两番，从相对差距方面扭转区域

---

① 参见刘再兴：《中国区域经济：数量分析与对比研究》，中国物价出版社 1993 年版，第 57 页；国务院发展研究中心课题组：《中国区域协调发展研究》，中国经济出版社 1994 年版，第 143—145 页；魏后凯：《区域经济发展的新格局》，云南人民出版社 1995 年版，第 73 页；王一鸣：《中国区域经济政策研究》，中国计划出版社 1998 年版，第 212 页；刘应杰：《关于中部崛起的思考》，《中州学刊》2005 年第 3 期；张启春：《区域差距的政府调控：趋势预测与阶段性目标选择》，《江海学刊》2006 年第 2 期，第 209—215 页。

差距扩大的趋势,使中部地区的经济发展水平达到全国平均水平。

第三步:在 2020~2050 年,实现中部崛起的高级或长期目标。在这一时期内,中部地区进入高速增长阶段,经济增长率将达到和超过东部地区,相对差距开始大幅度持续缩小,绝对差距也已缩小到较为稳定的社会公众可容忍的范围之内,促进中部地区经济社会的全面发展,使整个中部地区成为一个经济繁荣、人民富裕、政治民主、文化先进、社会和谐、生态优美的现代化新中部。

### 四、实现中部崛起目标的可行性分析

虽然实现中部崛起的目标任重道远,但从目前我国促进区域经济协调发展的趋势和对中部发展情况进行的辩证分析来看,中部崛起存在着许多综合比较优势,同时也面临着难得的历史机遇。当前由于国家实施区域发展总体战略,使我国区域经济协调发展的格局发生了重大变化,特别是促进中部崛起上升为国家区域发展战略后,有了新的功能定位,在我国统筹区域发展的新格局和新的区域分工体系中,影响中部发展的许多因素和条件开始向积极的方向转化,并形成了一定的综合比较优势。

**(一)实施区域发展总体战略使中部承东启西的区位优势得到发挥**

实施区域发展总体战略要求形成东中西互动、优势互补、相互促进、共同发展的新格局。在这一新格局中,中部处在东西互动的中间地带,在我国产业转移和各种生产要素流动中,可以更好地发挥中部地区承东启西、吸引四面、辐射八方的区域协调功能,发挥在东中西互动、优势互补、相互促进、共同发展中的桥梁和纽带作用。在国家统筹区域发展战略指导下,中部凭借承东启西的区位优势,正在吸引国际国内产业加速向中部地区转移,中部地区经济集群化、集约化发展的内在环境和动力机制已经形成。

**(二)促进中部崛起政策的提出,使中部发展的政策空间得到拓展**

在统筹区域发展战略中,按照党和国家对中部地区新的功能定位的要求,中部地区在充分发挥农业比较优势和抓好粮食主产区建设的同时,可以发展有比较优势的能源原材料工业和现代装备制造业以及高技术产业,构

建综合交通运输体系,加快现代市场体系建设,在发挥承东启西和产业发展优势中崛起。这种新的功能定位,有利于改变中部地区产业结构单一的状况,拓展区域经济发展的政策空间。这为中部崛起提供了公平竞争的区域政策保障,中部地区的区位、资源、产业、人才优势可以不断得到充分发挥,其发展已经步入快车道。特别是促进中部崛起战略的提出与我国正处于经济加快发展的"战略机遇期"相吻合。按照美国经济学家罗斯托的经济起飞理论观点,正常情况下在一个国家人均GDP达到1000美元以后,经济发展将会进入一个起飞阶段,呈现加速增长的态势。中国人均GDP2003年已达到1090美元,由此经济进入快速增长期,社会进入转型期,这为中部崛起提供了千载难逢的机遇。

### (三)自然资源和矿产资源优势正在转化为区域竞争优势

中部地区在土地、能源、矿产和旅游、农业等自然资源方面具有明显的优势。典型的季风气候和多样化的土壤,是中部地区区别于其他区域的典型特征,是中部成为国内重要农业基地的主要因素之一。中部六省地处亚热带和温带,拥有宜农平原、宜林山地、宜牧草场和宜渔湖泊等多种农业自然生态系统。中部有丰富的水资源,是重要的水电基地,除了长江、淮河、黄河三大河流流经外,在全国五大淡水湖中,中部拥有鄱阳湖、洞庭湖、巢湖三大淡水湖等众多淡水湖泊。从矿产资源方面看,中部六省都有着丰厚的矿产储量。赣南和湘东南的钨矿,湘中的锑矿,江西德兴、湖北大冶、安徽铜陵的铜矿,河南巩义的铝土矿。中部最突出的资源是煤炭、石油和水力等能源资源以及铁矿、铜矿、铝矿和磷矿等关键性矿产资源。在这些优势资源的基础上,中部地区已经形成了以煤炭、石油、电力(水电与火电)、黑色和有色金属、机械、汽车、化工等为主体的重化工业体系。随着中部地区重化工业体系的形成,自然资源和矿产资源优势正在转化为区域竞争优势。

### (四)区域经济快速发展,工业化水平正在大幅度上升

"十五"期间,我国中部地区积极承接东部产业转移,充分利用本地区能源、原材料优势,加大投资力度,促进其经济快速发展,工业化水平也有了较大幅度上升。据统计,2005年,中部6个省GDP总量超过3.7万亿,5年

平均增幅超过 10%,占全国比重也上升到 20.4%。6 省全部工业增加值近 1.5 万亿,占其 GDP 总量的 40.5%;其中规模以上工业增加值总量为 1.07 万亿,同比增长 21.5%,增幅居四大区域之首。①

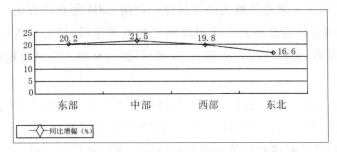

**图 3－3　2005 年四大区域规模以上工业增加值增长情况比较(%)**

资料来源:连玉明、吴建忠主编:《中国发展数字地图》,中国时代经济出版社 2006 年版, 第 220 页。

### (五)城市化步伐加快,基础设施逐步完善,投资环境不断优化

目前中部具有着强烈的发展愿望,中部各省为实现中部崛起都争先恐后制定和实施加快发展战略,加速推进城市化进程。武汉正在抓紧打造"1+8"城市圈,从战略支点所必须具有的交通枢纽、产业牵引、要素集散、服务中心、管理中心和创新中心的功能来看,武汉地理位置居中,具有辐射八方的区位优势,正在创造条件努力发挥上述功能和作用。武汉、鄂州、黄石、黄冈、孝感、咸宁、天门、仙桃和潜江 9 城市联手,在直径为 200 公里范围内,互补互利,共同做大做强,正在中部形成"增长极"。湖南提出"湖南南向"发展战略,正在实现融入泛珠三角区域协作圈的意图,全力打造"长株潭一体化"城市圈。"长株潭"是该省发展水平最高、投资效益最好的地区,经济总量占湖南省的比重较大,增长速度明显快于全省。江西规划了"昌九工业走廊",提出建成东南沿海地区的"后花园",在此基础上,该省提出打造省

---

① 参见连玉明、武建忠主编:《中国发展数字地图》,中国时代经济出版社 2006 年版,第 220 页。

内"4小时经济圈"和省(市)际"8小时经济圈",形成南昌与赣州为核心的"都市经济圈"。安徽在发展战略上更倾向于"大长三角城市带",提出在中部崛起进程中要率先突破,该省正全力打造以"马芜铜宜"为主轴的皖江产业带,使之成为安徽经济腾飞的增长极。河南2004年正式提出了"中原崛起",中原城市群建设是其实现中原崛起的重要手段,以郑州为中心,以洛阳、开封、新乡、焦作、许昌、平顶山、漯河、济源等9城市为结点构成紧密型城市圈。

中部的交通运输、通信、电力等基础设施正在逐步得到改善,尤其是开发区的建设,为企业在特定区位上的相对集聚提供了极大的方便。中部地区综合交通运输网络和通信枢纽基础较好。无论是铁路、公路还是内河航运与东部差别不大,与西部相比优越性明显。铁路方面,京广线、京九线、焦柳线、皖赣线纵贯南北,浙赣线、湘黔线、武九线横跨东西,还有省区性的中央铁路干线多条及众多的地方性支线和联络线。水运方面,江河湖泊星罗棋布、纵横交错、四通八达,以长江、淮河干流和三湖三江为主体,形成了我国最发达的区域水运网络。公路方面,中部有数条国道干线通过,形成了六纵五横的分布格局。航空方面,中部地区有24个国内民用机场。通信方面,中部的武汉是全国邮电通信网的中心枢纽之一。中部六省长途自动交换机容量达1628404路端,占全国的18.7%;长途光缆线路长度达295661公里,占全国的49.7%;长途微波线路长度23574公里,占全国的19.7%。

投资的软环境也发生了一定程度的变化,社会的法制意识进一步增强,市场管理的规范化趋势明显。中部各省为了更好地招商引资与组织实施全民创业,各级政府都在大力加强机关效能建设,着力营造良好的投资与创业软环境。在一些开发区成立了外商投资企业联合办公中心,工商、税务、海关、公安等20多个部门集中在中心办公,实行挂牌服务、程序公开、统一标准、集中收费,增强了政策法规的透明度,努力提高办事效率和服务质量。

**(六)市场体系建设趋于完善,市场化程度正在提高**

我国市场经济体制的确立从根本上破除了制约中部地区经济发展的体制性障碍。从20世纪90年代初期市场经济体制确立开始,中部地区经济开始了恢复性的增长,特别是近年来市场经济体制不断完善并加速与国际接轨,有力促进了现代市场体系建设,各种类型的区域性商品市场和要素市场不断涌现,市场经济要求区域间的公平竞争环境正在形成,大大促进了产业带和城市群的发展。中部一些地区已建成了较完善的工业体系,经济实力增强,在不同区段,形成了各具特色的产业带和经济圈。如昌九工业走廊、"马芜铜宜"产业带、"长株潭"一体化和大武汉经济圈。中部的一些支柱产业处于最佳的发展机遇期。湖北、山西、河南、安徽的电力、能源,目前处于历史上最好的发展时期。中部的钢铁、汽车、化工等新兴产业这几年产销量快速上升,只要抓住时机,不断创新便能创造良好的业绩。目前,家电、电子通信行业正处于更新换代的高峰期,存在着许多发展的机遇,中部的这些产业有可能再上历史的新台阶。随着非公有制经济的发展和国有企业的改制、改组以及政府行政管理体制改革的深入,中部市场化程度还会大大提高。

### (七)中部地区的旅游、文化、教育和科技等潜在优势开始显现

中部六省自然地貌发育奇特、名山大川气势磅礴、革命遗迹寓意深远、风土人情绚丽多彩、名胜古迹多不胜数。中部六省拥有全国重点风景名胜区27个、全国重点文物保护187处、全国革命遗址及革命纪念建筑物22处。从世界遗产地数量来看,全国有29个,中部占8个,其中安徽黄山为世界自然文化双重遗产。从已公布的国家4A级风景区的数量来看,全国共有486处,中部有91处。从品位上看,不仅有古代文人墨客赞叹不止的自然景观,又有不少近代的革命胜地;不仅有绝妙的自然山水风光,又有中国独特的佛教、道教等深邃的人文背景。目前,随着基础设施条件的不断完善和新的旅游景点的开发,中部的旅游业开始逐步升温。中部的旅游业尚有巨大的发展空间,旅游市场前景广阔。随着中部经济的快速发展和人们收入水平的提高,中部旅游业面临极好的发展机遇。

中部人口多且比较集中,拥有巨大的市场潜力,可以形成庞大的市场需求和市场规模。中部地区拥有一大批技术熟练工人和丰富的廉价劳动力。中部区域文化底蕴深厚,拥有古老的中原文化、楚文化、晋文化、湘文化、赣

文化、徽文化等。内容丰富的中部区域文化中,有许多优秀成分,正在对促进中部崛起发挥着重要影响,其中包括有重视教育的优良传统。目前,中部区域文化中,还有许多积极因素正在被发现、挖掘、继承和发扬。通过这些年的发展,中部地区的整体实力增强,科技和教育水平也在不断提高,科技力量较雄厚、科技人才较多,科技产业较集中,中部的鄂、皖、湘三省的省会城市,都有较强的科技力量。尤其是武汉市,大专院校、科研机构集中,科技力量雄厚,综合实力仅次于北京、上海,居全国第三。武汉东湖高新技术开发区是仅次于北京中关村的第二个知识、技术密集区,合肥、芜湖、南昌、长沙等地的经济技术开发区发展势头十分迅猛,已成为引导中部地区经济快速发展的示范区。

通过上述分析,我们认为,促进中部崛起是党和国家实施区域发展总体战略的一个重要组成部分。促进中部崛起的提出,是构建东中西良性互动发展新格局的合理要求,是以满足国内需求为主的"国内经济大循环"战略的必然选择。中部崛起动态地看是一个发展过程,静态地看是一个发展结果。中部崛起作为一个发展过程,其崛起的目标有不同的阶段性。中部崛起作为一个发展结果,其崛起的目标应有一定的综合性。从目前中部地区所具备的优势条件和发展势头来看,有党和国家政策的支持,再加上中部地区的主观努力,要实现第一步崛起目标,即到2010年中部地区发展速度赶上全国平均发展速度还是有可能的。

# 第四章 当前促进中部崛起面临的矛盾问题与对策思考

自从 2005 年国家实施促进中部崛起政策以来,尽管促进中部崛起的有利条件很多,实现中部崛起目标的可能性很大,但面临的现实问题也很多。特别是由于全球金融危机的影响,中部崛起既面临前所未有的挑战;同时随着我国政府有关应对金融危机的宏观政策的落实,也面临着前所未有的政策机遇。在促进中部崛起过程中,只有全面认识和把握中部地区发展中存在的矛盾问题,面对挑战、抢抓机遇,采取有效措施,变不利因素为有利因素,努力形成促进中部崛起的协调发展系统,才能促进中部地区又好又快地向前发展。

## 一、当前促进中部崛起面临的矛盾问题

当前在中部地区发展过程中存在着诸多矛盾,既存在着与全国各地区发展所面临着的矛盾普遍性,如城乡二元结构矛盾、经济结构不合理的矛盾、区域发展差距之间矛盾以及经济与社会发展不协调的矛盾等;同时与东部等其他地区相比,在具体表现形式上又具有着体现中部地区特点的矛盾特殊性,当前,在实现中部崛起过程中面临的矛盾问题,概括起来主要表现为以下五个方面。

### (一)统筹城乡发展中城市化进程加快与农村经济仍较薄弱的矛盾

自从中央作出促进中部地区崛起决策以来,中部各省都加快了城市群建设的步伐,湖南推进长株潭一体化、湖北打造武汉经济圈、江西加强昌九工业走廊建设、安徽率先发展"马芜铜宜"沿江产业带、河南大力促进"中原

城市群"崛起,等等。但与全国相比,城市化水平仍然较低,同时中部地区广大的农村经济仍较薄弱,特别是在一些偏远山区、革命老区和落后地区的农村,经济发展严重滞后。伴随着中部地区城市化进程加快发展,与农村经济仍较薄弱的矛盾日益显露出来,城乡二元结构矛盾十分突出。

从总体情况来看,中部地区经济发展正处于工业化初期向中期过渡的阶段。根据国际上发达国家的经验,处于这一时期的地区城市化将驶入快车道。我们注意到,2004~2007年中部的城市化水平较低的省份城镇化率明显提高(见表4-1)。

表4-1 中部六省的城镇化水平(2004~2007年)

单位:%

| 年份 | 全国 | 山西 | 安徽 | 江西 | 河南 | 湖北 | 湖南 | 六省平均 |
|------|------|------|------|------|------|------|------|----------|
| 2004 | 41.8 | 39.6 | 33.5 | 35.6 | 28.9 | 43.7 | 35.5 | 36.1 |
| 2005 | 43.0 | 42.1 | 35.5 | 37.0 | 30.7 | 43.2 | 37.0 | 37.6 |
| 2006 | 43.9 | 43.0 | 37.1 | 38.7 | 32.5 | 43.8 | 38.7 | 39.0 |
| 2007 | 44.9 | 44.0 | 38.7 | 39.8 | 34.3 | 44.3 | 40.5 | 40.3 |

资料来源:根据历年《中国统计年鉴》有关统计数据整理。

但是,与全国相比,中部城市化水平仍处在较低水平,并且在城市结构方面存在严重的不合理性:一是中部地区大城市尤其是特大城市严重不足,其中400万人口以上的城市仅有一个。二是中等城市缺少特色,缺少产业支撑。一些由地改市形成的中等城市,大部分是农村地区,市区面积小,基础设施严重不全。这些城市发展的模式基本相同,功能定位相似,相互之间缺乏协调,争夺资源异常激烈。三是小城市数量太少,这样导致一方面农村经济发展缺少核心,另一方面大城市发展缺少腹地的有力支持(见表4-2)。

表4-2　四大区域地级以上城市数及其人口规模比较(2007年)

单位:个

| | 合计数 | 400万人以上 | 200~400万人 | 100~200万人 | 50~100万人 | 20~50万人 | 20万人以下 |
|---|---|---|---|---|---|---|---|
| 全国 | 287 | 13 | 26 | 79 | 111 | 55 | 3 |
| 东部10省 | 287 | 7 | 14 | 29 | 27 | 10 | — |
| 中部6省 | 81 | 1 | 5 | 26 | 36 | 13 | — |
| 西部12省 | 85 | 3 | 5 | 19 | 28 | 28 | 2 |
| 东北3省 | 34 | 2 | 2 | 5 | 20 | 4 | 1 |

资料来源:根据《中国统计年鉴》(2008)有关统计数据整理。

中部城市在城市人口快速增长的同时,基础建设、老城区改造、环境治理等方面面临着更大的压力。城市建设需要大量的资金,中部地区的一些大中城市都面临着老城区改造和新城区建设的双重任务,而经济实力不强、建设资金不足、发展空间有限,又限制了城市发展规划的思路和城市建设的速度。与此同时,中部地区广大农村仍较落后,产业结构单一,耕地以种植业为主,农业不仅农产品结构单一、品质不高,种植结构不合理,而且更重要的是农业生产率低下,稳定粮食生产的长效机制尚未形成,"三农"问题突出。2004年,中央政府出台了"两减免、三补贴"等政策,加上粮价上涨,中部地区农民得到的实惠较多。但是,2005年,农业生产资料价格上扬,粮食价格又呈下降趋势,农民进一步增收有困难。此外,粮食亏损挂账不堪重负。县乡村债务负担沉重,水利设施和农田水利基础设施问题严重。2008年,由于受全球金融危机影响,我国沿海一些企业受到很大冲击,中部地区农村外出务工的农民工大量返乡,农民增收渠道受到很大限制。农民增收困难,农村经济薄弱,反过来又会制约城市经济的发展。

**(二)统筹区域发展中各省"分兵突围"与中部"板块崛起"的矛盾**

从促进中部地区崛起的总体要求上来讲,现在的"中部地区"已不是一个地理概念和经济概念上的中部了,而是一个政策概念上的中部。作为一个政策概念上的中部,促进中部崛起的政策是覆盖整个中部六省,应该是整个中部的"板块崛起"。但是,从目前中部地区发展的现实情况看,统筹区域内部协调发展难度很大。一是由于中部地区与东部地区发展水平差距较大,东部沿海比较发达的地区对邻近的中部省份有较强的吸引力。二是由于中部各省都是行政区,在产业规划和生产力布局上都自成体系。三是由于中部各省产业同构化现象比较严重,无论是从政府层面,还是在企业层面,由于地方利益机制的作用,往往都是竞争大于合作。所以,中部地区各省发展战略都纷纷指望各自相邻的东部沿海发达地区,如湖南向珠三角靠拢、江西全面对接长珠闽、安徽融入长三角、山西靠近京津冀等,区域发展战略及其生产力布局并没有得到很好的整合,区域外部联系反而比区域内部联系更为紧密。如何协调好各省"分兵突围"与中部"板块崛起"的关系,是当前促进中部崛起存在的一个较为突出的矛盾问题。

### (三)产业结构调整中重化工业比重偏大与服务业发展滞后的矛盾

尽管"十五"期末中部各省工业增加值增幅有很大程度提高,有的省份的规模以上工业占GDP的比重甚至高于东部一些工业大省(见图4-1),但是主要以重化工业为主,高新技术产业在各省GDP中所占的比重偏低。

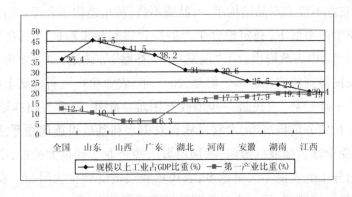

**图4-1　2005年部分省区经济结构比较(%)**

资料来源:连玉明、武建忠主编:《中国发展数字地图》,中国时代
经济出版社2006年版,第223页。

服务业尤其是现代服务业因为发展水平落后而不能适应地区经济,特别是不能适应第二产业发展的需要,已成为中部地区面临的主要问题之一。2005年,全国第三产业增加值占GDP比重为40.3%,在中部6省中,河南、

山西、江西 3 省都低于这一比重,其中河南仅为 29.9%,在全国 31 个省市区中倒数第一,并且增速明显低于其第二产业(见图 4 - 2)。

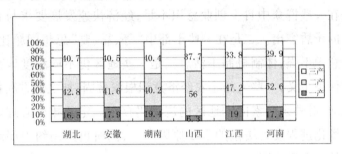

**图 4 - 2　2005 年中部 6 省三产结构(%)**

资料来源:连玉明、武建忠主编:《中国发展数字地图》,中国时代

经济出版社 2006 年版,第 224 页。

随着促进中部崛起战略的实施,近几年中部地区的工业化进程加快,特别是重化工业依托丰富的矿产资源优势,出现了突飞猛进的发展势头。但是,由于粗放型经济增长方式没有改变,服务业发展仍然滞后,特别是现代服务业发展的严重滞后,从而引发了环境污染严重,能源、资源供应紧张等一系列矛盾问题。

中部地区以重化工业为主产业结构的形成有其历史原因,长期以来中部背负"基地"、"农地"重担,产业结构调整困难较多。中部相当一部分城市为老工业基地,一大批工业为解放初期的"三线建设"遗留的传统产业,技术落后、设备老化、人员富余、历史包袱沉重。有一部分地区是全国有名的老革命根据地和交通不便的山区,财政十分困难。要想全部依靠地方财力对原有工业进行技术改造、更新设备几乎不可能。发展新兴产业,又受到资金、人才等各方面条件限制和东部地区的挤压,新兴产业发展相当缓慢。在东部,一些产业已形成具有国际竞争力的产业集群,产业链在不断延伸;而中部尚无法形成规模较大的产业集群,因此,转变经济增长方式困难较多,产业结构优化升级较慢。

**(四)经济社会发展中经济发展开放性与思想观念相对保守的矛盾**

当前,在国际上经济全球化的进程在加快,在国内区域互动一体化的趋势也十分明显,区域经济发展越来越具有开放性特征,但中部地区由于受传统计划经济体制的影响较深,与东部沿海发达地区相比思想观念仍比较保守。一是在一些群众中自主创业意识不足,经济快速发展要求与企业资源相对不足的矛盾突出。二是在一些干部中"等、靠、要"思想问题比较严重,自主创新意识不强,体制机制不活。三是一些地区仍不同程度地存在着一定的地方保护主义,一些人的小农经济意识根深蒂固,加之地方利益和眼前利益的驱动,对外来要素向本地区的流动仍存在一定的排外心理。这是中部地区市场化进程发展缓慢的重要原因之一,同时也是制约中部地区创业主体发展的一个重要因素。

中部地区由于一些干部思想观念保守,缺乏开拓创新意识,市场化程度不高,经济发展缓慢,仍存在大量贫困人口。2005 年,中部地区绝对贫困人口占全国的 26%,相对贫困人口占全国的 31%。这些人口多集中在革命老区、山区、库区、湖区、淮河两岸和地质灾害频发区,大部分是"一方水土难以养一方人"的地方。湖北 500 多万贫困人口中,110 万绝对贫困人口主要集中在鄂西地区、大别山区、幕阜山区和神农架;山西 146 万绝对贫困人口,大多集中在太行山、吕梁山区;安徽 142 万绝对贫困人口,主要分布在淮河流域和深山区;江西 90 万绝对贫困人口中,有 25 万人住在库区和湖区;湖南湘西地区 22 个贫困县,60 万贫困人口,占全省贫困人口的 60% 左右。值得重视的是,在过去已脱贫的人口中,一部分因病、因子女上学、因遭受灾害等原因重新返贫,其中因病返贫的比重达 40% ~ 60%。[1]

中部地区由于一些群众思想观念保守,人们自主创业意识不强,加之受传统体制的制约,创业领域不宽,创业主体少、规模小。由于中部的创业主体发展较慢,在就业方面远不如东部发达省份能够提供更多的就业岗位,就业和再就业压力很大,劳动力供大于求的矛盾突出。随着经济结构的调整,新型工业所能容纳的劳动力十分有限,中部地区如不转变思想观念,提高自

---

[1]　参见陈文玲:《中部六省调查研究报告:抢抓机遇奋力崛起》,《中国经济时报》2006 年 3 月
29 日。

主创业能力,劳动力的整体素质与经济发展不相适应的矛盾将更加凸显,将会加剧就业和再就业的困难。

### (五)对内对外开放中要素流动市场化与体制机制性障碍较多的矛盾

在对内开放方面,促进中部崛起与区域经济协调发展,客观上要求要素流动市场化,特别是在统筹区域协调发展中,随着交通基础设施的完善,东中西三大地带的互动发展越来越紧密,劳动力、资本、技术和管理等生产要素市场化程度也越来越高,但由于中部地区思想观念仍相对比较保守,中部地区目前的市场体系仍不健全,体制机制性障碍较多。这在一定程度上影响了东部沿海发达地区向中部地区进行产业转移的速度,很不利于中部地区产业结构的调整与优化升级。

在对外开放方面,由于中部地区的体制机制障碍较多,中部的经济发展与东部相比,明显存在开放度不高的问题,而且还落后于西部地区。据统计,在 2006 至 2007 年,中部地区的货物进出口总额,无论从绝对数,还是从占全国比重来看,不仅远低于东部地区,而且还低于西部和东北地区(见表4-3)。2008 年,由于受全球金融危机的影响,中部地区一些对外贸易企业又面临着严峻的考验。

表4-3　我国四大地区货物进出口总额比较(2006~2007 年)

单位:亿美元,%

| 年份 | 东部地区 | | 中部地区 | | 西部地区 | | 东北地区 | |
|---|---|---|---|---|---|---|---|---|
| | 绝对数(亿美元) | 占全国比重(%) | 绝对数(亿美元) | 占全国比重(%) | 绝对数(亿美元) | 占全国比重(%) | 绝对数(亿美元) | 占全国比重(%) |
| 2006 | 15795.5 | 89.7 | 539.8 | 3.1 | 576.7 | 3.3 | 691.6 | 3.9 |
| 2007 | 19337.7 | 89.0 | 743.0 | 3.4 | 785.9 | 3.6 | 870.7 | 4.0 |

资料来源:根据《中国统计年鉴》(2007~2008 年)有关统计数据整理。

中部地区的体制机制性障碍主要表现为:一是市场化程度不高,现代市场体系不完善,各种生产要素流动不起来。二是所有制结构仍比较单一,国有经济比重偏高,机制不活;民营经济发展缓慢,数量少,规模小。三是政府职能转变比较迟缓,行政管理体制中仍然存在着不同程度的越位、错位、缺位和不到位的问题,投资环境还有待改善。因此,进行体制机制创新是促进中部崛起必须要解决的一个突出问题。

## 二、当前促进中部崛起面临的政策机遇

中部尽快崛起,是中部地区广大人民群众的迫切愿望,也是中国经济能否持续发展的关键。中部崛起主要依靠中部地区人民的不懈努力,但也需要全国人民的支持。对当前中部地区存在着一些突出的矛盾问题,有些矛盾问题中部地区是可以依靠自身努力来解决的,但有些矛盾问题是中部地区没有能力完全依靠自身的力量解决,就需要中央政府的政策支持。特别是在当前由于受全球金融危机的影响,给中部崛起带来了前所未有的挑战,更需要国家政策的支持。当前,在促进中部崛起中,中部地区需要紧紧抓住两大政策机遇:一是国家关于促进中部地区崛起的政策机遇;二是国家关于保增长、扩内需、调结构的政策机遇。

### (一)抓紧抓好国家关于促进中部地区崛起政策的组织实施

2006年4月15日,党和国家为促进中部崛起专门下发的《中共中央国务院关于促进中部地区崛起的若干意见》,系统地明确了促进中部崛起的重大意义、战略任务、总体要求、基本原则和有关政策及措施,这是促进中部崛起的重要政策保证。当前的主要任务是,如何具体贯彻落实和组织实施好党和国家关于促进中部崛起的方针和政策,努力开创中部地区崛起的新局面,更好地促进我国区域经济协调发展。

#### 1. 提升中部农业生产能力,扎实稳步推进新农村建设

农业,无论对中部还是对整个国家都是至关重要的。首先,政府要加大对粮食主产区建设的支持力度,保证国家粮食安全。具体包括:加强重要商品粮基地建设,增加对种粮农民的直接补贴,加强中部地区农村电网改造、县乡公路、水源工程体系建设及农田水利基本建设,完善中部地区粮食流通基础设施建设,建设各种类型的粮食批发市场等。其次,是完善对农业的支持保护体系,着力解决"三农"问题。一是多渠道增加对农业的投入。统筹城乡发展,通过以城带乡、以工促农的方式,重点支持一批农业产业化龙头

企业,以工业化带动农业产业化。同时,通过补贴、贴息、奖励等方式引导各方面资本对农业的投入。继续加大对中部地区农业防洪灌溉设施、水库除险加固和其他农业基础设施建设的投入力度,提高防灾减灾能力,扩大高产稳产的耕地面积。二是建立促进农民增收的长效机制。加强农村劳动力技能培训,促进富余劳动力转移。建立和完善农民外出就业服务体系和可靠信息渠道,加强对农民外出就业的管理和服务。大力发展农业产业化经营,推进农业结构调整。加大对农业产业化龙头企业和农民专业合作经济组织的支持力度,落实对内资重点龙头企业从事种植业、养殖业和农村产品初加工业所得暂免征收企业所得税政策,努力增加农民收入。三是加快发展中部地区农村教育、卫生、文化事业,提高农村公共服务水平。改善农村中小学办学条件,继续落实"两免一补"政策(对农村义务教育阶段学生免收学杂费,对贫困家庭学生提供免费课本和寄宿生活费补贴),加大对财政困难地区义务教育经费的转移支付力度。加大以乡镇卫生院为重点的农村卫生基础设施建设。发展农村文化事业,大力推进广播电视进村入户。

2.改造和振兴中部老工业基地,推进工业结构优化升级

目前中部六省正在加快工业结构调整的步伐,但应抓紧落实国家有关扶持政策,进行科学规划与合理布局。一是加强能源基地建设。稳步推进山西、河南、安徽等煤炭资源丰富地区的大型煤炭基地建设,搞好矿井设备更新和安全改造,大力发展煤矸石、煤层气、矿井水等资源的综合利用。建设在全国能源规划布局中已确定的火电、水电等电源项目,发展坑口电站,促进煤电联营和综合开发。加快抽水蓄能电站建设。加强骨干电网建设,提高外送能力。因地制宜、积极稳妥地推进生物质能发电和风电建设工作。二是加强原材料基地建设。发挥中部地区铁矿石、有色金属、黄金、磷和石灰石等矿产资源优势,建设综合开发利用基地。大力加强中部地区重要矿产资源的勘查,积极推动矿山加快技术改造,提高资源综合回收率。重点支持钢铁、石化、化肥、有色、建材等优势产业的结构调整,形成精品原材料基地,对优势企业的联合、重组给予必要的政策支持。三是加快中部地区老工业基地振兴和资源型城市转型。积极推进国有经济战略性调整,选择部分

老工业基地城市进行改革试点,在增值税转型、厂办大集体改革和社会保障等方面,比照振兴东北地区等老工业基地有关政策给予支持。加快资源型城市和资源型企业经济转型,培育、发展循环经济和接续产业,建立资源开发补偿机制和衰退产业援助机制。对重点资源枯竭型企业关闭破产、分离办社会职能、职工安置、沉陷区居民搬迁给予扶持。四是建设具有自主创新能力的现代装备制造基地。依托骨干企业,重点发展清洁高效发电技术装备、高压输变电设备、大型矿山开采设备、石化装备、大型施工机械、数控机床及关键功能部件、新型农业装备、高速铁路列车、大功率铁路机车、新型地铁车辆、汽车及零部件、高附加值船舶及配套等领域。落实好国家关于加大对中部地区重点企业技术改造的扶持政策,支持重大成套装备技术研制及其产业技术开发,积极推进工业结构优化升级。

3. 增强中心城市辐射功能,促进城市群建设和县域经济发展

构建布局完善、大中小城市和小城镇协调发展的城镇体系。以省会城市和资源环境承载力较强的中心城市为依托,加快发展沿干线铁路经济带和沿长江经济带。以武汉城市圈、中原城市群、长株潭城市群、皖江城市带为重点,形成支持经济发展和人口集聚的城市群,带动周边地区发展。加强城市间及周边地区基础设施建设,引导资源整合、共建共享,形成共同发展的合作机制。

大力发展县域经济。根据当地资源优势,培育和发展各具特色的优势产业,形成产业集群,扩大社会就业,增加财政收入。加快推进县城、中心镇基础设施建设,发挥其集聚和辐射作用。科学合理地调整乡镇设置,优化布局,促进人口和产业的适度集聚,开展村庄整治试点,逐步改善生产生活设施,推进社会主义新农村建设。抓紧抓好国家"科技富民强县专项行动计划"在中部地区的试点工作,大力发展特色产业项目。

4. 提升交通运输枢纽地位,促进商贸流通旅游业发展

加快综合交通运输体系规划实施。按照统筹规划、合理布局、突出重点的原则,加强铁路、高速公路、干线公路、民航、长江黄金水道、油气管道等建设,优先解决中部地区与沿海地区以及中部地区内部的连通,着力构建连接

东西、纵贯南北的综合交通运输体系,全面加强中部地区综合交通运输能力建设。

进一步推进商贸流通体系建设。构建以武汉、郑州等全国性市场为中心,以区域性重点市场为骨干,以具有地方特色的专业市场为补充,现货市场和期货市场相结合的市场体系。重点发展粮食及鲜活农产品、重要生产资料和工业品交易市场,加大传统零售业态改造力度,推动农村商业网点建设。

把旅游业培育成中部地区的重要产业。加强旅游景区的基础设施建设,挖掘、整合各类特色旅游资源,加快建设一批优秀旅游城市、旅游名县、旅游名镇。广泛吸纳社会投资,高水平开发一批有国际影响、带动性强、效益好的旅游项目,发展红色旅游,打造精品旅游景区及线路。

5. 提升中部创新能力,建设高新技术产业基地

首先,应逐步加大对科研开发的投入,在中部地区尽快建立科技创新体系。建立企业技术进步和产业升级的政策资助机制,包括资助风险投资公司的建立,资助科技成果商品化等,加快推进电子信息、生物工程、现代中药、新材料等领域的研发和产业化。其次,加强高等学校、科研院所与企业的技术合作,促进企业成为技术创新的主体。建立一批特色产业基地,形成产业链和产业体系,逐步实现优势高技术产业集群,形成若干高技术产业增长点。最后,加强技术创新服务体系建设,加快科技成果转化。在有优势的领域建设和完善国家工程中心、国家工程实验、国家重点实施室和企业技术中心,加快建设若干科技基础平台,实施一批重大科技项目,加大关键技术的攻关力度。

6. 促进中部教育、文化、医疗等社会事业的发展

落实好国家有关政策,增加对中部地区科教文卫等公共产品的供给,加大一般性转移支付补助。大力加强中部地区的义务教育,延长义务教育年限,提高义务教育质量,确保中小学的政府投入和教师工资、津贴的全额发放。增加中部高等教育投入,在中部培育和发展更多的名牌大学。大力发展中部的文化事业,挖掘中部的文化资源。既要弘扬传统文化中的精华,又

要不断进行文化创新,以实现与市场经济的相互促进。积极促进中部文化产业的发展,发挥中部的文化优势。大力加强公共服务体系建设,积极推行新型农村合作医疗试点,重点建设乡镇卫生院和基层血防站,着力构建农村卫生防疫体系公共财政应急反应机制。设立乡镇动物防疫人员经费补助专款,分期分批对乡镇防疫检验检测设备进行配置和完善。

### 7.扩大中部对内对外开放,加快体制机制创新

当前我国是国际投资的热点区域,东部地区和资本的梯度转移为中部吸收外资提供了良机。中部地区应在组织落实国家有关促进中部崛起政策中进一步完善基础设施,进行体制和制度创新,便捷管理程度,提供人才服务,营造有利于引资的良好环境,通过利用外资实现跨越式发展。

充分发挥中部承东启西的区位优势,着力扩大对内开放,促进中部地区与东西部地区协调互动发展。政府应加强政策引导和组织协调,为中部地区企业与东部地区企业、跨国公司对接搭建平台,更好地承接东部地区和国际产业的转移。中部地区应与东西部地区在粮食、能源、原材料等方面建立长期稳定的合作关系,推动与东、西部地区在人口流动与就业等方面的广泛交流,加强与毗邻的沿海地区区域经济一体化建设。

努力提高中部对外开放水平。政府应加强进出口协调和服务,用好用活有关优惠政策,转变贸易增长方式,优化贸易结构,开拓国际市场。加强一类口岸建设,建好出口加工区,引导加工贸易向中部地区转移。政府应加强指导和服务,鼓励有条件的企业"走出去",扩大对外劳务输出规模。搞好中部地区开发区建设,支持发展势头好、产业特色明显、带动力较强的国家级开发区和省级开发区加快发展,鼓励工业项目向开发区集中,促进优势产业集聚、土地集约使用、资源综合利用和环境保护,努力提高园区土地利用率。

加快完善现代企业制度和市场体系。着力改革行政管理体制,转变政府职能,优化组织结构,构建服务政府、责任政府、法治政府。加快大中型国有企业股份制改革,完善相关配套改革。大力发展资本、产权、土地、技术、劳动力等要素市场。大力发展非公有制经济,落实好支持和引导非公有制

经济发展的方针政策,切实消除体制性障碍,允许非公有资本进入法律法规未禁止的行业和领域。

8.加强中部生态建设和环境保护,实现可持续发展

加强中部水污染防治和生态建设。继续推进长江中游干支流、黄河中游干支流,特别是海河和淮河上中游、巢湖、丹江口库区及上游、三峡库区、南水北调工程影响区的水污染防治项目建设,加强重点城市的污水与垃圾处理设施建设。加强流域、区域水资源开发利用和水环境保护的统一管理,提高水资源利用综合效益。建立大江大河上下游之间生态环境保护的协调和补偿机制。

加大资源节约和工业污染防治力度。加强工业污染防治、节能节水改造、资源综合利用,发展循环经济,解决好产业转移过程中的污染转移问题。切实做好工矿废弃土地复垦和矿山生态环境恢复。加强环境保护和水资源保护监管与执法力度,落实污染治理达标责任制。

提高中部防灾减灾能力。加快自然灾害频发地区防灾减灾体系建设,重点加强长江中下游、黄河中游、淮河等重要流域的干支流,洞庭湖、鄱阳湖水系和局部山洪频发地区的防洪工程建设。

**(二)充分认识国家关于保增长、扩内需、调结构的政策机遇**

2008年,为应对全球金融危机,中央政府确定的扩大内需促进经济增长的十条措施,概括起来可以分为四类:一是加快实施重大民生工程;二是加快在建重大基础设施项目建设;三是尽快启动一批有利于增强经济发展后劲的大型工程项目;四是加大力度支持产业结构调整和优化升级关键项目建设,组织实施汽车、钢铁、造船、石化、轻工、纺织、有色金属、装备制造、电子信息、现代物流等重点产业调整和振兴规划。这些都给中部地区加快发展带来了千载难逢的政策机遇。

一是国家明确提出,加快铁路网、公路网和综合运输体系建设,加快铁路、公路"卡脖子"路段扩能改造,重点解决国家高速公路网"断头路"问题,加快中西部支线机场建设等,有利于中部各省加快铁路、公路和机场等重大基础设施建设,大力提升中部地区的综合交通运输枢纽地位。

二是国家加快城镇污水和垃圾处理设施、重点流域水污染防治工程、重点节能工程、循环经济和重点流域工业污染治理工程建设,有利于中部各省加强节能减排和生态环境建设。

三是国家组织实施十大产业调整和振兴规划,加大对自主创新和高技术产业化的支持力度,推进一批重大科技工程建设,有利于中部地区增强自主创新能力和加快产业结构调整与优化升级。

四是国家实施新增 1000 亿斤粮食工程规划,大规模开展中低产田改造,建设一批大中型水利骨干工程,加快推进农村沼气、饮水安全和农村公路建设,加大扶贫开发力度,增加对优质粮食工程、动物防疫体系、农产品质量安全检验检测体系等投入,有利于中部地区进一步改善农业和农村生产生活条件,提高农业综合生产能力。

五是国家加大廉租房建设力度,实施棚户区改造工程,加快基层医疗卫生服务体系建设,加快中西部农村初中校舍改造工程,加强中等职业教育特别是农村中等职业教育基础设施建设,支持乡镇综合文化站建设等,这些都是中部各省经济社会发展的薄弱环节。国家加大这些方面的投入力度,有利于中部各省加快推进重点民生工程的实施进度。

六是国家加大银行信贷对经济增长的支持力度,进一步优化信贷结构,改进金融服务,有利于中部地区加大金融创新力度、扩大融资规模、进一步完善金融服务体系,有利于提高居民收入特别是农民和城乡低收入群体的收入,进一步扩大消费需求。

### 三、中部地区应抢抓机遇,奋力实现崛起的目标

在我国统筹区域发展的新格局中,对于促进中部崛起来讲,是机遇与挑战并存。总体上看,机遇大于挑战。但是,同时也应看到,机遇是潜在的,挑战是现实的。中部应该在国家统筹区域发展战略指引下,全面贯彻落实好国家有关促进中部崛起和当前扩大内需促进经济增长的方针和政策,积极发挥自身的主观能动性,增强信心、抢抓机遇、迎接挑战、乘势而上,充分发挥综合比较优势,奋力实现崛起的目标。

**（一）强化机遇意识，抓好有关政策的组织落实**

强化机遇意识，就是要积极应对促进中部崛起过程中遇到的各种问题与挑战，充分认识中部自身发展存在的机遇、促进中部崛起政策的机遇、当前国家应对金融危机进行宏观经济政策大调整带来的机遇。特别是这次宏观调控对保增长、扩内需、调结构的指向非常明确，很多举措与正在实施的促进中部崛起政策具有很高的契合度，是中部发展多年难得的重大机遇。抓好政策落实，主要是要具体落实到项目上。要以项目为中心，加强协调、细化分工，建立起上下联动、统分结合、责任明确、高效运作的工作机制。

**（二）更新思想观念，强化体制机制创新意识**

中部地区经济发展滞后的原因除了客观因素外，也有主观上的原因，如思想不解放、观念落后，经济体制改革措施不力，对外开放的力度不够，等等。这些问题必须引起高度重视。为了实现中部经济快速发展，必须进一步摆脱传统的计划经济思想的束缚，摆脱"等、靠、要"的依赖思想，树立创新意识，大胆改革、锐意进取，全面对外开放。政府应该尽快转变职能、改进作风，以灵活务实的态度，简化工作程序，提高服务效率。大力推动行政管理体制、企业管理体制、投融资体制等方面的改革，积极克服影响中部崛起的各种体制机制性障碍，增强区域发展活力。地方各级领导干部首先要带头转变观念、振奋精神，牢固树立科学发展观和正确的政绩观，求真务实，激发全民创业的积极性、创造性，努力改善投资环境，紧紧抓住当前稍纵即逝的发展机遇。

**（三）要重视中部地区内生型自增长力的培育**

尽管中部地区可以利用与东部地理位置毗邻的优势，抓住东部地区产业结构调整的时机，吸引资金、技术向中部加速转移，但更重要的是从自身优势找出路。只有充分挖掘内部蕴藏的巨大潜力，发挥区位、资源、人才等综合优势，才能在百舸争流中快速崛起。目前，东部沿海地区的产业发展由于受全球金融危机影响，正处在结构大调整时期，一些劳动密集型产业向中部地区转移将成为必然，中部的区位和经济特征决定了中部地区将成为东部产业转移的首选之地。中部要发展，一方面要积极调整发展战略布局，加大基础设施投入,提高劳动者素质,增强开放意识、协调意识、环保意识和法制意识,努力营造良好的法制环境和诚实守信的社会风气,为融入"长三角"、"珠三角"、"环渤海"和接受产业转移创造条件;另一方面要发展内需经济,充分发挥本地区的比较优势,开拓潜在的市场空间,积极发展传统特色产业,巩固和壮大支柱产业,大力培育新兴的先导产业,形成新的经济增长点。

### (四)走中部特色的新型工业化和城市化道路

破解中部发展难题的方法就是工业化和城市化,中部的工业化要与信息化有机的结合起来,既要踏踏实实地做好加工制造业,也要关注新兴的先导产业和高新技术产业,争取在未来的激烈竞争中占有一席之地。制造业是新型工业化的主力军,要用高新技术改造传统产业,让传统产业增加新的活力。发展具有本地特色的劳动密集型产业,是中部地区的优势所在,也是解决农村劳动力转移的主要手段。因此,大力发展制造业和具有本地特色的劳动密集型产业是中部崛起的必然选择。要积极开展资源的综合利用和产品的深加工,注重把资源优势转化为经济优势、竞争优势,大力发展循环经济。促进中部崛起,一方面要加快国有企业的改革,全面提高企业素质,夯实工业振兴的基础;另一方面中部的一些制度安排应该转向有利于中小企业发展的民营经济方面。中小企业是劳动密集型产业的主体,是民营经济参与市场竞争的主要企业形式,没有民营经济的发展壮大和中小企业的快速发展就没有中部经济的腾飞。中部具有广阔的市场前景,可以形成巨大的市场需求和商品流通规模。中部要发挥区位功能优势,发展现代服务业,建立起高度发达的物流中心和商品集散地。

城市是一个地区的经济发展中心。城市化不仅是经济社会发展的重要标志,也是促进区域经济发展的重要手段,是扩大内需、促进第三产业发展的主要动力。中部崛起离不开城市的发展。中部地区二元经济结构明显,城市化滞后,如何应对农业、农村、农民的转型问题是一个十分迫切的任务。必须大力推动城市化,加快农业人口向城市社区集中。首先,必须突出大城市的作用,增强中心城市的能量,提高其集聚和辐射能力。中部的大城市少,而且经济实力偏弱,综合竞争力不强,对周边地区缺乏应有的辐射力。因而,必须进一步提高大城市的经济实力,发挥其区域中心的功能。其次,要全面发展中小城市,努力形成城市经济网络。中小城市的发展是一个地区经济是否发达的重要表现。中部的小城市较少,缺少对农村的辐射力,不仅影响了工业经济的发展,也阻碍了农业产业化进程,阻碍了农村社会向城市文明转变的进程,因此中部要发展一批各具特色的小城市。城市的发展要有产业支撑,要把工业化与城市化紧密结合起来,用城市化带动工业化,用工业化推进城市化。中部各省要把工业园区建设好,吸引更多的企业进入园区。企业相对集中,不仅有利于第二产业发展,更能够带动周边的第三产业发展。

**(五)积极推进城乡经济社会发展一体化进程**

中部地区城乡二元结构矛盾突出,解决这一矛盾的根本途径就是促进城乡经济社会发展一体化,大力推进农业产业化进程。农业是中部地区最重要的产业之一。中部的农业不仅在全国粮食生产中占有举足轻重的地位,而且在中部经济中仍占相当大的比重。没有农业的现代化,就不可能有中部的崛起。中部农业的出路在哪里呢? 光靠种粮食和粮食政策补贴是没有出路的。中部农业必须走产业化、现代化道路,就是要用工业的理念来发展农业,通过以城带乡、以工促农的方式,形成与城市二三产业相配套的现代农业。农业产业化,关键是要培育农业产业化的龙头企业,以企业为主导,用企业来开拓市场,调动农民的积极性。政府的作用是要调动企业的积极性,引导城市工商企业对农业进行投资,包括把与农业关系密切的企业引进经济园区,实行土地、税收、农产品基地建设等方面的扶持政策。中部地区要按照建设社会主义新农村的要求,大力调整农业结构,积极推进农村土地承包经营权流转,改进生产和经营方式。一是要提高粮食优良品种的比重,积极发展附加值高的经济作物。二是要加大农业集约化生产的投入,重视农业技术的研究和推广。三是要实施农产品品牌战略,对农产品进行整合,突出优质产品、绿色产品、特色产品。四是要对农产品进行深加工,研究储藏、保鲜技术,提高技术含量和附加值。五是要积极发展农村专业市场,加速农产品流通,拓宽流通渠道,减少流通环节和降低流通成本。六是政府要为农业提供技术支持与信息服务,加大对农副产品质量的监督和检测力度。七是要建立、健全农村的社会化服务体系,为农业产业化的发展提供社会保障。

**(六)大力发展各类专业市场和现代服务业**

中部要发挥区位、资源和交通网络较发达的优势,通过依托各类专业市场,推进产业组织形式的创新,形成"块状经济"。要在学习和借鉴浙江发展"块状经济"经验的基础上,通过建立和健全各类专业市场,促进社会化分工与协作,把分散的中小企业组织起来,解决好中部地区农村一家一户的小生产与社会化大市场的矛盾,形成区域性的规模特色经济。

现代服务业是经济发展的重要领域。中部地区还要大力发展以文化旅游、商贸物流为主要特征的现代服务业。一是要构建合理的商贸流通体系。中部地区独特的区位和交通,对发展现代服务业有着天然的优势。现在的关键是要充分利用这种优势,把资源优势转化为经济优势,区位优势转化为流通优势,使中部成为东部资本、技术向内陆转移的主要承接地,成为西部产品向东部输送的中转站。打破区域壁垒,构建中部地区的物流圈。二是要做大做强中部地区文化旅游产业。中部要在旅游开发时始终树立文化先导意识,把文化注入到旅游之中,使文化与旅游有机结合。要加大宣传和营销力度,塑造特色和品牌,重点打造好中部地区的历史文化旅游品牌、生态旅游品牌、红色旅游品牌。要加强旅游服务方面的管理,提高旅游服务的标准和质量,培育出一批优秀的文化旅游产业的经营管理人才。

**(七)优先发展科技和教育,提高自主创新能力**

科技和教育是生产力的重要因素。在科技方面,目前中部的科技投入难以达到东部发达地区的水平,但中部可以在一些基础好的领域,如生物医药、新型材料、光电机一体化等方面重点投入。要加强高校、科研院所与企业的联系和合作,提高自主创新的能力,让发明与市场之间信息传输顺畅。要促进科研成果转化为生产力,要有更灵活的政策,发挥工业园区的孵化器作用,最大限度地支持高科技民营企业发展壮大。中部是人才辈出的地方,然而又是人才政策较保守的地区,对人才的确认、使用、待遇、选拔明显落后于东部发达地区。中部要提高自主创新能力,必须要引进大量的科技人才,留住高素质的尖端人才,用好现有的优秀人才。留住、用好人才重要的是创造良好的工作环境,提供能发挥才能的平台,提高生活待遇,重奖有突出贡献的人才。科技创新的发展离不开教育,提高劳动力素质离不开教育。大力发展教育是摆脱贫困的有效手段,中部地区要从根本上解决加快发展问题,必须加大教育投资,提高人的素质。要在抓好各类高等教育质量的同时,把重点放在大力培养高素质的各类职业技术工人队伍上。目前市场上最缺的是高级技术工人,没有一支数量可观、质量过硬的技术工人队伍,中部难以成为现代农业基地、现代能源基地和现代制造业基地以及高新技术产业基地。各类职业技术教育要根据市场需求放开手脚、加快发展,鼓励民办教育,积极引导社会力量办学。中部地区要逐步形成适应提高自主创新能力需要的教育体系,培养更多的优秀人才,为储蓄更多的后发优势打下良好的基础。

**(八)中部各省要加强相互之间的联合和协作**

中部地区是规划区,不是行政区,不存在中部的中心问题。因此,中部的发展是全方位的,相互竞争也是必然的。但是,从整个中部崛起的需要来看,更需要的是彼此之间的联合与协作。从现实来看,中部六省在崛起过程中面临着一道障碍,就是同质化竞争。由于六省在具体的产业规划和生产力布局上都自成体系,所以重复建设现象较严重。这样,既浪费了资源,也不利于中部综合比较优势的发挥。"协同导致有序",中部地区各省要立足大局,摒弃故步自封、惟我独尊的腹地中心意识,共同营造良好的区域发展环境,实现共同发展。区域资源集中、边界相连、经济发展特征相同、交通运输网络密集为中部六省的经济合作提供了便利。中部可以在区域规划、产业布局、能源电力的利用、科技产品的开发研制、旅游资源的优化配置、文化体育交流等诸多方面进行联合与协作,充分发挥综合比较优势,共同促进中部崛起。

#### 四、关于形成促进中部崛起协调发展系统的探讨

促进中部崛起需要有一定的协调发展系统作为保障。尽管在中部地区发展中存在着一些矛盾和问题,但是随着党和国家关于促进中部地区崛起政策和当前有关扩内需、调结构、保增长政策的实施以及中部地区各省的自身努力,一些矛盾正在向积极的方向发生转化,一些不利因素正在转化为有利因素,正在形成促进中部崛起的协调发展系统。

##### (一)形成促进中部崛起协调发展系统的主要因素

当前,从中部地区各省发展的趋势看,形成促进中部崛起协调发展系统的因素有许多,概括起来主要有十大因素,即国家政策的导向作用、地方政府的促进作用、体制创新的驱动作用、创业主体的推动作用、扩大内需的拉动作用、结构调整的带动作用、经济增长的支撑作用、城乡发展的联动作用、区域合作的互动作用、区域文化的融合作用。这些因素之间彼此相互联系,通过不同层面对中部地区的经济社会发展发挥着各自的影响作用,共同有机形成了促进中部崛起的协调发展系统(见图4-3)。

1.国家政策的导向作用

国家战略意志在区域经济发展中往往起着决定性的作用。当前,随着党和国家关于促进中部地区崛起政策的出台与组织实施,国家政策的导向作用已十分明显。政策的实施靠一个个项目建设来落实,而项目建设带来的是一批批资金的投入。有投入才会有发展后劲。从2005年中央提出促进中部崛起政策以来,国家每年都在逐步加大对中部地区的投入力度,并带动了其他地区各种要素向中部地区的集中,使中部地区连续几年全社会固定资产投资增长均超过全国水平,对加快中部地区经济发展起到了很好的政策导向作用(见表4-4)。

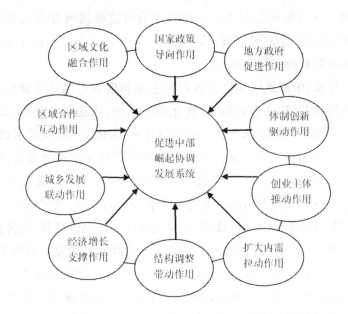

**图 4 - 3  形成促进中部地区崛起协调发展系统的主要因素**

**表 4 - 4  中部六省全社会固定资产投资增长情况(2005~2007 年)**

单位:亿元,%

| 年份 | 山西 | 安徽 | 江西 | 河南 | 湖北 | 湖南 | 六省合计 | 增长 | 全国 | 增长 |
|------|------|------|------|------|------|------|----------|------|------|------|
| 2005 | 1859 | 2521 | 2293 | 4379 | 2833 | 2540 | 16427 | 29.0 | 88604 | 25.7 |
| 2006 | 2321.3 | 3544.7 | 2683.2 | 5907.7 | 3572.7 | 3242.4 | 212722 | 29.5 | 109870 | 24.0 |
| 2007 | 2927.2 | 5105.9 | 3300.1 | 8010.1 | 4534.1 | 4294.5 | 28171.9 | 32.4 | 137239 | 24.8 |

资料来源:安徽省统计局编《安徽省情》(2005~2007 年)。

**2.地方政府的促进作用**

自从中央提出促进中部崛起政策以来,中部六省地方政府都采取措施加大了建设力度。安徽省政府提出了"六大战略",积极推进和提升"861"计划;江西省政府在抓紧打造"三个基地、一个后花园"基础上,加快推进昌九工业走廊建设;湖北省政府全力打造武汉经济圈,并不断扩大辐射范围;湖南省政府在推进"长株潭"一体化基础上,又积极推进"3 +5"城市群建设;河南省政府统筹城乡发展,全面促进"中原城市群"崛起;山西正在全力建设新型工业能源和旅游大省。地方政府对这些区域发展战略的组织实施,将会大大加快中部地区崛起的步伐,一个中部大发展格局正在形成。

### 3.体制创新的驱动作用

近几年来,中部地区加快完善现代企业制度和市场体系建设。着力改革行政管理体制,转变政府职能,优化组织结构,构建服务政府、责任政府、法治政府。加快大中型国有企业股份制改革,深化完善相关配套改革,鼓励和支持社会资本和境外投资以多种方式参与国有企业改组改造,鼓励优秀上市企业开展多种形式的资产收购、合并和重组,大力发展资本、产权、土地、技术、劳动力等要素市场。大力发展非公有制经济,落实鼓励、支持和引导非公有制经济发展的方针政策,切实消除体制机制性障碍,使各种创业主体不断涌现,私营工业企业和外商投资企业出现了加快发展的势头,大大降低了国有及国有控股工业企业的比重(见表4-5),利益主体多元化的格局正在驱动着公平竞争市场环境的形成,市场调节的基础性作用正在得到发挥。随着体制创新的不断深入,将会极大地解放和发展中部地区的社会生产力。

表4-5　中部六省各类工业企业发展情况(2006~2007年)

单位:个

| 工业企业类型 | 年份 | 山西 | 安徽 | 江西 | 河南 | 湖北 | 湖南 | 六省合计 | 发展情况(%) |
|---|---|---|---|---|---|---|---|---|---|
| 国有及国有控股企业 | 2006 | 1033 | 563 | 706 | 1192 | 873 | 1031 | 5398 | |
| | 2007 | 641 | 581 | 563 | 1015 | 834 | 858 | 4492 | -16.8 |
| 私营企业 | 2006 | 1310 | 3699 | 2800 | 6086 | 3555 | 5409 | 22859 | |
| | 2007 | 1505 | 4908 | 3242 | 7498 | 4512 | 6319 | 27984 | +22.4 |
| 外资企业 | 2006 | 141 | 624 | 586 | 466 | 685 | 474 | 2976 | |
| | 2007 | 166 | 707 | 682 | 520 | 771 | 539 | 3385 | +13.7 |

注:表中"-"为减少的百分比,"+"为增长的百分比。
资料来源:根据《中国统计年鉴》(2007~2008年)有关统计数据计算整理。

### 4.创业主体的推动作用

人是生产力中最活跃的因素,促进中部崛起需要各类创业主体来推动。

近年来,随着中部地区体制机制的创新,各省政府根据本地实际情况,研究制定促进非公有制经济发展的具体政策措施,引导、规范非公有制经济发展,允许非公有制资本进入法律、法规未禁止的行业和领域,放宽从业条件,简化审批手段,鼓励各类人员从事非公有制经济,充分发挥非公有制经济吸纳劳动力就业的功能,不仅拓宽了创业领域,而且提高了创业的成功率,从而涌现出了许多新的创业主体,特别是个体、私营企业的数量越来越多,企业规模越来越大,就业人数也越来越多,已成为推动中部崛起的一支重要力量(见表4-6)。

表4-6　中部六省个体、私营企业及就业人数增长情况(2006~2007年)

| 企业类型 | 年份 | 山西 | 安徽 | 江西 | 河南 | 湖北 | 湖南 | 六省合计 | 增长情况(%) |
|---|---|---|---|---|---|---|---|---|---|
| 私营企业数量(万个) | 2006 | 8.8 | 13.0 | 8.5 | 15.6 | 15.0 | 10.0 | 70.9 | |
| | 2007 | 10.9 | 14.5 | 9.9 | 18.0 | 17.0 | 11.6 | 81.9 | 15.5 |
| 就业人数(万人) | 2006 | 105.0 | 230.1 | 160.6 | 174.3 | 143.5 | 213.6 | 1027.1 | |
| | 2007 | 110.1 | 217.9 | 172.2 | 182.0 | 161.8 | 224.5 | 1068.5 | 4.0 |
| 个体企业(万个) | 2006 | 45.2 | 120.1 | 71.9 | 130.6 | 106.3 | 97.9 | 572.0 | |
| | 2007 | 63.0 | 112.5 | 74.1 | 137.8 | 111.1 | 101.3 | 599.8 | 4.9 |
| 就业人数(万人) | 2006 | 89.5 | 282.1 | 181.4 | 281.8 | 230.4 | 199.5 | 1264.7 | |
| | 2007 | 120.6 | 267.3 | 188.4 | 294.6 | 251.8 | 196.2 | 1318.9 | 4.3 |

资料来源:根据《中国统计年鉴》(2007~2008年)有关统计数据计算整理。

5. 扩大内需的拉动作用

中部地区人口众多,城乡市场广阔,随着近几年城乡居民收入水平的不断提高,人们的购买力水平也随之增长,社会消费品零售总额出现加快上升的趋势(见表4-7)。因此,在中部地区通过扩大内需,发展消费品市场,特别是农村消费品市场潜力很大,这将成为促进中部地区崛起的一个强大引擎。

表4-7  中部六省社会消费品零售总额增长情况

单位:亿元,%

| 地区 | 2004 | | 2005 | | 2006 | | 2007 | |
|---|---|---|---|---|---|---|---|---|
| | 社会消费品零售总额 | 比上年增长 | 社会消费品零售总额 | 比上年增长 | 社会消费品零售总额 | 比上年增长 | 社会消费品零售总额 | 比上年增长 |
| 全国 | 53950 | 13.3 | 67176.6 | 12.9 | 76410.0 | 13.7 | 89210.0 | 16.8 |
| 山西 | 885 | 21.3 | 1401.2 | 14.8 | 1613.4 | 15.2 | 1914.1 | 18.6 |
| 安徽 | 1503 | 12.9 | 1765.0 | 13.3 | 2029.4 | 15.0 | 2403.7 | 18.4 |
| 江西 | 1060 | 14.8 | 1236.2 | 15.0 | 1428.0 | 15.5 | 1683.1 | 17.9 |
| 河南 | 2808 | 15.7 | 3358.4 | 14.3 | 3880.5 | 15.5 | 4597.5 | 18.5 |
| 湖北 | 2668 | 13.1 | 2964.6 | 13.2 | 3412.0 | 15.1 | 4028.5 | 18.1 |
| 湖南 | 2070 | 14.0 | 2459.1 | 14.4 | 2834.2 | 15.3 | 3356.5 | 18.4 |
| 六省合计 | 10993 | 14.7 | 13184.5 | 14.1 | 15197.5 | 15.3 | 17983.4 | 18.3 |

资料来源:根据历年《中国统计年鉴》有关统计数据计算整理。

6.结构调整的带动作用

在促进中部崛起过程中,根据国家关于转变经济发展方式的要求,近几年来中部地区正在按照"三个基地、一个枢纽"的功能定位和战略布局的要求,抓紧实现"三个转变":在需求结构上,正在促进经济增长由主要依靠投资、出口拉动向依靠消费、投资、出口协调拉动转变;在产业结构上,促进经济增长由主要依靠第二产业带动向依靠第一、第二、第三产业协调带动转变;在要素投入上,促进经济增长由主要依靠增加物质资源消耗向主要依靠科技进步、劳动者素质提高、管理创新转变。中部地区经济结构调整与产业优化升级力度的加大,特别是承东启西、贯穿南北的综合交通运输枢纽地位的提升,必然带动整个区域经济的可持续发展,从而为促进中部崛起增强发展后劲。

7.经济增长的支撑作用

经济增长是促进中部崛起的一个关键因素,中部地区只有保持经济的持续增长,才能为中部地区社会全面发展奠定坚实的基础,赶上或超过全国的平均发展水平,并逐步缩小与东部地区的发展差距。近几年来,在中央促进中部崛起政策的指引下,中部地区经济发展速度有了较快的提升,生产总值已连续四年增长速度达到和超过全国平均发展速度(见表4-8)。

表4-8 中部六省生产总值增长情况

单位:亿元;%

| 地区 | 2004 | | 2005 | | 2006 | | 2007 | |
|---|---|---|---|---|---|---|---|---|
| | 生产总值 | 比上年增长 | 生产总值 | 比上年增长 | 生产总值 | 比上年增长 | 生产总值 | 比上年增长 |
| 全国 | 136515.0 | 9.5 | 182321.0 | 9.9 | 209406.8 | 10.7 | 249530 | 11.9 |
| 山西 | 3042.4 | 14.1 | 4121.2 | 12.5 | 474.65 | 11.8 | 5696.2 | 14.2 |
| 安徽 | 4812.7 | 12.5 | 5375.8 | 11.8 | 6141.9 | 12.9 | 7345.7 | 13.9 |
| 江西 | 3496.0 | 13.2 | 4056.2 | 12.8 | 4618.8 | 12.3 | 5469.3 | 13.0 |
| 河南 | 8815.1 | 13.7 | 10535.2 | 14.3 | 12464.1 | 14.1 | 15058.1 | 14.4 |
| 湖北 | 6320.5 | 11.5 | 6484.5 | 11.4 | 7497.2 | 12.1 | 9150.0 | 14.5 |
| 湖南 | 5612.3 | 12.0 | 6473.6 | 11.6 | 7493.2 | 12.1 | 9145.0 | 14.4 |
| 六省合计 | 32099.0 | 12.8 | 37046.5 | 12.4 | 42961.7 | 12.6 | 81864.2 | 14.0 |

资料来源:根据历年《中国统计年鉴》有关统计数据计算整理。

8.城乡发展的联动作用

中部地区近几年来城市化进程加快发展,已初步形成了长株潭城市群、武汉城市圈、中原城市群、皖江城市群、昌九景城市群和太原城市群等六大城市群,中部地区城市经济网络的基本框架已初步显现出来。虽然目前中部地区城乡二元结构矛盾比较突出,但随着城乡经济社会发展一体化战略的实施,广大农村将会被纳入到城市经济网络体系之中,进行统一规划、统一建设,通过以城带乡、以工促农等方式,统筹城乡经济社会发展,农村的城镇化、工业化水平将会很快得到提升。城乡联动发展将为促进中部崛起提供强大的动力支持。

9.区域合作的互动作用

我国统筹区域发展的总体战略布局以及东、中、西部与东北四大区域的功能定位,为区域合作的互动发展指明了方向。中部地区为了尽快实现崛起目标,正在主动加强区域内外的交流与合作,在东中西三大地带互动发展中发挥"三个基地、一个枢纽"作用。特别是中部地区一些靠近东部沿海发达地区的省份,正在大力加强与周边的珠三角、闽三角、长三角等地区的交流与合作,主动承接东部沿海发达地区的产业转移,并取得了比较明显的效果。同时,近几年来,中部六省之间也加强了交流与互动,共同努力探讨如何搭建合作平台。区域互动与合作发展将会为中部各省参与区域分工和实现各种资源的优势互补创造条件,从而促进中部地区加快崛起的步伐。

**10.区域文化的融合作用**

地区之间的发展差距,从表面上看是经济发展差距,而深层次分析实际上反映的是区域文化的差距。区域文化作为一种"软实力",对区域经济的发展可以提供精神动力和智力支持,对区域之间的交流与合作具有融合作用。近几年来,随着中部与东、西部地区之间的互动发展,特别是与东部地区的交流与合作,东部地区乃至国外的一些先进发展理念对中部地区的区域文化有很大影响。中部地区正在继承区域内传统优秀文化的基础上,吸收和借鉴沿海发达地区的先进文化,进行区域文化的转型与创新,深入贯彻落实科学发展观,这将为促进中部崛起提供强大的精神动力和智力支持。

**(二)促进中部崛起协调发展系统中的要素系统构成**

在形成促进中部崛起协调发展系统的诸因素中,由于每个因素发挥作用的方式不同,对促进中部崛起施加的影响也各不相同,从而在相互作用与相互影响中形成了不同的要素系统,大体上可以分为三种类型:空间要素协调系统、物质要素支撑系统、社会要素动力系统(见图4-4)。

促进中部崛起的空间要素协调系统,主要由东中西"三大地带"以及中部各省之间区域分工基础上的市场机制与合作机制构成,在中部地区的对内对外开放方面发挥着重要的协调作用。促进中部崛起的物质要素支持系统,主要由中部地区的"三个基地、一个枢纽"建设等经济发展要素构成,在促进中部崛起中发挥着重要的支撑作用。促进中部崛起的社会要素动力系统,主要由中部地区的经济、政治和文化等社会要素之间的互动机制构成,它们之间的相互作用与相互影响,形成了促进中部崛起的动力系统。在我

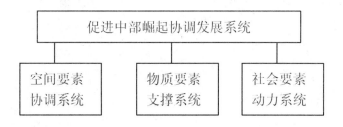

**图 4 - 4　促进中部崛起协调发展系统的要素系统构成**

国统筹区域经济协调发展系统中,从某种意义上讲,促进中部崛起的过程,实际上就是上述三大要素系统形成和完善的过程。它们共同构成了促进中部崛起的协调发展系统。

通过上述分析可以看出,目前在促进中部崛起过程中,尽管面临着诸多的矛盾问题,特别是当前的全球金融危机对促进中部崛起形成了新的巨大挑战。但是,同时也应该看到,在党和国家关于促进中部崛起战略和有关宏观调控政策的指引下,一些矛盾问题正在发生积极的变化,促进中部崛起的协调发展系统正在逐步形成,相信在中部地区广大干部群众的积极努力下,中部地区只要能抢抓机遇,采取有效措施,积极应对挑战,就一定能更快地促进中部崛起。

# 第二篇

# 区域互动与协调发展

**内容提要：**

    本篇以东中西"三大地带"的区域互动与协调发展为主线，主要探讨了在我国统筹区域经济协调发展系统中，中部与东西部地区之间的互动关系以及中部地区内部各省之间的协调发展问题，重点是研究促进中部崛起中空间要素的协调系统问题。

# 第五章 东西部地区的"两环联动"与中部地区的"引体向上"

新世纪在经济全球化和我国加入 WTO 的大背景下,东部沿海通过扩大对外开放和产业集聚效应,继续保持强劲的发展势头;随着西部大开发战略的组织实施,西部地区各省市区全社会固定资产投资年均增长率远高于全国平均水平,为东部各种生产要素西进提供了巨大商机,东西合作项目正在日益增多。目前已初步形成了东西合作与中外合作相互促进,向东开放与向西发展紧密结合,联合参与全球经济竞争与合作的东西部地区"两环联动"的新格局。怎样看待东西部地区"两环联动"发展态势的形成及其影响,中部地区在东西部地区"两环联动"中的地位和作用如何,中部地区应怎样确立又好又快发展的新思路,已成为中部崛起中需要正视和回答的现实问题。

## 一、东西部地区"两环联动"格局的形成及其因素分析

东西部地区"两环联动"发展格局的形成,来源于邓小平同志在 20 世纪 80 年代明确提出的"两个大局"的战略构想。"一个大局"是沿海地区加快对外开放,较快地先发展起来,内地要顾全这个大局;另"一个大局"是沿海地区发展到一定时期,拿出更多的力量帮助内地发展,沿海地区也要顾全这个大局。到 20 世纪末,东部沿海地区在内地支持下,经过深化改革与扩大开放,生产发展迅速,人民生活水平显著提高,成就辉煌,同时也带动我国综合国力不断增强,实现邓小平所提出的从第一个大局向第二个大局转变的条件已经具备。1999 年,在中央经济工作会议上,党和国家适时提出要

加快中西部地区的发展,实施西部大开发战略,从此拉开了东西部地区"两环联动"的帷幕。经过"十五"时期的发展,我国东中西"三大地带"之间已经形成了以四大工程建设为标志,以四条横贯东西的经济带为骨架,以各种区域合作组织为纽带,以跨国公司、跨区域公司为主体,以各种形式的会展和贸易洽谈会为平台的东西部地区"两环联动"的新格局。

### (一)四大工程对东西部"两环联动"的形成起到了一定的奠基作用

青藏铁路、西电东送、南水北调、西气东输是我国西部大开发战略组织实施的四大重点工程。这四大工程的建设不仅拉开了西部大开发的帷幕,而且对东西部地区"两环联动"的形成和发展起到了一定的奠基作用。其中,西气东输、西电东送两大工程建设,成为东西联动发展的"能源大动脉";南水北调工程和青藏铁路建设将全面形成我国东西互动发展的水利和交通运输的大动脉。不仅如此,这四大工程建设还能够促进沿途相关产业结构的调整,拉动当地的经济发展,扩大国内市场需求,解决众多职工的就业问题,并对吸引外商和民间资本在这些地区的投资起到一定的导向作用。

### (二)四条横贯东西的经济带构成了东西部"两环联动"的基本骨架

目前从南到北正在形成的四条横贯东西的经济带,将构成我国区域经济增长与协调发展的新格局。随着中国全方位对外开放步伐的加快和西部大开发战略的实施,东中西部地区之间的交流和合作不断加强,全国由南到北正在形成珠江经济带、长江经济带、陇海—兰新经济带和京津—呼包银经济带(见图 5-1)。这四条经济带的共同特征是,在地理上是相互连接的带状区域,都拥有相互联系的便利通道,带内地区之间具有垂直分工的现实基础,彼此之间以互补性经济结构和协作性经济关系为主。其中,珠江经济带是我国南方连接东部和西部的天然纽带。长江经济带是沟通华东、中南和西部四川盆地的天然纽带。陇海—兰新经济带是贯穿东中西部的跨度最长的经济带。京津—呼包银经济带是横贯东北、华北、西北的联系纽带。这种以经济带建设带动经济结构调整和生产力合理布局的新趋势,将在很大程度上改变东中西部地区发展不平衡的状况,促进区域经济在更高程度上协调发展。

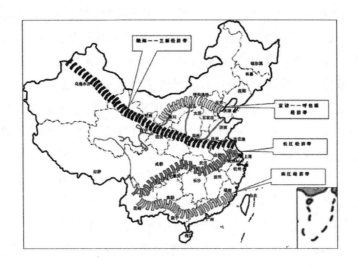

**图 5 - 1 我国横贯东西的四条经济带**

**（三）不断涌现的区域合作组织成为东西部"两环联动"的重要纽带**

上世纪末至新世纪初我国各地涌现出来的一大批区域经济合作组织，成为促进东西部地区互动发展的重要纽带，在区域经济合作特别是东西部地区合作中扮演着重要角色。这些区域经济合作组织主要有:西南六省区市七方经济协调会、西北两省区域经济协调会、黄河经济协作区、武汉经济协作区、南京区域经济协调会、闽粤赣十三地市经济协作区、闽浙赣皖九方经济区、淮海经济协作区、中原经济协作区、陇海兰新地带市(州)长联席会、长江沿岸中心城市经济协调会、长江三角洲城市经协会、由"9 + 2"组成的泛珠三角经济区域合作组织,等等。这些区域经济合作组织一般都有比较明确的合作目标,在清除市场分割障碍,发挥推动、引导、协调和服务功能,以及在共同培育区域市场体系等方面都发挥着重要作用。

**（四）跨国公司、跨区域公司日益成为东西部"两环联动"的主体力量**

我国加入 WTO 后,随着国外跨国公司更多地进入中国以及我国大型企业"西进"战略和"走出去"战略的推进,跨国公司和跨区域公司在东西合作中的地位和作用在不断提高,越来越成为影响东西部间要素流动状态的决定性力量,有的甚至进行数亿元甚至数十亿元战略性投资。如上海西门子公司在成都、重庆等地设立能源、信息、医疗、家用电器等多种工业企业以及投资污水处理、天然气管网等基础设施,资金超过2.5亿美元。这些跨国公司和跨区域公司大举进入西部,不仅促进了经济要素在东西部之间的加速流动,带来大量长期投资、先进技术和管理机制,而且还充分发挥出要素流动的通路效益和乘数效应,促进了更大范围内的东西合作,形成了许多新的经济增长点,实现区域产业结构的重组。如贵州海尔不但本身成为一家具有很强市场竞争力的先进企业,同时还带动了贵州省内20余家企业为海尔冰箱配套生产,又吸引山东、浙江等地多家企业到贵州建厂为其生产配套产品,带动了相关企业快速发展,为当地经济注入了新的活力。

**(五)各种形式的贸易洽谈会成为东西部"两环联动"的合作平台**

近些年来,各种形式的会展以及东西部经济合作贸易洽谈会为东西部经济合作搭起了一座座"鹊桥",成为东西部地区"两环联动"的合作平台。西部省份通过在东部地区蓬勃发展的会展业,展示和宣传西部产品,而西部地区企业也借此实现了借地生财、借船出海。另外,西部地区的西安、兰州等城市也通过各种形式的东西部经济合作贸易洽谈会,搭建东西企业合作平台。立足这些合作平台,东西部企业大展身手,开展多种形式的经贸交流与洽谈,并通过控股、参股、联合、收购、兼并等多种方式推进产权交易,引导东部地区优势产业梯次转移,实现了东西部地区的企业在资金、技术等生产要素上的对接。对于东西部贸易洽谈会,规模比较大的有"西洽会"、"乌洽会"、"兰洽会"等等。各种形式的东西部经济合作贸易洽谈会,一般以项目投资合作为重点,以各类企业为主体,开展东西部合作。每年通过这种贸易洽谈会的平台,都签订了大量的东西合作项目,有力地促进了东西部"两环联动"的发展(见表5-1)。

表 5 - 1　1~10 届东西部合作与投资贸易洽谈会概况

| 届别 | 时间（年） | 参会人数（人） | 境外客商（人） | 国内项目合同（个） | 总投资额（亿元） | 国内项目协议（个） | 总投资额（亿元） | 外资项目合同（个） | 总投资额（亿美元） | 外资项目协议（个） | 总投资额（亿美元） |
|---|---|---|---|---|---|---|---|---|---|---|---|
| 第一届 | 1997 | 7000 | 600 | 305 | 36.4 | 306 | 40.04 | | | | |
| 第二届 | 1998 | 12000 | 1000 | 443 | 78.56 | 325 | 79.53 | 130 | 20.48 | 75 | |
| 第三届 | 1999 | 25000 | 447 | 414 | 88.3 | 290 | 97.3 | 258 | 10.7 | 127 | 22.5 |
| 第四届 | 2000 | 50000 | 1200 | 752 | 315.56 | 736 | 385.28 | 173 | 18.6 | 124 | 32.54 |
| 第五届 | 2001 | 100000 | 1000 | 1049 | 368.77 | 761 | 371.5 | | | 118 | 36.17 |
| 第六届 | 2002 | 100000 | 1000 | 831 | 357.34 | | | 88 | 9.96 | | |
| 第七届 | 2003 | 350000（人次） | 1000 | 1040 | 589.98 | 587 | 634.21 | 111 | 18.13 | 79 | 7.12 |
| 第八届 | 2004 | 70000 | 2000 | 1039 | 1162.79 | 408 | 1295.34 | 102 | 13.38 | 59 | 9.77 |
| 第九届 | 2005 | 100000 | 2000 | 1055 | 765.6 | 371 | 677.02 | 131 | 18.65 | | |
| 第十届 | 2006 | 100000 | 3000 | 1155 | 1257.35 | 414 | 826.76 | 142 | 24.32 | 103 | 77.31 |

资料来源：根据新亚欧大陆桥国际协调机制办公室、江苏省信息中心、新亚欧大陆桥国际信息中心编：《新亚欧大陆桥数据库——新亚欧大陆桥国际贸易商情》（2006 年）有关统计数据整理。

## 二、东西部地区联动发展对我国区域经济发展格局的影响

改革开放以来，东、中、西部地区 GDP 的增长速度一直呈现东快西慢中部居中的态势。但在 2000~2004 年期间，在东西部地区"两环联动"发展影响下，东、中、西部地区经济发展格局出现了新变化。其特点是东中部地区之间的发展差距在拉大，而中西部地区之间的发展差距在逐步缩小。

### （一）经济增长速度从东快西慢中部居中变为东快中慢西部居中

从"三大地带"的经济总量增长速度比较看，开始出现东快西次中慢的新态势。2000 年，东部地区增长率平均为 10.3%，中部和西部地区增长率分别为 8.8% 和 8.5%。与 1999 年相比，中部提高了 0.9 个百分点，西部却提高了 1.6 个百分点，中部与西部差距开始缩小。2001 年，尽管这时东、中、西部地区增长速度的东快西慢中部居中的总体格局没变，但西部已有个别省（区）超过了中部的各省。东部、中部和西部 GDP 增长率分别为

10.92%、8.53%和9.04%。2002年,西部GDP增长快于中部0.51个百分点。2002年,首次出现东快中慢西部居中的新态势。2002年,全国各地国内生产总值增长数据表明,我国以往东快西慢中部居中的经济增长基本格局已被打破,经济发展呈现出东部最快、西部居中、中部较慢的增长态势。见下图5-2。

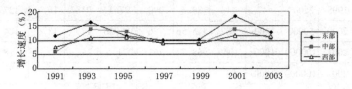

**图5-2 我国东中西部"三大地带"GDP增长趋势图**

如果我们对2000年至2002年这一特定转折时期区域经济发展格局的变化,从"三大地带"的人均GDP进行深入比较分析,可以更清楚地看到中部与东部差距拉大,与西部差距缩小的发展态势。对地区经济发展水平差距的考察,一般采用变异系数(即标准差系数)法,即用样本的标准差除以样本的均值。在实际计算时,考虑到样本空间中数据的重要性不同,通常采用加权平均的形式。比如,在计算各地区人均GDP的变异系数时,一般应以各地区的人口数作为权数进行加权评价。用公式表示就是:

$$V = \frac{1}{x} \sqrt{\sum_{i=1}^{n} \left[ (x_i - \bar{x})^2 \cdot \frac{p_i}{p} \right]}$$

式中,$V$为变异系数,$n$为地域单元总数。$x_i$和$p_i$分别表示第$i$地区的人均GDP和人口数,$p$为全国各地的人口总数,$\bar{x}$为用各地区的人口数$p_i$对$x_i$加权平均得到的全国人均GDP,即

$$\bar{x} = \sum_{i=1}^{n} \frac{x_i p_i}{p} [1]。$$

---

[1] 参见周国富:《中国经济发展中的地区差距问题研究》,东北财经大学出版社2001年版。

根据2000年至2002年有关统计资料,通过运用此公式计算整理出表5-2。

**表5-2 三大地带人均GDP比较表**

| 年份 | 东部人均GDP(元) | 中部人均GDP(元) | 西部人均GDP(元) | 平均值 $\bar{x}$ | 标准差 | 变异系数 | 东部与中部之比 | 西部与中部之比 |
|------|------|------|------|------|------|------|------|------|
| 2000年 | 11800.44 | 5927.93 | 4630.48 | 7759.83 | 3134.50 | 0.41 | 1.99 | 0.781 |
| 2001年 | 12811.06 | 6395.21 | 5006.84 | 8365.49 | 3412.02 | 0.41 | 2.00 | 0.783 |
| 2002年 | 14170.59 | 6459.81 | 5461.97 | 9250.70 | 3930.60 | 0.43 | 2.19 | 0.846 |

注:2002年西部地区不含西藏。标准差为各地带人均GDP与平均值的离差平方的平均值的算术平方根。

资料来源:周绍森等:《论中国中部崛起》,中国经济出版社2003年版,第14页。

从表5-2可以看出,2000年至2002年东部与中、西部的人均GDP差距仍然逐渐扩大,特别是东部地区与中部地区之间的差距越来越大,但西部地区与中部地区之间的差距越来越小。

**(二)固定资产投资增长率西部高于中东部**

从"三大地带"的固定资产投资增长率比较看,西部高于中部和东部。2000年,在积极财政政策的作用下,西部地区固定资产投资规模为6145亿元,比1999年增长12.95%。而东部和中部地区固定资产投资规模分别为19135.75亿元和7481.02亿元,比1999年增长8.96%和11.42%。西部地区固定资产投资增长率,分别高于东部和中部3.99个和1.53个百分点。2001年,随着西部大开发战略的实施,西部地区的固定资产投资迅速增加。东部、中部和西部地区固定资产投资增长率分别为11.34%、9.6%和16%。中部地区增长率低于东部地区1.74个百分点,低于西部6.4个百分点。据国家统计局公布的统计公报显示,2002年,东中西部地区投资全面增长。全年国有及其他经济类型投资中,东部地区投资18456亿元,比上年增长16.2%;中部地区投资7580亿元,增长20%;西部地区投资5672亿元,增长20.6%。① 中部地区投资增速虽然较快,但仍低于西部。中部地区投资

---

① 参见中华人民共和国国家统计局:《中华人民共和国2002年国民经济和社会发展统计公报》2003年2月28日。

增速虽然比东部快,但由于原有投资基数不同,中部地区投资总量仍低于东部,见下图 5 - 3。

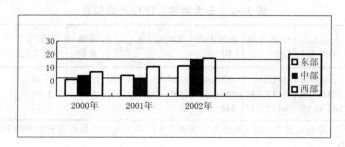

**图 5 - 3　三大地带固定资产投资增长率比较**

从 2005 年固定资产投资区域分布来看,东部 10 省占 53.1%,中部 6 省占 18.3%,西部 12 省占 19.9%,东北 3 省占 8.7%,中部仍低于西部 1.6 个百分点。见图 5 - 4。

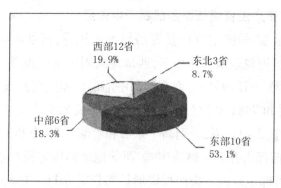

**图 5 - 4　2005 年固定资产投资区域分布**

资料来源:连玉明、武建忠主编:《中国发展数字地图》,

中国时代出版社 2006 年版,第 231 页。

### (三)外贸依存度西部上升较快并超过中部

从"三大地带"的外贸依存度比较看,东部地区的外贸依存度明显上升,西部地区也上升较快并超过中部。据国家统计局课题组统计,以中部地区外贸依存度为 1,1990 年,东、中、西部地区的外贸依存度分别为 3.69:1

:0.94,2002年,分别为8.25:1:1.23。2002年,东部地区的外贸依存度相当于中部地区的8.25倍、西部地区的7.37倍,与1990年相比,差距分别扩大了4.56倍和3.44倍。这主要是因为自1992年邓小平南巡讲话以来,特别是在我国加入WTO以后,东部沿海获得了前所未有的发展机遇,进一步加大改革开放的力度,再加上东部地区越来越完善的基础设施、产业配套条件和与市场经济相适应的制度环境,对外商吸引力越来越大,外商投资的重心进一步向东部地区倾斜,从而导致东、中、西部之间外贸依存度方面的差距再度扩大。同时也说明目前西部大开发虽有外商投资布点,但还没有达到一定的规模。目前西部大开发主要还是依靠政府投资和国内跨区域企业的支持。

从2003~2005年各地区的国际化程度比较看,总体上仍然显示出由东到西的梯度演化态势。东部仍然是中国区域经济发展中国际化程度最高的地区;而中西部地区的国际化程度尽管有一定提高,个别地区甚至还有显著提高,但总体上与东部发达地区的差距仍呈扩大趋势。值得注意的是,西部地区内蒙古、陕西、宁夏的国际化综合水平已经非常接近甚至超过中部地区国际化程度最高的江西、湖北、山西。2004年,西部地区内蒙古、陕西、宁夏进出口总额占GDP的比重分别为13.23%、13.05%、20.30%,而同期中部地区的江西、湖北和山西进出口总额占GDP的比重分别为11.38%、9.89%、24.62%。由此可见,"中部塌陷"的趋势在区域经济发展的国际化进程中似乎也有所体现,即中部地区没有很好地起到承东启西的连接及纽带作用,反而东部与西部以"两环联动"形式形成的联系却较为密切。2005年,中部地区的进出口方面在全国所占的比重也低于西部地区(见图5-5)。

**(四)人均收入水平仍然是东部明显高于中西部**

从"三大地带"人均收入水平差异看,与经济水平的发展趋势基本一致。从1991年至2004年,无论是城镇居民人均可支配收入,还是农村居民人均纯收入,东部地区明显高于中西部地区,而中、西部地区之间人均收入水平则差异不大。中部城镇居民人均可支配收入略低于西部,农村居民人

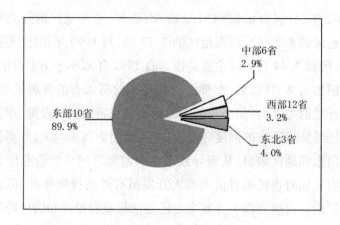

**图 5 - 5　2005 年进出口区域分布**

资料来源:连玉明、武建忠主编:《中国发展数字地图》,中国时
代出版社 2006 年版,第 232 页。

均纯收入则高于西部(见表 5 - 3)。

**表 5 - 3　1991 ~ 2004 年我国东、中、西部三地区及全国农民人均纯收入情况**

单位:元

| 地区 | 1991 | 1992 | 1993 | 1994 | 1995 | 1996 | 1997 | 1998 | 1999 | 2000 | 2001 | 2002 | 2003 | 2004 |
|---|---|---|---|---|---|---|---|---|---|---|---|---|---|---|
| 东部 | 1070 | 1195 | 1445 | 1877 | 2428 | 2874 | 3108 | 3261 | 3345 | 3476 | 3687 | 3916 | 4160 | 4565 |
| 中部 | 632 | 716 | 820 | 1122 | 1449 | 1822 | 2003 | 2063 | 2065 | 2075 | 2177 | 2292 | 2407 | 3145 |
| 西部 | 528 | 581 | 650 | 817 | 1010 | 1229 | 1470 | 1580 | 1604 | 1632 | 1693 | 1792 | 1921 | 2136 |
| 全国 | 709 | 784 | 922 | 1221 | 1578 | 1926 | 2090 | 2162 | 2210 | 2253 | 2366 | 2476 | 2623 | 2936 |

资料来源:历年《中国统计年鉴》。

　　通过以上分析比较可以看出,随着西部大开发战略的实施,在东西部地区"两环联动"发展态势的影响下,我国区域经济发展的格局曾发生过一些新的变化。这就是在本世纪初,在东部地区保持持续快速增长的同时,西部地区经济增长明显加快,而中部地区则处在"东西夹击"的尴尬境地。一方面,中部与东部的差距进一步扩大;另一方面,中部与西部的差距急剧缩小。西部努力赶超中部并取得了比较明显的效果。

同时,它也从另一个侧面说明东西部地区的"两环"虽然"联动"起来,但这种"联动"具有不平衡性、不协调性和不稳定性。不平衡性主要表现为地区经济增长仍然是东高西低。不协调性主要表现为在"东西夹击"下中部地区出现了"经济凹地",有的专家又称之为"中部塌陷"。不稳定性是指由于中部地区在我国整个区域经济协调发展中起着"承东启西、连接南北、辐射全国"的重要作用,"中部塌陷"的加深,将有可能导致东西部地区之间"两环联动"的中断。这样发展下去,不仅会影响西部大开发目标的实现,还有可能直接导致东部地区由于缺少内陆广大腹地的支持而出现国际竞争力下降的局面。因此,当时有的专家指出,对促进中部崛起政策的重大意义,应该提高到新的战略高度来认识。

### 三、中部地区已成为影响"三大地带"协调发展的关键环节

如何看待东、中、西"三大地带"在我国整个区域经济协调发展格局中的地位、作用及其影响,是制定区域经济发展战略和确定发展战略重点的重要依据。自从西部大开发战略提出以来,我国区域经济协调发展的实践表明,在市场机制为主导的投资行为中,期望东部和海外大量资本跨过中部源源不断地向西部进入,在国家有关政策倾斜下短期内可以,但长期下去是不现实的,包括东北等老工业基地的振兴,如果离开了中部广大内陆省份的支持,也是不能持久的。随着中部地区"经济凹地"的出现以及由此所产生的各种矛盾及其对东西联动所带来的不利影响,也从另一个侧面说明中部是制约"三大地带"协调发展的关键环节,其重要作用及其战略地位也日益凸现出来。正如中国区域经济学会副会长陈栋生教授所指出的,"三大地带"协调发展的主要矛盾在中部地区。只有加快中部崛起,才能促进我国区域经济协调发展。

#### (一)中部地区是东西部"两环联动"的重要枢纽

中部地区是东西互动发展的重要枢纽,"中部塌陷"的出现直接影响到枢纽作用的发挥。在东西部地区的"两环联动"中,中部地区发挥着"承东启西、沟通南北、辐射八方"的重要枢纽作用。特别是中部的赣、湘、鄂、皖、

豫五省南、东、北三面分别与珠江三角洲、长江三角洲、环渤海经济圈三个国内最活跃的区域接壤,西面则与大西南、大西北相通,是我国区域关联度最强的地区,是全国最重要的水陆交通运输网络的中枢,是辐射全国大市场的战略要地。东部和西部之间绝大多数地区的人流、物流、信息流往来与交流都必须通过中部。因此,"中部塌陷"将有可能造成东西部地区之间的"两环联动"格局出现断层,南北之间的经济往来受阻。只有中部崛起了,形成"东中西"一起联动的格局,才能真正实现我国区域经济协调发展。

### (二)中部是东部向西部进行产业转移的最佳平台

中部地区是东部向西部地区进行产业转移的最佳平台,中部"经济凹地"的凸现,将会使东部向西部进行的经济梯度推进形成障碍。在我国横贯东西的四条经济带中有三条都分别经过中部地区的有关省份。中部地区这些省份的许多产业,在这三条经济带的产业垂直分工体系中都占有重要的位置。如果离开中部这些省份所提供的产业发展条件与产业转移通道,我国横贯东西的四条经济带建设就会延缓。那么,一方面东部沿海地区的一些传统产业因缺少经济通道而不能向西部转移,新一轮的产业结构调整中一些新兴产业因为缺少空间而发展不起来,这将会影响到东部地区国际竞争力的提升;另一方面,西部地区则会因为承接不到来自东部和中部各种生产要素流入的支持,而使西部大开发的步伐放慢。只有中部经济上去了,才能形成对西部进行经济辐射的现实基础,西部才能有得以"借月"的近水楼台,形成我国进行产业梯度转移的"雁行模式",才能顺利推进西部大开发。

### (三)中部是"三大地带"中城乡二元结构矛盾最突出的地区

中部是"三大地带"中城乡二元结构矛盾最为突出的地区,应该成为我国区域经济协调发展中加快工业化、城镇化建设的重点。我国城乡二元结构矛盾在中部各省中都表现得比较突出,其中以中部的赣、湘、鄂、皖、豫五省最为典型。中部五省农村人口 2.55 亿,占五省总人口的比重高达78.2%,占全国农村人口 27.34%。分别高出东部和西部 5.7 和 1.19 个百分点,是全国农村人口比重最高的地区。同时,中部又是农村劳动力人均占有土地最少的地区。其中,中部五省农业耕地面积约为 25978 千公顷,仅占全国的 19.98%,而农业劳动力则为 9628 万人,占全国的比重高达 29.67%,每一农业劳动力占有耕地仅为 4.2 亩,明显低于东部和西部的 4.96 亩和 6.16 亩。因此,中部同时也是全国农村剩余劳动力最多、剩余劳动力转移压力最大的地区。因此,中部应该成为我国区域经济协调发展中加快工业化、城镇化建设的重点地区。

**(四) 中部是"三大地带"走新型工业化道路面临问题最多的地区**

中部在"三大地带"中是传统产业最为密集的地区,也是我国走新型工业化道路面临的各种问题最多的地区。湖北省政府发展研究中心严光志、梁亚莉等认为,中部地区特别是中部五省在实行老工业基地改造和走新型工业化道路过程中,面临着五大问题:一是国有经济改革和调整任务艰巨,其中仅中部五省国有及控股企业总资产在五省全部规模以上工业资产的比重高达 78.4%,比全国的这一比重高 13.5 个百分点。二是产业改革升级压力巨大。老工业基地设备老化、技术落后、固定资产净值率低、改造乏力。三是就业再就业压力大。中部多数省份是典型的农村劳动力转移和城镇职工下岗"双高峰"地区,这使就业问题的难度大大高于东部和西部地区。四是开放程度不如东部,享受国家政策倾斜的程度又不如西部和东三省。五是中部地区多数都是财政穷省,靠本省的财力支持老工业基地改造也十分困难。① 因此,把中部地区作为我国走新型工业化道路的主战场,妥善解决这些矛盾和问题,对促进全国的传统产业改造和老工业基地振兴都具有普遍意义。

**(五) 中部是"三大地带"经济社会发展面临各种矛盾最集中的地区**

中部地区是"三大地带"中经济社会发展面临的各种矛盾最为集中的地区,已经成为我国下一步深化改革与加快发展的重点和难点地区。安徽省社联程必定研究员通过对安徽经济长期的深入研究,认为安徽经济发展存在五大矛盾:一是二元经济结构与工业化、城镇化的矛盾;二是经济发展

---

① 参见湖北省政府发展研究中心:《中部五省应有更大的作为》,《学习与实践》2003 年第 9 期。

与企业资源不足的矛盾;三是产业结构调整与就业压力增加的矛盾;四是区位相对优势和区际竞争加剧的矛盾;五是经济发展与观念落后的矛盾。安徽经济发展面临的这五大基本矛盾,对于整个中部地区各省来讲很具有代表性和典型性。

通过上述分析可以看出,当我们认识中部地区在我国整个区域经济协调发展中的战略地位和作用时,既要看到它在地理区位和经济联系等方面对东西部地区所产生的重大作用和影响,同时还要看到这一地区存在着的各种矛盾、问题及其解决对全国新一轮改革与发展所具有的重大现实意义。正如国务院发改委宏观经济研究院王小广、龚立新通过对 2004 年宏观形势及几个重点问题分析后所指出的那样,在人均 GDP 跃过 1000 美元的新阶段,为了有效地解决城乡二元结构矛盾和区域结构矛盾,国家在统筹区域发展上应有新突破。这种突破的关键是加快中部地区的发展,即"中部崛起"。中部地区是我国经济发展中各种矛盾最为集中和突出的区域,加快中部地区发展对实现中国新一轮长期可持续快速增长具有十分重要的战略意义。

### 四、中部应在东西"两环联动"中实现自身的"引体向上"

在实现我国"三大地带"的区域经济协调发展中,随着"中部塌陷"问题的凸现,已经引起越来越多的国内专家、学者对中部地区的关注和研究,形成了许多可喜的研究成果,并提出了一些很有自己独特见解的关于加快中部发展的理论。综观这些研究成果和理论可以看出,在经济全球化和我国东西部互动发展的新形势下,就中部问题谈中部发展已不现实,"中部塌陷"问题的复杂性决定了实现"中部崛起"方略的多样性,其中很重要的一条,就是在我国新一轮长期可持续快速增长中,中部地区要转变观念,有效发挥本地区的综合比较优势,变"东西夹击"为"左右逢源",主动伸展两臂,紧紧抓住东西部地区"两环联动"带来的重要战略机遇,集聚力量,壮大自己,加快实现自身的"引体向上"。

**(一)要树立科学发展观,增强加快中部发展的信心和勇气**

一是树立主动进取的发展观,不能因为本地区得不到国家政策倾斜就丧失信心和勇气,也不能因为有了国家政策扶持而放松自身的主观努力,更不能凭借区位优势守株待兔,坐等东部沿海地区的产业转移。中部地区要主动伸展两臂,一方面与东部地区加强交流与合作,吸引更多的国内外企业来本地区投资;另一方面与西部联手共同开拓市场发展空间。中部地区要通过主动地加强与东西部地区的交流与合作,变"东西夹击"为"左右逢源",发展和壮大自己,提高在全国乃至国际上的竞争力。二是树立抢抓机遇的发展观,要学会在东西部互动发展中去发现潜在机遇,在国家政策和形势发展的细微变化中去抓住现实机遇,并转化为实实在在的综合效益。三是树立全面协调的发展观,不能就本地区的发展谈发展,要在全国生产力的新布局和"三大地带"新的产业分工体系中去充分发挥本地区的综合比较优势,培育本地区的产业带和经济增长极;也不能就经济谈经济,在融入东部沿海经济带中不仅要注意各种生产要素的交流与合作,还要注意在体制、机制和观念上与东部沿海的"接轨"。四是树立统筹兼顾的发展观,既要通过加快中部地区大发展,平衡全国区域经济的协调发展,又要在本地区实施非均衡发展战略,通过以点连线,以线结网,以网撑面,逐步实现中部地区的全面发展。五是树立锐意改革的发展观,实现中部地区在制度改革、体制创新和观念更新上的新突破。六是树立全面开放的发展观,要通过对内开放扩大对外开放,通过对外开放带动对内开放。中部地区作为内陆地区只有实行对内对外的全方位开放,才能加快制度改革、体制创新和观念更新的步伐。

**(二)要在承东启西中发挥纽带作用,积极提升中部的战略地位**

首先,中部各省要以横贯东西的四条经济带及其附近的节点城市为依托,构造中部地区的产业带和都市圈。在长江经济带上,安徽以马鞍山、芜湖、铜陵、安庆为依托构造"马芜铜宜"产业带,江西以南昌、九江为依托构造"昌九工业走廊",湖北以武汉、荆州、宜昌为依托打造"大武汉城市圈"或产业带,湖南以长沙、株洲、湘潭为依托构造"长株潭城市圈";在陇海—兰新经济带上,河南以郑州、开封、洛阳为依托形成"中原产业带";在京津—呼包银经济带上,山西以大同、朔州为依托建设煤炭能源基地或城市圈。通过这些产业带、城市圈和工业基地建设,促进中部省份形成新的经济增长极,促进东、中、西"三大地带"的协调发展,使全国的经济布局合理化,在发挥中部地区"承东启西、沟通南北、辐射八方"作用的过程中,来提升中部地区在促进区域经济协调发展方面的战略地位。其次,围绕中部地区的产业带和城市圈建设,要突破行政区划的限制,大力发展各种区域经济合作组织,加强中部地区各省之间以及与东西部地区各省之间的交流与合作,按照平等互利、优势互补、合作开发、资源共享、科学布局的原则,形成长期而稳定的区域协作机制。最后,要大力发展各种跨国公司和跨区域公司,努力提高对各种资源的优化配置效率,与东西部企业联手共同参与国际市场竞争,促进东、中、西"三大地带"的共同发展。

**(三)要抓住统筹区域发展带来的机遇,促进中部地区奋力崛起**

一是要抓住国家统筹区域发展与促进中部崛起的战略机遇,加快中部地区一些资源型城市的转型和促进传统产业结构的调整、改造与升级,积极推进中部地区的城市化和工业化进程。二是抓住国家已开始重视"三农"问题,大力加强社会主义新农村建设,并采取有效措施促进农民增收,特别是强调促进粮食主产区种粮农民增收的政策机遇,加大对发展现代农业的投入力度,使中部地区尽快走上农业产业化之路。三是抓住东部沿海地区许多省份电力需求旺盛的市场机遇,发挥中部地区煤电资源富集的比较优势,加快中部地区的能源基地建设,实施"小西电东送"战略。四是抓住当前东部沿海地区和国外一些产业向中部地区转移的大好时机,加大招商引资力度,并把有限的资金向既能发挥中部比较优势又能体现中部特色的产业进行转移。五是抓住西部开发与沿江开发衔接的机遇,利用西部大开发在基础设施建设、生态环境改善等方面所提供的市场空间加快自身的发展。

**(四)要发挥中部的综合比较优势,培育具有竞争力的优势产业群**

一是现代制造业产业群。中部地区汽车等机械制造业有较强的基础,要利用现有骨干企业和优势产品,做大做强现代机械制造业产业群。二是优势能源、原材料产业群。以煤炭、电力、冶金、石化、建材为主的中部能源原材料工业,不仅是中部发展的主要支柱产业,而且对东、西部地区的经济稳定增长也有重要作用。要利用中部煤炭和水力资源优势,继续强化中部作为东部动力之源的地位。三是生态农业、绿色食品产业群。依靠科技,大力发展生态农业和绿色食品以及特色水产业,在高起点上发挥中部这些传统产业优势。四是新兴的高新技术产业群。中部地区部分高新技术产业起步较早,有一定基础,应通过各类高新技术开发区建设给予积极的扶持。五是各种旅游产业群。中部地区历史悠久,人文景观和自然景观众多,旅游资源得天独厚,应完善旅游基础设施,加强宣传推广,提高服务水平,把旅游产业做成加快中部发展的一个重要经济增长点。六是现代教育与历史文化产业群。要发挥中部具有重视教育的优良传统和拥有多种悠久历史文化的比较优势,大力发展现代教育,开发人力资源,弘扬优秀传统文化,形成新的精神动力,努力使中部地区各省形成各具特色的人才和文化高地。

### (五) 要发挥中部劳动力资源丰富的优势,大力发展劳务经济

要积极开拓东西部地区劳动力市场,把大力发展劳务经济作为实现中部崛起的重要发展战略。中部地区的大多数省份是人口大省,劳动力资源十分丰富,特别是农村剩余劳动力众多。因此,积极开拓东西部劳动力市场,大力发展劳务经济,对加快中部大发展具有着重要的战略意义。一是其他产业的发展一般都是在城镇里进行,而中部地区面对的是广大农村的农民怎样致富? 在现有条件下农民除发展农业外,唯一的致富途径就是外出务工,"要想富,走务工路"。二是有序地组织农民外出务工不仅可以带来经济效益,更重要的是对中部地区广大农民的思想观念和生活方式是一种全新的塑造。通过在外面经风雨、见世面、闯天下,有的农民在城市长期务工就业,成为产业工人,实现由农民向市民的身份转变;有的农民外出打工致富后,再回到家乡进行"二次创业",可以成为农村致富的带头人,既解决了发展现代农业和农业工业化的资本积累问题,又可以解决民营企业家的成长和来源问题。三是随着外出务工人数的增多,从事农业人口人数的减少,又有利于农村土地通过土地流转制度的改革,向种田大户手中转移,便

于实现农业规模化、产业化经营。这实际上是一条由中国农民自己创造出来的具有中国特色的逐步消除城乡"二元结构"的致富之路,而这条道路主要是由中部地区的农民走出来的。

**(六) 积极参与东西部合作,在东中西互动发展中有所作为**

从地理区位的角度来看,中部地区位于我国东部、西部和东北三大区域板块的结合部,有许多的铁路、公路和水路在这里交汇并延伸到全国各地。也是人流、物流和信息流比较集中的区域,是各种生产要素的集散地。因此,促进"中部崛起"政策的推出,将会对我国区域发展格局产生重大而深刻的影响,标志着我国将进入几大区域全方位合作的互动期。因此,中部应积极参与东、西部地区之间的交流与合作,在促进东中西互动发展中有所作为。2005 年 5 月,云集 10 万客商的第九届中国东西部合作与投资贸易洽谈会(简称西恰会)在西安召开。与往年不同的是,这次西恰会将主题定为"东中西互动,促进协调发展",首次把一直处于东西部合作"边缘"的中部地区摆到"平起平坐"的位置。这次大会由中国贸促会、国家工商局、24 个省协调办、自治区人民政府和新疆建设兵团等联合主办,其中,安徽、山西、湖南、湖北等中部省区也属于主办方之列。来自中部省区的客商也一改过去"不东不西"的尴尬身份,主动出击,将这个东西部企业的"联姻"场所变成了更大范围内的区域合作的平台。东西部企业在互相携手的同时,纷纷与这些"第三者"寻求合作。

东中西部的互动使西恰会突破了东西部交流的局限,成为多方合作的平台。短短两天时间,大会签订国内横向联合项目合同 1055 个,总投资额765.6 亿元。在众多签订的项目中,既有东西部企业间合作项目,也有东中部企业间合作项目和中西部企业间合作项目,还有三方参与的合作项目。这说明在国家提出统筹区域发展和促进中部崛起战略的大背景下,谋求各区域间协调发展,构建和谐社会正在成为一种共识,各区域间的互动将会越来越密切。东、中、西部之间的企业合作频现西恰会,从一个侧面印证了我国区域合作已经进入全方位的互动期。

综上所述,可以看出,新世纪随着东部大开放的深入发展和西部大开发战略的实施,加之振兴东北老工业基地战略的提出,我国已初步形成了东西部地区"两环联动"的发展态势,中部地区在东西部"两环联动"中已成为制约我国区域经济协调发展的关键环节。在国家实施统筹区域发展和促进中部崛起战略的新形势下,中部地区应有效发挥综合比较优势,变"东西夹击"为"左右逢源",主动伸展两臂,紧紧抓住东西部地区"两环联动"带来的各种战略机遇,加快实现自身的"引体向上",努力促进东中西互动、优势互补与共同发展格局的形成。

# 第六章 中部地区与东部地区经济的互动关系与协调发展

　　进入 21 世纪以来,东部地区仍保持着较快的经济发展态势,在不断进行产业集聚的同时,也开始出现了向中部地区进行产业转移的迹象。但是,主要是浙江、广东和江苏一些国内企业的投资,国外和境外企业还没出现向中部进行大规模产业转移的趋势。究其原因,主要是中部地区存在着一些体制机制和思想观念等方面的障碍。针对这种情况,2006 年 4 月,《中共中央国务院关于促进中部地区崛起的若干意见》明确提出,中部地区要扩大对内对外开放,加快体制机制创新,发挥承东启西的区位优势,促进中部地区与东、西部地区协调互动发展,更好地承接东部地区和国际产业的转移,并鼓励中部地区与毗邻的沿海地区推进经济一体化建设,从而为进一步发展中部与东部地区经济的互动关系指明了方向。因此,在促进中部崛起和统筹区域发展的新形势下,中部地区应按照党和国家关于促进中部崛起方针政策的要求,加快体制机制创新和思想观念转变,主动加强和东部地区的协调与互动,实现两个地区之间的优势互补与共同发展,这对于促进中部崛起和区域经济协调发展具有着重要意义。

## 一、东部客观上存在着向中部进行产业转移的趋势

　　区域发展梯度转移理论认为,区域经济发展是不平衡的,并将区域发展不平衡视为产品生命周期的空间表现形成,用梯度表现区域经济发展水平的差异。在梯度转移理论看来,区域间客观上形成一种技术梯度,有梯度就必然有空间上的推移。区域可分为高梯度区域和低梯度区域,高梯度区域

的产业主要由处于创新阶段的兴旺部门所组成,而低梯度区域的主导专业化部门由处于成熟阶段后期或衰老阶段的衰退部门所组成。生产力的空间推移,首先是高梯度区域应用先进技术,先发展一步,新的产业部门、新产品、新技术、新思想等大都发源于高梯度区域,然后随着时间的推移,逐步有序地从高梯度区域向处于二级梯度、三级梯度的低梯度区域推移。随着经济的发展,推移的速度加快,区域间的差距就可以逐步缩小,最终实现经济分布的相对均衡。这种理论认为,区域经济的盛衰主要取决于区域产业结构的优势及其转移;产业结构的更新是区域经济向高梯度发展的根本动力;产业结构的更新随着时间的推移,有秩序地从高梯度区域向低梯度区域转移。应用有关区域梯度转移理论来分析中部与东部地区之间经济发展的变化情况,可以发现:改革开放以来,东部发展优势明显强于中部地区,中、东部区域经济发展差距在日益扩大,从总体上看,东部地区属于高梯度区域,中部地区属于低梯度区域,而且二者之间的梯度差距比较明显,主要表现在以下五个方面。

(一)中部地区经济总量所占比重下降,与东部地区相比经济增长速度较慢

1992~2005 年,东部地区在全国经济总量中所占比重从 48.4% 增加到 55.5%,上升了 7.1 个百分点;中部地区所占比重则相应在下降,从 20.6% 下降到 18.8%。1995~2005 年,中部地区的人均 GDP 从相当于东部地区的 48.4% 下降到仅相当于东部的 43.8%。甚至在 2001~2005 的几年间,东、中部地区经济年均增长率分别为 12.35% 和 10.86%,东部地区继续保持快于中部地区的发展态势,其中 2005 年人均 GDP 排在前 10 位的省(市、区)中,就有 8 个分布于东部地区。

(二)中部地区工业化水平不高,与东部地区相比产业结构层次较低

改革开放以来,尽管中部地区的工业得到了较快增长,但东部地区工业化的推进则更快,并与中部地区的相对差距在逐渐拉大。2000~2005 年,东部地区国有及规模以上非国有工业增加值占全国的比重从 59.7% 上升到了 62.3%,提高了将近 3 个百分点,分别是中部的 3.93 倍和 4.04 倍,而

中部地区的国有及规模以上非国有工业增加值占全国的比重却基本保持没变,如表6-1所示。

表6-1  中部与东部国有及规模以上非国有工业增加值比较

单位:亿元,%

|  | 全国 | 东部10省(市) | 占全国比重 | 中部6省 | 占全国比重 |
|---|---|---|---|---|---|
| 2000年 | 25394.8 | 15170.6 | 59.7 | 3862.0 | 15.2 |
| 2005年 | 72187.0 | 44988.7 | 62.3 | 11139.1 | 15.4 |

数据来源:根据2001年及2006年《中国统计年鉴》有关数据整理。

从产业结构来看,东部地区经过近30年的快速发展,产业结构已发生了巨大的变化,农业所占比重大幅度下降;第二、三产业所占的比重得到了较大提高,第二产业在生产总值中已占一半以上。工业内部结构也发生了重大变化,传统的劳动密集型产业已逐步退出了支柱产业的位置,而技术密集型产业逐步占据了重要位置。中部地区目前绝大多数仍是农业大省,农业在生产总值中仍占有较大份额,工业虽然也有较快的增长,但传统工业仍占主导位置,能源、原材料和一般加工业所占比重较大,高科技产业占的比重很小。2005年,中部地区第一产业所占的比重相对于东部地区则高出将近9个百分点,而第二、三产业所占的比重则分别低将近5个和4个百分点,如表6-2所示。

表6-2  2005年中部与东部产业结构的比较

单位:亿元,%

|  | 东部10省(市) | 所占比重 | 中部6省 | 所占比重 |
|---|---|---|---|---|
| 一产 | 8681.8 | 7.9 | 6204.5 | 16.7 |
| 二产 | 56673.2 | 51.6 | 17412.7 | 46.8 |
| 三产 | 44569.7 | 40.5 | 13613.1 | 36.5 |
| 总计 | 109924.7 | 100 | 37230.3 | 100 |

数据来源:根据2006年《中国统计年鉴》有关数据整理。

### (三)中部地区城市化水平低,与东部地区相比城市综合实力较弱

城市化水平是衡量一个地区经济和社会发展水平的主要标志之一,目前中部地区由于工业化进程与东部地区存在着差距,从而也导致这两个地区在城市化进程中也存在较大的差距。从总体上看,中部地区六省的城市化率多数均低于全国平均水平,而东部地区一些省的城市化率则已超过50%。从城市发展规模上看,中部地区大城市和区域中心城市比较少,难以发挥对区域经济发展的辐射、带动作用,中部地区的城市基本以中小城市为多,100万人口以上的城市比较少,如表6-3所示。

表6-3 中部与东部地区地级以上城市数量及人口规模比较(2007年)

单位:个

| | 400万以上人 | 200万~400万人 | 100万~200万人 | 50万~100万人 | 20万~50万人 | 20万以下人 |
|---|---|---|---|---|---|---|
| 东部10省(市) | 7 | 14 | 29 | 27 | 10 | 0 |
| 中部6省 | 1 | 5 | 26 | 36 | 13 | 0 |
| 全国 | 13 | 26 | 79 | 111 | 55 | 3 |

数据来源:2008年《中国统计年鉴》。

### (四)中部地区对外开放起步较晚,与东部地区发展差距越拉越大

中部地区地处内陆,不靠海不沿边,地理位置上的劣势在很大程度上制约了对外开放工作的进展,而东部地区凭借其独特的沿海区位优势,加之在改革开放初期享受到许多优惠政策的好处,对外开放水平提升很快。因此,在对外开放方面,中部地区严重滞后于东部地区。我们可以从直接利用外资能力和外贸依存度两个方面分析东部与中部在对外开放水平方面的差异。

直接利用外资能力是指当年外商直接投资额与当年全社会固定资产投资额之间的比值。发展经济要靠资金和资本,而资金和资本的筹措主要靠招商引资。利用外资是推动地区经济高速增长的重要力量。东部地区利用外资来提升产业竞争优势是其实现地区经济快速发展的重要因素之一。而

中部地区由于对外开放起步较晚,在利用外资方面长期落后于东部地区。特别是在 1991~2004 年期间,中部与东部地区在直接利用外资的能力方面一直存在着较大的差异(见表 6-4)。

表 6-4　1991~2004 年我国东、中、西部三地区及全国直接利用外资能力情况

单位:%

| 地区 | 1991 | 1992 | 1993 | 1994 | 1995 | 1996 | 1997 | 1998 | 1999 | 2000 | 2001 | 2002 | 2003 | 2004 |
|---|---|---|---|---|---|---|---|---|---|---|---|---|---|---|
| 东部 | 6.7 | 11.9 | 17.9 | 24.4 | 21.6 | 21.8 | 21.2 | 19.5 | 16.5 | 15.4 | 16.0 | 15.6 | 11.7 | 10.7 |
| 中部 | 0.7 | 2.5 | 5.4 | 7.0 | 7.1 | 6.7 | 7.4 | 6.0 | 4.9 | 4.2 | 4.2 | 4.4 | 4.2 | 3.7 |
| 西部 | 0.5 | 1.6 | 5.5 | 7.8 | 5.2 | 4.1 | 5.1 | 3.9 | 2.8 | 2.6 | 2.2 | 2.0 | 1.3 | 1.1 |
| 全国 | 4.2 | 7.5 | 12.1 | 17.1 | 15.7 | 15.2 | 15.0 | 13.3 | 11.2 | 10.2 | 10.4 | 10.0 | 8.0 | 7.2 |

资料来源:根据历年《中国统计年鉴》整理。

由表 6-4 可见,从 1991 年到 2004 年,我国各地区利用外资能力逐年提高,从 1995 年开始,直接利用外资能力呈下跌的趋势,但是东部与中部地区之间仍存在很大的差距。从 1995 年到 2004 年,中部地区每年利用外商直接投资能力都低于东部和全国水平。这与中部地区的对外开放度和吸引外商投资环境是分不开的,同时也说明中部地区利用外商直接投资进行基本建设和促进经济增长的力度远远赶不上东部。

外贸依存度是指一国或地区商品和劳务进出口额占该国或地区国内生产总值的比值。比值大小往往可以从一个侧面说明对外贸易在国民经济和社会再生产中的重要程度。改革开放以来,随着我国对外开放政策的实施,1991 年到 2004 年期间,我国外贸依存度在 1994 年达到高峰后开始下降,从 1998 年开始一直在升高,特别是东部地区升高速度很快,1995~2004 年的 10 年间平均每年外贸依存度为 66.2%,而同期中部地区仅为 7.5%,全国为 44.9%。从中可以看出东部与中部之间在外贸依存度方面存在的显著差距。

**(五) 中部地区县域经济基础薄弱,与东部地区相比经济发展明显滞后**

中部地区多数是农业大省,县域人口占其人口的 78% 以上,高出全国

平均水平 7 个百分点。改革开放以来,中部地区的县域经济虽然有较快发展,但与东部地区相比,仍有较大的差距。2005 年,全国百强县中,东部有 89 个,中部有 4 个,西部有 4 个,东北 3 个。2006 年,全国百强县中,东部地区有 88 个,中部地区有 4 个,西部有 3 个,东北有 5 个。中部县域经济不仅远远落后于东部地区,而且已开始落后于东北地区。

从以上比较分析可以看出,中部地区在经济发展方面确实与东部地区存在着很大的梯度差距,按照梯度推移理论,客观上存在着东部地区向中部地区进行产业转移和发展互动关系的趋势,这将给中部地区的发展带来诸多机遇。如果中部地区能顺应东部地区向中西部进行产业转移的发展趋势,主动加大与东部地区合作和协调互动的力度,加快经济发展步伐,就能逐步缩小与东部的差距,早日实现中部崛起的目标。

## 二、中部与东部地区经济协调互动发展的战略意义

充分发挥各地区的比较优势,促进区域经济协调发展,是我国统筹区域发展的客观要求。我国东中西部经济发展存在着必然的内在联系。其中,中部与东部地区经济的互动发展是东中西互动发展的一个重要环节。促进中部与东部之间的健康协调发展,对于统筹区域发展以及促进中部崛起、东部率先发展和西部开发都具有重要的战略意义。

### (一)中部与东部互动发展是统筹区域协调发展的需要

实现中部与东部地区经济的互动发展,是落实科学发展观与统筹区域经济发展的战略要求。各地区的经济发展,都是整个国民经济的有机组成部分。区域之间合理分工、优势互补、良性互动、共同发展,是新世纪我国统筹区域发展的战略方针。促进中部与东部的互动发展是统筹区域发展的重要内容之一。中部是东部的腹地,是东部联系西部的纽带;东部是中部对外开放的桥梁,是中部招商引资的主要来源地。因此,中部与东部的互动发展直接影响着区域经济协调发展和促进中部崛起目标的顺利实现。通过中部与东部地区经济发展的健康协调与良性互动,可以实现各种资源和生产要素在东、中、西三大区域间的合理流动和优化配置,有利于形成东中西部地

区相互支持、相互促进、协调发展的新格局。

## (二) 中部与东部互动发展是促进中部地区崛起的需要

资本形成、劳动力投入、科技进步、制度变革以及产业结构调整是促使经济增长和经济发展的内在因素。与东部地区相比,中部各省在经济发展、基础设施等方面存在极大的落差,在经济体制、经济总量和产业结构等方面远远落后于东部地区,工业化水平还处于初期的起飞阶段。通过中部与东部地区经济的协调与互动发展,可以加速东部的资本、技术、管理和体制等要素向中部地区的整体转移和扩散,必然会对影响中部经济增长的各种要素产生直接和间接的改良效应,从而促使中部地区加快资本积累、增加劳动力投入、推动科技进步、深化体制改革与制度创新和产业结构升级,推动中部地区的经济增长,实现中部地区的崛起。

## (三) 中部与东部的互动发展是东部地区率先发展的需要

加强中东部地区发展的互动与协调,不仅可以为中部的崛起提供良好的发展条件,与此同时也有利于东部的进一步发展,对于东部地区参与新一轮资源配置、培育新的竞争优势、保持地区经济活力及提前实现现代化等方面都有着重要的意义。国内外区域经济发展的经验都表明,一个地区经济发展仅依托本区域内的生产要素往往会影响其发展后劲,必须有效地利用全国乃至全世界的资源,才能提高区域经济发展的效益和质量,创造区域经济发展持久的竞争优势。由此可见,区域间的互动合作在区域经济发展过程中实际上是区域自身为了谋求更好发展的一种内在需求。东部地区经过20多年的发展,资金和技术均有很大的积累,现有的产业结构已难以适应经济进一步发展的需要,必须进行产业结构的优化升级,传统产业尤其是劳动密集型产业及一般加工业,由于受高工资、高能耗、高地价及高商务成本等压力,必然会加速向中西部地区转移。前几年来东部经济发展中出现的"煤电荒"和"民工荒"等问题也表明,东部的一些传统优势正在弱化,高能耗、高投入、低附加值的产业和企业在东部已越来越难以为继。由于中部紧靠东部,且在能源、原材料供给、劳动力成本等诸多方面有着比较优势,使得中部更容易与东部形成产业的分工和协作关系,成为承接东部产业梯度转移的首选地,从而为东部的产业提供发展的新空间,为企业开拓更多的新市场。

**(四)中部与东部的互动发展是顺利实施西部大开发战略的需要**

西部大开发离不开东西部经济的互动。由于我国东西部的经济发展水平相差太大,距离也过远,要实现东西部经济的互动,则需要充分发挥中部地区承东启西的桥梁和纽带作用。在东部的产业转移过程中,相对西部来说,中部更具有承接转移的基础和条件。中部是接受东部经济辐射的首选地区和东部向西部扩散的重要中转站。东部的人流、商流、物流以及信息流向西推进的过程中,将会有相当部分要流经中部,甚至在西进的过程中扎根于中部。东部对西部大开发支持的力度,在很大程度上取决于中部与东部互动关系的程度。加强东中部地区发展的协调与互动,有助于带动和促进东西的互动,推动西部地区的发展。中部的劳动力、土地等投入要素的价格远低于东部,区域开发的前期追加投资的成本又远低于西部,故在实施西部大开发战略的前期,区域经济协调发展的重心不是东西部的协调与互动,而是东中部的协调与互动,没有中部的崛起,西部大开发战略也难以顺利实施。

### 三、中部与东部地区经济互动发展的优势互补分析

按照统筹区域发展的要求,区域经济的协调发展应以优势互补、双赢互利和共同发展为原则,这也是中东部地区之间能否实现经济互动和协调发展的前提。因此,通过全面分析中部和东部的优势互补关系,才能为寻求实现两地互动发展的途径提供科学依据。中部与东部地区之间的优势互补关系,主要体现在以下四个方面。

**(一)区位及交通的优势互补**

中部与东部地区毗邻,两大地区之间在地理区位上是无缝接轨。中部地区拥有便捷的交通运输网,在与东部之间互动发展中区位和交通优势明显,是东部产业向西部转移、东部企业西进的桥头堡,起着桥梁和通道作用,也是西气东输、西电东送的必由之路。中部地区在全国各地区交通运输网

络格局中占据了较为重要的地位。2005 年,中部地区在客、货运量上分别占全国的 28.1% 和 13.3%;铁路营运里程达 1.75 万公里,占全国的23.1%;公路里程达 46.35 万公里,占全国的 24.0%;在交通运输线路密度方面,中部地区每万平方公里的铁路和公路里程分别为 169.82 公里和4508.82公里,都大大高于全国平均水平,与东部地区的水平非常接近。中部地区良好的区位环境和便捷的交通网络为东部产业的转移及市场开拓创造了有利条件。

东部地区东临太平洋,地处太平洋西岸中心位置,有漫长的海岸线,历史上就与港、澳、台、日本、韩国以及东盟有着密切的贸易往来,也是我国改革开放的先发地区。区域内有上海、广州、天津、北京等大城市群落为依托,兼有珠江三角洲、长江三角洲、环渤海湾和闽南三角洲等经济高增长区,是我国交通发达、城市密布、基础设施比较完备、自我发展能力最强的区域。东部地区凭借优良的港口位置和现代化海上的运输工具,与世界各国进行频繁的经济贸易和技术交流。东部地区也由此而成为中部地区对外经济联系的桥梁。以上海口岸转运的中部各省进出口货物比重为例,安徽、江西、湖北和湖南经上海口岸进出的外贸商品份额分别为 39.4%、26.1%、26%和 15.2%。[①]

（二）各种生产要素的优势互补

1. 中部具有东部发展所需要的自然资源和人力资源优势

中部在自然资源禀赋方面有着较大的优势,是我国矿产资源的富集区,是全国主要的动力和原材料的输出地,资源储量大、种类较全,全国已探明储量的 156 种矿产在中部基本都有发现。中部的原煤、发电量、水泥、粗钢等产量,分别占全国总产量的 41.8%、22.7%、22.5% 和 21.2%。特别指出的是,中部六省的能源资源是非常丰富的,尤其是水能资源和煤炭资源,如山西、安徽、河南的煤炭资源;河南和湖北的水电资源;河南、湖北的石油及

---

① 宋炳良:《长江三角洲经济辐射力与东西部大通道》,《同济大学学报》(社会科学版)2003年第 2 期。

天然气资源等。从能源输出看,仅山西每年的煤炭外调量就达2.5亿吨,电力外调量也达212亿千瓦时,北京1/4的电力来自山西。中部地区在地理位置上距离缺乏能源资源的东部较近,伴随着东部经济的快速发展,其能源资源的需求和缺口将日益扩大,中部地区在能源资源上的优势,必然为东部地区的经济发展提供越来越大的贡献。

中部地区在劳动力的供给方面相对较充裕,且劳动力成本较低,2005年,中部地区职工的平均工资为14838元,只相当于东部22750元的65.2%,也只有西部17077元的86.9%(见图6-1);与此同时,也不难发现,中部地区无论是城镇居民可支配收入还是农民人均纯收入则都高于西部地区,这说明中部劳动力效能明显高于西部,即中部劳动力的素质相对较高。第五次人口普查数据显示,中西部地区人口中受大学、高中、初中、小学教育程度及文盲的分别为2.97%、10.58%、36.10%、35.90%、6.64%和2.97%、9.28%、25.85%、37.56%、11.94%(见图6-2),中部人口素质的各项指标与全国平均水平基本接近,劳动力素质明显高于西部。另外,中部的劳动力的流动性意愿也高于其他地区,从我国目前劳动力跨省区流动的态势看,主要流出地区,除西部的四川外,基本都在中部,安徽、湖南、江西、河南、湖北五省就占了全国的42.9%。①

2. 东部具有中部发展所需要的资本和技术优势

2005年,东部地区的GDP高达88774亿元,占全国的60%;固定资产投资总额为45626亿元,占全国的51.4%;2004年城乡居民年底储蓄余额为64643亿元,占全国的54.1%。2005年,中部地区的GDP为37230亿元,占全国的20.3%;固定资产投资总额为16146亿元,占全国的18.2%;2004年,城乡储蓄余额为21614亿元,占全国的18.1%(见表6-5)。截至2006年底,东部上市公司的总数为811家,占全国的56.6%;中部为236

---

① 陈计旺:《东部地区产业转移与中部地区经济发展》,《山西师大学报》(社会科学版)2003年第3期。

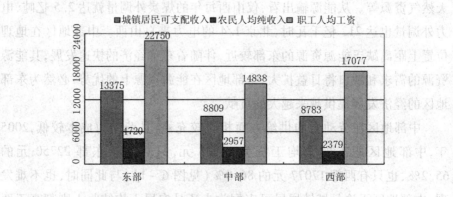

**图6-1 2005年各地区居民收入比较(单位:元)**

数据来源:根据2006年《中国统计年鉴》有关数据整理。

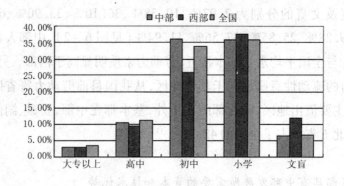

**图6-2 中西部地区人口素质比较**

数据来源:根据第五次人口普查的有关数据整理。

家,仅占全国的16.5%。由于东部已走过了资本积累阶段,具有相当的过剩资本,并且有数量众多的"三资"企业和大量的民间资本正在寻找有利的投资场所。而这些资本正是中部地区经济发展所急需的重要生产要素。

### 表6-5 东中部地区投资、储蓄比较

单位:亿元

| 地区 | GDP(2005) | 固定资产投资总额(2005) | 城乡居民存款余额(2004) |
|---|---|---|---|
| 东部 | 109925 | 45626 | 64643 |
| 中部 | 37230 | 16146 | 21614 |
| 全国 | 183085 | 88774 | 119555 |

数据来源:根据2006年《中国统计年鉴》有关统计数据整理。

东部科技投入的资金支持较充足,研发经费在 GDP 中的比重较大,技术优势明显。2005 年,东部地区 R&D 经费为1649.2 亿元,是全国的67.3%,占该地区 GDP 的比重为1.5%,大大高于中部地区的0.74%,如东部的北京为5.55%、上海2.28%、天津1.96%、广东1.09%、江苏1.47%、浙江1.22%、山东1.05%;而中部的安徽为0.85%、江西0.70%、山西0.63%、湖南0.68%、湖北1.15%(见表6-6)。从区域技术创新能力上看,东部也具有明显优势,在我国技术创新能力前10位的省市中,东部就占据9席;2005 年的科技成果,东部也占了全国的58.2%。所有这些因素的发展,恰恰为东部地区向中部地区进行产业转移创造了条件。

### 表6-6 2005 年中、东部地区 R&D 经费比较

| 地 区 | | R&D 经费(亿元) | 占 GDP 比重(%) |
|---|---|---|---|
| 中部地区 | 安徽 | 45.9 | 0.85 |
| | 江西 | 28.5 | 0.70 |
| | 山西 | 26.3 | 0.63 |
| | 河南 | 55.6 | 0.53 |
| | 湖南 | 44.5 | 0.68 |
| | 湖北 | 75 | 1.15 |

| | 浙江 | 163.3 | 1.22 |
|---|---|---|---|
| 东部地区 | 江苏 | 269.8 | 1.47 |
| | 广东 | 243.8 | 1.09 |
| | 北京 | 382.1 | 5.55 |
| | 上海 | 208.4 | 2.28 |
| | 天津 | 72.6 | 1.96 |
| | 山东 | 195.1 | 1.05 |

数据来源:根据中国科技统计网(http://www.sts.org.cn/)有关数据整理。

### (三)产业分工协作的优势互补

中部与东部经济处于不同发展阶段,资源禀赋不同。中部工业化处于初期阶段,在能源、原材料供给、劳动力成本等方面有着一定的优势。尽管中部地区还较落后,但已具有相当产业基础,传统工业优势明显,资产存量大,发展工业的综合资源条件较优越。中部地区已有较为发达的机电、化工、轻工、汽车和能源等工业,有一批行业在全国已占有举足轻重的地位,例如产值比重在全国占20%以上的行业目前就已有煤炭采掘(23.9%)、黑色金属采选(22.0%)、有色金属采选(34.3%)、非金属采选(30.3%)、食品加工(24.4%)、烟草加工(26.0%)、家具制品(20.2%)、非金属制品(24.3%)、有色金属冶炼(21.6%)和专用设备制造(20.1%)等。① 这些都为中部地区承接东部地区的产业转移甚至实现中部地区工业化的反梯度推进提供了坚实的产业基础。

东部地区作为我国重要的核心经济区域,在资本和技术方面具有优势,处于工业化的中期阶段,资本积累基本完成,资金实力和技术力量相当雄厚,产业层次在不断地提升,资源型、劳动密集型、土地密集型产业将不适于在该区域发展,逐渐向中西部地区转移,必然会把更多的资源投向资本、技术密集型产业,使得东部的要素需求结构与中西部的要素供给结构趋于一

---

① 刘茂松:《我国中部地区经济发展趋势及对策分析——关于中部地区工业化反梯度推移战略的探讨》,《中国经济时报》2003年2月11日。

致,产业分工更为合理。中部的资源、产业基础与市场规模具有相对优势,东部在技术创新、对外开放、资金筹措、市场开放、国际化方面具有优势,而这正是中部所不具备的优势。可见,东部与中部在对外开放、资金筹措、资源开发、市场规模等方面的优势能够互补,为区域之间的产业分工合作提供了良好的比较优势条件。

**(四)区域市场的优势互补**

随着东部地区经济的迅速发展与市场资源配置机制的日益成熟完善,对毗邻的中部的市场辐射与扩散效应增强,两个区域的生产要素市场与消费品市场逐渐融合,形成统一开放和优势互补的跨区域市场。东中部地区之间在市场体制环境方面存在着较大的差距,东部的市场化程度是各地区最高的,市场化进程的领先使东部地区在区域经济发展方面具有体制创新的先发优势所形成的竞争优势。东部的市场优势主要体现在其高度的市场化、高效的资源配置效率和经济效益,有着较为完善的市场组织和健全的市场体系。东部经济在向中部扩张和扩散过程中,必然会加速中部地区市场化进程,提高中部资源的利用水平和使用效率。

与此同时,中、东部之间还有着市场规模的优势互补,为各自的经济发展和区域经济合作提供了广阔的市场空间。2005 年,中部地区人均 GDP 为10608 元,西部为 9338 元,中部则高出西部 13.6%;中部的社会消费品零售总额为 13184.5 亿元,占全国的 19.4%,这意味着中部地区具有较高的消费能力和市场潜力。中部地区的市场优势还在于,与西部相比,其人口密度和经济密度较高。2005 年,中、西部地区的人口密度分别为 342.4 人/平方公里和 52.4 人/平方公里,中部的人口密度是西部的 6.5 倍;中、西部地区的经济密度分别为 362.2 万元/平方公里和 48.8 万元/平方公里,中部的经济密度是西部的 7.4 倍。较高的人口密度和经济密度,使得在有效的服务范围内能形成更大的生产能力,而获得规模经济。2005 年,东部人均 GDP、城镇居民可支配收入和农民人均收入分别高达 23768 元、13375 元和 4720元,意味着东部地区的居民具有强大的购买力和消费能力,对中部农产品和旅游等市场而言,东部的市场十分巨大。

## 四、关于中部与东部地区经济互动发展情况的反思

改革开放以来,在邓小平同志提出的"两个大局"战略构想的指导下,中部与东部地区之间的经济互动发展情况,总体上来讲是良好的。在东部地区的率先发展过程中,中部地区曾在人力、物力等各方面给予了很大的支持,特别是分布在东部沿海各省、市的中部许多专业技术人才和中部广大农村的农民工,为东部地区的经济建设和社会发展做出了重要贡献。

在东部沿海率先发展的同时,也在一定程度上带动了中部地区的发展。特别是在上世纪末和本世纪初,在国家实施西部大开发和促进中西部地区共同发展政策的指引下,东部地区在支持西部的同时,也开始出现了向中部地区进行投资和产业转移的迹象。包括东部沿海省、市的一些专家学者在实施"泛珠三角"发展计划的同时,还提出要建立"泛长三角"的设想,设想把中部地区的安徽和江西列入其中。中部地区一些靠近东部地区的省份也纷纷采取与东部省、市合作的姿态,如安徽实施的全面融入长三角的东向发展战略;江西实施的与东部沿海优势互补的"三个基地、一个后花园"发展战略,提出了向东北融入长三角,向东融入闽三角、向东南融入珠三角的"扇形"发展理论;湖南提出了与珠三角对接的"长珠潭一体化"实验等。同时,中部各省还不断地选派干部到东部沿海各省考察和学习交流。上述情况表明,在统筹区域发展战略指引下,中部与东部的互动发展正在进入一个新的历史阶段。

但是,客观地讲,在东部沿海率先发展起来以后,目前还没有出现大规模地向中部地区进行产业转移的趋势,反而出现了在沿海地区不断进行产业集聚的发展态势。这究竟是什么原因? 要回答这个问题,需要从东部地区各投资主体的投资偏好和中部地区投资环境存在的障碍因素两个方面来进行具体的分析。

### (一)东部地区投资主体选择投资城市的偏好及其影响因素

在东部地区日趋多元化的投资主体中,台商、国际跨国公司和被称为中国"当代第一商帮"的浙商,无疑是众多投资者中最值得关注的群体。2006

年8月31日,台湾电机电子工业同业公会公布了"台商推荐祖国大陆最适宜投资城市",同一天中国社会科学院工业经济研究所在北京也公布了"2006跨国公司眼中最具投资价值的中国城市",而此前的6月2日,浙江省工商业联合会公布的"2006年浙商(省外)最佳投资城市"也明确提出了中国当代第一商帮对投资地的选择。综合以上榜单,可以对我国主要投资群体在投资城市选择上的主要偏好有一个大概的了解(见表6-7)。

表6-7 2006年主要投资主体眼中最佳投资城市及区域分布

| | | | | | | | | | | | |
|---|---|---|---|---|---|---|---|---|---|---|---|
| 浙商 | | 徐州淮安 | | | | 合肥宁国 | 宜昌 | 上饶 | 济源 | 楚雄 | |
| 台商 | 天津北京 | 苏州无锡南京扬州 | 宁波杭州 | | | | | | | | |
| 跨国公司 | 上海北京天津 | 苏州 | | 深圳东莞 | 青岛烟台 | | | | | | 大连沈阳 |
| 投资者推荐 | 直辖市 | 江苏 | 浙江 | 广东 | 山东 | 安徽 | 湖北 | 江西 | 河南 | 云南 | 辽宁 |
| | 东部 | | | | | 中部 | | | | 西部 | 东北 |

资料来源:连玉明、武建忠主编:《2007中国国力报告》,中国时代经济出版社2007年版,第243页。

从表6-7可以看出,从各投资主体投资城市的区域分布看,跨国公司集中在东部及主要发达城市,台商则主要推荐浙江和江苏两省的城市,只有浙商更关注中西部城市。这是东部地区加快进行产业集聚而向中部地区进行产业转移比较缓慢的一个重要原因。

从对各主要投资主体选择投资城市及区域的影响因素偏好来看,跨国公司对投资的环境和条件要求很高,所以其眼中最具投资价值城市主要集中在我国经济发达、宏观环境都很好的大城市;台商则更看重市场经济相对发达和成熟的江苏、浙江等长三角地区,他们注重政策环境的同时,也看中产业的聚集程度和可控制的风险;而浙商多集中在轻工业产品的中小型投资,因此更看重区域内提供的优惠政策和经营成本(见图6-3)。

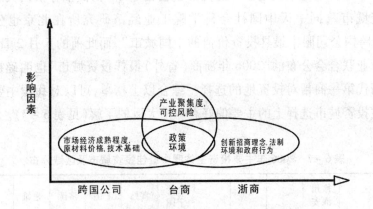

**图 6 - 3　投资主体选择投资城市的影响因素偏好**

资料来源:连玉明、武建忠主编:《2007 中国国力报告》,中国时代
经济出版社 2007 年版,第 244 页。

### (二)中部地区投资环境存在的主要障碍因素及其分析

从中部地区的投资环境来讲,总体上看无论是硬环境还是软环境,近几年来随着改革开放的不断深入发展,都有很大的改善,特别是中部地区丰富的矿产资源、廉价的劳动力和潜在的巨大市场需求,对东部地区的各投资主体都具有很大的吸引力。这也是中部地区与东部地区在经济互动方面的比较优势所在。

根据以上对东部地区各投资主体对选择投资地区的偏好及其影响因素的分析,认真反思一下中部地区投资环境方面存在的不足,我们认为,中部地区不能仅满足于目前已有的丰富的矿产资源、廉价的劳动力和潜在的巨大市场需求等优势,从扩大浙商来中部投资的范围和加大吸引跨国公司及台商来中部地区投资的力度来讲,还应该进一步改善投资环境,努力消除影响东部企业"西进"的各种障碍因素。

目前中部地区存在着的影响东部企业"西进"最为担心的障碍因素,主要是基础设施不完善、政府服务不到位和体制机制僵化以及思想观念保守等方面的因素(见表 6 - 8)。

表6-8 东部企业"西进"最为担心的障碍因素

| 企业最为担心的障碍因素 | 城市化水平低,社会服务、基础设施落后,投资环境较差 | 当地政府过多干涉 | 地方保护主义 | 缺乏金融支持,资金运作的困难较大 | 当地人的排外情绪,难以建立良好的发展氛围 | 不利的自然环境难以吸引东部的管理人才 | 国有企业改革慢,还有许多领域无法形成公平竞争 |
|---|---|---|---|---|---|---|---|
| 企业比例% | 47.41 | 43.70 | 39.26 | 33.33 | 25.93 | 25.19 | 15.56 |
| 顺序排列 | 1 | 2 | 3 | 4 | 5 | 6 | 7 |

注:此表为2005年浙江省委党校陈自芳教授等对156个参与中西部投资的东部企业(主要是浙江企业,也有部分广东、上海和江苏的企业)进行问卷调查统计结果。

资料来源:周绍森、陈栋生主编:《中部崛起论》,经济科学出版社2006年版,第588页。

由表6-8可以看出,在东部企业"西进"最为担心的障碍因素中,城市化水平低,社会服务、基础设施落后,投资环境较差,所占的比例最高,达到47.41%;其次是当地政府过多的干涉与地方保护主义,其比例各占43.70%与39.26%;而国有企业改革慢,还有许多领域无法形成公平竞争以及不利的自然环境难以吸引东部管理人才等方面的障碍因素,在东部企业"西进"最为担心的障碍因素中所占的比例并不高。

据被调查企业反映,从中部地区地方政府社会管理与公共服务方面来看,存在的障碍因素主要有:一是"重招商、轻安商"。有的地方为了吸引投资者,投资初期都能减免很多费用并能享受到各种优惠政策,一旦项目建成运行,各种名目的收费、罚款就一拥而上,让人"应接不暇"。二是"失信违约"。有的地方由于政府领导的换届、政策变化、政府办事不规范、承诺不兑现等因素导致的"政府失信",让外商吃了不少苦头。三是"办事效率低"。在有些地方,政府层面往往是"上热下冷",上面强调改善投资环境,但在一些具体问题的操作过程中,下面的中间层不时会出现"中梗阻"现象。

中部地区在投资环境方面存在着的体制机制上的障碍主要有:一是市场化程度不高,市场竞争中的行业垄断和地区封闭现象仍然比较严重,在一定程度上制约了统一市场的形成和市场机制作用的发挥,直接影响到东部地区向中部地区的产业转移。二是商品市场的发展速度虽然较快,但竞争秩序尚待完善,规范化的市场竞争机制尚未有效形成,不正当竞争和限制竞争的行为同时存在。三是要素市场的发展处在较低水平,与东部地区相比还存在明显差距,在很大程度上影响到各种要素在区域间的自由流动与优化配置。四是社会法制环境和社会信用体系不健全,失信现象在一些地方的存在,使中部地区的市场环境缺乏稳定性和可预见性,从而造成了许多外资企业欲投资中部却又止步。五是中部地区的一些产业基础比较薄弱,与东部地区转移过来的产业不配套,无形中增大了东部向中部进行产业转移的成本。

中部地区在招商引资过程中存在着的思想观念上的障碍主要有:一是中部地区浓厚的官本位意识与东部地区的商品经济意识和市场价值理念存在着很大反差。二是中部地区过去计划经济时代遗留下来的"等、靠、要"思想还比较严重,与东部沿海地区积极开拓市场的进取精神相比,很不协调。三是中部地区一些地方存在着封闭保守的小农意识,"看人富了眼红",对来自东部的投资者和企业,存在有一定的排外心理和"仇富"心理。四是中部地区粗放型的生产经营管理理念,与东部沿海地区客商"精打细算"的集约型生产经营理念也存在着较大的差距。

因此,中部和东部地区在经济上要互动起来,中部地区不仅要提高城市化水平和完善基础设施建设,创造良好的投资硬环境,重视在硬环境上与东部地区的"接轨";还要注重在政府管理与公共服务、体制机制以及在思想观念等软环境方面的"接轨"。中部地区只有进一步解放思想、更新观念,深化改革、扩大开放,不断进行体制机制的创新,努力实现与东部地区在投资硬环境和软环境等方面的全面对接,才能更好地促进中部与东部地区之间经济的互动协调发展。

## 五、促进中部与东部地区经济互动发展的对策思考

中部与东部地区在自然资源、资金、技术等方面存在着的互补特征表明,二者之间存在着协调互动发展的内在必然性。中部与东部地区经济发展中的协调与互动,不是东部对中部单向的"输血型",而是双向互动的"双

赢型"。二者之间的互动发展,是基于市场经济的法则,以健全市场机制为基础,以健全合作机制为纽带,以优势互补、双赢互利和共同发展为目标,将东部的科技、资本、体制等先发优势与中部的资源、劳动力等比较优势和后发优势有机结合起来。只有正确把握并有效地体现地区间的这种优势互补的内在关系,才能更好地促进各种资源的合理流动和高效配置,在资金市场、技术市场、人才市场、商品市场等方面实现全面互动与协调,形成我国中、东部地区相互支持、相互促进、协调发展的良好格局。

**(一)搭建中东部地区协调互动平台,形成互利协作的发展机制**

实现中部与东部地区经济协调互动发展的格局,首先必须搭建协调互动发展的平台,形成良好的合作机制。在建立协调互动机制方面,可采取以下一些具体措施:(1)建立中部和东部有关省市最高行政首长联席会议制度。通过定期举行联席会议,研究决定区域合作规划,协调推进区域合作的重大事宜。(2)建立部门衔接落实制度。搞好互动双方的有关主管部门加强相互间的协商与衔接落实工作,对具体合作项目及相关事宜提出具体实施方案,制订详细的合作协议和计划,并认真落实协议提出的合作事项。(3)举办中东部协作互动论坛,以及时保证中部和东部地区之间的协调和信息的沟通与交流。中东部地区协作论坛应包括专家论坛、企业家论坛和市长论坛等,组织学术界、产业界、政府部门的力量,对中部和东部协调互动发展中的重大问题进行深度研讨和交流,通过各方声音的汇集和观点碰撞,从不同层面上为两地的协调互动发展提供思想来源。(4)成立中东部合作专家顾问委员会。作为智囊团,中东部合作专家顾问委员会负责调研、探讨中部和东部协调互动发展的现状、理论与对策。(5)建立利益协调机制。一是国家通过产业政策的调整,使同一产业的利益差别在不同地区间合理分布,尽可能照顾到各地区的经济利益;二是双方通过调整产业政策,利用不同区域的发展优势,合理实现产业的纵向分配,使不同产业的利益在不同地区实现合理分享。(6)加快政策制定,加强政府引导。中东部地区要加强舆论宣传与政府引导,制定各种因地制宜的鼓励、扶持政策,从政策法规上做出导向,保护、促进和鼓励区域间企业联合,营造有利协作的软硬环境,为中东部经济技术交流与协作提供便利条件,促进中东部地区经济合作的快速发展。

**(二)积极推进中部地区与毗邻沿海地区的区域经济一体化建设**

积极推进中部地区与毗邻沿海地区的区域经济一体化建设,有利于构建起东部地区向中部地区进行产业转移和要素流动的平台。应鼓励山西、河南与环渤海经济圈的互动发展,支持安徽融入长三角、江西全面对接长珠闽、湖南融入珠三角。努力提高中部地区的城市化水平,通过完善中部地区的交通、通信、能源、水利等基础设施,加快中东部地区之间的交通运输通道建设,重点是加强中部与东部地区之间的铁路、公路、港口、机场、管道等方面的建设,为加快推进中部地区与毗邻沿海地区的区域经济一体化进程创造必要的基础设施条件。

**(三)促进中部地区政府职能转变,努力为外商投资创造良好环境**

在促进中东部地区之间的经济互动与协调发展中,中部地区各级政府都应适应形势发展要求,加强社会管理和公共服务,把政府的主要职能转变到为市场主体服务和营造良好发展环境上来,尤其是在制定政策、明确导向、提供服务、营造环境等方面要强化行政职能。要深化政府机构改革,优化组织结构,理顺职责分工,提高行政效率。行政管理体制的创新要从服务创新做起,各级政府要以提高服务质量和办事效率为重点,强力推进机关效能建设,建设行为规范、运转协调、公正透明、廉洁高效的行政管理体制。当前要着力解决好收费多、罚款多、检查多等若干社会反映集中、投资创业者意见较大的"中梗阻"现象,实行"阳光收费"、"检查行为规范"、"首次违规告诫"、"通行权下放、否决权上收"等具体规定,努力塑造诚信政府的形象,为外商投资者和本地创业者创造良好的发展环境。

**(四)促进中东部间的分工与协作,构建合理的产业分工合作格局**

中部与东部经济处于不同发展阶段,资源禀赋不同,互补性强,应根据各地区的优势,加强地区间的分工与协作,构建合理的产业分工合作的格局。随着东部经济发展水平的不断提高,资本的边际效用递减,劳动力和土地等生产要素的价格上升,东部地区为了加快实现产业结构升级,必须转移和淘汰失去比较优势的产业。相对西部来说,中部更具有承接、转移的基础和条件。中东部地区之间只有进行合理的产业分工与协作,才能各展所长、发挥各自的优势和提高资源配置的效率,有效避免中东部地区的重复建设和产业结构的趋同化。

在构建中东部地区合理的产业分工合作的格局过程中,中部要主动与东部形成互补型的经济体系,可以从以下三个方面入手:首先,要加快培植适应当地资源特点、具有明显优势和地方特色的主导产业。(1)要立足农业的比较优势,发展高科技农业、生态农业,延长农副产品深加工产业的链条。(2)合理开发能源和矿产资源,培育汽车、家电等主导产业和优势产业,形成具有区域特色的产业集群。(3)大力发展旅游业,要根据旅游资源丰富的优势,使旅游业成为中部的支柱产业,将中部打造成为东部旅游休闲的"后花园"。其次,要加强与东部地区的经济合作,推进区域经济分工与协作。充分利用中部区位、资源和劳动力的优势,抓住沿海产业升级的有利时机,主动地接受东部地区的辐射,积极承接东部的产业转移。最后,要主动加快建设与东部地区的主导产业关联性强的相关产业,主动为东部生产配套产品和零部件,主动与东部广泛开展专业化分工和协作。

东部应发挥在资金、技术和区位条件等方面优势,以产业结构高级化和市场拓展国际化为主要目标,壮大主导产业、发展高新技术产业、培育大型企业集团。(1)发展壮大附加值和技术含量高的主导产业,重点发展高新技术产业,开拓新兴产业,实现产业结构和产品结构的高级化。(2)以发展外向型经济为主,着力培植大集团、大公司,增强企业集团的国际竞争力。(3)鼓励劳动密集型产业、一般原材料工业和加工业等传统产业向中部转移,这是中东部地区产业分工协作的重要内容。东部通过与中部的产业分工与协作,将已失去或正在失去优势的产业向中部转移,既可以为新兴产业发展留出发展空间,又可以开发和利用中部的优势,促进中部地区经济的发展和壮大。

**(五)加强中东部地区的科技合作,构筑开放的区域创新体系**

20世纪80年代以来国内外区域经济发展表明,资源主导的经济向创新主导的经济转变,基于市场的区域创新成为了区域发展的不竭动力,区域创新体系建设是推动区域经济发展的有效途径。科技创新活动对区域经济发展的促进作用主要表现为:优化、整合区域内的创新资源,提高区域的创新能力,提升区域经济竞争力和促进产业结构升级与换代。东部在经济发展水平、科技实力等方面较中部地区存在明显优势,中部尽管经济发展水平及科技实力相对较弱,但在部分领域也具有相当优势。中部的科研机构从业人员并不少于东部地区,但由于科研经费少、资金投入不足和科技体制落后,导致科研与市场联系不紧密,科技研发能力薄弱。通过加强中东部地区的科技合作,构筑开放的区域创新体系,一方面可以促使科技要素由东部向中部流动,提高中部的科技创新能力,有效推动中部资源的深度转换和产业链的延伸,变资源优势为经济优势,变比较优势为竞争优势,促进中部跨越式发展;另一方面,中东部地区在科技合作中,可以合理配置和有效利用中东部地区现有科技资源,实现科技资源的优势互补,也有利于东部科技创新能力和区域竞争力进一步提升,促进东部更快发展。

在中东部地区科技合作的过程中,必须努力培育多元化主体参与、多种科技创新资源在地区间自由流动的开放型区域创新体系,实现中东部地区的大学和研究机构、企业、政府以及具有创新服务功能的中介机构等行为主体间的相互分工与协作,形成以中东部地区的企业为中心的企业与企业、企业与大学及研究机构、企业与政府和企业与中介机构之间密切合作、积极参与的区域创新体系,以推进中东部地区创新活动的展开,提高中东部的区域创新能力和竞争力,促进中部的崛起和东部的进一步发展。具体措施可采取:(1)充分利用区域内较为雄厚的科研实力和人才优势,共建技术创新的研发基地和生产基地,形成研发的网络,协同攻关关键性的科研项目,建立区域自主创新体系。(2)构建中东部地区间的人才流动体系和人才市场,对人才的吸引、培养、激励和使用制定统一政策。(3)开展联合办学,培养充足的科技人才和高素质的职工队伍。(4)改善科技政策环境、服务设施,广泛开展产学研一体化的区域合作,构建中东部地区产学研和科技开发联合体,共享技术创新优势,加速科技成果向生产力的转化,形成区域产业竞争的新优势。

### （六）加强中东部地区的投融资互动，形成高效的区域投融资体系

东部地区经过20余年的快速发展已经走过了资本积累阶段，金融市场较为发达，投融资体系较为完善，资本充足，具有相当的过剩资金，企业筹融资渠道较通畅，有相当数量的三资企业和民营企业正在寻找有利的投资场所。中部的经济发展相对落后，资本形成与资本积累的能力不足，现有的投融资体制不利于吸引投资和提高资本积累与配置效率，这是制约中部经济发展的重要因素。通过中东部地区的投融资合作，一方面可以使东部的过剩资本在中部找到新的投资场所，获得良好的投资渠道，提高资金的利用效率；另一方面，通过中东部地区的投融资合作也有利于中部的资本形成，加快工业化推进的进程，能有效缓解中部资金的短缺状况，增强中部地区经济发展的后劲。

中东部地区的投融资互动主要是以双方企业为主体的、以资金筹集和投放为核心内容的市场行为，可分为直接投资和间接投资行为。目前，直接投资行为主要表现为东部企业对中部的投资，东部企业的投资可以带动和促进中部产业结构的调整和升级。在间接投资合作中，信贷和证券投资是两种主要的形式。在信贷合作中，最具有意义的是东部的银行向中部的企业贷款，既拓宽了中部企业的融资渠道，也为东部的银行在中部的运作开拓更大空间。从证券投资现状看，上市公司中约占56.6%在东部，只有16.5%在中部，中部的证券投资仍有很大空间。如果中部优势产业的企业能与东部有实力的企业联合和重组，促使股票市场的资金更多地流向中部，就能够为中部的发展创造有利条件。加强中东部地区的投融资互动的具体措施包括：（1）鼓励和吸引东部非国有企业特别是民营资本投资中部基础设施、公用事业以及参与中部国有企业的改革。（2）中部地区要改善投融资环境，健全对外商投资者的政策和法规及市场条件，以吸引东部企业对中部地区的投资。（3）加强中东部的区域金融合作，拓宽中部企业的融资渠道。中部和东部要建立跨区域的金融合作机构，创新金融产品，引进东部的商业银行、外资银行、外资保险机构立足中部，发展壮大证券公司、金融租赁

公司、资产评估公司等。（4）构筑中、东部地区之间的信用协调机制，建立政府、企业和个人相结合的社会信用体系和金融风险防范体系，促进中东部地区的投融资合作逐步走向良性发展的轨道。

### （七）中部要深化体制改革与制度创新，实现与东部的体制机制接轨

按照梯度推进和产业转移理论，在东部沿海经济发展起来以后，一些产业会向经济较落后的中部地区进行转移。但是，事实上许多产业并没有发生大规模的向中部转移的现象，反而更多的是集聚在东部沿海地区。尽管各方面的制约因素很多，但是，其中一个重要原因就是东部沿海向中部地区进行产业转移过程中，在中部存在着一定的机制和体制方面的障碍，延缓了梯度推进和产业转移的进程。其中，包括市场化进程滞后，市场体系不完善；国有企业改革缓慢，非公有制经济比重偏少、规模偏小等问题。因此，在中部与东部地区之间的经济互动发展过程中，只有产业、资金、技术等层面的合作与交流是远远不够的，中部地区还必须进行体制改革与制度创新，着力扩大对内开放，努力提高对外开放水平，加快推进市场化进程，完善市场体系，深化国有企业改革，大力发展非公有制经济，实现与东部地区在机制体制方面的接轨，这样才能从根本上解决产业转移过程中的机制和体制性障碍问题，更好地促进中、东部地区经济的互动协调发展。

### （八）中部要进一步解放思想，实现与东部在发展理念上的对接

中部与东部地区在经济发展方面的差距，实际上反映的是机制创新和体制改革方面存在的差距，而机制和体制又是在一定的发展理念指导下塑造起来的。因此，中部与东部地区之间的发展差距，从深层次上看是发展理念上的差距。为了促进中部与东部地区的协调发展，不仅要实现机制和体制的接轨，更要实现思想观念和发展理念上的对接。为了实现中、东部地区之间在思想观念和发展理念上的有效对接，中部应在加强与东部经济合作的同时，通过多种方式加强与东部的思想文化交流，并以此来促进中部地区进一步解放思想、更新观念，克服不利于促进中部崛起与区域协调发展的封闭保守观点，树立科学的发展观，以宽广的胸怀和健康向上的精神状态，去积极参与区域内外的经济合作与技术交流，在发挥承东启西和产业发展优

势中崛起。

综上所述,中部与东部地区相比存在着较大的经济发展差距,在促进中部崛起与区域经济协调发展过程中,客观上需要两大地区之间互动协调发展。在中部与东部地区的经济互动方面,既存在着许多有利条件,地理区位相邻,经济结构和资源条件等方面存在着很大的互补性,互动发展有一定的基础,具有优势互补、相互促进、共同发展的广阔前景;同时,也存在着一定的基础设施不完善、政府服务不到位以及体制机制和思想观念等方面的障碍。因此,为了有效地促进中部与东部地区经济的互动协调发展,中部地区除了在产业、资金、技术等方面努力实现与东部地区的"接轨"外,更要注重加强基础设施建设、深化体制改革、更新思想观念,尽快实现在基础设施、机制体制和思想观念等方面与东部地区的全面对接。

# 第七章 西部大开发给中部崛起带来的机遇、挑战及其对策

进入 21 世纪以来,西部大开发取得了明显的进展。西部经济发展速度加快,生态环境得以改善,基础设施建设取得实质性进展,科技教育和人才开发力度加大,特色产业发展步伐明显加快,出现了经济社会协调发展的良好势头。对于中部而言,西部大开发给中部大发展带来的既有机遇,也有挑战。中部地区只有抓住机遇,迎接挑战,加强与西部地区的交流,并提出相应的发展对策,形成中西部地区良好的互动发展与合作机制,才能更好地促进中部崛起与区域经济协调发展。

## 一、中西部互动发展是促进区域经济协调发展的客观要求

中西部互动发展是统筹区域协调发展的重要内容之一,也是促进东中西互动发展的一个重要环节。如果离开了中西部地区之间的互动发展,就不可能有东中西互动发展格局的形成。同时,也只有中西部的互动发展,才能为促进中部崛起提供更大的发展空间。中部崛起不仅需要从东部获得资金、技术、人才等方面的支持,而且需要从西部开发中获得资源市场以及发展机遇等必要条件。

按照过去的沿海与内地的"两分法",中西部地区都属于内陆地区,都是邓小平同志提出的"第二个大局"的战略重点,都属于需要得到东部地区支援和中央政府政策扶持的落后地区。事实上,国家在制定西部大开发战略时,提出的完整的战略是:"实施西部大开发战略,促进中西部地区发展。"这实际上是一个中西部地区共同开发、互动发展的战略。但是,在具

体落实和实施过程中,这个战略后面的一句话往往被人们忽视了。

因此,国务院发展研究中心发展战略和区域经济研究所刘勇先生认为,在促进中部崛起过程中,有必要强调中部地区实际上也是与西部地区一样的落后地区,仅靠其自身努力也是难以获得较快发展的,也需要中央政府的大力扶持和东部地区的支援,才能获得较快的发展。中国区域经济专家陈栋生教授认为,中部地区的两侧(如晋西、豫西、鄂西、湘西)和皖、赣山区,在交通等基础设施方面,和西部有类似之处,除鄂西、湘西两个自治州已比照享受西部地区有关政策外,可以争取其他山区亦享受同样的政策待遇,以实现共同开发。

靠近中部地区的一些西部省市,如陕西、宁夏、重庆、四川等省市,从历史上来看与中部地区经济往来十分密切,区域经济与文化有许多相似性特征。改革开放以来,随着铁路、公路、航空等交通设施条件的不断改善,这些省份与中部地区之间经济往来与文化交流更加频繁,已成为中部与西部互动发展的桥梁和纽带。

中部地区人口众多,西部地区地大物博,中部地区的人力资源与西部地区的自然资源在共同开发上有很大的互补性,可以通过采取一定的互动机制,实现共同发展。中部地区虽然人口众多,但土地面积较小,相对于西部来讲,人均对资源的拥有量较少,丰富的劳动力资源优势发挥作用的空间十分有限。中部地区只有加强了与西部地区的互动联系与共同开发,才能有效地发挥张培刚先生提出的"牛肚子"理论的作用,以更好地促进中部崛起与区域经济协调发展。

从统筹区域经济协调发展系统的角度分析,促进中部崛起与西部大开发有着密切的联系,主要表现在以下五个方面。

### (一)中部地区是西部接受东部产业转移的过渡地带

中部地区地处东部沿海腹地和西部内陆的前沿,是既非沿海、亦非典型内陆的亚沿海(浅内陆)地带,在地缘上和经济上都处于我国东西地带的结合部位,因而被喻为我国腹心地带和国脉所系。西部大开发与东部率先发展的连接无论如何都跳不过地理上的中部。东部的人流、物流、信息流向西推进的过程中,将会有相当一部分流经中部甚至"渗漏"于中部。1999 年,国家实施西部大开发战略,采取多方面的政策措施,鼓励港澳台和外国资本投向西部地区。在这些政策的支持下,东部沿海地区外商直接投资和其他投资所占比重由 1983～1991 年的 90.6% 下降到 1992～2002 年的 87.7%,而同期中部地区由 5.12% 迅速提高到 9.28%,但西部地区由 4.28% 下降到 3.02%,其中 1992～1999 年为 3.13%,2000～2002 年为 2.80%(见表 7 -1)。①

表 7 -1　我国三大地带外商直接投资及其他投资的分布

| | 投资金额(亿美元) | | | 地区分布(%) | | |
|---|---|---|---|---|---|---|
| | 地区合计 | 东部地区 | 中部地区 | 西部地区 | 东部地区 | 中部地区 | 西部地区 |
| 1983～1991 | 207.56 | 188.05 | 10.64 | 8.87 | 90.60 | 5.12 | 4.28 |
| 1992～2002 | 4304.15 | 3774.85 | 399.43 | 129.87 | 87.70 | 9.28 | 3.02 |
| 1992～1999 | 2853.18 | 2500.96 | 263.02 | 89.20 | 87.66 | 9.22 | 3.13 |
| 1992～2002 | 1450.97 | 1273.89 | 136.41 | 40.67 | 87.80 | 9.40 | 2.80 |
| 1983～2002 | 4511.71 | 3962.9 | 410.07 | 138.75 | 87.84 | 9.09 | 3.07 |

资料来源:国家统计局贸易物资司编:《1979 - 1991 年中国对外经济统计大全》,中国统计信息咨询服务中心 1992 年版;国家统计局编:《中国统计年鉴》(各年度),中国统计出版社。

　　这说明,即使在国家政策的有力推动下,港澳台和外商在华投资的空间扩散也是有限度的,主要扩散到条件相对较好、区位较近的中部地区,尤其是临近沿海的长江中游地区。西部地区由于远离沿海对外开放前沿地带,外商投资所占比重反而呈下降趋势(魏后凯,2004)。中部处于"承东启西"、"一肩挑两头"的战略位置。这种特殊区位使得中部发展的快慢关乎西部大开发战略的实施效应:中部发展快,就能够较好地发挥"二传手"作用并产生放大效应,有效地带动和促进西部地区的全面发展;反之,则会影响西部大开发战略的进程和实效。因此,中部地区加快发展不仅是中部经济发展与社会进步的必然要求,而且也是西部大开发战略部署的题中应有

---

① 陈栋生、王崇举、廖元和主编:《区域协调发展论》,经济科学出版社 2005 年版,第 46—47 页。

之义。

## (二)中西部地区在自然生态环境上相互依存

中西部地区地理区位相连、生态环境相依,由于我国地势西高东低,内河流向自西向东,因而西部地区是水土流失和自然灾害的源头,中部地区是环境灾害的重点成灾区。西部大开发所进行的生态环境建设,实行退耕还林还草,搞原始森林保护,不单是为了西部,而是为了减少中部地区长江的洪涝灾害、黄河的断水,减少北方的风沙、沙尘暴。因此,从生态环境的改造看,西部地区生态环境建设是"本",中部地区生态环境改善是"标"。只有中西部地区密切配合、协调行动,才能真正保护和改善我国的生态环境,实现可持续发展。

## (三)中西部地区在某些经济要素上相互补充

虽然中西部地区都属于资源型经济体系,农业和能源、原材料工业比重比较大,产业结构相似度比较高,然而西部地区的资源和市场潜力比中部地区大,中部地区环境容量和经济技术条件比西部地区好。在这方面,我们从长江经济带中西部沿江地区资源的分布特点可以看得较清楚(见表7-2)。

表7-2　长江经济带中西部沿江地区主要资源指数

| | 长江经济带中西部沿江资源指数占全国比重 | | | | | 累加值 | 长江经济带中西部沿江地区人均资源指数(全国平均为100) | | | | | 人均占有量指数 |
|---|---|---|---|---|---|---|---|---|---|---|---|---|
| | 水资源 | 能源 | 矿产 | 可用土地 | 耕地和气候 | | 水资源 | 能源 | 矿产 | 可用土地 | 耕地和气候 | |
| 四川、重庆 | 11.36 | 1.14 | 13.03 | 8.15 | 9.14 | 43.09 | 117.6 | 11.8 | 134.8 | 84.2 | 95.9 | 62.4 |
| 安徽 | 2.8 | 3.09 | 4.49 | 2.97 | 5.44 | 18.79 | 60.9 | 62.4 | 93.3 | 43.2 | 100 | 75.5 |
| 江西 | 5.27 | 0.16 | 3.75 | 2.51 | 4.37 | 16.06 | 163.9 | 5.1 | 116.8 | 77.9 | 131.6 | 54.6 |
| 湖南 | 5.88 | 0.39 | 4.25 | 3.23 | 7.11 | 20.86 | 112.2 | 26.4 | 81.2 | 62.1 | 131.8 | 50.7 |
| 湖北 | 3.64 | 0.09 | 8.4 | 2.81 | 6.07 | 21.01 | 78 | 71.9 | 177.8 | 61.1 | 128.3 | 41.6 |

资料来源:邓玲:《长江经济带产业发展与上游地区资源开发》,《社会科学研究》1998年第3期。

从表7-2可以看出,西部沿江地区的四川、重庆,在水资源、能源、矿产、可用土地、耕地和气候等方面占全国的比重,总体上看,都高于中部沿江地区的安徽、江西、湖南、湖北等省,在人均资源占有量方面也高于中部沿江各省。而中部的安徽、江西、湖南、湖北等省的沿江地区一般都是重化工业和先进制造业较发达地区,因此,沿江中西部地区间具有广泛协作的良好基础。

### (四)中西部地区可以在基础设施上共同受益

中部地区是西部地区向东部沿海地区和海外开放的重要桥梁,西部地区是中部地区迫切需要打开的市场及向中亚地区扩大开放的重要通道。西部大开发的四大标志性工程:西气东输、西电东送、青藏铁路建设和南水北调工程,都是全国性建设工程,有许多工程项目建设,都要从中部地区经过,中部地区都可以从中受益。在国家实施西部大开发战略的过程中,中部地区的交通运输网络将会加快与西部地区对接的进程,形成以区域一体化为目标的网络化综合交通运输体系。

### (五)中西部地区都属于"第二个大局"的战略重点

中西部地区都属于我国内地,都是邓小平同志提出的"两个大局"中"第二个大局"的战略重点。只有在西部开发的同时加快中部发展,在促进中部崛起过程中不断加大支持西部大开发的力度,才能更好地实现邓小平同志"两个大局"的战略构想。实施西部地区大开发战略与加快中西部地区发展是一个完整的战略体系。西部大开发无疑是西部地区加快发展的福音,但同时也为中部地区加快发展带来了机遇。西部大开发作为一项大战略,其短期的直接目标是振兴西部,但更深层次的含义是为了实现资源和要素在全国范围内的合理流动和优化配置,使东、中、西三大区域有机联动、协调发展,从而缩小20世纪90年代以来日益扩大的东中西地区差距,以达到区域经济协调发展的目的。

综上所述,西部大开发的政策内涵和战略意义显然并不限于西部地区的发展,西部大开发与促进中部崛起有着密切的联系。二者之间是一种相互促进、互动协调、共同发展的关系。中部地区要从全局和战略的高度重新认识西部大开发带来的机遇和挑战,积极应对、主动参与,在区域竞争与合作中谋求自身发展。

## 二、西部大开发给中部崛起带来的机遇与挑战

西部和中部都属于内陆地区,过去统称为"内地"。从历史上看,中西部地区的经济往来十分密切,西北的"丝绸之路"和西南的"茶马古道",都从不同的侧面反映了当时中西部地区的经济贸易往来的繁荣情况,改革开放以来,西部与中部都为东部改革开放发展做出了巨大贡献。西部大开发对中部地区具有双重影响,既带来了机遇,也形成了挑战。

### (一)西部大开发给中部崛起带来的机遇

西部大开发面积广阔、工程巨大、项目众多、持续时间长,给中部崛起提供的是综合性的发展机遇。它主要体现在以下五个方面。

一是西部开发为促进中部崛起提供了新的政策空间。国务院在《关于实施西部大开发若干政策措施的通知》中,对西部大开发的定位是"实施西部大开发战略,加快中西部地区发展",可见西部大开发的政策环境实际上辐射了中部地区的发展。当前国家实施西部大开发的重点是西北、西南 10 省市,同时根据实际情况和客观需要,有的政策也涵盖了中部地区,比如对外商投资企业给予三年按 15% 税率征收企业所得税的优惠政策,是针对中西部 19 省市的;西部开发的重点工程项目中,连通中、东部地区的宁西铁路西安至合肥段、渝怀铁路湖南境内段;西气东输管道工程经过的山西、河南、安徽等中部省区,都能够享受西部开发政策。随着西部大开发各项政策的相继出台,中部地区开发开放的政策环境将大为改善。

二是西部开发为促进中部崛起提供了巨大的商机。西部大开发是西部市场对内对外全方位开放的契机,这里蕴藏着巨大的商机,为中部地区的发展提供了广阔的空间。从 2000 年至 2003 年,国家在西部地区投入资金 7300 亿元,动工的重点项目达 36 个,其中很多重点项目跨经中部地区。例如西安至合肥铁路总投资 314 亿元,其中在安徽境内投资 33 亿元;连霍公路、312 和 318 国道在安徽境内投资达 73.7 亿元;西气东输管道在安徽境内的投资额为 23.37 亿元。这些建设项目不仅能够改善中部地区的基础设施条件,而且有利于中部地区建材市场和其他商品市场的扩大,为中部地区

的发展注入生机和活力。

三是西部开发对中部地区的环境改善具有标本兼治的重大意义。生态环境建设是西部大开发的重点内容之一,对中部地区沿江、沿黄各省而言,长江、黄河上游生态环境的改善,将从根本上缓解中部地区长江肆洪与黄河断流之患,提高长江、黄河及其支流的水质,改善中部地区的水利、航运条件,使长江、黄河真正成为中下游流域人民致富的黄金水道。

四是西部开发有利于提升中部地区的战略地位。新中国成立以来,我国区域发展战略历经多次变化,但是中部地区一直没有明确和突出的战略定位(邹彦林,2002)。这在一定程度上造成中部地区在全国地位的不断沉落。反映在人均 GDP 水平上,1980 年相当于全国平均水平的88% ,1990 年下降到83% ,2003 年则下降到75% 。令人忧虑的是,目前还没有看到这一下降趋势逆转的迹象和可能,这也是中央提出科学发展观和"五个统筹"的背景之一(鲁志强,2004)。发展差距的扩大引起了中部地区广大干部群众和国内有关专家学者的极大关注,要求缩小地区发展差距的愿望日趋强烈。在东部地区发展日益受到世界性生产过剩困扰和西部开发仍然任重道远的双重制约之下,加快中部地区发展必然地提上了历史日程。2004 年 6 月,温家宝总理在武汉召集中部有关省份负责人开会时,首次明确提出了"中部崛起"的要求,此后在党和国家的正式文件中又多次提出促进中部崛起的要求。现在,促进中部崛起已被正式列入国家"十一五"规划,并为此专门出台了有关政策。这无疑提升了中部地区的战略地位,表明我国区域经济发展战略进入了新的历史阶段。

五是西部开发为促进中部崛起提供了许多宝贵的经验。西部与中部的许多地区都属于中国的欠发达地区,在发展环境、产业结构和面临的困难及问题等方面有一定的相似之处。经过近几年来西部大开发的社会实践发展,在对落后地区的开发方面,已经总结出来了不少好的经验与做法。这些好的经验与做法,将会对促进中部崛起提供许多重要的有益启示和借鉴,有些经验与做法甚至可以直接运用到中部的某些欠发达地区。例如,建立发达地区与欠发达地区之间的对口帮扶机制;国家采取财政转移支付手段;支持欠发达地区经济发展;大力发展地方特色经济,等等,都是从西部大开发的社会实践中逐步总结出来并加以推广的。西部开发实践中总结出来的宝贵经验对促进中部崛起是一个大型的社会资源宝库。

**(二)西部大开发给中部崛起带来的挑战**

机遇与挑战往往是相伴而生的。西部大开发在给中部地区带来大量机遇的同时,也给中部经济发展带来一系列的挑战。

一是中部的发展环境将面临东西夹击的严峻态势。中部经济发展环境的特点是:东部的开放政策和西部的开发政策使中部处于被动受挤的局面,搞市场经济不如东部,要素按计划分配则弱于西部;资源禀赋上较之西部无突出优势,而产业、产品的低层次化相对于东部则日显突出。因此,中部地带作为东西互动的链条有软化甚至拗断的危险:一方面,我国经济增长核心区均集中在东部地区,20世纪90年代以来东部与中部的发展差距扩大了5倍;另一方面,随着西部大开发战略的实施,西部的资源优势将快速实现转化,中部可能沦为投资增长的"锅底"(韩林云,2004)。从2000年我国正式启动西部大开发战略以来,国家加大了对西部地区的投资力度,总投资超过9800亿元。在国家的政策和资金支持下,西部地区固定资产投资快速增长,2000~2004年年均增长20.5%,高于全国1.4个百分点,2005年城镇固定资产投资占全国的投资比重已超过中部地区(见图7-1)。这将在一定程度上给中部地区发展带来不利影响,不利于中部地区改变发展速度落后于西部、发展水平落后于东部的"软肋"状况。

二是中部的引资环境将面临政策拷问。国家为西部大开发战略拟订的优惠政策包括:(1)国家把利用外资指标的60%拨给西部;(2)优先扶持西部企业上市融资;(3)允许西部城市发行基础设施建设彩票;(4)扩大地方企业发行债券的规模;(5)尝试在西部成立产业投资基金,等等。这些优惠政策连同沿海地区的优惠政策,在一定程度上造成中部地区在吸引外资的竞赛中明显落后。20世纪90年代以后,东部地区呈多数年份超过2000亿元的净流入状态;西部是每年增加100多亿元的流入格局,而中部则基本呈资本净流出状态(鲁志强,2004)。西部大开发以来,外资进入西部的趋势

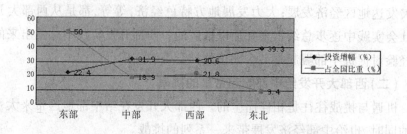

**图 7 - 1　2005 年各区域城镇固定资产投资情况( % )**

资料来源:连玉明、武建忠主编:《中国发展数字地图》,中国时代经济出版

社 2006 年版,第 299 页。

明显,2005 年西部地区实际利用外资占全国的比重已明显超过中部地区
(见图 7 - 2)。西部与中部之间在承接东部沿海地区的产业转移和对外招
商引资方面存在着一定的竞争性。随着西部大开发战略的深入开展,西部
的投资环境和市场环境将会有更大的改善,这样就使得中部地区容易陷入
两难困境:吸引外资需要好的投资环境和市场环境,但好的投资环境和市场
环境又需要大量资金投入作为前期成本。这是国家在促进中部地区崛起过
程中需要尽快加以解决的。

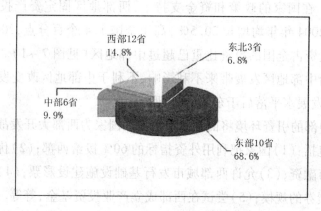

**图 7 - 2　2005 年实际利用外资区域分布**

资料来源:连玉明、武建忠主编:《中国发展数字地图》,中国

时代经济出版社 2006 年版,第 232 页。

三是中部的区位优势将面临削弱的可能。中部地区在地理上处于连接东部和西部地区的桥梁地位,是东部地区和西部地区经济联系的走廊,在东中西部地区经济发展中具有承接和传导的地位和作用。但随着经济全球化、一体化的发展,这种区位优势也有可能会被取代。知识经济以其便捷的、无所不在的信息网络,拉平了各区域的区位条件。知识经济时代的区域经济是空间一体化的经济。知识经济对区域经济的最大影响就是在极大程度上克服了空间距离对区域经济发展的束缚,并为区域经济一体化的发展提供了最好的工具。因此,随着西部基础设施建设步伐的加快,尤其是航空、信息网络等现代交通、通信设施的完善,西部与东部之间的连接将会更便捷,西部地区有可能借助高科技手段,借助信息高速公路,在多方面实现跨越式发展,从而弱化中部地区"二传手"的作用。另外,西部地域辽阔,陆地边境线很长,改革开放以来,西部的西北地区与苏联解体后的许多独联体国家边贸关系发展势头良好;西部的西南地区随着中国与东盟关系的密切,与东盟各国的边贸关系也日趋活跃起来。这些都对中部的区位优势提出了挑战。

四是中部地区的产业承接和产品优势将会受到一定程度的冲击。东部地区产业高度化的变革,必将淘汰和转移一部分劳动密集型产业和一般加工产业。相对于西部来说,中部更具有承接、转移的基础和条件。但经济发展水平的实际梯度是星罗棋布、跳跃跌宕的,并非从东到西严格地按照"连续、单调、递减"式分布。所谓区域经济发展按梯度水平从高向低的顺序推进,是就经济总体发展态势而言,而并非具体的区域经济发展路径(李国平,2002)。因此,在接替沿海产业的竞争中,西部随着交通条件的改善和知识经济的兴起将会出现"越位"承接沿海产业转移的现象。另外,西部市场前景广阔,东部产品无疑会凭借较强的竞争实力而在抢滩西部市场的过程中处于主导地位,而西部产业水平在东部和全国支持下也将很快提升,产品竞争力也将迅速增强,其优势商品甚至可能打入中部地区。还有,中西部的产业结构,特别是工业结构有很大的同构性,表现在区际关系上往往是竞争大于合作。因此,中部产品面临的竞争日益加剧。旧有的优势逐渐丧失,新的优势又尚未形成,这对中部地区的产业、产品结构调整势必提出更高的要求。

### 三、关于中西部地区竞争与合作的博弈分析

在统筹区域协调发展的新形势下,随着经济的发展和改革的深化,区域之间在经济活动中的相互依存和相互制约作用越来越强,即经济决策的"博弈性"越来越强,需要用博弈论进行分析的问题越来越多。在促进中部崛起和西部大开发过程中,中部与西部地区在争取国家政策支持和承接东部地区产业转移以及对外招商引资等方面,确实存在着一定的竞争性。因此,中部地区一些省、市都把合作发展的战略取向指向了东部,重视加强与东部省份的交流与合作。而实际上,按照统筹区域经济协调发展的要求,从长远和全局的观点来看,中部与西部的经济合作与互动发展,也是促进东中西协调发展系统中的一个重要环节。从博弈论来看,中西部的地区竞争与经济合作发展,实际上是一种博弈关系。

所谓博弈(Games),是博弈参与者在策略相互依存情形下相互作用状态的抽象表达,也就是说,在博弈情况下,各方的利益不仅取决于自身的行为,而且也取决于他方的行为。进而言之,一方所采取最优策略取决于他对对方所采取的策略的预期。博弈论(Game Theory),是关于竞争者如何根据环境和竞争对手的情况变化,采取最优策略和行为的理论。博弈分析是博弈理论的核心,基本内容包括对弈者、策略和收益。博弈分析的目的是使用博弈规则决定均衡,即达到所有对弈者的最优战略或行动组合。

目前,西部正在进行大开发,中部正在实现奋力崛起,中西部地区经济关系包括合作与冲突(竞争)两个对立面。常识告诉我们:合作优于冲突(竞争),合作可使双方受益,冲突(或竞争)则两败俱伤(至少互不得益)。然而经济生活中人们偏偏会选择后者,是什么缘故导致如此不理智的行为呢?黄乃文(2002)曾经用博弈论中的"囚徒困境"(Prisoners' Dilemma)模型来阐明其中的道理。

假定两个区域的经济行为主体(分别记为区域 A 和区域 B)均具有经济人(Economic Man)特性,即在区际经济交往中它们分别以各自的区域利益

最大化为目的。不妨把这种行为倾向称为本位理性,因为这是一种完全基于本位(本区域)利益的"理性"。由于区际经济合作的主体是各区域的经济组织或政府,它们都有维护本区域利益的动机(政府更以发展本区域经济为己任),所以上述把区域人格化而为经济人的假定是有其合理性的。以数字1、0、-1分别表示各区域的获益,1表示获得1个单位的利益,0表示既不获益也不受损失,-1表示受到1个单位的利益损失,则两区域的经济关系可用如下博弈模型表示:

区 域 B

| 区 | | 合作 | 冲突(竞争) |
|---|---|---|---|
| 域 | 合作 | 1, 1 | -1, 1 |
| A | 冲突(竞争) | 1, -1 | 0, 0 |

**图 7-3 区域 A 和区域 B 博弈模型**

显然,对应着区域 A 和区域 B 同时获得最大利益(1,1)的策略组合是(合作,合作)。这是理想的"双赢"。然而,事实上双方博弈的结果却与"双赢"南辕北辙。下面我们试看区域 A 和区域 B 是如何选择自己的策略的。

首先,假定当任何一方单独决策时,并不知道或不能确定对方将采取何种策略,因而只能从己方立场出发进行判断和决策,并且受本位理性驱使,决策的原则是实现己方利益的最大化。其次,任何一方选择自己的策略时,虽然无法确定对方将采取何种策略,却不能忽视对方的策略对己方利益造成的影响,因此他应该考虑到对方有两种可能的选择,并分别考虑自己相应的最佳策略。以区域 A 为例,从逻辑上讲,在单独决策时区域 A 应当考虑两种情形:①如果区域 A 选择"合作",则相应地区域 B 有"合作"和"冲突(竞争)"两种对策,若区域 B 选择"合作",那么双方的获益均达到1,属于"双赢",如此固然皆大欢喜,只是还有一种可能,即倘若区域 B 选择"冲突(竞争)",将会造成区域 A 的获益为"-1",可见在区域 A 选择"合作"的情况下存在令区域 A 的获益为"-1"的风险;②如果区域 A 选择"冲突(竞争）"，则相应地区域 B 也有"合作"和"冲突（竞争）"两种对策，无论区域 B 采取何种对策，区域 A 都可以确保己方不至于受损，最坏的结果也不过是区域 B 选择"冲突（竞争）"造成区域 A 的获益为 0。①与②相比较，从本位理性出发，可知区域 A 最稳妥的选择是"冲突（竞争）"。区域 B 亦同理。最后，双方基于各自利益进行理性选择的必然结果，竟是采取了于任何一方都无好处的"双输"的策略组合（冲突，冲突），这是"囚徒困境"博弈的静态均衡解。

"囚徒困境"模型揭示了一个很深刻的问题，即个体理性与团体理性的矛盾。反映在区域经济关系上，即每个区域分别追求自身利益最大化，选取占优策略，其结果却是两不得利（甚至两败俱伤），本位理性可以导致整体非理性。"囚徒困境"对于中西部地区的一个重要启示，就是在统筹区域发展和市场竞争状态下，作为一种机会把握和策略选择，我国中部和西部地区应该建立合作博弈基础上的竞争规则，改变目前的零和博弈格局，形成中西合作双赢的博弈局面。

我国中部地区人口众多，历史文化底蕴深厚，科教基础较好；水陆空交通网络比较便捷通达，具有承东启西的区位优势；农业特别是粮食生产有明显优势，拥有比较雄厚的工业基础，产业门类齐全。但也面临着工业结构调整任务繁重，人口、就业压力大等问题。西部拥有丰富的自然资源、劳动力相对较少，大量闲置的资产存量和较广阔的市场前景，但是工业结构单一，商品经济不发达，缺乏资金、技术、人才和管理经验。中部与西部在文化教育、人才交流、基础设施建设和环境保护等诸多领域，具有广阔的合作前景。

在统筹区域发展和社会主义市场经济条件下，东西部经济合作的主体是企业。所以，合作博弈的双方主要为中西部的企业。企业通过在多次博弈中不断地学习、适应、调整，进而进化，最终都会选择合作策略，从而实现互利双赢。其合作博弈的最终目标是形成合作博弈，即参与博弈的企业的整体利益或者区域利益达到最大化。

通过上述分析，我们可以得到如下几个结论：①中西部经济合作不但是西部，而且是中部进一步发展的必然选择。②中西部经济合作完全可以达到一种互利双赢的结果,即通过中西部经济合作,西部企业将不断增强经济实力,提高市场经济意识,扩大产品的市场占有率,提高人力资本的质量和存量,进而发挥后发优势,实现跨越式发展;中部企业将实现劳动力转移,拓展自己的发展空间,增强要素的边际报酬率,增强国内竞争力。它不仅有利于实现区域协调发展,而且将大大提高我国经济的总体竞争力。③虽然在进化博弈合作中企业是绝对的主体,但是并不能完全忽略政府的作用,政府在进化博弈合作中将通过宏观调控手段,继续发挥重要的作用。④目前中西部地区实现这种互利双赢的合作环境亟待改进,应加强中介服务组织构建,充分利用信息交流平台,使参与合作博弈的各个企业能掌握更多的信息。

### 四、基于博弈论对中西部地区合作与协调发展的对策思考

实施西部大开发战略,加快中西部地区发展,是国家确定的战略目标,因而加快中部地区发展本来就是西部大开发战略的应有之义。中部地区应主动置身于西部大开发行列之中,积极配合、支持、参与西部大开发,抢抓机遇、迎接挑战,在推动中西部地区合作中促进中部崛起与区域经济协调发展。

#### (一)树立连续博弈和无限期合作的观念

中西部地区地理位置相邻、文化渊源相近,在我国经济格局中始终是以一个整体而受人关注。中西部之间存在着"一枯俱枯,一荣俱荣"的区域联动效应。因此,中西部地区应树立连续合作以至无限期合作并结为一体的发展理念,建立区域合作中的新利益观,有意识地创造合作的条件和氛围,力求实现"团体理性",避免陷入"囚徒困境",形成统一协调机制,实现长期合作的动态均衡。

中央实施西部大开发战略的深层含义是为了引导资源和要素在全国范围内的合理流动和优化配置,从而最终达到缩小区域差距、协调区域经济发展的目的。中部地区要从全局和战略的高度来认识西部大开发的重大意义,变压力为动力,充分利用"东、西"两大开放热点和巨大落差造成的势能

来"发电"、"充电",以实力和实效赢得自身在西部大开发中加快发展的主动权。

**（二）明确定位,落实政策,实施中部崛起战略**

中部只有崛起才能更好地参与西部大开发。过去影响中部加快发展的重要障碍之一,就是长期以来中部地区的发展定位总是围绕农业做文章,工业化进程缓慢,区域发展战略不清晰,工业结构与东西部有很大的同构性,产业结构调整步履维艰。中部崛起的另一重要障碍则是改革开放以来,先是东部大开放,后是西部大开发,国家政策扶持的重点一直未曾落到中部,中部地区始终处于区域政策的"悬空"状态（东部有各项优惠政策,西部有补贴援助政策）,这也是中部地区多年"蛰伏"的重要原因。现在,党和国家已明确提出要促进中部地区崛起,对中部地区有了新的准确的功能定位,即建设全国重要的粮食生产基地、能源原材料基地、现代装备制造业及高新技术产业基地和综合交通运输枢纽,并且已经出台了一系列相应的配套政策及措施。当前的问题是,中部地区应明确定位,具体贯彻和落实好党和国家关于促进中部地区崛起的各项政策和措施,抢抓机遇,充分利用党和国家促进中部崛起提供的各种政策空间,走东引西联、自强兴区的新型工业化道路,通过合作机制创新,在东中西互动发展中,奋力实现中部崛起。

**（三）中部应在承东启西中发挥桥梁和纽带作用**

在促进中部崛起中,中部应实施东引西联、承东启西战略,构筑连接东西的中部大通道、大平台、大市场。"东引西联"、"承东启西"应当是中部地区对内对外开放的基本战略。"东引西联",就是要吸引东部乃至国外的资金、技术、人才、信息和管理,进一步加强与东部的经济技术等多方面的合作;"西联",就是积极参与西部大开发,互利互补、扬长避短,实行最广泛、最灵活、最能发挥比较优势和竞争优势的联动和联合。"承东",就是要千方百计参与东部地区经济大循环,要努力渗透进去,实现要素的优化配置;"启西",就是要瞄准和挖掘西部巨大的潜在市场,实现西向的扩张。当务之急是要不断加强基础设施建设,形成以铁路、高等级公路、航空港为主体的现代化立体交通枢纽,形成大通道。要像重视硬化的高等级公路建设那样重视信息高速公路的建设,在中部地区构筑电信网、电视网、专用信息网"三网合一"的信息大平台,培育适应信息时代需求的中部信息新优势。加快培育中部商品与要素市场,更多地通过市场的力量优化配置资源,使人流、物流、信息流在中部有效地聚合,并通过中部影响和辐射西部。

**(四)形成中部与西部优势互补的产业结构**

加快产业结构战略调整步伐,形成布局合理、结构优化、特色鲜明的中部经济新格局。产业结构调整是中部地区增强整体竞争力的关键。这种调整,不是一般意义上的适应性调整,而是新技术革命带动的、对经济全局和长远发展具有重大影响的战略性调整。

首先,需根据西部大开发的需要,从传统种植业、农副产品加工业和生态农业三个方面对农业进行调整。一是在传统种植业方面,针对西部地区在退耕还草的过程中对粮食需求增加的趋势,中部地区要继续优化粮食品种,提高产量、降低成本,扩大对西部地区的粮食销售。二是继续加强农副产品加工业:(1)积极拓展西部农副产品消费市场。近几年来,中部地区农副产品企业在充分利用本地资源、改造传统加工业方面作了不少努力,涌现出一批颇具特色的食品加工企业,这些企业的产品虽然挤占东部市场的难度较大,但凭其独特风味完全有条件抢滩尚待开发的西部农副产品消费市场。(2)发挥农副产品科技优势开发西部资源。西部资源开发急需的先进加工技术在中部有一定的优势,因此要鼓励中部科研院所和企业采用多种形式,以先进的特色加工技术和科技创新成果参与西部大开发。(3)充分利用西部丰富的物产资源,如四川的生猪、新疆的油菜籽、西北和东北的西瓜子、牛奶、牛羊肉等,来建设中部农产品加工业的原料基地。目前中部已有一批农业产业化的龙头企业正开始着手这方面的联合。三是突出发挥中部地区在生态农业方面的优势:(1)在生态环境规划设计方面开展合作。中部地区有一支技术实力雄厚的林业规划设计队伍和一大批林业、水土保持科研人员,可以在西部大开发中提供规划设计方面的服务;(2)组织专业人员和劳动力到西部地区开展封山造林、退耕还林、园林绿化等工程承包服务;(3)加强双方在生态环境建设方面的各种交流,包括人员交流、技术培训、信息服务以及物资交流等。

其次,在工业方面,一方面要利用中部地区的科技优势,大力推进传统产业的技术改造和结构升级,重新焕发中部地区作为老工业基地的青春和活力,从而对西部地区产生辐射和示范作用;另一方面要抓住西部地区加强基础设施建设的机遇,发挥中部在汽车、工程机械、农林机械、钢铁、水泥、建筑陶瓷等领域的物质技术优势,大力发展与西部市场相适应的汽车、机械制造和建材等产业,有条件、有实力的企业可以尝试到西部地区办厂,设分公司、子公司,技术工人也可以直接参与西部的开发建设以转移劳动力。

最后,在全面加快第三产业发展的同时,中部地区应注意发挥自身旅游资源比较丰富、教育基础比较扎实的优势,抓住机遇,采取得力措施,努力使旅游产业和教育产业尽快成为中部地区经济发展的先导产业,等等。总之,凡是有所为的方面,中部就要大步地"进",即把大力发展本地区的优势产业、特色产业作为主攻方向,积极参与市场竞争,干那些东部不愿干、西部干不了的事情,在发挥比较优势中发展自己。

**（五）加强中部与西部在环境治理方面的交流与合作**

实施可持续发展战略,加大环境综合整治力度,促使中部地区生态环境绿化、经济环境优化、社会环境净化。呼应西部提出的再造一个山川秀美的大西北的口号,中部地区应正确处理经济发展和环境治理的关系,高度重视环境的综合治理工作,大力加强在环境治理方面与西部的交流与合作。一方面,中部自己要积极实施可持续发展战略,搞好生态保护,加快封山育林、荒山绿化、退耕还林和山水田林路综合治理,发展生态产业,从根本上改善中部地区的生态环境,使中部地区在生态友好的前提下向帕累托状态逼近,以更好地巩固西部地区环境治理的成果。另一方面,还要积极支持和帮助西部地区对生态环境的治理工作,在参与西部环境治理中抢抓机遇,开拓市场,发展和壮大自己。

**（六）中部应在挺进西部过程中创新区域合作机制**

在西部大开发中,中部地区要鼓励各类资金、技术、人才到西部去创业、闯市场。事实上,从上个世纪末国家实施西部大开发战略以来,中部地区已有一批优秀企业率先打入了西部市场。以安徽企业为例:安徽飞彩集团农用车占据了南疆市场的80%、北疆市场的45%左右;江淮汽车集团4年共向新疆销售汽车底盘4000多个;安徽开元轮胎公司自1998年进入新疆市场后,建立了全疆销售网络,市场占有率达20%,居新疆轮胎销售市场的第3位;美菱集团产品已进入全疆60多个大商场,销售总量居全疆第3位;安徽安凯汽车集团利用技术优势,与重庆通用工业集团合资成立重庆安凯公司,建立了安凯客车西部基地;安徽合力叉车厂成功兼并了宝鸡叉车厂。上述企业的"西进"实绩表明,中部一些优势企业完全具备参与西部开发、重组西部企业的实力和能力,政府应当制定鼓励政策,引导更多的中部企业和人才跳出中部、挺进西部、发展中部。

虽然近年来中西部经济合作取得了一些进展,但却依然进展缓慢,不能形成有效合作。当然达到"合作博弈",解决个体理性与团体理性的冲突(或竞争)的办法不是否认个体理性,而是需要设计一种机制,在满足个体理性的前提下达到团体理性。因此,制定促进中西部地区合作的政策及规定,应该是中西部地方政府的重要职能。政府根据区域发展目标和区域合作的基本原则,建立一套既有约束力又有灵活性的制度化的议事和决策机制,是至关重要的。有序竞争产生动力,恶性竞争导致内耗和互损。如果区域间在各项条款、规定的制定中达成共识,就会避免产生"零合博弈",形成"合作博弈",在中西部互动发展中促进正当、有序的竞争,在满足各自地方利益的前提下,达到中西部地区整体经济利益的提升。

## 五、对中西部地区经济合作的模式及其机制的探讨

在促进中部崛起与区域经济协调发展过程中,发挥中部地区承东启西的区位优势,促进中部地区与西部地区协调互动发展,建立中部地区与西部地区在粮食、能源、原材料等方面长期稳定的合作关系,加强中部地区与西部地区在人口流动与就业方面的合作,是中部地区着力扩大对内开放的一个重要方面。

**（一）中西部地区经济合作的基本模式**

在我国区域发展中，相对于东部地区来讲，中西部地区都属于欠发达地区。中西部地区经济合作模式的选择，应立足于各地区自身的比较优势与特点，按照平等互利的原则，通过优势互补，达到互惠互赢，实现资源优化配置，促进区域之间协调发展。中西部地区经济合作的领域有许多，当前应重点抓好以下四个方面的合作。

1. 人力资源的对口交流性合作

西部地区虽然有着丰富的自然资源，但是地广人稀、人力资源十分缺乏，而中部地区人口密度大、人力资源十分丰富。国家通过采取优惠政策，鼓励中西部地区之间加强人力资源方面的对口交流与合作，既可以解决西部开发过程中人力资源的不足，又可以减轻中部崛起过程中的社会就业压力。具体合作形式有三种：一是中部地区选派干部到西部地区挂职或任职，加强地区之间的干部交流；二是中部地区组织有关专业技术人员到西部地区工作，从事教学、科研及承包有关工程项目等，加强地区之间的科技文化教育方面的交流与合作；三是中部地区根据西部地区的需要建立长期的劳务合作关系或提供季节性的劳务服务（如组织安徽、河南等地农民每年到新疆帮助摘棉花等），帮助解决西部大开发中劳动力资源不足的问题。

2. 立足于各种资源的开发性合作

这种合作模式是指中西部之间，有选择地开发西部价值高、效益好的优势资源，吸引中部到西部建立农业、原材料和能源基地，将西部的资源优势转换为现实的经济优势，同时又为中部提供廉价的资源型产品，保障资源供给。或者是西部生产原材料的企业同中部的加工企业联合起来，共同建设原材料、能源基地，实现互利双赢。具体合作领域包括：一是联合开发西部能源资源，改善能源结构，提高清洁能源的比重；二是联合开发西部农业资源，发展种养业和林果业，利用西部丰富的动植物资源和农副产品资源，合作兴办加工企业，提高西部地区农产品的商品率和附加值；三是矿产资源的中西部合作。中部地区提供技术支持和资源开发市场保证，共同开发西部特有资源。这种合作模式比较适合中部地区的一些资源密集型企业，便于发挥这些企业的比较优势。

3. 基础设施与环境保护建设性合作

当前,中西部地区都在加强基础设施建设和生态环境建设,努力改变交通、通信、能源开发滞后对投资环境的负面影响,促进区域经济又好又快发展。在基础设施建设方面,中部地区与西部地区地域相连,可以在铁路、公路、航空、管道和水运等方面加强合作,通过科学规划与合理布局,共同建设区域一体化的综合交通运输体系。在生态环境建设方面,中部地区与西部地区山水相依,西部地区自然环境脆弱,必然直接会形成对中部地区的巨大环境压力。因此,中西部地区联合加强对西部自然环境的保护性建设,对西部和中部都具有重要意义。西部各流域上游有较为集中的大面积森林草原,是我国森林草原资源较丰富的地区,但由于大量砍伐和过渡放牧,致使植被草地被大量破坏、水土流失严重,应采取优惠政策,鼓励中部投资主体到西部承包荒山、荒坡,从事生态环境建设工程。

4. 围绕区域分工的市场开拓性合作

西部地区地大物博,便于发展各种特色经济。中部地区人口众多,可以形成吸收西部特色产品的巨大消费市场。西部地区正在进行生态环境建设,实行退耕还林还草,不便于种植粮食,而中部地区是全国重要的粮食生产基地,丰富的农副产品可以弥补西部地区这方面的不足。因此,中西部地区围绕这方面的区域分工与开拓市场的合作前景广阔。同时,通过这方面的合作,中部地区还可以借助西部地区沿边的区位优势,扩大农副产品的外贸出口,加强与俄罗斯及其他东欧国家的贸易往来。

(二)对中西部地区经济合作机制的因素分析

中西部地区经济合作的机制是,以区域经济互补为前提,以市场机制为基础,以自主性企业为主体,以政府调控为导向,以各种要素的流动和资源优化配置为内容,以实现共同利益为动力,以区域间协调发展为目标,所形成的区域有机协调发展系统(见图7-4)。

1. 中西部地区经济合作的前提是区域的经济互补性

从理论上讲,区域合作的前提是区域分工。没有区域分工就没有区域

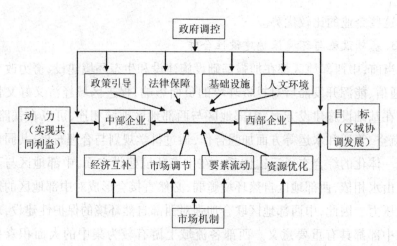

**图7-4 中西部地区经济合作机制图**

合作。但是,从中西部地区的经济发展现状来看,还没有形成科学的区域分工,仅仅是都有各自的比较优势与特点。从总体上看,西部地区地大物博,但人力资源较少,人均资源拥有量较多;而中部地区人口密集,人力资源较丰富,但人均资源拥有量较少。西部地区矿产资源和特色产品较多,而中部地区在农业、能源和原材料工业等方面有一定的比较优势。中部地区与西部地区在经济上存在着一定的互补性,这是中西部地区经济合作的前提。

2. 中西部地区经济合作的基础是发挥市场机制的作用

促进区域经济协调发展,有多种互动机制。但是,在社会主义市场经济条件下,中西部地区的经济合作应以市场机制为主导。只有通过发挥市场的调节作用,才能打破行政区域的局限,促进劳动力、资金、技术、设备等生产要素在区域间的自由流动,引导产业转移,提高资源的使用效率,实现资源的优化配置。

3. 中西部地区经济合作的主体是自主经营性的企业

由于市场经济条件下的中西部地区经济合作体现的是市场机制为主导的互惠互利、合作共赢的原则,就只能以企业为主体。企业作为市场主体,拥有投资、生产销售、管理、人事等企业经营的自主决策权,能从市场的角度自觉地对企业的发展战略、产品战略、市场战略、人才战略等做出决策,当企业发展到一定阶段时,出于自身发展的需要,客观上要求突破原有区域而在更大的空间范围内配置资源。正是由于企业的参与,才能使中西部地区的经济合作具有持久的生命力。

4.中西部地区经济合作的关键是政府调控政策的引导

在中西部地区经济合作过程中,尽管要以市场为主导、以企业为主体,但是政府的调控是必不可少的重要环节。政府的调控作用主要表现在:一是通过制定政策,引导企业合作的领域及方向,努力实现经济效益与社会效益、生态效益的有机统一。二是通过由政府出面牵线搭桥,组织众多的企业积极参与中西部地区的经济合作。三是为中西部企业合作提供良好的政策导向、法律保障、人文环境和必要的基础设施。

5.中西部地区经济合作的动力来自实现共同的利益

在我国区域发展中,中西部地区经济发展水平相差不多,都属于欠发达地区。因此,中西部地区的经济合作只能是一种平等的互利合作。合作的动力来源于为了实现企业与企业、区域与区域之间由各自利益有机结合而形成的共同利益。博弈论的启示表明,合作则"共荣",不合作则"俱枯"。中西部地区地域相连、山水相依、经济互补、文化相近,在许多领域有着共同的利益,对共同利益的追求是中西部地区建立长期而稳定的合作关系的基础。

6.中西部地区经济合作的目标是实现区域协调发展

新形势下的区域协调发展,已不仅仅局限在过去人们所理解的区域经济发展差距的缩小,它还包括形成区域之间的科学分工与紧密合作以及区域之间生态环境的改善等诸多方面的内容,特别是区域经济一体化建设已成为区域协调发展的一种重要趋势。中西部地区的经济合作有助于形成中西部地区的紧密联系,从而为将来区域经济一体化发展格局的形成打下坚实的基础。

总之,从我国区域经济协调发展系统来看,中部大发展与西部大开发有着密切的内在联系性,中西部互动发展是促进中部崛起与区域经济协调的客观要求。西部大开发在给中部崛起带来挑战的同时,也带来了许多的发展机遇。通过中西部合作的博弈分析,可以看出合作优于冲突,合作可使双方受益。在"促进中部崛起"上升为国家区域发展战略的新形势下,中部地区一定要敢于抢抓机遇,迎接挑战,按照党和国家关于促进中部崛起与区域协调发展的总体战略要求,及时采取相应的中西部合作发展对策,按照平等互利、优势互补的原则,不断创新合作机制,以市场为基础,以企业为主体,以国家政策为导向,采取多种合作模式,通过进行多领域的经济合作,更好更快地促进中部地区崛起与区域经济协调发展。

# 第八章 中部地区内部经济协调发展机制的建立及其途径

中部地区包括山西、安徽、江西、河南、湖北、湖南六省,地处内陆腹地,地理位置相邻、气候条件相似、经济基础相当,近几年发展势头良好,已经初步形成了各具特色的城市群和产业带,具有整体发展的巨大潜力。在国家提出促进中部崛起战略之后,虽然区域内部省际之间加强了交流与互动,但内部联系仍比较松散,整体性协调程度较低,在一定程度上影响了中部地区综合比较优势的发挥。因此,在促进中部崛起的过程中,面对当前全球金融危机的挑战,中部各省应按照党的十七大提出的实现全面建设小康社会奋斗目标的新要求,必须加强合作,增强发展的协调性,抓紧建立区域内经济协调发展机制,促进省际之间经济协调发展,才能发挥中部地区的综合比较优势,促进中部地区经济板块早日崛起。

## 一、当前中部地区六省经济协调发展的总体态势

"十五"期间,是整个中部地区从"塌陷"逐步走向"崛起"的五年。特别是从 2004 年开始,伴随着促进中部崛起战略的提出,中部六省都加快了发展步伐,并呈现出一些新的发展特点。在总结"十五"发展经验的基础上,中部六省对"十一五"发展战略的定位更加清晰,总体发展态势良好。

### (一)"十五"期末中部六省经济发展综合表现情况

2005 年,中部地区六省积极响应中央提出的"促进中部地区崛起"的号召,充分利用本地区能源原材料优势,承接东部产业转移,加大投资力度,促进其经济快速发展,工业化水平有了较大幅度上升(见表 8 - 1)。

表 8-1　2005 年中部六省与全国有关经济指标比较

| | 山西 | 安徽 | 河南 | 江西 | 湖南 | 湖北 | 全国 |
|---|---|---|---|---|---|---|---|
| 生产总值（亿元） | 4179.52 | 5375.12 | 10587.42 | 4056.76 | 6511.34 | 6520.14 | 183084.8 |
| 比上年增长(%) | 12.6 | 11.6 | 14.2 | 12.8 | 11.6 | 12.1 | 10.2 |
| 人均生产总值(元) | 12495 | 8675 | 11346 | 9440 | 10426 | 11431 | 14040 |
| 三产结构 | 6.3:56.3:37.4 | 18.0:41.3:40.7 | 17.9:52.1:30.0 | 17.9:47.3:34.8 | 19.6:39.9:40.5 | 16.6:43.1:40.3 | 12.6:47.5:39.9 |

资料来源：根据《中国统计年鉴》(2006 年)有关统计数据整理。

2005 年,山西实现 GDP4179.52 亿元,比上年增长 12.6%;财政总收入 757.9 亿元,增长 39.9%。过去 5 年 GDP 年均增长 13%。5 年间全省进出口总值累计 182.7 亿元,年均增长 25.75%。2005 年,进出口总值 55.46 亿美元,比 2000 年增长 2.14 倍。全省累计实际直接利用外资 10.7 亿美元,年均增长 8.5%。省级以上开发区累计完成生产总值 862 亿人民币,平均以每年 40% 的速度增长。

2005 年,安徽全省生产总值 5375.12 亿元,比上年增长 11.6%,人均生产总值超过 1000 美元;规模以上工业增加值 1373.5 亿元,增长 22.7%。全省实际利用外资 16.9 亿美元,增长 25%;利用省外资金 801 亿元,增长 52.2%;外贸进出口总额 91.2 亿美元,增长 26.4%,其中出口 51.9 亿美元,增长 31.8%。

2005 年,河南全省生产总值达到 10587.42 亿元,比上年增长 14.2%,成为继广东、山东、江苏、浙江之后全国第五个经济总量超万亿元的省份;人均生产总值突破万元,达到 11346 元。全社会固定资产投资 4350 亿元,增长 38%。

"十五"期间,江西全省生产总值年均增长 11.6%,为历次五年计划中增长最快,2005 年达 4056.76 亿元,比上年增长 12.8%,按现价总量五年翻了一番;人均生产总值由 2000 年的 586 美元增加到 1140 美元,五年翻一番。实际利用外资累计达 74.59 亿美元,超过此前 20 年的总和,增长速度和人均水平位居中部首位。五年来全省固定资产投资累计达到 7078 亿元,年均增长 33.5%,比"九五"期间年均增幅高 18 个百分点,相当于改革开放以来前 23 年固定资产投资总和的 1.9 倍。

2005 年,湖南生产总值达到 6511.34 亿元,比上年增长 11.6%。五年年均增长 10.2%;人均生产总值达到 10426 元,年均增长 9.8%。经济效益持续好转,财政总收入在 2000 年的基础上实现翻番,达到 738 亿元,年均增长 18.1%,超过生产总值增幅;规模工业上缴税金达 345 亿元,相当于 2000 年的 2 倍。投入力度明显加大,五年累计全社会固定资产投资达 8500 亿元,是"九五"的两倍,年均增长 17.6%;2005 年末,金融机构各项存贷款余额分别为 6590 亿元、4590 亿元,比 2000 年末分别增加 3584 亿元、2500 亿元,年均增长 17.3% 和 14.8%。

2005 年,湖北全省完成生产总值 6520.14 亿元,比上年增长 12.1%,是 1998 年以来增幅最高的一年。人均生产总值超过一万元。规模以上工业实现利润 2005 年预计可达 320 亿元,是 2000 年的 3.6 倍;实现税收 350 亿元,比 2000 年增长 69.1%。2005 年地方财政收入突破 1000 亿元,达 1063 亿元,其中地方一般预算收入 374.2 亿元,年均增长 11.8%。全省财政收入首次突破千亿元大关;粮食总产达到 2177.4 万吨;农民人均纯收入 3099 元,比 5 年前增加 831 元,年均增长 6.4%。

从上述中部六省"十五"期末经济发展的有关统计数据可以看出,"十五"期末是中部地区从"塌陷"走向"崛起"的重要转折点。在"十五"期间,中部地区既经历了 2002 年发展速度落后于西部地区的"塌陷"尴尬,又从"十五"期末中部经济增长提速中看到了"崛起"的希望。如果中部地区能持续保持这种良好的发展态势,就一定能够在"十一五"期间赶上或超过全国经济发展速度。

**(二)"十五"期末中部六省经济社会发展出现的新特点**

从总体上看,"十五"期间,中部地区内部六省的经济发展差距不是太大,但正在拉大。2001 年,中部六省发展速度最高与最低的差距是 1.3;2002 年,这个差距增加到 2.8;2003 年,为 5.5;2004 年,中部六省都有良好的表现,GDP 增长率均超过两位数,但差距仍为 4;2005 年,又缩小为 2.6

（见表8－2）。

表8－2　2001～2005年中部地区经济发展速度比较

单位:%

|  | 2001 年 | 位次 | 2002 年 | 位次 | 2003 年 | 位次 | 2004 年 | 位次 | 2005 年 | 位次 |
|---|---|---|---|---|---|---|---|---|---|---|
| 安徽 | 8.9 | 3 | 9.6 | 3 | 9.4 | 6 | 13.3 | 3 | 11.6 | 5 |
| 河南 | 9.0 | 2 | 9.5 | 4 | 10.7 | 3 | 13.7 | 2 | 14.2 | 1 |
| 山西 | 10.1 | 1 | 12.9 | 1 | 14.9 | 1 | 15.2 | 1 | 12.6 | 3 |
| 江西 | 8.8 | 4 | 10.5 | 2 | 13.0 | 2 | 13.2 | 4 | 12.8 | 2 |
| 湖北 | 8.9 | 3 | 9.2 | 5 | 9.7 | 4 | 11.2 | 6 | 12.1 | 4 |
| 湖南 | 9.0 | 2 | 9.0 | 6 | 9.6 | 5 | 12.1 | 5 | 11.6 | 5 |

资料来源:根据《中国统计年鉴》(2006 年)有关统计数据整理。

　　"十五"期末,随着促进中部崛起战略的提出,中部各省都根据本省的实际,对经济发展战略进行适当的调整,不断加快经济发展的步伐,并出现了一些新的特点。[①]

　　1. 中部开始成为承接东部地区产业梯度转移的热土

　　中部六省这几年大量投资都来自东部沿海地区,特别是江西、安徽更为突出。江西省利用外资和国内资本投资急剧增长,4 年来增长 5.3 倍,其中3/4 来自长三角、珠三角和闽三角地区,2000～2004 年达到 2567 亿元;安徽省引进省外的投资中,来自江、浙、沪的民营资本占 70% 以上。东部沿海企业、尤其是民营企业也争相到湖南、湖北、河南、山西的各类开发区落户。

　　2. 中部开始加快建设一些城市群、城市带和城市圈

　　中部各省都十分重视推进城市化进程,加快建设辐射力和带动力强的城市群、城市带和城市圈。湖北的武汉城市群、河南的中原城市群、湖南的长株潭城市群、安徽的沿江城市带、江西的昌九工业走廊、山西的太原城市

---

　　①　参见陈文玲:《中部六省调查研究报告:抢抓机遇 奋力崛起》,《中国经济时报》2006 年 3 月29 日。

群等发展和建设速度加快,带动作用增强。力争形成辐射力、带动力、影响力强的城市群、经济圈或产业带,成为各省共同的选择。现在中部六省关于城市群建设的发展规划都在相继出台,有的已经开始组织实施。目前在湖北、湖南、江西、安徽等省份,沿长江城市带正在成为整个长江流域加快发展的主轴线。

3.中部开始出现一批具有竞争力的优势产业和产品

几年来,中部发挥工业基础好的比较优势,发展壮大本地的主导产业。如湖北、湖南、安徽的钢铁、汽车、装备制造,河南的食品加工和公路客车,江西的特色冶金和精密制造,山西的能源开发和不锈钢等产业,都成为本省的支柱产业或拳头产品。安徽奇瑞汽车集团已拥有年产30万台汽车发动机和35万辆整车的生产能力,轿车出口量占全国轿车出口量60%以上。武汉的国家光电子产业基地初步形成,光纤通信、激光、生物工程、计算机软件等产品处于国内先进水平,并成为我国重要的技术创新和人才培养基地,形成了以企业为主体、以大学与科研院所为后盾的多层次、网络化的技术创新体系和加快科技成果转化的孵化基地。

4.中部开始加快农村富余劳动力转移就业

中部各省都响亮地提出发展劳务经济的口号,以此作为实现农民增收和解决“三农”问题的突破口。目前,中部地区在外省市务工总人数占全国的43.6%,河南、安徽、湖南、江西、湖北外出务工人数分别居全国第2位到第6位(第1位是四川省)。河南省已转移农村富余劳动力1410万人,安徽省有近千万农民在城市务工,湖南、湖北、山西、江西省进城务工农民也都在500万人以上。外出务工收入成为这几个省农民增收的主要方式。

5.中部开始兴起建设文化强省和旅游大省的热潮

厚重的文化底蕴是中部省份最大的财富,丰富的历史文化资源是发展文化产业和旅游产业的支撑力。安徽的徽商文化,山西的晋商文化,河南的中原文化,江西、湖南的红色文化,湖北的楚文化,成了这些省着力挖掘的资源。“红色旅游”、“绿色旅游”、“古色旅游”,正在成为中部省份新的经济增长点。

### (三)"十一五"时期中部六省经济发展的战略定位与总体态势

1."十一五"时期中部六省经济发展的战略定位

根据国家"十一五"规划的总体要求。在促进中部崛起政策的指引下,中部六省在认真总结"十五"期间经济社会发展经验的基础上,结合本地区的实际情况,纷纷提出了本省"十一五"时期的发展目标与战略构想。

山西省针对产业结构重型化、产品初级化和高度依赖煤炭的情况,提出的战略思路是:"建设全国新型能源基地和新型工业基地。"坚持走新型工业化的道路,实现传统产业新型化和新型产业规模化。在区域布局上,山西的定位是,一方面积极加入京津冀和环渤海经济圈,一方面加强与中部五省的合作。

河南省的战略构想是,把加快中原城市群发展和县域经济发展作为实现中原崛起的两大支撑,推进工业化、城镇化和农业现代化进程。为此,河南省重点抓"一区一道和三个基地",即着力打造全国的粮食核心主产区,构建现代化综合交通运输大通道,建设全国重要的先进制造业基地、能源基地和原材料基地。

湖北省提出的战略目标是:"把湖北建设成重要的农产品加工生产区、现代制造业聚集区、高新技术发展区、现代物流中心区。"为实现这一战略目标,湖北把提升武汉城市圈的整体竞争力,推进武汉城市圈基础设施建设一体化、产业布局一体化、区域市场一体化和城乡建设一体化,把进一步发挥其在全省经济发展中的作用作为重中之重。

湖南省主攻方向是工业和现代服务业,加快技术升级,壮大企业规模,培育产业集群,努力打造中部地区先进制造业和现代服务业走廊。重点是做强长株潭城市群,建设湘中经济走廊,发展湘西经济带。同时实行南向战略,积极承接珠三角产业转移,实现与珠三角的交通互连、产业互补、市场互通、资源互享,并参与泛珠三角合作,扩大与港澳地区的交流。

安徽省委主要领导说:"我们翘首向东,沿海地区日益发达;环顾周边,中部各省加速崛起;回首西望,西部开发普遍提速。安徽必须抢抓机遇、乘势而上、奋力崛起。"安徽为自己确定的战略定位是,发挥在地域上与长三角无缝对接的优势,"实施东向战略、发展东向经济",形成商品东进、劳务东输、能源东送、产业东接、投资东引、服务东带、交通东连、游客东来的新局面。发展重点是:"融入长三角,依靠高科技,抓好两流域(长江、淮河),唱好黄(黄山)煤(煤炭)戏。"即坚持东向发展,推进和提升"861"行动计划,形成优势产业集群,重点打造沿江城市群、沿淮城市群和合肥经济圈。

江西省近几年不仅盯住长三角,而且把眼光投向整个沿海发达地区,其战略定位是:把江西建设成沿海发达地区的"三个基地、一个后花园",即把江西建成沿海发达地区产业梯度转移的承接基地、优质农副产品加工供应基地、劳务输出基地和旅游休闲的"后花园",从而全面"对接长珠闽、融入全球化"。江西农业发展的思路很有新意,他们提出"希望在山,重点在田,潜力在水,后劲在畜,出路在工。山上办绿色银行,山下建优质粮仓,水面兴特色养殖",优化农业区域布局和农产品结构。

表8-3 "十一五"时期中部六省经济发展战略定位比较

| 省份 | 区域经济发展战略定位 | 空间趋向性 |
| --- | --- | --- |
| 山西 | 建设全国新型能源基地和新型工业基地 | 建设太原城市群 |
| 河南 | 把加快中原城市群发展和县域经济发展作为实现中原崛起的两大支撑 | 向京津唐及渤海三角地带靠拢 |
| 湖北 | 建设成重要农产品加工生产区、现代制造业聚集区、高新技术发展区、现代物流中心区 | 打造"武汉城市圈" |
| 湖南 | 主攻工业和现代服务业,做强长珠潭城市群,建设湘中经济走廊,发展湘西经济带 | 南向发展,融入珠二角 |
| 安徽 | 推进和提升"861"行动计划,建设沿江、沿淮城市群和合肥经济圈 | 东向发展,融入长三角 |
| 江西 | 建成发达地区的产业梯度转移的承接基地、优质农副产品加工供应基地、劳务输出基地和旅游休闲的后花园 | 对接长珠闽 |

资料来源:根据中部各省"十一五"国民经济和社会发展规划纲要整理。

2."十一五"以来中部六省经济发展的总体态势

"十一五"以来,在党和国家的正确领导下,中部六省坚持以科学发展观统领经济社会发展全局,抢抓"促进中部地区崛起"的战略机遇,按照"十一五"规划的布局要求,积极推进中部地区的"三个基地、一个枢纽"建设,全社会固定资产投资不断增加,工业化进程加快发展,产业结构进一步改善,经济运行的稳定性和质量效益进一步提高,发展的协调性有所改善,城镇化水平有所提高,经济连续三年保持了良好的发展态势(见表8-4)。

表8-4 2006~2008年中部六省主要经济指标比较

| 地区 | 年份 | GDP（亿元） | 增长（%） | 人均GDP(元) | 三产结构 | 城镇化水平(%) | 全社会固定资产投资(亿元) |
|---|---|---|---|---|---|---|---|
| 山西 | 2006 | 4746.5 | 11.8 | 14106 | 5.8:57.8:36.4 | 43.0 | 2321.5 |
| | 2007 | 5696.2 | 14.2 | 16835 | 5.5:59.6:34.9 | 44.0 | 2927.2 |
| | 2008 | 6938.7 | 8.3 | 20398 | 4.3:61.5:34.2 | 45.1 | 3531.1 |
| 安徽 | 2006 | 6141.9 | 12.9 | 10044 | 16.7:43.3:40 | 37.1 | 3544.7 |
| | 2007 | 7345.7 | 13.9 | 12015 | 16.5:44.7:38.8 | 38.7 | 5105.9 |
| | 2008 | 8874.2 | 12.7 | 14485 | 16:46.6:37.4 | 40.5 | 6788.9 |
| 江西 | 2006 | 4618.8 | 12.3 | 10679 | 17.0:50.2:32.8 | 38.7 | 2683.2 |
| | 2007 | 5469.3 | 13.0 | 12562 | 16.6:51.7:31.7 | 39.8 | 3300.1 |
| | 2008 | 6480.3 | 12.6 | 14781 | 16.4:52.7:30.9 | 41.4 | 4738.6 |
| 河南 | 2006 | 12464.1 | 14.1 | 13279 | 16.4:54.3:29.3 | 32.5 | 5907.7 |
| | 2007 | 15058.1 | 14.4 | 16060 | 15.7:55.0:29.3 | 34.3 | 8010.1 |
| | 2008 | 18407.8 | 12.1 | 19593 | 14.5:56.9:28.6 | 36.0 | 10469.6 |
| 湖北 | 2006 | 7497.2 | 12.1 | 13150 | 15.2:44.9:39.9 | 43.8 | 3572.7 |
| | 2007 | 9150.0 | 14.5 | 16064 | 14.9:43.0:42.1 | 44.3 | 4534.1 |
| | 2008 | 11330.4 | 13.4 | 19860 | 15.7:43.8:40.5 | | 5635.2 |
| 湖南 | 2006 | 7493.2 | 12.1 | 11830 | 17.8:41.7:40.5 | 38.7 | 3242.4 |
| | 2007 | 9145.0 | 14.4 | 14405 | 17.6:42.7:39.7 | 40.5 | 4294.5 |
| | 2008 | 11156.6 | 12.8 | 17521 | 18.0:44.2:37.8 | 42.1 | 5474.7 |

资料来源:根据历年中部六省国民经济和社会发展统计公报整理。

中部六省在加快经济发展的同时,省际之间多种形式的交流与合作也在加强。特别是从2006年以来,每年一届的中国中部投资贸易博览会,举办的规模越来越大,参加的人数越来越多,所取得的成效也越来越好,对于加强中部六省之间以及中部地区与国内外的经济交流与合作起到了很大的推动作用,加快了中部地区经济板块崛起的步伐,同时也有力地促进了我国内需市场的扩大。它从一个侧面说明,面对新形势下全球金融危机的挑战,中部地区内部经济协调发展机制的建立,不仅对于促进中部地区的崛起,而且对于促进我国整个区域经济的协调发展,都具有着重大的战略意义。

从2008年下半年和2009年一季度中国内地31省区市的经济运行数据看,世界金融危机对我国经济影响深重,正在加速区域经济格局的调整。当沿海传统的发达省市遭受金融危机重创,经济增速放缓甚至出现停滞时,中部地区由于外向型依赖度低,主要服务内需市场,尤其是在中央政府启动保增长、扩内需的措施后,2008年全社会固定资产投资增幅32.6%,明显高于东部地区的20.9%和西部地区的26.9%,经济发展势头较好。在2008年全国国内生产总值增长9.0%的情况下,中部6省中除山西外,有5个省份保持在2位数的增长态势(湖北13.4%、湖南12.8%、安徽12.7%、江西12.6%、河南12.1%)。2009年一季度,与全国GDP平均增速6.1%相比,地方经济增速达到两位数的省区市有11个,依次为天津、贵州、内蒙古、湖南、广西、安徽、四川、江苏、湖北、江西、陕西。其中,中部省份占了较大比例。借此时机,中部六省通过加强区域合作,共同促进中部板块崛起,将会加快缩小与东部发达地区之间的发展差距。

## 二、中部地区内部经济协调发展面临的矛盾和问题

中部地区内部经济协调发展包括三个方面的含义:一是中部各省的比较优势和主体功能都能得到科学、有效的发挥,形成体现各省之间因地制宜、分工合理、优势互补、共同发展的特色区域经济。二是各省之间人流、物流、资金流、信息流能够实现畅通和便利化,形成建立在公正、公开、公平竞争秩序基础上的统一市场体系。三是各省公共设施建设,国土资源的开发、利用、整治和保护能够实现统筹规划和互动协调,各省经济增长与人口资源环境之间实现和谐的发展。[①] 尽管近几年中部各省都出现了加快经济发展的态势,但与党和国家对促进中部崛起的要求相比,仍存在较大的差距,特别是在中部地区内部各省的经济协调发展方面,仍面临着一些比较突出的矛盾和问题。

---

① 参见张秀生、卫鹏鹏:《我国中部地区经济协调发展的问题与对策》,《武汉理工大学学报》2006年第2期,第192—197页。

### （一）中部地区内部经济协调发展面临的主要矛盾

实施中部崛起战略，必然涉及到中部地区内部的区域利益协调、区域资源整合及区域分工合作等一系列问题。目前，由于在区域资源禀赋、主导产业选择、经济发展水平等方面具有很强的相似性，加之缺乏必要的区域协调机制基础，中部地区各省单打独斗的倾向比较明显，合作的愿望则相对不是很强烈，主要表现在以下几个方面。

#### 1.各省"分兵突围"与中部"板块崛起"的矛盾突出

在国内区域经济一体化的趋势中，中部地区在区域合作方向，虽然各省专家学者和高层领导在一起加强了交流与互动，但从采取实质性的具体措施方面并没有多大的进展，这与长三角、珠三角及环渤海等地区的一体化形成了鲜明的反差。在国家提出和实施促进中部崛起战略之后，中部各省在对待如何加强中部地区区域内的合作、整合区域资源、更好地发挥国家的优惠政策效应，共同推进中部崛起问题上，没有给予特别的关注。与之相反，在与东部地区的合作问题上各省则纷纷采取着积极努力的态度，各自都试图借助东部外力在中部崛起竞争中占据领先地区，以实现本行政区范围内经济利益的最大化。如安徽实施"东向发展，融入长三角"，江西"对接长珠闽，联结港澳台，融入全球化"，湖南融入泛珠三角，山西积极加强与环渤海经济区的合作等等。由于各省"分兵突围"与中部"板块崛起"的矛盾比较突出，形成不了合力，从而降低了国家促进中部崛起战略的实施效果。

#### 2."势力均衡"区域格局中的"龙头之争"现象严重

从全国范围来看，中部各省经济发展总体水平中等偏后，整体实力相差不大，处于"群龙无首"的状态。处于这种"势力均衡"的区域格局下的中部各省，进行区域合作、实现共同发展的激励作用相对变小，而通过相互竞争和争做"龙头"的激励作用则会变大。虽然"中部崛起"是各省的共同目标，但各省都有自己更为重要的利益函数，谁为"龙头"都会改变相互间的利益格局。因此，各省为了保护自身的利益，"中部崛起"战略也就会演变成为6省间利益俱损的博弈困境。在"中部崛起"战略提出后，各省都纷纷表示主导中部的发展，要在中部"率先崛起"，争当中部的"老大"。如湖北提出要成为中部崛起的支点，"努力使湖北经济社会发展走在中西部前列"；江西、河南也提出要"领跑中部崛起"；湖南也表示要力争走在中部各省前列。[①]"龙头之争"的结果势必让中部地区失去产业的互补性，提高产业竞争的无序性，增加区域竞争的内耗，非常不利于中部地区内部实现区域经济协调发展。

3. 地方利益冲突引发的区域竞争仍十分尖锐

促进中部崛起中，中部各省由于受"行政区经济"中现行的财政体制、政绩考核制度等因素的制约，具有追求本行政区范围内的经济利益最大化的强烈动机，产生了地方政府行为局部化、地方官员行为短期化的倾向，他们有责任确保本地的发展而激发区域冲突，无义务基于长期利益考虑而推进区域合作。在这种体制下任何不为本地谋利的地方政府和官员都将处于一种被动的境界。因此，中部各省在促进中部崛起战略上所采取的行动，多以本省的"地方利益"而不是从中部"整体利益"为出发点，缺乏区域统一目标和行动计划，区域冲突和恶性竞争时常发生。这种情形自然也就割裂了中部地区"整体利益"与各省"地方利益"的统一性，限制了区域内的协作互动与资源整合的活动空间。而结果是，不仅削弱了中部地区的"整体利益"，也损害了自身的"地方利益"。

**（二）中部地区内部经济协调发展面临的突出问题**

在促进中部崛起中，共同利益是区域合作的推动力，而利益冲突则会阻碍区域合作的有效开展。由于中部各省之间在中部崛起中存在着这样或那样一些矛盾，从而使中部地区内部经济协调发展方面存在着一些突出问题。

1. 区内各地之间公共设施建设协调程度低

中部地区近年来在基础设施建设方面取得巨大的成就，基本形成以京广、京九铁路，京珠、沪蓉两条国道干线，长江黄金水道为主体的交通骨架网络，空港的吞吐能力也有大幅度的扩张与提升，但是，完整、高效的中部统一交通运输网络还远未形成。与东部地区相比，中部地区交通体系还不够完

---

① 王泽强：《区域冲突、区域合作与中部崛起》，《当代经济管理》2008 年第 8 期，第 51—54 页。

善,尤其在偏远农村地区,公路发展还很落后,目前的建设规模离农村经济的发展要求目标还有差距。在一些跨区域的公路建设项目上,也经常可以看到有关地方政府以自身利益为重、以邻为壑思想在作怪,认为跨区域通道的通畅有利于自身经济发展的地区会积极地建设自己一侧的道路,而担心通道开通之后投资会被相邻地区吸引过去的地区则对跨区域通道态度消极,甚至地区之间已经达成协议之后也会设法拖延项目建设。其结果便是一条道路在省界或市界的两边路况大相径庭,严重影响跨区域通道效益的发挥。道路、机场、码头建设各自为政的现象十分突出,导致不少交通设施闲置、利用率低下,财政资源浪费十分严重。[①] 究其原因,一个重要的因素就是缺乏统一的区域发展规划。规划上的各自为政必然导致各地区之间交通运输设施的无序竞争,相互配套差、形象工程多,浪费严重、效率低下。另外,尽管中部地区都意识到提升生态环境质量的重要,但从整体上看,中部地区环保上的低效也十分明显。行政边界上的截污、排污工程随处可见,行政边界附近地区"脏、乱、差"现象就像毒瘤一样难以清除。造成这些问题的根源,在于没有制定一个建立在平等协商基础之上并具有约束力的中部地区统一的区域发展规划。

2. 区内行政条块分割严重,相互开放度低

目前中部地区各省、各城市之间经济合作的水平总体说来仍然很低,而且这种合作大多为单个企业的独立、自发的行动,政府协调作用十分欠缺。由于市场机制有其自身固有的缺陷,如强调个体的经济利益,忽视社会的宏观效益;重视短期的经济利益,忽视长远的经济利益;强调效率,难以兼顾公平等,因此有些地方不仅不支持、不鼓励本地企业向外投资扩张,而且为了自身的利益,设置了一系列有形无形的贸易壁垒,阻碍了物资、商品、资金、技术及信息在各地区之间的流通。设置壁垒,协助本地企业进行市场垄断,制约了统一大市场的形成。一些地方政府出于争投资的心理需要,盲目扩建开发区,竞相压低地价,导致土地资源的浪费,阻碍了中部地区产业集群

---

① 陈东琪:《中部崛起面临的问题与对策》,《中国城市经济》2005 年第 8 期,第 10—12 页。

的形成,妨碍了企业竞争力的提升。中部地区水网纵横,某些地方和企业不负责任的排污行为很容易给其他地区造成严重的损失,从而引发地区之间的纠纷。这些类似的问题,由于缺乏有效的协调机制,难以实现中部地区整体的健康、可持续发展。

**3. 区内经济整体性差,内部联系比较松散**

对比分析珠江三角洲、长江三角洲及中部地区可以看出,三者区内协调与合作关系及经济联系有很大差别。珠江三角洲区内协调与合作首先在广东省内各地县之间进行,而且各区域之间传统的经济联系非常密切,容易协调。珠、港、澳除了地缘相近外,更有历史渊源和血缘联系,而且港澳具有很强的经济实力,与珠江三角洲存在很大产业经济梯度,改革开放后,珠港澳协作和一体化顺理成章。长江三角洲包括沪、苏、浙三省市,区内协作涉及到省、地、县三级行政门槛,由于上海强大经济核心的吸引作用和辐射作用以及长期形成的区域经济联系,长江三角洲经济协作相对比较容易。而中部地区的中心城市的吸引作用不是很强。中部地区由于包括的省市较多,区内协作要涉及到六个省市区的多级行政机构,而且这些省市区横跨在计划经济下形成的华北、中南两大经济区。加上受"行政区经济"的束缚和政策措施不力等原因,导致整个中部地区的经济联系处于一种相对松散的状态,区域经济的关联性和整体性较差,削弱了区域整体的综合发展潜力。而且中部地区中的一些地市常受南、北其他经济区的吸引,造成区外经济联系多于区内经济联系的情况。如中部地区的江西、湖南两省很多地区受珠江三角洲的影响比较大,山西被北面京津唐地区所吸引,安徽也向长三角靠拢,这样就造成了中部地区区域结构不稳固,中心城市的功能不强,没有足够的吸引和辐射能力。对中部地区而言,目前还没有足够经济实力的城市能辐射整个经济带,进而带动整个区域的崛起。

**4. 区内流域生态环境建设的协调存在问题较多**

中部地区长江、黄河沿岸地区植被被大量破坏,水土流失严重。同时,长江、黄河沿岸各省市只顾眼前利益,围湖造地、造田,使长江、黄河河道通过能力减弱,天然湖泊的蓄洪能力不足,长江、黄河的抗洪能力大大降低。

长江、黄河流域还有严重的环境污染问题,尤其是水环境的问题十分突出。长江、黄河沿岸许多地区因经济发展以破坏环境为代价,部分城市已经成为水质型缺水城市。长江、黄河流域的环境生态问题,是各省市共同面对的现实问题。长期以来,跨行政界限、按流域制定的规划执行情况均不理想,行政区划分割常常成为跨省市综合治理的障碍。目前,对流域来讲,其可持续发展应从整体角度来考虑,要互相协调,综合治理。区域的可持续发展是长江、黄河流域区域经济协调发展的基础,如果这一问题不能及时解决,经济协调发展问题将是片面的和不完整的。

### (三)形成中部地区内部经济发展不协调的原因

中部地区内部经济协调发展中存在的矛盾和问题,是由多种因素造成,既有其内部原因,也有其外部原因,概括起来主要有以下几个方面的原因。

1. 地方本位的行政区经济体制是形成区域竞争的主要症结所在

中部地区陷入博弈困境的主要症结,在于我国地方本位的行政区经济体制所造成的地方政府过度竞争和自我为中心的政府主导区域发展模式。正是这种相互分割的行政体制阻碍着统一大市场的形成,从而形成了各自盲目竞争。一般来讲,这种地方本位色彩浓厚的行政区经济特征往往会强化区域非合作博弈,进一步激化区域冲突,而弱化区域合作博弈。这种体制约束瓶颈不解除,区域博弈的困境还将继续下去。

2. 产业结构严重趋同也往往容易造成各省之间竞争大于合作

在计划体制和"地方经济"影响下,中部地区经济结构具有很强的趋同性。根据《中国统计年鉴》(2004年)有关统计数据,从三次产业结构看,2003年,全国与山西、湖北、湖南、江西、安徽、河南三次产业产值比分别为14.6:52.2:33.2、8.8:56.6:34.7、14.8:47.8:37.4、19.1:38.7:42.2、19.8:43.4:36.8、18.5:44.8:36.7、17.6:50.4:32.0,2004年,经过产业结构调整但基本格局仍未改变。根据《中国统计提鉴》(2006年)有关统计数据,2005年,全国与中部6省山西、湖北、湖南、江西、安徽、河南的三产结构比例分别为:12.6:47.5:39.9、6.3:56.3:37.4、16.6:43.1:40.3、19.6:39.9:40.5、17.9:47.3:34.8、18.0:41.3:40.7、17.9:52.1:30.0。可以看出,中部各省第一产业产值比重高于全国平均水平(除山西外),第二产业产值比重低于全国平均水平(除山西外),第三产业产值比重略高于全国平均水平(除河南、山西外),说明中部地区基本上都是农业大省,工业化进程相对滞后,三次产业结构趋同。从工业内部结构看,中部地区均形成以煤炭、钢铁、机械、建材、电力等为主的偏重型的行业结构。这些行业均处于产业链的上游,大部分是初级产品,制造业特别是深加工度、高附加值的制造业所占比例不高。在中部地区工业化进程中,尽管存在制造业集中度的分层结构和不同的内部结构类型,但制造业结构的调整路线比较接近。例如,湖北把汽车、建材、电子信息作为重点开拓和支持的产业,江西、湖南、安徽等省也选择了相似的结构调整重点。因此,目前中部六省产业结构既没有达到高度化也没有达到合理化,互补性不强、凝聚力不大。产业结构趋同使得各地区不能发挥自己的比较优势,从而造成了各省之间往往是竞争大于合作。同时也使得投资和生产分散,不能发挥规模经济效应,降低了地区的整体经济效益。更为严重的是,还会造成大量的重复建设,导致生产能力闲置和资源的浪费。

3. 区域内缺乏强大区域经济中心的辐射为各省竞争提供了发展空间

经济中心对经济区的发展具有至关重要的作用。它可以通过自身经济的吸引和辐射能力,利用市场机制,来组织和协调全区的经济活动,使区内资源得以合理配置,产业结构优化,实现区内合理的地域分工,达到整体效益最大化。一般而言,经济中心为区内经济实力最强大的城市。但在中部地区,历史没有造就,现在也没有形成具有强大吸引力和凝聚力的区域中心城市。武汉、郑州、长沙、太原、合肥、南昌的6个省会城市,从经济实力来说,武汉最强,但武汉的地位不像上海之于长三角,广州、深圳之于珠三角那样令其他城市信服,因此中部地区总是兴起龙头城市之争。从每个省的经济发展情况来看,武汉、长沙、郑州、南昌、太原、合肥,都能够成为具有经济带动力和经济辐射力的大城市。但是,整个中部地区目前仍缺乏撬动区域发展全局的领军战略支点。

4. 沿海发达地区的利益机制对中部各省战略取向具有很大吸引作用

中部地区与东部相邻的各省之所以把区域发展战略纷纷指向各自相邻的沿海发达地区，主要是由于东部沿海发达地区的利益机制对中部地区各省的战略取向具有很大的吸引作用。一是可以承接沿海发达地区的高能级产业辐射，拥有高层次交流平台；二是可以借此分享沿海发达地区城市经济圈内群体增长的要素资源和经济机会；三是一旦融入沿海发达地区的区域规划，地方就可以在国家政策资源层面赢得更大发展空间。这也正是中部地区各省不遗余力要融入沿海发达地区的真正原因所在。

5. 传统的自我中心意识对中部各省的"龙头之争"起到了强化作用

中部地区受过去的"农耕文化"影响较深，传统的自我中心意识在人们头脑中根深蒂固，加之受地方本位的行政区经济体制的影响，在相对封闭的环境中更加强化了中部地区这种自我中心意识，一旦有机会就会表现出来，中部各地区出现的"龙头之争"，与这种自我中心意识的区域文化特点有很大关系。在某种意义上，这种自我中心意识是中部地区兴起的"龙头之争"的内在思想基础。

### 三、关于建立中部地区内部经济协调发展机制的若干思考

当前中部地区面临着促进中部崛起战略带来的难得发展机遇，但中部地区由于条块分割的行政体制束约，经济结构不合理，分工协作水平比较低，统一的区域大市场尚未建立起来，中部各省的经济发展尚未形成合力，陷入了所谓的"囚徒困境"。因此，实施党和国家制定的促进中部崛起战略的第一步，应该是针对阻碍中部地区共同发展的这一突出问题制定相关政策，尽快建立促进中部地区内部经济协调发展的机制，以提供强有力的体制机制保障。

#### （一）应高度重视中部地区内部各省经济的协调发展问题

区域经济协调发展机制运行的目标是各区域经济一体化，达到区域内各种资源的优化配置。但是，在社会主义市场经济条件下，由于中部地区各省市经济相比之下存在着差异，因而他们都有着各自不同的经济利益，所以

用行政手段促使经济发达省市与经济落后省市之间,乃至于促使同一省市之间建立协调发展机制是极其困难的。尽管党和国家现在明确提出了"促进中部地区崛起"的政策,中部六省领导也在一起开会共商"促进中部崛起"大计,但在实际操作过程中,仍没有形成一个具有整体意义的"中部经济"。关于这个问题,从中部六省的"龙头之争"以及各省的发展战略取向中可以看得比较清楚。中部六省在"龙头之争"中,各省都强调本省不可替代的重要地位和宣传自己的文化特点,如湖北省强调楚文化、河南省强调中原文化、湖南省强调湘文化、江西强调赣文化,安徽省强调徽文化、山西省强调晋文化。至于六省文化是否有渊源关系,是否应该视之为统一的"中部文化",谁也不愿意深究。在各省发展战略取向上,竞相指向相邻的东部发达省份。山西省提出融入"环渤海";湖南将自己划为"泛珠三角"区;安徽提出东向发展融入"长三角";江西则提出"扇形辐射"理论,全面融入"长三角"、"闽三角"和"珠三角";河南则向京津唐及环渤海经济圈靠拢;湖北称自己面临"东西夹击、南北离异"的处境,单独打造"武汉城市圈"。难怪有些专家和学者感叹,中部仍处在"一盘散沙"的状态。我们认为,中部各省向东、向南、向北发展以及体现各省的文化特色是无可非议的,实际上中部地区也不可能自我封锁和自成体系,根本问题在于整个中部地区没有形成一个统一协调发展的机制。

中部各省为了各自的利益各敲各的锣、各打各的鼓,区域经济协调发展是不可能实现的。中部地区如果不能迅速建立区域协调发展机制,重复建设、资源浪费、效率低下的面貌将继续存在;如果中部各省再不能凝聚在一起,共谋发展大计,必将错过中部崛起的最后机会。因此,应高度重视中部地区各省经济协调发展问题。

### (二)区域共生态是中部六省经济协调发展的基础

区域经济协调发展涉及到各种要素的流动问题。从系统论的角度看,在开放条件下,每个系统都要与外部进行物质交换和信息交流,形成系统内部及系统间的动态平衡。否则,根据耗散结构理论,一个孤立系统,无论其初始状态如何,最终都将发展到一个均匀、单一的平衡状态,任何有序结构都将被破坏,呈现一片"死"的景象。进一步说,只有那些与外界有物质、能量、信息交流的开放系统才能不断从低级向高级进化。

山西、安徽、河南、湖北、湖南、江西六个行政省各自作为一个系统,在经济一体化的趋势下,都存在着一个是积极参与统一大市场还是以行政指令或政策进行地方保护的艰难选择问题。目前中部六省都强调的城市群建设,实际上都是强调以本地区的省会城市为中心。这就使中部六省在一定程度上相互隔离、孤立发展,只注重自身的局部利益,导致了强大的行政性壁垒的形成,中部六省与外部其他省份的协调性和整合程度较差,结果地方保护主义严重,区域市场难以建立,商品与生产要素难于在区际之间自由流动与优化组合。

地方保护的两大客观原因是地方政府追求经济的快速增长和税收的快速增长以及为了地方经济增长的良好业绩和地方财力的充实和扩大。尽管地方保护主观上是为了保护当前竞争能力较弱的产业,为了保护当地的竞争优势不被超越,但从长期看都陷入了"囚徒困境",即每个区域采取地方保护主义实际上不仅影响了经济内在需求的一体化进程,更是以牺牲长期利益来换取短期利益,导致"三个和尚没水吃"的局面。即使中部地区取得了国家的政策倾斜和投资扶持,系统间却因相互牵制、相互羁绊,最终削弱、甚至抵消政策扶持本应具有的能量。

中部六省要走出"囚徒困境",相互之间的合作是必须的,如果各系统之间相互协作,将使中部六省大系统具有各子系统不具有的新功能,即产生"1+1>2"的效果。在统筹区域经济协调发展的新形势下,突破行政区划限制,实现各种资源的有效配置,不仅是市场经济的客观要求,也是各地经济发展的内在需求。也就是说,区域经济协调发展应以区域共生态为基础,区域内、区域与区域间应该按照市场经济规律的要求,消除条块分割的行政壁垒和各种形式的地方保护主义,实现生产要素的自由流动和平等的物质、信息、资本的变换,通过协调发展实现经济的可持续发展,通过市场机制保持竞争活力。[①]

### （三）建立中部地区经济协调发展机制应以市场为纽带

我国传统的区域经济发展思路是以点带面、以中心带动周围，没有中心示范作用、领导作用和凝聚力，某块经济区是不可能建立起来的。珠三角、长三角与环渤海经济区内分工协作与统一大市场都是依托区内无可争辩的中心建立起来的。珠三角是以广州为中心建立起来的，长三角是以上海为中心发展起来的，环渤海经济区是在北京和天津的带动下形成起来的。

中部地区由于市场经济发展相对滞后，一直没有形成一个经济中心，任何自封的中心或者由中央出面采取行政措施任命的中心过去没有，将来也是不可能实现的。中部地区各省皆自封为中心，其结果必然是使中部作为整体概念的消失。因此，中部崛起及其区域经济协调发展，不能靠传统的发展战略思维模式的指导，而应该用创新的战略眼光，在没有公认的区域中心的基础上形成和加速发展一体化的区域经济。湖北省曾有人率先根据自己的地理优势提出"以湖北（或武汉）为中心的中部崛起"，至今没有得到哪个省的认同。因为中心只是一个点的小部分区域，不能代表区域整体利益，如果让非中心的大部分区域感受到自己仅是做陪衬而已，那么就不会产生凝聚力和向心力，而只会产生离心力。

因此，布局分散的中部地区不宜人为地搞经济中心，而应将区域内部各个中心城市以共同的市场利益为纽带，连成一个没有行政壁垒的以分工合作为基础的城市经济圈，形成一个统一的区域市场经济体系，以线带面带动区域块状经济的发展。即在促进中部崛起过程中，要实现区域经济一体化，不能仅仅依靠政府的行政力量，要靠建立类似于欧盟自由贸易区的区内统一大市场，以共同的市场利益为纽带，以创新区域发展机制和区域管理体制为动力，提高区内分工与协作水平，优化区内产业结构，形成促进中部地区

---

① 参见路洪卫：《区域共生态：中部六省崛起的突破点》，《湖北社会科学》2005 年第 6 期，第 56 – 57 页。

经济协调发展的机制。①

## 四、中部地区内部经济协调发展动力系统的形成

　　针对目前中部六省经济发展中存在的突出矛盾、问题及原因分析,结合关于促进中部地区经济协调发展的若干思考,建立中部地区内部经济协调发展的机制,应首先形成促进中部地区内部经济协调发展的动力系统。中部地区内部经济协调发展的动力系统主要由中部地区各省利益共享机制的驱动、管理体制创新的推动、发展战略整合的互动、网络发展模式的带动与区域合作平台的牵动等要素有机构成(见图8-1)。

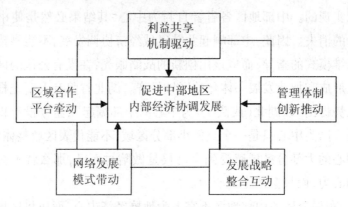

图8-1　中部地区内部经济协调发展动力系统示意图

　　**(一)完善利益共享驱动机制,实现各省"地方利益"与中部地区"整体利益"的有机统一**

　　利益共享是促进中部地区内部经济协调发展的内在驱动力。但利益共享机制的形成是以互利共赢为条件的。而互利共赢的前提是有科学的区域分工,有分工才能有交换,有交换才会形成市场,有市场才会有合作,有合作才能实现利益共享。因此,区域合作的基本前提是区域分工。中部地区的区域竞争之所以越演越烈,与中部地区没有形成科学的区域分工有很大关

---

　　① 参见张建民、黄利特:《中部地区建立经济协调发展机制探讨》,《湖北大学学报》(哲社版)2006年第1期,第32—35页。

系。因此,完善利益共享驱动机制,很重要的一点就是要在中部各省之间形成科学的区域分工,在区域分工中注意发挥本省的比较优势、突出产业特色,妥善解决好产业同构问题。只有在科学分工基础上,错位发展、优势互补,才能以市场为纽带形成互惠互利的利益共享机制。只有做到利益共享,才能更好地实现各省"地方利益"与中部"整体利益"的有机统一,才会促进中部地区内部经济协调发展。

**(二)进行区域管理体制的创新,实现资源配置由"行政区划"向"功能区划"的转变**

长期以来,我国按部门、地区条块划分的行政管理体制,缺乏一套有效的区域联动机制和统一的区域协调机构,造成维护地方利益的区域经济格局,致使中部各省间的协调性和整合度较差,中部各省地区利益难以协调。产业结构趋同现象的普遍存在,又造成产业之间互补性不强,地区比较优势难以发挥,加上地方保护主义严重,区域市场难以建立,商品与生产要素难以在区际之间自由流动与优化组合。因此,要建立中部地区经济协调发展机制,首先应进行区域管理体制的创新,实现由"行政区划"经济向"功能区划"经济的转变。通过各省的区域联动发展,实现各省跨区域的资源与要素整合、产业和企业的重组。同时通过经济区域规划,实现信息、基础设施、环保产业及企业政策等方面的共享、合作或协调等,促成区域内企业行业或地方的规模经济形成。①

2006 年 4 月,《中共中央国务院关于促进中部地区崛起的若十意见》已明确提出,在国务院领导下,国家发展和改革委员会设立专门机构负责促进中部地区崛起有关工作的协调和落实。目前,国务院有关部门正在根据文件精神抓紧研究本部门本行业促进中部地区崛起的相关规划和政策措施。中部各省应在协调领导小组统一规划指导下制定发展蓝图,改变目前中部六省争做龙头、难以协调发展的局面,逐步形成科学分工、优势互补、协调发

---

① 参见赵保佑:《构建促进中部经济崛起的动力机制》,《中州学刊》2005 年第 3 期,第 12—14 页。

展的新格局。

**(三)进行区域发展战略的整合,实现各省"分兵突围"与中部"板块崛起"的有机统一**

目前,中部六省在突出各自战略特色的同时,出现了明显的战略分化趋势,各自实现"分兵突围",相互之间缺乏战略协作与战略联合,这不利于中部地区整体特色优势的综合发挥及中部各省相互联动、整体崛起。其实,中部六省在很多方面是相似或相通的,区位相近、地理相通、政策相同、发展状况相近、相互比邻。所以,在党和国家提出促进中部地区崛起的新形势下,应按照中央的要求,树立大局意识和整体观念,进行区域发展战略的整合,在突出各自战略特色的基础上,应逐步实现"分兵突围"与"板块崛起"的有机统一。

在实际操作过程中,中部六省应尽可能地避免"囚徒困境",突出"居中"特色优势,形成最大化的外部性,携手共创中部崛起。一是在联合互动中崛起。中部各省既要发挥各自的比较优势,张扬个性、竞相发展,同时又要整合资源、分工协作、联动发展,在加强合作中实现板块崛起。二是中部各省应淡化行政区意识,强化经济区理念。在区域经济布局的战略方向和重点上,应以中心城市跨区域城市群和跨区域经济带为纽带,打造跨省域的经济区,强化区内的联合与合作。三是优化重组各类经济资源和生产要素。中部六省应尽快实现省城之间高速公路网的互联互通,建设跨省区的高速铁路客运专线,实现电力网络的互联互通和信息高速公路网的互联互通。四是应进一步拓展政策空间。创新组织架构,建立研讨、决策、合作平台。

**(四)进行区域发展模式的创新,走重点区域带动与多中心网络式协调发展相结合之路**

首先,坚持重点区域优先发展。一般而言,区域经济的发展遵循非均衡发展战略和均衡发展战略两种,快速成长期一般采用非均衡发展战略,其模式为"极点开发"或"点轴开发";成熟发展期一般采用均衡发展战略,其模式为网络开发。目前,我国中部地区尚处于快速成长期,同时正在向成熟增长期过渡,所以,应优先采取以"点轴开发"为主导的非均衡发展战略模式。

另外,以中心城市为核心的城市群或都市圈日益成为带动区域经济发展的增长极。实际上,经过 20 多年的开放开发,中部地区已基本形成了"中心群带"的发展战略格局。①重点发展"六大经济中心":即郑州、武汉、长沙、合肥、南昌、太原六大中心城市。②重点发展"四大城市群":中原城市群、武汉城市圈、长株潭城市群、皖江城市群。③重点发展"三大经济带":长江经济带、黄河经济带、京广经济带(郑州—武汉—长沙经济带)。湖南、湖北、安徽、江西处在长江经济带上,河南、山西处在黄河或陇海经济带上,河南、湖北、湖南同处在京广经济带上,三大经济带呈现"双十"结构串联在一起,由此形成"中心膨胀、沿线开发、群带互动"的发展格局。

其次,走"多中心网络式协调发展"之路。"多中心网络式协调发展"是新型工业化的一个显著特点和必然要求,十分适合中部地区的现实。中部地区区域经济组合有自己的特色,其内部的经济关联度与外部的经济关联度并没有特别明显的差异,有的省份与该地区外的经济关联度远超出与其在中部地区甚至省内的关联度。这是由于全国经济一体化以及中部六省在自然区位上的差异造成的,南部和北部虽然有京广经济带联结但却分属不同的经济区域,受不同的沿海经济中心的吸引。所以,中部地区应坚持走多中心网络式协调发展之路,即以各省的省会城市及区域内经济带上的有关节点城市为多个中心,编织区域经济网络,建立起科学分工与密切合作的经济联系,形成竞相发展竞相崛起之势,特别是应鼓励优势城市群爆发式发展,形成该地区的超级中心城市或强大的经济核心,以带动并加速中部崛起。

**(五)构建区域合作平台,实现政府、企业与民间组织等多层面的互动交流与协调发展**

促进中部地区内部经济协调发展需要区域内各个社会层面的共同努力。鉴于中部地区各省之间由于市场与资源的激烈竞争所造成的严重内耗,中部地区各省应联合起来共同构建合作互动平台,加强政府、企业与民间组织等多个层面的交流与协作、统筹产业规划,促进要素的合理流动与资源的综合利用。近几年来,中部各省在搭建区域合作交流平台方面进行了不少努力,并取得了一定成效。如 2006 年以来每年举办的"中部投资"贸易博览会,签订了不少项目,吸引了很多资金。此外,中部地区还需要加强科技人才和信息交流等方面的平台建设,促进中部地区的技术、人才、信息等领域的相互交流与合作。

### 五、中部地区内部经济协调发展机制的基本框架

由于中部地区内部经济不协调的情况,是由多方面因素造成的,建立区域内部经济协调机制也应从多方面去努力。应以区域文化融合为先导,以进行区域文化建设、合作制度建设、市场环境建设为支撑,以建立健全信息交流机制、政府协调机制、企业合作机制为纽带,以加强区域空间结构整体规划协调、产业布局与功能分工协调、基础设施与生态环境建设协调为重点,以促进中部崛起与区域经济协调发展为目标,构建中部地区内部经济协调发展机制的基本框架(见图 8 - 2)。

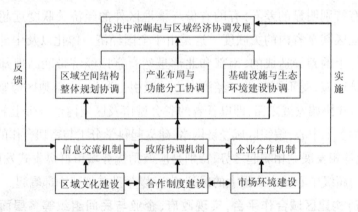

图 8 - 2　中部地区内部经济协调发展机制的基本框架

### (一)加强省际交流,促进区域文化融合

区域文化融合与区域经济发展是交织在一起的,区域经济发展是区域文化融合的前提,区域文化融合的进步又可以促进区域经济的发展。经济学家哈根(Hagen)在《社会变动的理论——经济成长是怎么开始的》一书中指出:"在经济从停滞状态走向成长的飞越当中,是文化的观念发生了基本的变化。此时,经济的变量仅仅是个参数,或者是个外在的条件而已。"因

此,对区域"空间结构的解析与认知,除了要考察物质空间要素相互交织、组合构成的空间形式所具有的形态和格局外,还要考察这种空间形式背后的深层文化内涵和社会动因"。① 中部地区内部六省之间经济发展的不协调性,表面上看是地方保护与局部利益问题,深层次分析是区域文化差异问题。中部地区绝大部分都是农业大省,长期以来受传统的"农耕文化"影响较深,加之受行政区划的影响,彼此之间相对比较封闭,相互交流较少。一方面形成了各具特色的地域文化,如山西的晋文化、安徽的徽文化、河南中原文化、湖北的楚文化、湖南的湘文化、江西的赣文化等;另一方面也强化了各省的自我中心意识,淡化了相互协作意识。在市场经济条件下,表现在经济往来方面往往是竞争大于合作,很难形成中部板块崛起的整体合力,本来应该形成的中部地区的综合比较优势,在彼此互相竞争中都给内耗掉了。所以,为了尽快促进中部崛起,首先应加强中部六省之间的相互交流与互动发展,促进区域文化的交融与整合,淡化自我中心意识,强化相互合作意识,增强彼此之间的认同感,在继承和发扬中部各省各具特色的优秀区域文化基础上,通过不断进行文化交融与有机整合,形成统一的"中部文化",从而为促进中部崛起与区域经济协调发展打下坚实的思想基础。

**(二)统一制定区域协调发展的总体规划**

区域规划是统筹中部地区各省经济协调发展的基础。制定中部地区发展总体规划,关键在于形成整体的区域综合优势。中部地区规划应遵循以下原则:一是在经济发展规划上,要从经济区整体发展出发,协调好局部利益和全局利益、眼前利益和长远利益的关系,不能因为地方局部利益妨碍经济区整体生产力的合理布局和资源优化配置;二是在统一规划的基础上形成各省、市、县的比较优势,中部地区各地均蕴藏着丰富的自然资源,但各地的资源优势差异很大,这样就可以在合理分工的基础上形成各自的比较优势,实现优势互补,形成整体优势;三是中部地区发展规划的主要内容包括:大型基础设施规划、功能区规划、水资源利用保护规划、生态环境保护规划

---

① 田宝江:《城市空间解析与设计》,同济大学建筑与城市规划学院1998年博士论文。

等。各种规划的内容应彼此相互协调与配套,应体现宏观性、战略性、指导性、科学性和前瞻性。

### (三)大力加强区域经济合作的制度建设

区域合作的制度建设,有利于推进区域紧密型合作与发展,这也是促进中部地区各省经济协调发展的重要依据。从目前实际情况来看,宜通过"倡导式"的制度化协调机制不断扩大中部地区合作的范围。一是制定一套制度化的议事和决策机制。定期或不定期地召开省、市领导高层会议,为各地政府就地区经济发展问题进行协商并形成共识提供必要的交流平台。二是建立一套功能性机制。成立由中央政府相关部门,中部地区各省、市有关负责人为成员的跨行政区划的中部地区规划办公室。根据协商一致的原则,负责审核、确立中部地区的发展规划方案,制定具有可操作性的区域政策。同时,设立由国内外知名专家学者、企业家组成的中部地区咨询委员会,负责提供中部地区区域发展规划方案,作为领导决策参考依据。三是建立各类半官方或民间的跨地区合作组织。

### (四)营造良好的区域协调发展的市场环境

营造良好的区域协调发展环境,是促进中部地区板块崛起的重要环节和战略途径之一。一是建立"市场准入"机制。"市场准入"是区域经济合作的最基本的条件。在目前市场体系建设不规范、不完善的情况下,尽管不少企业本身具有限制其他地区的企业和产品进入本地市场的期望,但真正能够推行种种限制的,主要还是地方政府。从这个意义上讲,要较全面地实现"市场准入",需要在地方政府的层面上作出努力。为此,首先需要的是转变把保护地方企业作为政府首要目标之一的狭隘观念,应将地方经济的发展建立在商品的相互流通和要素的合理配置基础之上。其次,要从制度上排除对经济运行的各种不适当干预,消除条块分割的市场壁垒,打破地方垄断,真正开放地方市场,营造公平的市场竞争条件,形成本地企业和外来企业平等竞争的格局。再次,加快建设统一开放、规范有序的要素市场体系和机制,充分发挥市场在优化资源配置中的基础性作用。二是建立资本、技术和劳动力合理流动机制。要逐步形成资本、技术和劳动力等跨地区双向流动的格局,要尽快完善这些要素合理流动的机制。首先,要完善各省中心城市资本、技术、劳动力等市场,增强市场的辐射力。其次,推动企业特别是优势企业的跨地区直接投资。再次,结合各地产业结构调整和企业资产重组,鼓励产业跨地区转移和企业收购、兼并和重组,促进各类要素的优化组合。最后,各地区之间需要针对劳动力的流动建立协调制度,要根据各地劳动力市场供求的变动,及时调节劳动力的流向和规模。

### (五)形成优势互补的区域经济结构体系

形成优势互补的区域经济结构是实现中部地区经济协调发展的关键。中部地区各省具有丰富的土地资源、矿产资源、水能资源和旅游资源,资源优势明显。这些资源与经济的地区优势和互补性是实现中部地区经济结构区域整合的基础。中部地区要根据各种资源的分布情况强化区域内的产业分工,建立区域统一的多个企业集群和产业基地。中部各省不宜强调在自身行政区划内培育和形成所谓的主导产业、支柱产业,以避免重复建设和产业同构现象,而是要充分发挥自身比较优势,在区域性的主导产业、支柱产业定位中寻找自己的位置,因地制宜地配合区域主导产业、支柱产业的形成和发展。与此同时,各地要着力于发展特色经济,提高某些重要的优势产业和产品的竞争力。

### (六)建立和完善相互配套的区域交通和信息网络

中部地区内部经济协调发展离不开统一区域内交通、信息网络的规划和建设。中部各省应通过基础设施建设,合作建立和完善区域交通、通信网络和公共信息平台。一是建立和完善区域交通网络,使铁路、公路、水运、航空等运输方式相互配套,形成方便快捷的综合交通运输网络,构建中部地区大交通的网络化体系,充分发挥综合交通运输枢纽作用。二是共同打造区域公共信息平台。中部各省应共同开发建设综合性的专门的信息交流平台,支持技术、理财、市场、投资、法律等现代咨询服务业的发展,实现信息资源共建共享,通过加强安全信息系统建设的合作,实现区域公共主干信息传送网、卫星传送网、信息运用系统的联通。总之,通过建立和完善区域交通、通信网络和建立公共信息平台,真正在中部地区实现物资流、能量流、信息流、人才流和货币流的共享。

### （七）合作进行环境整治，实现区域可持续发展

开展中部地区环境与生态规划工作，加强中部地区水资源和生态环境保护。集约利用有限资源，建立可持续发展的资源环境支撑体系。其中包括建立以节地和节水为中心的资源节约型农业生产体系，建立以重效益、节能、节材、产业生态化为中心的工业生产体系，建立以节约运力为中心的综合运输体系，建立节约资本与环境的技术经济体系。建立中部地区环境保护机制，多渠道筹集环保资金，制定鼓励发展环保产业的相关政策，实施环境治理与保护的区域联动。加强水污染综合治理，重点实施长江、黄河水质变清工程，开展城市水环境综合治理，沿江湖城镇集中建设污水处理设施等；控制大气污染与防治酸雨，重点治理主要城市和大气污染严重的工业企业，改善能源生产和消费结构，加大清洁能源的比重等，实现发展与环境保护同步。加强中部地区洪涝灾害、地面沉降、江岸坍塌等灾害治理工程的统筹规划和建设协调。同时，要加强生态网络建设，不断深化生态建设内涵，重点规划建设由国家自然保护区、国家森林公园、主要湖泊和水系、大型生态花园和文化公园及街心花园等组成的生态基础设施。

总之，目前中部六省在党和国家关于促进中部崛起方针政策的指引下，都加快了经济发展的步伐，并且加强了省际之间的互动与交流。但是，现在中部六省之间仍没有建立起紧密型的内部协调机制，区域内经济整体性差，内部联系松散，各方面的协调程度较低，这在很大程度上制约了中部地区板块崛起的步伐。因此，应高度重视中部地区内部六省之间的经济协调发展问题，以完善区域内部各省利益共享机制、进行区域管理体制和区域发展模式的创新为动力，促进区域内各省发展战略的整合；以区域文化交融为先导，大力加强区域文化建设、合作制度建设和市场环境建设，形成省际间的文化交流机制、政府协调机制和企业合作机制；重点加强在区域空间结构整体规划、产业布局与功能分工、基础设施与生态环境建设等方面的协调，努力实现由"分兵突围"向"板块崛起"的转变，形成整体合力，发挥综合比较优势，在实现区域内部经济协调发展中促进中部崛起。

# 第三篇

# 功能定位与建设布局

**内容提要：**

　　本篇以中部地区"三个基地、一个枢纽"的功能定位与建设布局为主线，主要探讨了中部地区的功能区建设、新农村建设、新型工业化道路、综合交通运输体系建设、城市经济网络建设，重点是研究促进中部崛起中物质要素的支撑系统问题。

# 第九章 中部地区的功能定位
## 分析与空间布局构想

新形势下,促进中部崛起需要优化国土开发格局和推进形成主体功能区建设,实现区域经济的全面协调可持续发展。按照国家"十一五"规划纲要的要求,中部地区要根据资源环境承载能力和发展潜力,将国土空间划分为优化开发、重点开发、限制开发和禁止开发四类主体功能区,明确不同区域的功能定位,并制定相应的区域政策和绩效评价,规范空间开发秩序,形成合理的空间开发结构和各具特色的区域发展格局。按主体功能区规划构建中部地区"三个基地、一个枢纽"协调发展的空间布局,对于促进中部地区的崛起具有着重要的意义,是一个很值得探讨的新领域。

## 一、对推进形成我国主体功能区的理论分析与实践探讨

从国家"十一五"规划纲要明确提出将国土空间划分为优化开发、重点开发、限制开发和禁止开发四类主体功能区以来,有关主体功能区规划工作正在稳步推进。当前,在党的十七大报告中又提出把推进主体功能区布局的基本形成,作为实现全面建设小康社会奋斗目标新要求的内容之一。但是,对于主体功能区涉及的一些理论与实践问题,目前学术界的研究并不多,许多问题还有待深入探讨。

### (一)对我国提出主体功能区概念的理论分析

#### 1. 主体功能区的理论渊源

主体功能区是我们党和国家率先提出来的一个新概念,这是一个重要理论创新。它渊源于西方国家的空间规划思想和规划实践。在西方国家尤

其是欧美发达国家,对国土空间开发都有严格的限制。一般来讲,这些国家在其发展中,一般都有重点开发区域,但对自然保护区都是禁止开发的,对生态脆弱的地区都有各种开发限制,对经济过密的地区则着重进行优化调整。在国家发改委提出的"十一五"规划思路中,最早也是将全国划分为优化整合、重点开发、生态脆弱和自然保护四类区域。但是,鉴于我国珠三角、长三角和一些省市国家开发区等一些经济密集区,还没达到优化整合或优化调整阶段,这些地区今后将面临优化升级和再开发两大任务,因此,采用"优化开发"的概念更为准确。对重点开发区域,我国与国外一样,都有一定的政策支持。而生态脆弱和自然保护区域分别属于限制开发和禁止开发区域中的一种类型。因此,后来中央关于"十一五"规划的建议才明确提出了优化开发、重点开发、限制开发和禁止开发四类主体功能区的概念。显然,我国关于主体功能区的划分,是借鉴国际经验并结合我国实际情况提出来的,符合当今世界区域经济发展的潮流和一般趋势。

2. 主体功能区的基本内涵

究竟什么是主体功能区?"主体功能区"这个概念在西方国家是没有的,过去国内也没有这样的提法。按照有关部门的定义,"主体功能区是根据不同区域的资源环境承载能力、现有开发密度和发展潜力等,按区域分工和协调发展的原则划定的具有某种特定主体功能定位的空间单元"。目前,尽管理论界对这一定义的准确性存在一定争议,但我们认为,这一概念的提出仍是一个重要的理论创新。首先,它明确提出了主体功能区划分的重要依据,即"根据不同区域的资源环境承载能力、现有开发密度和发展潜力等"来划分主体功能区。其次,它集中概括了主体功能区的划分原则,即"按区域分工和协调发展的原则划定"。最后,它科学界定了主体功能区的一般特征,即"具有某种特定主体功能定位的空间单元"。这一定义的不足之处在于除了把"不同区域的资源环境承载能力、现有开发密度和发展潜力"作为重要依据之外,还应包括该地区在全国生产力布局中的地位和作用及其与其他地区之间的经济社会联系。

从主体功能区的这一概念可以看出,它不同于过去划分的综合经济区,它属于一种典型的经济类型区。这种经济类型区的最大特点,就是区内发展条件和经济特点的相对一致性。而综合经济区的最大特点,是区内包括了若干经济部门,各组成部门的功能联系而非同质性。同时,主体功能区又是按照其在全国或上级区域中所承担的不同主体功能而划分的功能区,不同主体功能区所承担的主体功能定位和发展方向是不相同的。在优化开发、重点开发和限制开发区域,除主体功能外,还有其他辅助或附属功能。在禁止开发区域,其功能相对单一,除主体功能外,不允许承担其他辅助或附属功能。因此,目前国家确定的四类主体功能区,其功能既有综合性的,也有相对单一的,不能把主体功能区与单一功能区完全对立起来。[①]

同时,我们认为也不能把主体功能区的划分绝对化。即不能把主体功能区与综合经济区完全对立起来。因为,在四类主体功能区划分中,除禁止开发区域功能单一外,其他三类主体功能区的功能都具有综合性特征,除主体功能外,还有其他辅助或附属功能,当这些辅助或附属功能区的开发与其主体功能区的开发有机联系在一起时,又可以形成综合经济区。还有,就同一类型的主体功能区而言,如某一个重点开发区域,由于重点开发的项目较多形成了某一、二个产业主导的相互依赖的众多部门,也会形成一个综合经济区。如果从这个意义上讲,某个主体功能区也可以看作是一个具有特定经济功能的综合经济区,或称为功能区。因此,主体功能区的形成,只是由于在资源环境承载能力、现有开发密度和发展潜力等方面存在着的差异而划定的某种特定主体功能定位的空间单元,目的在于根据这种划分,通过进行优化开发、重点开发、限制开发和禁止开发等不同程度的开发,规范和优化空间开发秩序,促进区域合理分工与协调发展。

3. 主体功能区的主要特征

根据上述对主体功能区概念的界定,我们认为我国的主体功能区具有以下主要特征:①主体功能的特定性。即在开发的主导方向上,某一主体功

---

① 魏后凯:《对推进形成主体功能区的冷思考》,《中国发展观察》2007 年第 3 期,第 28—30 页。

能区都是有特定的主体开发功能。②功能组合的综合性。即某一主体功能区,除了有特定的主体功能之外,还有其他辅助功能和附属功能。③开发程度的等级性。即除了四类主体功能区具有不同程度的开发等级外,同一类型功能区也应进一步划分为若干个等级。因为中国大范围战略区域的发展,水平差距较大,不可能同类区域同等对待。④考核指标的多元性。即不同类型的主体功能区有不同的考核指标,既有经济指标,也有生态指标和社会指标等。⑤开发行为的约束性。即各行政区只能在各自的主体功能框架内自主地进行产业选择,对不顾资源环境承载能力的盲目开发行为具有强制性的约束作用。

4. 主体功能区的基本类型

国家"十一五"规划纲要指出:根据资源环境承载能力、现有开发密度和发展潜力,统筹考虑未来我国人口分布、经济布局、国土利用和城镇化格局,将国土空间划分为优化开发、重点开发、限制开发和禁止开发四类主体功能区(见图9-1),按照主体功能定位调整完善区域政策和绩效评价,规范空间开发秩序,形成合理的空间开发结构。

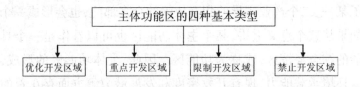

**图9-1 主体功能区的四种基本类型**

优化开发区域是指国土开发密度已经较高、资源环境承载能力开始减弱的区域。这类地区要改变依靠大量占用土地、大量消耗资源和大量排放污染实现经济较快增长的模式,把提高增长质量和效益放在首位,提升参与全球分工与竞争的层次,继续成为带动全国经济社会发展的龙头和我国参与经济全球化的主体区域,如以珠三角、长三角、京津冀三大都市圈为代表的沿海经济核心区,中西部及东北开发密度较大的超大城市中心区,亟待产业转型的资源型城市。

重点开发区域是指资源环境承载能力较强、经济和人口集聚条件较好的区域。这类地区要充实基础设施,改善投资创业环境,促进产业集群发展,壮大经济规模,加快工业化和城镇化,承接优化开发区域的产业转移,承接限制开发区和禁止开发区域的人口转移,逐步成为支撑全国经济发展和人口集聚的重要载体。如中西部及东北的中心城市及交通干道沿线地区,中西部具备大规模开发条件的资源聚集地区,东部沿海发展潜力较大的地区。

　　限制开发区域是指资源环境承载能力较弱、大规模集聚经济和人口条件不够好并关系到全国或较大区域范围生态安全的区域。这类地区要坚持保护优先、适度开发、点状发展,因地制宜发展生态经济和特色产业,加强生态修复和环境保护,引导超载人口逐步有序转移,逐步成为全国或区域性的重要生态功能区。如大小兴安岭森林生态功能区、东北三江平原湿地生态功能区、川滇干热河谷生态功能区等。

　　禁止开发区域是指依法设立的各类自然保护区域。这类地区要依据法律法规规定和相关规划实行强制性保护,控制人为因素对自然生态的干扰,严禁不符合主体功能定位的开发活动。具体包括国家级自然保护区、世界文化自然遗产、国家重点风景名胜区、国家森林公园、国家地质公园等。

　5.主体功能区的覆盖范围

　　我国主体功能区建设应考虑实行国土部分覆盖或逐步覆盖的原则。因为功能区划从理论上讲是一个全国土覆盖的概念,主体功能区划从长远看也应该实现国土的全覆盖。国外的标准区域,如美国的经济区域(EA)、欧盟的 NUTS,主要是为区域统计和监管提供基本信息,因而是国土全覆盖的。但是,问题地区的确定,如膨胀区、萧条区、落后区的划分,主要是为制定和实施区域政策服务,往往是国土部分覆盖的。考虑到我国的基本国情和目前所处的发展阶段,市场机制尚未健全,政府的财力、管理能力和手段有限,现阶段的主体功能区划可以考虑按照国土部分覆盖的原则进行。也就是说,确定四类主体功能区的标准后,只有符合标准的区域划入四类主体功能区,其他区域目前并不进入,待以后时机成熟调整标准后逐步划入四类主体功能区内。这样划分的目的就是使得最重要、最典型的区域而不是所有区域都纳入主体功能区划体系,有利于政府根据现阶段能力制定和实施切实有效可行的分类政策,确保主体功能区划的实效。[①] 而未被列入四类主体功能之内的地域,可作为潜在开发区域或保留开发区域,等条件或时机成熟时在划分到相应的四类主体功能区之中。因此,主体功能区的划定,既可以是国土空间上保持相连的,也可能是国土空间上分割的。

6. 主体功能区的重要作用

目前,理论界对主体功能区的作用还没有形成一致看法。我们认为,随着我国经济的快速发展,区域问题的增多是不可避免的。这些区域问题若不能得到及时有效的解决,国家的整体竞争力就难以提升。主体功能区的提出是旨在通过科学方法解决区域问题的一个创新之举,主要是针对过去对国土资源的无序开发而提出的。其作用主要体现在以下几个方面:

第一,促进区域的合理分工与协调发展。主体功能区建设的核心内容是根据不同区域的资源环境承载能力、现有开发密度和发展潜力等,按区域分工和协调发展的原则,赋予其不同的主体功能定位,明确各区域的发展方向。这将有利于坚持以人为本,缩小地区间公共服务的差距,提高资源空间配置效率,推动形成各具特色的区域经济结构和合理的区域分工格局,促进区域经济的协调发展。

第二,实现资源节约与环境保护。在过去一段时期内,各地区不管有无条件,都片面追求 GDP 增长,强调加快工业化和城市化,结果导致各地开发区遍地开发,工业项目散乱布局,城市规模无限扩张,生态环境污染严重。划分不同类型的主体功能区,明确哪些区域应该优化开发,哪些区域应该重点开发,哪些区域应该限制或禁止开发,将有利于促进各地区规范和优化空间开发秩序,引导经济布局、人口分布与资源环境承载能力相适应,促进人口、经济、资源环境的空间均衡,逐步形成科学的空间开发结构,从源头上扭转生态环境恶化的趋势,适应和减缓气候变化,实现资源节约和环境保护,

---

① 高国力:《关于我国主体功能区划若干重大问题的思考》,《中国经济日报》2006 年 9 月 1 日。

使经济建设逐步走向可持续发展的轨道。

第三,有利于政府分类指导与调控。过去各地区出现的盲目攀比、相互竞争、无序开发等现象,与现行的一些不合理的行政体制、政绩考核和相关政策密切相关。因此,从科学发展和适宜性评价的角度,开展主体功能区规划工作,并对不同主体功能区实行分类的区域政策和政绩考核,有利于贯彻"区别对待、分类指导"的思想,打破行政区划,促进政府职能创新,对不同类型的区域实行分类管理和调控,避免过去宏观调控中长期存在的"一刀切"现象。

总而言之,主体功能区是为了规范和优化空间开发秩序,根据不同区域的资源环境承载能力、现有开发密度和发展潜力等,按照一定指标划定的具有某种特定主体功能定位的地域。它属于经济类型区或功能区的范畴,既可以作为国家实行空间管治和相关政策的规划区,也可以作为国家实施分类指导和调控的基本地域单元。这是新时期在科学发展观指导下提出的一种促进区域经济协调发展的新思路。它将有利于全面协调经济、社会、人口、资源和环境之间的关系,引导经济布局、人口分布与资源环境承载能力相适应,促进人与自然的和谐发展。

### (二)对推进我国主体功能区建设的实践探讨

国家"十一五"规划提出,各地区要根据资源环境承载能力和发展潜力,按照优化开发、重点开发、限制开发和禁止开发的不同要求,明确不同区域的功能定位,并制定相应的政策和评价指标,逐步形成各具特色的区域发展格局。2007年7月,国务院关于编制全国主体功能区规划的意见(国发〔2007〕21号)下发,意味着区域经济政策的制订、实施将更有针对性。但是,从文件出台到具体实施,还有许多具体操作问题有待解决,还需要进行深入细致的实践探讨。

1. 明确主体功能区规划的责任主体和基本单元

主体功能区建设体现的是科学发展观指导下的国土空间有序开发和区域分工与协调发展的理念,是一个从中央到地方都应该倡导和坚持的发展战略。从理论层面上讲,任何一级政府都应该贯彻和实施主体功能区建设的战略理念。但是,从现实层面上看,我国各级政府拥有的权限、职能和手段各不相同。因此,主体功能区建设从区域管理的有效性和可操作性方面看,应主要以中央和省级政府为主体,构建国家级和省级主体功能区规划体系、配套政策体系及绩效考核体系。中央政府制定规划国家一级主体功能区的全国统一标准,省级政府按照中央政府提出的原则要求,制定规划省一级主体功能区的标准。中央和省级政府分别承担分类政策的设计和管理职责。省级以下各级政府主要围绕已经确定的国家和省级主体功能区划和规划体系、配套政策及考核标准,承担包括数据统计、信息提供、配合实施、具体执行等方面的职能,主要是根据国家和省级主体功能区划、规划的政策要求,进一步细化本行政区的规划内容和做好组织实施工作,并及时向上级政府反馈有关主体功能区建设的信息,见图9-2。

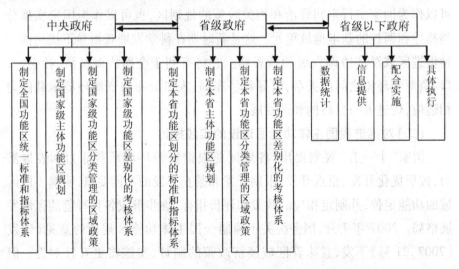

**图9-2　主体功能区规划的责任主体及其职能分工情况**

关于主体功能区规划的基本空间单元和边界的确定,一方面要考虑到规划的科学合理性,另一方面还要考虑到建设的现实可行性。从规划的科学合理性来讲,空间单元越小越好,如以乡镇为单位,区域的主体功能相对容易确定。但是空间单元的数量较多,数据收集和整理的工作量和难度都很大。如果空间单元过大,如以省为基本单元,虽然空间单元数量较少,数据收集和整理工作较容易,但区域的主体功能难以准确定位。因为一个大的空间单元内容可能存在多种主体功能区,很难用一类主体功能来概括。从将来主体功能区建设的现实可行性来看,原则上以县级为主体功能区规划的基本单元比较适中,而且目前基层地方财政主要集中在县级政府手中,是地方具体负责贯彻落实和组织实施主体功能区建设的主要推动力量。因此,无论是国家级主体功能区规划,还是省级主体功能区规划,以县级行政区作为基本单元和边界,比较合理和可行。

2. 构建主体功能区合理划分的科学标准和指标体系

根据主体功能区建设责任主体的职能分工情况,中央政府根据目前国土空间开发的现状、未来的发展趋势以及各区域在全国的战略分工定位,提出确定国家级主体功能区划分的全国统一标准。国家级主体功能区划分标准的确定除要考虑其资源环境承载能力、现有开发密度、未来发展潜力等因素外,还应统筹考虑不同区域之间的功能关系及其在全国国土空间开发格局中的地位和作用。不管是东部地区,还是中西部地区,均应依照国家统一制定的四类主体功能区的标准,分别划分为与标准相符合的不同类型的主体功能区。中央政府在不同类型的主体功能区,依据其不同的主体功能定位,分别制定不同的区域发展规划,并实施相应的分类配套政策和政绩考核体系,维护和强化该区域在全国国土空间开发中的主体功能。

各省依照中央政府确定的国家级主体功能区的标准及其指标体系,结合各省自身的实际情况,提出并确立各省省级主体功能区的标准。省级政府制定的省级主体功能区标准与中央政府制定的统一标准在发展理念、指导思想及其基本原则上应该是一致的,但由于各省的情况千差万别,所以在标准的内容、阈值高低方面不一定完全一致。中央政府对于省级政府确立自己的主体功能区标准提出指导性原则和要求,具体标准由各省自己确定。各省按照中央政府提出的指导性原则和要求,并根据本省各区域的资源环境承载能力、现有开发密度、未来发展潜力等国土空间分布特征以及在全国和本省国土空间开发格局中的功能定位,提出本省的主体功能区划分标准,确定本省的省级主体功能区,并根据本省各类主体功能区的特点和财政能力,制定出本省各类主体功能区的发展规划和建设重点,实行对国土空间的有序开发和利用。

　　无论是制定国家级还是省级主体功能区规划的标准,都需要构建一套简明实用的指标体系作为支撑。指标的选择既要注重科学准确性,又要注重可获得性和可应用性,力求避免指标数量过多、层次过繁,应重点突出、目标明确、简明实用。一般应根据规划的重点和目的选择典型的有代表性指标,不一定非常全面和准确,只要能有一定代表性地反映某一方面的特征就可以。具体地说,主体功能区划指标体系应选择资源环境承载能力、现有开发密度、未来发展潜力及其在全国空间开发格局中的地位和作用等方面的代表性指标,如人均耕地资源量、人均水资源量、单位国土面积 GDP、单位国土面积人口数量、单位时间客货运周转量以及反映城镇化和工业化水平等方面的指标,重点突出资源环境承载能力方面的关键性指标,以体现资源环境对经济和社会发展的约束作用。

　　3. 形成主体功能区有序开发的发展规划和空间布局

　　编制主体功能区规划,要应用科学制定的指标体系,在对全国或本地区所有国土空间进行综合分析评价基础上,根据人口居住、交通和产业发展对空间需求的预测以及未来国土空间变动趋势的分析,在国家和省级主体功能区规划中确定各类主体功能区的数量、位置和范围。确定主体功能区的数量、位置和范围后,要根据各个主体功能区的资源环境承载能力、现有开发密度和未来发展潜力,明确各个主体功能区的定位、发展方向、开发时序、管制原则等。要按照区域发展总体战略和推进形成主体功能区的总体要求,阐明推进形成主体功能区的指导方针、主要目标、开发战略等,明确确定省级主体功能区的主要原则以及市、县行政区在推进形成主体功能区中的主要职责。

　　主体功能区规划的重点内容是根据四类主体功能划分的要求,主要解决好优先开发什么、重点开发什么、限制开发什么和禁止开发什么的问题。它一般包括区域市场形成和发展、与主体功能相适应的区域产业选择、区域产业结构调整、区域性能源和交通通信等基础设施建设、区域内公共服务的供给等。① 主体功能区划分给各个区域发展规划提出了明确的分工要求:优化开发区域应该把提高经济增长质量和效益放在首位,着力推动产业结构升级,提高参与国际竞争的层次,成为带动全国经济社会发展的龙头和参与全球竞争的主体;重点开发区域应该增强吸纳资金、技术、产业转移和人口集聚的能力,加快工业化和城镇化步伐,逐步成为支撑我国未来经济发展和人口聚集的空间载体;限制开发区应该重点加强生态环境保护,因地制宜地发展可承载的特色产业,引导人口自愿平稳有序转移,不断强化区域的生态功能;禁止开发区域应该依据法律法规规定,实行强制性保护,严禁不符合主体功能定位的任何开发和建设活动。

4.制定主体功能区分类管理的配套政策和考核体系

推进主体功能建设,区划和规划工作仅仅是一个开始。如果没有相应的实施分类管理的配套政策和考核体系,规划就难以真正得到有效实施。中央和省级政府分别承担分类政策的设计和管理职责。目前,有关部门和专家已经提出了针对不同主体功能区的财政、投资、产业、土地、人口管理、环境政策和绩效评价等方面的基本思路。今后关键是如何细化并提出具有可操作性的具体方案。我们认为,在制定主体功能区的相关配套政策方面,国家除了应给予优化开发区和重点开发区域一定的政策支持外,对限制开发区和禁止开发区,要加大中央财政转移支付的力度,并建立相应的补偿机制。因为它们是以"不开发"为代价,为全国的生态环境建设做出了巨大贡献,如果仅仅强调基本公共服务的均等化是远远不够的。同时,应切实改善对这些地区的绩效考核办法,重点突出对生态环境保护方面的评价,对在这方面有突出贡献的应给予必要的奖励政策。

5.抓好推进主体功能区建设的组织实施与协调工作

抓好具体的组织实施工作,是推进主体功能区建设的关键。在推进主体功能区建设组织实施过程中,重点是要协调好以下六个方面的关系。

---

① 邓玲、杜黎明:《主体功能区建设的区域协调功能研究》,《经济学家》2006 年第 4 期,第60—64 页。

　　一是不同主体功能区之间的分工与合作。根据区域的环境承载能力和发展潜力,不同区域的主体功能不同,但是区域内的人们都是既需要经济的发展,也需要社会的进步,还需要生态环境的改善。而一个区域的主体功能只有一种,不能同时满足人们多方面的需求。因此,要想使人们的生活水平整体提高,就必须加强不同主体功能区之间的分工与合作,实现区域间的互惠共赢。①

　　二是同一主体功能区内不同行政区之间的交流与协作。一个主体功能区内可能存在着多个行政区,比如在沿江沿线的一些重点开发区域就同时包括有几个省或若干个平行的地市或县级行政区。鉴于跨行政区这一主体功能区的特点,在编制主体功能区区域规划及其组织实施时,加强对主体功能区内各行政区经济社会活动的引导,往往是推进主体功能区建设的重要环节。因此,加强主体功能区内各级政府的交流与协作,明确不同行政区政府的职责义务,避免区域经济主体所需公共服务没有供给主体,避免同一种服务多头供给的现象发生,是推进主体功能区建设的重要措施。②

　　三是国家级主体功能区规划建设与国家"十一五"规划中对东中西部地区及东北地区"四大政策板块"总体战略布局的衔接。东中西和东北四大区域是一种经济区划,四类主体功能区是一种功能区划,二者之间既有区别也有联系。实施区域发展总体战略是对东中西和东北四大区域中的重点开发区域、优化开发区域和限制开发区域的经济发展战略的功能定位及其政策安排,侧重于解决发展什么的问题,推进形成主体功能区侧重于解决如何发展及其配套政策的问题。四类主体功能区划实际上是针对区域经济发展中过分强调经济效益、忽视生态环境保护问题,而对实施区域发展总体战略进行的补充和完善。因此,应在原有"四大政策板块"总体战略布局的基本框架基础上,分别在东部、中部、西部和东北地区区域内,再进一步细划出

---

　　①　孙姗姗、朱传耿:《论主体功能区对我国区域发展理论的创新》,《现代经济探讨》2006 年第 9 期,第 73—76 页。

　　②　邓玲、杜黎明:《主体功能区建设的区域协调功能研究》,《经济学家》2006 年第 4 期,第 60—64 页。

优化开发、重点开发、限制开发和禁止开发四类主体功能区,把四类主体功能区规划纳入到四大经济区域的总体战略布局之内,使全国的四类主体功能区规划建设与全国四大经济区域规划建设有机统一起来,以保持政策上的连续性,尽可能避免在实际操作过程中形成"两张皮"的现象。

四是省级主体功能区规划建设与各省已制定的"十一五"规划建设之间的衔接。从2006年开始,各省根据国家"十一五"规划已经制定并开始组织实施本省的"十一五"规划,现在又要制定本省的主体功能区划及规划,如何做好这两个规划之间的衔接工作,直接关系到各省"十一五"规划的落实与主体功能区建设的成效。各省的"十一五"规划是一种综合性的全面的行政区规划,而现在开始的主体功能区规划,是一种相对比较单一的类型区规划。各省可结合主体功能区划分,对本省的"十一五"规划内容进行适当的补充和调整,这有助于进一步细化和完善各省的"十一五"规划,有助于把各省"十一五"规划建设更好地引导到科学发展的轨道上来。但是,同时也应看到,由于限制开发区域等主体功能区的界定,它对这些地区在产业项目开发和招商引资等方面提出了更高的环保要求,这对一些欠发达地区的经济增长具有一定的影响。

五是省级主体功能区规划建设与国家级主体功能区规划建设之间的衔接。一般来讲,省级主体功能区规划建设是在国家主体功能区规划建设的指导下,按照自上而下的原则进行的,在衔接上不会有什么问题。但是,由于划分标准和范围的不同,组织实施的主体也不同。这样,在推进主体功能区建设过程中就有一个各组织实施主体之间的协调以及同一类主体功能区在不同层级之间的政策协调问题。

六是要协调好政府与企业、政府与市场的关系。政府的作用只能是积极引导,而不能取代市场。政府主要通过明确不同区域的主体功能定位以及调整完善有关区域政策,引导市场主体自觉地按照主体功能定位从事开发建设活动,充分发挥市场机制的基础性作用。① 要在政府政策的积极引导下,逐步形成一个有利于推进主体功能区建设的长效机制。

总之,推进主体功能区建设是一项长期而艰巨的任务,也是一项复杂的社会系统工程。其中,明确主体功能区区域划分的责任主体和基本单元是前提,构建主体功能区合理划分的科学标准和指标体系是基础,形成主体功能区有序开发的发展规划和空间布局是中心环节,制定主体功能区分类管理的配套政策和考核体系是保障,抓好推进主体功能区建设的组织实施与协调工作是关键。

## 二、按功能区构建中部地区协调发展新格局的初步设想

中部地区是我国推进主体功能区建设的重点区域之一。在促进中部崛起过程中,按照优化开发区域、重点开发区域、限制开发区域、禁止开发区域等四类主体功能区构建区域发展新格局,逐步实现"一方水土"与"一方经济"、"一方人口"相协调,这对于促进中部地区人与自然的和谐发展具有着重要的指导作用。

### (一)按功能区构建中部地区协调发展新格局的总体要求与基本原则

中部地区按功能区构建区域协调发展新格局的总体思路是:根据中部地区各地资源环境承载能力和发展潜力,按照优化开发、重点开发、限制开发和禁止开发的不同要求,明确不同区域的功能定位,并制定相应的政策和评价指标,力争在"十一五"期间基本形成功能明确、布局合理、发展协调、带动有力、各具特色的区域发展格局。

1. 按功能区构建中部地区协调发展的总体要求

一是要体现以人为本发展理念的要求。区域发展差距从表面上看是经济发展速度和发展水平的差距,但从本质上看实际是不同区域的群众在收入水平、公共服务、生活水平上的差距。按功能区构建中部区域发展新格

---

① 王东祥:《搞好主体功能区划,优化区域开发格局》,《浙江经济》2006 年第 16 期,第 4—7 页。

局,应改变各地把促进经济增长作为发展的出发点和归宿的传统发展理念,树立把坚持以人为本作为发展目的的新理念,即不仅要重视促进经济增长,更要注重促进社会全面发展。根据不同区域资源环境承载能力,划分为优化开发、重点开发、适度开发和限制开发等不同功能区,通过促进优化开发和重点开发区的建设,加快发展经济,做大"分子",也要促进限制或禁止开发区内的人口逐步转移,缩小"分母"。同时采取配套的财政转移支付等措施,逐步实现各类区域公共服务均等化,使全体人民共享发展成果。

二是要体现区域经济协调发展规律的要求。区域经济要协调发展,需要区域之间有一定的分工与协作关系。而区域之间的分工与协作,又是以各区域不同的功能定位为前提。长期以来,我们对区域规划基本上是以行政区为界限谋划发展的,各行政区的功能有很大雷同,加之各行政区在进行资源配置和制定区域发展规划时往往只注意本地区的利益,而忽视与其他地区之间进行分工与协作的经济联系,往往会造成以牺牲整体的长远利益为代价,而换取局部的眼前利益。按功能区构建中部地区经济发展的新格局,应打破以行政区为界限谋划发展的思维定式,逐步实现从按"行政区经济"配置资源为主向按"功能区经济"配置资源为主的转变,使各地区的发展更加重视根据各自区域的资源条件和区域功能的不同,进行科学的生产力布局,使之更加符合区域经济协调发展规律的要求。

三是要体现因地制宜的客观要求。按功能区构建中部地区发展新格局,应根据中部地区不同区域的资源环境承载能力、产业和人口集聚能力的实际情况,按照优化开发、重点开发、限制开发和禁止开发的不同要求,因地制宜地进行不同的功能定位。对各类工业产业比较集中的地区,建立工业区;对便于发展农业的地区,建立农业区;对区位优势比较明显,便于发展旅游业的地区建立旅游区;对需要进行环境保护的地区建立生态区,并相应地制定有针对性的区域发展政策和评价指标。对工业区的评价主要看其工业发展水平;对农业区的评价则应看其粮食增收情况;对生态区的评价则应主要看其生态保护情况,促使中部崛起应实现科学的发展。

四是要体现可持续发展的要求。中部地区虽然是一个自然资源比较丰富的地区,但也是一个人口比较密集的地区,人均资源占有量并不太多,加上有一些城市是在老工业基地基础上以矿带市建起来的资源性城市,有些矿产资源由于长期的粗放型经营开采,已开始枯竭,生态环境也已十分脆弱。如果继续按过去那种粗放型的增长方式进行发展,将会大大超出生态环境承载能力,给生态环境带来更大的破坏。按功能区构建中部地区经济发展新格局,应引入资源环境承载能力的新理念,统筹考虑人口分布、生产力布局和资源环境承载能力之间的关系,以利于实现由过去粗放型的经济增长方式向集约型的经济增长方式的转变,促进各地区域经济的可持续发展。

2. 按功能区构建中部地区协调发展新格局的基本原则

中部地区主体功能区的划分及其规划,应以科学发展观为指导,按照区域分工和协调发展的主体功能区划分原则的要求,并根据中部地区各省的资源环境承载能力、现有开发密度和发展潜力以及在全国生产力总体战略布局中的地位和作用,确定其不同的主体功能定位,努力形成按功能区构建中部地区协调发展的新格局。具体来讲,按功能区构建中部地区协调发展新格局应体现以下原则:

一是上下衔接。即从我国积极推动区域经济协调发展的宏观生产力布局出发,按照国家统一制定的主体功能区划分的标准和指标体系,并结合中部地区各省省情,搞好国家与省级主体功能区规划衔接,认真组织实施好中部地区的主体功能区建设。

二是内外协调。即突破行政区划的局限性,按照生产力布局的客观规律,在制定中部地区主体功能区划和规划时,应考虑到中部与周边的东西部省市和中部各省的主体功能区划的协调,避免相互"撞车",努力实现分工合作、优势互补、相互促进、共同发展。

三是突出特色。即通过主体功能区规划,能使各主体功能区张扬出个性,充分发挥中部地区的综合比较优势,从生产力布局、产业结构优化、区位功能发挥、生态环境保护和区域文化塑造及其统筹协调发展等方面,形成不同的鲜明特色,在国内外树立起良好的中部品牌形象,让中部走向世界,让世界了解中部。

四是产区结合。即把国家的产业政策和中部地区的主体功能区规划有机结合起来,把产业链条的延伸与主体功能优势的发挥结合起来,实行"双坐标定位",做到产业政策区域化、区域政策产业化,以引导不同产业向各自的优区位集聚,以促进各产业重心区和生态功能区的形成。要根据中部各地区产业发育和聚集程度,优化重点布局地区,在重点布局地区着力扶持绿色环保产业,使产业结构优化和区域生态环境优化相互统一。

五是统筹兼顾。即把推进中部地区主体功能区建设,放到国家促进中部崛起这一区域发展战略的总体框架之中,统筹考虑其主体功能定位问题,妥善处理好促进中部崛起过程中人口、资源、环境和发展之间的关系,既要统筹"人的繁荣"又要兼顾"地的繁荣",努力实现"人的繁荣"与"地的繁荣"的统一。[①]

**(二)中部地区四类主体功能区的具体划分及其主要依据**

中部地区主体功能区的划分是属于国家级功能区划分的一个重要组成部分,通过对中部不同区域的主体功能定位,有助于国家采取差别化的区域政策与绩效评价体系,促进人与自然、区域之间的协调发展。

1. 优化开发区域

这一区域一般包括面积较大,但不容易划分的区域。对于中部地区来讲,应包括沿淮经济带和沿线经济带中的一些资源型城市和老工业基地,如安徽沿淮地区的淮南和淮北、山西的太原和大同等地区。这些区域往往是中部的城镇和产业密集区,城市化和工业化程度较高,有些资源型城市的资源已开始枯竭,资源环境承载能力开始减弱,面临着城市转型问题;有的资源耗费严重,已经出现区域性生态环境问题,正在加强污染整治。该区域要加快实现经济发展方式的转变,把提高增长质量和效益放在首位,提升参与区域分工与竞争的层次,继续成为带动中部各省经济社会发展的龙头。

---

① 魏后凯:《对推进形成主体功能区的冷思考》,《中国发展观察》2007 年第 3 期,第 28—30 页。

## 2. 重点开发区域

它一般应包括中部各省的国家级和省级各类开发区,沿江和沿线的城市群和产业带,在建和准备在建的中部省份与长三角、珠三角、环渤海三大经济圈联系紧密的带动区和辐射区。如皖江城市带、昌九工业走廊、武汉城市圈、中原城市群和长株潭城市群等。这些地区资源环境承载能力较强,也是中部地区经济和人口集聚条件较好的地区。中部这些地区近几年虽然有了较大的发展,但现有开发密度仍不太高,发展潜力较大,见表9-1所示。

表9-1 中部沿江、沿线城市群主要社会、经济要素状况

| 城市群(产业带) | 武汉城市群 | 中原城市群 | 长株潭城市群 | 昌九工业走廊 | 合肥—芜湖都市带 |
|---|---|---|---|---|---|
| 人口占区域比重/% | 50.9 | 38.7 | 18.80 | 24.74 | 23.30 |
| 土地面积占区域比重/% | 33.0 | 36.69 | 13.27 | 18.87 | 20.64 |
| GDP总量/亿元 | 3183.6 | 3372.4 | 1499.5 | 1069.7 | 1285.7 |
| GDP占区域比重/% | 59.0 | 48.1 | 32.36 | 37.80 | 32.36 |
| 人均GDP/元 | 9894.4 | 8709.8 | 11971.1 | 10163.4 | 8860.1 |
| 财政收入占区域比重/% | 53.1 | 42.2 | 37.7 | 19.80 | 16.50 |
| 工业总产值占区域比重/% | 60.56 | 30.4 | 43.57 | 50.46 | 53.44 |
| 三产结构 | 16.2:46.3:37.5 | 15.5:50.2:34.3 | 12.3:43.4:44.3 | 19.9:42.9:37.2 | 10.3:50.8:38.9 |

资料来源:彭荣胜:《中部城市群在区域崛起战略中的目标定位与对策研究》,《经济问题探索》2006年第2期。

在这些区域要充实基础设施,改善投资创业环境,促进产业集群发展,壮大经济规模,加快工业化和城市化进程,承接优化开发区域的产业转移和限制开发区域、禁止开发区域的人口转移,逐步成为支撑中部各省经济发展和人口集聚的重要载体。

## 3. 限制开发区域

它主要是指森林覆盖地区、江河水系源头地区、重要湿地生态系统等生态环境脆弱地区和生态功能保护区。对于中部地区来讲,还应将具有一定规模的生态公益林,含有较大面积的基本农田和地质灾害频发地区列入限

制开发区域,同时还包括仍存在大量贫困人口的革命老区、山区、库区、湖区、淮河两岸地区。因为这些地区资源环境承载能力较弱,大规模集聚经济和人口条件不够好,并关系到全国或较大区域范围生态安全。其中,把有较大面积的基本农田也划入限制开发区,主要是考虑到中部地区是全国重要的粮食生产基地,对中部地区较大面积基本农田的保护直接关系到全国的粮食安全。该区域要坚持保护优先、适度开发的原则,因地制宜发展生态经济和特色产业,加强生态修复和环境保护,引导超载人口有秩序转移,逐步成为区域性的重要生态功能区。

4. 禁止开发区域

中部的禁止开发区域,是指国家在中部地区依法设定的各类自然保护区域,包括国家级自然保护区、世界文化自然遗产、国家重点风景名胜区、国家森林公园、国家地质公园和国家的重要湿地等。因为是国家依法设立的各类自然保护区域,所以它的划分是明确无误的。该区域要依据法律法规和相关规划实行强制性保护,控制人为因素对自然生态的干扰,严禁不符合主体功能定位的开发活动。

**(三) 对中部主体功能区实施分类管理的区域政策和绩效评价**

划分不同主体功能区的目的是为了实施分类管理的区域政策和绩效评价,规范空间开发秩序,优化区域开发格局,促进区域之间协调发展、人与自然和谐发展。中部地区"三农"问题严重,自然灾害频繁发生,问题区域较多,生产力发展又很不平衡,公共服务均等化水平较低。因此,为了促进中部崛起,国家应在中部率先进行主体功能区划试点工作,并针对不同的主体功能区制定差别化的区域政策和绩效评价体系。

1. 组织实施中部地区主体功能区分类管理的区域政策

主体功能区实施分类管理的区域政策主要包括财政政策、投资政策、产业政策、土地政策、人口管理政策和环境保护政策等,目的是适应建立主体功能区体系的要求,建立符合市场经济条件下新的地区差距调控政策体系。

财政政策,要增加中部地区限制开发区域、禁止开发区域用于公共服务和生态环境补偿的财政转移支付,要具体明确分阶段财政转移支付的标准、规模、用途和调整办法,建立明确的地区财政支出平衡机制,逐步使当地居民享有均等化的基本公共服务。

投资政策,支持重点开发区基础设施建设,制定加大交通、能源、水利、水电气热供应、污水垃圾处理等基础设施和公用事业发展的财政资金、国际资金、民间资金等投入的优惠政策和标准。要支持中部地区限制开发区域、禁止开发区域公共服务设施建设和生态环境保护,特别是以贫困地区、老工业基地、矿业城市地区、粮食主产区等问题地区为重点,制定投资优惠政策。

产业政策,要引导中部地区优化开发区域转移占地多、消耗高的加工业和劳动密集型产业,提升产业结构层次;引导中部地区重点开发区域加强产业配套能力建设,出台吸引产业项目进入和集聚的投资补贴、税收减免、信贷优惠等实施办法;引导限制开发区域发展特色产业,限制不符合主体功能定位产业的扩张,制定资源消耗、环境影响、生产规模、工艺技术等方面的强制性产业准入门槛,出台投资补贴、税收减免、信贷投放等方面优惠政策,扶持符合主体功能的特色优势产业发展。

土地政策,要对中部地区优化开发区域实行严格的建设用地增量控制,制定严格的建设用地期限内的年度增量指标,明确城镇、产业和园区单位面积土地承载量的集约用地标准;在保证基本农田不减少的前提下适当扩大重点开发区域建设用地供给,确定优先用地的额度、速度指标和简化程序,制定土地置换的优惠办法;对限制开发区域和禁止开发区域实行严格的土地用途管制,严禁农用耕地和生态用地改变用途。

人口管理政策,改革中部地区现在的城乡分割、地方分割的户籍管理制度,实行统筹城乡发展和区域发展的户籍管理制度。要鼓励中部地区在优化开发区域、重点开发区域有稳定就业和住所的外来人口定居落户,制定居住、就业、社保、教育、卫生等方面补助政策,引导限制开发区和禁止开发区的人口逐步自愿平稳有序地向重点开发区域转移。

环境保护政策,重点是加大对中部地区优化开发区域和限制开发区域的政策支持力度。通过制定和完善切实可行的环境保护政策,加强环境污染治理,特别是对优化开发区域和限制开发区域的水污染、空气污染和地质灾害要加大治理力度。制定有针对性的环境保护政策,抓紧解决长江、黄河、淮河、鄱阳湖、洞庭湖、巢湖等流域的污水和垃圾处理问题。要采取综合配套的环境保护政策,完善资源开发使用补偿机制和生态环境恢复补偿机制,从资源开发、废弃物利用和社会消费等环节,推进资源综合利用和循环利用。

2. 建立中部地区主体功能区分类管理的绩效评价体系

分类管理的绩效评价体系,是指针对优化开发区、重点开发、限制开发区和禁止开发区的不同的主体功能区特点,而采取不同的绩效评价标准的考核体系。它对于客观地评价地方政府的主要政绩、转变政府职能和促进区域经济协调发展具有重要的导向作用。

在分类管理的绩效评价体系中,对中部地区优化开发区域,要强化经济结构、资源消耗、自主创新等评价,弱化经济增长的评价;对中部地区重点开发区域,要综合评价经济增长、质量效益、工业化和城镇化水平等;对中部地区限制开发区域,要突出生态环境保护的评价,弱化经济增长、工业化和城镇化水平的评价;对中部地区禁止开发区域,主要评价生态环境保护情况。

这里需要指出的是,上述分类管理的绩效评价体系仅仅是指对不同类主体功能区的评价或同一类功能区不同层级的评价,应采取差别化的绩效评价标准,但是对于同一类同一层级的主体功能区还应该制定统一的绩效评价标准。差别化的绩效评价标准是指不同类主体功能区和同一类不同层次的主体功能区,而不是指每一个不同的地区。这样才能保证同一类主体功能区绩效评价的客观公正性。

## 三、中部地区"三个基地、一个枢纽"的功能定位分析

长期以来,中部在我国国民经济发展中,一直扮演着"米袋子"和"锅炉房"的角色,也就是说中部是我国农业和能源等上游产业的生产基地。中部地区由于长期受传统功能定位的影响和发展政策空间的限制,综合比较优势很难得到发挥,工业化进程十分缓慢。因此,中部地区一些专家和学者认为,在全国新的空间生产力布局中,不能再把中部单纯地定位于农业基地、

能源原材料基地,否则很难实现中部崛起,应想办法把"米袋子"变成"钱袋子",把"锅炉房"变为"发动机"。在国家推进主体功能区规划建设中,中部地区的功能定位按照党和国家"十一五"规划的要求,是"三个基地、一个枢纽",即把中部地区建设成全国重要的粮食生产基地、能源原材料基地、现代装备制造及高新技术产业基地和综合交通运输枢纽。我们认为,这样的功能定位有利于拓宽促进中部崛起的政策空间,有利于发挥中部地区的区位优势、资源优势、市场优势等综合比较优势。

**(一)中部地区农业资源和人力资源较多,具有形成全国重要的粮食生产和劳务输出基地的功能**

中部地区的湖南、湖北、江西、安徽、河南五省,耕地面积 2000 万公顷,只占全国的 21.07%,但却提供了全国农林牧渔业总产值的 34.34%,提供了全国棉花产量的 41.9%;油料产量的 39.8%;肉类产量的 28.7%;粮食产量的 27.7%;烟叶产量的 21%。五省拥有江汉平原、洞庭湖平原、鄱阳湖平原、黄淮平原和南阳盆地等著名农业基地,国家在中部重点投资建设的商品粮基地县和棉花基地县,分别占全国总数的近 1/3 和近 1/2。粮食总量,河南、湖南、安徽、湖北和江西,在全国各省区市中分别居 3、5、7、9 和 12 位,每年净调出商品粮数百万吨,中部五省和东北的黑、吉两省可以说分别是我国关内外最大的商品粮调出基地。五省棉花的产量,在各省区市中居前 10 位(河南、湖北、安徽、湖南、江西分居 2、4、8、9、10 位),是除新疆外内地最大的棉花调出基地。五省每年还有大量油料、肉类等农村牧渔产品调出区外和出口。因此,中部地区可以依托丰富的农业资源和良好的农业生态优势,加大对农业的科技投入力度,大力发展现代农业,增强粮食等大宗农产品生产能力,促进农产品加工转化增值,努力建设成为全国重要的粮食生产基地。

中部地区国土面积少、农业人口多,经济达到相当规模,但人均水平低,外出务工劳动力资源十分丰富。尤其是中部的河南、安徽、湖南、湖北和江西五省的国土面积 87 万平方公里,仅占全国 9% 的国土,承载着全国 1/4 以上的人口。由于都是人口大省,人口密度较高(每平方公里平均 360 人),

人均资源相对不足,加之58%的劳动力仍滞留在第一产业,农业剩余劳动力达27%~30%,比全国平均水平高6个百分点。农民人均纯收入和职工平均工资,均低于全国平均水平。所以,外出打工人员特别多。因此,中部地区可以依托农村丰富的劳动力资源优势,通过政府加大对农村年轻剩余劳动力的培训和有组织地向外地转移,建设面向全国的劳务输出基地。

**（二）中部地区自然资源和矿产资源丰富,具有形成全国重要新型能源和精品原材料基地的功能**

中部地区的长江中游水能资源相当可观。目前水力发电量超过全国的1/4,同时有安徽的两淮煤炭基地和山西、河南的煤炭基地作支撑,是"调煤就水"发展火电站的理想区位。随着长江三峡、黄河小浪底等大型水利枢纽和与之匹配的火电站群的投入运转,中部地区在全国能源供应和国家电网中的地位将进一步显著提高。因此,中部地区可依托富集的煤炭和水力资源优势,推进煤电联产和综合开发,大力发展煤矸石、煤层气、矿井水等资源的综合利用,发展坑口电站和加快抽水蓄能电站建设,因地制宜、积极稳妥地推进生物质能发电和风电建设。进行骨干电网建设,提高外送能力,实施"小西电东送计划",延伸产业链,可以加速把中部地区建设成为全国重要的新型能源基地。

中部地区不仅光热和水资源丰富,而且矿产资源丰富。湖南的锑、锡、铋,湖北的岩盐、石膏,江西的金、银、铀,安徽的硫铁矿、水泥用石灰岩、饰面用灰岩,山西的煤等矿藏都在全国占有重要地位。在此基础上,已形成了颇具规模的黑色与有色冶金、化工和建筑材料生产基地,每年净调出数百万吨钢材、数千吨水泥和数千万箱平板玻璃以及大量化工原料、有色金属产品等重要原材料。因此,中部地区可发挥铁矿石、有色金属、黄金、磷和石灰石等矿产资源优势,建设综合开发利用基地。重点加强钢铁、石化、化肥、有色、建材等优势产业的结构调整,形成精品原材料基地。

**（三）中部地区现有工业基础与科技实力较强,具有形成全国现代装备制造及高新技术产业基地的功能**

中部地区的制造业有一定的实力和基础,而且各省具有一定的特色。

其中,河南和湖南在非金属矿物制品业和化学原料及化学制品制造业方面比较发达,山西和湖北在黑色金属冶炼及压延加工业方面有较大的优势,湖北在交通运输设备制造业方面具有较强的实力,安徽和河南在电气机械及器材制造业方面优势较明显。中部地区可以依托现有的产业基础和骨干企业,重点发展清洁高效发电技术装备、高压输变电设备、大型矿山开采设备、石化装备、大型施工机械、数控机床及关键功能部件、新型农业装备、高速铁路列车、大功率铁路机车、新型地铁车辆、汽车及零部件、高附加值船舶及配套等领域,建设具有自主创新能力的现代装备制造基地。

中部地区新兴的高新技术产业近几年来通过不断发展已具有相当的规模,如安徽以芜湖为龙头的皖江高新技术产业带,努力优化环境,加强"孵化器"建设,相继建成国家级安庆民营科技示范园、芜湖科技创业服务中心、铜陵电子材料产业园,一大批民营科技型企业经过"孵化",并在此基础上形成了合芜蚌自主创新综合试验区。湖北省武汉市洪山区素有"华中硅谷"之称,武汉市洪山创业中心已被国家科技部认定为"国家高新技术创业服务中心"。湖北的武钢建立了我国第一个超大型企业的整体产销资讯系统,成为目前我国在建的投资最大的信息化工程。河南郑州建立了"一区多园"的发展模式,诞生了一批有明显特色的科技型中小企业,精心构筑了"源头控制网"、"中试孵化网"、"产业培植网"、"中介服务网"和"政府管理网",促进了科研成果迅速实现产业化。郑州市目前有高新技术企业441家,高新技术产品8382项。全市有市级以上科研机构190余家,各类专业技术人才43万余人。江西近5年来,通过采用高新技术和选择适用技术,使江西企业的技术装备水平得到普遍提高,市场竞争力明显增强。汇仁制药集团和天狮集团的GMP改造、江西凤凰光学仪器集团年产9万架数码相机等一批重大项目正在陆续建设投产,全部完成后可新增销售收入100亿元、利润10亿元。山西正在实施"1311"规划,重点抓了100个高新技术产业项目,以纳米材料、大麻织品、生物质能为代表的一大批高新技术产品相继问世,使全省单纯依靠能源重化工的局面得到扭转。因此,中部地区可以依托科技资源优势,优先发展一批产业化前景明朗、有市场潜力或拥有自主知识产权的高新技术产品,重点发展电子信息、生物工程、现代中药、新材料等领域的研发和产业化,把科学技术是第一生产力变成经济发展的第一增长点。并通过加强高等学校、科研院所与企业的技术合作,促进企业成为技术创新的主体。建立一批特色产业基地,形成产业链和产业体系,逐步实现优势高技术产业集群,形成若干高技术产业增长点。同时,加强技术创新服务体系建设,加快科技成果转化,形成全国性的高新技术产业基地。

**(四)中部地区位于全国水陆交通运输网络的中枢,具有形成全国重要综合交通运输枢纽的功能**

改革开放以来,我国理论界、学术界的工作者们对我国国土开发和生产建设总体布局的基本框架或者说生产力布局的主轴线问题展开了热烈的讨论,提出了不少主张。其中最具代表性的:一是沿海和长江结合的"T"字型态势;二是沿海、长江和陇海、兰新线结合的"开"字型态势;三是在"开"字型基础上加京广线组成的"开"字型态势;四是弓箭型态势,即沿海是弓,京广线是弦,长江是箭,上海是箭头。在 20 世纪 80 年代国家计委编制的《全国国土总体规划纲要》(草案)中,选择了"T"字型,后来又改为"开"型轴线,作为我国国土开发和经济建设的一级轴线。随着经济发展和改革开放的深入,后来又采用了"开"型轴线。即沿海一级轴线和京广二级轴线是我国南北经济交融的重要通道;沿江一级轴线和陇海——兰新二级轴线是我国东中西"三大地带"经济协调发展的重要纽带。这四条轴线,两纵两横,构成了我国宏观经济布局的基本骨架。①

中部的湖南、湖北、江西、安徽、河南、山西各省虽不属国家陆域的几何中心,但在上述我国宏观经济布局的基本骨架中,京广、京九、焦柳等南北大通道和长江干流航道,新亚欧大陆桥东段的陇海铁路,浙赣铁路等东西大通道交汇于区内,使六省位于全国水陆交通网络的中枢。其中,武汉是内陆最大的国际水陆空综合交通枢纽,郑州拥有亚洲最大的铁路编组站,它和株洲同是我国铁路主要的路网编组站和客运中转站,沿江自下而上有芜湖、九

---

① 陈栋生主编:《跨世纪的中国区域发展》,经济管理出版社 1999 年版,第 53、57 页。

江、岳阳、枝城等一批铁水联运港口,成为我国客流、物流的主要集散地和中转换装中心,每年完成的客运量、货运量分别占全国的1/4和1/5。六省虽不沿海,但沿江各地通过江海联运,北部通过大陆桥可便捷地进入国际市场。从区际地缘关系看,中部六省中的湖南、湖北、江西、安徽南邻珠江三角洲和闽南金三角,东接长江三角洲,北近环渤海经济圈,都是国内经济发达地区;西侧经长江和陇海——兰新铁路分别与大西南、大西北相通,既便于从南东北三面承接高梯度地区的产业转移,又便于向广大西部地区辐射,发挥承东启西、连接南北、吸引四面、辐射八方的特有功能。

因此,中部地区应充分利用沿江(路)近海,地处国家水陆运输网枢纽的地缘优势,加快综合交通运输体系规划实施,提升交通运输枢纽地位。按照统筹规划、合理布局、突出重点的原则,加强铁路、高速公路、干线公路、民航、长江黄金水道、油气管道等建设,优先解决中部地区与沿海地区以及中部地区内部的"内通外连"问题,着力构建连接东西、纵贯南北的综合交通运输体系,全面加强中部地区综合交通运输能力建设,进一步促进商贸流通和旅游业发展,使中部地区成为东中西互动、优势互补、相互促进、共同发展新格局中的桥梁和纽带。

除了上述从区域生产力空间布局的角度,把中部地区界定为"三个基地、一个枢纽"的功能定位外,还可以从与促进我国区域经济协调发展有关的社会、文化、生态环境等因素,来考虑中部地区的功能定位问题。如中部地区"三农问题"突出、城乡差别较大,是各种社会矛盾比较集中的地区,肩负着化解各种社会矛盾、维护社会稳定的重任;再如中部地区是我国古老文化的发源地,具有着对我国优秀传统文化进行传承与创新的功能;还有中部地区又是我国长江、淮河、黄河几大流域的重灾区,承担着许多维护生态环境建设的义务,等等。如果把这些因素综合考虑在内,还可以把中部地区的功能定位进一步提升为,具有促进我国社会和谐的综合调节功能。

通过以上分析可以看出,从目前和未来我国区域经济协调发展的趋势来看,中部地区具有多方面的综合优势,并将在促进我国区域经济协调发展方面发挥重要的功能。但是,由于受到思想观念、管理体制、资金条件等主客观因素的制约,特别是受中部传统发展定位的影响,这些优势和功能并未充分发挥出来,而且自身发展的缓慢已构成了影响我国区域经济协调发展的重要因素。因此,新形势下的中部崛起,应对中部在统筹区域发展中新的功能定位有一个全面的认识和理解。特别是面对当前的全球金融危机,中部地区要坚持把改革开放和科技进步作为动力,着力增强自主创新能力、提升产业结构、转变经济发展方式、保护生态环境、促进社会和谐,建设全国重要的粮食生产基地、能源原材料基地、现代装备制造及高新技术产业基地和综合交通运输枢纽,在发挥承东启西和产业发展优势中崛起,实现中部地区经济社会全面协调可持续发展,为全面建设小康社会作出新贡献。

### 四、基于主体功能区划对中部产业发展与空间布局的探讨

基于上述中部地区主体功能区的划分以及国家对中部地区"三个基地、一个枢纽"功能定位的战略部署,按照区域政策与产业政策相统一要求,对优化开发、重点开发和限制开发等不同类型的主体功能区域,应根据其资源环境条件进行科学的产业发展规划与生产力布局。

### (一)以中部广大平原新农村建设为契机,规划建设全国重要的现代农业生产基地

中部地区的安徽淮北平原、河南豫东平原、湖北江汉平原、湖南洞庭湖平原、江西鄱阳湖平原等都是全国的商品粮、棉、油基地,许多丘陵山地盛产各种水果、名茶。中部地区的江河湖泊众多,淡水资源和各种水产品也较为丰富。按照推进形成主体功能区的要求,应把这些地区作为限制开发区,主体功能定位为:规划建设全国重要的现代农业生产基地,限制不利于农业生产的有关开发活动。

在中部广大平原推进新农村建设中,要根据主体功能定位的要求,按照农业特点进行科学分工与合理布局,使各地区各展所长。中部地区要重点发展几个重要的优势农业生产区,如安徽、河南、湖北等长江下游的优质弱筋小麦生产区,湖南、江西、安徽、湖北等地的杂交水稻生产区,江汉平原、洞庭湖、鄱阳湖等长江流域产棉区,布局在湖北、湖南、江西、安徽和河南等省

的"双低"油菜生产区,布局在湖北、江西、湖南的柑橘生产区,山西平遥的牛肉与河南、安徽的中原肉牛优势产区以及布局在湖南、安徽、江西等长江中下游的水产养殖区。还有,在安徽的黄山毛峰、太平猴魁、六安瓜片、祁门红茶,江西庐山云雾茶,湖北的青砖茶等基础上,通过规模化经营,形成中部地区各种优质名茶生产区。

**(二)以中部地区沿江沿线产业带为基础,规划建设能源原材料和现代装备制造业基地**

中部沿江沿线地区资源环境承载能力较强,交通便利,具有一定的工业基础,有的已形成初具规模的产业带和城市群,开发潜力很大,可作为中部地区的重点开发区域,规划建设全国重要的能源原材料和现代装备制造基地。

按照科学规划、合理布局的原则,稳步推进中部沿线地区的山西、河南、安徽等煤炭资源丰富地区的大型煤炭基地建设,搞好矿井设备更新和安全改造,大力发展煤矸石、煤层气、矿进水等资源的综合利用。充分发挥中部沿江地区的安徽和湖北、湖南的水电优势,建设中部地区的电力工业基地。发挥中部沿江的安徽、江西等地铁矿石、有色金属、黄金、磷和石灰石等矿产资源优势,在中部地区建设综合开发利用基地,重点进行钢铁、石化、化肥、有色、建材等优势产业的结构调整,形成精品原材料基地。中部沿江沿线地区的马钢、武钢、太钢、鄂钢等都是全国重要的钢铁生产基地,要加强这些企业的合理分工和技术合作,联合建设中部地区的钢铁工业基地;以安徽海螺集团为重点,联合其他有关建材企业建立一体化的具有国际竞争力的水泥、建材生产基地。

中部沿江沿线地区在建立现代装备制造基地方面,具有一定的工业基础。湖北、山西、江西在机械、化工方面条件较好,河南是我国主要的农机、轴承、矿山机械产区,安徽、江西、湖南的有色金属及稀有金属在国内占有重要地位,安徽、湖北、江西在汽车制造业方面已具有一定的竞争实力,并且在不断发展中涌现出一批大型骨干企业。中部地区应依托各省大型骨干企业,进行重大成套装备技术和重大产业技术开发。特别是中部沿江地区在建设全国最大的汽车生产基地方面,条件已基本具备,可以联合"二汽"、奇瑞、江汽、星马、昌河和江铃等汽车生产企业,共同打造中部沿江地区的汽车产业集群。通过对这些企业的改组、改造,形成以轿车、商用车、改装车和微型车为主体,零部件产业为配套的汽车产业整合体系,建立一体化的具有国际竞争力的汽车工业基地。

**(三)以中部各省的高新技术开发区为平台,规划建设全国重要的高新技术产业基地**

中部各省的高新技术开发区建设近几年来有了长足的发展,尤其是各省的省会城市的高新技术开发区建设出现了加速发展的态势,有的已初具规模,有的开发密度已比较高,可作为优化开发区域。中部各省会城市,高等学校、科研院所与高新技术企业相对较为集中,应以高新技术开发区为支撑,实行优化开发,规划建设全国重要的高新技术产业基地。在这些区域,加强高等学校、科研院所与企业的技术合作,促进企业成为技术创新的主体,重点发展电子信息、生物工程、现代中药、新材料等领域。

中部各省在规划建设各具特色的高新技术产业基地过程中,应对原有的高新技术产业进行合理分工与优化整合,形成各具优势、各有侧重的全国重要的高新技术产业基地。如湖北在武汉"光谷基地"建设基础上,重点发展光电子信息产业;湖南在"长珠潭一体化"实验基础上,重点发展电子信息、新材料和计算机软件产业;河南在郑州高新区已经形成的电子信息、新材料、生物医药、光机电四大支柱产业基础上,重点发展生物医药和光机电产业;安徽应在有机整合合肥、芜湖、蚌埠等市科技资源基础上,依托中国科大等高校、科研院所及有关高科技企业,加快合芜蚌自主创新综合配套改革试验区建设,重点发展生物工程、电子材料等新兴产业;江西应因地制宜重点发展现代制药和光学仪器等产业;山西应在太原高新区初步形成的机电一体化、新材料新工艺、电子信息、环保节能以及生物医药五大支柱产业格局基础上,重点发展机电一体化、环保节能等产业。

**(四)以京九、陇海线和江河水运为骨架,规划建设内通外连的综合交通运输体系**

中部地区居"中"优势明显,经过长期建设,已初步形成公路、铁路、水运、航空等组成的立体化交通运输网络,在全国具有承东启西、连接南北、辐射全国的综合交通运输枢纽功能。中部地区应根据其功能定位的要求,加快综合交通运输体系规划实施。按照统筹规划、合理布局、突出重点的原则,围绕搞活流通、服务各种基地建设、促进区域经济协调发展,以京九、陇海线和江淮水运为骨架,加强铁路、高速公路、干线公路、民航、长江黄金水道、油气管道建设,优先解决中部地区与沿海地区以及中部地区内部的连通,着力构建连接东西、纵贯南北的综合交通运输体系,切实加强中部地区综合交通运输能力建设,全面提升中部地区的交通运输枢纽地位。

在中部地区综合交通运输体系建设方面,应根据重点开发、优化开发、限制开发等主体功能区对内通外连方面的不同要求,重点加快铁路客运专线和开发性新线建设,加强现有铁路的电气化改造及复线建设,强化中部地区煤运通道,推进铁路站场建设和改造,完善铁路枢纽工程;加快高速公路建设及扩宽改造,加大省际间公路干线建设和国省道升级改造力度;扩大省会城市枢纽机场,增加中小型机场;加强长江中游及淮河上游地区航道疏竣管理,改善航运条件;加强内河港口设施建设,发展集装箱、大宗散货运输;加强物流基础设施建设,进一步推进商贸流通体系建设。

**(五)以整合各种人文、自然旅游资源为切入点,规划建设中部特色旅游经济网络**

中部六省跨越长江、黄河两大流域,各地的旅游资源特色鲜明,山西、河南是黄河文明的发源地,境内文物古迹众多;而在湖南、湖北古老土地上培育出来的敢为天下先的湘楚文化是华夏文化的重要一脉;安徽的黄山、江西的庐山等自然风景区总是让人流连忘返。对中部地区的重要人文、自然旅游景区,应列为限制开发区域,切实采取保护措施,进行适度开发,突出其人文、生态旅游功能。随着中部地区交通和通信事业的发展,越来越拉近了各旅游景区的空间距离。中部地区可以联手共建中部地区大旅游圈,共同探索跨地区旅游联锁经营,通过大的旅行社在对方设立业务代办销售点、合作建立旅行社等措施拓宽游客来源,繁荣旅游市场。[①]

因此,根据推进形成主体功能区建设的要求,中部地区应加强黄河中游、长江中游等集中连片旅游区的统一开发规划,推进中部各省的跨区域合作,把旅游业培育成中部地区的重要产业。要加强各旅游景区的基础设施建设,挖掘、整合各种人文、自然旅游资源,加快建设一批各具特色的优秀旅游城市、旅游名县、旅游名镇。广泛吸纳社会投资,高水平开发一批有国际影响、带动性强、效益好的旅游项目,发展红色旅游、生态旅游,打造精品旅游景区及线路,规划旅游市场秩序,提高旅游服务质量,完善旅游基础设施,构建起具有中部特色的旅游经济网络。

**(六) 以各省会城市和中心城市为支撑点,促进中部地区城市群和经济带的发展**

中部地区的各省会城市和中心城市一般都属于重点开发区域,资源环境承载能力和开发潜力都比较大,在这些区域稳步推进城市群和经济带的发展,可以增强对促进中部地区崛起的支撑能力。中部地区与东部地区相比,城市群和经济带建设起步较晚。但是,经过近几年的发展,目前已初具规模的城市群主要有六个,即湖北的武汉城市圈、河南的中原城市群、湖南的长株潭城市群、安徽的皖江城市带、江西的昌九工业走廊、山西的太原城市群,而且基本上都仅仅局限于省内,城市规模很小,跨省区的城市群和经济带尚未形成,发展的空间很大。

因此,要构建布局完善、大中小城市和小城镇协调发展的城镇体系,就要以省会城市和资源环境承载能力较强的中心城市为支撑点,发展和壮大现有的城市群规模,形成中部地区城市经济网络,促进沿干线铁路经济带和沿长江经济带的发展。其基本途径为:一是以武汉城市圈、中原城市群、长株潭城市群、皖江城市带为重点,同时加快昌九景城市带和太原城市群的发展,形成支撑中部地区经济发展和人口集聚的城市经济网络,带动周边地区发展。二是加强城市间及周边地区基础设施建设,密切中部六省各城市群

---

① 陈静:《旅游应成为中部崛起的支柱产业》,《中国旅游报》2005 年 3 月 11 日。

之间的经济联系,引导资源整合,形成共同发展的合作机制。

**（七）以加强资源节约、生态建设和环境保护为重点,实现中部地区的可持续发展**

在中部地区的长江中游、黄河中游、淮河上中游以及巢湖、洞庭湖、鄱阳湖和三峡库区等区域,面临的可持续发展问题较多,主要表现为:一是水污染十分普遍,特别是黄淮海地区几乎有河皆污。二是城市和矿区空气污染严重,一些城市酸雨污染比较普遍。三是工业增长方式粗放,一方面是矿产资源回采率很低、综合耗能很高,资源浪费现象严重;另一方面是一些资源的可持续利用能力不足。四是水土流失和土壤破坏严重,自然灾害频繁。在推进形成主体功能区建设过程中,对上述"问题区域",可以根据其资源环境承载能力和生态环境污染情况分别划为优化开发区和限制开发区。

在制定和实施中部地区的产业发展规划与空间建设布局中,在这些优化开发区域和限制开发区域,必须以加强资源节约、生态建设和环境保护为重点,实现中部地区的可持续发展。一是要加强水污染防治和生态建设。继续加强长江中游、黄河中游,特别是海河和淮河上中游、巢湖、丹江口库区及上游、三峡库区、南水北调工程影响区的水污染防治工作,支持重点城市的污水与垃圾处理设施建设。加强流域、区域水资源开发利用和水环境保护的统一管理,提高水资源利用综合效益。建立长江、黄河上下游之间生态环境保护的协调和补偿机制。加强长江中游天然林资源保护、长江流域防护林二期等重点防护林体系建设。加强湿地保护与恢复工程和水土保持工程建设。二是加大资源节约力度,提高资源的可持续利用能力。加强对工业污染防治、节能节水改造、资源综合利用的政策引导,大力发展循环经济。三是解决好产业转移过程中的污染转移问题。加强大气污染防治,加快"三废"无害化处理和再生利用设施建设。切实做好工矿废弃土地复垦和矿山生态环境恢复。加强环境保护和水资源保护监管与执法力度,落实污染治理目标责任制。四是加强防灾减灾体系建设。重点加强长江中下游、黄河中游、淮河等重要流域的干支流,洞庭湖、鄱阳湖水系和局部山洪频发区的防洪工程建设。

### 五、关于中部六省经济发展的功能定位与空间布局的构想

促进中部崛起,不仅需要明确整个中部地区在总体生产力空间布局上的区域功能定位及其产业发展方向,还应结合区域内各省的特点和实际情况,按照区域分工与协调发展的原则,把其具体分解和细化到中部各省行政区内,这样才更具有可操作性。其中,重点是规划好中部六省优化开发、重点开发和限制开发区域的功能定位、空间布局和产业发展方向,这对于促进中部崛起具有重要意义。

#### (一)湖北:"三个基地、一个中心"的产业发展规划

湖北省经济发展的功能定位为:"三个基地、一个中心",即高新技术产业基地、现代制造业基地、优质农产品加工基地、现代物流中心。根据规划,"十一五"期内,湖北省以加快形成电子信息、汽车、钢铁、石化等 6 个销售收入过千亿元的支柱产业为重点,建设现代制造业聚集区和高新技术发展区;同时加强江汉平原的重要粮食基地建设,大力发展优质农产品加工基地,并以武汉为龙头,形成现代物流中心。重点开发区域为沿江的武汉城市圈和沿线、沿江的襄樊、宜昌等市州。

##### 1. 重点推进武汉城市圈建设

积极推动武汉城市圈建设。按照"基础设施一体化、产业布局一体化、区域市场一体化、城乡建设一体化"的总体部署,加快武汉城市圈内交通、产业、市场、科技对接,促进圈内资源共享、产业融合和企业重组,形成武汉辐射周边、周边支持武汉,九市联动、共同发展的格局。抓紧实施一批重大工程和项目建设,加快发展高新技术、机械制造、冶金及新材料、轻工纺织、农产品加工等产业集群。扩大城市圈对外开放,加强与国内外经济技术交流与合作,积极引进大财团、大集团。支持武汉增强自主创新能力,调整优化产业结构,重点发展高技术、深加工、高附加值的先进制造业和现代服务业,积极推动轻纺、食品、建材、化工等传统产业向周边城市转移或延伸,加快武汉新区建设,把武汉建成全国重要的先进制造业基地、发达的交通枢纽和现代服务业中心;支持黄石、鄂州等市发挥资源优势,发展劳动密集型产

业、与武汉配套型产业和特色产业,加快工业化、城镇化进程;支持仙桃、潜江、天门等市发展现代农业,推进新型工业化,当好全省县域经济发展排头兵。高度重视和充分发挥中心城市的辐射带动作用,加快发展沿长江经济带和沿铁路干线经济带,力争使武汉城市圈真正成为带动全省经济发展的"龙头",成为促进中部崛起的重要经济增长极。

2. 积极推动襄樊、宜昌等市州快速发展

积极推动襄樊、宜昌等市州快速发展。支持襄樊、宜昌两个省域副中心城市加强铁路、公路、航运和城市基础设施建设,提升城市综合竞争力和辐射带动力,把襄樊建成重要的汽车生产基地和优质农产品生产加工基地,把宜昌建成世界水电旅游名城和全国最大的磷化工生产基地,使两市分别成为秦巴经济走廊和辐射鄂西南、连接渝东地区的中心城市。支持荆州加快发展轻纺和汽车零部件产业;支持荆门壮大延伸石化产业链;支持十堰建成全国重要的商用车生产基地;支持随州加快发展专用车及汽车零部件和高新技术产业,同时加强城市规划、建设和管理,使之尽快成为具有较强辐射带动力的区域性中心城市。认真落实国家的民族地区发展政策,支持恩施自治州加快交通建设、生态环境建设和农业产业化经营。支持神农架林区按照"保护第一、科学规划、合理开发、永续利用"的方针,保护生态环境,发展旅游经济。

(二)湖南:建设国家商品粮基地、先进制造业和现代服务业走廊

湖南省经济发展的功能定位是:国家商品粮生产基地、中部地区先进制造和现代服务业走廊。"十一五"期间,湖南省应重点开发长株潭及其南北二线地区、各市州县所在地、各类开发区和资源丰富区域,主攻先进制造业和现代服务业,加快技术升级,壮大企业规模,培育产业集群,增强自主创新能力和核心竞争力,将其逐步建成支撑本省经济发展和人口聚集的重要载体。

1. 优化推进长株潭一体化

加快推进长株潭经济一体化进程,按照优化结构、合理布局、功能互补的原则,加快科技进步与创新,形成一批拥有自主知识产权和核心技术的知

名品牌产品和企业,提高企业素质和市场竞争力。大力发展装备制造、有色深加工、卷烟制造等支柱产业群。培育电子信息、生物医药、种苗花卉、新材料等新兴产业群。积极发展商贸物流、金融保险、商务服务等现代服务业。提高园区软硬件服务水平,引导企业向园区集中,建成高新技术研发区、高新产业成长区、大型企业集聚区和战略投资者合作区。

2. 重点开发南北两线地区

南线地区,利用邻近粤港澳的区位条件,结合矿产、土地、森林资源优势,促进加工贸易转化升级,建成湖南省资源深度加工的新型工业区;积极承接高新技术产业和现代服务业转移,引进发展一批制造加工企业和现代服务业,做大做强一批产业梯度转移基地;加强畜、禽、果、蔬等绿色品牌农业建设,建成粤港澳农产品输入首选地。北线地区,利用紧靠长江经济带的区位优势,做大做强石化、造纸等支柱产业,打造全省有特色的江湖工业区;加快发展优质稻、优质水果、棉花、油料和名特优水产,建成中部重要的农业生产基地。

3. 适度开发湘西地区

加强交通、水利、城建、电网、科技、教育、卫生等基础设施建设,提高经济社会发展支撑带动能力。加强资源深度开发,扶持一批市场前景好的水能、矿产、林木、农产品和中医药等重点项目。挖掘民族文化和旅游资源潜力,扶持一批特色鲜明的山水型、文化型、民俗型景区,加快资源优势向经济优势转化。培育壮大骨干企业,扶持一批带动能力强,对促进就业、增加财政收入效果明显的重点企业。严格风景名胜区、自然保护区开发建设。加强同毗邻省区的经济技术合作与交流,发展边境贸易。

4. 积极培育沿交通干线的新的经济增长带

依托洛湛铁路、高速公路等交通干线,推动沿线地区资源深度开发,发展特色经济,壮大经济实力。依托涟钢、创元、海螺等企业,突出抓好钢材、铝材、水泥、石材、竹木制品等大宗建材发展,抓好锑、锰、磷、石膏等矿产资源精深加工,形成品牌特色。依托龙头企业,大力发展品质优良的粮食、生猪、水产品、油料、水果等生产,壮大产业链条,构建龙头带动、基地支撑、交通牵引的高效农产品生产加工带。

### (三) 江西:"三个基地、一个后花园"的区域功能定位

江西省经济发展的功能定位是:"三个基地、一个后花园",即沿海发达地区产业转移的承接基地、优质农产品供应基地、劳动力输出基地和沿海及境外群众观光旅游休闲的"后花园"。其空间发展布局为,遵循生产力布局规律,以产业为纽带,以交通干线为主轴,加快形成若干定位明确、优势突出、错位发展的经济增长带。

重点开发区域为昌九工业走廊建设,发挥省会南昌人才、科技优势和产业带动作用,积极利用九江沿江港口辐射作用,联动发展沿线城镇和工业园区,把昌九工业走廊建设成为产业集群式发展、内外资呼应、大中小城市功能互补的产业密集区,到 2010 年力争使昌九工业走廊工业增加值占全省的50% 以上。加快长江岸线开发,实行统筹规划、整体布局,发展壮大石油化工、汽车机械、冶金建材产业,加快培育船舶制造、数字家电、现代物流产业,形成沿江产业带。

### (四) 安徽:积极推进和提升"八大产业基地"建设

安徽省经济发展的功能定位是:积极参与泛长三角区域分工与合作,推进和提升"八大产业基地"建设,即把安徽建设成为加工制造业基地,原材料产业基地,化工产业基地,能源产业基地,高新技术产业基地,优质农产品生产、加工和供应基地,全国著名的旅游目的地,重要的文化产业大省。为此,安徽应按照合理布局、节约土地、集约发展的原则,统筹作好区域规划、城市规划和土地利用总体规划,拓展城市发展空间。加快合肥现代化大城市、以"马芜铜宜"为重点的皖江城市带、以"两淮一蚌"为重点的沿淮城市群建设步伐,形成合芜蚌自主创新综合配套改革试验区,强化产业支撑力、综合承载力和对人才的吸引力,增强辐射带动作用。明确安徽主体功能区划,根据资源禀赋、环境容量、生态状况、人口数量和开发程度,合理划分重点开发、优化开发、限制开发和禁止开发四类主体功能区,逐步形成功能定位清晰、发展导向明确、开发秩序规范、经济发展与人口资源环境相协调的区域开发格局。

### 1. 加快合肥现代化大城市建设

充分发挥合肥市经济基础和科技实力突出的优势,增强集聚和辐射能力,提升首位度,形成省会经济圈,在奋力崛起中发挥先锋带动作用。"十一五"期间,集中力量抓好国家科技创新型试点市建设,建立健全科技创新体制和机制,使合肥成为全国最具活力的科教区域之一和高新技术产业基地、新型工业化示范基地,带动全省整体科技水平和创新能力的提高。大力发展先进制造业、高新技术产业和现代服务业。继续改善交通基础设施条件,确立合肥在国家交通网络中的枢纽地位。树立现代化城市理念,完善城市规划,严格规划执行和监督。在经济规模、产业结构、城市品位和市民素质上实现大提升,建设滨湖现代化大城市,力争2010年经济总量占全省的19%以上。

### 2. 重点促进皖江城市带大发展

着力加快皖江城市带建设,推动沿江城市跨江合作和联动发展,尽快形成以长江及重要交通干线为主轴、以先进制造业为主导的产业密集带和城市群,在实现奋力崛起中发挥脊梁作用。力争在"十一五"实现经济社会发展的大跨越,其中"马芜铜宜"要实现经济总量翻一番,率先全面建成小康社会。进一步加快沿江地区公路、跨江大桥、城际铁路、水运、航空等交通建设,形成对接长江三角洲经济圈、连通中西部的快速便捷的立体交通网络。积极推进皖江城市带承接长三角产业转移示范区建设,不断壮大原材料、化工、汽车、电子等支柱产业,在培育百亿元级企业以及产业集群方面取得新突破,到2010年经济总量占全省的比重达到38%。

皖东等毗邻长江三角洲地区作为重点开发区域,要发挥区位优势,培育优势产业和强势企业,加速发展上的无缝对接,在积极参与泛长三角区域分工与合作中取得新突破,努力成为安徽东向发展的"排头兵"。

### 3. 促进皖北和皖西的优化开发

皖北要大力推进沿淮城市群建设,加快构筑"两淮一蚌"重化工业走廊,发展特色制造业,尽快做大做强,使"两淮一蚌"成为皖北地区奋力崛起的龙头。着力振兴有比较优势的能源、化工和制造业,加速发展煤电一体

化、煤化工、生物制药产业,有重点地培育阜阳生物医药、蚌埠电子信息等高
新技术产业。加强沿淮淮北平原农村产业结构调整、现代农业建设及矿产
资源深度加工和综合利用,妥善处理人口、资源、环境的关系,促进协调发
展。加强基础设施建设,壮大中心城市实力,提高吸纳农业人口的能力。加
强皖北社会事业发展投入,支持发展皖北文化旅游和生态旅游。加强对淮
河流域老庄文化的研究,大力培育和发展地方文化产业。

皖西大别山区要着力发展与生态环境相协调的现代农业、工业和以红
色旅游为重点的旅游业。丘陵平原地区要积极融入省会经济圈,着力打造
成为省会经济圈的产业配套和转移基地、农副产品供应基地。加大铁矿、农
林等资源开发力度;加快交通、水利等基础设施建设,构建快速联通省内外
的交通网络;优化发展环境,节约土地资源,加速工业化、城镇化、农业产业
化进程,实现人与自然的和谐发展。

4. 促进皖南旅游区的有序开发

壮大旅游支柱产业,按照国际化、现代化理念开发开放皖南旅游资源,
广泛吸引国内外优质资本参与建设,促进自然景观与人文景观、现代艺术品
味与传统文化风格相结合,充分展现皖南旅游的徽文化、佛文化、道文化内
涵。加快旅游基础设施建设,与长江三角洲经济圈旅游城市联动发展,尽快
建成无障碍旅游区,形成以黄山为重点的世界级旅游观光度假胜地。建设
黄山新城区、黄山和太平湖重点旅游度假区。加强新安江流域生态保护,大
力发展环境友好的无污染、低耗能、可循环的先进制造业和高技术产业、现
代服务业和生态农业,促进区域经济又好又快发展。

**(五)河南:新型工业基地和全国粮食农畜产品加工基地**

河南省经济发展的功能定位是:新型工业基地和全国粮食农产品加工
基地。目前,随着中原城市群的崛起,河南正在实现由农业大省向工业强省
的转变。经过"十五"以来的快速发展,河南省基本确立了"新兴工业大省"
的地位。2005 年,河南省全部工业增加值达 4923 亿元,工业对经济增长的
贡献率已经达到 56.7%,工业总量由 2000 年的全国第 7 位上升到第 5 位;
全省规模以上工业增加值达到 3228.23 亿元,位居全国第 6 位、中西部地区

首位,增速全国第 4 位。

根据规划纲要,"十一五"期间,河南省将继续全力打造以洛阳为中心的国家新型工业基地,以平顶山煤矿为重点的全国煤炭基地,促进以郑州为龙头的中原城市群崛起,加快豫东平原的全国粮食、农畜产品加工基地建设,以带动经济持续快速发展,为全面建设小康社会做好准备。

**(六)山西:建设国家新型能源和工业基地及旅游大省**

山西省经济发展的功能定位是:建设国家新型能源和工业基地及旅游大省。山西工业化水平在整个中部地区较高,经济发展速度在"十五"时期曾连续几年居中部六省之首。山西"晋商"文化底蕴深厚,又兼有东邻京津冀经济圈、南靠欧亚大陆桥、北连呼包银经济带的区位优势,发展潜力巨大。

山西省矿产资源极为丰富,已发现的地下矿种达 120 多种,其中探明储量的有 53 种。煤、铝矾土、珍珠岩、镓、沸石的储量居全国首位,其中尤以煤炭闻名全国。目前山西已探明煤炭储量达 2612 亿吨,占全国总储量的 1/3,故而有"煤乡"之称。对山西而言,科学开发、多元化利用能源、重构能源优势是其能源工业"十一五"发展重点,为此山西省提出了"建设国家新型能源和工业基地"的目标,规划从煤炭资源大省向煤炭工业大省转变,进而向煤化工大省转变。

山西也是中国旅游资源大省,北有大同云冈石窟,中有佛教圣地五台山,南有黄河壶口瀑布。据统计山西目前保存下来的各类文物总计 31401处,其中:古遗址 2639 处、古墓葬 1666 处、古代建筑及历史纪念建筑 18118处、石窟寺 300 处、古脊椎动物化石地点 360 处、石刻及其他 6852 处、革命遗址及革命纪念建筑 1466 处以及依附于古建筑及历史纪念建筑中的彩塑12345 尊、寺观壁画 26751 平方米。所以"依托文物,开发旅游"在山西前景广阔,旅游事业将成为山西重要的支柱产业。

综上所述,在统筹区域协调发展的新形势下,尽管国家对中部地区的战略定位已十分明确,但是如何按照转变经济发展方式的要求,根据中部各地的资源环境承载能力和发展潜力,进行优化开放、重点开发、限制开发和禁止开发的主体功能区划,进一步细化不同区域的功能定位,进行产业发展规划与建设布局,实现区域政策与产业政策的有机统一,目前还是一个新课题。本章从理论与实践结合的角度,按照区域政策与产业政策相统一的原则,在对中部地区进行四类主体功能区划分的基础上,探讨了中部地区的产业发展规划与建设布局,并进一步提出了"十一五"期间中部六省各自的功能定位与空间发展布局的设想,试图从一个新的视角来回答如何促进中部地区崛起与区域经济协调发展的问题。

# 第十章 扎实稳步推进中部地区的新农村建设

社会主义新农村建设,是党和国家在吸收和借鉴国内外有关城乡协调发展理论与实践经验基础上,提出的统筹城乡发展与实施以工促农、以城带乡的重要途径,是缩小城乡差距和全面建设小康社会的战略举措。党的十七大提出,坚持把发展现代农业、繁荣农村经济作为首要任务。相对于其他地区而言,中部地区是全国重要的粮食生产基地,承担着全国粮食安全的保障任务;同时中部地区的"三农问题"尤为突出,新农村建设的任务显得十分迫切而艰巨。因此,促进中部崛起必然要与新农村建设相关联,它不仅有助于改善中部农民的生活与生产条件,同时,它所产生的投资和消费需求,还将成为拉动中部地区经济发展的一个重要引擎。所以,中部崛起的首要任务是扎实推进社会主义新农村建设,这对于促进全国区域经济协调发展具有着重要的意义。

## 一、国内外有关城乡协调发展的理论与实践及其借鉴

我国新农村建设来源于统筹城乡发展的科学发展理念的指导,而统筹城乡发展的科学发展理念又源于国内外有关城乡协调发展的理论与实践及其借鉴。

### (一)国外有关城乡协调发展的理论与实践

1. 国外有关城乡协调发展的理论

在区域经济发展过程中,由于城市与乡村之间政治、经济、文化等方面的差异,客观上形成了二元经济结构的格局。针对城乡之间存在的不合理

二元经济结构现象,20 世纪 80 年代以来国外开始形成了以利普顿(Lipton)、科布纳基(Corbridge)、朗迪勒里(Rondine lli)、斯多尔(Stohr)、泰勒(Taylor)等为代表的有关城乡协调发展的新理论。

利普顿首先对城市中心论进行了批评,认为城市集团利用自己的政治权力,通过"城市偏向"政策,使社会的资源不合理地流入自己的利益所在地区,而资源的这种流向很不利于农村的发展,通过这种不公平的城乡关系,造成了发展中国家的不发达,贫富差距的加大。①

科布纳基从社会结构变化的角度来认识城乡联系,认为城乡联系是一些社会基本结构作用的结果,并依附于这些社会进程。并且他认为"城市偏向"的原因在于低廉的食物价格以及其他一系列不利于农村的价格政策,偏向于城市工业的投资战略由此引起的乡村地区技术缺乏,农村地区普遍存在的医疗、教育等基础设施的落后。

朗迪勒里认为,城市的规模等级是决定发展政策成功与否的关键。他强调农村与小城镇、大城市与小城市的联系,认为中小城市的社会经济基础可以使农村发生变化。其主要观点认为,在相对分散的一些聚居区进行战略性投资,就可以为农村人口提供自下而上发展的基本条件和自治的进程。②

斯多尔和泰勒强调自下而上的发展。这种发展一般以农村为中心,以各地的自然、人文和制度资源最大利用为基础,以满足当地居民的基本需要为首要的目的。为使这种自下而上的发展成功,需要在四个领域保持平衡关系:①政治上应给予农村地区更高程度的自主权,使得政治权力自城市向农村单向流动得到改变;②调整全国的价格体系,使之有利于农村的发展和农产品的生产;③鼓励农村的经济活动超过当地需求以便形成更多的出口;

---

① Harriss, John. *Rural development*: *Theories of peasant eccmomy and agrarian change*. Lonodon: Hatchison,1982. pp. 94 – 116.

② Rondinelli, D. A. *Applied methods of regional analysis*: *The spatial dimensions of development policy*, Boulder: Westview. 1985. pp. 134 – 135.

④不仅在城乡之间,而且在农村的村之间也应建设交通、通信网络。①

麦吉(Megee)于1989年提出了Desaota的概念,Desa指乡村,Ota指城市,Desaota指在同一地理区域上同时发生的城市性的和乡村性的行为,表示在大城市之间交通走廊地带的农村地区所发生的以劳动密集型工业、服务业和其他非农产业的迅速增长为特征的商品和人员相互作用十分强烈的发展过程。其重点不在于城乡区别,而在于空间经济的相互作用及其对聚居形式和经济行为的影响。并认为Desaota区域有自身社会特征与通常意义上的城市与农村有区别。它的特征在于:①人口密度高;②居民的经济活动多样化,经营小规模的耕作农业,也发展各种非农产业,且非农产业增长很快;③土地利用方式高度混杂,耕地、工业小区、房地产经营等在区域内同时存在;④人口流动性很大,大量的居民到大城市上班以及从事季节性帮工;⑤此区域基础设施条件好,交通方便;⑥妇女在非农业中占有很高的就业比重,Desaota这种空间形态是城乡两大地理系统相互作用、相互影响而形成的一种新的空间形态。②

上述这些理论尽管存在着众多分歧,但在以下几个方面是共同的。一是都非常重视城市与乡村关系的协调;二是都关注城乡关系对区域发展的影响;三是都强调城乡之间的经济联系及其与政府政策之间的关系。

2. 国外有关城乡协调发展的实践

国外一些发达国家在其发展中一般都有过推进乡村建设的发展过程,如日本的"造村运动"、欧盟的"7年计划"、韩国的"新村运动"等。其中,韩国"新村运动"的一些好的做法和经验,对我国统筹城乡发展和社会主义新农村建设比较有借鉴意义。

韩国在20世纪60年代迅速推进了国家的工业化和城市化,工农业发展严重失去了均衡,农村问题十分突出。当时,在全国农村人口中,经营不

---

① Stohr, W. B. Taylor. *Development from above or below? The dialectics of regional planning in developing countries.* Chiehester: Wiley. 1981. pp. 9 – 26.

② Ginsburg, N. , oppel , B. , and Megee , T. G. *The extended metropolis: Settlement transition in Asia.* Onolulu: University of Hawaii. 1991. pp. 47 – 70.

足 1 公顷耕地的农户占 67%,他们的年平均收入不到城市居民的 50%,而且这种差距有继续扩大的趋势,导致农村人口的大批流动。农村人口占全国人口的比例从 1950 年的 70% 降到 1971 年的 46%。农村人口的大量无序迁移,带来了诸多的城市问题和社会难题。农村劳动力老龄化、弱质化、农业后继无人,加上农业机械化发展滞后,导致部分农村地区的农业濒临崩溃的边缘。

为解决这一农村与社会问题,韩国政府在实施第三个 5 年计划时(1972~1976),把"工农业的均衡发展"放在经济发展目标的首位,自 1970 年开始发起了"新村运动",并组织实施一系列的开发项目,以政府支援、农民自主和项目开发为基本动力和纽带,带动农民自发地开展家乡建设活动,并把经济发展、科技发展和国家伦理道德建设紧密结合起来,在新村运动中以勤勉、自助、协同为其基本精神,成功地实现了农村物质文明和精神文明相协调的跨越式发展。

### (二)我国有关城乡协调发展的实践及其模式

自上个世纪以来,中国先后已出现过两次乡村建设高潮。第一次是上世纪 20 年代至 30 年代的乡村建设运动,由晏阳初、梁濑溟等知识精英推动,以教育农民为核心。第二次乡村建设高潮,是上世纪 80 年代包产到户后农村建设高潮,由政府推动,以发展农村经济为核心,并在以后的农村改革发展实践中涌现出了三种城乡协调发展模式。

#### 1. 农村工业化协调发展模式

它是指农村中的剩余劳动力通过就地兴办工业解决,而并不向城市集中。通过农村工业化来改善农村工业经济状况,以提高农民生活水平。采用这一发展模式是因为 20 世纪 70 年代末期以来,随着农业劳动生产率的提高,人口压力的不断加剧,农村中逐渐出现了大量剩余劳动力必须在土地之外寻求生存的机会,但由于户籍制度大大地制约了农村人口向城市的转移,因此,农民只能通过引进城市的工业技术和人才,在本土建立工业企业使剩余劳动力得以转移。

在这一时期,农村工业化模式有力地促进了城乡联系的发展,同时极大地促进了我国农村经济的全面发展,进而加强了城市与区域相互作用。这是因为:①在农村中引进工业,绕开了城乡之间、要素之间流动的壁垒,使城乡要素得以在农村区域内进行配置,从而在农村区域范围内形成了极其紧密的城乡产业联系。②采用对农村剩余劳动力就地转移的办法,避免了在特定的城乡联系制度下可能增加的社会和个人心理成本,同时,所引进的工业资本的有机构成低,有利于大规模吸收农村剩余劳动力,也有利于形成产品的比较成本优势。③农村工业的发展由于其与农业的天然联系和产业关联有利于农业分享到工业化的好处。[①]

随着我国宏观经济改革的不断推进,城乡联系的制度壁垒日渐消退,农业工业化模式的弊端也逐渐显现。首先,引入工业、农业剩余劳动力的就地转移,开始制约经济社会资源在城乡之间的双向流动和优化配置。一方面,城市的资金、技术向农村的单向流动影响到中心城市自身投资和发展;另一方面,劳动力的就地转移,限制了劳动力转移的空间,也使得城市第二、第三产业失去了使用廉价劳动力的机会。其次,粗放型的工业转移直接导致了城乡工业的同构,使城乡难以利用分工来发挥资源禀赋优势,同时也使农村工业在与城市工业竞争中处于不利地位。最后,农村工业大都在行政地域范围内进行布局,导致工业的分散化,由此产生严重的外部不经济。

2. 以市场为中介的城乡联系模式

它是指利用市场机制配置城乡资源,通过要素的价格机制引导要素自由流转,从而使城乡产业形成最优的空间配置,同时通过产业组织的创新,使三大产业之间形成密集的市场联系,从而保证区域各产业的协调发展。

这一模式用产业集中与整合的方式避免农业工业化模式的弊端。首先,产业集中所带来的集聚经济效应在区域经济学的研究中已经得到充分的证明,此外产业集中又会带动人口的聚集、市场潜力的扩大,吸引更多的工商企业投资,以此推动城市化进程。为避免农村工业分散化,农村工业应主要集聚于投资环境逐渐改善的小城镇,同时政府要通过用地、信贷等经济

---

① 谢文惠等:《城市经济学》,清华大学出版社1996年版,第75页。

杠杆以及必要的行政管理手段来鼓励、促进农村工业的适度集中。产业集中主要着重于促进工业与农业之间的分离,使农村工业成为与城市工业无差别的现代化工业,使农业成为有内在发展动力的现代化农业。① 其次,产业整合的主要目标在于促使工农业之间建立相互依存、相互支持的产业联系,其关键就在于建立和发展中间性整合产业,具体来说就是要建立农用工业、农用服务业和农产品加工业。

3.城乡良性互动协调发展模式

这种模式是指通过综合运用市场和非市场力量,积极促进城乡产业结构调整、人力资源配置、金融资源配置和社会发展等各个领域的良性互动和协调发展,既充分发挥城市对农村的带动作用,又充分发挥农村对城市的促进作用,逐步形成以市场机制为基础、城乡之间全方位自主交流与平等互利合作,有利于改变城乡二元经济结构的体制和机制,实现工业与农业、城市与农村发展良性互动,使城乡购买力在全面提高的基础上实现动态平衡,从而促进城乡一体化发展。② 这一新模式是在以市场为中介的城乡联系模式的基础上的扩展与完善,它不仅强调市场的力量,而且也强调非市场的力量。从城乡的商品流通体系、城乡金融体系、城乡信息网络体系、城乡的产业结构调整以及城乡文化建设互动等方面,研究城市与乡村的互动联系。

(三)对国内外有关城乡协调发展理论与实践的几点借鉴

1.在我国现阶段应高度重视统筹城乡发展问题

目前,我国的发展总体上看是处在工业化中期阶段,在这个阶段由于城市的迅速发展,经济主导地位已从农村移向城市,城市物质设施的不断改善,使城乡之间的差距拉大,从国际经验来看容易产生和激发各种社会问题。因此,在我国现阶段,应高度重视统筹城乡发展问题。新形势下推进农村改革发展,要把加快形成城乡经济社会发展一体化新格局作为根本要求。必须统筹城乡经济社会发展,始终把着力构建新型工农、城乡关系作为加快

---

① 汪和建:《发展城乡联系,促进区域经济发展》,《南京社会科学》1996年第1期,第56页。
② 赵勇:《新见解:大力实施城乡互动战略》,《经济日报》2004年7月13日。

推进现代化的重大战略。

**2. 统筹城乡发展是促进区域协调发展的重要内容**

城市作为区域经济活动与社会活动的中心,它的存在是以其辐射范围内广大农村地区作为依托的,二者无时无刻不在进行着物质、人员、技术的交流,使得城乡之间建立了密不可分的联系。[①] 因此,统筹城乡发展是促进区域协调发展的重要内容之一。

**3. 社会主义新农村建设是统筹城乡发展的必然选择**

推进乡村建设是世界上许多国家和地区发展到一定阶段的客观规律。正是在吸收和借鉴有关国内外城乡协调发展理论与实践经验的基础上,并根据我国现阶段"三农问题"较为突出的实际情况,党和国家提出了大力加强社会主义新农村建设的重要战略举措。这是实现以工促农、以城带乡的重要途径,是统筹城乡发展的必然选择。

## 二、对中部地区农村全面建设小康实现程度的基本判断

"十五"期间,中部地区经济社会平稳较快发展,为中部地区如期实现全面建设小康社会创造了条件。但中部地区全面建设小康社会进展不平衡,差距主要在农村。中部地区实现全面建设小康社会的奋斗目标,最艰巨、最繁重的任务在农村,最广泛、最深厚的基础也在农村。为了统筹中部地区城乡社会的发展,党和国家在《促进中部地区崛起的若干意见》中明确提出了要加快中部地区社会主义新农村建设的要求。为了更好地进行中部地区的新农村建设,首先必须对中部地区农村全面建设小康社会的实现程度有一个基本判断。

### (一)我国农村全面小康社会实现程度的测评方法

农村全面小康社会实现程度的测评采用综合评分法。它的基本思想是按每个指标规定的最高值与最低值确定全距,然后计算每个指标的实现程度,最后将单个指标实现程度与其权数相乘并加总,得综合分值。

---

① 李培祥:《城市与区域相互作用的理论与实践》,经济管理出版社 2006 年版,第 41 页。

**1. 计算各指标的实现程度**

计算各指标的实现程度需要先对评价指标数值进行标准化处理,即把性质、量纲各异的指标转化为可以进行综合的相对数。其具体步骤是:

(1)确定各评价指标的上下限

进行标准化处理首先需要确定各个评价指标的"优"、"劣"上下限,也即各个指标的最大值 $X_{man}$ 和最小值 $X_{min}$。规定各指标的全面小康值为目标值,由于总体小康是全面小康的基础和起点,规定总体小康值(见表 10 – 1)为起点值。

在具体计算中,对正向指标以农村全面小康社会的标准值为 $X_{man}$,以总体小康值为 $X_{min}$,对逆向指标以农村全面小康社会的标准值为 $X_{min}$,总体小康值为 $X_{max}$。在农村全面小康指标体系中,只有第一产业劳动力比重、农村居民恩格尔系数和万元农业 GDP 用水量三个指标为逆向指标,农村居民基尼系数为适度指标,其余指标均为正向指标。

(2)计算各指标的实现程度

①对正向指标(常用耕地变动幅度除外),实现程度计算如下:

$$f(X_i) = \begin{cases} 100 & X_i \geq X_{max} \\ \dfrac{X_i - X_{min}}{X_{max} - X_{min}} \times 100 & X_{min} < X_i < X_{man} \\ 0 & X_i \leq X_{min} \end{cases}$$

式中:$f(X_i)$—第 $i$ 个指标实现程度

$X_i$—第 $i$ 个指标评价年的实际数值

$X_{max}$—第 $i$ 个指标的上限值,也即最大值

$X_{min}$—第 $i$ 个指标的下限值,也即最小值

②对逆向指标,实现程度计算如下:

$$f(X_i) = \begin{cases} 100 & X_i \leq X_{man} \\ \dfrac{X_{man} - X_i}{X_{max} - X_{min}} \times 100 & X_{min} < X_i < X_{man} \\ 0 & X_i \geq X_{max} \end{cases}$$

③对适度指标农村居民基尼系数,国际上明确规定,0.6以上是差距偏大,0.2以下是高度均等,差距偏大和高度均等都不好。具体计算如下:

实际值 $X$ 在全面小康标准值 0.3~0.4 之间,实现程度为 100;实际值 $X$ 在 0.4~0.6 之间,实现程度计算公式为 $((0.6-X)/0.2)\times100$;实际值 $X$ 在 0.2~0.3 之间,实现程度计算公式为 $((X-0.2)/0.1)\times100$;实际值 $X$ 大于 0.6 或者小于 0.2,实现程度为 0。

④由于国家实行最严格的耕地保护制度,常用耕地变动幅度实现程度计算如下:

$$f(X_i)=\begin{cases}100 & X_i\geqslant0.3\\ \dfrac{X_i}{0.3}\times100 & -0.3<X_i<0.3\\ -100 & X_i\leqslant-0.3\end{cases}$$

**2. 计算各目标层的实现程度**

一个区域(省、市、县)的全面小康社会总体目标实现程度是指这一区域全面建设小康社会评价指标的各个评价指标综合作用而形成的全面小康社会的实际水平。各子目标的全面小康社会实现程度是指构成各子目标的各个指标综合作用而形成的实际水平。这里采用加法合成法计算农村全面建设小康社会的总体实现程度及各个子目标的实现程度。按照评价指标体系中各个指标的排列序号和权数(见表 10-1),农村全面小康社会总值实现程度的计算公式为:

$$F=\sum_{i=1}^{18}f(X_i)\times b_i$$

各子目标全面小康社会实现程度的计算公式为:

$$F(A)=\sum_{i=1}^{3}f(X_i)\times b_i/\sum_{i=1}^{3}b_i \qquad F(B)=\sum_{i=4}^{7}f(X_i)\times b_i/\sum_{i=4}^{7}b_i$$

$$F(C)=\sum_{i=8}^{9}f(X_i)\times b_i/\sum_{i=8}^{9}b_i \qquad F(D)=\sum_{i=10}^{13}f(X_i)\times b_i/\sum_{i=10}^{13}b_i$$

$$F(E)=\sum_{i=14}^{15}f(X_i)\times b_i/\sum_{i=14}^{15}b_i \qquad F(F)=\sum_{i=16}^{18}f(X_i)\times b_i/\sum_{i=16}^{18}b_i$$

式中：

$F$——农村全面小康社会总体实现程度

$F(A)$——农村全面小康社会中经济发展水平目标的实现程度

$F(B)$——农村全面小康社会中社会发展水平目标的实现程度

$F(C)$——农村全面小康社会中人口素质目标的实现程度

$F(D)$——农村全面小康社会中生活质量水平目标的实现程度

$F(E)$——农村全面小康社会中民主法制水平目标的实现程度

$F(F)$——农村全面小康社会中资源环境水平目标的实现程度

$F(X_i)$——第 $i$ 个评价指标的实现程度

$b_i$——第 $i$ 个评价指标在整个评价指标体系中所占的权重,各指标的权重在表 10-1 中,计算时需要将百分数换算成小数。

表 10-1　农村全面小康社会的标准值和权数

| 子目标 | 序号 | 指标名称 | 单位 | 权数（%） | 总体小康值 | 全面小康标准 |
|---|---|---|---|---|---|---|
| A. 经济发展 | 1 | 农村居民人均可支配收入 | 元/人 | 20 | 2200 | ≥6000 |
|  | 2 | 第一产业劳动力比重 | % | 5 | 50 | ≤30 |
|  | 3 | 农村小城镇人口比重 | % | 4 | 16 | ≥35 |
| B. 社会发展 | 4 | 农村合作医疗覆盖率 | % | 8 | 10 | ≥90 |
|  | 5 | 农村养老保险覆盖率 | % | 4 | 1.8 | ≥60 |
|  | 6 | 万人农业科技人员数 | 人 | 4 | 1 | ≥4 |
| C. 人口素质 | 7 | 农村居民基尼系数 | — | 4 | 0.35 | 0.3~0.4 |
|  | 8 | 农村人口平均受教育年限 | 年 | 12 | 7.4 | ≥9 |
|  | 9 | 农村人口平均预期寿命 | 年 | 3 | 69.5 | ≥75 |
| D. 生活质量 | 10 | 农村居民恩格尔系数 | % | 4 | 49 | ≤40 |
|  | 11 | 农民居住质量指数 | % | 11 | 18 | ≥75 |
|  | 12 | 农民文化娱乐支出比重 | % | 3 | 2.5 | ≥7 |
| E. 民主法制 | 13 | 农民生活信息化程度 | % | 5 | 28 | ≥65 |
|  | 14 | 农民对村政务公开的满意度 | % | 3 | 55 | ≥85 |
|  | 15 | 农民对社会安全满意度 | % | 3 | 60 | ≥85 |
| F. 资源环境 | 16 | 常用耕地增长率 | % | 3 | -0.3 | ≥0 |
|  | 17 | 森林覆盖率 | % | 2 | 16.5 | ≥23 |
|  | 18 | 万元农业 GDP 用水量 | 立方米 | 2 | 2600 | ≤1500 |

资料来源:国家统计局农村社会经济调查司编:《中国农村全面建设小康监测报告-2006》,中国统计出版社 2006 年版。

**（二）对中部地区农村全面建设小康实现程度的基本判断**

1.从总体上看中部地区与东部地区农村全面建设小康经济程度差距进一步拉大，与西部地区差距反而略有缩小

2005年东、中、西部地区农村全面建设小康社会实现程度分别为47.6%、24.6%和1.3%，分别比上年提升7.1、6.3和6.4个百分点，中、西部地区农村全面建设小康实现程度提升速度分别比东部地区低0.8和0.7个百分点。但西部地区农村全面建设小康实现程度提升速度比中部地区高0.1个百分点。中部地区与东部地区农村全面建设小康实现程度差距比2004年扩大0.8个百分点，而西部与中部地区的差距却缩小了0.1个百分点。

表10-2　2005年东、中、西部地区农村全面建设小康实现程度

| 指标 | 实际值 | | | 实现程度 | | |
|---|---|---|---|---|---|---|
| | 东部地区 | 中部地区 | 西部地区 | 东部地区 | 中部地区 | 西部地区 |
| A.经济发展 | | | | 49.7 | 10.3 | -9.3 |
| 人均可支配收入 | 3633.0 | 2645 | 2029 | 44.5 | 11.7 | -4.5 |
| 第一产业劳动力比重 | 40.0 | 50 | 56 | 73.3 | 0.0 | -40.0 |
| 小城镇人口比重 | 23.7 | 19 | 17.0 | 46.3 | 5.8 | 5.3 |
| B.社会发展 | | | | 29.3 | | 24.5 |
| 农村合作医疗覆盖率 | 32.1 | 19 | 14.0 | 43.5 | 11.3 | 5.0 |
| 农村养老覆盖率 | 13.3 | 6.2 | 5.1 | 20.1 | 7.6 | 5.7 |
| 万人农业科技人员数 | 2.1 | 1.5 | 1.2 | 37.4 | 16.7 | 6.7 |
| 农村居民基尼系数 | 0.37 | 0.32 | 0.34 | 100.0 | 100.0 | 100.0 |
| C.人口素质 | | | | 31.3 | 17.9 | -49.0 |
| 平均受教育年限 | 7.8 | 7.6 | 6.5 | 27.8 | 15.1 | -56.3 |
| 平均预期寿命 | 71.9 | 71 | 68.4 | 45.5 | 29.1 | -20.0 |
| D.生活质量 | | | | 60.1 | 31.6 | 13.8 |
| 恩格尔系数 | 44.0 | 46.3 | 50.5 | 66.7 | 30.0 | -16.7 |
| 居住质量指数 | 38.5 | 33 | 29.0 | 57.9 | 26.3 | 19.3 |
| 文化娱乐支出比重 | 4 | 4 | 3.4 | 40.0 | 28.9 | 20.0 |
| 农民信息化程度 | 48.4 | 42.7 | 35.1 | 71.9 | 45.9 | 22.2 |
| E.民主法制 | | | | 77.7 | 77.7 | 70.3 |
| 对村政务分开满意度 | 70 | 80 | 78 | 83.3 | 83.3 | 76.7 |
| 农民社会安全满意度 | 78 | 78 | 76 | 72.0 | 72.0 | 64.0 |

| | | | | | | |
|---|---|---|---|---|---|---|
| F.资源环境 | | | | 18.7 | 16.4 | -13.2 |
| 常用耕地面积变动幅度 | -0.7 | -0.4 | 0.1 | -77.0 | -64.0 | 33.0 |
| 森林覆盖率 | 31 | 27 | 13 | 100 | 100 | -61.5 |
| 万元农业 GDP 用水量 | 1980 | 1979 | 2976.0 | 64.5 | 56.5 | -34.2 |
| 综合实现程度 | | | | 47.6 | 24.6 | 1.3 |

注：平均预期寿命为 2000 年人口普查数，这个指标的数据在有最新数据公布的年份进行更新。
　　森林覆盖率为第六次全国森林资源清查数。农村合作医疗覆盖率和农村养老覆盖率根据重
　　点调查推算。

资料来源：国家统计局农村社会经济调查司编：《中国农村全面建设小康监测报告－2006》，中国
　　　统计出版社 2006 年版，第 6—7 页。

2．从结构上看中部地区与东部地区在经济发展、人口素质和生活质量
方面差距较大

在经济发展方面，中部地区与东部地区农村全面建设小康实现程度的
差距为 39.5% ；在人口素质方面，中部与东部农村全面建设小康实现程度
的差距为 13.4% ；在生活质量方面，中部与东部农村全面建设小康实现程
度的差距为 28.6% 。分指标看，中部与东部农村全面建设小康实现程度差
距最大的是平均受教育、人均可支配收入、第一产业劳动力比重、居住质量
指数和农民信息化程度等指标，这些方面是缩小中部与东部差距，实现农村
全面建设小康社会的重点。

3．从进程上看东部地区走完了近一半的路程，而中部地区仅走完了 1/4
的路程

2005 年，东部地区农村全面建设小康实现程度为 47.6% ，已经走完了
近一半路程，估计再过 10 年左右可基本实现全面建设小康目标。中部地区
全面建设小康实现程度为 24.6% ，仅走完了 1/4 的路程，而且经济与社会
发展不均衡，经济发展和人口素质的实现程度均很低。因此，中部地区农村
全面建设小康社会任重道远。

三、新农村建设及其对促进中部崛起的重大意义

推进乡村建设是世界上许多国家和地区经济发展到一定阶段的客观规
律。社会主义新农村建设，是农村全面建设小康社会的客观要求，是党在我

国进入"以工促农、以城带乡"发展的新阶段提出的指导"三农"工作的新理念,具有许多鲜明的时代特征和新的科学内涵。中部六省基本上都是农业大省,新农村建设与中部崛起密切相关,新农村建设可以从多方面为促进中部崛起带来机遇并起到支撑作用。

**(一) 新农村建设的基本内涵与要求**

党的十六届五中全会提出了建设社会主义新农村的总体要求,2007 年 1 月出台了《中共中央国务院关于积极发展现代农业扎实推进社会主义新农村建设的若干意见》,2008 年 10 月又出台了《中共中央关于推进农村改革发展若干重大问题的决定》。积极发展现代农业,扎实推进社会主义新农村建设和农村改革发展,已成为加快社会主义现代化建设的重大任务。如何理解社会主义新农村建设的基本内涵?从一些地方的实践和有些专家的研究来看,有很多的概括。综合这些实践与理论成果,我们认为,新农村建设有以下几个方面的含义:

1. 新农村建设是一个有机统一的系统工程

党和国家关于新农村建设的目标是,"生产发展、生活宽裕、乡风文明、村容整洁、管理民主"。这一目标体现了农村经济建设、政治建设、文化建设、社会建设和党的建设的有机统一,是一个系统工程。在这个系统工程中,生产发展是关键,生活宽裕是根本,乡风文明是保障,村容整洁是形象,管理民主是基础(张德江,2006)。因此,只有创新体制,形成互动机制,统筹协调发展,才能保证这一目标的顺利实现。

2. 新农村建设包含了许多新的时代内容

新农村建设重在一个"新"字,具体包括:推进现代农业的新发展,形成经济结构的新格局、完善乡村治理的新机制、创造农民生活的新环境、树立乡风民俗的新风尚、培育农村市场的新主体、促进公益事业的新发展、营造城乡和谐的新局面等多方面的内容。[1] 因此,对新农村建设需要采取综合性配套政策及措施。

---

① 参见叶兴庆:《扎实推进社会主义新农村建设》,《经济日报》2006 年 2 月 13 日。

**3.新农村建设是一项长期而艰巨的任务**

新农村建设涉及到农民生产方式、生活方式、思想观念等一系列的转变,有一个逐步的发展过程。因此,在新农村建设中,不仅要注重"硬件"建设,还要重视"软件"建设;不仅要立足当前,还应放眼长远;不仅需要农村自身的努力,还需要社会各方面的支持与配合。

**(二)新农村建设对促进中部崛起的重大意义**

农业大省较多是中部地区的一大特色,"三农"问题突出,是制约中部发展最为集中的突出矛盾和问题。与东、西部地区相比,大力加强社会主义新农村建设,对中部地区来讲就显得更为迫切,更为重要。因此,按照科学发展观的要求,认真搞好中部地区的社会主义新农村建设,无论是对促进中部崛起与区域经济协调发展,还是对全面建设小康社会与构建社会主义和谐社会都具有重大意义。

**1.新农村建设是中部地区建设全国重要粮食生产基地的需要**

中部地区是国家重要的粮食核心主产区和优势农产品的主产区。有人认为,中部省份作为农业大省很吃亏,靠农业不能崛起。我们认为,中部崛起不能只发展农业,但决不能放弃和忽视农业,中部的主要优势仍在农业,要促进中部崛起与区域经济协调发展,首先要做好农业这篇大文章,打牢农业基础,进一步巩固中部地区农业特别是粮食主产区的重要地位。而要加快中部地区的农业发展,就必须大力加强中部地区的社会主义新农村建设,树立新理念,培育新农民,形成新机制,大力发展现代农业、特色农业和生态农业,走农业产业化之路。

**2.新农村建设是使中部广大农民群众共享改革发展成果的要求**

中部省份作为农业大省,也是农村人口最多的地区。目前,中部地区仍有68%的人口居住在分散的农村,高于全国平均水平10个百分点。社会主义新农村建设,将使中部广大农民享受到由公共财政提供的基础设施建设和公共服务,获得国家改革发展带来的更广泛的成果和实惠。这不仅有利于中部地区全面建设小康社会,而且还有利于全国社会主义和谐社会的构建。

3. 新农村建设是推动中部城乡经济社会共同进步与繁荣的必然选择

目前,中部地区长期形成的工农关系失调、城乡关系失衡的机制尚未根本改变,城乡经济社会发展依然存在着巨大的反差。农民富裕是中部稳定的基础,农村繁荣是中部崛起的前提。因此,在中部地区推进工业化、城镇化过程中,必须通过社会主义新农村建设,走具有中国特色的工业与农业、城市与农村协调发展、共同繁荣的现代化道路。

4. 新农村建设有助于提高中部地区农产品出口创汇的市场竞争力

中部地区农业大省多,农产品的生产经营是中部地区的一大优势。在新农村建设中,随着中部地区农业产业化经营的深入发展,必然促进中部地区农产品在国际市场上竞争力的提高,可以增大中部地区农产品出口份额,为促进中部崛起做出积极的贡献。据统计,2005 年我国东部地区农产品出口值比上年增长 14.6%,出口份额为 78.5%,下降 2.3 个百分点;进口增长 2.9%,进口份额为 93.8%,提高 0.5 个百分点。中部地区出口增长 38.4%,出口份额为 13.9%,提高 2.1 个百分点;进口下降 10.1%,进口份额为 4.2%,减少 0.6 个百分点。西部地区出口增长 21.7%,出口份额为 7.6%,提高 0.2 个百分点;进口增长 9.8%,进口份额为 2.0%,增加 0.1 个百分点。[①] 这说明,随着促进中部崛起政策的提出与新农村建设的开展,使中部地区农业产业化的国际竞争优势开始显现。

5. 新农村建设可以为促进中部崛起提供可靠而持久的动力源泉

中部地区农村人口占大多数,集中着我国数量最多、潜力最大的消费群体,是促进中部崛起和我国经济增长最可靠、最持久的动力源泉。推进社会主义新农村建设,激活中部地区农村的巨大消费需求,不仅是解决当前中国经济发展突出矛盾和问题的应对之策,更是保持我国国民经济平衡较快增长的长久之计。

---

① 中华人民共和国农业部:《2006 中国农业发展报告》,中国农业出版社 2006 年版,第 26 页。

## 四、中部地区推进新农村建设的有利条件分析

中部崛起一定要从中部的实际出发,中部的最大实际就是中部地区是我国传统的大农业区。只有加快新农村建设,积极推进农村改革发展,才能为中部崛起打下良好的基础。这是由中部的历史、地理、人文、资源禀赋等实际情况所决定的,也是全面贯彻和落实党和国家关于促进中部崛起的方针、政策的要求,更是中部地区应对全球金融危机、扩内需保增长的必然选择。在推进新农村建设和农村改革发展方面,中部地区与其他地区相比,具有着许多有利条件。

### (一)中部地区具有东部与西部无可比拟的农业资源优势

当前,东部已经几乎没有可开发的耕地了,西部又不适合种植粮食,今后中国的粮食问题还是主要靠中部地区。现在内地加上港澳台地区,全国总人口是 13.28 亿。[①] 到 2010 年,中国人口将会接近 14 亿,到时谁能养活这么多人口?20 世纪 90 年代,西方就有人问,21 世纪谁来养活中国人?粮食问题必须靠中国人自己解决,而中国适合粮食生产的地区主要是在中部地区。据统计,2005 年,中部六省粮食总产量达到 15053.3 万吨,占全国总量的 31.1%。其中,河南省"十五"期间粮食总产量达到 20741 万吨,比"九五"期间增加 643 万吨,增幅为 3.2%,比全国同期粮食总产量增幅高 10 个多百分点(全国同期粮食总产量是下降的),2005 年其粮食产量占全国比重上升到 9.5%。中部丰富的农牧产品,是东部不可缺的工业原料。同时,也是中部从事工业化半加工、深加工的基础资源。立足这一优势,在新农村建设中,加强中部地区特色农业产业化、规模化发展,就能使中部地区的资源优势转化为产业优势、经济优势。现在中部相对落后的原因在于农业产业化规模低,没有形成以农产品为依托的工业化,是低效农业拖了中部加快发展的后腿,而不是农业资源拖了后腿。丰富的农业资源,恰恰是加快新农村

---

① 中华人民共和国国家统计局:《中华人民共和国 2008 年国民经济和社会发展统计公报》,《人民日报》2009 年 2 月 27 日。

建设和促进中部崛起的优势条件之一,关键是看以什么样的发展理念去做好中部农业这篇大文章。

**(二)国家促进中部崛起战略为中部新农村建设创造了良好的发展环境**

扎实稳步推进社会主义新农村建设,是党和国家促进中部崛起的重要战略任务之一。中部崛起的标志在于提高城市化、工业化水平。但是,中部的城市化、工业化必须靠农业产业化作为支撑。因此,中部要崛起,新农村建设是基础。当前,党和国家对于促进中部崛起已经出台了一系列方针和政策。其中,关于扎实稳步推进社会主义新农村建设方面的内容最为引人关注。例如,加大对粮食生产的支持力度,完善扶持粮食生产的各项政策;加大农业基础设施投入,改善生产生活条件;加强农村劳动技能培训,促进富余劳动力转移;大力发展农业产业化经营,推进农业结构调整;加大金融支农力度,深化农村信用社改革;加快发展农村教育、卫生、文化事业,提高公共服务水平,等等。这些措施的出台及其实施,在近两年已经取得了一定的成效,为中部地区推进新农村建设创造了良好的发展环境。

**(三)党的十七届三中全会决定为中部新农村建设提供了难得的政策机遇**

中部地区是我国农业、农村、农民问题最为突出的地区,也是制约中部崛起和区域协调发展的最为普遍和最为重要的因素。因此,从某种意义上讲,贯彻科学发展观,就是要通过推进农村改革发展,解决好"三农"问题,而解决"三农"问题的重点是解决好中部地区的新农村建设问题。新形势下,党的十七届三中全会决定,即《中共中央关于推进农村改革发展若干重大问题的决定》,提出了推进农村改革发展的指导思想、目标任务、重大原则和一系列方针政策,为中部地区加快新农村建设提供了难得的政策机遇。

**(四)中部工业化水平的提高增强了"以工促农、工业反哺农业"的能力**

"十五"期间,我国中部地区积极承接东部产业转移,充分利用本地区能源、原材料优势,加大投资力度,促进其经济快速发展,工业化水平有了较大幅度上升。据统计,2005 年,中部六省 GDP 总量超过 3.7 万亿,5 年平均增幅超过10%,占全国比重也上升到20.4%。六省全部工业增加值近1.5万亿,占其GDP总量的40.5%;其中规模以上工业增加值总量为1.07万亿,同比增长21.5%,增幅居四大区域之首。中部工业化水平的提高增强了以工促农、工业反哺农业的能力。

(五)中部农民收入的增长及其对农业投入的增加,为新农村建设奠定了一定的物质基础

"十五"期末,由于中部各省农业结构优化调整和农产品价格上涨,中部各省农民收入水平有较大幅度的上升,除河南省外,其余5省农民人均纯收入年均增幅都高于全国水平,最高的江西省年均增幅为8.9%,高于全国水平3.7个百分点。中部农民收入的增长及其对农业投入的增加,为新农村建设奠定了一定的物质基础。

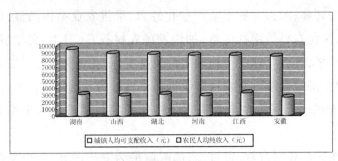

**图 10 - 1　2005 年中部 6 省城乡居民收入(元)**

资料来源:连玉明、武建忠主编:《中国发展数字地图》,中国时代
经济出版社 2006 年版,第 221 页。

(六)东西部一些地区新农村建设的实践,为中部地区新农村建设提供了许多有益的启示

当前,在统筹城乡发展的大背景下,借助"三农"新政策和新一轮制度创新的动力,多种形式的新农村建设在我国各地兴起。如苏南的现代化新农村建设,浙江的"千村示范、万村整治"工程、海南的生态文明村建设、四川的扶贫新村建设、广东实施的"固本强基"新农村建设工程、山东的"巴伐利亚"式新农村建设试验,等等。在此基础上,2007 年,国家批准重庆市和

成都市为全国统筹城乡综合配套改革试验区,经过一年多实践,为深化体制改革、破解城乡结构性矛盾、实现城乡一体化发展积累了经验。这些分别代表着不同发展水平、不同区域的新农村建设的类型,显示出极强的区域差异和时代特征,为中部地区的新农村建设和推进农村改革发展提供了许多有益的启示。

**(七)中部地区一些省市新农村建设的实施,也为整个中部地区新农村建设的开展积累了经验**

中部地区的新农村建设,主要是在吸收和借鉴沿海地区新农村建设经验的同时,针对本地区新农村建设和农业发展中存在的主要矛盾和突出问题,各省根据本省的特点,以改造、建设农业生产和农民生活的基础设施为基本内容,以培育和发展农村先进生产力为中心,以促进农民增收为核心,以农村综合改革为动力,在实践中形成了各具特色的新农村建设实施方案和有效举措。例如,江西省赣州市开展的"五新一好"的新农村建设行动;安徽省实施的"千村百镇"新农村示范工程;湖南省提出了"规划先行"的建设新农村实施方案;湖北省武汉市积极推进"农村家园建设行动计划";河南省商丘市采取"七大举措"推进新农村建设;山西省开展"三个目标"、"三个示范"活动的新农村建设,等等。在此基础上,以典型引路协调推进农村经济建设、政治建设、文化建设、社会建设和党的建设,带动新农村建设的全面发展。

## 五、中部地区推进新农村建设面临的矛盾及问题

中部是我国重要的农业生产基地,也是全国农业人口最集中、"三农"问题比较突出的地区,在推进社会主义新农村建设过程中,既存在着许多有利条件和良好发展机遇,同时也面临着诸多的矛盾及问题,在很大程度上制约着中部崛起的步伐。

### (一)中部地区新农村建设面临的主要矛盾

建设社会主义新农村对发展现代农业提出了要求。新农村建设必须把发展农村先进生产力放在第一位,只有生产发展了,改善农民的生活才有条

件,改变农村的面貌才有坚实基础,中部崛起才有希望。但是,中部地区广大农村在发展生产力方面存在着许多困难,在新农村建设中还面临着诸多矛盾,主要表现在以下四个方面。

1. 土地资源相对短缺与提高工业化、城镇化水平的矛盾

中部省份大多数是农业大省,虽然农业生产有一定优势,但由于人口多、土地资源相对贫乏,进入 21 世纪以来,中部地区的工业化、城镇化迅速发展,使原有的耕地面积日益减少,耕地已成为中部地区的稀缺资源,土地资源相对短缺与提高工业化、城镇化水平的矛盾开始突出。据统计,1996年,中部六省耕地面积为 30566.5 千公顷,到 2007 年仅为 28986.5 千公顷,总计减少 1580 千公顷,见表 10 - 3。

表 10 - 3　1996~2007 年中部六省耕地面积减少情况

单位:千公顷

| 年份 | 全国 | 山西 | 安徽 | 江西 | 河南 | 湖北 | 湖南 | 中部六省总计 |
|---|---|---|---|---|---|---|---|---|
| 1996 | 130039.2 | 4588.6 | 5971.7 | 2993.4 | 8110.3 | 4949.5 | 3953.0 | 30566.5 |
| 2007 | 121735.2 | 4053.4 | 5728.2 | 2826.7 | 7926.0 | 4663.4 | 3789.0 | 28986.5 |

资料来源:根据《中国统计年鉴》(2007、2008 年)有关数据整理。

2. 农户小规模生产与实现农业集约化经营的矛盾

中部地区的农业生产绝大多数仍停留在一家一户的传统小农生产方式上,农户较多,人均耕地面积少,还达不到全国平均水平。2007 年,全国农村居民家庭人均经营耕地面积为 2.16 亩,而中部地区人均经营耕地面积只有 1.83 亩。不利于实现农业集约化、规模化经营,见表 10 - 4。

表 10 - 4　中部地区农村居民家庭经营耕地面积情况(2007 年)

单位:亩/人

| 地　　区 | 全国 | 山西 | 安徽 | 江西 | 河南 | 湖北 | 湖南 | 六省平均 |
|---|---|---|---|---|---|---|---|---|
| 经营耕地面积 | 2.16 | 2.32 | 1.73 | 1.52 | 1.63 | 1.60 | 1.19 | 1.665 |

资料来源:根据《中国统计年鉴》(2008 年)有关统计数据整理。

3.农村劳动力大量富余与提高农业劳动生产率的矛盾

中部农业大省中农村富余劳动力较多,其中河南、安徽、江西已成为劳务输出大省。每年输出的劳动力中绝大多数都是青壮年劳动力,留守农村的一般都是老弱病残,极大地影响了农村劳动生产率的提高,农业投入不足与农村要素外流的矛盾日益突出。建设现代农业,需要大量的投入。但是,农村的土地、资金等一些要素仍然不断从农村流入城市,严重制约了现代农业的发展。

4.提升农业科技水平与农业科技研究推广体制、机制的矛盾

这一矛盾具体表现为:农业技术推广资源不足与浪费并存;先进的农业技术与落后的耕作方式并存;农业科技投入不足与科技成果利用不充分并存;农业科技投入不足与农业科技资源市场化配置程度不充分并存。

### (二)中部地区新农村建设面临的突出问题

2005年下半年,国务院研究室综合司深入中部六省进行调查研究,先后用50多天时间赴20个城市、15个开发区、40家企业和12个县乡镇调查,召开了28个不同类型座谈会,就中部地区发展的有关问题与各地领导进行了交流,并形成了三份调研报告。其中,有些内容明确提出了中部地区新农村建设面临的突出问题。①

1.粮食生产安全问题

2004年,中部六省粮食总量1.48亿吨,占全国粮食总量的32.6%,全国粮食增产的56%来自中部,中部担负着中国粮食安全的重任。中央政策出台的"两减免、三补贴"等政策,加上粮价上涨,使中部地区农民得到的实惠较多。2005年,农业生产资料价格上扬,粮食价格又呈下降趋势,农民进一步增收有困难。此外,粮食亏损挂账不堪重负,稳定粮食生产的长效机制尚未形成。

2.县乡村债务负担沉重

据统计,2005年中部地区乡镇一级平均负债500万~700万元左右,村

---

① 参见陈文玲:《中部六省调查研究报告:抢抓机遇奋力崛起》,《中国经济时报》2006年3月29日。

级负债 20 万~50 万元左右。安徽县级债务达 278 亿元,县均负债 1.74 亿元,乡均负债 828 万元,村均负债 22.2 万元。河南省乡村两级债务达到418 亿元,乡均负债 1010 万元,村均负债 64.03 万元。江西省共青城负债达 29 亿多元,人均负债 5 万元。县乡村沉重的债务,使很多基层政权组织成为"空壳"。

### 3. 农田水利基础设施问题严重

新的水利工程发展缓慢,老的工程大部分建于 20 世纪六七十年代,年久失修,存在大量病险隐患。江西有各类水库 9286 座,其中病险水库就达3428 座,占水库总数的 37.6%;河南带病运行的水库 795 个,占全省水库总数的 33.9%;湖南 13000 座水库中,病险水库高达 40%。更为严重的是,大量河流堤坝、水塘塘坝及其田间渠道已被损毁,很多地方滑坡、裂缝、渗漏,溢洪道冲毁、垮塌,农田水利设施问题十分突出。

### 4. 仍存在大量贫困人口

2005 年中部地区绝对贫困人口占全国的 26%,相对贫困人口占全国的31%。这些人口多集中在革命老区、山区、库区、湖区、淮河两岸和地质灾害频发区,大部分是"一方水土难以养一方人"的地方。湖北 500 多万贫困人口中,110 万绝对贫困人口主要集中在鄂西地区、大别山区、幕阜山区和神农架;山西 146 万绝对贫困人口,大多集中在太行山、吕梁山区;安徽 142 万绝对贫困人口,主要分布在淮河流域和深山区,有 25 万人集中在库区和湖区;湖南湘西地区 22 个贫困县,60 万贫困人口,占全省的比重约在 60% 左右。值得注意的是,在过去已脱贫的人口中,一部分家庭因病、因子女上学、因遭受灾害等原因重新返贫,其中因病返贫的比重达 40%~60%。

### 5. 农村基础教育条件仍很落后

一是教育投入不足。实行"以县为主"管理体制后,由于大部分县是"吃饭"财政,县级可用财力用于基础教育的经费占了 30% 以上,有的县甚至在 50% 以上。实行"一费制"后,学校的收费不够维持教学的基本费用。二是改善办学条件任务艰巨。湖北农村中小学校舍危房比例达 30%,全省中小学校舍危房面积有 401 万平方米。安徽现有 615 万平方米危房未改造,占校舍总面积的21%,每年还将增加100万平方米。河南近两年虽已改造了216万平方米中小学危房,尚有459万平方米亟待改造。三是教师队伍整体素质不高,结构性矛盾突出。教师总量超编,但局部地区还存在较大缺口,能上讲台的教师不足,年轻教师不足,音乐、体育、美术、英语和计算机教师严重缺乏。

6.农村的医疗卫生困难,医疗资源软硬件都很差

一是医疗资源严重不足。河南省农村平均1600人拥有1张乡卫生院的床位,1200人拥有1名卫生技术人员。在2500个乡镇卫生院中,救护车、B超机、X光机、检查床等基本医疗设备,每个乡镇卫生院平均不足1台、件。安徽省乡镇卫生院中,2/3勉强维持或生存下去都困难。二是农村医生文化和专业水平低。大量医学技术骨干严重流失,乡(镇)卫生院人员数量和质量下降。湖北、河南、湖南等省农村医疗队伍中,本科生仅占1%左右,专科生仅占10% ~ 20%,其余为中专以下水平。三是艾滋病、血吸虫、结核病、乙型肝炎等疾病患者仍在增加。河南是艾滋病的高发区;湖南、江西血吸虫病死灰复燃;江西省现有钉螺面积118.4万亩,仍有20个县(市、区)的197个乡镇未达到血吸虫病传播阻断标准。

## 六、关于推进中部地区新农村建设的若干思考

中部地区的新农村建设,一定要认真贯彻落实好《中共中央关于推进农村改革发展若干重大问题的决定》等一系列关于加强社会主义新农村建设的方针和政策,同时从中部地区的实际情况出发。尽管近几年来中部地区的城市化、工业化水平有较大幅度的提升,在新农村建设方面采取了一些重要举措,并取得了一定的成效,但是,与东部地区相比,从总体上看,仍然是农村、农业和农民占较大比重的地区。中部地区的最大实际就是农业省份多、农村人口多、"三农"问题比较突出。因此,中部地区新农村建设,一定要从这一实际情况出发,在总结推广和不断完善现有一些地方好的经验与做法的基础上,通过推进农村改革发展,努力探索出一条有中部特色的新农村建设之路。

### (一)坚持把生产发展放在首要地位,努力实现建设现代农业与改善人居环境相结合

村容整洁是新农村建设的重要内容。目前,中部地区多数农村房舍街道没有规划,建设无序造成的脏、乱、差、散的现象比较普遍。新农村建设中要做到村容整洁,就是要根本上改变这种状况,形成农村人居环境优美的田园风光。目前许多农村以改善人居环境为切入点,从改水、改路、改电、改厕、改圈、改灶入手,进行村容村貌的综合整治,实现人与自然的和谐相处,使农村卫生整洁、舒适、便捷、美化。但是也不能忘记,建设新农村的首要任务是建设现代农业。这一方面可以为工业化和城镇化提供足够的农产品供给,并带动农产品加工业的发展,实现农业生产和管理的工业化。另一方面,用工业手段改造传统农业,用工业理念打造现代农业,不但可以保障粮食安全、发展农村经济、增加农民收入,而且可以节省劳动力来支撑工业化、拉动消费、增加工业企业收益、加快工业化步伐,还可以增加财政税收,更好地落实"以工哺农"方针。相反,农业生产不稳、农民收入下降,不仅会成为全面建设小康社会的"短腿",还会严重制约工业化发展,影响经济社会的和谐。因此,建设新农村,首先必须抓好生产发展,努力实现改善人居环境与发展现代农业相结合。只有生产发展了、政府财力增强了、农民收入增加了,才能为生活设施的改善奠定一定的经济基础。

### (二)坚持推进农村改革发展的方针,努力实现农村制度建设与发展现代农业相结合

在新农村建设中,要始终把改革创新作为农村发展的根本动力。一是在稳定和完善农村基本经营制度基础上,推进农业经营体制机制创新,加快农业经营方式转变,推进农业结构战略性调整。二是健全严格规范的农村土地管理制度,坚持最严格的耕地保护制度和节约用地制度,搞好粮食基地建设,确保国家粮食安全。三是完善农业支持保护制度,加强农业基础设施建设,促进农业可持续发展。四是建立现代农村金融制度,拓宽融资渠道,支持农业科技创新和建立新型农业社会化服务体系。五是建立促进城乡经济社会发展一体化制度,尽快在城乡规划、产业布局、基础设施建设、公共服

务一体化等方面取得突破,促进公共资源在城乡之间均衡配置、生产要素在城乡之间自由流动,推动城乡经济社会发展融合。

**(三)坚持以科学发展观统领全局,努力实现农村经济发展与环境保护及资源节约相结合**

建设社会主义新农村的重要目标之一,就是要在农村实现生态文明。因此,在建设社会主义新农村过程中,必须以科学发展观统领全局,正确处理经济发展与环境保护的关系,既要"金山银山",又要"碧水蓝天",切实保护环境和自然资源,搞好生态建设,实现经济建设与环境和资源的协调发展。农业的发展,既要高产、高效,又要优质、生态、安全。乡村工业发展,要引导乡镇企业集中布局和规模经营,大力发展循环经济,全面推行清洁生产,形成低投入、低消耗、低排放和高产出、高效率、高利用的节约型增长,走新型工业化道路,恢复和优化农村本来就应该拥有的田园风光。

**(四)坚持自我发展为主的方针,努力实现农村自身发展与国家和政府大力扶持相结合**

随着我国综合国力的明显提高,目前总体上已经到了"以工促农,以城带乡"的发展阶段。国家关于促进中部崛起的政策以及有关实施新农村建设的方针,无疑为中部新农村建设提供了良好的发展机遇和政策环境。但另一方面,也应该认识到,国家和政府对农业和农村的扶持毕竟是有限的。而且,中部地区农村人口众多,农村分布很广,国家和政府有限的财力鞭长莫及,不可能完全满足农村发展的需要。所以,中部地区的新农村建设,需要坚持以自我发展为主、国家和政府扶持为辅的方针,努力实现农村自身发展与国家和政府大力扶持相结合。

**(五)坚持城乡经济社会发展一体化的方针,努力实现新农村建设与推进城镇化相结合**

中部地区推进新农村建设,必须大力推进农村经济社会发展,从破解"三农"问题入手,消除城乡二元结构矛盾。但解决"三农"问题和城乡二元结构矛盾的长远出路在于城乡一体化。相对农村而言,城镇可以提供较好的基础设施,提供较大较集中的市场,提供较便捷的社会服务,因而能够产生较高的经济效益,实现经济的较快发展。城镇是第二、第三产业的主要生长地,推进城乡经济社会发展一体化,有利于工业的聚集,有利于服务业的成长,有利于促进农村劳动力的转移,有利于农业土地的规模经营,也有利于从根本上改造农村传统的生活方式。在推进城乡经济社会发展一体化的过程中,当前要尽快在城乡规划、产业布局、基础设施建设、公共服务一体化等方面取得突破,促进公共资源在城乡之间均衡配置,生产要素在城乡之间自由流动,推动城乡经济社会发展融合。同时发挥好大中小城市对农村的辐射带动作用,形成新农村建设与推进城镇化互促共进机制。

（六）坚持以工促农、工业反哺农业的方针,努力实现巩固农业与发展二、三产业相结合

建设社会主义新农村,要有一定的产业支撑。但是,从总体上来说,农业是弱质产业,既有大的自然风险,又有大的市场风险,并且现阶段农村土地大体按户人均分配,还属于一家一户的小农生产方式,农业劳动生产率低下,农业生产扣除成本后处于微利或保本状态。在这种条件下,多数农民仅靠务农要达到生活富裕是比较困难的。中部地区要推进新农村建设,实现全面建设小康社会目标,就要建立农民收入增长的长效机制,就必须鼓励农民发展工业和第三产业,努力实现发展农业与发展二、三产业相结合。既要确保粮食安全、不断巩固农业基础,又要因地制宜大力发展非农产业,不断壮大农村经济实力。只有农村二、三产业发展了,才能更好地实施以工促农、工业反哺农业的方针。同时,发展农村二、三产业不能仅仅局限于村内或本地。从长期来看,无论国家和政府对农业和农村给予多大的扶持政策,不管农业的深度开发和多种经营达到什么程度,农业所容纳的劳动力必定是有限的。因此,在发展二、三产业过程中,要大力发展劳务经济,鼓励和支持农村剩余劳动力向城镇转移,不断增加农民的收入;另一方面,也要发挥在外务工者信息量大、接触面广等优势,积极开展招商引资活动,并引导外出务工者中有资本、有技术和有管理经验的人员返乡创业,积极投身于家乡的新农村建设,带领家乡农民逐步走向共同富裕之路。

**（七）坚持全面推进新农村建设的方针，努力实现农村经济发展与社会全面进步相结合**

经济发展是新农村建设的基础。但是，建设社会主义新农村，不单纯是加快农村经济发展，还包括教育、医疗、文化等各项事业的发展以及整个社会的全面进步。因此，在抓好生产发展、生活富裕、村容整洁等"硬件"建设的同时，还要抓好文化教育、乡风文明、管理民主等"软件"建设。目前，在中部地区，不仅经济落后，社会事业更落后。农村的教育、医疗、文化等方面的问题非常突出。农村的社会事业，主要应由国家和政府来投入。国家要不断加大财政转移支付的力度，扩大公共财政覆盖农村的范围，统筹城乡教育、卫生和文化事业发展，统筹城乡社会保障体系，培养有文化、懂技术、会经营的新型农民，建立农村和谐社区，加强"乡风文明"建设，形成尊老爱幼、家庭和睦、邻里团结、重信守义、遵纪守法等良好的乡风民俗，推动农民群众的道德水平不断提高，为新农村建设提供良好的道德基础与思想保证。同时，还要大力加强和改善党的领导与健全农村民主管理制度，强化农村社会管理，具体界定和合理划分村党组织与村民自治组织及其与其他经济合作组织的权限和职责，在制度与操作层面上保证各种组织之间的协调统一与规范运作，为新农村建设提供强有力的政治和组织保证。

**（八）坚持规划先行的新农村建设方针，努力实现立足当前建设与着眼长远发展相结合**

建设社会主义新农村，是一个长期的战略目标，决非几年就能成就之事。因此，一定要坚持规划先行的新农村建设方针。在制定新农村建设规划时，一定要按照促进城乡经济社会发展一体化的要求，既要立足当前，又要着眼于长远；既要有科学性，又要有可行性；既要有超前性，又不能标准过高，避免重复建设与铺张浪费。中部地区的情况千差万别，新农村建设，一定要从实际出发，因地制宜、统筹规划、分类指导、分步实施、整体推进。在推进新农村建设过程中，一定要与本地农村的经济和社会发展水平相适应，既要发挥政府的主导作用，又要发挥农民的主体作用，要尊重农民的意愿，坚持实事求是、量力而行，不搞一个模式、不搞"一刀切"，强化责任、细化措施、实化项目、循序渐进、逐步到位。

### 七、促进中部地区新农村建设的国家支持政策

中部地区广大农村既是全国商品粮和优势农副产品生产加工基地,又是我国劳动力资源开发和输出基地。中部地区的社会主义新农村建设,关系到国家的粮食安全与整个社会稳定,鉴于目前中部地区新农村建设面临的诸多矛盾及问题,其中有些矛盾和问题是不能依靠农村自身解决的,因此国家有关部门和中部各级政府应把中部地区广大农村作为我国社会主义新农村建设的重中之重抓好抓实,应该抓紧落实中央已出台的有关推进农村改革发展方针政策,同时在不断总结和完善新农村建设一些好的经验与做法的基础上,采取多种有效政策及措施加大对中部地区农业的支持力度。

#### (一)加快建设全国重要粮食生产基地的步伐

为政之要,首在足食。在中部地区社会主义新农村建设中抓紧建设全国重要粮食生产基地,关系到全国经济政治稳定的大局,是促进中部崛起与区域经济协调发展的重要任务之一,应抓紧组织好具体实施工作。

1. 在中部地区建设全国粮食核心主产区和优势农产品基地

加大对粮食生产的支持力度,在中部建设国家重点商品粮基地和优势农产品产业带,特别是在小麦、稻谷、油菜集中区,要制定发展规划,引进先进技术,实行科学化管理和规模化经营。把严格保护耕地放在突出地位,稳定粮食种植面积,优化品种结构,提高粮食单产水平和商品率,不断增强综合生产能力。

2. 完善扶持粮食生产的各项政策,形成农民增收长效机制

完善对种粮农民直接补贴制度,应继续安排资金支持良种补贴和农机具购置补贴,提高补贴标准,建立农民增收长效机制。加大对产粮大县和产粮大户奖励政策的实施力度。加大对农业综合开发、土地整理、中低产田改造、大型商品粮生产基地建设、旱作农业的投入。

3. 建立中部地区农业健康发展的长效投入机制

有关农业政策要向粮食主产区倾斜,并建立粮食主产区利益补偿制度。

抓紧建立粮食主产区与主销区之间的利益协调机制,加快制定促进粮食产区与销区建立购销协作机制的政策措施。

**(二)健全农村基础设施投入保障制度**

农村基础设施主要指道路、桥梁、港口、水利、能源、通信、科技、教育、卫生、医疗、广播电视等方面与经济社会息息相关的物化公共产品。农村基础设施大多属于纯公共品和准公共品范畴,具有广泛的外部性、消费的非竞争性和受益的非排他性。因此,在投资主体上,政府公共财政对农村基础设施建设负有重要职责,应调整财政支出、固定资产投资、信贷投放结构,健全对农村基础设施投入的保障制度。

1. 加大对农业基础设施的投入力度

进一步搞好大型灌区续建配套,抓紧实施中部粮食主产区大型排涝设施更新改造。加强病险水库除险加固,继续开展节水改造、干旱山区雨水集蓄利用项目建设,逐步建立起保障农用水利建设健康发展的长效机制。继续实施优质粮食产业工程、畜禽良种工程、超级杂交水稻等种子工程和动植物保护工程。加强动物疫病防治,推进农业科技推广、应用和服务体系建设。

2. 努力改善农村农民生产生活条件

加大对农村安全饮水工程的支持力度。加强公路建设,基本实现具备条件的乡镇、建制村通油(水泥)路。积极发展农村沼气、秸秆发电、小水电等可再生能源,完善农村电网。努力改善农村人居环境。有序加强村庄整治,引导和支持农民建设美好家园。要按照节约土地、设施配套、节能环保、突出特色的原则,做好乡村建设规划,引导农民合理建设住宅,保护有特色的农村建筑风貌。

3. 加快发展农村教育、卫生和文化事业

改善农村中小学办学条件,落实"两免一补"政策(对农村义务教育阶段学生免收学杂费,对贫困家庭学生提供免费课本和寄宿生活费补贴),加大对财政困难县义务教育经费的转移支付力度。加强以乡镇卫生院为重点的农村卫生基础设施建设。发展农村文化事业,大力推进广播电视进村入户。

### (三)稳步推进农村土地经营制度改革

中部地区农村市场化程度低,关键在于缺乏具有市场竞争能力的市场经济微观主体,核心在于没有与市场经济体制相适应的农村产权制度和土地经营制度。因此,为了有效解决中部农村一家一户的农业小生产与社会化大市场的矛盾,必须稳步推进农村土地经营制度改革,实行适度规模经营,走农业产业化之路,健全农村市场化机制。

#### 1. 推进农业经营体制机制创新

在稳定和完善农村基本经营制度的基础上,赋予农民更加充分而有保障的土地承包经营权,在保持现有土地承包关系稳定并长久不变的前提下,推进农业经营体制机制创新,加快农业经营方式转变。促进家庭经营向采用先进科技和生产手段的方向转变;促进统一经营向发展农户联合与合作,形成多元化、多层次、多形式经营服务体系的方向转变。

#### 2. 稳步推进农村产权制度改革

按照产权明晰、用途管制、节约集约、严格管理的原则,在进一步完善农村土地管理制度的基础上,建立健全归属清晰、权责明确、保护严格、流转顺畅的现代农村产权制度。

#### 3. 积极推进土地承包经营权流转

认真搞好农村土地确权、登记、颁证工作。完善土地承包经营权权能,依法保障农民对承包土地的占有、使用、收益等权利。加强土地承包经营权流转管理和服务,建立健全土地承包经营权流转市场,按照依法自愿有偿原则,允许农民以转包、出租、互换、转让、股份合作等形式流转土地承包经营权,发展多种形式的适度规模经营。

#### 4. 大力发展农业产业化经营

农业产业化经营为建设现代农业开辟了广阔道路。它以家庭承包经营为基础,以市场需求为导向,以龙头企业为依托,以统一城乡产业布局为纽带,产业牵龙头、龙头带基地、基地联农户,产供销一体化、种养加一条龙,实行区域化种养、专业化生产、企业化管理、系列化服务,使各具特色的优势产业发展成"龙型经济"。国家要支持中部地区的广大农村在新农村建设中崛起,就必须大力支持中部农村发展农业产业化经营。

加大对农业产业化龙头企业和农民专业合作经济组织的支持力度,落实对内资重点龙头企业从事种植业、养殖业和农林产品初加工业所得暂免征收企业所得税政策。引导龙头企业、合作组织与农户建立利益联结关系,发展有优势的农产品加工业,重点建设一批优质、专用、规模化和标准化的农产品加工基地,延长产业链条,努力增强农业产业化经营的发展能力。

**(四)促进城乡经济社会发展一体化**

新形势下中部地区加强新农村建设和推进农村改革,把加快形成城乡经济社会发展一体化新格局作为根本要求,有助于加快破除中部地区长期以来形成的城乡二元结构,可以从根本上解决农业土地资源相对短缺与提高工业化、城镇化水平之间的矛盾,有利于形成统筹城乡经济社会协调发展的体制机制。

1. 统一城乡发展规划

统一城乡发展规划,重点是将农村发展规划纳入到区域总体规划中,把落后农村改造为现代农村。因此,要统筹土地利用,合理安排市县域城镇建设、农田保护、产业集聚、村落分布、生态涵养等空间布局,引导工业向集中发展区集中,引导农民向集中居住区集中,引导土地向规模经营主体集中。

2. 统一城乡产业布局

统一城乡产业布局,重点是实现城乡之间产业结构合理化与协调发展,促进农村产业结构优化升级,大力发展农村服务业与乡镇企业,同时也可以拓展城市产业发展空间,引导城市资金、技术、人才、管理等生产要素向农村流动。

3. 统一城乡公共服务

统一城乡公共服务,重点是把城市基础设施延伸到农村,全面提高财政保障农村公共事业水平,逐步建立城乡统一的公共服务制度。建立城乡一体化的户籍制度、劳动就业制度和社保体系,促进城乡教育、医疗卫生和文化事业等均衡发展。

### (五)加快农业科技进步与创新

中部地区农业发展的根本出路在科技进步。适应中部地区由传统农业向现代农业转变的要求,应大力推进中部地区的农业科技自主创新,加强原始创新、集成创新和引进消化吸收再创新,不断促进农业技术集成化、劳动过程机械化、生产经营信息化。

1. 加大对农业科技投入

在中部地区建立农业科技创新基金,支持农业基础性、前沿性科学研究,力争在关键领域和核心技术上实现重大突破。加强农业技术研发和集成,重点支持生物技术、良种培育、丰产栽培、农业节水、疫病防控、防灾减灾等领域科技创新,实施转基因生物新品种培育科技重大专项,尽快获得一批具有重要应用价值的优良品种。

2. 促进农业现代化发展

适应中部地区农业生产向规模化、标准化、设施化方向转变等要求,加快开发多功能、智能化、经济型农业装备设施,重点在田间作业、设施栽培、健康养殖、精深加工、储运保鲜等环节取得新进展。适应农业生产经营信息化的要求,推进农业信息服务技术发展,重点开发信息采集、精准作业和管理信息、农村远程数字化和可视化、气象预测预报和灾害预警等技术。

3. 深化科技体制改革

加快农业科技创新体系和现代农业产业技术体系建设,加强对公益性农业科研机构和农业院校的支持。依托重大农业科研项目、重点学科、科研基地。加强农业科技创新团队建设,培育农业科技高层次人才。稳定和壮大农业科技人才队伍,加强农业技术推广普及,开展农民技术培训。加快农业科技成果转化,促进产学研、农科教结合,支持高等学校、科研院所同农民专业合作社、龙头企业、农户开展多种形式技术合作。

### (六)实施农村劳动力资源开发工程

中部六省农村劳动力资源丰富,国家应重点支持中部发展针对农村富余劳动力的职业教育和技术培训,实施农村劳动力资源开发工程,努力提高劳动力素质,培育新型创业主体,引导农村富余劳动力合理有序流动,大力发展劳务经济。

**1.努力加强农村劳动力技能培训**

扩大农村劳动力转移培训阳光工程实施规模,提高补贴标准和资金规模,支持中部地区加大农村劳动力职业技能培训力度,增强农民转产转岗就业的能力。应该把中部地区作为农村职业教育改革发展试验基地、职业技术培训基地、高素质劳务输出基地,努力把中部地区农村的劳动力资源优势变成适应市场要求的人力资本优势。

**2.引导农村富余劳动力合理有序流动**

建立和完善农民外出就业服务体系和可靠信息渠道,加强对农民外出就业的管理和服务。出台解决农民工问题的政策,切实保护农民工的合法权益。发挥中部地区农村劳动力资源丰富的优势,引导富余劳动力向沿海发达地区、非农产业和城镇有序转移。以属地化管理为主,加强流动人口的管理与服务网络建设。

**3.积极推行"凤还巢"工程**

积极鼓励农村外出务工人员在外务工进行"一次创业"后,返乡进行"二次创业"。政府应对返乡进行"二次创业"人员所进行的投资、经商办企业,在政策上给予一定的支持,使之能在新农村建设中成为劳动致富的带头人。

**(七)建立农村基层工作新机制**

所谓建立农村基层工作新机制,是指适应新农村建设的要求,对农村县乡工作这个大系统所涉及的各个要素之间的相互关系,按照新的时代要求理顺、创新和建设。当前中部地区建立农村基层工作新机制的主要任务是强化乡镇基层组织服务能力,切实建立起服务优先、依法行政、上下协调、廉洁高效的农村基层工作新机制。

**1.积极稳妥推进乡镇机构改革,转变乡镇政府职能**

深化乡镇机构改革的基本指导方针,应该是优化组织结构、减少行政层级、理顺职责分工、推进电子政务、提高行政效率、降低行政成本。要按照强化服务、严格依法办事和提高行政效率的要求,认真解决乡镇机构和人员臃肿的问题,最大限度地减轻县乡村的债务负担。乡镇政府职能转变的基本目标是:实现从全能政府向有限政府的转变,该管的事应该管起来,不该管的事就不要管,放手让其他社会组织管。政府是创造环境的主体,企业和老百姓是创造财富的主体。今后要把经济事务交给企业、社会组织和中介机构来办,政府主要发挥政策引导、制定规划、营造环境的作用,要逐步提高乡镇政府的社会管理和公共服务水平。

### 2. 建立新型农业社会化服务体系

适应农村发展现代农业的要求,加快构建以公共服务机构为依托、合作经济组织为基础、龙头企业为骨干、其他社会力量为补充,公益性服务和经营性服务相结合、专项服务和综合性服务相协调的新型农业社会化服务体系。强化公共服务能力,创新管理体制,提高人员素质。要按照政事分开和公益性职能与经营性职能分开的原则整合现有事业站所,创新乡镇事业站所运行机制,精简机构和人员,将从事公益性服务的人员从行政序列和政府机构中整体剥离,改变过去按事业单位人员工资支出和公益性经费支出的投入方式,把公益性服务事项"项目化",进行项目预算投入,实行企业化管理,"以钱养事、以事养人",激活农村基层事业单位。

### 3. 建立农村公共产品供给新机制

巩固完善县乡财政体制改革,切实规范财政转移支付制度,进一步扩大公共财政对农村的覆盖面。加大一般转移支付,减少专项转移支付,降低或免除县乡项目资金配套比重。逐步解决粮食亏损挂账负担,努力帮助化解县乡村债务。充分调动社会各方面力量的积极性,支持农业产业化龙头企业、农村专业经济合作组织及城乡群众组织、慈善组织等各类经济社会实体,共同参与农村公共产品供给,提供多种形式的生产经营服务。严格区分加重农民负担与农民自愿投工投劳改善自己生产生活条件的政策界限,引导农民发扬自力更生、艰苦奋斗的精神,积极开展自己直接受益的基础设施建设和发展公益事业。

总之,社会主义新农村建设与促进中部崛起和区域经济协调发展密切相关。在社会主义新农村建设中,由于各地区经济社会发展水平不同,工作的侧重点也应有所不同。当前,中部地区的新农村建设既存在着许多有利条件和良好的发展机遇,同时也面临着诸多矛盾与问题,应在总结和完善中部地区新农村建设好的做法与经验的基础上,针对中部地区的特点,按照"生产发展、生活宽裕、乡风文明、村容整洁、管理民主"的要求,采取多种相互配套的有效政策及措施,把发展作为第一要务,以培育和发展农村先进生产力为中心,以促进农民增收为核心,以农村改革和制度创新为动力,协调推进农村各方面的建设,使新农村建设成为促进中部崛起与区域经济协调发展的民心工程。

# 第十一章 积极探索中部地区的 新型工业化道路

按照国家"十一五"规划的要求,在中部地区"三个基地、一个枢纽"的建设布局中,加强能源原材料基地和现代装备制造及高技术产业基地建设,占有重要的战略地位。因此,积极探索中部地区的新型工业化道路,坚持主攻现代工业,形成现代工业主导与三次产业协同带动相结合的经济发展格局,既是促进区域经济协调发展的必经之路,也是实现中部崛起目标的关键所在。

## 一、中部地区产业结构的历史演变及其基本特征

新型工业化道路是指,坚持以信息化带动工业化,以工业化促进信息化,走出一条科技含量高、经济效益好、资源消耗低、环境污染少、人力资源优势得到充分发挥的新型工业化路子。我们现在提出走新型工业化道路,主要是有别于过去的传统工业化。所谓传统工业化,从国内来讲就是指从上世纪50年代开始的计划经济体制下发展起来的工业化。传统工业化的突出特点是工业化水平低、经济增长方式粗放、资源消耗高、环境污染严重。尽管如此,它却是我们走新型工业化道路赖以发展的基础。所以,为了更好地推进中部地区的新型工业化进程,就必须对中部地区产业结构的历史演变及其基本特征有一个大概的了解。

### (一)中部地区产业结构的历史演变

中部地区产业结构的形成,长期以来受传统计划经济体制的影响较大。建国以来,曾先后出现过几次大的产业结构调整过程。

新中国成立时,中部地区经济落后,农业占国民经济的主要地位,第二产业所占比重很小,第三产业基本上是由传统服务业构成。1952 年,中部地区三次产业的比例为 61.0∶18.7∶20.3,三次产业的顺序依次为一、二、三,处于产业结构的最低层次。第一产业的比重比全国高 10.5 个百分比,第二、三产业的比重分别比全国低 2.2 和 8.3 个百分点。国家为改变旧中国遗留下来的产业布局不合理状况,投资重心由沿海向内地转移。如"一五"期间,全国 156 个重点项目,内地占了 2/3。在基本建设投资总额中,内地占 46.8%,其中中部占 28.8%,西部占 18%。较为密集的资金投入,拉开了中部工业化建设的序幕,并在全国建立了自主型和内需型的产业结构关系,初步形成了相对完整的工业体系和基础设施网络。在三年"大跃进"期间,工业"以钢为纲"催生出"重重轻轻"的畸形工业结构,农业"以粮为纲"催生出单一化农业结构。国民经济主要比例关系严重失调,农业、轻工业大幅减产,市场可供商品大幅下降,人民生活受到很大影响。

上世纪 60 年代初期,党和国家为了摆脱困境,使经济发展走上正常轨道,决定对国民经济实行"调整、巩固、充实、提高"的方针,在三次产业关系上提出了农、轻、重的发展顺序,将主要资源用于加强农业发展。中部各省在国民经济安排中,相应地把农业放在首位,大大加强了农业战线,适当缩短了工业战线。在工业内部,努力促进轻工业和采掘工业等薄弱环节的发展,降低了重工业的速度,重建了产业结构的正常关系。

上世纪 60 年代中后期,由于受"文革"的影响,经济建设中极"左"思想占主导地位,重工业再度失调而膨胀。这一时期中部重工业比重远高于轻工业,超出了国民经济的承受能力,轻工业和农业再次受到排斥。中部各省工业自成体系,重复建设不断强化。但同时也应看到,这一时期围绕"备战"目的的"三线"工程上马,山西、江西、安徽、豫西、鄂西以及湘西等地成为"三线"工程建设的重要区域之一,大大推进了中部地区的交通运输、能源工业、冶金工业、机械工业等部门的发展,并在中部地区形成了一批新兴技术和高精尖产品基地,这在一定程度上也提升了中部地区产业结构的层次,增强了中部地区的经济实力。

从上世纪70年代末开始,中部地区的产业结构调整方式逐渐实现由计划经济为主向市场经济为主的转变。1978年,中部地区产业结构出现了新的变化,第二产业所占比重由原来的最小变为最大,三次产业的构成为35.6:46.5:17.9,上升到了二、一、三的新层次。但相对于全国三次产业的构成28.1:48.2:23.7而言,中部地区仍然存在第一产业比重偏高,二、三产业比重偏低的问题。同时,在计划经济体制向市场经济体制转轨过程中,过去计划安排的一些高成本低效益项目的弊端日益显现,有的甚至成为包袱。

但是,从总体上来看,从20世纪70年代末到21世纪初中部地区经过20多年的改革开放,在着力解决经济体制问题和产业结构扭曲问题的过程中,经济也得到了突飞猛进的发展,不仅越过了温饱线,而且总体上已进入小康阶段。1979~2001年,中部地区国内生产总值年均增长9.4%,比同期全国的9.3%的年均增长速度高0.1个百分点,比1952~1978年中部地区5.2%的年均增长率高出4.2个百分点。与此同时,中部地区的产业结构也相应地发生了很大的变化,开始趋向高级化与合理化。中部地区农业的基础地位得到加强,农产品供给基本平衡,并在丰年时常出现相对过剩的情况。工业特别是轻工业得到很大的发展,市场需求出现了历史性的变化,已由卖方市场转向买方市场。商业和生活服务等传统第三产业繁荣活跃,交通运输业的瓶颈制约全面缓解,金融、保险、旅游、信息服务等现代第三产业蓬勃发展。在1978年至2001年期间,中部地区三次产业结构的序列逐渐由二、一、三转换为二、三、一,第三产业取代第一产业,进入第二位,转换方向与全国保持一致(见表11-1)。

表 11 - 1　中部地区与全国三大产业结构变动情况比较

单位:%

| 项目 \ 年份 | | 1978 | 1985 | 1990 | 1995 | 2000 | 2001 |
|---|---|---|---|---|---|---|---|
| 中部地区 | 第一产业 | 35.6 | 34.5 | 32.6 | 25.8 | 19.1 | 19.2 |
| | 第二产业 | 46.5 | 43.3 | 39.4 | 44.4 | 46.2 | 46.2 |
| | 第三产业 | 17.9 | 22.2 | 28 | 29.8 | 34.7 | 34.6 |
| 全国平均 | 第一产业 | 28.1 | 29.5 | 27.1 | 20.5 | 15.9 | 15.2 |
| | 第二产业 | 48.2 | 46.6 | 41.6 | 46.6 | 50.9 | 51.2 |
| | 第三产业 | 23.7 | 24 | 31.3 | 32.8 | 33.2 | 33.6 |

资料来源:根据《中国统计年鉴》各年相关资料计算。

　　尽管中部地区三次产业结构的序列变动情况与全国基本一致,但由表 11 - 1 也可以看出,与全国三次产业结构的变动情况相比,在数量比例关系上仍具有一定的差异性,中部地区第一产业比重仍然偏高,而第二产业比重偏低,并表现出中部地区产业结构所特有的基本特征。

**(二)中部地区产业结构的基本特征**

　　进入 21 世纪以来,中部地区的产业结构,从三次产业比例的转换方向上看,基本上是与东、西部地区保持一致,均为二、三、一的排序。但是,认真分析一下中部地区三次产业的数量比例关系以及各产业内部结构情况,就会发现中部与东、西部地区相比,具有自己的一些基本特征。

　　1.农业所占比重大,在全国具有举足轻重的地位

　　中部地区农业的比较优势相对突出,是重要的农业产区。长期以来,中部各省输往省外的粮食占全国各省粮食纯输出量的 50% 以上,为我国用仅占世界 7% 的土地养活世界上 21% 的人口,作出了重大贡献。其他多种农产品也具有商品量大、质量较好等特点,是北京和上海、浙江、福建、广东等沿海省市重要的农副产品供应基地。

　　据统计,2004 年,中部六省粮食生产总量 14800 万吨,占全国的 32.6%,全国粮食增产的 56% 来自中部。2005 年,中部六省粮食产量达到 15053.3 万吨,占全国总量的 31.1%(见下图 11 - 1)。2006 年,中部六省

粮食生产总量 15714.6 万吨,占全国总量的 31.6%。2007 年,中部六省粮食生产总量 16285.4 万吨,占全国总量的 32.5%。可见,中部担负着中国粮食安全的重任。

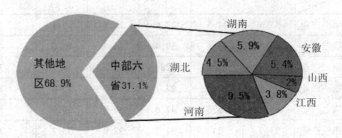

**图 11-1    2005 年中部六省粮食产量占全国粮食比重情况**

资料来源:连玉明、武建忠主编:《中国发展数字地图》,中国时代经济出版社 2006 年版,第 222 页。

农业内部结构单一,生产率水平较低。中部地区是全国最大的商品粮和饲料粮基地,但由于国际市场中农产品的市场价格较低,中部在农业中所能获得的利益很少。中部地区粮食总产量占全国的比重较大,远大于东部和西部的比重。中部地区农业产业结构单一,耕地以种植业为主。中部地区不仅产品结构单一,种植结构不合理,更重要的是农业生产率低下,存在大量的剩余劳动力。

2.工业化发展水平相对滞后,传统工业占主导地位

工业内部结构不合理,工业结构明显偏向重工业,而重工业又以传统工业为主。从主导产业的转换过程来看,改革开放以来,中部地区工业内部的结构有所调整,但重工业比重仍比较高,轻工业比重低,以原料工业和燃料动力为重心的重化工业主导型产业结构特征明显。中部地区在全国比较突出的行业主要有黑色金属、非金属、煤炭等采掘业。从自然资源条件看,中部最突出的资源是煤炭、石油和水力等能源资源以及铁矿、铜矿、铝矿和磷矿等关键性矿产资源。在这些优势资源的基础上,中部地区形成了以煤炭、石油、电力(水电与火电)、黑色和有色金属、机械、汽车、化工等为主体的重工业体系。其中,以采掘工业为主的资源区有山西、河南、江西,以原材料工

业为主的资源区有湖南、安徽等,资源与加工并举区有湖北等。从表面上看,似乎中部已进入工业化的中期,但实际上这是工业结构不合理、重工业超前发展、轻工业滞后所导致的畸形化结果,在很大程度上是由国家的投资倾斜政策导致的。长期以来,中部地区除少数地方和少数时期外,基本上都不在国家重点发展之列,这便使得中部地区未能在全国区域经济发展中成为开发的重点,故至今未能改变农业区和资源粗加工工业区的产业结构。非农产业发展缓慢、产业结构雷同、结构变革速率低、低水平重复建设是中部地区重要的结构特征。产业的同构化和低度化不仅表现在中部各地区产业结构高度相似,而且表现在产业结构层次低,其技术创新能力和竞争能力都很低,工业化发展水平相对滞后。

3. 原料类重化工业特征明显,是重要的能源生产基地

中部地区的原材料工业也属优势产业,这里有全国非常重要的板材基地、特殊钢材基地、铁合金基地、水泥和玻璃工业基地、煤化工业基地等。其工业原材料产品占全国同类产品的比重,大部分高于工业总产值在全国工业总产值中所占比重。中部地区工业增加值占全国工业总产值的25.1%,其中纱、生铁、钢、水泥、平板玻璃、木材产量分别占全国的28.3%、33.2%、25.3%、31.7%、29.3%、51.5%。除原材料工业外,中部地区的交通运输设备制造业、农机工业、农用化学工业等,在全国同行业中也占有较高的比重。如汽车,大中型拖拉机,农用氮、磷、钾肥,化学农药等,分别占全国的44.8%、23.8%、33.3%、23.5%。其重工业产值在工业总产值中所占比重达69.4%,比全国重工业产值所占的比重60.6%高出8.8个百分点。

在能源生产方面,江西的核能,山西、河南、安徽的煤,湖北、湖南的水电,都处于全国各省市区的前列。全国最大的铀矿生产基地,最大的煤炭基地,最大的水电厂都坐落在这一地带。山西的原煤产量、湖北的水电发电量均在全国首屈一指。可以说,东部工业快速发展的动力,在很大程度上是来自于中部。

4. 产业内部结构层次较低,服务业发展比较滞后

"十五"时期中部省份经济发展存在最主要的问题就是经济结构不合

理、产业层次低,主要表现为:第一产业比重过大,工业总量偏小、水平偏低,服务业发展滞后。尽管"十五"期末中部各省第二、第三产业增加值增幅高于全国平均水平,但是与全国相比,一些省份的第二、第三产业在本省 GDP 中所占的比重仍比较偏低,仍没有改变中部地区经济结构不合理和产业内部结构层次较低的状况(见表 11－2)。

表 11－2　"十五"期末中部各省三次产业增长及其所占 GDP 的比重

单位:亿元,%

| 地区 | 第一产业增加值 | 比上年增长 | 占 GDP 比重 | 第二产业增加值 | 比上年增长 | 占 GDP 比重 | 第三产业增加值 | 比上年增长 | 占 GDP 比重 |
|---|---|---|---|---|---|---|---|---|---|
| 全国 | 22718.4 | 5.2 | 12.4 | 86207.6 | 11.4 | 47.3 | 73394.6 | 9.6 | 40.3 |
| 山西 | 257.9 | －5.4 | 6.3 | 2307.9 | 15.9 | 56 | 1555.4 | 11.6 | 37.7 |
| 安徽 | 959.6 | 1.0 | 17.9 | 2234.2 | 18.8 | 41.6 | 2182.0 | 9.9 | 40.5 |
| 江西 | 770.0 | 6.5 | 19 | 1914.9 | 17.1 | 47.2 | 1371.3 | 10.8 | 33.8 |
| 河南 | 1843.0 | 7.5 | 17.5 | 5539.3 | 17.6 | 52.6 | 3152.8 | 12.6 | 29.9 |
| 湖北 | 1069.8 | 4.0 | 16.5 | 2774.4 | 13.7 | 42.8 | 2640.3 | 11.8 | 40.7 |
| 湖南 | 1255.0 | 5.7 | 19.4 | 2604.6 | 13.9 | 40.2 | 2614.1 | 11.8 | 40.4 |

资料来源:根据安徽省统计局编:《安徽省情》(2005 年)关于中部六省有关指标统计数据整理。

数据显示,尽管"十五"期末,中部地区的第三产业发展较快,但是,无论与其第二产业发展相比,还是与全国第三产业占 GDP 的比重相比,仍然比较缓慢。这说明中部地区的服务业发展仍比较滞后,特别是金融、电信、物流、咨询等现代服务业的发展还不能适应中部地区经济发展的需求。

5. 传统产业产量占有一定优势,但高附加值产品偏少

中部地区在纱产量、生铁产量、钢产量、发电量、机制纸产量、卷烟产量、原煤产量、水泥产量等八大传统产业的产量基本上达到或超过了全国平均水平,但是,在高、精、尖工业产品的生产上,劣势十分明显,特别是在高新技术产品方面,远远低于在全国应有的平均份额。在 2005 年高新技术产品进出口中,中部六省出口总和仅占全国 0.51%,进口总和比重也仅为 0.89%。这也从另一方面说明了中部地区工业水平偏低。

## 二、对目前中部地区工业化发展阶段的基本判断

现代经济发展以工业化为标志,经济发展过程实际上是工业化过程。工业化过程存在着不同的阶段,通常将工业化发展过程划分为三个阶段:起步的初级阶段、起飞的中级阶段和成熟的高级阶段。中部地区的工业化水平究竟处在什么阶段? 对于这个问题的研究直接关系到中部地区工业化发展战略的选择和有关政策的制定。只有比较准确地把握中部地区工业化水平所处的发展阶段,才能从实际出发,提出相应的发展对策。

### (一)工业化水平的评价指标体系

反映工业化水平的指标不是单一的,因而需要从多个角度或使用多种指标来判断一个国家或地区的工业化阶段。现在,国际上通常从经济总量、经济结构和城乡结构的角度来判断工业化程度。经济总量一般采用人均国内生产总值指标;经济结构一般采用 GDP 三次产业结构指标,即工业增加值占 GDP 比重或农业产值占 GDP 的比重;城乡结构一般采用城市化水平指标,即以城镇人口占全部人口的比重来反映。

#### 1. 人均国内生产总值

人均国内生产总值是反映工业化水平的直观指标。著名经济学家 H. 钱纳里等人对工业化程度的实证研究表明:人均 GDP 水平与工业化程度成正比,人均 GDP 水平越高,工业化程度越高。H. 钱纳里等人把经济增长理解为经济结构的全面转变,并借助多国模型提出了标准模式,即根据人均国内生产总值水平将不发达经济到成熟的工业经济整个变化过程分为三个阶段六个时期。第一阶段是农业经济阶段(或称初级产品生产阶段);第二阶段是工业化阶段,并把这一阶段分为工业化阶段的初级、中级和高级阶段;第三个阶段为发达经济阶段,并把这一阶段分为发达经济初级阶段和发达经济高级阶段(见表11-2)。

表 11 - 3　钱纳里的工业化发展阶段划分

| 时期 | 人均 GDP 变动范围（按 1982 年美元计算） | 发展阶段描述 | |
|---|---|---|---|
| 1 | 364 ~ 728 | 初级产品生产阶段 | |
| 2 | 728 ~ 1456 | 工业化初级阶段 | 工业化阶段 |
| 3 | 1456 ~ 2912 | 工业化中级阶段 | |
| 4 | 2912 ~ 5460 | 工业化高级阶段 | |
| 5 | 5460 ~ 8736 | 发达经济初级阶段 | 发达经济阶段 |
| 6 | 8736 ~ 13104 | 发达经济高级阶段 | |

## 2. GDP 三次产业结构

根据美国经济学家西蒙·库兹涅茨等人的研究成果,工业化往往是产业结构变动最迅速时期,其演进阶段也通过产业结构的变动过程表现出来。在工业化初期和中期阶段,产业结构变化的核心是农业和工业之间"二元结构"的转化。各国工业化发展历史及相应的研究均表明,随着工业化的不断推进,第一产业在国民收入中所占的比重逐渐下降,第二、第三产业在国民收入中所占比重逐渐上升。衡量工业化的水平,主要是看工业是否在国民经济中占主导地位。通常采用第二产业增加值占 GDP 的比重(或工业增加值占 GDP 比重)这一指标。据此,可把工业化阶段分为准工业化阶段(20%以下)、工业化初级阶段(20% ~ 40%)、工业化中级阶段(40% ~ 60%)和工业化高级阶段(60%以上),[1]见表 11 - 4。

表 11 - 4　产业结构与工业化程度指标标志值

| 工业增加值占 GDP 比重 | 工业化阶段描述 |
|---|---|
| 20%以下 | 准工业化阶段 |
| 20% ~ 40% | 工业化初级阶段 |
| 40% ~ 60% | 工业化中级阶段 |
| 60%以上 | 工业化高级阶段 |

---

① 参见周绍森等:《论中国中部崛起》,中国经济出版社 2003 年版,第 329 - 330 页。

### 3. 城市化水平

城市化水平通常指非农人口占总人口的比重。钱纳里等经济学家在研究各个国家经济结构转变的趋势时,曾概括了工业化与城市化关系的一般变动模式:随着人均收入水平的上升,工业化的演进导致产业结构的转变,带动了城市化程度的提高。由此可见,城市化水平与工业化进程是相辅相成的,随着工业化过程的推进,城市化水平相应提高。世界工业化和城市化发展的历史也表明,城市化是工业化的历史结果和必然要求,而城市化所提供的集聚效应又反过来促进工业化进程,是推动工业化进程的动力和催化剂。城市化与工业化之间具有相互推动的良性互动关系。在工业化初级、高级阶段以及后工业化阶段,城市化水平变动很小,进入工业化中级阶段后,城市化将进入加速发展时期。

根据城市化与工业化之间所具有的高度相关性,一般认为,在工业化前的准备期,城市化率在30%以下;在工业化的实现和经济增长期,城市化率为30%~60%;在工业化后的稳定期,城市化率在80%以上。根据这个标准,1996年,世界银行发展报告中测算的中低收入国家城市人口比重为53%,甚至低收入国家也在32%。因此,我们认为这种划分标准有些简单化,还应结合钱纳里的工业化阶段划分标准,进一步细化,即把工业化前的准备期与初级产品生产阶段对应起来,或叫做准工业化阶段;把工业化的实现和经济增长期分别细化为工业化的初级阶段、中级阶段和高级阶段;把工业化后的稳定期作为后工业化阶段。具体的城市化水平与工业化程度指标标志值,见表11-5。

**表 11-5  城市化水平与工业化程度指标标志值**

| 城市化水平 | 工业化阶段描述 |
| --- | --- |
| 30%以下 | 准工业化阶段 |
| 30%~40% | 工业化初级阶段 |
| 40%~60% | 工业化中级阶段 |
| 60%~80% | 工业化高级阶段 |
| 80%以上 | 后工业化阶段 |

### (二)中部地区工业化水平的比较分析

随着促进中部崛起战略的提出与国家有关政策的贯彻落实,中部地区的工业化水平有了一定程度的提升,但是相对于东部发达地区,总体上看仍然是我国的欠发达地区。其经济发展水平具有工业化初期向中期过渡的明显特征,工业化任务远未完成。下面就根据上述的工业化水平的评价指标体系,对中部地区六省的工业化水平具体展开分析。

1.从人均国内生产总值看,中部地区工业化水平总体上处于初级阶段的后半阶段

"十五"期间,我国中部地区积极承接东部产业转移,充分利用本地区能源、原材料优势,加大投资力度,促进其经济快速发展,工业化水平有了较大幅度上升。据统计,2005 年各省人均 GDP 按当年美元兑人民币汇率 1:8.19 计算,均突破 1000 美元(见表 11 - 6)。

表 11 - 6　中部地区六省人均 GDP 比较(2005 年)

| 地区 | 山西 | 安徽 | 江西 | 河南 | 湖北 | 湖南 | 六省合计平均 | 全国 |
|---|---|---|---|---|---|---|---|---|
| 人均 GDP(元) | 12495 | 8675 | 9440 | 11346 | 11431 | 10426 | 10635.5 | 14040 |
| 人均 GDP(美元) | 1527 | 1059 | 1153 | 1385 | 1396 | 1273 | 1298.8 | 1741.3 |

资料来源:根据《中国统计年鉴》(2006 年)有关数据统计整理。

从表 11 - 6 可以看出,2005 年中部六省人均 GDP 为 10635.5 元,相当于全国平均水平的 75.8%。其中,人均 GDP 在中部六省中山西最高、安徽最少,两省之间存在较大差距。对照 H.钱纳里的工业化发展阶段划分标准(表 11 - 3),具体来看,2005 年,中部六省只有山西省接近全国平均水平,达到工业化中级阶段,其余五省均处于工业化初级阶段;从整个中部地区看,2005 年,人均 GDP 为 1298.8 美元,中部地区工业化水平总体上处于工业化初期的后半阶段。

2.从 GDP 三次产业结构看,中部地区正处于由初级阶段向中级阶段加

速推进时期

据统计,2005 年,中部六省 GDP 总量超过 3.7 万亿,5 年平均增幅超过 10%,占全国比重也上升到 20.4%。六省工业增加值占 GDP 比重的具体情况见表 11-7 所示。

表 11-7　中部地区六省工业增加值占 GDP 比重情况(2005 年)

| | 山西 | 安徽 | 江西 | 河南 | 湖北 | 湖南 | 六省合计 | 全国 |
|---|---|---|---|---|---|---|---|---|
| 生产总值(亿元) | 4179.5 | 5375.1 | 4056.8 | 10587.4 | 6520.1 | 6511.3 | 37230.2 | 183084.8 |
| 工业增加值(亿元) | 2117.7 | 1818.4 | 1455.5 | 4896.0 | 2436.6 | 2189.9 | 14914.1 | 76912.9 |
| 工业增加值占 GDP 比重(%) | 50.7 | 33.8 | 35.9 | 46.2 | 37.4 | 33.6 | 40.1 | 42 |

资料来源:根据《中国统计年鉴》(2006 年)有关数据统计整理。

从表 11-7 可以看出,中部地区六省的生产总值和工业增加值发展很不平衡。河南省这两项指标都比较高,按工业增加值占 GDP 的比重来看,山西和河南两省较高,均超过了全国该项指标的平均水平。对照前面的表 11-4 中的产业结构与工业化程度指标标志值,可以看出,从中部地区总体上看,六省全部工业增加值占 GDP 比重为 40.1%,刚好达到了工业化中级阶段的标志值。但具体分析,可以发现中部地区除山西、河南两省工业增加值占 GDP 比重较高外,其余四省的这个指标均低于工业化中级阶段的标志值。因此,从 GDP 三次产业结构角度看,只能得出以下结论,即中部地区处于由初级阶段向中级阶段加速推进时期。

3. 从城市化水平看,中部地区城镇人口集聚程度仍呈现出工业化初级阶段的特征

在东部地区城市化浪潮的影响下,近几年中部地区正在掀起新一轮的城市群建设热潮:湖南在加快长株潭一体化建设的同时,又启动了"3+5"城市群规划研究;湖北"武汉城市圈"在积极争当中部崛起的战略"支点";河南"中原城市群"规划正式发布,欲撑起中部崛起的"脊梁";安徽 2006 年相继通过"沿江城市带"和"沿淮城市群"两个规划;江西加快实现"昌九景

城市带"的对接;山西高调提出打造"太原城市圈"新概念。但是,中部地区这些城市群或城市带从总体上看还处于雏型期阶段。据统计,2005 年,全国的城市化率已达43%,而中部地区的城市化率平均只有37.6%,与全国的城市化水平仍存在很大差距,见表 11 - 8。

表11 -8　中部地区六省城市化水平比较(2005 年)

| 地区 | 山西 | 安徽 | 江西 | 河南 | 湖北 | 湖南 | 六省平均 | 全国 |
|---|---|---|---|---|---|---|---|---|
| 城镇化率(%) | 42.1 | 35.5 | 37.0 | 30.7 | 43.2 | 37.0 | 37.6 | 43.0 |

资料来源:根据《中国统计年鉴》(2006 年)有关数据整理。

如果把表11 - 8 中部地区六省城市化水平指标与表 11 - 5 工业化程度指标总值相对照,可以看出全国的城市化水平为43%,已达到工业化中级阶段,中部六省中只有湖北和山西达到或接近全国城市化水平,也达到工业化中级阶段,中部其他各省与全国城市化水平均有很大差距,仍处在工业化初级阶段。因此,从中部地区总体的城市化水平看,中部地区城镇人口集聚程度仍呈现出工业化初级阶段的特征。

综上所述,可以看出,无论从何种指标衡量,中部地区的工业化进程都是处于从初级阶段向中级阶段的过渡时期,并在有些方面还带有初级阶段的一些特征。如果说全国已处于起飞的工业化中级阶段,那么中部地区则处于即将起飞的工业化初级阶段的后半期。在这个时期,一方面工业化进程将会加快,城市化率将会显著提高;另一方面也会带来资源的大量消耗与环境污染等问题。如何处理好这些矛盾,将是中部地区新型工业化道路所要解决的问题。

### 三、中部地区走新型工业化道路面临的问题及原因

在实现中部崛起和促进区域经济协调发展过程中,工业化对区域经济发展的推动作用越来越明显。中部地区的经济落后实际上反映的是工业化水平的落后。自从中央提出促进中部崛起战略以来,中部地区工业增长很

快,但由于粗放型的经济增长方式没有得到根本改变,工业化进程中仍存在一些问题。

### (一)中部地区走新型工业化道路面临的主要问题

中部地区推进工业化进程遇到的主要问题是中部地区工业化现状与新型工业化的要求存在较大差距,具体表现在以下五个方面。

#### 1.工业内部结构不合理,高新技术产业发展缓慢

中部地区工业主要集中于纺织、食品、机械、原材料等传统工作部门,科学技术在经济发展中的贡献率较低,信息产业发展不快,信息化对工业化的带动作用不强,新兴产业的先导作用还没有得到充分发挥,特别是高新技术产业比重很低,产业竞争力不强。据统计,2005年,中部六省高新技术产品进出口总额28.8亿美元,仅占其进出口总额415.7亿美元的6.9%;在全国的比重也很低,六省高新技术产品出口总和仅占全国0.51%,进口总和比重仅为0.89%,见表11-9。

表11-9　2005年中部六省高新技术产品进出口

单位:亿美元,%

| | 进口额 | 同比 | 占全国比重 | 出口额 | 同比 | 占全国比重 |
|---|---|---|---|---|---|---|
| 湖北 | 7.4 | 76.3 | 0.375 | 4.5 | 34.3 | 0.207 |
| 安徽 | 2.5 | -8.2 | 0.127 | 2.9 | 40.1 | 0.135 |
| 山西 | 2.0 | 101.4 | 0.1 | 1.0 | 2623.2 | 0.048 |
| 湖南 | 2.2 | 16.6 | 0.109 | 0.9 | 54.4 | 0.043 |
| 河南 | 1.2 | -20.8 | 0.061 | 0.9 | 26.3 | 0.042 |
| 江西 | 2.4 | 87.7 | 0.122 | 0.81 | 61.7 | 0.037 |

资料来源:连玉明、武建忠主编:《中国发展数字地图》,中国时代经济出版社2006年版,第224页。

#### 2.工业技术结构调整低水平重复,产业同构现象严重

过去,中部地区投资方面的突出问题就是缺乏市场观念和科学论证、信息不灵、盲目性较大。一些项目刚建成投产,市场就出现饱和,产品销不出

去,被迫停产。还有一些项目尚未完工,产品没投入市场就被列为淘汰产品,不仅毫无效益可言,还背上沉重的包袱。由于投资项目选择缺乏科学论证、投资决策的长官意志和地区之间相互攀比等原因,重复建设成为一种通病。若以全国工业净产值结构作为计算和比较的基准,中部与东部地区工业结构相似系数为0.935,与西部工业结构相似系数为0.975,与全国工业结构相似系数为0.96。

近几年中部地区工业技术结构调整又出现低水平重复现象。有的省行业或地区投资追求自成体系,在"大而全"的基础上进一步"填平补齐",原有产业结构没有升级换代,新的替代产业又没有形成;有的省结构调整的主体不明确,政府和企业相互依赖,未能及时顺应市场开发新产品,结果原有的名牌产品在激烈的竞争中节节败退;有的省产业定位不清晰,对行业发展趋势和全球性产业结构调整的影响不甚了解,产品结构不合理的矛盾十分突出,低档产品、初级加工产品供过于求与技术含量高、附加值高的产品短缺同时并存。

中部地区长期以来,由于重复建设导致的产业结构趋同现象,一方面造成生产经营的盲目性增加,产业集中度低,生产集约化程度难以提高,经济效益和竞争力弱化;另一方面也不利于中部地区各省之间的经济合作和东、中、西部地区之间实现优势互补与联动发展。

3. 地区经济的开放度较低,外向型经济发展较慢

在中国加入WTO以后,我国经济已处于一个相对开放的水平,而中部地区至今仍处于一种较为封闭的状态。据统计,"十五"期间我国累计直接利用外资达3800亿美元,而中部地区六省累计利用外资总和仅为372.9亿美元,占全国比重仅为9.8%。2005年,我国进出口总额超过1.4万亿美元,中部地区的进出口总额六省合计为415亿美元,仅占全国比重的2.9%;外商直接投资全国为603.3亿美元,中部六省合计为88.8亿美元,仅占全国的14.7%(见表11-10)。这在很大程度上直接影响到中部地区的工业化进程。

表 11-10 中部六省进出口总额与外商直接投资及其占全国比重情况(2005 年)

| 地区 | 进出口总额(亿美元) | 占全国比重(%) | 外商直接投资(亿美元) | 占全国比重(%) |
|------|------|------|------|------|
| 全国 | 14219.1 | | 603.3 | |
| 山西 | 55.5 | 0.4 | 2.8 | 0.5 |
| 安徽 | 91.2 | 0.6 | 6.9 | 1.1 |
| 江西 | 40.6 | 0.3 | 24.2 | 4.0 |
| 河南 | 77.2 | 0.5 | 12.3 | 2.0 |
| 湖北 | 90.5 | 0.6 | 21.9 | 3.6 |
| 湖南 | 60.0 | 0.4 | 20.7 | 3.4 |
| 六省合计 | 415.0 | 2.9 | 88.8 | 14.7 |

资料来源:根据《中国统计年鉴》(2006 年)有关数据整理。

4.城乡二元经济结构矛盾突出,就业和再就业压力很大

从三大产业来看,第一产业比重大,工业化程度低,第三产业欠发达。2005 年,中部地区的第一产业增加值占 GDP 的比重为 16.71%,高于全国平均水平 4.1 个百分点,城市化率为 37.6%,远低于全国的 43%。中部地区二元经济结构明显,工业化进程较慢,城市化滞后。一方面,城市就业与再就业难度很大,城镇登记失业率呈上升趋势(见表 11-11);另一方面农村仍存在着大量剩余劳动力,如何应对农业、农村、农民的转型问题是一个十分迫切的任务。

表 11-11 我国四大区域城镇登记失业率比较

单位:%

| 年份 | 东部地区 | 中部地区 | 西部地区 | 东北地区 |
|------|------|------|------|------|
| 2005 | 3.0 | 3.8 | 4.1 | 4.7 |
| 2006 | 3.3 | 3.9 | 4.1 | 4.6 |
| 2007 | 3.3 | 3.9 | 4.1 | 4.6 |

资料来源:根据历年《中国统计年鉴》有关统计数据整理。

随着中部地区产业结构战略性调整的逐步实施,中部地区的就业结构也将发生很大变化。由于中部地区工业化水平较低、农业人口较多,从就业结构方面来看,中部地区的就业和再就业压力增加、劳动力供大于求的矛盾日益突出。首先,农村剩余劳动力转移难度加大,加之受当前全球金融危机

的影响,农民进城务工经商的困难增多。其次,是中部地区国有企业比重大,国企的改革、改制中,下岗职工较多,待业人员再就业难度增大。最后,是面临着大量的高校毕业生就业压力。随着经济结构的调整,新型工业所能容纳的劳动力十分有限,劳动力的整体素质与经济发展不相适应的矛盾将更加凸显,将会加剧就业和再就业的困难。就业结构的转换缺乏弹性成为中部地区产业结构调整中难度最大的一个环节。

5. 节能减排将成为中部地区新型工业化进程的硬约束

"十一五"以来,中部各省工业增长持续加快,但带动工业增长的主要力量还是钢铁、有色、水泥、煤炭和电力等高能耗行业。与东部地区相比,节省减排对中部地区加快发展的约束性要大一些。一是中部地区资源型产业比重偏高,钢铁、煤炭、电力、水泥、有色等资源行业一直是中部地区的主导产业,而这些产业恰恰也是资源消耗多、环境污染大的行业。二是中部地区工业化水平低,当前正处于加快发展阶段,工业的比重还将进一步提高,加之产业结构调整仍需要一个过程,今后一个时期,高能耗行业投资增长偏快短期内不会改变,加大了中部地区节能减排的工作难度。三是随着我国能源、资源矛盾日益突出,国家将继续加大对节能减排工作的推进力度,采取措施加快淘汰落后产品产能,甚至可能进一步扩大限批行业和区域范围,这些都给中部地区工业发展带来很大的不确定因素。

(二)关于制约中部地区新型工业化进程的因素分析

中部地区工业化进程缓慢,有其历史原因,但就目前在加速工业化进程中形成的一些问题而言,主要是其现实原因,概括起来有以下三个方面:

1. 经济增长方式粗放是制约中部地区新型工业化进程的关键因素

南昌大学中国中部经济发展研究中心周绍森、胡德龙运用新增长理论模型,建立了中部六省(山西、安徽、江西、河南、湖北和湖南)动态生产函数,并测算了中部六省1978年至2002年期间各生产要素与全要素生产率(TFP)对经济增长的贡献。结果发现中部六省全要素生产率对经济增长的贡献远低于全国平均水平,而物质资本的贡献高于全国平均水平(见表11－12)。在此期间,中部走的是依靠物质资本驱动为主的高消耗、高污染、低产出、低效益的"粗放型"发展道路。

**表 11-12　1978~2002 年中部六省各生产要素对经济增长的贡献率**

单位:%

| 省份 | 物质资本的贡献 | | | 劳动力 | 人力资本 | 全要素生产率(TFP) |
|---|---|---|---|---|---|---|
| | | 物质资本积累 | 全社会固定资产投资 | | | |
| 山西 | 45.28 | 17.20 | 28.08 | 7.81 | 16.09 | 30.82 |
| 安徽 | 40.74 | 20.60 | 20.14 | 14.52 | 16.76 | 27.97 |
| 江西 | 44.4 | 25.04 | 19.36 | 17.23 | 13.18 | 25.19 |
| 河南 | 46.67 | 24.12 | 22.55 | 19.14 | 14.38 | 19.81 |
| 湖北 | 46.7 | 22.85 | 23.85 | 7.54 | 18.38 | 27.38 |
| 湖南 | 45.9 | 18.85 | 27.05 | 9.54 | 17.35 | 27.20 |
| 全国平均* | 37.4~38.5 | | | — | 8.6~9.9 | 42.7~45.7 |

注:测算过程及数据详见周绍森等:《中部崛起与人力资源开发》,北京出版社 2005 年版。*数据为 1978 年至 2002 年期间的贡献份额,来源于中国教育与人力资源问题报告课题组:《从人口大国迈向人力资源强国——中国教育与人力资源问题报告》,第 151—152 页。

　　中部地区产业结构优化升级缓慢,与这种"粗放型"的经济增长方式有着密切的关系。"粗放型"的经济增长方式既是形成不合理的产业结构的传统生产方式,也是制约中部地区产业结构调整的关键因素。因此,要推动中部地区产业结构的优化与升级,必须要转变中部地区的经济增长方式,即从"粗放型"向"集约型"经济增长方式的转变。

　　2. 区域创新能力不足是影响中部地区新型工业化进程的重要原因

　　区域创新能力是一个地区将知识转化为新产品、新工艺、新服务的能力。它可以推动区域内新技术或新知识的产出、流动、更新和转化,是促进经济增长方式转变和产业结构优化升级的根本动力。中部地区不合理的产业结构及其采用的"粗放型"经济增长方式与区域创新能力不足有着直接的关系。

　　中国科技发展战略研究小组借鉴哈佛大学波特教授和麻省理工大学斯

特恩教授主持的美国《创新指标》、瑞士洛桑国际管理开发学院的《国际竞争力报告》和世界经济论坛的《全球竞争力报告》等国际通用的一些评价体系,动态而客观地分析了我国各省(直辖市、自治区)的区域创新力。我国四大经济区创新能力指标值如表 11 - 13 所示。

表 11 - 13　我国四大经济区区域创新能力分布

| | 综合指标 | 二级指标 | | | | |
|---|---|---|---|---|---|---|
| | | 知识创造能力 | 知识获取能力 | 企业的技术创新能力 | 创新的环境 | 创新的经济绩效 |
| 东部经济区 | 38.47 | 31.35 | 35.73 | 44.15 | 35.5 | 42.46 |
| 北京 | 56.53 | 83.4 | 39.74 | 47.26 | 49.9 | 68.82 |
| 天津 | 38.60 | 26.94 | 40.15 | 38.17 | 28.99 | 58.75 |
| 河北 | 22.39 | 19.1 | 14.66 | 28.52 | 24.92 | 19.83 |
| 上海 | 56.35 | 40.37 | 54.04 | 64.97 | 52.32 | 64.34 |
| 江苏 | 42.61 | 24.54 | 42.9 | 57.3 | 43.01 | 37.09 |
| 浙江 | 37.40 | 24.07 | 36.46 | 42.27 | 38.89 | 40.15 |
| 福建 | 28.97 | 18.02 | 33.3 | 34.96 | 23.61 | 33.15 |
| 山东 | 36.82 | 22.36 | 35.19 | 51.44 | 36.25 | 31.33 |
| 广东 | 46.83 | 27.74 | 47 | 58.02 | 44.07 | 50.46 |
| 海南 | 18.17 | 27 | 13.83 | 18.6 | 13.04 | 20.7 |
| 东北经济区 | 28.00 | 22.34 | 23.45 | 33.14 | 26.8 | 30.72 |
| 辽宁 | 32.66 | 24.65 | 31.23 | 42.73 | 32.95 | 26.8 |
| 吉林 | 25.21 | 22.31 | 15.81 | 26.04 | 22.82 | 36.38 |
| 黑龙江 | 26.13 | 20.06 | 23.3 | 30.65 | 24.64 | 28.99 |
| 中部经济区 | 23.10 | 18.7 | 18.59 | 30.22 | 23.36 | 20.57 |
| 山西 | 22.92(17) | 16.89(22) | 14.95(20) | 27.86(19) | 21.09(23) | 29.56(11) |
| 安徽 | 21.70(20) | 15.56(23) | 17.05(17) | 33.06(14) | 21.49(22) | 15.83(30) |
| 江西 | 20.72(22) | 17.92(20) | 16.03(18) | 24.72(23) | 23.66(17) | 17.69(29) |
| 河南 | 21.60(21) | 14.18(25) | 12(28) | 29.89(16) | 23.74(16) | 21.22(20) |
| 湖北 | 27.06(10) | 25.37(6) | 24.27(11) | 36.2(9) | 26.26(11) | 19.99(24) |
| 湖南 | 24.59(16) | 22.25(15) | 27.21(10) | 29.51(17) | 23.9(15) | 19.11(27) |

| 西部经济区 | 20 | 16.2 | 14.29 | 23.89 | 19.64 | 22.99 |
|---|---|---|---|---|---|---|
| 内蒙古 | 20.62 | 18.63 | 14.91 | 24.25 | 21.72 | 20.51 |
| 广西 | 18.98 | 9.47 | 13.18 | 25.93 | 17.31 | 23.84 |
| 重庆 | 25.47 | 14.1 | 19.94 | 34.51 | 26.76 | 25.23 |
| 四川 | 25.57 | 22.87 | 17.8 | 33.99 | 26.92 | 21.21 |
| 贵州 | 16.71 | 13.61 | 9.83 | 26.81 | 14.73 | 14.04 |
| 云南 | 16.67 | 17.79 | 10.63 | 18.19 | 15.55 | 19.84 |
| 西藏 | 10.50 | 9.14 | 6.57 | 2.9 | 14.44 | 19.02 |
| 陕西 | 26.43 | 24.6 | 17.9 | 34.12 | 25.36 | 25.94 |
| 甘肃 | 18.44 | 12.56 | 18.09 | 22.81 | 15.12 | 21.8 |
| 青海 | 20.64] | 13.43 | 13.05 | 19.49 | 21.84 | 31.67 |
| 宁夏 | 18.86 | 14.74 | 14.72 | 20.29 | 17.31 | 25.2 |
| 新疆 | 21.77 | 23.67 | 14.81 | 23.4 | 18.56 | 27.53 |

注:括号内为排名次序。

数据来源:中国科技发展战略研究小组:《区域创新能力谁执牛耳?》,《经济日报》2005 年 4 月 12
日;中国科技发展战略研究小组:《区域创新能力五大因素谁占先?》,《经济日报》2005
年 4 月 13 日。

从总体上看,我国区域创新能力是东强西弱,从东部沿海地区向西部内陆地区由高到低呈梯形分布。东部经济区十个省(市)区域创新能力综合指标平均值达 38.47,其中北京最强;中部六省区域创新能力综合指标平均分值为 23.1,只有湖北省位居第十名而进入全国前十位,河南和江西两省均位居全国后十位;西部经济区十二个省(市、区)区域创新能力综合指标平均分值为 20。中部经济区区域创新能力比东部经济区低 15.37 分,比东北三省低 4.9 分,而只比西部经济区高 3.1 分。中部六省区域创新能力明显弱于东部经济区,与西部经济区相比优势却不明显,而且西部有 1/4 的地区区域创新综合指标超过了中部六省平均值。东部经济区区域创新能力综合指标远高于中部六省,主要是因为东部经济区企业的创新机制更加灵活,市场经济的作用较强,企业已基本成为技术创新的主体。而中部六省观念落后、机制僵化,政府对企业的干预多,经济绩效太低,在很大程度上制约了中部地区产业结构的优化与升级。

### 3. 体制机制落后是中部地区新型工业化进程的主要障碍

改革开放以来,中部地区经济体制改革虽然取得了很大的进展,但深层次的改革还未完全到位,体制性、制度性障碍仍然存在。体制落后和制度僵化仍然是中部地区走新型工业化道路的主要障碍。

在体制障碍方面,产业结构调整中政府对市场干预过多,其职能的实现过程缺乏透明度和制度性监督,"越位"、"错位"、"缺位"和"不到位"的现象较为普遍。条块分割、行业垄断、部门壁垒、职能重叠的问题较为突出。一些政府部门牢牢抓住资源配置权不放,一些地方领导习惯于直接插手企业,一些企业经营又过分依赖政府保护,从而造成生产要素市场化程度较低,产业结构调整由于缺少要素自由流动的机制而受阻。

在机制障碍方面,由于中部地区所有制结构不合理,国有企业比重过大,非国有经济比重过低,机制不活。从非国有经济发展速度看,中部最慢,不仅低于全国,而且低于西部。东部地区非国有经济已占主体地位,一些省的乡镇工业产值已占工业总产值的2/3,浙江、福建个体经济分别占两省工业产值的23%和25%。非国有经济之所以发展迅猛,主要是因为机制新,能够不断以市场需求为导向寻求发展,且绝大部分都处在竞争激烈、回报率高的资源加工型行业。相形见绌的是,整个中西部地区乡镇企业总产值只占全国的1/4,非国有经济比重比东部地区低21个百分点。与东部相比,中部地区非国有经济不仅比重偏低、"三资"企业不多、投资增长不快,而且产业层次不高、领域不宽、规模不大、期限短、项目单一,非国有经济发展的环境仍不够宽松,效益不佳。相对于非国有经济,国有经济比重过大且实现形式单一,经济缺乏活力和生机。

## 四、中部地区走新型工业化道路的产业发展方向

在清醒认识加快中部地区走新型工业化道路面临诸多困难的同时,也应看到加快推进中部地区产业结构优化升级大有希望。中部地区的希望来自中部的比较优势和已经形成的基础和实力。中部地区区位优势明显,交通便利,便于东引西进、双向开拓,市场潜力大,资源的组合状况和空间匹配

条件较好,在承接新一轮国内外产业转移方面处于有利地位。中部特色新型工业化道路的产业发展方向,就是要立足于现有基础,充分发挥区位、交通、资源等综合比较优势,按照"三个基地、一个枢纽"功能定位的要求,实行第一、第二、第三产业协同带动战略,推进产业结构优化升级,加强全国的粮食基地建设、能源原材料基地建设和现代装备制造及高技术产业基地建设,提升交通运输枢纽地位,促进商贸流通旅游业发展。

### (一)积极发展现代农业,提高粮食基地保障能力

中部地区发展现代农业,必须按照高产、优质、高效、生态、安全的要求,通过以工促农方式实现城乡产业一体化发展,加快转变农业发展方式,推进农业科技进步和创新,加强农业物质技术装备,健全农业产业体系,提高土地产出率、资源利用率、劳动生产率,增强农业抗风险能力、国际竞争力,可持续发展能力。中部地区要把粮食基地建设放在现代农业建设的首位,稳定播种面积,优化品种结构,提高单产水平,不断增强综合生产能力,确保国家粮食安全。同时,应在河南、安徽、湖北、湖南、江西等农业大省,因地制宜建立各具特色的现代农业示范基地。

### (二)大力改造和提升能源产业,加强新型能源基地建设

以科学发展观为指导思想,合理开发优势突出的能源矿产资源,使资源优势成为现实的经济优势。按照科学规划、合理布局的原则,开发利用山西、河南、安徽的煤炭资源,加大优质煤炭的开采力度。大力研究煤炭的转化利用技术和工艺,探索煤炭气化、液化的新途径和新方法,鼓励发展洁净煤产业,提高煤炭的经济效益。稳步推进山西、河南、安徽等煤炭资源丰富地区的大型煤炭基地建设,搞好矿井设备更新和安全改造,大力发展煤矸石、煤气层、矿井水等资源的综合利用。建设在全国能源规划布局中已确定的火电、水电等项目,发展坑口电站,促进煤电联营和综合开发。加快抽水蓄能电站建设。加快骨干电网建设,提高外送能力。因地制宜、积极稳妥地推进生物质能发电和风电建设工作。进一步挖掘中部地区的石油、天然气开发潜力,以现有的大型石化企业为依托,调整成品油和石化工业的产品结构。

### (三)发挥中部矿产资源优势,加强精品原材料基地建设

中部地区应发挥铁矿石、有色金属、黄金、磷和石灰石等矿产资源优势,采用先进技术,大力发展循环经济,建设综合开发利用基地。中部地区要加强重要矿产资源的勘查,对重点矿山加快技术改造,提高资源综合回收率。重点进行钢铁、石化、化肥、有色、建材等优势产业的结构调整,形成精品原材料基地。例如,可以以武钢、马钢、太钢为龙头,整合钢铁工业资源,压缩小型圆钢、普通线材等长线产品,发展冷轧薄板、轿车用钢板等高档次优质钢材,形成全国重要的钢铁基地;以海螺集团为龙头,整合建材工业资源,形成强大的市场竞争力,发展和扩大中部地区的建材工业,形成全国重要的建材工业基地;以铜陵有色等大型企业为骨干形成铜产品深加工基地。

### (四)振兴中部地区老工业基地,形成新的市场竞争力

中部拥有一大批的老工业基地,一大批老企业技术老化较为严重,必须通过加强技术改造,提高工业的整体素质,从而加快工业化进程和地区经济发展步伐。当前要运用先进的技术、设备和工艺,特别是先进的科技,紧紧围绕着改进产品质量、提高经济效益和扩大出口,选择重点行业、重点企业对传统产业和老工业基地进行技术改造,使之发挥潜力,形成新的市场竞争力。中部需改造的重点行业是:机械制造业、纺织业、食品工业、医药工业等。中部还应限制和退出一些产品缺乏竞争力、污染严重的行业,并选择部分老工业基地城市,积极推进国有经济战略性调整,增强企业发展的生机与活力。加快山西、安徽、河南等省的资源型城市和资源型企业的经济转型,培育、发展循环经济和接续产业,建立资源开发补偿机制和衰退产业援助机制,形成新的市场竞争力。

### (五)建设具有自主创新能力的现代装备制造基地

中部地区在过去的工业化过程中,已经涌现出一批装备制造企业,并形成了一定的规模,但有60%以上技术含量高的投资类设备都依赖进口。中部地区应在此基础上,加快建设具有自主创新能力的现代装备制造基地。依托骨干企业,重点发展清洁高效发电技术装备、高压输变电设备、大型矿山开采设备、石化装备、大型施工机械、数控机床及关键功能部件、新型农业

装备、高速铁路列车、大功率铁路机车、新型地铁车辆、汽车及零部件、高附加值船舶及配套等领域。例如,以奇瑞、江淮等骨干企业为依托,形成汽车生产基地;以中部沿江地区一些大型造船企业为依托,形成高附加值船舶生产基地;在山西、河南、安徽等省有关矿山开采设备企业和机械施工装备企业基础上,形成现代装备制造业基地。

### (六)加快发展新兴产业,建设高新技术产业基地

中部地区应加强在电子信息、生物工程、现代中药、新材料等领域的研发和产业化。加强中部地区技术创新服务体系建设,加快科技成果转化。在有优势的领域建设和完善国家工程中心、国家工程实验室、国家重点实施室和企业技术中心,努力建设若干科技基础平台,实施一批重大科技项目,加大关键技术的攻关力度。中部地区可以充分利用科研院所和高等院校密集、高科技人才较多的优势,以高新技术开发区为载体,加强高等学校、科研院所与企业的技术合作,促进企业成为技术创新的主体。不失时机地加快高技术产业的发展,建立一批特色产业基地,形成产业链和产业体系,培育若干高新技术产业增长点,形成若干各具特色的高技术产业聚集区。建设武汉光电信息技术基地、长株潭城市群的电子、生物制药、新材料基地和合肥光电机一体化、纳米技术等基地,重点发展光电子、通信、激光、计算机、软件、网络以及自动化、传感技术等现代信息技术产业,发展生物技术特别是生物芯片、生物农药、新医药技术及其产业,加速发展纳米技术和新材料产业。目前中部地区的电子信息、生物制药、新材料等行业已跨入全国先进行列,特别是拥有一大批在国内同行业中具有优势地位和突出特色的明星企业,可以依托这些高新技术产业和优势企业,使之成为中部地区的产业创新和提升区域经济竞争力的"龙头",这将会对中部地区的经济增长产生持久的拉动力。

### (七)加快综合交通运输体系建设,促进现代服务业发展

中部地区的基础设施与东部相比还比较薄弱,有待于进一步加强。加快改善中部地区的基础设施条件,不仅可以吸引投资和拉动消费需求,促进地区经济增长,同时可以提高中部的物流、人流、信息流的传输能力,发挥承

东启西的桥梁和纽带作用。加强中部地区基础设施建设,重点是加快综合交通运输体系规划实施,推进交通运输重点项目建设,可以进一步促进商贸流通旅游等服务业的全面发展。中部要继续发挥交通运输、仓储及邮电通信业的优势,同时也要大力发展金融保险和房地产、旅游业、教育和文化产业,努力使它们成为中部的支柱产业。中部要充分利用丰富的旅游资源,进一步加强对黄山、九华山、天柱山、庐山、井冈山、嵩山、神农架、五台山、张家界等名山秀水的资源开发和宣传,发掘中部地区的历史文化遗产,提高人文旅游资源的影响,打造中部地区的旅游品牌。利用中部扎实的基础教育,调动社会力量和发挥政府作用,以高质量的高等教育和职业教育为突破口,大力发展教育产业。中部具有较好的区位和消费传统,可以创造良好的消费环境,大力发展消费服务业。

## 五、促进中部地区产业结构优化升级的若干思考

中部地区要赶超沿海发达地区,不能完全坐等东部的带动效应和西部的顶托效应,必须牢固树立科学发展观,积极探索中部特色的新型工业化道路,在加快"三个基地"建设的同时,充分发挥"一个枢纽"的优势,进一步提高对内对外开放水平。中部地区连南接北,可以左右逢源,完全有条件实现资源的优化配置,加大产业结构调整的力度,重点是实现工业结构的优化升级,形成区域特色经济,实现区域经济又好又快发展。面对当前全球金融危机的影响,当前和今后一个时期,中部地区应紧紧抓住国家实施保增长、扩内需、调结构等宏观政策的有利时机,并按照《中共中央国务院关于促进中部地区崛起的若干意见》的要求,抓住影响工业结构优化和协调发展的重要环节,加大工业结构调整的力度。

### (一)把提高自主创新能力作为推进新型工业化中心环节

中部地区大多数工业企业都是20世纪六七十年代建立的,设备老化,技术工艺水平低,要促进产业优化升级,使经济获得跨越式发展,必须引导企业投资向高新技术产业倾斜,增强竞争力。要加快现有企业的技术改造,引导企业投资技术含量高、环境污染少、经济与社会效益好的产品或行业,

大力支持那些以技术为主导产品的中小企业,增加风险性行业的资本投放量,促使产业结构从生产低附加值产品向生产高附加值产品的方向转变。在当前产业结构调整中,中部地区要根据高新技术产业化的发展趋势和市场需求,在电子信息、生物工程、新材料、环保等高科技领域有选择地上一批大项目,加快高新技术开发建设,使其成为优势突出、特色鲜明、带动作用明显的产业龙头,形成新的经济增长点。

为此,中部地区要建立和健全技术研究和开发体系,坚持先进技术引进和消化、吸收、创新相结合,完善鼓励创新的政策体系,着力培育富有创新能力的各类人才。首先,要充分发挥中部地区人力资源较丰富的优势,实施科技人才开发工程,加快收入分配制度改革,建立良好的用人机制,使优秀科技人才脱颖而出。从中部产业结构调整和实现区域经济协调发展的需要出发,优化人才结构,充分发挥市场机制在人才资源配置中的基础性作用,突破户籍、档案、地域等方面的限制,促进人才合理流动。其次,要通过政府宏观调控和优惠政策,在不断增加财政科技支出的前提下,引导、鼓励和支持全社会增加 R&D 的投入,逐步建立有利于提高科技创新能力的多元化资本市场,保障全社会科技投入的快速增长。建立风险投资机制,建设多元化的科技创新投融资体系,健全社会化、网络化科技服务体系。最后,加强以企业为主体的产业技术创新体系建设,建立技术开发中心,着重研究开发拥有自主知识产权的技术和产品,大力推广应用先进适用技术,促进应用型开发类科研机构和设计单位改制为科技型企业。推进科研院所投入经济建设的主战场,鼓励骨干科研机构以产权、资本、市场为纽带,兼并一般科研机构和中小企业。鼓励科研人员经办、创办高新技术企业。积极扶持民营科技企业发展。

### (二)从加大存量调整力度入手,促进工业结构优化升级

实施大企业、大集团战略,着重培育有优势的大型企业集团。坚持"有所为有所不为",加大国有资本的有效运营力度。通过国有资本的结构调整和企业重组,形成区域经济的优势行业和合理的分工协作体系。发挥经济开发区、高新技术开发区的作用,通过企业聚集,形成具有创新能力的区域

产业集群。充分运用市场机制,依靠企业内在的动力和活力,引导企业向大规模、宽领域、高层次、外向型迈进。以名优产品为龙头,采取后向联合方式延长产业链,使之尽可能地与本地的资源性开发结合起来。依托初级产品生产,采取前向联合、环向联合的方式,实现资源的综合利用以及开发、加工乃至销售的一体化发展。根据国内外需求和科学技术的发展,结合中部的实际情况,不断调整区域产业布局,用高新技术对传统产业进行改造。在能源、冶金、机械、化工、汽车等行业中,支持一批重点企业的技术改造,切实提高工艺水平和装备水平。利用法律法规、政策、行政许可制度和金融等手段,限制过热产业的发展,淘汰浪费资源、破坏环境的产业,促使过剩的生产能力向绿色环保型产业转移。

**(三)大力发展非公有制经济,为新型工业化发展注入新活力**

中部地区要大力发展非国有经济尤其是个体、私营经济,积极培植民营企业。发展非公经济,可以扩大就业岗位,缓解中部地区农村剩余劳动力转移和城市就业与再就业的压力。中部地区非国有经济普遍存在规模小、集约化程度低、产品结构不合理、效益差等弊端。中部地区要加大所有制结构调整力度,努力在全社会形成企业及企业家健康成长的机制,大力发展非国有经济,改善投资结构,努力使非公有制经济上规模、上水平、上效益。大力发展公共服务业,引导社会资本参与城镇建设。落实鼓励、支持和引导非公有制经济发展的方针政策,切实消除体制性障碍,允许非公有资本进入法律法规未禁止的行业和领域。放宽从业条件,简化审批手续,鼓励各类非公有制经济充分发挥非公有制经济吸纳劳动力就业的能力,为新型工业化发展注入新活力。

**(四)深化体制改革与制度创新,为工业发展创造良好的环境**

在中部产业结构调整过程中,要注意发挥政府和市场两方面的作用。首先,政府要加强产业规划和指导,明确工业发展的主要方向,营造良好的政策环境、体制环境和市场环境,引导经济结构优化。加快城市化步伐,努力形成中部地区的城市化网络。要通过城市化网络的规划和投入,使城镇成为中部地区经济起飞的主要基地。壮大中部地区城市经济,不仅能改变中部地区的二元经济结构,还能促进一、二、三产业结构协调发展。其次,要加快中部市场化建设,建立竞争有序、联系密切的商品、人才、消费、旅游市场,努力提高地区竞争力,促进国内外优势产业向中部转移。培育和完善资本市场是形成资本在企业间自由流动、注入和增减的必要条件,也是优化中部地区产业结构的基础性工程之一。随着我国股份制改革力度的加大,股权流动的规模、结构、方式和速度,将呈现新的变化,上市公司仍将不断增加,国有股权、法人股权迟早也要上市进行交易和流通,可以考虑在中部地区另设一家全国性证券交易所,以调整证券投资的流向,为中部地区的资本市场注入生机和活力。

由于中部地区所有制结构中国有经济比重过大,国有企业产权制度改革相对滞后,企业缺乏扩张的内在动力,难以做大做强,而外资企业、港澳台企业和民营企业所占比重又都偏低,产业结构调整的外源动力不足。中部地区股份制企业比重虽然较高,但由于一般都是通过行政方式由国有企业的改组、改制转变过来的,导致活力不强,使经济效益高和发展速度快的企业偏少,因而,中部地区的产业结构调整的主体力量不足。所以,中部地区产业结构调整中要在深化体制改革和制度创新方面有所突破,为产业结构的优化升级创造良好的环境和条件。首先,要深化行政管理体制改革,进一步转变政府职能,切实加强机关效能建设,努力构造诚实、守信、高效、开放的政务环境。其次,要继续深化国有企业产权制度改革,切实转变经营机制,加快建立健全现代企业制度,增强企业活力。再次,积极鼓励、支持和引导非公有制经济发展,改进服务和加强监督,不断提高非公有制经济的产业层次和企业素质。最后,通过扩大招商引资的范围,吸收更多高新技术产业进入,促进中部地区的工业结构的优化升级。

### (五)加快信息化步伐,带动中部地区工业化发展

中部地区走新型工业化道路,必须以信息化带动工业化,以工业化促进信息化。要用电子信息技术改造传统产业,提高产业和企业的核心技术水平与竞争力。中部地区相对于东部地区而言,在这方面起步较晚,但发展空间和潜在市场巨大。以电子信息技术为先导的先进制造技术是改造传统产

业的技术基础,是高新技术与传统产业的接口和桥梁。中部地区要切实采取措施,运用先进制造技术对传统产业进行改造。同时,应用现代生物技术、加快在食品、医药、环保等行业的技术融合和渗透,大幅度提高相关产品的技术水平。为此,中部地区要加快现代信息基础设施建设,不断完善信息网络。加快基础电信网络建设和改造速度,加大农村通信网络建设,不断推动电信网络向宽带化、数字化、综合化和智能化方向发展,为工业信息化提供高速便捷的基础电信网络平台。①

**(六)形成对内对外开放新格局,加强区域间的交流与合作**

中部地区要着力扩大对内开放。当前,无论是东部地区还是中西部地区都面临着一次全方位的深刻的经济结构调整,这无疑为发达地区与欠发达地区之间的要素交流、重组和优化配置提供了新的契机。中部地区应发挥承东启西的区位优势,促进中部与东部地区协调发展。东部经过20多年的发展,产业结构需要升级转换,必然要将一些能源、原材料、土地等成本高的产业渐次向中部转移。抓住当前东部地区进行结构调整和产业升级换代的有利时机,在继续积极吸引发达地区的资本流入中部地区的同时,大力促进两大地区的企业进行以资产为纽带的嫁接和联合,力争把更多的资源加工型企业办到内陆地区。中部地区要积极推进与毗邻沿海地区区域经济一体化建设,支持西部大开发。中部地区应与东、西部地区在粮食、能源、原材料等方面建立长期稳定的合作关系,加强与东、西部地区在人口流动与就业方面的合作。中部各省之间要建立区域合作与协商机制,对区域内的各种资源的开发利用、生产力布局和基础设施建设方面进行协调、协商,着重提高资源的经济效益和生态环境的保护。为了改变中部地区内部及其与周边地区的产业同构现象,避免在新一轮产业竞争中出现内耗现象,中部各省之间以及与周边省际之间应加强交流与合作。由中央政府牵头,有关部门和省政府共同参与联合成立中部地区产业发展协调会,主要负责制定中部地区工业发展战略规划,并有别于东、西部产业结构,突出中部特色。中部各

---

① 王群:《中国中部地区走新型工业化道路研究》,《河南社会科学》2004年第3期。

省在总的工业发展战略框架内,充分发挥本省比较优势并与中部其他省份错位发展,协商制定本省工业发展规划,形成中部各省分工协作、中部与东西部优势互补的发展新格局。

中部地区要努力提高对外开放水平,以开放促开发,争取更多的外商到中部地区投资办厂,进行项目开发和对老企业的嫁接改造。进一步拓宽外商投资领域,吸收外资参与多方面的投资和经营活动,争取外国银行到中部地区开设分支机构,搞好中部地区开发区建设。支持发展势头好、产业特色明显、带动力较强的国家级开发区和省级开发区加快发展,鼓励工业项目向开发区集中,促进优势产业集聚、土地集约使用、资源综合利用和环境保护,努力提高园区土地利用效率。同时,积极鼓励中部地区有条件的企业"走出去",积极参与国际竞争,扩大对外劳务输出规模,并在参与国际分工中加快技术进步与产业结构升级。加强中部地区一类口岸建设,建好出口加工区,引导加工贸易向中部地区转移。国家和政府应加强对中部地区进出口的指导、协调和服务,加大中央外贸发展基金政策支持力度,转变贸易增长方式,优化贸易结构,不断开拓国际市场。

## 六、中部六省走新型工业化道路的路径选择及规划设想

中部各省在制定本省的"十一五"规划中,按照国家关于中部地区经济发展战略功能定位的总体要求,都能根据本地区产业的比较优势,加快本省产业结构调整的步伐,培育本省的特色经济,努力探索适合自身特点的新型工业化之路(见表11-14)。但是,各省的具体产业布局中仍有很大的同构性,在具体组织实施规划过程中,中部各省还需要从整个中部地区的总体布局出发,进一步调整与完善规划,尽可能实行差别化发展战略,细化产业分工,在区域内形成良好的产业协作关系,努力形成既各具特色又有机协调的中部产业规划体系。

### 表 11 - 14  "十一五"期间中部六省推进新型工业化规划比较

| 地区 | 总目标和规划 | 具体产业布局 |
|---|---|---|
| 山西 | 坚持走新型工业道路,加快调整优化产业结构和转变经济增长方式,建设国家新型能源和工业基地。改造推进传统支柱产业,培育发展新的支柱产业。坚持分类指导、整体推进,大力发展七大优势产业。 | 改造提升传统支柱产业:煤炭、焦炭、冶金、电力 |
| | | 培育发展新的支柱产业:煤化工业、装备制造业、材料工业和旅游业 |
| | | 煤化工业:重点发展甲醇及衍生物、乙炔化工、粗苯加工、化肥、煤焦油深加工、煤制油以及煤层气和焦炉煤气多联产利用等项目 |
| | | 装备制造业:努力实现载重汽车整车和煤机成套设备两大突破,做大做强重型机械、铁路和轻轨机械、纺织机械、基础机械、煤化和环保设备、精密铸锻件、汽车发动机及零部件产业 |
| | | 材料工业:重点发展以煤矸石、粉煤灰、工业废渣为原材料的新型水泥和新型墙体材料 |
| 安徽 | 抓住深化改革、技术进步、结构升级、规模扩张和产业集群五个关键环节,积极推进新型工业化,加快形成以高新技术产业为先导、以先进制造业和基础产业为支撑、大中小企业合理布局的现代工业体系,全面完成工业化中期初级阶段的历史性任务 | 先进制造业:汽车产业,化工产业,装备制造业 |
| | | 高新技术产业:信息产业、生物产业 |
| | | 材料产业:精品钢铁基地、有色金属基地、新型建材基地 |
| | | 轻纺产业:家用电器制造业,食品工业,纺织、造纸工业 |
| 江西 | 坚持以工业崛起加快江西崛起,着力做大工业规模,提高工业在经济总量中的比重。注重发展循环经济,提升工业增长质量,在加快发展中优化工业结构。以重大项目为突破口,构建原材料工业、加工制造业、高技术产业相互支撑、协调发展的工业体系 | 支柱产业:汽车航空及精密制造产业、特色冶金和金属制品产业、电子信息和现代家电产业、中成药和生物医药产业、食品工业、精细化工及新型建材产业 |
| | | 基础工业:铜资源利用、岩盐和萤石资源利用、稀有稀土资源利用 |
| 河南 | 以信息化带动工业化,优先发展高新技术产业,做大做强优势产业,改造提升传统产业,推动工业产品结构由初级为主向中、高端和高附加值为主转变。优化产业布局,提高产业集中度,建设全国重要的先进制造业基地 | 高新技术产业:电子元器件、新型电源、硅半导体材料及太阳能电池、新型显示材料及精深加工、超硬材料及制品、生物医药、生物能源、新型功能材料,数字视听、网络及通讯、计算机、软件 |
| | | 优势产业:食品工业基地、有色工业基地、化工基地、汽车及零部件产业、装备制造业、纺织服装工业 |
| | | 其他产业:钢铁工业、建材工业、轻工业、建筑业 |

| 湖北 | 实施工业强省战略。突破性发展高新技术产业,改造提升优势产业,推进工业园区建设,促进产业集群发展。形成销售收入过 100 亿元的大企业 10 家、过 50 亿元的 30 家、过 10 亿元的 60 家。实施精品名牌战略 | 高新技术产业:电子信息、生物技术与新医药、新材料、光机电一体化等 |
|------|------|------|
| | | 汽车工业:整车工业、零部件工业 |
| | | 冶金工业:钢铁工业、有色工业 |
| | | 石油化学工业:石油化工、盐化工、磷化工,精细化工、农业化工 |
| | | 装备制造业:船舶工业,发电和输变电、机床工业,环保设备工业 |
| | | 轻纺工业:食品工业,造纸、家电工业,纺织印染工业,服装及产业用纺织品 |
| | | 建材工业和建筑业:水泥工业,新型建筑工业 |
| 湖南 | 坚持以工业化为核心,着力提升产业发展层次,培育产业集群,促进产业扩容,加快产业升级,提高产业素质,构建具有较高效益,较强活力和竞争力的产业结构,形成以高新技术产业为先导、工业制造业为支撑、服务业快速协调发展的产业格局,力争到 2010 年二、三产业占全省经济总量的 85% 以上。 | 加快发展优势产业:保持工程机械、轨道交通、钢铁有色等先进制造业的竞争优势 |
| | | 发展资源深加工战略产业:改造提升建筑材料、食品加工、石油化工、林纸加工等传统产业,着力培育具有比较优势和较高市场占有率的精品钢材、有色深加工、汽车及零配件、工程机械和食品等产业为主的 50 个产业集群。 |

资料来源:根据中部地区各省"十一五"规划纲要整理。

### (一)山西应实现支柱产业由单一产业向多元产业的转变

山西在我国是煤炭资源和旅游资源都十分丰富的省份,长期以来,山西定位为全国煤炭供应基地,产业结构比较单一。在走新型工业化道路过程中,山西要利用煤炭资源,但不能完全依赖煤炭产业,应尽快实现支柱产业由单一产业结构向多元产业结构的转变。一是加强对煤炭资源的深度加工,增加煤炭产业的附加值,大力发展煤化工,变资源优势为经济优势;二是大力发展装备制造业,充分发挥山西的装备业和原材料产业的基础优势,大力发展重型装备制造业;三是充分发挥挖掘山西本土文化,发挥旅游资源丰富的优势,大力发展山西旅游业,使旅游业成为山西主导产业;四是加快用高新技术和先进适用技术改造和提升电力、冶金、焦炭和材料工业。

### (二)河南应实现由农业大省向新型工业强省的转变

河南省的特点是农业大省、人口大省,资源禀赋条件较好,劳动力资源丰富且价格低廉,人文旅游资源厚重。河南省是中部乃至全国的产粮大省,随着改革开放的发展,在产业结构调整中,目前已建立了一批机电、煤电、钢铁、有色金属、农产品加工等产业基地,正在实现由农业大省向新型工业强省的转变。今后一段时间,河南省推进产业结构优化升级的基本方向:一是在大力加强全国粮食生产加工基地和农畜产品加工基地建设的同时,努力建设新型工业基地和全国煤炭基地。二是在大力做强、做大农产品加工、矿产资源深加工、机电等第二次产业的同时,大力发展以物流、旅游、金融、商贸等为核心的现代服务业,使服务业成为河南新的经济增长点。三是充分发挥劳动力资源丰富的优势,大力承接沿海发达地区向内地转移的劳动密集型产业,同时提高劳动力技术素质,大力向外输送农村富余劳动力,抓好抓实劳务输出产业。

### (三)湖北应形成"三个基地、一个中心"的生产力布局

湖北自古就有"湖广熟,天下足"之美誉,可以把农产品加工业作为重点发展产业,形成优质农产品加工基地。湖北在钢铁、汽车等方面有一定的产业基础,可以在此基础上,大力发展现代制造业。湖北省会武汉高校林立,在科技、教育方面优势明显,可以通过与有竞争优势企业的联合,大力发展高新技术产业,建立高新技术产业基地。湖北居于全国经济版图的几何中心,许多铁路、公路、水路和空中航线都交汇于此地。在此基础上可以以武汉、襄樊、宜昌等区域中心城市为依托,发展商贸和物流业,建立现代物流中心。最终形成以高新技术产业为先导,以现代制造业和优势农产品生产加工业为支撑,促进现代物流业全面发展的产业格局。

### (四)湖南应在发展现代农业和制造业基础上突出科技文化优势

在产业发展上,湖南的农产品加工、有色冶炼、电力机车、工程机械等产业在全国具有较强竞争优势,同时以电视传媒、新闻出版为核心的文化创意产业在全国也具有较强影响力和竞争力。因此,湖南产业结构优化升级的方向:一是利用农产品资源丰富的有利条件,大力发展有地方特色的农产品加工业,包括农副食品加工、饮料、烟草、林纸等产业;二是以本地资源为基础延伸有色金属产业的产业链,增加其附加值,同时积极支持电力机车、工程机械等产业的发展;三是充分利用长沙的技术优势,培育和发展电子信息、新材料和生物医药等高新技术产业;四是继续推动文化创意产业发展,

使之在全国继续保持领先水平,同时发挥自然与人文旅游资源较丰富的优势,积极发展旅游业,使旅游业成为与文化创意产业齐名的重点产业。

**(五)安徽应有针对性地做精、做大、做强"八大产业"基地**

安徽"861"计划中的"八大产业"基地是:加工制造业基地;原材料产业基地;化工产业基地;能源产业基地;高新技术产业基地;优质农产品生产、加工和供应基地;全国著名的旅游目的地和重要的文化产业大省。在产业结构调整中,以目前安徽现有的人力、物力和财力要想在这"八大产业"方面都有所突破是比较困难的,只能根据各产业之间的内在联系,形成若干个在中部有特色在全国有比较优势的产业,加以重点扶持。从近几年"八大产业"的发展情况看,应做精能源、化工、原材料和农产品生产加工业,做大高新技术产业和文化、旅游业,做强汽车工业和装备制造业等先进制造业。只有针对性地在做精、做大、做强上下功夫,才能更好促进安徽产业结构的优化升级。

**(六)江西应在"三个基地、一个后花园"基础上形成自己的工业支柱产业**

江西政府把江西定位为"三个基地、一个后花园",即沿海发达地区产业梯度转移的承接基地,优质农产品生产、加工和供应基地,劳动力输出基地和沿海和境外群众观光旅游休闲的后花园。江西"十五"期末凭借其提出的与沿海配套与协调发展的"三个基地、一个后花园"发展战略,东引西靠,走南闯北,成了中部地区吸引外资最多的省份,但目前江西仍为中部地区最没有自己工业特色的省份,工业支柱产业不突出。虽然江西有较丰富的矿产资源优势,如特色冶金等,但以对外提供廉价初级原材料为主,自己的加工制造业发展缓慢。虽然江西有一些优势产业,如精细化工、电子信息、现代家电、生物医药以及汽车、航空、精密制造、中成药和新型建材等,但规模偏小,不足以带动全省经济发展。因此,今后江西产业结构调整的主要任务应该是根据本地的资源优势,在稳定发展优势农产品生产、加工基础上,积极发展加工制造业,做大做强自己的优势产业,形成一定规模的工业支柱产业,配套协调发展旅游等现代服务业。

总之,中部地区目前的工业化发展水平正处在由工业化初级阶段向中级阶段加快推进的时期,其产业结构的基本特征是,农业比重偏大、工业化程度较低、现代服务业发展缓慢。产业结构不合理,已成为制约中部经济发展的重要因素。促进中部崛起,必须走新型工业化道路,应按照国家对中部地区"三个基地、一个枢纽"的功能定位要求,进行产业结构调整,加快形成现代工业主导与三次产业协同带动相结合的经济发展格局。在中部地区的产业结构调整中,要把提高自主创新能力作为中心环节抓好抓实,同时要注意结合中部地区的实际,深化体制改革与制度创新,为产业发展创造良好的环境。中部地区的产业布局,既要有统筹区域协调发展的总体长远规划,又要充分发挥中部六省各自的比较优势,努力形成优势互补、彼此配套、协调发展的产业发展格局。

# 第十二章 加快建设中部地区的 综合交通运输体系

交通是国民经济运行的大动脉,是形成区域之间、城乡之间经济社会联系的桥梁与纽带。凡是经济比较发达的国家和地区,都有一个完善的交通运输网络作为支撑。中部地区具有承东启西、连接南北、辐射八方的区位优势,是我国重要的交通运输枢纽和全国重要的物资和产品集散交换中心。因此,要促进中部崛起与区域经济协调发展,构建综合交通运输体系是一个非常重要的前提条件,在中部地区应当成为优先发展的领域。

## 一、交通基础设施建设对区域经济发展的影响作用

交通基础设施指的是,由铁路、公路、水运、航空、管道和转运站(车站、机场、码头等)以及支持保障系统等有机组成的交通运输网络,是指以保证社会经济活动、改善生存环境、克服自然障碍、实现资源共享等为目的而建立的交通公共服务设施。它既是综合交通运输体系中的最关键部分,也是区域基础设施的重要内容。

实证研究表明,区域基础设施发展水平对区域经济增长、工业经济发展和人均国民生产总值提高等有着重要影响。罗森斯坦·罗丹十分强调基础设施在工业化过程中起决定性的作用,认为它构成了社会经济的基础结构和作为一个总体的国民经济的分摊成本。艾伯特·赫希曼认为,对基础设施和公用事业的疏忽将构成经济进步最严重的拖累。美国经济学家 W. W. 罗斯托也认为基础设施的先行建设是一国经济起飞的一个必要但不是充分的条件。阿斯卓尔采用生产函数方法,对美国的基础设施与经济增长的关

系做了实证研究,其结果表明,美国的基础设施对经济增长的贡献是相当大的。①

从功能与作用方面看,基础设施在区域经济发展过程中具着双重功能:即服务功能与引导功能。服务功能表现为区域基础设施体系必须为地区社会经济发展服务,经济增长和布局是区域基础设施体系建设的依据,并为其提供资金保障。引导功能是指区域基础设施体系在市场竞争机制和产业关联机制的作用下,通过其服务的空间不均衡性对地区社会经济结构、规模和空间布局的引导与反馈作用,是增长极或点——轴系统、产业区位优化系统、区域分工协作——协同系统递进演化的主要驱动力。

因此,交通基础设施建设对区域经济发展的影响,主要体现在:第一,促进中心城市的形成与发展。一般情况下,交通运输网络、通信网络的扩展多是以主干为核心并围绕大的中心城市展开的。随着基础设施网络的不断扩展,引起生产规模、成本与效益三者的相互关系的转变,促进城市覆盖的地域范围越来越广,中心城市的腹地也越来越大,为其提供进一步发展的条件。第二,刺激新的经济增长点的增长。交通运输等基础设施网络的不断扩展,必定会产生诸多交汇地点,这些地点,尤其是支线与干线交汇的地点,使地域通达性、吸引范围得到改善,为其经济发展提供了必要条件,也使得其产业发展的条件优于其他地区,成为产业发展的优越区位。第三,增强大都市的扩散能力。当中心城市发展到一定阶段,其产业将逐步向外扩散,一般情况下向交通条件较优越的地域扩散,如临近干线的交通方便地区。这种扩散,一方面加速交通产业带的形成,另一方面又反过来刺激区域基础设施走廊的强化。②

## 二、加快中部地区综合交通运输体系建设的重大意义

交通是中部地区经济腾飞的平台,作为基础性和先导性产业,发达的交

---

① 战金艳、鲁奇:《中国基础设施和城乡一体化的关联发展》,《地理学报》2003 年第 58 卷第 4 期。

② 金凤君:《基础设施与区域经济发展环境》,《中国人口资源与环境》2004 年第 14 卷第 4 期。

通基础设施网络,可以促进区域内外的经济交流,带动地区分工与合作,引导区域经济整体协调发展。构建中部地区综合交通运输体系,实现交通一体化是促进中部崛起的基础和重点,是中部地区经济向纵深方向发展的助推器。

**（一）加快中部地区综合交通运输体系建设,有利于中部地区承东启西区位优势的发挥**

中部地区是我国承东启西、连南贯北的交通枢纽,有着得天独厚的区位优势,而区位优势首先体现在交通上,要通过综合交通运输体系建设形成便利通达的交通运输网络来实现。据统计,2006年,中部地区铁路营业里程17392公里,占全国的22.6%;公路里程978767公里,占全国的28.3%;高速公路11839.0公里,占全国的26.1%;旅客周转量4675.4亿人公里,占全国的27.8%;货物周转量10059.4亿吨公里,占全国的12.8%。[①] 由此可见,中部地区的交通量在全国是比较高的,其中河南省是全国交通量最高的省份之一,过境车辆占到了60%以上。因此,有人讲,中部畅则全国畅,中部堵则全国堵,这充分说明了中部交通的重要地位。因此,为了充分发挥中部地区区位优势和缓解中部地区将面临着的巨大交通压力,很有必要加强中部地区的综合交通运输体系建设,为中部地区崛起奠定坚实的发展基础。

**（二）加快中部地区综合交通运输体系建设,有利于全国现代综合交通运输体系的形成**

目前,我国正在形成一个以铁路干线网和国家高速公路网为主体、以沿海和沿江港口群为依托、五大交通运输方式分工明确合理、运输通畅迅捷、范围覆盖全国的高效的现代综合运输体系(刘勇,2006)。中部地区是我国多方向跨区域运输的交通要冲和多种交通运输网络交汇的枢纽地区,京广、京九、焦柳等南北大通道和长江干流航道、新亚欧大陆桥东段的陇海铁路、浙赣铁路等东西大通道都交汇于中部地区。因此,中部地区在全国现代综

---

① 国家统计局国民经济综合统计司编:《中国区域经济统计年鉴》(2007),中国统计出版社2008年版,第6页。

合交通运输体系中具有仅次于主要沿海港口群地区的举足轻重的地位和作用。中部地区的综合交通运输体系建设是全国现代综合交通运输体系建设的一个重要组成部分。建立和完善中部地区综合交通运输体系,不仅对建立中部地区大流通体系和促进中部崛起有着极为重要的作用,而且对全国现代综合运输体系建设和促进东、中、西部地区之间区域经济协调都具有着不可替代的中心枢纽作用。

**(三)加快中部地区综合交通运输体系建设,是促进中部崛起战略的一个重要组成部分**

促进中部崛起战略包括发展农业产业化和推进工业化、城镇化和市场化等多方面的内容。但哪一个方面战略目标的实现,都离不开综合交通运输体系建设。农业产业化需要综合交通运输体系沟通城乡之间的经济联系;工业化过程中的产业转移与产业集聚离不开方便快捷的交通运输体系作支撑;城市化过程中的区域分工与合作,需要通过密集的交通运输网络为纽带来实现;市场化过程中需要以综合交通运输体系为载体来实现各种生产要素的合理流动与优化配置。因此,综合交通运输体系建设在促进中部崛起战略中具有着重要的地位,发挥着独特的功能。所以,中部要崛起,交通要先行。

## 三、中部地区交通运输体系建设发展的基本情况

在"十一五"期间,中部地区的交通运输体系建设有了较大的发展,主要表现为交通基础设施有了较大的改善,运输业发展成就比较显著,运输企业初具规模。但是,由于中部地区人口众多、分布不均衡,人均水平较低。

**(一)交通线路网络建设速度较快,但分布不均衡**

2006年,中部地区铁路、公路和内河航运等线路总长度为102.9万公里,占全国的28.1%;铁路营业里程为1.74万公里,占全国的22.6%;公路总里程为97.9万公里,占全国的26.5%;内河航运通航里程3.36万公里,占全国的26.4%;三种交通线路总长度比2004年增加一倍多,特别是公路建设速度较快。但是,铁路、公路营运总里程在中部各省内分布不太均衡。

中部地区铁路和公路营运总里程在中部六省的具体布局情况见表12-1。按其绝对额、铁路、公路营运里程在河南、湖北最长,这也从一个侧面反映出这两省的交通量较大。

表12-1 中部六省运输线路长度比较(2006年)

单位:公里

| 地区 | 山西 | 安徽 | 江西 | 河南 | 湖北 | 湖南 | 六省总计 | 占全国比重(%) |
|---|---|---|---|---|---|---|---|---|
| 铁路营运里程 | 3110.4 | 2387.0 | 2423.7 | 4038.7 | 2527.0 | 2905.6 | 17392.4 | 22.6 |
| 内河航道里程 | 467 | 5596 | 5638 | 1267 | 8181 | 11495 | 32644 | 26.5 |
| 公路里程 | 112930 | 147611 | 128236 | 236351 | 181791 | 171848 | 978767 | 28.3 |

资料来源:《中国统计年鉴》(2007年),中国统计出版社2007年版。

**(二)交通枢纽建设接近全国平均水平,但仍不能满足运输业发展要求**

2004年,中部地区交通运输枢纽总计42024个(未包括铁路车站),占全国的21.7%,其中公路枢纽2755个,占全国的23.2%;内河港口泊位6359个,占全国的21.2%;民航机场23个,占全国的17.3%。交通枢纽等基础设施建设的投资效益具有长期性,虽然这几年中部地区交通枢纽建设力度在加大,但是仍然远远不能满足促进中部崛起对加快运输业发展的要求。

从2006年统计数据来看,中部各省通过各种运输方式在完成货运、客运周转量及其增长速度方面的发展都很快,见表12-2。其中,货物运输周转量增速最快的是山西,比上年增长12.5%;旅客运输周转量增速最快的是河南,比上年增长11.2%;货物运输周转量和旅客运输周转量增速均超过全国增长水平的是安徽,分别为8.7%和10.2%。因此,迫切需要进一步加强中部地区的枢纽建设。

表 12-2　中部六省各种运输方式完成货运、客运周转量及其增长速度(2006年)

| 地区 | | 山西 | 安徽 | 江西 | 河南 | 湖北 | 湖南 | 全国 |
|---|---|---|---|---|---|---|---|---|
| 货物运输周转量 | 绝对数(亿吨公里) | 1521.8 | 1695.5 | 935.8 | 2415.49 | 1726.6 | 1776.05 | 86921.2 |
| | 比上年增长% | 12.5 | 8.7 | 6.1 | 5.9 | 3.4 | 7.5 | 8.4 |
| 旅客运输周转 | 绝对数(亿人公里) | 340.9 | 889.7 | 652.8 | 1113.35 | 847.4 | 1074.15 | 19202.7 |
| | 比上年增长% | 4.6 | 10.2 | 8.0 | 11.2 | 5.7 | 7.2 | 9.9 |

资料来源:根据全国和中部六省2006年国民经济和社会发展统计公报有关数据整理。

**(三)运输业初具规模,职工人数和交通工具拥有量均接近全国平均水平**

2006年,中部地区,交通运输业职工人数总计111.2万人,占全国的21.9%(见表12-3);民用汽车拥有量总计648.1万辆,占全国的17.5%(见表12-4);民用运输船舶总计5.7万艘,占全国的29.3%(见表12-5)。可见,中部地区运输业发展的主要指标均接近全国平均水平,特别是民用运输船舶拥有量超过了全国平均水平,说明中部地区内河航运比较发达。

表 12-3　全国与中部地区交通运输业职工人数及分布情况比较(2006年)

单位:人

| 地区 | 铁路运输业 | 道路运输业 | 城市公共交通业 | 水上运输业 | 航空运输业 | 管理运输业 | 装卸搬运和其他运输服务业 | 总计 | 比重(%) |
|---|---|---|---|---|---|---|---|---|---|
| 全国 | 1652720 | 1512393 | 919627 | 478841 | 221193 | 17537 | 282037 | 5084348 | 100 |
| 中部地区 | 441354 | 391086 | 151975 | 57379 | 19434 | 546 | 50709 | 1112483 | 21.9 |

资料来源:根据《中国统计年鉴》(2007年)有关统计数据整理。

表 12-4　中部六省民用汽车拥有量情况(2006年)

单位:万辆

| 地区 | 全国 | 山西 | 安徽 | 江西 | 河南 | 湖北 | 湖南 | 六省合计 | 占全国比重(%) |
|---|---|---|---|---|---|---|---|---|---|
| 民用汽车拥有量 | 3697.35 | 121.55 | 94.61 | 58.07 | 183.38 | 98.74 | 91.76 | 648.11 | 17.53 |

资料来源:根据《中国统计年鉴》(2007年)有关统计数据整理。

表 12 – 5　中部六省民用运输船舶拥有量情况(2006 年)

单位:艘,%

| 地区 | 全国 | 山西 | 安徽 | 江西 | 河南 | 湖北 | 湖南 | 六省合计 | 占全国比重(%) |
|------|------|------|------|------|------|------|------|----------|----------------|
| 民用运输船舶拥有量 | 194360 | 180 | 31862 | 5430 | 4687 | 5439 | 9426 | 57024 | 29.3 |

资料来源:根据《中国统计年鉴》(2007 年)有关统计数据整理。

## 四、中部地区交通运输体系发展面临的主要问题

从总体看,目前我国中部地区综合交通运输体系已初步建立,并形成了以公路和铁路为主体,内河航运也占有一定地位的基本格局。但是,与中部地区在全国交通体系中的枢纽地位相比、与未来中部崛起的要求相比还有很大的距离。中部地区虽然拥有水运、铁路、公路、航空和管道等多种运输方式,交通线网密度和运量均是全国同类区域较高的,但交通等基础设施的建设仍相对落后于本地区的经济和城市化增长水平,尤其是跨省区综合交通运输网络的建设方面缺乏统筹规划,整体上不成网络,布局也不尽合理,从而阻碍了中部地区一体化进程及其与东西部地区的协调发展。

**(一)交通线路总量仍然不足,通道建设亟待加强,网络有待完善**

中部地区交通线路人均水平还低于全国平均水平,还不能满足中部崛起的需要。通道建设是中部地区交通体系建设最重要的特点之一。然而,目前中部地区交通通道数量不足,能力有待提高。从高速公路看,中部地区东西向通道中仅连霍和衡昆两线与西部相通,中部各省区只有 1~2 条高速公路通往东部地区,各省区之间多数也只有 1 条高速公路相连;已建成的高速公路交通拥挤,通道能力明显不足,京珠高速湖北段、郑州至许昌段,连霍高速郑州至洛阳段,沪蓉高速合肥至南京段交通流量均趋于饱和。铁路通道也不足,也主要表现在中部地区向东和向西方向,南北通道相对好一些,但运输的紧张程度比高速公路更严重。长江中游航道浅滩变化复杂,枯水期碍航突出;三峡船闸通过能力不足,需采取翻坝转运措施,严重影响航运效率。

### (二)铁路、公路运输能力总体不足,交通运输结构还有待改进

合理的交通运输体系尚未形成,突出表现在以下几方面:一是铁路的核心作用还没有充分发挥。由于这几年铁路建设的滞后,中部地区铁路始终处于超负荷的运行状态,虽然经过多次提速,铁路运输能力和效率有了很大的提高,但是由于线路长度严重不足,难以有效地解决运输中的根本问题。二是包括高速公路在内的整个公路发展较快,已成为中部地区交通运输的中坚力量。但是,不符合公路技术条件的过长距离运输,虽然在一定程度上缓解了中部地区运力不足的问题,同时也不合理地提高了运输成本和物流成本;另外,由于运输能力总体不足,公路超载现象十分普遍,对路面(包括高速公路路面)破坏严重。三是管道与航空运输还比较薄弱,需要进一步加强,努力提高其在中部交通运输业中的比重。

### (三)交通线路的技术等级较低、质量差,通达深度还有待提高

中部铁路技术水平基本处于全国平均水平,铁路复线里程仅占全部营业里程的39.2%;电气化线路里程占全部营业里程的29.9%;自动闭塞里程占全部营业里程的36.3%;无缝线路里程占全部营业里程的46.0%。中部地区干线公路中低等级公路的比重比较高,国道与省道中2级以下公路占30%。在内河航道中,仅6.9%的通航航道达到3级及以上,只有40%的航道达到国家规划标准。4A级机场比重较低,简易机场多。管道运输的平均半径也远不如发达国家。

### (四)枢纽建设滞后,内河港口功能有待完善,航空港规模不能满足需求

目前全国有18个铁路局,中部地区占有郑州、南昌、太原和武汉等4个(其中,武汉、北京、上海和广州被确定为全国四大铁路枢纽),主要的铁路枢纽均处于超负荷运行状态。在公路枢纽中,客运1级站和简易站以及货运1级站和4级站比重均低于全国平均水平:公路主枢纽、货运物流中心和农村场站等设施建设尚处于起步阶段。在港口枢纽中,大中型港口比重少,功能单一,缺少专业化泊位;小港口数量多,布局分散,机械化程度低,存在直接利用自然岸坡作业的现象。在空港方面,至今还没有国际空港,出入境

需要借助周边地区的国际空港,严重影响中部地区对外开放的水平。

### (五)农村公路建设仍比较落后,车辆通行十分困难

目前,农村公路建设是中部地区交通运输体系中十分薄弱的环节,还不能满足广大农民群众生产生活的需要,在农村公路中,一半为等外公路,70%道路未铺装路面,60%的建制村没有通沥青(或水泥)路;近1万~3万个建制村尚未通公路。农村公路建设、管理和养护主体不明确,特别是管理与养护滞后问题较为突出,从而造成许多原来已铺好的公路,由于缺乏管理与养护,变得坑坑洼洼,路面高低不平,车辆通行十分困难。

### (六)交通运输网络联系不紧密,各种运输方式缺乏有效衔接

中部地区各省之间运输设施缺乏统筹规划与协调交通枢纽。城市交通与交通干线之间的衔接不够顺畅,铁路、公路和水运等各种运输方式之间尚未形成有效的协调配合,有些交通资源未得到充分利用。

## 五、加快中部地区综合交通运输体系发展的基本构想

针对上述中部地区交通运输体系发展面临的主要问题,在交通网络基本形成的基础上,建立和完善中部地区综合交通运输体系,实施交通一体化,促进中部地区公路同网、铁路同轨、交通同制、乘车同卡,消除城市"孤岛",实现城市群的"集合体"效应,是中部地区经济社会又好又快发展对交通运输业的必然要求。

### (一)形成加快中部地区综合交通体系发展构想的主要背景

从宏观经济与交通布局的关系来看,我国国民经济总体布局的一个重要特点就是,能源原材料产地与制造业基地离消费中心的距离太长。这决定了我国交通运输体系的复杂性,是造成我国物流成本相对较高的一个重要原因,也是中部地区现代综合运输体系建设之所以十分重要的一个现实原因。另一个宏观经济发展形势就是,未来我国经济长期快速增长需要不断扩大内需,这对中部地区流通业和交通运输业的发展提出了更高的需求。

进入21世纪以来,特别是在"十五"期间,我国运输业一直都处于快速增长状态,增长速度为经济发展速度的一半左右,其中货运量增长速度略大

于客运量的增长速度。中部地区也不例外,而且比全国的速度还稍微快一点,这在一定程度上,反映了内需不断扩大的事实。今后,随着中部崛起战略的实施,中部地区运输业发展速度还将进一步提速。据此,有关专家预测,2010年,中部地区客运量和货运量将分别达到55.4亿人次和56.6亿吨;2020年,中部地区客运量和货运量将分别达到90.2亿人次和101.4亿吨,分别是2004年的2.2倍和2.5倍。

为了适应促进中部崛起的需要,交通部组织中部地区编制了《促进中部地区崛起公路水路交通发展规划纲要》,加快推进区域交通一体化。规划的指导思想是:贯彻"强化通道、完善网络、突出枢纽、注重服务"的方针,加快全面提升中部地区公路水路交通运输水平,促进现代综合运输体系逐步完善,强化交通对经济社会发展的引导作用,适应中部地区全面建设小康社会的发展需求,为促进中部地区崛起奠定坚实的发展基础。同时,规划还提出了促进中部地区崛起公路水路交通发展的具体目标和布局方案。这一规划的出台和实施,对加快中部地区综合交通运输体系发展起到了很大的推动作用。

### (二)中部地区在全国交通体系中的功能定位

按照国家"十一五"规划纲要和《中共中央国务院关于促进中部地区崛起的若干意见》,中部地区将在全国交通格局中起到连接东西、纵贯南北的综合交通运输枢纽作用,这就是对中部地区交通体系的功能定位。中部地区"承东启西、连南接北",具有得天独厚的居中的区位优势,是我国现代综合运输体系建设的关键地区。现代综合运输体系建设的目的在于,依托发达的交通基础设施条件建立满足全国统一市场所需要的商品和服务以及各种生产要素的大流通体系,为区域经济分工不断深化和区域经济规模不断扩大提供坚实的基础。现代综合运输体系不仅是区域发展的基础,也是区域联系和合作的基础。就产业的分工与定位看,中部地区农业现代化和农产品加工深度化、优势能矿资源的规模开发,使其具备成为全国性的物资集散中心和商品贸易中心的优势。

根据这一指导思想,中部地区交通发展的重点是尽快实现"外连内通",具体有四项任务。一是要全面提升中部地区在全国路网格局中的枢纽地位。以高速公路、干线公路、航运建设为重点,着力构建中部与三大经济区域接轨、中部省份相互沟通的综合交通运输大通道。二是要发挥中部地区贯通东西、连接南北的枢纽作用,在东部经济较为发达地区和西部之间梯次结构产业转移中发挥纽带作用,增强辐射能力,促进东、中、西部相连,加强南北通道建设,提高通道服务水平,服务南北经济交流。三是要加快中部地区农村公路建设力度。国家"十一五"期间,要继续增加中部省份县到乡镇一级公路建设的规模。中部地区要进一步落实、提高乡村公路建设的补助标准,尽快实现"村村通"。这对中部地区的一些农业大省、资源大省尤其具有重要的现实意义。四是交通要为发挥中部地区的矿产资源和旅游资源优势创造条件。各主要资源地和旅游城市要尽可能实现高速公路或干线公路连接,各主要旅游景点实现二级以上公路连接,以交通发展的成果为中部崛起奠定基础。

**(三)建设中部地区综合交通运输体系的基本构想**

根据已出台的《国家高速公路网规划》、《国家铁路网规划》和《促进中部地区崛起公路交通发展规划纲要》以及其他相关交通运输业规划,针对中部地区独特的区位优势和综合资源优势,有关专家提出了未来中部地区现代综合运输体系的基本构想:以通道建设为重点,以完善网络为核心,全面加强交通枢纽建设,尽快使中部承担起全国交通格局中的枢纽作用,为中部崛起奠定坚实的交通基础条件。具体线路构架和交通枢纽,有关方面提出了许多待选方案,根据各方初步达成共识,可以简要地概括为"七大交通运输通道"和"六大综合交通枢纽"(见图12-1)。①

1.七大交通运输通道建设及其主要功能

——京九大通道。主要由铁路、公路、航道等运输方式组成。沿线多为中部相对落后地区,京九线开通后将会促进这些地区的经济发展速度明显

---

① 参见刘勇:《中部地区现代综合交通运输体系建设的基本思路》,《调查研究报告》2005年第193期。

加快。

——京广大通道。主要由铁路、公路、航道等运输方式组成,是我国南北交通主动脉,也是中部地区连接南北的主要通道。它对于东南沿海地区向中西部地区的产业转移和经济技术交流发挥着重要的作用。

——太焦—焦枝—枝柳通道,有时也简称为西通道。主要由铁路、公路、航道等运输方式组成,是山西省经济发展主要轴线之一,沿途经过河南、湖北和湖南等省,可有效带动豫西、鄂西和湘西等落后地区经济社会发展。

——大秦/神华煤炭大通道。主要由铁路、公路、管道等运输方式组成,从北部沿海至陕甘宁,是我国煤炭、天然气等主要能源外运通道。它对于加强中部地区能源基地建设及其作用的发挥具有重要功能。

——陇海大通道。主要由铁路、公路、航道、管道等运输方式组成,沿途经过中部地区的安徽和河南两省,是我国贯穿东中西部的主动脉和能源运输的重要通道,也是中部地区承东启西的主要纽带,在促进东、中、西部地区互动发展方面发挥着极其重要的作用。

——长江大通道。主要由航道、铁路、公路、管道等运输方式组成,是我国东西向交通和能源原材料运输的主动脉,是促进长江产业带发展的重要依托,是中西部地区与国际联系的主要出海通道。此通道经过中部地区的湖北、湖南、江西、安徽等四个省,对于促进中部崛起具有重要意义。

——华东至云贵通道。主要由铁路、公路、航道、管道等运输方式组成,沿途经过中部地区的江西、湖南两省,是我国贯穿东中西部的交通和能源原材料运输的重要通道,对促进东、中、西部地区资源的优势互补和经济技术交流与合作发挥着重要作用。

经过中部地区所进行的"三纵四横"的七大交通运输通道网络建设,可以全面地提升中部地区在全国承东启西、连接南北的交通运输枢纽地位。它所形成的巨大投资,可以有力地拉动中部地区相关产业的经济增长,它所带来的投资效益,将是全面的长期的效益,不仅有利于中部地区交通等基础设施的完善,而且还会极大地促进中部地区商贸流通旅游业的发展。

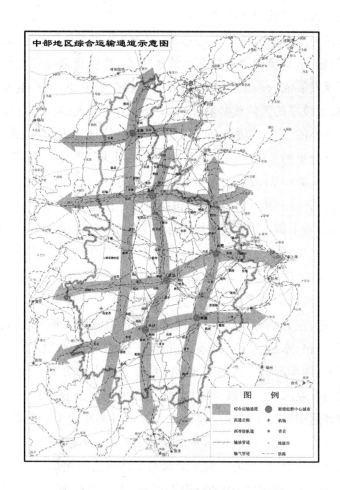

**图 12 - 1  中部地区综合运输通道示意图**

资料来源:交通部网站 http://www. moc. gov. cn/2006/06tongjisj/
06jiaotonggh/guojiagh/guojiajt/200708/t20070801_368237. html.

2. 六大综合交通枢纽建设及其主要依据

中部地区已初步形成了由 6 个省会城市为核心的综合交通枢纽网络。今后,这 6 个省会城市将继续成为全国和区域性的交通枢纽,为中部现代交通综合运输体系建设,提供不可缺少的交通运输综合站点和运输转换空间。其中湖北的武汉和河南的郑州是具有全国意义的交通枢纽,太原、长沙、合肥和南昌为大区域性交通枢纽。

武汉作为华中地区特大中心城市,素有"九省通衢"之称,既是全国交通、通信枢纽,也是全国重要的商品流通中心、物资集散地以及华中经济中心。把武汉发展成为一个全国性物流中心和交通枢纽,既有重要的现实意义,也有得天独厚的区位优势和条件。人口 700 万人的武汉可以比作长江巨龙威力不小的"龙"的腰身,武汉处于全国经济地带中心,以武汉为圆心,在半径 400 公里的范围内,辐射 45 个中等以上城市,共计 1.83 亿人,占到全国城市总人数的 21.25%;在半径约 1 200 公里的范围内,涵盖了中国 14个 GDP 超千亿元城市中的 12 个,包括北京、上海、广州、西安、重庆、成都等,从地理位置上讲,武汉是一个名副其实的"中心枢纽"。有专家认为,武汉一旦被确立为全国性交通枢纽和物流中心,其仓储企业的配送能力可提高 20%～30%,库存和发货准确率可超过 99%,劳动力成本可降低约50%,生产力可以提高 30%～40%。此外,武汉上下有京广、京九等动脉连接北京、广东,左右则有长江、沿江铁路等连接沿海地区和内陆,是中国少有的集铁路、公路、水运、航空、邮政、电信于一体的重要交通枢纽,这是武汉发展物流产业、逐步形成全国的交通枢纽具有的最优势的先决条件。

郑州拥有亚洲最大的铁路编组站,它和株洲同是我国铁路主要的路网编组站和客运中转站。把郑州建设成为全国性的综合交通运输枢纽,不仅必要而且可行。目前,国家规划并正在实施的"五纵七横"十二条国道主干线中的北京至珠海、连云港至霍尔果斯两条高速公路在郑州交汇,国家发布的《国家高速公路网规划》中的济南至广州、大庆至广州、二连浩特至广州、南京至洛阳、上海至西安、日照至兰考、晋城至新乡等七条高速公路都从河南经过,仅国家规划的高速公路在河南就达 3614 公里。可见加快以河南省会郑州为全国重要交通枢纽的交通发展,对促进中部地区崛起至关重要。多年来,河南省委省政府高度重视交通发展,市、县、乡政府加快推进交通建设,交通部提出的各项战略任务在河南得到了较好的落实,取得了明显成效。据统计,2006 年全省铁路通车里程 3944.2 公里,高速公路通车里程3439 公里,建立了省会郑州到其他省辖市 3 个小时高速公路圈。当前的河南交通发展可以说是处在历史上最好时期。目前在建的高速公路里程位居全国第一,干线公路、农村公路建设也在健康发展。

太原、长沙、合肥和南昌分别是山西、湖南、安徽和江西的省会城市,也是中部地区的主要中心城市。把太原、长沙、合肥和南昌作为大区域性的交通枢纽,对整个中部地区综合交通运输体系建设以及中部地区城市经济网络的形成具有着极其重要的现实意义。太原、长沙、合肥和南昌等省会交通枢纽的建设,将把整个中部地区的综合交通运输网络有机地联结在一起,将会加快太原城市群、长株潭城市群、皖江城市带、昌九景城市带的发展速度,并与武汉城市群、中原城市群一起共同形成中部地区的城市经济网络,从而带动整个中部地区的快速崛起。

### 六、加快中部地区综合交通运输体系建设的对策及措施

中部地区的综合交通运输体系建设,应根据《中共中央国务院关于促进中部地区崛起的若干意见》要求,加快综合交通运输体系规划实施。按照统筹规划、合理布局、突出重点的原则,以"七大交通运输通道"和"六大综合交通枢纽"建设为重点,增强各种运输方式的衔接、协调和优化,切实加强铁路、高速公路、干线公路、民航、长江黄金水道、油气管道等建设,优先解决中部地区与沿海地区以及中部地区内部的连通,着力构建连接东西、纵贯南北的综合交通运输体系,全面提升中部地区综合交通运输能力。

#### (一)推进中部地区交通运输基础设施重点项目建设

综合交通运输体系是一个由各种运输对象、多种运输工具、先进的交通基础设施(包括线路、枢纽以及支持保障系统)组成的综合体系,其中最为关键的就是先进的交通基础设施建设。在中部地区的交通基础设施建设方面,重点项目建设包括:一是加快铁路客运专线和开发性新线建设,加强现有铁路的电气化改造及复线建设,建立连接郑州、武汉、长沙、合肥、南昌、太原等城市的高速铁路,强化中部地区煤运通道,突出晋煤、豫煤、皖煤外运通道和重要运输干线建设,推进铁路站场建设和改造,完善铁路枢纽工程;二是加快高速公路建设及扩容改造,中部各省与相邻东部地区间至少形成2

条以上高速公路通道,与相邻西部地区间至少形成一条高速公路通道,加大省际间公路干线建设和国省道升级改造力度;三是扩建省会城市枢纽机场,增加中小型机场,优化航线布局,重点加强郑州、武汉、长沙、太原、合肥和一些著名旅游景区的机场建设;四是加强长江中游及淮河上游地区航道治理,改善航运条件,基本形成以长江干线为代表,以淮河、湘江、沅水、汉江、赣江、信江、合裕线、芜申线、沙颖河为核心,以形成"两干九支"共11条国家高等级航道为骨干,以资水、清江、涡河等27条重要航道为支撑的中部地区航道网络体系;五是加强内河港口设施建设,发展集装箱、大宗散货运输,加快集装箱、多用途码头和散货专用专业码头建设,形成布局合理、层次分明、功能完善的中部地区港口体系;六是发展油气管道输送网建设,重点是西气东输、川气东输及其输油管线系统,建设和完善中部地区油气管道运输网络。①

**(二)加快推进中部地区交通运输一体化建设进程**

中部地区一体化的区域交通运输建设,重点是加强政府指导、协调,超越行政区划界限,整合地区交通资源,构建一体化的适应全面建设小康社会和基本实现现代化建设目标的交通运输体系。具体包括:交通规划一体化、设施标准一体化、经营管理一体化。交通规划一体化包括进行城市综合交通规划,特别是枢纽、节点规划;设施标准一体化包括城市道路与公路衔接处断面标准协调,建设多方式复合型交通走廊;经营管理一体化包括综合交通运输组织,城郊、城际与市区交通高效衔接,交通组织、秩序等方面管理协调一致。这是中部地区综合交通运输体系发展的战略目标之一,也是中部地区交通一体化的核心所在。②

为了加快推进中部地区交通运输一体化建设,应建立中部地区综合交通体系发展的多方合作机制。可考虑由国家有关交通运输管理部门(如铁道部、交通部、民航总局和国家发改委等)与6省区政府联合组成中部地区

---

① 参见闫恒、李怀玉、薛冬:《中部地区提升综合交通运输能力研究》,《中州学刊》2008年第2期,第42—45页。

② 参见王维:《长三角交通基础设施一体化研究》,《学海》2006年第6期,第159—163页。

现代交通运输综合体系发展协作领导小组,全面负责中部地区现代交通运输综合体系发展的规划、建设和协调工作。具体任务可以包括:一是加强对跨省区的铁路、公路和航道等重要交通基础设施的规划和建设的协调、督导和检查力度,实现跨省区重要交通基础设施的功能、通道资源、空间布局、建设时序、技术标准和运营系统等各方面的统筹与协调。二是统筹协调各运输部门的关系,推动五大交通运输方式之间的相互协作、共同发展。三是建立统一的交通运输大市场,推进运输业的组织、服务、监管和信息等方面一体化进程。四是统筹考虑运输部门与国土、金融、环保、水利、电力、旅游、信息和口岸等部门的沟通与联系,争取各方面对综合交通运输事业在建设用地、项目审批、银行信贷等多方面的大力支持。

### (三)突出抓好中部地区农村公路网建设薄弱环节

中部地区农村范围广大,农业人口比例高,突出抓好农村公路网建设,对加快新农村建设、形成全国商品粮基地和促进城乡经济社会发展一体化,具有十分重要的意义,应抓紧抓好抓实。一是要按照统筹城乡发展的要求,搞好农村公路网建设规划;二是把农村公路网建设作为中部地区综合交通运输体系的一个组成部分,加大政府财政支持力度;三是明确建设、管理和养护主体,细化分工,责任到人。四是抓好落实,加强组织协调,妥善处理农村公路网建设中各方面利益关系。

### (四)加快中部与东西部长江沿线大通道规划建设

要在国家有关部委的指导下,中部沿江省区与东西部沿江省区共同进行长江沿线大通道规划建设,统筹规划长江沿线的铁路、公路和水路综合体系建设,使长江沿线真正成为我国最为辽阔和富庶的腹部地区和沟通东、中、西部最大的交通大动脉,做到沿江各种交通工具的合理分工与协作,以充分发挥其"黄金水道"的作用。现阶段主要做好以下几个方面的工作:一是共同搞好规划。通盘制定长江沿线大通道规划,统筹协调长江沿线各城市的城际运输网络、站场枢纽系统的布局、通信信息及管理系统的建设,实现货源共享、优势互补、共同发展。二是建立协调机制。定期召开联席会议,协调好工作中的问题,推进长江沿线快速货运一体化发展的进程。三是制定统一的长江沿线快速货运规划和具有可操作性的标准,如服务标准、作业标准、装备标准、管理标准及监督机制,促进快速货运在网络运输、智能运输和信用运输方面的发展。

**(五)建立交通运输信息网络,形成交通运输信息共享机制**

综合交通运输体系建设需要信息化的支持。要建立信息畅通的中部地区交通信息网络,以最便捷的方式实现快速运输的目的,使资源优势和地域优势得到互补。中部六省应按照互利互需、分工协作、共同发展的原则,加快交通信息资源的整合,对已开发成功的信息平台,要加强联合,实现信息资源互补、共享和对接;对尚未开发的信息平台,要开展联合开发,实现中部地区交通信息网络建设的统一规划与实施。

**(六)创新交通发展观念,树立"共赢"和"协同"的理念**

建立中部地区综合交通运输体系,推进交通一体化建设,创新交通发展理念十分重要,必须树立"共赢"和"协调"的理念。首先,要破除狭隘的地方利益观念和行业利益观念,摒弃肥水不流外人田的传统思维模式。要以促进中部地区崛起与区域经济协调发展为重,以快速货运发展为重,在共同发展中增强中部地区货运企业的经济实力和整体竞争力,保持和扩大市场份额。其次,要以科学和包容的观念看待市场竞争,在竞争中必须以开放和融合的态度对待竞争对手,通过实行战略协同和企业联合,才能优势互补,放大整体竞争力,取得更大的经济效益。

总之,交通运输基础设施建设对区域经济发展有着深远的影响,综合交通运输体系建设对促进中部崛起与区域经济协调发展具有着重要意义。20世纪90年代以来,中部交通运输体系有了长足的发展,但同时也面临着一些问题。在促进中部地区崛起和应对当前全球金融危机的新形势下,只有通过采取更有针对性的对策及措施,建立和完善中部地区的综合交通运输体系,才能更好地发挥中部地区在承东启西、连接南北的区位优势及其在全国的重要交通运输枢纽作用。

# 第十三章 大力推进中部地区的
# 城市经济网络建设

促进中部崛起与区域经济协调发展离不开城市经济的有力支撑和辐射带动作用。国家"十一五"规划纲要提出,坚持大中小城市和小城镇协调发展,提高城镇综合承载能力,按照循序渐进、节约土地、集约发展、合理布局的原则,积极稳妥地推进城镇化,逐步改变城乡二元结构。并提出有条件的区域,可以以特大城市和大城市为龙头,形成若干用地少、就业多、要素集聚能力强、人口分布合理的新城市群。因此,在国内外城市化浪潮的推动下,如何从促进区域协调发展的总体要求出发,加快中部城市经济网络建设,形成若干个辐射作用大的城市群,培育新的经济增长极,已成为促进中部崛起的十分迫切的任务。

## 一、中部地区城市经济网络建设的主要依据

在东部大开放、西部大开发和东北大振兴的新形势下,城市群加快发展的竞争态势明显加剧,中部地区的崛起可以借鉴东部沿海地区的城市化发展经验,但不能完全照搬照套沿海城市化模式,而应根据中部地区的实际情况,吸收和借鉴更具合理性的区域经济理论,走适合自身特点的中部城市化之路。

### (一)中部地区城市经济网络建设的理论借鉴

有关城市经济网络的理论,最早产生于 20 世纪 30 年代初西欧工业化和城市化迅速发展时期的中心地理论。中心地理论又称"中心地学说",是研究城市空间组织和布局时,探索最优化城镇体系的一种城市区位理论。

1933 年由德国地理学家克里斯塔勒(W. christaller)首先使用。他探讨了一定区域内城镇等级、规模、数量、职能间关系及其空间结构的规律性,并采用六边形图式对城镇等级与规模关系加以概括。此外,勒施(A. Losche)是中心地理论的另一位代表人物,其核心思想可以概括为:单一市场区以正六边形形状环绕每一生产中心或消费中心;每一类商品都可以找出这些市场区的网络组织;这些网络组织的配置出现了一定的体系,即"经济景观"。勒施的中心地理论是克氏理论的补充和修正。中心地理论可以说是城市经济网络研究的基础理论。

在城市经济网络研究方面,除了中心地理论之外,还有佩鲁(Francois Perroux)提出的"增长极"理论、陆大道提出的"点轴"理论、简·戈特曼(Jean Gottmann)提出的"城市带"等理论。从区域经济发展角度来讲,所谓"增长极",指的就是城市经济。所谓"点轴",指的就是两个城市以及多个城市之间沿江或沿路形成的经济密集带。所谓"城市带",是指若干个相近或相关的城市之间由交通网、信息网或产业带交织在一起所组成的既竞争又合作的城市群,亦即城市经济网络,而多个城市群体又构成更大的城市经济网络。

我国专家认为,城市带,又称城市群,指在特定地域范围内具有相当数量的不同性质、类型和等级规模的城市,依托一定的自然环境条件,以一个或两个超大或特大城市作为地区经济的核心,借助现代化的交通工具和综合运输网以及高度发达的信息网络,发展城市之间的联系,共同构成的一个相对完整的城市"集合体"。[①] 这里所说的城市群,就是我们所说的城市经济网络。我们之所以不用城市群概念而用城市经济网络概念,主要是想突出强调城市之间的经济联系。我们认为,如果有城无网,即只有若干城市在空间上的集中分布,而没有相互之间的密切经济联系,并不是真正意义上的"城市群"。真正意义上的城市群,就是指各城市之间建立在一定分工与合作基础上的紧密型的社会经济联系,即城市经济网络。

---

① 李兴:《何路诸侯领跑中部经济圈》,《中国商界》2005 年第 3 期,第 30—35 页。

城市经济网络实际上是通过加强不同城市之间的经济联系,密切分工与合作关系,延长和拓宽发展轴,并通过加强不同发展轴之间的经济联系,使发展轴由直线延伸状态转变为网络交织发展结构,形成纵横交错、上下贯通的立体型发展轴网络,从而把区域内各个增长极纳入一个统一的发展系统中。因此,城市经济网络也是城市之间从事经济活动所进行的空间分布与要素组合的框架结构。依托城市经济网络,可以充分利用城市之间的各种经济社会联系把区域内分散的资源、要素、企业、经济部门及地区组织变成一个具有不同层次、功能各异、分工合作的区域经济协调发展系统。通过城市网络交织发展,区域内将形成经纬交织网状结构的多条发展轴,每条发展轴又分布着多个增长极,可以使它们产生较大的同向乘数功能,推动周围广大地区共同繁荣。中部地区要迅速崛起,必须加快城市经济网络建设。

按照法国学者戈特曼的观点,建立都市圈或城市经济网络,应依照五条原则。一是区域内有比较密集的城市;二是相当多的大城市和都市区;三是有联系方便的交通走廊把核心城市连接起来,都市区之间有密切的社会经济联系;四是必须达到相当大的总规模,人口在2500万以上;五是属于国家的核心区域,具有国际交往枢纽的作用。如果严格按照戈氏这五条原则,中国目前符合建立"大都市圈"条件的区域除长三角、珠三角和京津唐之外可以说寥寥无几。我们认为,对戈氏提出的五条原则应该用辩证发展的观点去理解,应结合中部地区的城市建设实际,把握其精神实质,有选择地合理吸收其科学成分,而不能照搬照套。在借鉴上述中心地理论、增长极理论和点轴理论的基础上,按照戈氏五原则的精神实质,我们认为,都市圈或城市经济网络的建设,主要包括三个要素:一是经济区域内要相对有一个既有经济实力又有较强集聚辐射能力的大城市或一组城市。这是城市圈建设的增长极和增长极辐射源。二是增长极或都市圈要有一个广阔的经济腹地,是增长极辐射所能达到的范围和赖以存在的基础。三是区内各城市之间要有紧密的经济联系。这种联系包括人流、物流、信息流、资金流等各种经济要素间的关联程度,也包括交通运输网络和通讯网络等基础设施的互通共享程度等。对于上述三个要素,目前中部地区通过几年来的城市群建设已初步具备,并在某些方面还有着自己的一些综合比较优势。

**(二)中部地区城市经济网络建设的现实依据**

在促进中部崛起与区域经济协调发展过程中,大城市群将成为区域经济发展的主导力量,东部沿海经济的发展已证明了这一点,南部的珠三角、东南的长三角、北方的环渤海,这些都是以某个城市为中心,继而形成一个经济圈,带动整个地方经济的发展。面对开发成熟的东部经济,这种模式已开始成为中部各地方效仿的手段。但是,如何走出一条中部特色的城市化道路还有待深入研究。

从城镇化水平看,中部地区在"十五"期末和"十一五"初期城镇化水平有较大幅度的提升,但与全国相比,城镇化水平仍较低,见表13-1。

表13-1　中部地区与全国城镇化水平比较

单位:%

| 年份 | 全国 | 山西 | 安徽 | 江西 | 河南 | 湖北 | 湖南 | 六省平均 |
|------|------|------|------|------|------|------|------|----------|
| 2004 年 | 41.8 | 39.6 | 33.5 | 35.6 | 28.9 | 43.7 | 35.5 | 36.2 |
| 2005 年 | 43.0 | 42.1 | 35.5 | 37.0 | 20.7 | 43.2 | 37.0 | 36.6 |
| 2006 年 | 43.9 | 43.0 | 37.1 | 38.7 | 32.5 | 43.8 | 38.7 | 38.4 |
| 2007 年 | 44.9 | 44.0 | 38.7 | 39.8 | 34.3 | 44.3 | 40.5 | 39.4 |

资料来源:根据《中国统计年鉴》历年有关统计数据整理。

从城市规模、数量及其分布情况看,中部与东西部相比,虽然特大城市和大城市较少,小城镇偏少,但中等城市相对较多,基本处于一种匀质状态,城市空间分布相对密集,全国平均每3.6万平方公里有一个地级市,中部地区则每1.28万平方公里有1个,见表13-2。城市之间江河湖泊众多,水路、公路、铁路等交通网密布,长江、淮河、黄河等几条大江大河均流经中部地区的许多城市,陇海线、京九线等横贯东西南北的主要铁路干线均在中部地区的一些省会城市交汇,具有点多、线长、辐射面广等比较优势。

表 13-2　中部与其他地区地级以上城市数及其人口规模比较(2007 年)

单位:座

| 地区 | 合计数 | 400 万人以上 | 200～400万人 | 100～200万人 | 50～100万人 | 20～50万人 | 20 万人以下 |
|------|--------|--------------|--------------|--------------|-------------|------------|-------------|
| 全国 | 287 | 13 | 26 | 79 | 111 | 55 | 3 |
| 东部 10 省 | 87 | 7 | 14 | 29 | 27 | 10 | — |
| 中部 6 省 | 81 | 1 | 5 | 26 | 36 | 13 | — |
| 西部 12 省 | 85 | 3 | 5 | 19 | 28 | 28 | 2 |
| 东北 3 省 | 34 | 2 | 2 | 5 | 20 | 4 | 1 |

资料来源:根据《中国统计年鉴》(2008 年)有关统计数据整理。

中部地区的城镇化水平及其城镇规模体系与空间分布特征表明,中部地区要想通过建立东部地区那样特大型的中心城市来形成城市群是比较困难的。但是,可以通过大力发展中小城市和完善大城市,充分利用城市空间分布相对比较集中和城市间水陆交通网密布等优势,并加快推进交通通信网络等基础设施建设,在密切大中小城市之间的经济联系上发挥优势,形成紧密型的分工与合作关系,可以构建中部地区城市经济网络。

中部地区一些中心城市虽然规模不大,但基础产业实力较雄厚,特别是在制造业、建材业和能源工业等方面具有很大的比较优势,并且一般都分布在沿江或沿线周围,非常便于众多的中小城市依托一些基础工业作为支撑,发挥水路、公路、铁路等交通网络密布的比较优势,沿江、沿线、环湖发展和壮大产业带并形成城市经济网络。同时,中部一些省市与东部许多省市平时就经济交往密切,接受辐射面较广。因此,中部地区的崛起,应结合自身的特点,充分发挥点多、线长、辐射面广的综合比较优势,按照以点连线、以线结网、以网撑面的运行轨迹,形成体现中部地区特色的城市经济网络,并以此为战略支点,促进整个中部地区的崛起。

**(三)中部城市经济网络建设对促进区域经济发展的绩效分析**

中部地区城市经济网络建设对于推进东、中、西"三大地带"的协调发展具有重大的战略意义。第一,它可以通过以点连线、以线结网、以网撑面,全面促进中部崛起。第二,它可以作为一个经济发展系统,全面融入珠三角、长三角和环渤海城市网络,为东部沿海进一步扩大对外开放提供强有力的支持。第三,为东部沿海向西部地区进行产业转移提供一个广阔的平台,有助于加快实施西部大开发战略的进程。第四,可以更加充分地发挥中部地区承东启西、连接南北、辐射全国的枢纽功能,加快推进各地区经济一体化的进程。

中部地区城市经济网络的建设可以大大提高中部地区的城市化水平,并对中部地区经济发展发挥着重要的影响。但是,这里需要注意的是不同城市化因素对区域经济发展的影响作用是各不相同的。对此,有关专家曾就不同城市化因素对中部地区经济发展的影响进行过相关性分析。他们采用多元回归模型,利用城市与区域规划模型系统(UMS)对数据进行回归分析。多元回归模型构造为:

$$y = \beta_0 x_0 + \beta_1 x_1 + \beta_2 x_2 + \beta_3 x_3 + \xi$$

其中,$y$ 表示人均国内生产总值;$x_0$ 表示非农人口占总人口比重;$x_1$ 表示建成区面积;$x_2$ 表示道路面积;$x_3$ 表示固定资产投资完成额。公式中,$\beta_i$($i = 0, 1, 2, 3$)为回归系数,反映某一自变量在其他自变量控制情况下对于因变量的影响程度,表示难以用非农人口占总人口比重、建成区面积、道路面积、固定资产投资完成额来解释的部分。

按上述方法计算与分析的结果见表 13 - 3、表 13 - 4 所示。

表 13 - 3　中部地区城市化绩效相关系数分析结果

| 城市 | $\xi$ | $\beta_0$ | $\beta_1$ | $\beta_2$ | $\beta_3$ |
|---|---|---|---|---|---|
| 太原 | 1.26 | 9274.39 | - 65.71 | 10.59 | 17.51 |
| 合肥 | 0.13 | 2901.82 | - 16.78 | 6.82 | 0.64 |
| 南昌 | - 2.03 | 32117.17 | - 266.2 | 24.49 | - 17.22 |
| 郑州 | - 1.59 | 6201.93 | - 79.26 | 8.78 | 78.3 |
| 武汉 | - 0.54 | - 97375.2 | 274.58 | 4.83 | 17.88 |
| 长沙 | - 0.62 | 45450.17 | - 187 | 21.78 | - 7.71 |

资料来源:梁玉红、蓝光喜:《中部地区城市化水平对区域经济发展的绩效分析》,《中共山西省委党校学报》2006 年 5 期,第 37~40 页。

表 13 - 4　不同城市化因素对中部地区经济发展的相关性分析

| 相关性 | 正相关 | 负相关 |
|---|---|---|
| 非农业人口比重($\beta_0$) | 太原、合肥、南昌、郑州、长沙 | 武汉 |
| 建成区面积($\beta_1$) | 武汉 | 太原、合肥、南昌、郑州、长沙 |
| 道路面积($\beta_2$) | 太原、合肥、南昌、郑州、长沙、武汉 | / |
| 固定资产投资完成额($\beta_3$) | 太原、合肥、郑州、武汉 | 南昌、长沙 |

资料来源:梁玉红、蓝光喜:《中部地区城市化水平对区域经济发展的绩效分析》,《中共山西省委党校学报》2006 年 5 期,第 37～40 页。

从表 13 - 3、表 13 - 4 可以看到:①非农业人口比重对中部的一些省会大城市(太原、合肥、南昌、郑州、长沙)经济发展的影响是正相关,而对特大省会城市(武汉)却是负相关。这说明在开发密度较高特大城市里并不是非农业人口越多越好,而是应严格控制特大城市人口的增长,防止因城市人口规模膨胀而致使"大城市病"进一步恶化,而在一些开发密度不太高的大城市里却需要适当扩大人口的规模。②建城区面积对特大城市(武汉)是正相关,而对中部其他省会城市(太原、合肥、南昌、郑州、长沙)却是负相关。这说明建城区单位面积人口密度大的城市土地使用效率高,因而呈正相关。而在建城区单位面积人口密度小的城市里土地使用效率低,因而呈负相关。在这些城市要么增加外来人口,要么严格控制城市用地规模。③道路面积对任何中部地区省会城市(太原、合肥、南昌、郑州、长沙、武汉)都是正相关。说明道路交通设施的改善和交通体系的完善是城市化进程中重要环节。良好的基础设施能为区域经济的快速发展注入活力和集聚优势。④固定资产投资完成额对用于生产性投资的城市(太原、合肥、郑州、武汉)是正相关,而对用于基础设施建设上的城市(南昌、长沙)是负相关。但这并不是说明前者有经济效益,而后者无经济效益,而是说明前者要取得的是直接呈现出来的短期效益,后者要取得的是"滞后效益",即长期效益。

由上述不同城市化因素对中部地区经济发展的相关性分析,可以看出中部地区的城市化道路不一定非得走沿海地区的"大城市"化道路,而应吸取其城市"集合体"这一精华,根据中部地区城镇等级规模及其空间分布的特征、中部地区需要向城镇转移的农村剩余劳动力较多等实际情况,大力"发展中小城市、完善大城市",并通过彼此之间的分工合作和加强交通通信网络基础设施建设,密切城市之间、城乡之间的经济联系,走出一条体现中部地区特色的城市化之路。

## 二、中部地区城市经济网络建设的发展态势

改革开放以来,特别是自 20 世纪 90 年代以后,在国内外城市化浪潮的推动下,中部城市经济网络建设从无到有、从小到大,具有从"点轴式"向"网络式"加快发展的态势,目前,已初步形成了中部地区的六大城市群,见图 13 - 1。

**图 13 - 1 中部六大城市群分布图**

资料来源:武汉市社会科学院"中部崛起"课题组:《中部地区六大城市群比较分析》,《学习与实践》2005 年第 4 期,第 16 ~ 19 页。

**（一）安徽：从"马芜铜"产业带发展为皖江城市带**

安徽省委省政府继20世纪90年代提出皖江开发开放12年后，在2002年10月下旬召开的加快皖江开发开放座谈会上明确提出了"马芜铜"产业带建设的重大战略决策。2003年8月，安徽省马鞍山、芜湖、铜陵三市召开互动发展协调会第一次会议，共同磋商联手打造"马芜铜"产业带大计。2005年，安徽省新一届领导班子在"马芜铜"产业带建设的基础上，又加进了沿江的安庆市（简称宜城），提出了"马芜铜宜"产业带"争当崛起先锋，发挥脊梁作用"的构想，并明确提出以"马芜铜宜"为主轴的皖江城市带要在奋力崛起中发挥脊梁作用，在安徽的东向发展中要发挥排头兵作用。安徽省委省政府近两年不断加大对"马芜铜宜"等沿江城市的投入力度，城市群的规模不断扩大，使"马芜铜宜"等沿江城市与省会合肥连成一片，初步形成了以合肥为中心的省会经济圈和以"马芜铜宜"为主轴的皖江城市带，有时也把二者合在一起简称为合肥芜湖城市群或合肥芜湖都市带。目前，安徽省皖江城市带发展的纲领性文件——《沿江城市群"十一五"经济社会发展规划纲要》已经出台。皖江城市带规划的范围，包括马鞍山、芜湖、铜陵、池州、安庆、巢湖、宣城、滁州8市及所辖29县市（见图13-2）。另外，由合肥、六安2市和巢湖、滁州的部分县（区）所组成的"1+3"合肥城市圈建设规划也在酝酿之中。

**（二）江西：从昌九工业走廊建设发展为昌九景城市带**

昌九工业走廊全长161.4公里，在九江市境内100公里左右，在南昌市境内60多公里，昌九工业走廊建设自20世纪90年代初由江西省委省政府提出后，近年来江西省大力推进工业化进程，使昌九工业走廊建设取得了重大进展（见图13-3）。一是基础设施日趋完善，京九铁路复线已全线建成通车。沿长江铁路和高速公路即将贯通，南昌昌北国际机场和九江庐山机场通往国内外的航线达40多条，工业走廊内有两个大型火力发电厂和一个大型水电站，全省以南昌和九江为中心的快捷信息传输网络已经形成。二是开发区建设生机勃勃。整个昌九工业走廊由共青、桑海、星火、云山、九江

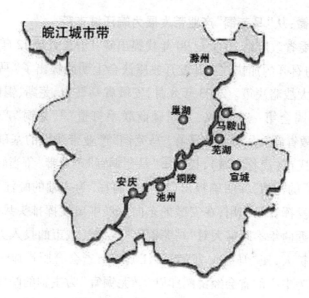

**图 13 - 2　皖江城市带示意图**

等 7 个省级开发区和南昌 2 个国家级开发区以及众多的工业园组成,目前已有数千家外商投资企业在此落户。三是产业集群效应正在显现。全省六大支柱产业的核心企业主要分布在昌九工业走廊上,初步形成了以汽车、航空及精密制造业、特色冶金和金属制品产业、中成药和生物医药产业、电子信息和现代家电产业、仪器工业、精细化工及新型建材产业为支撑的工业体系。四是工业化与城市化互动发展。在昌九工业走廊建设的基础上,初步形成了昌九景城市群的基本骨架,使城市的辐射能力大大加强。城市群建设的重点正在由扩大规模、整治市容,向做大产业、完善城市功能转变。

**(三)湖南:从长株潭产业一体化发展为"3 + 5"城市群**

长株潭地区位于湘江下游,3 市呈"品"字型分布,两两相距仅 45 公里。改革开放以来,由于地缘关系,3 市经济横向联系逐渐密切。在中部地区,湖南长株潭一体化规划出台最早。从 20 世纪 90 年代开始,3 市重点实施了交通、电子、金融、信息、环保五个网络规划,基础设施互联互通取得较大进展,初步形成了长株潭产业一体化的发展硬环境。"十五"期间,按照交

**图 13-3 昌九工业走廊示意图**

资料来源:吴焰:《中部六省演绎城市群大戏》,《人民日报》2006
年9月8日。

通同环、电力同网、金融同城、信息同享、环境同治的要求,长株潭经济一体
化取得实质性进展,3市经济社会各方面呈现加快发展和加速融合的态势。
目前,长株潭产业分工已现雏形。在发展第二产业方面,长沙以电子信息、
机械、食品为主,株州以交通运输、设备制造、有色冶金、化学原料及化学制
品、非金属矿物制品为主,湘潭则以黑色冶金、机电及机械制造、化纤纺织、
化学原料及精细化工为主。在发展第三产业方面,长沙主要是教育、文化、
商业、金融、信息和市场中介,株州主要是运输、流通、仓储等,湘潭主要是教
育、旅游和餐饮业。长株潭3市还签署了4个合作协议:《长株潭区域合作
框架协议》《长株潭环保合作协议》《长株潭工业合作协议》《长株潭科技合
作协议》,为加速长株潭一体化进程奠定了坚实的基础。在此基础上,湖南

省又开始积极筹划着把长株潭打造成省域经济核心增长极,准备启动以长株潭为中心的"3＋5"城市群建设研究,即以长株潭为中心、一个半小时通勤为半径,包括岳阳、常德、益阳、娄底、衡阳在内的城市群建设(见图13－4)。

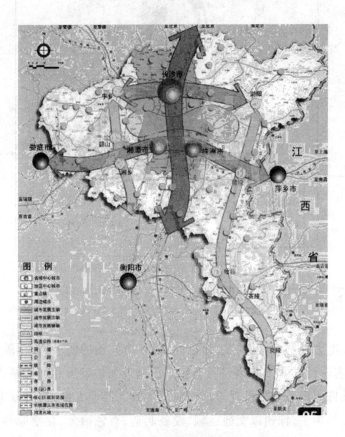

图13－4 长珠潭城镇空间结构规划图

资料来源:http://zt. goufang. com/csuizt/cscz/index. html？ cityid＝cs 长

珠潭城镇空间结构规划。

**(四)湖北:武汉城市经济圈建设正在加快推进产业布局一体化**

武汉市与周边黄石、鄂州、黄冈、孝感、咸宁、仙桃、天门、潜江9个城市,基本上都在以武汉为圆心、100公里为半径的圈层内,城市密集度高,经济上出现逐渐一体化趋势,是湖北省经济比较发达的地区,其综合实力较强,区位市场优势明显,资源比较丰富,产业基础比较雄厚,发展潜力巨大(见图13-5)。近年来,在湖北省委、省政府的领导下,武汉城市圈内的各市坚持突出特色、整体联动、协调配合、形成合力的原则,在着力推进区域市场一体化、区域基础设施一体化、产业布局一体化等方面取得了重大进展。这主要表现在:一是城市圈的经济已占据全省一半以上,综合实力有所增强。二是利用产业基础较好的有利条件,一些领域的优势正在形成。三是交通、通信等基础设施建设初具规模,网络体系正在形成。四是城市圈内各城市之间的经济联系不断增强。五是城市圈内的投资环境有所改善,特别是在产业格局上,以园区化集聚为特征的发展格局开始形成。

**图13-5　武汉城市群示意图**

资料来源:吴焰:《中部六省演绎城市群大戏》,《人民日报》2006年9月8日。

**(五)河南:以郑州为龙头的中原城市群正在中部地区崛起**

近几年河南省明确提出"坚持大型中心城市、中小城市和小城镇三头并举"的发展战略,大力推进城镇化建设。整个中原城市群建设以郑州为"龙头",以开封、洛阳、平顶山等8个城市为"龙腰",以47个重点县(市)和340多个建制镇为"龙尾",正在舞动起来,促使其尽早崛起(见图13-5)。2006年6月12日,《中原城市群总体发展规划纲要》已经公布。《纲要》系统地提出了中原城市群发展的框架结构,在空间上形成三大圈层,即以郑州为中心的都市圈、紧密联系圈和辐射圈。河南专门成立了中原城市群协调发展领导小组,协调解决现行体制下不能解决的问题。建设中原城市群的突破口是"郑汴一体化"发展,其核心是打破传统行政区划束缚,努力促进两市的发展融合。对跨区域的交通、能源、生态、环保等重大基础设施,进行统一规划和集中的布局;同时深化户籍、就业和社会保障制度改革,推动行政区域有序调整,开展城乡一体化试点。目前,河南9市正进行一体化试点,推动郑汴、郑洛、郑新、郑许之间的空间发展和功能对接,并加强巩义、偃师、新郑、长葛等重要节点城市建设。

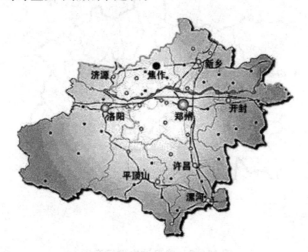

**图13-6 中原城市群示意图**

资料来源:吴焰:《中部六省演绎城市群大戏》,《人民日报》2006年9月8日。

**(六)山西:以太原经济圈为中心的太—大城市带已经开始显现**

太原经济圈面积2万平方公里,人口733万人,2005年生产总值1354

亿元,由太原、晋中、吕梁3个地市及周边16个县(市)组成(见图13-7)。随着山西交通网络的发展和城市建设面积的拓展,太原市与大同市及周边的晋中、吕梁、阳泉、忻州的部分市县的空间距离逐渐缩短。这个区域是山西省经济社会最发达的核心区,在产业关联、市场整合、资源共享等方面互补性强,发展潜力巨大,初步形成了以太原经济圈为中心的太(太原)—大(大同)城市带。2006年6月15日,山西省召开高规格的城市建设工作会议,提出太原城市群要按照"中心集聚、轴线拓展、外围协作、分区组织"的思路,构建"叶脉型"城镇布局框架,形成以太原经济圈为中心,大(大同)—运(运城)城镇发展轴为主干,晋北、晋中、晋南、晋东南四个城市经济圈为主体的"一核一带四片"发展格局。

图13-7 太原经济圈示意图

### 三、对中部地区城市经济网络建设的现状分析

近几年来,尽管中部城市经济网络建设有加快发展的态势,但是与东部沿海地区长三角和珠三角的城市群相比,还存在着很大的差距,从总体上来看还处于刚刚起步阶段。

第一,城市圈的经济总量偏小,整体实力不强。以中部地区较大的武汉城市经济圈与长三角城市圈相比,在国内生产总值上,武汉城市经济圈只相当于长三角城市经济圈的江苏省8个城市(南京、苏州、无锡、常州、扬州、镇江、南通、泰州)的36.1%和浙江省6个城市(杭州、宁波、湖州、嘉兴、绍山、舟山)的54.4%;在地方财政收入上,武汉城市经济圈仅及江苏8市(590.84亿元)的21.9%和浙江6市(329.11亿元)的39.3%;在经济外向度上,武汉城市经济圈出口总额(16.31亿美元)只相当于江苏8市的4.3%和浙江6市的7.3%;实际利用外资(21亿美元)只相当于江苏8市的21.4%和浙江6市的69.98%。

第二,城市圈的规模不大,等级结构不完整。中部地区的六大城市群中,除河南的中原城市群、湖北的武汉城市圈、长株潭城市群、皖江城市带规模较大之外,其余的城市圈或城市带一般来讲规模都不大,城市圈内的城市数量偏少,等级结构不健全,如昌九工业走廊、太原经济圈。武汉城市圈和中原城市群、皖江城市群、长洙潭城市群在面积、总人口、生产总值和城市个数等方面相对于中部其他城市群来讲有一定的比较优势,但是,与沿海城市圈相比,仍存在着较大的差距。中部地区目前还没有大型城市群,基本上还处在雏形期阶段。因此,中部城市圈在国内外的竞争力较弱。中部六大城市群规模比较分析,见表13－5。

第三,城市圈内核心城市实力不强,缺少有竞争力的特大型中心城市的辐射与带动。中部地区的各类城市圈中,除武汉城市圈的武汉市和中原城市群中的郑州市较大以外,其余的城市圈中均缺少特大型的中心城市。在中部六大城市群中心城市中,在全国城市综合竞争力排名前50位的城市只有5个,依次为武汉、长沙、南昌、合肥和郑州,见表13－6。

**表 13 - 5 中部六大城市群规模比较(2005 年)**

| 城市群 | 面积(万 Km²) | 总人口(万人) | 生产总值(亿元) | 城市群等级结构 |
|---|---|---|---|---|
| 武汉城市群 | 5.99 | 3078.5 | 4000.3 | 9 个城市组成 |
| 中原城市群 | 5.87 | 4019 | 5914 | 9 个地市 47 个县(市) |
| 长株潭城市群 | 2.83 | 1296.6 | 2412 | 3 个地市 8 个县(市) |
| 皖江城市群 | 5.60 | 2120.3 | 2261.6 | 8 个地市 29 县(市) |
| 昌九工业走廊 | 2.60 | 921 | 1437 | 2 个地市 5 个县 |
| 太原经济圈 | 2.00 | 733 | 1354 | 3 个地市 16 个县(市) |

资料来源:综合有关媒体报道和中部六省相关规划整理而成。

**表 13 - 6 六大城市群中心城市竞争力比较**

| 竞争力指标(排名) | 武汉市 | | 长沙市 | | 郑州市 | | 南昌市 | | 合肥市 | | 太原市 | |
|---|---|---|---|---|---|---|---|---|---|---|---|---|
| 综合竞争力 | 0.35 | 24 | 0.345 | 25 | 0.242 | 50 | 0.309 | 30 | 0.289 | 36 | 0.21 | 63 |
| 人才竞争力 | 0.663 | 9 | 0.613 | 16 | 0.624 | 14 | 0.568 | 27 | 0.563 | 28 | | |
| 资本竞争力 | 0.633 | 10 | 0.611 | 15 | 0.52 | 41 | 0.584 | 23 | 0.569 | 28 | | |
| 科学技术竞争力 | 0.326 | 3 | 0.21 | 13 | 0.141 | 24 | 0.099 | 40 | 0.143 | 23 | | |
| 结构竞争力 | 0.859 | 38 | 0.968 | 3 | 0.869 | 32 | 0.853 | 40 | 0.843 | 43 | | |
| 基础设施竞争力 | 0.519 | 13 | 0.513 | 14 | 0.493 | 18 | 0.485 | 24 | 0.511 | 15 | | |
| 区位竞争力 | 0.726 | 6 | 0.564 | 32 | 0.626 | 14 | 0.647 | 15 | 0.549 | 38 | | |
| 环境竞争力 | 0.661 | 45 | 0.733 | 32 | 0.705 | 38 | 0.774 | 20 | 0.73 | 35 | | |
| 文化竞争力 | 0.762 | 33 | 0.743 | 38 | 0.766 | 32 | 0.857 | 9 | 0.743 | 39 | | |
| 制度竞争力 | 0.649 | 47 | 0.749 | 26 | 0.698 | 38 | 0.808 | 13 | 0.648 | 48 | | |
| 政府管理竞争力 | 0.52 | 41 | 0.552 | 37 | 0.476 | 44 | 0.703 | 8 | 0.417 | 49 | | |
| 企业管理竞争力 | 0.727 | 42 | 0.881 | 11 | 0.663 | 45 | 0.875 | 12 | 0.649 | 47 | | |
| 开放竞争力 | 0.611 | 37 | 0.647 | 24 | 0.622 | 33 | 0.686 | 17 | 0.632 | 32 | | |

注:1. 所有原始数据来源于《中国城市竞争力报告 NO.3》。

    2. 综合竞争力排名为前 100 个城市之间,其他分项竞争力排名为前 50 个城市,太原市综合竞争力指标未进入前 50 名,故没有进行分项指标的研究。

    3. 黑体排版的数据为该项指标的最高值。

资料来源:周绍森、陈栋生主编《中部崛起论》,经济科学出版社 2006 年版,第 249 页。

第四，城市经济网的建设一般都局限在省内，而且仅局限在省内几个比较发达的城市及其周边地区。跨省区的中部地区城市经济网络建设还没有开始，城市圈的辐射面窄，功能不健全，很难发挥对本地区经济发展应有的支撑作用。由于各省行政管理体制局限性制约作用，加之省际之间缺少协调机制，整个中部城市经济网络建设，还没有一个统一的发展规划，城市圈或产业带建设都分散在各省范围内来进行，彼此之间经济联系还没有建立起来。这样，在未来中部城市经济网络建设过程中，难免会形成重复建设，造成巨大投资成本不必要的浪费或损失。

第五，有的城市群规模较大，但城市之间的关联度很低。如以郑州为龙头的中原城市群建设规模较大，但圈内城市之间并没有形成真正意义上的经济联系，或者说还没有形成产业布局上的紧密分工与协作关系。它仅仅是城市群，但并没有形成真正意义上的城市经济网络。特别是信息网络尚未完全互联互通，信息资源的开发、共享不够，经济发展与社会发展缺乏平台支撑。

第六，城市圈的产业结构层次较低，经济实力较弱。各城市圈之间以及城市圈内的各城市之间的支柱产业，虽然各有优势和特色，但仍有一定的重复，趋同化率较高。另外，除新兴的电子信息产业外，其余基本上均为传统产业，产业的前后关联效应不强，主要产业产品链条短促，带动作用不明显。高新技术产业在经济基础产量中的比重仍然偏小，在有些城市圈内尚未达到产业化的要求。因此，中部六大城市群产业结构层次较低，第三产业增加值占 GDP 比重较少，经济实力较弱。

## 四、加快中部地区城市经济网络建设的区域发展战略

目前中部城市经济网络建设从总体上看，一方面有加快发展趋势；另一方面还处于刚刚起步阶段。因此，对中部城市经济网络建设，一方面要采取措施促进其加快发展，另一方面还要遵循城市化发展的客观规律，不能操之过急，应采取分步走的发展战略，按照空间开发秩序，逐步形成合理的空间开发结构。

**(一)以增强中心城市竞争力为核心,进行中部六大城市群"内涵"的深化**

城市群建设"内涵"的深化,是指城市群内部各城市之间在经济联系与管理体制等一体化方面达到的层次和程度。城市群"内涵"的深化,有助于提升城市群的集聚功能。由于中部六大城市群在一体化方面达到的层次和程度不同,"内涵"深化的任务也有所不同。

武汉城市圈"内涵"深化的主要任务:一是加强基础设施建设,推动区域空间一体化,具体包括完善公路网,建设水运网,提升铁路网,加快建设信息网等方面的建设。二是走新型工业化道路,推进区域产业化,包括优化城市经济圈产业空间布局,做大做强区域性主要产业和支柱产业等。三是加快市场建设,促进区域市场一体化,包括建设和完善区域金融市场,巩固发展一批全国性、区域性的大型工业品批发市场,形成现代化管理程度较高的消费品市场,进一步发展人才和劳动力市场,加强产权交易市场建设,发展一体化技术市场等。四是统筹城乡协调发展,推进区域城乡一体化。

长株潭城市圈"内涵"深化的主要任务:一是以规划为龙头,突出抓好产业合理布局;二是以制造业为重点,突出抓好产业结构调整;三是以改革为动力,突出抓好产业发展体制;四是以园区为载体,突出抓好产业空间集聚;五是以项目为中心,突出抓好产业整合。通过采取上述措施充分发挥三市及周边城市各自在资源、人才、技术、创业等方面所拥有的比较优势,加强分工与协作,实现优势融合和互补,促使生产要素在空间上的集聚和集中,形成各具特色与协调发展的产业一体化格局,并通过产业一体化来推进长株潭城市圈经济一体化。

昌九景城市带"内涵"深化的主要任务:一是加强对昌九景城市带建设的组织领导和政策支持;二是完善昌九工业走廊与昌九景城市带建设总体规划;三是加快走廊与长江三角洲的对接和融入步伐;四是做大做强南昌、九江两极,进一步优化结构与促进产业升级,提升昌九工业走廊的竞争力。

皖江城市带"内涵"深化的主要任务:一是要统筹区域发展,加强省政府对皖江城市带建设的领导与协调;二是要认真组织实施沿江城市群发展规划;三是实现内部各种资源的优化整合,促进联动发展;四是要整体推进,打响皖江城市带城市品牌;五是要实行政策倾斜,加强对皖江城市带的扶持力度,促进省会合肥与沿江城市群的经济互动与协调发展。

作为以郑州为"龙头"的中原城市群"内涵"深化的重要任务:一是发展和壮大郑州的"龙头"作用,增强其对周边城市的辐射功能。二是要按照以市场为导向,以利益为纽带,以增强城市功能为核心,以构建产业链、价值链为主线,以企业为主体,整合资源,实现多赢,促进区域共同发展的思路,加强省会城市与周边各城市之间的内部经济联系,着力推进区域市场一体化、区域基础设施一体化和产业布局一体化。

山西省太原城市圈"内涵"深化的主要任务:一是以省会太原为中心,以周边的榆次、吕梁、晋中、阳泉和忻州为依托,形成晋中城市圈的紧密型联系;二是统一规划各市的基础设施建设,加强城市之间的分工与协作关系,实现内部各种资源的优化整合;三是努力提升省会太原城市的竞争力,形成城市品牌,加强对周边城乡发展的影响力;四是优化城市之间产业结构,促进全面、协调和可持续发展。

### (二)以"点—轴"沿线发展为依托,进行中部六大城市群"外延"扩大

城市群"外延"的扩大,是指城市圈内城市数量的增加和城市圈规模的扩大。城市群"外延"的扩大有助于增强城市圈的辐射功能。但城市群"外延"扩大的程度,应依据各省城市发展需要与客观经济条件情况而定。

湖北应以武汉城市圈为基础构建湖北长江中游城市经济网络。即在原有的武汉城市圈的基础上,把宜昌、荆州两市吸纳进来。宜昌是长江中上游的结合部,地理位置和交通条件十分优越,而且水电资源、磷矿资源和旅游资源等都十分丰富。GDP居全省第3位,其经济竞争力居第2位。特别是地处宜昌市的三峡工程将国内外巨大的人流、物流、资金流、信息技术流吸入宜昌,将国内外大企业集团、财团引向宜昌,将成为宜昌加强与长江中游各城市经济技术联系,乃至走向国内外的桥梁和纽带。荆州是国务院首批公布的国家历史文化名城,是鄂中南重要的中心城市,也是湖北江汉平原、湖南洞庭湖平原的重要商品流通中心。同时,荆州科技教育事业发展迅速,

高新技术涉及精细化工、电子、新材料新领域。因此,把原有的武汉城市圈与宜昌、荆州连成一体,有利于形成湖北长江中游城市经济网络。

湖南应以长株潭一体化为基础,首先,使岳阳、益阳、常德和长株潭整体推进,建立湘东北城市经济网络。岳阳位于湖南省东北部,与湖北、江西两省相邻,综合经济实力仅次于省会长沙,也是湖南唯一的临江城市,被国务院确定为长江沿岸首批对外开放城市。岳阳地处一湖(洞庭湖)两原(江汉平原、洞庭湖平原)三省(湘、鄂、赣)四线(京广铁路,京珠高速公路、107国道、长江)的多元交汇点上,是长江中游仅次于武汉的又一个"金十字架",特别是洞庭湖大桥的通车,构成了"承东联西"、"南北贯通"的便捷交通网。岳阳是一座蓬勃崛起的工业城市,目前初步形成了化工、建材、制冷、纸业、饲料、医药6大工业支柱。益阳是国家重要的粮、棉、鱼、猪商品生产基地,芝麻、食糖、茶叶、楠竹、芦苇产量均居湖南省第一,是全国著名的竹乡和鱼米之乡。常德市位于湖南省北部,北与湖北省荆州、宜昌相连,南与益阳接壤。常德是湖南重要的工业城市,尤以卷烟、纺织印染、纺织机械、工程机械著名。这3个城市历史上就与武汉和江汉平原有千丝万缕的联系,现在这种联系更加紧密。它们与长株潭一起构成湘东北城市群后,将与湖北长江中游城市带形成整体呼应的效果,迅速提高这一地区的工业化、城市化和现代化水平。其次,使长株潭城市群沿线向娄底和衡阳延伸,扩大对湘中和湘南地区的辐射力,并与珠三角形成对接之势。

江西应促使景德镇及周边地区与昌九工业走廊紧密衔接,建设赣北城市经济网络。目前,江西在长江南岸和浙赣线以北地区正在形成以昌九工业走廊为重点的昌九景开放开发三角区。景德镇位于昌九景"金三角"经济区和赣、浙、皖三省交界外,历史上与广东佛山、湖北汉口、河南朱仙镇并称全国四大名镇。景德镇投资环境优越,是国家甲类对外开放城市。景德镇市是江西省一个重要现代化工业基地。尤其是陶瓷工业已形成了以日用瓷为主体,艺术、建筑、工业、电子等各类陶瓷共同发展的陶瓷工业体系,成为我国重要的陶瓷生产和出口基地以及科研教育中心。与此同时,新兴工业快速发展,已形成汽车、机械、电子、医药、化工、建材、食品等一批新兴工业。昌九工业走廊建设如果有景德镇及周边地区的加盟,有助于以南昌、九江为中心的赣北城市经济网络的建立。

安徽应以"马芜铜宜"产业带和省会合肥为基础,沿江构建皖江城市带、皖中城市圈和沿陇海线构建沿淮城市群。皖江城市带主要包括"马芜铜宜"产业带及其周边的滁州、池州、宣城、巢湖等沿江8市。皖中城市圈主要包括省会合肥及周边的六安等市县。沿淮城市群主要由沿陇海线及周边而建的蚌埠、淮南、淮北、宿州、亳州、阜阳等城市所组成。为此,安徽省政府已明确提出未来几年重点发展三大中心城市带:省会经济圈、沿江城市带和沿淮城市群,强化中心城市的规模效应、聚集效应和辐射效应,形成"三足鼎立"与竞相发展格局,构筑起实现安徽跨越发展的战略支点。

河南应以郑州为中心,发展和壮大中原城市群。不断加快发展包括新乡、焦作、许昌、平顶山等在内的中原城市群,在提高现有技术产业水平的同时,把目前单一的工矿型或旅游型城市初步建成多业并举、特色突出、经济实力强、科教水平高、服务功能健全的新型城市,把安阳、信阳、商丘、南阳、三门峡分别建成豫北、豫南、豫东、豫西南的地区性中心城市,把漯河、濮阳、鹤壁等中小城市培育成各具特色的大中城市。

山西应按照建设太原城市圈的规划,分三个层次推进,首先是加快太原市区的发展步伐;其次是提高太榆区域经济一体化水平;再次是推进太原城市圈的拓展提升。即沿高速公路向南延伸与临汾、运城、长治、晋城等城市串联在一起,向北拓展与朔州、大同等城市融为一体,构建起南接陇海沿线经济带、北连呼包银经济带、东边与京津冀经济圈互动发展的太原城市带。

**(三)以长江中下游城市群和沿陇海线城市群为基础形成中部城市经济网络**

首先,在长江中下游,以湖北长江中游城市经济圈为基础,把湘东北城市经济圈、赣北城市经济带和皖中南城市经济圈连接在一起,进行有机整合,形成以长江中下游城市群为主轴的中部南面的城市经济网络。

其次,以沿陇海线为主轴、以郑州为龙头的中原城市经济圈为核心,把其与皖北沿淮城市群和山西的太原城市带连接在一起进行整合,形成中部北面的城市经济网络。

再次,加快以长江中下游为主轴的中部南面城市网络和以陇海线为主轴的中部北面城市经济网络的全面融合,形成整个中部地区的城市经济网络体系,使中部地区成为继长江三角洲、珠江三角洲、环渤海经济圈之后又一个全新经济区。

### 五、中部地区城市经济网络建设面临的矛盾及问题

虽然中部城市经济网络建设具有加快发展的趋势和美好的前景,但是由于受到各种因素的制约,也面临着一些矛盾和问题。

#### (一)政府职能的发挥与市场机制配置资源的基础性作用的矛盾

统筹区域发展是一个非市场的概念,统筹的主体是政府。因此,它实际上是一种政府行为。政府统筹区域发展所要解决的是区域发展中社会公平问题。市场机制配置资源所发挥的基础性作用所要解决的是资源配置的效率问题。在区域经济发展中,从资源配置上看,由于市场机制的作用,生产要素最终表现为向优势地区集中,即由中部地区向东部沿海地区集中,这种以最小的国土空间来实现创造出更多的国民收入和国民生产总值的经济模式,配置效率才是最高的。但是,从局部来看,它又会继续扩大中部地区与东部沿海地区之间的发展差距。如果企图通过政府行政干预来阻止这种生产要素向东部地区的集中趋势,来实现区域之间的均衡发展,那只能是又回到过去计划经济体制的老路上去,只能是以牺牲效率为代价的区域均衡发展。因此,是不可取的。政府只能是因势利导,既承认这种集中化趋势,又做到区域经济的均衡发展。这样,市场机制基础性作用与政府区域协调职能的矛盾便表现为生产要素集中化趋势与区域经济协调发展的矛盾。由于受这种生产要素集中化趋势与区域经济协调发展的矛盾制约,具体反映在中部城市经济网络建设上又表现为:中部各省与东部各省之间往往是合作大于竞争,彼此之间联系比较密切,如湖南融入"泛珠三角"城市圈,江西全面对接长珠闽,安徽融入长三角等;而中部地区内部各省之间则往往表现为竞争大于合作,彼此相互联系则较少。因此,中部地区各省之间很难有一个

统一协调的发展规划。

统筹区域协调发展中政府职能的发挥与市场机制资源配置基础性作用的矛盾,不仅表现在中部城市经济网络建设问题上,还表现为政府与企业在合作与竞争两个层次上作用的程度是各不相同的。政府统筹追求的是社会效益,合作大于竞争,企业发展追求的是经济效益,竞争大于合作。竞争与合作都是区域经济发展的机制和手段,竞争是基础性的,而合作是有条件的。区域间的竞争合作有企业之间的竞争合作和政府之间的竞争合作两个层次。在基础设施领域,合作大于竞争,而且容易做到;在制度方面,也是以合作为主;而在产业层面,则是以竞争为主。因此,政府的合作空间与企业的合作空间并不完全一致。解决这一矛盾的途径只能是宏观上的政府合作与微观上的企业竞争相结合。

**(二)区域城市经济网络建设与地方行政管理体制障碍的矛盾**

20世纪80年代,区域之间的竞争一度演绎到极致,其最大的特点是地方保护主义盛行。这种地方保护主义在中部省份的一些地区表现得尤为突出。有一些地区害怕在区域经济发展中被边缘化,对外省来的产品又是封、又是堵,有的甚至设各种关卡,拒绝与外省进行贸易往来,结果是经济发展更加滞后。后来虽然有所醒悟,调整了发展思路,加强了对外交流,但由于地方利益和行政区划等造成的各省市区之间的各类屏障都很难突破,一个省的免检产品到了另一个省市还要再检,一个地区评的专业技术资格到其他地区都得不到承认,一条公路修到另一个地区的边界处就成了断头路,更不要说为了追求局部利益而引发的倾销式招商和由此产生的竞相压价,相互攀比优惠政策、拼地价、拼税收吸引投资的恶性竞争。到了21世纪初,我国加入WTO以后,有关地方保护性法律法规的清理工作的深入,各地政府开放力度加大,这种现象虽然有所弱化,但在中部地区的一些省市仍然存在,它是中部城市经济网络建设的重大障碍。

**(三)城市经济网络加快发展的趋势与工业化水平相对滞后的矛盾**

中部与东部相比,工业化水平相对滞后,在全国总体上处于中下游的位置(见表13-7)。近几年来中部城市群建设虽然有加快发展的趋势,但是由于受到工业化水平偏低的制约,产业集中度不高,产业关联度低,"城市群"并没有形成"城市网",城市与城市之间产业一体化的程度不高,彼此之间并没有形成紧密型的经济联系,城市经济网络的建立还缺少一定的产业基础作为支撑。这也是中部地区城市群建设落后于东部地区的一个重要原因。

表13 -7 基于钱纳里工业化标准的中国经济增长区域分类

| 初级产品生产区域 | 工业化初级阶段区域 | | 工业化中级阶段区域 | 工业化高级阶段区域 |
|---|---|---|---|---|
| 贵州(509) | 广西(869) | 青海(1040) | 黑龙江(1679) | 上海(6682) |
| 甘肃(721) | 云南(813) | 河南(1144) | 山东(2045) | 天津(3812) |
| | 陕西(937) | 湖南(1102) | 福建(2080) | 北京(4477) |
| | 宁夏(952) | 内蒙古(1366) | 辽宁(1969) | |
| | 安徽(939) | 海南(1142) | 江苏(2502) | |
| | 江西(989) | 湖北(1269) | 广东(2381) | |
| | 西藏(940) | 吉林(1321) | 浙江(2893) | |
| | 山西(1105) | 新疆(1353) | 河北(1561) | |
| | 四川(1105) | | | |

注:本表采用钱纳里的工业化阶段标准(1982)年,省份后面括号内的数据是2004年用美元表示的该省份人均GDP,单位为元/人。

资料来源:覃成林、王荣斌:《中国区域经济增长σ趋同分析》,《华中师范大学学报》(人文社科版)2007年第3期,第57~62页。

## (四)城市发展规模不断扩大与农村耕地面积日益缩小的矛盾

工业经济的发展与城市建设规模的扩大,可以大大提高中部地区工业化、城市化水平,增强其区域发展的竞争力。但是,中部地区的各省一般都是农业大省,是国家粮食生产的主产区。随着工业经济的发展和城市建设规模的扩大,就要占用更多的农村耕地,这会使中部地区的粮食产量下降,将会造成我国粮食供给不足,这是带有全局性、战略性的国家安全问题。特别是"十一五"以来,随着中部地区各省城市化进程的加快,中部城市群建设规模扩大与农村耕地面积日益缩小所能提供的发展空间有限之间存在着较大的矛盾,见表13-8。

表13-8　中部六省城市建设用地和农村耕地变化情况

单位:%

|  | 城市建成区面积变化率 | 耕地面积变化率 |
|---|---|---|
| 湖　北 | +0.05 | -5.78 |
| 湖　南 | +7.2 | -4.15 |
| 江　西 | +5.63 | -5.57 |
| 安　徽 | +5.78 | -4.08 |
| 河　南 | +5.76 | -2.27 |
| 山　西 | +5.52 | -11.66 |

注:表中+为增加,-为减少。城市建成区面积变化率根据2006~2007年统计数据计算,各省耕地面积变化率根据1996~2007年统计数据计算。

资料来源:根据《中国统计年鉴》(2007~2008年)有关数据计算得出。

### (五)城镇等级规模体系的完善与县域经济发展相对落后的矛盾

城市经济网络建设,需要完善的城镇等级规模体系作为支撑。但是,中部城市经济网络建设中各省普遍存在的问题是,地改市形成的"小马拉大车"与工矿城市的"大马拉小车"现象同时并存。其中县域经济发展相对落后是一个重要原因。从全国百强县发展情况的区域分布看,2001~2005年间数量变化均有一定的波动,但基本格局变化不大,绝大多数百强县都是集中在东部地区,只有少部分百强县分布在中部、西部和东北地区。中部地区在5年里呈现出逐渐上升的趋势,但是与东部地区相比仍存在很大差距(见表13-9)。

表 13 - 9  2001～2005 年全国百强县地区分布情况

单位:个

| 地区 | 2001 年 | 2002 年 | 2003 年 | 2004 年 | 2005 年 |
|------|---------|---------|---------|---------|---------|
| 东部 | 84 | 89 | 89 | 88 | 89 |
| 中部 | 2 | 5 | 3 | 2 | 4 |
| 西部 | 10 | 1 | 3 | 7 | 4 |
| 东北 | 4 | 5 | 5 | 3 | 3 |

资料来源:根据历年公布的百强县名单整理。

县域经济既是城市经济网络发展的重要基础,也是统筹城乡发展的关键环节。由于中部地区县域经济发展相对落后,一方面使城市经济网络发展缺少众多小城市作为支撑,造成城镇等级规模体系不完善;另一方面由于缺少有竞争力的小城市,无法带动农村经济发展。

### 六、加快中部地区城市经济网络建设的协调机制

近几年,尽管中部城市经济网络建设有加快发展的趋势,但是与东部沿海的长三角、珠三角和环渤海城市群相比,还存在着很大的差距,从总体上来看还处于刚刚起步阶段,并面临着一些矛盾和问题。因此,迫切需要建立良好的区域经济协调机制来加以有效解决。特别是政府在加快中部城市经济网络建设和实现区域经济协调发展方面具有举足轻重的作用。有效的政府宏观调控机制和统筹区域协调发展政策是缩小地区之间差距的重要手段,也是建立促进中部城市经济网络建设所需要的各种协调机制的重要保证。

### (一)建立统筹区域协调发展的宏观调控机制

中央政府应建立统筹区域协调发展的宏观调控机制,为中部地区城市经济网络的建立创造一个公平竞争的政策环境。首先,中央政府统筹区域协调发展,要有一个统筹东中西协调发展的公平竞争政策,特别是在促进中部城市经济网络建设过程中,应充分考虑到中部地区大多数省份都是农业大省的特点,在加大对城市基础设施投入力度的同时,对农业应建立必要的

补偿机制,努力做到统筹城乡发展。其次,中央应成立专门机构,制定中部地区城市网络建设的发展规划,并负责组织协调中部地区省际之间的经济合作以及中部与东、西部地区的经济技术交流活动,在中部城市经济网络建设中发挥宏观调控职能。

### (二)形成中部城市网络之间的合作发展机制

中部地区各级地方政府应打破行政管理体制的束缚,按照主体功能区划分的新要求加强各层次的横向交流与合作,形成区域之间特别是各种城市网络之间的合作发展机制。第一,建立由中部各省分管区域协调发展主要领导人参加的促进中部地区城市经济网络建设的合作与发展协调会,并促使中部地区各省、市之间的交流与合作模式由对话协商等非制度性安排,向着组织、协议、地方立法等制度性安排转变。第二,成立由中部六大城市群共同参与的中部地区城市规划与协调发展委员会,重点商讨中部城市经济网络建设的整体规划与资源整合,协调各地综合规划,并在区域产业规划、城镇规划、国土规划、环境规划等领域全面展开交流与磋商。第三,进一步强化中部地区一些中心城市政府协作办公室的窗口作用与管理职能,进一步扩大中部地区各地政府职能部门的对外交流,在工商、金融、信息、交通、旅游、会展、科教、文卫、人力资源管理等众多领域开展对口合作与交流,努力构筑中部地区城市经济网络建设所需要的政策平台与投资发展环境。

### (三)形成中部省、市之间的区域利益协调机制

加强中部地区各种区域经济合作组织的建设,形成中部各省之间以及各地市之间的区域利益协调机制。区域合作为何能带来巨大的商机? 是因为区域间存在着优势互补这一前提条件,互补带来了资配优化配置,资源优化配置带来了商机。区域之间的优势互补能产生巨大的潜在的商机,但问题是,各个省区存在着相对独立的区域利益,这种区域利益如果协调不好,就会产生区域市场分割等问题,从而使潜在的商机无法转化为现实的商机。而要解决这一难题,最有效的办法就是要建立一种区域利益协调机制。而要建立一种区域利益协调机制,除了制定和完善有关区域经济合作的有关政策规定和法律法规之外,很重要的一点就是加强中部地区区域经济合作

组织的建设,用市场的方法来解决区域利益协调中遇到的各种矛盾和问题。

### (四)形成工业化与城市化协调发展的互动机制

加快中部地区城市产业一体化的发展,形成工业化与城市化协调发展的互动机制。城市产业一体化是城市经济网络一体化的基础。因此,为了加快中部城市经济网络建设,必须大力推进产业集群发展,加快新型工业化进程。一是要促进城市之间产业内部的分工与协作,延长产业链和价值链。二是要鼓励和推进城市之间大型优势企业与配套企业建立紧密的利益共同体,以支柱产业拉动配套产业的发展,以配套产业促进支柱产业的巩固与提升。三是大力发展城市园区经济,加快发展具有重大带动作用的电子信息、生物医药、新材料、先进制造业为重点的高新技术产业群,使工业园区成为城市经济的聚集地和经济发展的核心增长极。四是要通过产业一体化促进城市经济网络的一体化,形成工业化与城市化协调发展的机制。

### (五)形成中部城乡一体化发展的对口扶持机制

改革城乡分割的管理体制,统一进行城市规划和土地规划,形成城乡一体化发展的对口扶持机制。目前一些地区存在的城市建设发展与农村耕地面积日益缩小的矛盾表明,中部地区城市经济网络建设不能走"摊大饼"式的粗放型发展道路,只能走"摆小碟"式的集约化发展道路。即在城市开发区面积不再增加,农村耕地面积不再缩小的前提下,在提高经营城市的效益和促进城乡一体化发展上狠下工夫。为此,就要改革现行的城乡分割的管理体制。根据区域经济协调发展的要求统一进行科学的城市规划和土地规划,放开城市户籍管理制度,形成城市与农村之间开放的人口流动制度和对口扶持机制,以城带乡、以工促农、共同发展。同时,要建立城市建设对农村发展造成损失的利益补偿机制,使城乡一体化发展能够协调起来。

### (六)形成有利于县域经济发展的内在动力机制

在中部地区城市经济网络建设过程中,应大力发展县域经济,形成众多的小城市,有助于完善中部地区的城镇等级规模体系,带动农村经济发展。中部地区在发展县域经济过程中,应根据中心城市的辐射带动能力,适当调整行政区划,努力改变"小马拉大车"和"大马拉小车"的不合理布局结构,结合当地资源优势,培育和发展各具特色的优势产业,形成产业集群,扩大社会就业,增加县级财政收入。加大对县域、中心镇基础设施建设的支持力度,发挥其集聚和辐射作用。改革和完善县乡管理体制,积极推行"省直管县"财政管理体制和"乡财县管乡用"的财政管理方式改革试点,加大对财政困难县乡的财政转移支付力度。在规范县级政府经济社会管理权限的同时,开展扩大其经济社会管理权限试点工作,试点县可享有省辖市部分经济社会管理权限,为县域经济发展松绑,形成有利于县域经济发展的内在动力机制。

总之,城市化在促进中部崛起过程中具有着重要的支撑作用。中部地区的城市化道路,应根据中部地区大中小城市及其交通网络空间分布的特点,发挥点多、线长、辐射面较广的比较优势,依托现有的城市群、产业带及其中心城市和有关节点城市,不断进行"内涵"的深化与"外延"的扩大,培育新的经济增长极,形成众多的战略支点,并按照以点连线、以线结网、以网撑面的运行轨迹,大力加强城市经济网络建设,促进中部崛起与区域内外的协调发展。为此,中部地区要在完善大城市、着力发展中小城市、积极壮大县域经济等方面下工夫,在密切城市之间的分工和城乡之间的经济联系上做文章,应突破地方行政管理体制的局限性,加强城市之间的合作与省际之间的交流,努力克服城市经济网络建设过程中遇到的各种矛盾和问题,并建立相应的统筹协调发展机制,积极探索出一条有中部特色的城市化之路。

# 第四篇

# 科学发展与体制创新

**内容提要：**

  本篇以中部地区的科学发展与体制机制创新为主线，主要探讨了新形势下中部地区的经济发展方式转变、完善市场体系建设、创业主体培育、政府职能转变与创新、区域文化心理重构等要素及其对促进区域经济协调发展的影响，重点是研究促进中部崛起中社会要素的动力系统问题。

# 第十四章 新形势下中部地区经济发展方式的转变

改革开放 30 年来,我国的经济发展虽然取得了令世人瞩目的成就,但粗放型经济增长特征还相当突出,这种传统的经济增长方式与现代社会发展的要求很不协调。特别是当前由于受全球金融危机的影响,使我国外向型经济发展又面临着严峻的挑战。针对新的历史条件下的新情况,我们党在科学发展观指导下提出了转变经济发展方式的新要求。这对于促进我国区域经济协调发展有着重要的指导意义。新形势下的中部崛起必须与当前转变经济发展方式的要求相适应,努力探索出一条具有中部特色的科学发展之路。

## 一、转变经济发展方式提出的重大现实意义

选择走科学发展之路并提出转变经济发展方式的重大战略任务,是我们党根据当前国内外经济发展出现的新形势新变化而做出的重大战略决策,对促进我国经济又好又快发展,具有着重大的现实意义。

### (一)转变经济发展方式可以更好地体现深入贯彻落实科学发展观的要求

科学发展观强调以人为本,要求社会主义经济发展的目的是满足人民群众日益增长的物质文化生活的需要。这种需要,不仅是不断提高收入水平、获得更多的物质产品和服务,也包括获得清洁的水、清新的空气、绿色的空间、优美的环境等。改革开放以来,随着我国经济的快速增长,生态环境的压力越来越大。由于一些地区不顾自然规律竭泽而渔式的开发,导致生

态系统整体功能退化,越来越多的区域成为不适宜人类生存的空间。由于一些地区超出资源环境承载能力的过度开发,导致水资源短缺,绿色空间锐减,环境污染加剧。这些问题,在一定程度上抵消了经济快速增长和收入增加带来的生活水平提高。提出加快转变经济发展方式,不仅要求以尽可能少的资源投入实现经济增长,而且也要求以尽可能少的污染物排放实现经济增长。所以,用"经济发展方式"替代"经济增长方式",更好地体现了科学发展观中关于坚持以人为本和满足人民群众各方面需要的内容。

**(二)转变经济发展方式是提高我国经济整体素质和国际竞争力的客观要求**

改革开放以来,特别是沿海开放战略实施以来,东部的率先发展主要得益于外资的投入,依赖国外市场,形成了外向型经济为主的产业结构。由此带来整个中国经济对外具有高度依赖性。这种依赖突出表现为资本依赖、技术依赖、市场依赖三个主要方面。在资本依赖方面,中国利用外资规模是印度的 9 倍,但是只取得高于印度 2 个百分点的增长绩效;在技术依赖方面,关键技术和关键装备严重依赖于跨国公司,航空设备、精密仪器、医疗设备、工程机械等具有战略意义的高技术含量产品,80% 以上依赖进口;在重大装备制造业中,70% 的数控机床、70% 的石油化工设备、80% 以上的集成电路芯片制造设备、100% 的光纤制造装备均为国外产品。① 在市场方面,中国的出口依赖度已经达到 35.9%,进出口依赖度突破 60%。到 2006 年,中国外汇储备突破 1 万亿美元,2007 年中国外汇储备突破 1.4 万亿美元。目前在全球发生金融危机的新形势下,由于受欧美等发达地区经济衰退的影响,经济对外的高度依赖性客观上对我国一些外贸进出口企业形成了严重冲击,同时也不利于提高我国经济整体素质和国际竞争力。因此,加快转变经济发展方式,增强自主创新能力,加快科技进步,着力建设创新型国家,有利于提高我国经济整体素质和国际竞争力。

---

① 国务院发展研究中心发展战略和区域经济研究部等:《中部崛起战略与对策》,经济科学出版社 2006 年版,第 40 页。

**(三)转变经济发展方式是我国解决国内外实际困难需要坚持的重要战略方针**

在经济发展的新阶段,国家发展外向型经济的难度越来越大,加工贸易型和出口导向型发展模式的空间越来越小。特别是伴随巨大贸易顺差的增长,中国产品在国际市场上扩大出口的空间越来越小。根据《2007 年 4 – 12 月份我国进出口形势与预测》研究报告,中国连续 12 年成为遭遇反倾销调查最多的国家。根据商务部统计,2006 年共有 25 个国家和地区对中国发起"两反两保"调查 86 起,同比增长 37%,涉案金额 20.5 亿美元。虽然我国政府也采取了一些有效的应对措施,但是完全依靠这种出口导向型的发展模式来拉动我国经济可持续发展的能力仍然是十分有限的。同时,自 20 世纪 90 年代以来,我国工业化日益面临规模扩张与资源、环境、技术、人才和体制等方面的约束,面临着"三农"问题和中西部发展问题等难题。当前,迫切需要通过转变经济发展方式来探索内源型为主的经济发展模式。因此,党和国家提出科学发展与转变经济发展方式不单纯是为了追求经济效益,它是我们深入贯彻落实科学发展观的要求,是实现全国经济发展一盘棋、促进区域经济协调发展的重要基础,是有效解决我国经济发展面临的实际困难和问题必须长期坚持的重大战略方针。

**(四)转变经济发展方式是有序利用资源和实现可持续发展的客观要求**

改革开放 30 年来,我国的经济发展虽然取得了令世人瞩目的成就,但在经济增长方式上仍存在着"高投入、高消耗、高污染、难循环、低效率"的问题,经济的快速增长在相当程度上是依靠资本、劳动力和资源等生产要素的高投入来实现的,粗放型经济增长特征还相当突出,高投入经济增长方式的直接结果是能源的高消耗和资源的巨大浪费。我国单位产出的能耗和资源消耗水平明显高于国际先进水平。我国原油、原煤、铁矿石、钢材、氧化铝和水泥的消耗量,分别为世界消耗量的 7.4%、31%、30%、27%、25% 和 40%,而创造的 GDP 仅相当于世界的 4%,高投入、高消耗、高排放的增长,必然是低效率的增长。我国第二产业劳动生产率只相当于美国的 1/30、日本的 1/18、法国的 1/16、德国的 1/12。每吨标准煤的产出效率,我国相当于美国的 28.6%、欧盟的 16.8%、日本的 10.3%。① 这些情况说明以单位 GDP 产出能耗表征的能源利用率我国大大低于国际先进水平。如果这种资源浪费现象不能得到有效控制,将会对我国经济的可持续发展能力构成巨大的威胁。因此,只有通过转变经济方式,有序地利用各种资源,才能保证我国实现可持续发展。

**(五)转变经济发展方式深刻地反映了我国破解经济发展深层次矛盾的要求**

内外需结构不平衡,国内需求结构不平衡,产业结构不合理,自主创新能力不强以及体制机制不健全,是转变增长方式提出多年而没有实质性进展的根本原因。在经济全球化背景下,由于我国各方面条件比较好,必然成为发达国家或跨国公司最便宜的"加工工厂"或"生产车间"。这就必然带来投资、工业和出口的快速增长,而投资、工业的快速增长又必然带动消耗高、排放多的投资品生产的扩张及这些产业的投资扩张。加之我国自主创新能力不强,工业和出口的快速增长又必然主要依靠附加值低而占地多、消耗多、排放多的贴牌生产方式来实现。这是支撑现阶段粗放增长方式的机制。因此,单纯就转变增长方式做文章很难收到预期效果,必须直奔成因,从本源上抓好需求结构、产业结构等的调整,抓好自主创新能力的提高。内外需结构平衡了,产业结构优化了,自主创新能力提高了,消耗高的粗放型问题也就迎刃而解了。所以,用"发展方式"替代"增长方式",解决问题的针对性更强、现实指导意义更大。

## 二、转变经济发展方式的基本思路与要求

加快转变经济发展方式与实现科学发展,是我们党在深入探索和全面把握我国经济发展规律的基础上提出的重要方针,是关系国民经济全面发

---

① 马凯:《树立和落实科学发展观 推进经济增长方式的根本性转变》,《理论动态》,2004,(1628)。

展的紧迫而重大的战略任务,也是促进中部崛起的重大战略指导思想。新形势下,促进中部崛起,必须坚持以科学发展观为指导,加快实现经济发展方式的转变。

### (一)转变经济发展方式的科学内涵

世界各国工业化过程中,发展初期技术水平低,主要依靠资源投入来提高产量。当工业化进入一定阶段、经济总量达到一定规模、明显受到资源供给约束时,就必然要求转变经济增长方式。党的十七大报告在全面把握我国经济发展规律的基础上,从当前的发展实际出发,将党的十四届五中全会提出的"转变经济增长方式"改为"转变经济发展方式"。由转变经济增长方式到转变经济发展方式,反映了我们党对经济发展规律认识的深化。

增长主要是指国民生产总值的提高,它以产出量的增加作为衡量尺度,而发展较之增长具有更广泛的含义,既包括产出扩大,也包括分配结构的改善、社会变迁、人与自然的和谐、生活水平和质量的提高以及自由选择范围的扩大和公平机会的增加。经济增长强调财富"量"的增加,而经济发展强调经济"质"的提高。

转变经济发展方式,不仅包括经济增长方式的转变,而且包括结构、质量、效益、生态平衡和环境保护等方面的转变。增长方式主要是就增长过程中资源、劳动、资本等投入的效率而言的。而发展方式则不仅包括了经济效益的提高、资源消耗的降低,也包括了经济结构的优化、生态环境的改善、发展成果的合理分配等内容。增长方式只回答了在要素投入方面用什么办法做大"蛋糕"的问题,而发展方式不仅要在要素投入上回答怎样做大"蛋糕"问题,而且在发展道路上回答了用什么样的经济结构、什么样的环境代价做大"蛋糕"的问题。所以,用"发展方式"替代"增长方式",是科学发展观的题中应有之意。

### (二)转变经济发展方式的基本思路

加快转变经济发展方式的基本思路,就是要在需求结构上,促进经济增长由主要依靠投资、出口拉动向依靠消费、投资、出口协调拉动转变;在产业结构上,促进经济增长由主要依靠第二产业带动向依靠第一、第二、第三产业协同带动转变;在要素投入上,促进经济增长由主要依靠增加物质资源消耗向主要依靠科技进步、劳动者素质提高、管理创新转变。这是我国今后一个时期推动经济发展的重要方针。

1. 由主要依靠投资、出口拉动向依靠消费、投资、出口协调拉动转变

这是包括内外需结构、内需中消费与投资结构在内的整体需求结构的调整方向,是针对近年来我国经济增长过于依赖投资和出口带动的问题提出的。

国内需求一直是拉动我国经济增长的动力。1979～2005年,我国经济年均增长9.6%,其中,国内需求的贡献率高达92.6%,货物和服务净出口的贡献率只有7.4%。即使近几年,国内需求对经济增长的贡献率也达到91.9%。而且,我国今后仍然能够主要依靠不断扩大国内需求推动发展。人口大国尤其是发展中的人口大国这一基本国情,决定了我国比世界上其他任何国家都更加具备立足扩大国内需求推动发展的有利条件:城乡居民消费结构的不断升级,将为经济增长创造庞大的消费需求;工业化进程加速,将为经济增长提供巨大的投资需求;城镇化加速发展,将为经济发展开辟更广阔的内需空间。

立足扩大国内需求推动发展,必须处理好投资需求与消费需求的关系。近几年,我国资本形成对经济增长的贡献率不断提高,消费率特别是居民消费率的贡献率持续降低。资本形成对经济增长的贡献率,由2000年的21.7%,增加到2006年的40.7%。最终消费对经济增长的贡献率则由2000年的63.8%,降到2006年的38.9%。从国际比较看,我国消费增长并不慢。据世界银行《2006年世界发展指标》,2000～2004年,我国居民最终消费支出年均增长7%,远远高于美国的3%、世界平均的2.4%。但问题是,我国投资增长更快,从而使投资与消费出现不协调,经济增长过多依靠资本形成;从消费领域自身来看,消费结构性不足的问题比较突出,主要是农民和城市低收入者收入水平低、消费能力不强。这些问题的存在,严重地制约了经济健康发展。因此,要保持持久稳定的增长而不是短期的繁荣,必须立足扩大国内需求,把经济发展根植于国内需求特别是居民消费需求,

形成消费与投资、出口协调拉动经济增长的格局。

2. 由主要依靠第二产业带动向依靠第一、第二、第三产业协同带动转变

这是第一、第二、第三产业层面的产业结构调整的基本方向,是针对农业基础薄弱、工业大而不强、服务业发展滞后以及三大产业之间比例不合理的问题提出的。

目前我国农业基础薄弱,"靠天吃饭"的局面没有根本改变;工业大而不强,制造业规模虽已位居世界第三,但缺乏自主知识产权、核心技术和世界知名品牌,消耗高、污染多的行业和企业所占比重过高;服务业发展滞后,其增加值占国内生产总值的比重比中低收入国家平均水平低十几个百分点,特别是现代服务业的数量和质量远不能满足需求。与此同时,第二产业、第三产业占国内生产总值比重的变化方向出现偏差,近年来经济增长主要依靠第二产业带动的格局不仅没有改变,反而继续强化,进一步加重了资源环境的压力。第二产业增加值占国内生产总值的比重 2002 年以来一路攀升,由 44.8% 提高到 2006 年的 48.7%,对经济增长的贡献率高达 55.5%。第三产业增加值占国内生产总值的比重在 2002 年达到峰值以来一路走低,由 41.5% 减低到 2006 年的 39.5%,对经济增长的贡献率由45.7%降到 38.6%。

产业结构不合理的状况,不仅加大了资源环境的压力,影响经济整体素质和效益的提高,也不利于缓解就业压力,影响经济的稳定性。因此,必须立足优化产业结构推动发展,把调整产业结构作为推动发展的主线,加强农业基础地位,逐步实现农业由弱变壮;提高工业技术水平,实现工业由大变强;加速发展服务业,实现服务业由慢变快,使经济增长由主要依靠第二产业带动向依靠第一、第二、第三产业协同带动转变。

3. 由主要依靠增加物质资源消耗向主要依靠科技进步、劳动者素质提高、管理创新转变

这是经济增长中要素投入结构调整的基本方向,是针对经济增长中过于依赖物质资源投入的增加和简单劳动,而科技进步、劳动者素质提高、管理创新等对经济增长的贡献不大的问题提出的。

2005 年,我国国内生产总值按当年平均汇率计算为 2.26 万亿美元,约占世界生产总值的 5%,但为此投入的各类国内资源和进口资源,却比产出所占比例高得多。2005 年,我国消费石油 3 亿吨、原煤 21.4 亿吨、粗钢 3.5 亿吨、水泥 10.5 亿吨和氧化铝 1561 万吨,分别约为世界消费量的 7.8%、39.6%、31.8%、47.7% 和 24.4%。即使考虑汇率因素,我国经济增长付出的能源、资源代价过大,也是不争的事实。

由于我国自主创新能力不强,缺乏核心技术,缺少自主知识产权,缺少世界知名品牌,我们不得不更多地依靠廉价劳动力的比较优势换来微薄的利益,成为低端产品的"世界工厂"。我国出口商品中 90% 是贴牌产品。我国纺织服装出口占全球纺织服装贸易总额的 24%,但自主品牌不足 1%,且没有一个世界名牌。美国《商业周刊》和国际品牌公司 2006 年公布的全球 100 个著名品牌中,美国拥有 50 个,欧洲占有 38 个,亚洲也有 11 个(其中日本 8 个、韩国 3 个),而我国却一个也没有。我国彩电、手机、台式计算机、DVD 播放机等产品的产量虽居世界第一,但关键芯片依赖进口。我国企业不得不将每部手机售价的 20%、计算机售价的 30%、数控机床售价的 20% 至 40% 支付给国外专利持有者。

由此可见,无论是从国际科技竞争加剧的趋势看,还是从我国劳动力供给出现的新情况以及资源环境的压力看,我国已经到了必须更多依靠科技进步、提高劳动者素质和管理创新等带动经济发展的阶段。必须把提高自主创新能力、建设创新型国家作为国家发展战略的核心,全面提高自主创新能力,逐步形成以科技进步和创新为基础的新竞争优势。

### (三)转变经济发展方式的基本要求

转变经济发展方式,在发展理念上要求要正确处理快与好的关系,不仅要继续保持国民经济快速发展,而且要更加注重推进经济结构战略性调整,努力提高经济发展的质量和效益。改革开放初期,我国经济总量小,社会物资匮乏。为了尽快改变这种局面,在推动经济发展时,我们自觉不自觉地把速度看得更重,更多地追求总量的增长。经过 30 年来的努力,现在我国经济总量已跃至世界第三,供求关系由长期短缺转变为一定程度的相对富裕,人民生活由解决温饱向全面小康迈进。在解决了这些紧迫问题、具备了一定的物质基础后,我们不仅要继续保持发展的快,更要注重发展的好。与转变经济增长方式相比,转变经济发展方式不仅要继续保持量的增长,而且更要注重质的提升,坚持好字当头,好中求快,努力实现速度、质量、效益相协调,消费、投资、出口相协调,人口、资源、环境相协调,真正做到又好又快发展。

转变经济发展方式,在发展道路上要求根本改变依靠高投入、高消耗、高污染来支持经济增长,坚持走科技含量高、经济效益好、资源消耗低、环境污染少、人力资源优势得到充分发挥的中国特色新型工业化道路,实现可持续发展。目前,我国已成为世界上煤炭、钢铁、铁矿石、氧化铝、铜、水泥消耗最大的国家,是世界上能源消耗的第二大国。如果说以往缓解能源资源矛盾还有较大回旋空间,发展到今天,由于资源环境的承载能力负担过重,一些地区已经到了难以为继的地步。同时,随着地球环境变化,为保护全球气候和地球家园,我们也必须为此作出贡献。因此,不管是从可利用的能源资源看,还是从保护环境看,都必须加快转变经济发展方式。

转变经济发展方式,在发展的国际环境上要求主动适应经济全球化趋势,拓展对外开放广度和深度,提高开放型经济水平,提高经济整体素质和国际竞争力。随着经济全球化的深入发展,全球经济加快重组和国际产业加快转移,国际产业结构调整呈现高技术化、服务化、生态化的特征。一国高技术产业的发展、现代服务业的发展、生态环境的优劣,直接决定着这个国家在国际产业锛中的分工地位和国际竞争力。我国还是发展中国家,经济发展整体上还处在"要素驱动型"而不是"创新驱动型"阶段,资源消耗过大,低劳动力成本投入,科技贡献率低,加工贸易占主导地位,服务贸易发展滞后,都表明我国经济的整体素质还不高。不转变这种发展方式,我们就不能从根本上提升经济的整体素质,就会直接影响经济的国际竞争力。必须进一步扩大对外开放,形成经济全球化条件下参与国际经济合作和竞争新优势。

经济发展的理念、道路、环境,都是对经济发展具有根本性全局性的战略问题。真正实现经济发展方式的转变将是艰苦的过程,时间紧迫,任务繁重。我们要紧紧抓住和用好重要战略机遇期,贯彻落实好党的十七大报告提出的"三个转变",在转变经济发展方式上实现根本性突破。

### 三、加快中部地区经济发展方式转变的条件分析

加快转变经济发展方式,关系我国全面建设小康社会、加快推进社会主义现代化全局。改革开放以来,特别是近几年来在党和国家关于促进中部地区崛起政策的指引下,中部地区经济持续快速增长,综合实力明显增强,人民生活水平有了大幅度提高,经济建设取得了重大成就。但同时也应看到,中部地区经济增长方式比较粗放,实现经济快速增长付出的代价过大,资源环境面临的压力越来越大,迫切需要转变经济发展方式。当前,中部地区在实现经济发展方式转变方面,既具有许多有利条件,同时也存在着一些不利因素。

#### (一)加快中部地区经济发展方式转变的有利条件

1. 中部地区加快经济发展方式转变,有党和国家关于促进中部地区崛起政策的指引和支持

在经济发展方式转变的各种因素中国家战略意志往往是起着最终的导向作用。中部地区加快经济发展方式转变的首要有利条件,是有党和国家关于促进中部地区崛起政策的指引和支持。《中共中央国务院关于促进中部地区崛起的若干意见》对促进中部地区崛起的原则是:坚持深化改革和扩大对内对外开放,推进体制机制创新,发挥市场配置资源的基础性作用;坚持依靠科技进步和自主创新,走新型工业化道路;坚持突出重点,充分发挥比较优势,巩固提高粮食、能源原材料、制造业等优势产业,稳步推进城市群的发展,增强对全国发展的支撑能力;坚持以人为本,统筹兼顾,努力扩大就业,逐步减少贫困人口,提高城乡公共服务水平,加快生态建设和环境保护,促进城市与农村、经济与社会、人与自然和谐发展;坚持立足现有基础,自力更生,国家给予必要的支持,着力增强自我发展能力。在这些原则性规定中,既包括了促进中部地区经济发展方式转变的方向和目标,同时也提出了

实现转变的基本途径及其支持政策。从近两年来的贯彻落实情况看,已初见成效。它对于新形势下指导中部地区实现科学发展仍然具有着重要的现实指导意义,是中部地区加快经济发展方式转变的重要政策保证。

2.中部地区的经济增长主要是依靠国内需求拉动,与我国需求结构调整的方向具有较高的一致性

我国促进经济发展方式转变的主要内容之一,就是促进经济增长由主要依靠投资、出口拉动向依靠消费、投资、出口协调拉动转变。中部地区由于地处内陆,既不沿边,又不靠海,在发展对外贸易方面远不如东部沿海地区那样具有地理区位的优势,在资金投入等方面,在过去一段时间里又没有西部大开发中所具有的政策优势,主要依靠国内需求来促进经济增长。以2006年为例,在货物进出口总额方面,不仅低于东部沿海地区,而且还低于西部地区和东北地区。在全社会固定资产投资总额方面,中部地区不仅低于东部地区,而且低于西部地区,仅高于东北地区。而在社会消费品零售总额方面,中部地区虽然低于东部地区,但却高于西部地区和东北地区(见表14-1)。因此,从需求结构调整方向的角度来讲,中部地区的经济增长方式与我国经济发展方式转变的要求具有较高的一致性。它有利于中部地区尽快实现促进经济增长主要由投资、出口拉动向依靠消费、投资、出口协调拉动转变。

表14-1 四大地区有关国民经济和社会发展指标比较(2006年)

| 地区 | 货物进出口总额<br>(亿美元) | 全社会固定资产<br>投资总额(亿元) | 社会消费品<br>零售总额(亿元) |
|---|---|---|---|
| 东部10省(市) | 15795.9 | 54637.1 | 42591.5 |
| 中部6省 | 539.8 | 20896.6 | 15197.5 |
| 西部12省(区、市) | 576.7 | 21996.9 | 13335.8 |
| 东北3省 | 691.6 | 10520.0 | 7108.2 |

资料来源:根据《中国区域经济统计年鉴》(2007年)有关统计数据整理。

3.中部地区三次产业发展的综合比较优势明显,有利于促进经济增长向第一、第二、第三产业协调带动转变

改革开放以来,东部沿海地区由于人多地少,依靠原有良好的工业基础和沿边近海的区位优势及率先改革开放的优惠政策,积极发展对外出口加工贸易,通过大力发展工业和产业集群促进了地区经济的快速发展。但是,同时也带来了土地资源紧张、环境污染严重、劳动力资源和能源供给不足等问题。相对于东部地区而言,中部地区在农业资源、矿产资源、劳动力资源以及承东启西的地理区位等方面有着较多的综合比较优势,在依靠第一、第二、第三产业协同带动方面存在着许多有利条件。中部地区是全国重要粮食生产基地,承担着维护国家粮食安全保障的重任,由此决定了中部地区不能以牺牲农业为代价,完全依靠发展工业来带动经济的发展,只能发挥综合比较优势,实行三次产业协同带动的发展战略,形成综合性的现代产业体系。近几年来,中部地区依托综合比较优势,坚持统筹城乡发展的方针,以城镇化带动工业化,通过科学规划和承接东部产业转移,大力加强工业园区建设,正在形成各具特色的产业集群;大力加强社会主义新农村建设,积极推进农村土地流转制度改革,发展农村经济合作组织,实行规模化经营,并坚持以城带乡,以工业化促进农业产业化;通过综合交通运输体系建设,大力提升综合交通运输枢纽地位,促进商贸流通旅游业的发展。一个三次产业全面发展、协调带动的经济增长格局正在中部地区逐步形成。

4. 中部地区的传统文化中蕴藏着许多科学发展的理念,有助于转化为促进经济发展方式转变所需要的社会人文资源

一个地区传统文化的形成来自于这个地区过去各种社会人文资源的长期积淀。中部地区是我国古老文明的发祥地之一,在悠久的社会历史文化传统中,从古至今蕴藏着许多有利于促进社会科学发展的社会人文资源。例如,淮河流域的老庄文化中有关"道法自然"与尊重自然规律的哲学论断;中原文化中有关"中庸"、"和谐"的社会发展理念;楚文化中有关"敢为人先"的创新意识;晋商文化中有关"精打细算"的经营观念;徽商文化中有关"贾而好儒"、"读书立身"的重教传统,在经济活动中注重人的道德、知识与能力的提高;等等。所有这些,通过挖掘和整合,去其糟粕,取其精华,结合新的社会历史条件加以运用,对于丰富科学发展观的内涵是很有帮助的。

这也是中部地区在未来能够实现经济社会可持续发展中所具有的独特魅力所在。

**（二）加快中部地区经济发展方式转变的不利因素**

中部地区与东部沿海地区相比，表面上看是经济发展水平的差距，实质上反映的是社会人文资源上的差距，同时也是制约中部地区经济发展方式转变的主要因素。这主要表现在：

1. 路径依赖思想严重，区域自主创新意识不强

路径依赖是新制度学中使用频率极高的概念，讲的是人们一旦选择了某个制度，形成了某种观念，就好比走上了一条不归之路，惯性的力量会使这一制度、这一观念不断"自我强化，让你轻易走不出去"。[①] 中部地区之所以发展缓慢，主要是人们不同程度地长期陷入了过去计划经济体制遗留下来的"等、靠、要"的"路径依赖"，形成了一种习惯于遵循以往经验的思维定式，在经济管理体制和经济增长方式转型的新形势面前缺乏新点子、新思路、新举措，导致整个地区缺乏催生新事物的土壤和氛围。乃至到目前为止，有的地方仍在延续走"先发展、后治理"的老路。因此，这种"路径依赖"的思维定式，是中部地区转变经济发展方式的一个重大思想障碍。

2. 第三产业发展缓慢，社会服务体系不完善

转变经济发展方式需要有健全的社会服务体系为保障。只有健全社会服务保障体系，才有助于在第一、第二、第三产业协同带动方面形成良好的运行机制。由于社会服务业属于第三产业，因而社会服务体系完善的程度在很大程度上取决于第三产业发展的程度。据统计，2006年中部地区第一产业在国内（地区）生产总值中所占的比重高于东部地区和东北地区，低于西部地区；第二产业在国内（地区）生产总值中所占的比重低于东部地区和东北地区，但高于西部地区；第三产业在国内（地区）生产总值中所占的比重，不仅低于东部地区，而且还低于西部和东北地区（见表14-2）。

---

① 孟召将：《从路径依赖看新一轮经济增长竞赛》，《中国发展》2007年第3期，第52—56页。

表14-2　四大地区三次产业在国内(地区)生产总值中所占比重(2006年)

单位:亿元,%

| 地区 | 国内(地区)生产总值 | 第一产业 | 所占比重 | 第二产业 | 所占比重 | 第三产业 | 所占比重 |
|---|---|---|---|---|---|---|---|
| 东部10省(市) | 128593.1 | 9343.3 | 7.3 | 66798.1 | 51.9 | 52451.6 | 40.8 |
| 中部6省 | 43218.0 | 6614.1 | 15.3 | 20958.6 | 48.5 | 15645.3 | 36.2 |
| 西部12省(区、市) | 39527.1 | 6396.1 | 16.2 | 17879.6 | 45.2 | 15251.4 | 38.6 |
| 东北3省 | 19715.2 | 2386.7 | 12.1 | 10010.1 | 50.8 | 7318.4 | 37.1 |

资料来源:根据《中国区域经济统计年鉴》(2007年)有关统计数据整理。

如果我们把中部地区各省近5年来(2003～2007年)3次结构变动情况与全国进行比较分析,可以发现,中部地区第三产业的变动情况与全国已经开始发生偏离(见表14-3)。全国第三产业所占比重变动的情况总体呈上升趋势,而中部地区各省总体上讲第三产业所占比重呈下降趋势。这说明中部地区第三产业发展缓慢,同时在一定程度上也反映了中部地区在为产业发展服务方面的社会服务体系不健全。它不利于促进中部地区经济增长主要依靠第二产业带动向第一、第二、第三产业协同带动的转变。

表14-3　中部六省与全国三次产业结构演变情况比较(2003～2007年)

| 年份 | 全国 | 山西 | 湖北 | 湖南 | 江西 | 安徽 | 河南 |
|---|---|---|---|---|---|---|---|
| 2003年 | 14.6:52.2:33.2 | 8.8:56.6:34.7 | 14.8:47.8:37.4 | 19.1:38.7:42.2 | 19.8:43.4:36.8 | 18.5:44.8:36.7 | 17.6:50.4:32.0 |
| 2004年 | 15.2:53.0:31.8 | 8.3:59.5:32.2 | 16.1:47.4:36.5 | 20.6:39.4:40.0 | 20.4:45.7:34.9 | 19.4:45.1:35.5 | 18.7:51.3:30.0 |
| 2005年 | 12.6:47.5:39.9 | 6.3:56.3:37.4 | 16.1:43.1:40.3 | 19.6:39.9:40.5 | 17.9:47.3:34.8 | 18.0:41.3:40.7 | 17.9:52.1:30.0 |
| 2006年 | 11.8:48.7:39.8 | 5.8:57.8:36.4 | 15.2:44.9:39.9 | 17.8:41.7:40.5 | 17.0:50.2:32.8 | 16.7:43.3:40 | 16.4:54.3:29.3 |
| 2007年 | 11.3:48.6:40.1 | 5.5:59.6:34.9 | 15.8:44.5:39.7 | 17.6:42.3:40.1 | 16.6:51.7:31.7 | 16.5:44.7:38.8 | 15.7:55:29.3 |

资料来源:根据《中国统计年鉴》(2004～2008年)有关统计数据计算整理。

3.科技资源严重缺乏,高素质创业主体供给不足

长期以来,由于受过去计划经济体制资源配置机制的影响,中部地区经济一直依靠高投资率和自然资源的高消耗拉动经济增长,走粗放型发展道路。这种模式相对简单,只要能够取得资金,不必在技术上下太大功夫。为

了弥补资金不足还可以引进外资。因此,自主创新意识不强,对科技创新投入不足,科技资源严重缺乏,致使许多企业选择"仿、冒、跟"的模式发展,在产业和产品结构上高度雷同,低层次过度竞争问题突出。

中部地区在区域经济发展的劳动力供给上,普通劳动力的供给有余,但高素质的劳动力,包括工程技术人员、经营管理人员以及经过一定培训的技术工人,则严重供给不足。"孔雀东南飞"现象较为普遍,大量的人才从中部地区流入到东部沿海发达地区,造成中部地区所亟需的各类人才严重缺乏。人力资本缺乏、高素质创业主体供给不足,不仅阻碍着中部企业开发新技术、新产品的能力,而且也阻碍着这些企业掌握高技术和开拓新市场的能力。

4.制度创新能力不足,管理体制机制比较僵化

中国经济目前正在经历两个重大转型,第一个转型是经济发展方式的转型,第二个转型是经济体制的转型。这两个转型是紧密相关的,它们是目的和手段的关系。只有通过经济体制的转型才能实现经济发展方式的转型。因为经济体制转型就是从一种效率较低的资源配置体制向另一种效率更高的资源配置体制转变,必然能够有效促进资源从低效部门向高效部门的流动和转换,加速经济发展。①

中国体制转型的区域差异与经济发展的区域差距具有高度的一致性。东部沿海地区自20世纪70年代末以来所获得的优先开放和改革政策的支持,使该地区的市场化水平远远高于中部地区,制度创新的"先发优势"使其具有很强的吸附资本、人才等稀缺要素的能力,从先行改革中获得的巨大增长效应使其能够把中西部地区远远地甩在了后面。改革开放以来,正是由于国家采取了市场化改革推进上的区域非均衡措施,又由于东部地区与中部地区在传统体制和传统文化的积淀与积累效应上的不同,才使得东部与中部市场化制度变迁进程存在很大的差异性,正是这种差异导致了东部

---

① 王琴梅:《区域协调发展的实现机制——制度创新新视角的分析》,《思想战线》2008年第2期,第42—46页。

与中部地区经济发展上的差距。因此,可以看出制度创新能力不足与管理体制机制僵化是中部地区落后于东部地区的最根本的原因,同时也是制约当前中部地区经济发展方式转变的一个关键因素。

### 四、加快中部地区转变经济发展方式的发展战略

在转变经济发展方式过程中,由于各地区的经济发展条件各不相同,所采取的发展模式也应有所区别。根据中部地区的区位条件、产业结构和要素禀赋情况,新形势下的中部崛起,在需求结构方面,应采取以内源型为主与外向型相结合的发展战略;在产业结构方面,应采取以发展现代工业为主与三次产业协调带动相结合的发展战略;在要素投入方面,应采取以社会人文资源投入为主与物质资源投入相结合的发展战略。

#### (一) 坚持扩大内需方针,实施内源型为主的发展战略

改革开放以来,沿海地区依靠大力发展外向型经济,通过依靠投资、出口拉动了经济的快速增长,但是,随着经济发展到一定阶段和国内外经济形势的变化,这种外向型经济发展模式所释放的能量已经开始减弱。

新形势下的中部崛起必须探索内源型的经济发展模式。相对于外向型发展模式而言,内源型发展模式的基本特征在于,主要依靠国内市场的开发和国内需求的拓展,主要依靠本土资源,包括自然资源、资本资源、人力资源的开发和利用,主要依赖于自主技术创新和制度创新。[1]

中部地区作为内陆省份,既不沿边,也不靠海,无论从区位条件还是从观念、体制、发展的水平来看,均与东部沿海有较大差异,发展外向型经济十分困难,国外"资本"份额相对稀缺,财力有限。但是,中部地区在资本、自然资源和劳动力三大要素禀赋中,自然资源和劳动力份额占绝对优势,特别是人力资源丰富。2006 年,中部地区总人口为 3.58 亿人,占全国人口总数近1/3。其中,乡村人口占有很大比重,中部六省乡村人口 21855 万人,占

---

① 高萍:《中部崛起战略依托、发展模式与政策原则》,2008 年 7 月中国区域经济学会 2008 年年会、十七大后中国区域经济发展研讨会《论文汇编》,第 459 页。

全国乡村人口的29.6%。中部众多的人口和劳动力资源,是一个庞大的消费群体和潜在市场,具有着强烈的追求共同致富的渴望,蕴藏着巨大的消费需求。如果国家能够进一步采取有关政策,通过项目投资增加就业机会,扩大农村农民收入和城镇低收入群体收入的渠道,并做好有关消费需求方面的宣传与引导工作,将会形成拉动区域乃至整个国内市场消费的巨大动力,使中部地区的崛起成为促进国内经济大循环的发动机。

中部地区在实施内源型为主发展战略过程中,应注意内生性自增长力培育。中部地区内生性自增长力培育的主要内容包括:健全现代市场体系、切实转变政府职能,形成与转变经济发展方式要求相适应的体制机制;优化资源结构,开发社会人文资源,培育充满生机和活力的新型创业主体;发挥综合比较优势,形成现代产业体系,促进第一、第二、第三产业协调发展;提升综合交通运输枢纽地位,促进商贸流通旅游业的发展;统筹城乡协调发展,加强城市经济网络建设,大力培育新的经济增长极。

在实施内源型为主发展战略的同时,还要努力实现内源型发展模式与外向型发展模式相结合,即在坚持扩大国内需求特别是消费需求的前提下,仍然要坚持不断增加投资与扩大出口的方针,充分利用国内国际两个市场,努力形成依靠消费、投资、出口协调拉动的新格局。具体来说,就是要在中部努力探索以扩大内需引导投资,以投资促进出口,以出口扩大消费的协调发展机制。

**(二)坚持以工业为主导,实施三次产业协同带动战略**

中部地区综合比较优势明显,应围绕"三个基地、一个枢纽"的功能定位,坚持以现代工业为主导,实施三次产业协同带动战略。中部地区只有坚持以工业主导,大力发展现代工业,才能更好地坚持以工促农、工业反哺农业的方针,努力实现巩固农业与发展二、三产业相结合。因为,从总体上来说,农业是弱质产业,既有大的自然风险,又有大的市场风险,并且现阶段农村土地大体按户人均分配,基本上还属于一家一户的小农生产方式,农业劳动生产率低下,农业生产扣除成本后处于微利或保本状态。在这种条件下,多数农民仅靠务农要达到生活富裕是比较困难的。中部地区要实现全面建设小康社会目标,就必须鼓励大力发展现代工业。现代工业发展了,一方面可以更好地实施以工促农、工业反哺农业的方针,促进农业发展;另一方面可以带动服务业的发展。从长期来看,无论国家和政府对农业和农村给予怎样大的扶持政策,不管农业的深度开发和多种经营达到什么程度,农业所容纳的劳动力必定是有限的。因此,实施三次产业协同带动战略中,要鼓励和支持农村剩余劳动力向城镇转移,大力发展劳务经济。同时,也应采取优惠政策,鼓励和支持城市的人才、技术、资本和管理等生产要素向农村流动,把城市的产业链延伸到农村。在农村积极开展招商引资活动,并引导外出务工者中有资本、有技术和有管理经验的人员返乡创业,努力形成与城市产业发展相协调并与之配套的相关产业。

中部地区在具体组织实施三次产业协调带动战略过程中,要提高自主创新能力,发挥综合比较优势,努力形成有中部特色的综合性的现代产业体系。首先,应围绕全国重要粮食生产基地建设,巩固农业的基础地位。中部崛起不能单纯依靠农业,但不能没有农业,中部地区的农业发展情况直接关系到全国的粮食安全。同时,农业既可以为工业提供原料来源,又可以为工业提供广阔市场。中部崛起的首要问题是如何解决好"三农"问题,而解决"三农"问题的核心是要用工业的理念发展农业,使传统农业转变为现代农业。为此,中部地区应以新农村建设为契机,通过制度建设和科技创新,大力发展农业产业化经营,形成与现代产业体系发展要求相适应的现代农业体系。其次,应充分发挥工业的主导作用,围绕中部地区的现代工业基地建设,立足于中部实际,优先发展与农业相配套的新型能源原材料工业、现代装备制造业和高新技术产业。努力形成既能促进现代农业进步、又能带动现代服务业发展的现代工业体系。最后,大力发展与第一、第二产业相配套的第三产业,特别是要优先发展能直接为现代工业、现代农业发展提供便利服务的交通、物流、通信、电信、金融、保险和各种咨询服务等现代服务业,加快完善现代产业体系建设所需要的综合性的社会服务体系。

中部地区在实施三次产业协调带动结合点的选择上,应坚持城乡经济社会发展一体化的方针。城市是工业和服务业集中的地方,是第二、第三产业的结合部；乡村主要是发展农业，是第一产业比较集中的地方。因此，只有坚持统筹城乡协调发展的方针，才能逐步形成经济增长由主要依靠第二产业带动向依靠第一、第二、第三产业协同带动的转变。中部地区基本上都是农业大省，农村面积广大，为了做到统筹城乡协调发展，应充分考虑中心城市对周边农村的辐射带动作用，对城市建设与新农村建设进行统筹规划与统一布局，通过区域分工合作把众多分散的农村与大中小城市有机联系起来，形成中部地区统筹城乡协调发展的经济网络，并逐步从整体上实现城乡经济社会发展一体化的新格局。

**（三）优化区域资源结构，实施社会人文资源开发战略**

资源的丰富程度及资源结构的优化程度直接制约着区域经济的长期增长。立足于中部地区社会人文资源稀缺、经济缺乏新的增长点的现状，突破路径依赖，积极组织实施社会人文资源开发战略，优化区域资源结构，应该是转变经济发展方式和促进中部崛起的必然选择。

1. 资源结构影响区域经济增长的机理分析

资源是指"资产之源"，即社会财富的源泉。它可分为自然资源、社会资源和人文资源三大类。自然资源是天然存在的可供人生产和生活利用的物质和能量的总称，如气候、土地和矿藏等，它是最基本的资源形态；社会资源是由人的活动创造出来的可供人生产和生活利用的物质和能量的总称，如物质资本、人力资本和科学技术等；人文资源反映着社会财富即资产创造过程中人的思想、观念、能力以及表现着人群关系的管理、形象等方面的内容，它是资源中最高、最新、也是最具发展潜力的资源。①

三种资源形态的相互关系直接制约着一个国家或地区的社会经济发展水平和经济发展速度。自然资源是社会生产力发展的本源性物质基础，任何时候也不可能有离开自然资源的经济增长。但是，自然资源的利用和开发往往会受到资本、技术和人的能力的制约，所以在经济活动中，它是受动

---

① 黄晓风：《资源结构优化与县域经济增长》，《湖南大学学报》（社科版）2007年第6期，第70—75页。

的、被支配的,其对于一个国家或地区的经济发展和经济增长来说,并不具有决定性的意义。社会资源是促进经济长期增长的"引擎",索洛(1956)、罗默(1990)、卢卡斯(1988)都认为经济的增长是由社会资源中的人力资本和科技进步共同推动的。人文资源是人自身的资源,人运用自身的智慧,更深层次地开发、利用自然资源和创造社会资源,以实现经济社会的可持续发展。人文资源形式上看最虚,而本质上却是最具有能量的资源,它是一个国家或地区经济发展和增长的原动力。

资源结构的优化主要是指一个国家或地区的资源结构从自然资源为主到社会资源和人文资源占主要地位的发展过程。一个国家或地区资源结构的优化过程,实际上是一个自然资源所起的作用愈来愈少,而社会和人文资源的作用愈来愈大的过程。一个国家或地区资源结构愈优化,其经济实力就愈强大,愈能实现经济的持续增长。为了更深层次地探讨资源结构优化与经济增长的关系,黄晓风(2007)在吸收罗默和查尔斯·L. 琼斯的经济增长模型研究成果的基础上,构建起一个数字模型。假设一个地区使用自然资源 $L$ 和社会资源 $X_j$,生产出同质的产品 $Y$,一个地区能够使用社会资源的"数量"受到各地人文资源 $h$ 的限制:

$$Y = L^{1-a} \int_0^h x_j^a dj \tag{1}$$

其中,$a$ 为介于 0 与 1 之间的数。随着人类社会从使用自然资源到社会资源和人文资源,经济不断增长,一地学会运用更高级的人文资源的方式为:

$$h = \mu e^{\Psi u} A^y h^{1-y} \tag{2}$$

在这一方程里 $\mu$ 表示一地人文资源积累的总时间。$A$ 表示更高级的资源形态,假定 $\mu > 0, 0 < r \leqslant 1, \Psi$ 是一个正的常数,为了更好地理解人文资源积累的含义,将等式两边同除以 $h$ 得出:

$$\frac{h}{h} = \mu e^{\Psi u} \left[ \frac{A}{h} \right]^Y \tag{3}$$

假设资源结构以固定的速率 $g$ 不断优化,即 $\dfrac{A}{A}=g$ (4)

那么我们可以得出:

$$\left[\frac{h}{A}\right]^{*}=\left[\frac{\mu}{g}e^{\psi}u\right]^{1/Y}$$ (5)

借鉴索洛模型和柯布—道格拉斯函数可以导出劳动力人均产出为:

$$y^{*}(t)=\left[\frac{X_{j}}{n+g+d}\right]^{a/(1-a)}h^{*}(t)$$ (6)

$n$ 表示自然资源的变化比率,$d$ 表示社会资源的变化比率。在这里表示沿均衡增长的稳态值。根据上式,显然可以得出这样的结论:由于包含时间 $t$,$y$ 和 $h$ 将随时间产生变化。

用(5)式方程替换掉(6)式中的 $h$,可以把均衡增长路径中的劳动力人均产出写成一个有关外生产量和参数的函数:

$$y^{*}(t)=\left[\frac{X_{j}}{n+g+d}\right]^{a/(1-a)}\left[\frac{\mu}{g}e^{\psi}u\right]^{1/Y}A^{*}(t)$$ (7)

这一方程有以下几个特点:

第一,方程右边的第一项类似于原始的索洛方程,这一项表明,投入较多社会资源的地区将会比较富裕。

第二,方程右边的第二项反映人文资源的积累,在人文资源上花费较多时间的地区将会更加富裕。

第三,也就是方程的最后一项表示了资源结构的重要性,正是这一项使得劳动力的人均产出随时间不断增加,高级化的资源是经济持续增长的动力。

第四,模型解释了为什么不同的经济体会有不同的经济增长水平。为什么有些地方富有,而另外一些地方会贫穷。这一模型得出的解释是因为富有的地方比贫穷的地方拥有更多的社会资源和人文资源。

经济发展的实践也证明了模型结论的正确性。纵观各国或地区的经济增长史,自然资源在工业社会以及以前的发展阶段对经济增长产生着极大的影响。进入 20 世纪以后,经济的持续增长与发展便不再局限于自然资源的丰富与否了,自然资源对一国经济发展的影响力迅速弱化。一些自然资源缺乏的国家或地区,同样可以取得高速的经济增长,它所依靠的是社会资源。"二战"后,日本就是依靠社会资源取得追赶型经济增长的成功范例。而在 20 世纪 90 年代以后,随着信息经济的崛起,经济的持续增长主要建立在社会资源与人文资源的基础之上了。[1]

中部地区在转变经济发展方式过程中,要实现科学发展,在要素投入上就不能只注重自然资源等物质要素的投入,而更需要加强在社会资源和人文资源等非物质要素方面的投入,努力开拓创新,走出一条中部特色的崛起之路,实施社会人文资源开发战略。

2. 中部地区实施社会人文资源开发战略的主要对策

第一,要突破路径依赖,寻求最佳的经济发展方式。如何突破"路径依赖"呢?关键是要进一步解放思想,形成开拓性思维,善于抓住促进中部崛起和促进经济发展方式转变的战略机遇。要积极探索一种不同于自身以往所用的经济增长模式,以求实现从一种循环向另一种循环的转向与跨越。即实现主要依靠增加自然资源消耗向主要依靠增加社会人文资源投入的转变。

第二,要优化资源结构,努力形成开发中部地区社会人文资源的社会服务体系。社会人文资源与自然资源的一个重要区别,在于后者是自然形成的,而前者是由政府、社会主动创造出来的。一套完整的基础设施、为数众多的科技人才、科学技术的进步、先进思想观念的形成等社会人文资源都是靠政府和社会点点滴滴的投入换来的。要培育开发中部地区的社会人文资源,有待中央和各级地方政府对有助于创造社会人文资源的教育机构、研究机构、技能培训部门以及运输、通信系统等机构和设施进行持续的投入。因

---

① 黄晓风:《资源结构优化与追赶型经济增长》,《华中科技大学学报》(社会科学版)2005 年第 4 期,第 70—74 页。

此,这就需要建立健全培育和开发社会人文资源的社会服务保障体系。企业是一个地区的创业主体,也是创造社会人文资源的主体,它能将社会人文资源成果产业化。因此,努力形成由政府和企业共同大力投资开发社会人文资源的社会服务体系是非常重要的。

第三,加强对科技资源的投入,培育高素质的创业主体。促进中部崛起,实现区域经济的持续增长,需要自然资源、社会资源和人文资源在内的广义资源系统的支持。其中,加强对科技资源的投入和培育高素质的创业主体显得尤为重要。加强对科技资源的投入,有助于提高中部地区的自主创新能力。同时,一个地区的管理创新与技术进步和创业主体的数量与质量有着密切的关系。他们是中部地区经济发展中所需要的稀缺资源。加强中部地区社会人文资源开发的重点应该是加大科技资源的投入和培育高素质的创业主体,形成有利于不断提高自主创新能力和各类创业主体健康成长的长效机制。

第四,要进行制度创新,加快中部地区市场化进程。制度创新是一个国家或地区转变经济发展方式的第一内生要素。新制度经济学的代表人物诺斯(North. D. C.)等认为,制度是经济主体或行动团体之间的一种利益安排,制度创新是指由于制度环境的变化而导致经济主体或行动团体之间的利益格局发生变化,通过相互博弈达成新的制度安排的活动。在现有的制度结构下,由于规模经济、外部性、风险和交易费用等制度环境发生变化,一项制度安排就会被创新。[①] 制度创新本身是经济发展的动态原因,具有自我循环累积机制。他们反复强调了制度创新比技术创新更优先更根本的观点。制度是重要的社会资源,制度创新对优化一个地区的资源结构有着重要影响,制度创新可以扩大人们寻求并抓住发展机遇的自由度,改变社会分工和专业化的范围,使经济发展中收入与财富再分配更加合理,能够使稀缺资源得到更优化的更新配置,从而影响经济发展的速度和质量。在中部地

---

① ［美］戴维斯·诺斯:《制度变迁理论:概念与原因》,［美］科斯等:《财产权利与制度变迁》,陈建波、郁仲莉译,上海三联书店1996年版,第274页。

区进行市场化取向的制度创新,就是选择市场经济所具有的经济主体动力激励机制、自动灵敏的信息传递机制、客观公正的奖罚约束机制、鼓励自由选择的决策机制以及企业家精神等来发展经济,大力推进中部地区市场化制度变迁进程和全国市场一体化进程,改变体制转型在东中西部的非均衡状况,提高中部地区利用市场和发展机会的能力。

第五,充分挖掘和整合各种优秀社会人文资源,努力形成有利于促进科学发展的中部区域文化。区域文化是一个地区各种社会人文资源的集中体现。它对一个地区体制机制的创新和经济发展方式的转变往往起着先导作用。良好区域文化的形成,既来自于这个地区各种优秀的社会人文资源的长期积淀,同时,也需要对其他地区先进的社会人文资源进行大胆的吸收和借鉴。中部地区应在充分挖掘和整合本地区与其他地区各种优秀的社会人文资源基础上,努力形成以科学发展观为核心理念的区域文化,以此来促进经济发展方式的转变。

总之,选择走科学发展之路与实现经济发展方式的转变,是新形势下我们党做出的重大战略决策,具有着十分丰富的科学内涵,对指导促进中部崛起具有着重要的指导意义。中部地区应根据自身的地理区位、产业结构、资源禀赋等条件,选择具有中部特色的科学发展之路。具体包括:坚持扩大内需方针,实施内源型为主的发展战略;坚持以工业为主导,实施三次产业协调带动战略;优化区域资源结构,实施社会人文资源开发战略,等等。在促进中部崛起过程中,只有在转变经济发展方式上狠下工夫,才能促进区域经济又好又快健康发展。

# 第十五章 加快完善中部地区的现代市场体系建设

促进中部崛起与区域经济协调发展,客观上需要健全市场机制,打破行政区划的局限,促进生产要素在区域间自由流动,引导产业转移,实现各种资源在各领域的优化配置。现代市场体系建设是有效发挥市场机制的重要条件,在促进中部崛起与区域经济协调发展过程中,为了更大程度地发挥市场机制在资源配置中的基础性作用,促进各种生产要素的合理流动,提高中部地区的资源配置效率,就必须在中部地区加强现代市场体系建设。

## 一、加快完善现代市场体系建设对促进中部崛起的重大意义

构建一个体系完整、机制健全、统一开放、竞争有序的现代市场体系是完善我国社会主义市场经济体制的重要内容。中部地区之所以经济发展缓慢,其中一个重要原因,就是市场化程度不高,现代市场体系不健全,各种生产要素流动不起来,资源配置效率较低。因此,在中部地区加快建立现代市场体系,对促进中部崛起和区域经济协调发展具有重大意义。

### (一)可以促进中部地区各类市场主体的发展

中部地区加强现代市场体系建设,可以为各类市场主体的形成、发展和壮大提供广阔的活动舞台,为促进中部地区的崛起注入新活力。各类市场主体发展缓慢,特别是引进外资少、民营经济规模小,是中部地区落后于东部沿海地区的重要原因之一。而中部地区各类市场主体发展缓慢的主要原因又在于中部地区的市场化程度太低,现代市场体系不健全,市场开放的领域太狭小,目前不少经济领域仍然被政府部门或一些国有企业所垄断,外资

企业和民营企业发展空间太狭小,缺少有利于大批民营企业家成长的市场机制与社会环境。因此,只有加快中部地区的现代市场体系建设,实现中部地区的市场体系与东部沿海市场体系的对接,并在此基础上形成全国统一开放竞争有序的现代市场体系,创造良好的市场环境,才能吸引更多的外资企业来中部地区投资,培育发展和壮大本地的民营经济,形成各类市场主体共同推动中部大发展的格局。

### (二)有利于中部地区市场机制作用的发挥

我国加入 WTO 以来的经济增长情况表明,随着社会主义市场经济体制的完善和市场竞争机制更多地从国外引入,在商品市场不断发展的同时,资本、房地产、劳动力、技术和信息等要素市场逐步发展,极大地激活了市场要素的流通,显著地提升了资源的使用效率,增加了经济活力,有力地推动各种生产要素在更大范围的合理流动,促进了中部地区经济的快速增长。有的经济学家把这种"入世效应"形象地比喻为"市场扩大一寸,经济就长一尺"。事实证明,哪些地区市场化程度高,现代市场体系建立早,哪些地区就能率先发展起来。东部沿海之所以能率先发展起来,就在于沿海市场化进程比内地快。而中部地区经济之所以落后,就落后在市场化程度太低,各种生产要素流动不起来,各种自然资源和社会资源的优势发挥不出来,区域范围内的资源配置效率太低。因此,通过现代市场体系建设,可以激活多种市场要素的流动,增加中部地区的经济活力,提高中部地区各种资源的使用效率,使中部地区的综合比较优势能够得到充分发挥,迅速提高其在国内外市场上的竞争力。

### (三)可以促进中部与东西部经济的协调发展

在统筹区域发展的新形势下,区域经济一体化的趋势越来越明显,任何一个地区想单枪匹马地去参与激烈的市场竞争都很难取得长远而稳定的发展。各地区之间客观上需要在各种资源和生产要素等方面互通有无、相互开放与协调发展。但在行政垄断与市场分割的情况下,每个地区都有着自己的特殊利益,在竞争中又会产生各种各样的矛盾与摩擦。而现代市场体系建设,可以使各地区服从统一的市场规则,开展公平竞争,协调利益关系,有利于解决区域间的矛盾与摩擦,并且在激烈的市场竞争中为了共同的经济利益,相关地区会在自愿基础上实现平等交换,促进区域内外人流、物流、信息流等各种生产要素得以优化配置以及在交通、通信网络等基础设施之间实现互补与共享,从而有力地促进地区经济的协调发展。

**(四)可以促进中部地区现代服务业的发展**

现代市场体系建设的重点是各类要素市场,包括劳动力市场、房地产市场、资本市场、技术和信息市场等。这些要素市场的培育和发展,不仅可以为企业的发展创造良好的市场环境,而且可以带动房地产业、金融业、保险业、信用服务业、信息服务业和中介服务业等现代服务业的发展。而这些现代服务业的发展,又可以为大量闲置劳动力创造就业机会,可以培养大批市场经营人才、企业管理人才和服务产品的营销人才,从而为中部崛起奠定坚实的人力资本基础,为各类企业的进一步发展提供资本条件、技术和信息服务条件以及社会信用条件。

**(五)有助于形成中部地区的农村专业市场**

农村专业市场的形成,可以使更多的经济资源流动起来,推动市场化进程。东部沿海一些发达地区的实践表明,凡是农村专业市场比较发达的地方,农村的社会化分工水平就越高,市场在配置资源中的作用就大,经济发展的潜力也越大。而农村专业化市场的形成,不仅需要有一定场所和产品,更主要的是需要有资本、企业经营者、市场管理者等各种生产要素的参与,需要有信用体系的完善。加强现代市场体系建设,不仅可以满足农村专业市场对各种生产要素的需求,更重要的是还可以为农村专业市场发展提供良好的体制和机制的保障。

## 二、中部地区目前在推进市场化进程中面临的主要问题

改革开放以来,特别是在我国加入 WTO 以后,中部地区的市场化进程有加快发展的趋势,市场体系建设有了长足的发展,多层次的商品市场体系基本形成,商品市场的规模在继续扩大;各类别的要素市场框架已初步确立,资本、房地产、劳动力、技术和信息等要素市场建设都取得了一定的成

效;价格机制在资源配置中的基础性作用日趋显著,市场竞争程度和开放程度也在不断提高,市场体系的运行规则和相关法律制度也随着市场体系的不断完善而逐步确立。但与东部沿海地区相比,仍存在着较大的差距,仍面临着诸多的困难和问题,加快完善现代市场体系建设还有大量工作要做。

## (一)市场环境有待进一步优化

中部地区的市场环境有待进一步优化,市场准入制度需进一步改革和完善。由于传统计划经济体制的惯性作用,市场分割、行业垄断、地区封锁和各种形式的行政壁垒等妨碍公平竞争的现象,在一些地方仍不同程度地存在。改革开放以来,随着社会主义市场经济的发展,虽然对传统的计划经济体制给予了较大的冲击,但由于行政管理体制改革的滞后性,对传统计划经济体制条件下形成的"诸侯经济"、"块块经济"触动并不大,在某些方面尚有加剧的趋势。一些与公共利益相关的领域,市场准入的标准过窄、过低,市场竞争中的部门、行业垄断和地区封锁现象仍比较严重,不正当竞争和限制竞争的行为同时存在。有不少地方,至今还把市场竞争机制引入政府行为,攀比、角逐之风日甚,形成了新形势下的低水平重复建设、服务体系相互分割、排斥外地产品和服务、社会交易成本很高等诸多问题,制约了统一市场的形成和市场机制作用的发挥。这种情况对发展区域大市场、促进区域经济协调发展是极为不利的。形成这种情况的根本原因是地方利益问题。就地方政府而言,发展地方经济是实施区域合作还是搞市场分割,往往看的是合作收益大还是分割收益大。这种收益一般是指对地方财政收入、社会福利以及经济实力的影响等。只有在合作双方或多方收益同时提高的情况下,地方政府和有关企业才可能采取积极合作态度,否则就会采取抵制态度。

国务院正式颁布"非公经济36条"以来,中央有关部门和单位相继出台了多个配套法规,各级政府也依据地方实际,纷纷出台了贯彻和落实"非公经济36条"的"实施意见",为促进非公经济的发展创造了良好的政策环境。根据全国工商联对"非公经济36条"贯彻落实情况调查问卷分析报告,有61.9%的采访者对省级地方政府贯彻落实情况感到满意,有5.8%的受访者对贯彻落实情况不满意。同时,从地区和部门负责人两方面进行调查的结果也表明,东部地区和民营企业负责人对省级地方政府的落实情况最为满意,西部地区和全国工商联干部对非公经济未来发展前景信心最强。中部地区在对省级政府的落实情况方面的满意度低于东部地区,而在对非公经济未来发展前景信心指数方面又低于西部地区。通过对各省级地方贯彻出台的"实施意见"进行分析,可以对当前我国东、中、西部地区的非公经济发展政策环境有所判断,见表15-1。

表15-1　非公经济市场准入领域各地区偏好比较

| | 调查分类 | 满意率% | 前景信心指数 | 明显改善的问题排序 |
|---|---|---|---|---|
| 地区 | 东部 | 62.7 | 91.3 | "行业准入"、"政府沟通"和"舆论环境" |
| | 中部 | 61.3 | 93.3 | "行业准入"、"舆论环境"、"政府沟通" |
| | 西部 | 61.2 | 97.4 | "政府沟通"、"舆论环境"、"行业准入"和"权益保护" |
| 部门 | 民营企业负责人 | 62.9 | 92.2 | "行业准入"、"政府沟通"和"舆论环境" |
| | 工商联干部 | 56.3 | 95.2 | "舆论环境"、"政府沟通"和"行业准入" |

资料来源:全国工商联对"非公经济36条"贯彻落实情况调查问卷分析报告。

从上表可以看出,在对地方政府贯彻落实"非公经济36条"的满意率方面中部地区低于东部地区,在对非公有经济未来发展前景信心指数来看,中部地区又低于西部地区。这说明中部地区在建立良好的市场环境和完善现代市场体系方面,地方政府还有许多工作要做。

**(二)各类商品市场有待进一步发展**

中部地区各类商品市场特别是专业市场发展,与东部地区相比比较落后,主要表现为市场规模小,亿元市场个数少,成交额少,竞争力较低。2006年6月14日,国家统计局、商务部、中国商业联合会联合主办全国2005年中国商品交易市场统计信息发布会。会议发布,2005年全国共有各类商品交易市场9万家,年交易额超过3.4万亿元,其中亿元以上商品交易市场达3323个,实现交易额3万亿元,较上年增长15%。东部地区仅浙江、江苏、山东、广东、河北、辽宁6个省和上海市就集中了全国亿元市场个数的62.4%和成交额的72.5%。在2005年,中部地区6省亿元市场个数总计568个,仅占全国亿元市场个数的17%;整个6省亿元市场的成交额为28944748万元,仅为浙江一个省的68.8%,如表15-2所示。

表15-2　各地区亿元以上商品交易市场基本情况(2005年)

| 地　区 | 市场数量 | 摊位数 | 营业面积(平方米) | 成交额(万元) |
|---|---|---|---|---|
| 浙　江 | 525 | 321351 | 14163238 | 42041033 |
| 江　苏 | 447 | 227627 | 17796185 | 33214509 |
| 山　东 | 350 | 211906 | 15793100 | 18973536 |
| 广　东 | 282 | 132085 | 5862963 | 14539770 |
| 河　北 | 237 | 285414 | 18445628 | 16542003 |
| 辽　宁 | 173 | 165454 | 5890681 | 9094712 |
| 湖　南 | 135 | 204266 | 6667426 | 11519916 |
| 湖　北 | 120 | 54080 | 2971207 | 3761723 |
| 安　徽 | 112 | 69138 | 3845582 | 5655264 |
| 河　南 | 106 | 68598 | 3264817 | 4494847 |
| 福　建 | 104 | 35196 | 1885271 | 4086329 |
| 重　庆 | 77 | 53891 | 2532108 | 5077056 |
| 江　西 | 71 | 41576 | 1823396 | 3500218 |
| 吉　林 | 68 | 65931 | 2616582 | 2283047 |
| 北　京 | 66 | 47270 | 3585715 | 4224158 |
| 黑龙江 | 66 | 48496 | 1396700 | 1760669 |
| 上　海 | 61 | 26652 | 1252805 | 17389073 |
| 四　川 | 57 | 47934 | 1962322 | 2250894 |
| 广　西 | 55 | 41024 | 856156 | 1364353 |
| 天　津 | 46 | 33478 | 1664007 | 4465696 |
| 甘　肃 | 37 | 33323 | 1207116 | 883929 |
| 新　疆 | 35 | 22126 | 1841972 | 1402651 |
| 内蒙古 | 33 | 17934 | 1389399 | 1279191 |

| 云　南 | 31 | 19777 | 1121638 | 874697 |
| 山　西 | 24 | 17324 | 497235 | 813480 |
| 陕　西 | 24 | 17789 | 410253 | 554657 |
| 贵　州 | 19 | 15649 | 359352 | 795340 |
| 宁　夏 | 17 | 11657 | 7456793 | 576283 |
| 海　南 | 11 | 4869 | 75505 | 153947 |
| 青　海 | 9 | 4052 | 173036 | 160148 |
| 西　藏 | | | | |

资料来源:国家统计局网站。

### (三)资本市场存在一定的缺陷

从中部地区经济、金融业的互动发展历程来看,目前还不能与全国同步走上金融业超常规发展之路。首先,表现为上市公司少,股票筹资额也少。截至 2005 年末,东部、中部、西部、东北 4 个地区国内上市公司分别为 773 家、230 家、280 家和 114 家,分别占全国上市公司数量的 56%、16%、20% 和 8%(见图 15-1 所示)。东部、中部、西部地区 2005 年国内 A 股筹资额(不包括中央企业的股票筹资额)分别为 336 亿元、3.1 亿元、29.2 亿元(东北地区未从 A 股市场筹资)。其次,表现为中部地区银行业金融机构和资产总额在全国 4 大区域所占比例偏少(见表 15-3),企业融资十分困难,特别是中小企业资金不足的矛盾较突出。

表 15-3　2005 年末银行业金融机构区域分布　　　　单位:%

| 地区 | 机构个数占比 | 从业人数占比 | 资产总额占比 |
| --- | --- | --- | --- |
| 东部 | 38 | 43 | 61 |
| 中部 | 24 | 23 | 14 |
| 西部 | 28 | 23 | 17 |
| 东北 | 10 | 12 | 8 |

资料来源:连玉明、武建忠主编:《2007 中国国力报告》,中国时代经济出版社 2007 年版,第 120 页。

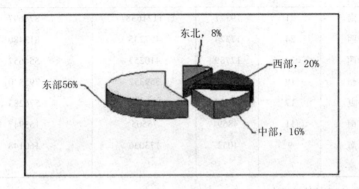

**图 15 - 1　2005 年 4 个区域上市公司数量比重**

资料来源：连玉明、武建忠主编：《2007 中国国力报告》，中国时代

经济出版社 2007 年版，第 122 页。

以上说明中部地区作为我国重要的农产品生产和重工业基地，在现代市场经济发展中面临着包袱重、积累率不高、产业结构调整难等诸多困难，虚拟经济的创造能力相对较弱。因此，在中部地区完善和规范资本市场，既要考虑遵循国际资本市场的一般性要求，又要从我国中部地区实际出发，对中部地区资本市场的缺陷不断加以弥补和修正，使资本市场逐步走向成熟。

**（四）市场体系建设中的结构性矛盾较突出**

市场体系建设中的结构性矛盾比较突出，房地产、劳动力和技术等生产要素市场发展很不平衡，出现冷热并存现象，还有待于协调发展。前几年，中部地区由于受城市化建设的影响，建材业、房地产业炒得很"热"，这方面产品的价格上升很快，但同时又存在着劳动力和技术市场偏"冷"的情况。从而造成了居民就业和再就业难度加大，科技成果转化率低，技术和信息资源的推广和利用率不高，现代服务业发展滞后等问题。这一方面与我国近几年来经济运行中产业结构不合理有关，各种产业发展的冷热不均形成了各类市场发展的冷热不均；另一方面也与中部地区一些政府部门对劳动力和技术市场的培育、发展和壮大重视程度不够有很大关系。因此，在中部地区的城市化建设中，应把房地产市场的发展与劳动力、技术市场的培育与发展结合起来,统筹解决城乡土地的使用、农民向城市的转移、居民的就业与再就业和高新技术产业的发展等问题。

### (五)农村专业市场发展滞后

中部地区农村专业市场发展滞后,农村一家一户的小生产与现代市场经济条件下的大市场的矛盾比较突出。中部地区绝大部分的省份是农业大省,由于农村专业市场发展滞后,使农村一家一户的小农生产特征得不到改变,农村的社会化分工发展缓慢,实现农业产业化十分困难。实现农业产业化困难,农村的工业化水平就很难得到提升。农村家庭小生产与社会大市场之间由于缺少农业专业市场这一中间环节,矛盾十分突出,具体表现为各种市场信息不灵、传播渠道太窄、农产品的市场转化率较低、农民增收比较困难。

### 三、中部地区完善现代市场体系建设的主要内容和要求

中部地区的现代市场体系建设,既要体现现代市场体系的一般要求,又要结合中部地区经济与社会发展的实际情况和特点,其主要内容和要求应包括以下 9 个方面:

### (一)加强区域大市场建设,强化区域市场与全国市场的统一性

强化区域市场与全国市场的统一性,是中部地区现代市场体系建设的重要内容。一是在中部地区要大力推进市场对内对外开放,加快要素价格市场化,大力发展电子商务、连锁经营、物流配送等现代流通方式,促进商品和各种要素在本地区乃至全国范围内的自由流动和充分竞争。今后应进一步加快中部地区流通产业的现代化进程,加大对社会化、现代型的流通基础设施建设投资,通过产业政策和制度创新,加强对流通企业信息化改造的扶持,加速培养现代流通的专业人才,为流通方式的变革与创新提供良好的物质基础、交易平台以及制度、技术和人才保障。二是要加快政府行为规范化,废止妨碍公平竞争、设置行政壁垒、排斥外地产品和服务的各种分割市场的规定,打破行业垄断和地区封锁。在明确界定政府在市场准入方面权限的基础上,按照《行政许可法》等相关法律的规定,推进市场准入监管体

系改革,提高市场准入程度的公开化和准入透明度。三是促进企业行为自主化,积极发展独立公正、规范运作的专业化市场中介服务机构,按市场化原则规范和发展各类行业协会、商会等自律性组织,形成与现代市场体系建设相适应的微观基础。四是推进市场行为法制化,完善行政执法、行业自律、舆论监督、群众参与相结合的市场监管体系;制定保护和促进公平竞争的法律制度,要将打破行政性垄断和规范市场准入制度有机结合,进一步放宽对行政性垄断行业的准入限制,保障各类经济主体获得公平的市场准入机会;健全产品质量监管机制,严厉打击制假售假、商业欺诈等违法行为,维护和建立市场秩序。

**(二)发挥区位和交通网络优势,规范和建设跨区域的商贸流通大市场**

充分发挥中部地区的区位优势和日益完善的立体交通网络的作用,规范和建设跨区域的商贸流通大市场。一是构建以武汉、郑州等全国性市场为中心,以区域性重点市场为骨干,以具有地方特色的专业市场为补充,现货和期货市场相结合的市场体系。二是整合现有物流资源,优化物流网络布局,以沿江和沿铁路、公路线的节点城市和省会城市为基础,形成若干个现代物流中心,加快建立适应中部大发展与促进区域经济协调需要的现代物流体系。三是以一些重要的农业生产基地为支撑,建立大型农产品中心批发市场;以一些重要的工业中心城市为依托,巩固发展一批全国性区域性的大型工业品批发市场;以一些重要的旅游城市和旅游景点为纽带,形成交易额巨大、现代化管理程度较高的消费品市场。四是依托中部地区的产业优势,发展钢铁、汽车及零部件、建材、纺织品及服装、光电子及其他高技术产品等重要工业产品区域性交易市场,提高中部地区生产资料市场的规模和信息化管理水平。五是鼓励发展所有制形式和经营业态多样化、有利于吸纳就业、诚信便民的零售、餐饮、修理等商贸服务。六是积极发展连锁经营、电子商务等现代流通方式,加强物流基础设施建设,支持大型流通企业集团发展。

**(三)促进中部信息市场的培育和发展,夯实信息市场发展的基础**

信息是现代社会的重要战略资源,发展信息市场是推动中部经济信息化的重要手段。目前,中部六省的信息市场还处在发展的初级阶段,特别是在信息传输、计算机服务和软件业发展方面,总体上看与全国发达省(市)相比存在较大的差距(见表15-4),这也是新形势下中部经济发展缓慢的原因之一。

表15-4 各地区信息传输、计算机服务和软件业数据比较

| 地 区 | 法人单位（个） | 从业人员（万人） | 资产（亿元） | 资产负责率（%） | 主营收入（亿元） | 利润（亿元） |
|---|---|---|---|---|---|---|
| 北 京 | 12649 | 28.5 | 8734.7 | 26.9 | 1328.2 | 550.2 |
| 广 东 | 6797 | 28.0 | 2645.8 | 37.1 | 1092.8 | 294.2 |
| 上 海 | 9117 | 14.9 | 1052.1 | 34.1 | 659.4 | 132.7 |
| 浙 江 | 6000 | 9.5 | 1003.1 | 37.1 | 471.7 | 103.6 |
| 江 苏 | 5661 | 10.6 | 946.4 | 36.1 | 454.2 | 93.8 |
| 山 东 | | 12.4 | 758.0 | 61.4 | 376.8 | 64.4 |
| 辽 宁 | 2453 | 7.1 | 527.2 | | 256.4 | 47.2 |
| 山 西 | 1005 | 7.1 | 445.1 | 36.1 | 250.6 | 17.5 |
| 四 川 | 4183 | 6.7 | 606.7 | 48.4 | 240.3 | 31.1 |
| 河 北 | 1289 | 8.6 | | | 227.4 | 41.6 |
| 福 建 | 2000 | 4.9 | 562.9 | 42.1 | 226.1 | 36.9 |
| 湖 北 | 1023 | 6.5 | 444.8 | 56.1 | 174.1 | 24.3 |
| 黑龙江 | 836 | 12.8 | 451.4 | 56.8 | 158.4 | 11.3 |
| 云 南 | 1128 | 3.1 | 312.9 | 53.4 | 124 | 16.7 |
| 广 西 | 1900 | 7.2 | 325.9 | 50.2 | 121.1 | 15.5 |
| 吉 林 | 518 | 6.4 | 279.9 | 53.1 | 116.6 | 11.4 |
| 贵 州 | 472 | 3.2 | 190.3 | 59.1 | 64.9 | 6.4 |
| 甘 肃 | 366 | 2.6 | | | 63.4 | 7.1 |
| 重 庆 | 971 | 3.1 | 71.8 | 45.6 | 44.6 | 1.1 |
| 湖 南 | 1549 | 7.8 | 99.1 | 38.5 | 37.3 | 3.9 |
| 陕 西 | 1068 | 1.9 | 68.7 | 45.2 | 29.5 | 2.5 |
| 宁 夏 | 318 | 0.7 | 62.8 | 54.1 | 22.6 | 2.7 |

| 新　疆 | 1029 | 2.6 | 27.3 | 51.8 | 20.9 | 2.4 |
|---|---|---|---|---|---|---|
| 天　津 | 2591 | 1.6 | 43.7 | | 20.7 | 0.8 |
| 江　西 | 482 | 5.1 | 37.2 | 58.5 | 14.3 | 1.3 |
| 河　南 | 1518 | 6.9 | 34.3 | 38.0 | 12.0 | 0.5 |
| 安　徽 | 1039 | 3.2 | 32.7 | 35.4 | 10.8 | 0.4 |
| 内蒙古 | 298 | 2.4 | 7.2 | 40.1 | 6.5 | 1.1 |
| 海　南 | 388 | 0.6 | 7.4 | 56.4 | 2.1 | −0.1 |
| 青　海 | 219 | 1.1 | 3.3 | 28.4 | 1.0 | 0.1 |

资料来源:连玉明、武建忠主编:《中国发展数字地图》,中国时代经济出版社2006年版,第266页。

我们再以2006年中部地区各省电话普及率为例:山西55.5部/百人、安徽44.4部/百人、河南44.8部/百人、湖北50部/百人、湖南42.5部/百人,均低于全国63部/百人的发展水平。[①] 中部地区要尽快崛起,应优先发展信息市场,重点是提高农民的信息化程度。中部地区应加强对信息市场的总体规划,加强政府对信息市场的扶持和统一管理,加强对信息网络和各种数据库等基础设施的建设,夯实信息市场发展的基础。

**(四)建设和完善区域金融市场,大力发展中部地区的资本市场**

充分发挥武汉、郑州等省会城市对周边地区的辐射功能,打破中部六省之间在金融市场方面人为设置的各种界限,形成中部地区统一的金融市场体系,促进金融资源在中部各省际之间自由、快速流动及合理、高效配置。增加票据市场交易工具和交易品种,发展票据专营机构,并进而在武汉、郑州等省会中心城市构建有形票据市场,实现中部地区各城市经济圈内商品票据的市场集中交易。打破银行贷款发放的地域性限制,积极推动各银行开展异地贷款业务,构建健康有序的场外资金拆借市场,扩大交易规模,实现中部地区各城市经济圈内城市商业银行间资金的及时调剂。加快中部地区商业银行资产重组的步伐,推动区域内城市商业银行的联合,增强区域金融的核心竞争力。加速区域性资本市场的培育,建立分层次资本市场体系,

---

① 资料来源:全国和中部各省2006年国民经济和社会发展统计公报。

完善资本市场结构,丰富资本市场产品。积极发展产业投资基金、证券投资基金和中外合作投资基金。

区域资本市场是区域经济发展到一定阶段的必然产物,一般认为,资本市场的建立和发展依赖于区域人均收入和人均财富的增加,只有当两者达到一定的"临界值",资本市场才有可能形成并发挥作用。这说明,区域人均收入和人均财富的增加,为资本市场的建立和发展提供了条件和可能,区域经济增长决定了资本市场的形成和发展。中部地区六省近几年来随着区域经济的快速发展,城镇居民的可支配收入和城乡居民储蓄存款也有了较大幅度的增长,从而为完善中部地区的资本市场提供了可能(如表 15 – 5、15 – 6 所示)。

表 15 – 5　中部六省城镇居民人均可支配收入收入增长情况(2003 ~ 2007 年)

单位:元

| 年份 | 全国 | 山西 | 安徽 | 江西 | 河南 | 湖北 | 湖南 | 六省平均 |
|---|---|---|---|---|---|---|---|---|
| 2003 年 | 8472 | 7005 | 6778· | 6901 | 6926 | 7322 | 7624 | 8505 |
| 2004 年 | 9422 | 7905 | 7511 | 7560 | 7705 | 8023 | 8617 | 7887 |
| 2005 年 | 10493 | 8914 | 8471 | 8620 | 8668 | 8786 | 9524 | 8867 |
| 2006 年 | 11759 | 10028 | 9771 | 9551 | 9810 | 9803 | 10505 | 9923 |
| 2007 年 | 13786 | 11565 | 11474 | 11452 | 11477 | 11486 | 12294 | 11638 |

资料来源:根据安徽省统计局编《安徽省情》(2003 ~ 2007 年)有关统计数据整理。

表 15 – 6　中部六省城乡居民储蓄存款余额增长情况(2003 ~ 2007 年)

单位:亿元

| 年份 | 全国 | 山西 | 安徽 | 江西 | 河南 | 湖北 | 湖南 | 六省平均 |
|---|---|---|---|---|---|---|---|---|
| 2003 年 | 103617.3 | 2781.5 | 2475.8 | 2015.5 | 4949.1 | 3296.5 | 3036.5 | 20357 |
| 2004 年 | 119555 | 3342 | 2972 | 2348 | 5607 | 3866 | 3483 | 21619 |
| 2005 年 | 141051 | 4120 | 3509 | 2753 | 6489 | 4466 | 4092 | 25429 |
| 2006 年 | 161587.0 | 4796.2 | 4077.8 | 3151.7 | 7367.4 | 5103.4 | 4763.3 | 29258.8 |
| 2007 年 | 172534 | 5422.4 | 4546.5 | 3360.8 | 7812.2 | 5430.2 | 5321.7 | 31893.9 |

资料来源:根据安徽省统计局编《安徽省情》(2003~2007年)有关统计数据整理。

　　一些学者的研究表明,由于存在着"固定的出入费"或"固定的交易成本",区域资本市场将随着人均收入和人均财富的增加而发展,并逐步由简单(或低级)向复杂(或高级)演变(Green wood 和 Joranovic,1990;Levine,1993)。① 从中部六省近几年来资本市场规模的扩大和资本市场结构的变化来看,中部地区区域资本市场的发展也存在着这样一种发展趋势。在促进中部崛起过程中,随着现代市场体系的建立和大商贸流通格局的出现,中部地区有的省会城市将会形成具有全国性乃至国际性的金融中心。

　　**(五)推进要素市场化进程,加快发展产权、技术、劳动力等要素市场**

　　一是要加强产权交易市场建设,整合各城市产权交易市场,形成以省会城市或中心城市为主体的覆盖各城市经济圈的产权统一交易市场。扩大产权交易功能,加强产权的商品化和市场化进程,以整合国有经济资源为重点,以上市公司为核心,以资本营运和大范围资产重组为基本手段,实施"大集团"战略,打破地区封锁,实现跨地区、跨行业的资产重组,壮大中部地区的龙头企业。

　　二是要发展一体化的技术市场,以市场为导向,建设区域性的技术创新体系,提高中部地区的技术创新能力。充分利用武汉、长沙、南昌、合肥、郑州、太原等省会城市较为雄厚的科技实力,向周边城市辐射,形成研究和开发网络,以提高科技成果转化率为重点,促进中部地区高新技术产业发展。

　　三是要重点发展中部地区区域劳动力市场,优化整合中部地区人力资源,构筑人力资源共享平台。中部六省人力资源十分丰富,中部六省普通高校的招生数、在校学生数和毕业生数均超过全国各地区平均水平,尤其是中等职业学校的招生数、在校学生数和毕业生数占全国比重较高(如表15－7所示)。因此,在中部地区培育和发展劳动力市场前景非常广阔。

―――――――――――――

　　①　魏后凯主编:《现代区域经济学》,经济管理出版社2006年版,第195页。

表 15－7　中部六省普通高校和中等职业学校学生情况（2007 年）

单位:人

| 地 区 | 普通高校 | | | 中等职业学校 | | |
|---|---|---|---|---|---|---|
| | 招生数 | 在校学生数 | 毕(结)业生数 | 招生数 | 在校学生数 | 毕业生数 |
| 全 国 | 5659194 | 18848954 | 4477907 | 6514754 | 16198590 | 4312433 |
| 山 西 | 137639 | 484490 | 132101 | 202538 | 487984 | 133543 |
| 安 徽 | 236884 | 730546 | 181209 | 336231 | 848814 | 219520 |
| 江 西 | 227782 | 781686 | 218965 | 272376 | 607261 | 175091 |
| 河 南 | 336481 | 1095195 | 267225 | 573631 | 1359110 | 387673 |
| 湖 北 | 325803 | 1163686 | 276005 | 387065 | 936192 | 220461 |
| 湖 南 | 281350 | 898622 | 209802 | 336757 | 830646 | 256378 |
| 六省合计 | 1545939 | 5154225 | 1285307 | 2108598 | 5070007 | 1392666 |
| 占全国比重(%) | 27.3 | 27.3 | 28.7 | 32.4 | 31.3 | 32.3 |

资料来源:根据《中国统计年鉴》(2008 年)有关统计数据计算整理。

中部地区应以劳动力市场的整合为突破口,加快人才培训与交流,增强各中心城市劳动力市场的服务功能和扩大辐射范围。建立中部各省劳动力市场同本区域和全国市场网络的联系制度,及时全面掌握和公布有关劳动力市场方面的供需信息,促进人力资源的合理配置,特别是要加强政府对农村剩余劳动力培训与转移的支持力度,促进中部地区内部及其与东西部地区的人力资源交流与合作。

**(六)发挥各种农产品优势,积极发展和壮大农村专业市场**

积极发展和壮大农村专业市场对促进中部崛起和区域经济协调发展具有着重要的作用。它可以拓宽农民的市场信息渠道,节省农民交易成本,促进农村社会分工,加快农村工业化的进程。发展和壮大农村专业市场,重点是发展粮食及鲜活农产品、重要生产资料和工业品交易市场,加大传统零售业态改造力度,推动农村商业网点建设,改变农村目前存在着的有"点"无"网"的状况。发展和壮大农村专业市场,关键是当地政府要加强引导与扶持。一是为专业市场提供宽松和安全的交易环境。在专业市场内,为外地商品和经营户提供各种便利;在税收方面,直接或以包税制方式间接地降低税率;在社会治安方面,通过重点保护措施为专业市场内部的交易活动提供安全保障。二是依法规范专业市场秩序,加大执法力度,打击不法行为,规范企业价格和非价格竞争行为,大力打击假冒伪劣行为。三是在专业市场内部区域营造局部体制环境,营造专业市场的场内和场外之间人为的体制落差,为专业市场的发展打下良好基础。

**(七)促进城乡居民增收,进一步扩大中部地区的消费品市场**

消费需求是最终需求,对投资需求的持续增长起决定性作用。如果没有相应的消费来实现产品的价值,投资形成的生产能力不能得到充分利用,经济就不可能实现良性循环,反过来也会制约投资规模的进一步扩大。因此,投资需求能否保持持续快速的增长最终取决于消费需求的增长,作为实现消费的主要载体——消费品市场,由它所完成的社会消费品零售额及其增长情况,在很大程度上体现着一个地区消费的总体规模和发展水平。而制约消费品零售额增长的主要因素是城镇居民可支配收入和农民人均纯收入的情况。中部地区人口密集,农业人口众多,随着城镇居民可支配收入和农民人均纯收入的增长,可以形成庞大的消费品市场。特别是在当前我国积极应对全球金融危机和发展外向型经济困难的新形势下,促进城乡居民增收,进一步扩大中部地区消费品市场,对促进全国扩内需、保增长具有重要意义。

中部地区六省近几年来随着经济的快速发展,社会消费品零售总额与城镇居民可支配收入和农民人均纯收入基本上是同比例的增长,有加快增长的趋势。其中,特别是农民人均纯收入的增长,对社会消费品零售总额的增长起到了很大的拉动作用(见表15-8)。

表15-8 中部六省城镇居民可支配收入、农民人均纯收入增长与

社会消费品零售总额增长的比较(2005~2007年)

单位:%

| 年份 | 2005年 | | | 2006年 | | | 2007年 | | |
|------|--------|--------|--------|--------|--------|--------|--------|--------|--------|
| 指标增长情况 | 城镇居民可支配收入比上年增长 | 农民人均纯收入比上年增长 | 社会消费品零售总额比上年增长 | 城镇居民可支配收入比上年增长 | 农民人均纯收入比上年增长 | 社会消费品零售总额比上年增长 | 城镇居民可支配收入比上年增长 | 农民人均纯收入比上年增长 | 社会消费品零售总额比上年增长 |
| 山西 | 12.8 | 11.6 | 14.9 | 12.5 | 10.0 | 15.7 | 15.3 | 15.3 | 18.6 |
| 安徽 | 12.8 | 5.7 | 13.3 | 15.4 | 15.0 | 15.0 | 17.4 | 19.8 | 18.4 |
| 江西 | 14.1 | 12.3 | 15.0 | 10.8 | 10.6 | 15.5 | 19.9 | 18.5 | 17.9 |
| 河南 | 12.5 | 12.4 | 15.5 | 13.6 | 13.6 | 15.5 | 17.0 | 18.1 | 18.5 |
| 湖北 | 9.5 | 7.2 | 13.2 | 11.6 | 10.3 | 15.1 | 17.2 | 16.9 | 18.1 |
| 湖南 | 10.5 | 9.9 | 14.4 | 10.3 | 8.7 | 15.3 | 17.0 | 15.2 | 18.4 |

资料来源:根据安徽省统计局编:《安徽省情》(2005~2007年)有关数据整理。

但是,同时也应看到,无论是城镇居民可支配收入,还是农民人均纯收入,中部地区与全国相比,仍存在较大差距,随着中部地区城乡居民收入水平的不断提高,消费品市场发展的空间仍然很大。因此,在促进中部崛起与区域经济协调发展中,为了进一步促进中部地区六省社会消费品零售总额的增长,扩大中部地区的消费品市场,激活巨大的消费需求,保持我国国民经济健康稳定的发展态势,国家应采取有关政策,促进中部地区城乡居民的增收,特别是要促进中部地区农民人均纯收入的增长,提高中部地区城乡居民的社会购买力。这对拉动中部地区的消费需求和扩大中部地区的消费品市场具有着重要的作用。

首先,要巩固和扩大中部地区城镇消费品市场。中部地区"十一五"初期城市化进程很快,随着城镇居民可支配收入的增长,城市消费水平也在不断增长,总体上看略高于西部和东北地区,但与东部地区相比还有一定差距(见表15-9)。特别是在家用汽车、家用电脑、组合音响、照相机、空调器、移动电话等耐用消费品方面,还有较大的市场空间。

表15-9　东、中、西部及东北地区城镇居民家庭平均百户耐用品拥有量(2006~2007年)

| 项目 | 2006年 | | | | 2007年 | | | |
|---|---|---|---|---|---|---|---|---|
| | 东部地区 | 中部地区 | 西部地区 | 东北地区 | 东部地区 | 中部地区 | 西部地区 | 东北地区 |
| 摩托车(辆) | 37.44 | 21.59 | 18.6 | 10.52 | 34.38 | 21.59 | 18.66 | 9.28 |
| 家用汽车(辆) | 8.02 | 1.75 | 2.79 | 1.66 | 10.67 | 2.20 | 3.79 | 2.18 |
| 洗衣机(台) | 92.27 | 97.64 | 97.34 | 92.42 | 97.60 | 97.04 | 97.03 | 92.78 |
| 电冰箱(台) | 95.73 | 91.51 | 89.56 | 84.89 | 99.13 | 93.60 | 90.77 | 9.54 |
| 彩色电视机(台) | 149.89 | 131.50 | 132.87 | 121.54 | 151.77 | 131.04 | 128.70 | 119.65 |
| 家用电脑(台) | 63.69 | 38.42 | 38.52 | 32.58 | 69.05 | 43.94 | 43.02 | 40.58 |
| 组合音响(台) | 35.09 | 25.22 | 30.35 | 16.56 | 35.63 | 24.93 | 31.28 | 20.00 |
| 照相机(架) | 62.06 | 38.10 | 40.96 | 40.09 | 57.17 | 34.94 | 36.68 | 39.23 |
| 空调器(台) | 130.57 | 88.02 | 63.38 | 10.00 | 138.68 | 96.65 | 55.79 | 11.45 |
| 移动电话(部) | 173.34 | 137.96 | 150.19 | 129.36 | 180.32 | 151.14 | 162.66 | 145.93 |

资料来源:根据《中国统计年鉴》(2007~2008年)有关统计数据整理。

　　其次,要进一步开拓中部地区农村消费品市场。中部地区农村人口多、消费需求旺盛。近几年来,随着中部地区广大农民收入水平的提高,农村的生活条件正在逐步得到改善,在电冰箱、移动电话、彩电等耐用消费品拥有量方面,已达到和超过全国水平。但在洗衣机、空调器、摩托车、照相机、家用计算机、电话机、抽油烟机等耐用消费品方面还未达到全国水平(见表15-10)。随着党和国家关于推进农村改革发展有关政策的落实,农民得到的实惠将会更多,中部广大农民的收入将会进一步提高,社会购买力也会随之增强,同时也将为中部地区农村消费品市场的形成开辟更加广阔的空间。因此,在中部地区农村,应完善有关基础设施,兑现优惠政策,进一步扩大开展"家电下乡"活动范围。

表 15 - 10　中部六省农村居民家庭平均每百户主要耐用消费品拥有量（2007 年）

| 地 区 | 洗衣机（台） | 电冰箱（台） | 空调器（台） | 摩托车（辆） | 手机（部） | 彩色电视（台） | 照相机（台） | 家用计算机（台） | 电话机（部） | 抽油烟机（台） |
|---|---|---|---|---|---|---|---|---|---|---|
| 全 国 | 45.94 | 21.12 | 8.54 | 48.52 | 77.84 | 94.38 | 4.30 | 3.68 | 68.36 | 8.14 |
| 山 西 | 76.33 | 22.71 | 4.43 | 55.71 | 66.76 | 102.14 | 4.62 | 3.43 | 76.33 | 5.95 |
| 安 徽 | 42.19 | 34.35 | 10.45 | 44.74 | 79.45 | 96.68 | 2.87 | 2.00 | 80.77 | 3.29 |
| 江 西 | 8.69 | 17.43 | 3.92 | 51.02 | 93.02 | 96.12 | 1.76 | 1.59 | 65.55 | 2.78 |
| 河 南 | 69.93 | 22.12 | 8.90 | 46.50 | 100.17 | 96.83 | 1.98 | 2.19 | 47.71 | 1.36 |
| 湖 北 | 34.68 | 26.18 | 7.61 | 51.45 | 104.67 | 98.82 | 1.82 | 2.00 | 58.36 | 5.03 |
| 湖 南 | 31.97 | 21.38 | 5.05 | 34.86 | 75.59 | 85.32 | 2.16 | 1.19 | 61.35 | 1.57 |
| 六省平均 | 43.97 | 24.01 | 6.73 | 47.38 | 86.61 | 95.99 | 2.54 | 2.07 | 65.01 | 3.33 |

资料来源：根据《中国统计年鉴》（2008 年）有关统计数据整理。

## （八）进一步开拓旅游市场，把旅游业培育成中部地区的重要产业

近几年来，中部地区六省旅游业加快发展，人文旅游、生态旅游、红色旅游持续发展，境内外旅游市场全面升温，境内外旅游人数、旅游外汇收入以及旅游总收入都有较大幅度的增长，平均增长都达到甚至超过全国平均增长水平（见表 15 - 11）。

表 15 - 11　中部六省旅游业发展情况（2006 年）

| 地区 | | 山西 | 安徽 | 江西 | 河南 | 湖北 | 湖南 | 全国 |
|---|---|---|---|---|---|---|---|---|
| 国外游客 | 绝对值（万人次） | 57.4 | 80.4 | 49.7 | 75.74 | 85.7 | 97.08 | 2221 |
| | 比上年增长% | 36.1 | 27.0 | 33.4 | 26.1 | 36.7 | 34.9 | 9.7 |
| 旅游外汇收入 | 绝对值（亿美元） | 1.6 | 3 | 1.4 | | 3.2 | 5.03 | 339.5 |
| | 比上年增长% | 41.3 | 22 | 34.3 | | 15.8 | 28.8 | 15.9 |
| 国内游客 | 绝对值（万人次） | 7517.0 | 6158.7 | 6000 | 13063.4 | 8459.78 | 9098 | 139000 |
| | 比上年增长% | 14.9 | 31.5 | 18.6 | 30.1 | 10.9 | 28 | 15 |
| 旅游总收入 | 绝对值（亿元） | 428.4 | 411.5 | 380 | 1039.39 | 514.24 | 588.39 | 6230 |
| | 比上年增长% | 46.7 | 33.3 | 22 | 30 | 14.1 | 29.7 | 17.9 |

资料来源：根据全国和中部地区 6 省《国民经济和社会发展统计公报》（2006 年）有关数据整理。

因此,中部地区旅游市场前景广阔,进一步开发的潜力很大,应把旅游业培育成中部地区的重要产业。加强旅游景区的基础设施建设,挖掘、整合各类特色旅游资源,加快建设一批优秀旅游城市、旅游名县、旅游名镇。广泛吸纳社会投资,高水平开发一批有国际影响、带动性强、效益好的旅游项目,发展红色旅游、人文旅游、生态旅游等各种特色旅游,打造精品旅游景区及线路,要加强黄河中游、长江中下游等集中连片旅游区的规划,推进跨区域旅游合作。提高服务质量,规范旅游市场秩序,增加旅游收入。

**(九)弘扬"徽商"和"晋商"优秀文化,建立中部地区社会信用体系**

现代市场经济是信用经济,良好的社会信用环境有助于增强外商来中部地区投资办企业的吸引力,促进各种生产要素向中部地区的流动和在中部地区的优化配置。一是中部地区要把中国传统优秀文化中的诚信原则与西方先进文化中的法治原则有机结合起来,形成以道德为支撑、产权为基础、法律为保障的社会信用制度。二是要加强舆论引导与舆论监督,普及诚信意识,弘扬根植于中部地区并在我国大部分地区曾经盛行过几百年的"徽商"和"晋商"的优秀文化,增强全社会的信用意识,树立中部各省在全国乃至世界的良好信用形象,形成政府、企事业单位和个人都把诚实守信作为基本行为准则的良好道德风尚。三是要按照完善法规、特许经营、商业运作、专业服务的方向,加快建设中部地区企业和个人信用服务体系,要率先建立信用监督和失信惩戒制度,逐步开放信用服务市场。四是发挥政府在信用体系建设中的倡导和组织作用,以完善信贷、纳税、合同履约、产品质量的信用记录为重点,加强对信用体系建设的整体规划,明确政府部门、信用管理中介服务机构、行业协会、市场主体在信用体系建设中的职责分工,协同推动中部地区社会信用体系建设。

**四、完善中部地区现代市场体系建设的总体目标和途径**

依据市场经济的基本规律和我国区域经济协调发展的客观要求,加快完善中部地区现代市场体系建设的总体目标是:以有利于整个区域经济协调发展为目的,促进区域生产力发展和人民生活水平的提高;以区域资源共享、经济合作共赢的理念为指导,促进区域优势互补,实现共同发展和繁荣;以市场机制为导向,促使区域内各种资源和生产要素的合理配置;以政府职能创新为支撑,使区域规划相互协调和服务体系彼此配套;以打破区域内部市场封锁和障碍为手段,促进各种产权流转顺畅和各种商品自由流动;以共同利益为纽带,整合资源,实现区域内外经济结构互补;以企业为主体,促进地区竞争力不断增强和区域经济一体化发展;以增强整个城市经济网络的功能为核心,促进东中西整体联动与协调配合,逐步形成一个完善而成熟的与全国市场相统一的中部区域大市场。

为此,中部地区的现代市场体系建设,与实现中部崛起和促进整个区域经济协调发展是同步的、相互促进的,并应该通过采取与此相适应的具体途径来加以实施。

**(一)积极培育和发展中部区域大市场,加强与东部地区市场体系的对接**

积极培育和发展中部区域大市场,推动全国统一市场的形成,是中部地区加快现代市场体系建设的重要途径。所谓区域市场,就是在完善社会主义市场经济体制条件下,以一定的区域利益主体为依托,以区域内中心城市为核心,以充分利用内外资源和发挥地区优势为手段,以开展区域间交流与合作为纽带,以实现区域经济协调发展为目的的市场。我国是一个东、中、西部发展不平衡的国家,特别是中西部地区与东部沿海地区的经济实力和发展水平差别很大。这种国情决定了全国统一市场的形成在中部地区不可能一步到位。因此,必须首先培育和发展中部区域市场,加强区域经济合作,加强中部地区与东部地区市场体系的对接,逐步消除旧体制下形成的"诸侯经济"格局和行政性贸易壁垒,在区域市场得以充分发育的基础上,推动全国统一市场的形成。

在实现中部与东部地区的市场体系对接方面,一是加快中部与东部地区商品、物流、产权、金融等市场的对接,使之成为东部地区商品、要素市场体系的重要组成部分;二是大力推动中部地区市场开放,积极搞好服务,全力为东部企业进入中部地区创造便利条件;三是加强区域协调,努力促进东部地区与中部地区实行统一的市场政策,如统一产品认证、共享著名商标优惠待遇、共享企业监管信息等,共同建设区域大市场。

### (二)大力发展民营经济,积极培育和扩大中部地区的市场主体

加强中部地区的现代市场体系建设,首先要有现代市场主体。现代市场主体主要是企业,从一些市场经济发达国家和我国东部沿江经济发达地区的情况来看,市场的主体主要是民营企业占大多数。而中部地区民营企业的比重低,企业规模不大,产业层次和经济效益也偏低。从 2005 年度民营企业 500 强的地区分布看,中部与东部地区相比仍旧存在较大的差异。从区域分布看,东部地区入选企业 391 家,占总数的 78.4%,营业收入总额为 17143.5 亿元,占 82.39%,东部在企业数和营收总额方面都占绝对优势,且远远高于其他地区;其中中部地区企业数 48 家,营收总额为 1494.2亿元,占总额的 7.18%;西部地区企业数 32 家,营收总额占到总数的5.75%(见图 15 - 2,表 15 - 10)。从企业的平均规模看,西部地区仅次于东部,高于东北和中部地区。东部地区企业平均营收总额居首,为 437335万元,西部地区次之 374321 万元,随后是东北地区 348428 万元,最后是中部地区 311284 万元。

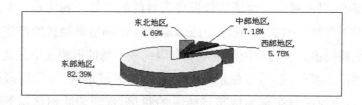

**图 15 - 2   2005 年上规模民营企业营业收入总额地区分布**

资料来源:连玉明、武建忠主编:《2007 中国国力报告》,中国时代经济出版社 2007 年版,第 336 页。

表 15 – 12    2005 年度民营企业 500 强的区域分布情况比较

| 地区 | 企业数（个） | 排序 | 比例（%） | 营收总额（万元） | 排序 | 比例（%） | 包括省份 |
|------|------|------|------|------|------|------|------|
| 东部地区 | 391 | 1 | 78.4 | 171435446 | 1 | 82.39 | 浙江、江苏、山东、广东、福建、北京、天津、上海、河北 |
| 西部地区 | 32 | 3 | 6.4 | 11978298 | 3 | 5.75 | 四川、内蒙古、云南、陕西、新疆、广西、重庆 |
| 中部地区 | 48 | 2 | 9.68 | 14941643 | 2 | 7.18 | 河南、湖北、湖南、安徽、山西、江西 |
| 东北地区 | 28 | 4 | 5.65 | 9755997 | 4 | 4.69 | 黑龙江、吉林、辽宁 |

资料来源：连玉明、武建忠主编：《2007 中国国力报告》，中国时代经济出版社 2007 年版，第 336 页。

民营企业比重小，企业规模不大，产业层次和效益偏低，这是影响中部地区市场化进程和完善现代市场体系的一个重要的制约因素。因此，为了加快在中部地区建立现代市场体系，就要大力发展民营经济，积极培育和扩大中部地区的市场主体。

**（三）加大国有企业改革力度，进一步提升中部地区的市场化水平**

中部地区较高的国有经济比重阻碍了市场化进程。它对中部地区市场化进程的直接影响主要表现在以下三个方面：

首先，较高的国有经济比重影响了地区专业化水平和交易效率的提升。作为各省产业支柱的国有企业一般都是大型、特大型企业。由于体制和传统观念因素，国企在追求上规模、上项目方面往往有其内在动力。这些国有大企业，一方面因包揽分工各环节的生产，导致专业化水平低、管理成本高，并且因其生产能力扩散不足，不能带动配套厂家的生长，因此无法实现产业的规模经济。另一方面，专业化分工不足减少了市场交易频率，使交易效率保持在一个低水平，由此不断抑制市场力量的生长，而使政府的经济职能无法得到实质转变。

其次，较高的国有经济比重不利于技术市场的形成，影响了科研成果向生产力转化。中部各省拥有许多直属国家部委的科研院所和大量科研专门人才，但市场化改革的滞后使科技与经济的结合方式、结合途径、结合能力与结合程度的问题没有从体制上得到根本解决。其表现为，发展高技术的主体不是企业,而是远离生产的各类科研机构;但同时又缺少有效途径将二者有机相连,致使技术开发与技术需求经常处于错位状态。我国市场化水平高的地区高技术产业发达的事实,说明市场作用才是科技成果转化的有效润滑剂,而在市场化水平较低地区,政府重视和推动科技成果转化的收效甚微。目前,加大国有科研机构的市场化改革是中部地区加快科研成果转化和提升市场水平的一条捷径。

再次,在国企自身产权改革没有完成条件下,产权市场很难发育成熟,靠实施资产多元化战略改良国企之路也难以行通。在市场机制作用不足的一些中部省份,实现国企资产多元化主要靠政府强行推动,而国企早已形成的"内部人控制"和既得利益使企业老总们对多元化问题普遍持不积极甚至抵触态度。因此,推进中部地区的市场化进程必须以真正解决好国企问题为前提。

（四）创新体制和利益机制,发挥政府在现代市场体系建设中的职能作用

加大中部地区改革开放的力度,创新体制和利益机制,是中部地区加快现代市场体系建设的关键环节。中部地区的现代市场体系建设,实际上是整个市场经济体制和区域之间利益机制不断完善的过程。中部地区是我国城乡二元结构矛盾,地区之间发展差距的矛盾,经济与社会发展不协调的矛盾,人口、资源与生态环境之间的矛盾等比较集中的地区。区域内各利益主体情况不同,发展水平各异,只有通过经济体制与利益机制的创新,调整关系、消除壁垒、整体联动、协调配合、形成合力、共同发展,才能有助于现代市场体系的建立。

转变政府职能,注意发挥各级行政组织的引导、推进和协调作用,是中部地区加快完善现代市场体系建设的必要条件。在完善现代市场体系建设过程中,会涉及到需要跨地区管理等一系列问题,诸如社会治安、基础设施建设和公共服务等,这些依靠一般的区域协调组织和市场机制是解决不了的,必须依靠政府行为才能妥善解决。特别是在中部地区,由于市场经济体制还不完善,政府的行政调节还起着相当大的作用。在目前市场不规范、不

完善的情况下,尽管不少企业本身具有限制其他地区的企业和产品进入本地市场的期望,但真正能够推行种种限制的,主要还是地方政府。从这个意义说,要在实际上较全面地实行"市场准入",需要在地方政府的层面上作出努力。首先,需要转变把保护地方企业作为政府首要目标的狭隘观念,应将地方经济的发展建立在市场的相互流通和要素的合理配置之上。中部地区各级政府及各利益主体要提高认识,更新观念,培养现代市场经济意识,树立市场能够吸引和凝聚资源的新理念。自觉克服行为方式上存在着的计划经济时代的各种影响,防止自觉和不自觉地以行政力量阻止市场的竞争与发展,要让市场在竞争中成长壮大。只有这样,市场才有生命力,统一开放竞争有序的现代市场体系才会逐步形成。其次,要从制度上排除政府对经济运行的各种不适当干预,消除条块分割的市场壁垒,打破地方垄断,真正开放地方市场,营造公平的市场竞争条件,形成本地企业和外来企业合理竞争的格局。切实转变政府职能,发挥引导、推进和协调作用,积极创造良好的政务环境,按照我国加入 WTO 的承诺和要求,消除各种关卡,统一市场规则,确保各种生产要素在本地区的自由流动,为形成区域大市场和融入全国统一市场创造良好的社会环境。

**(五)规范和发展市场中介组织,发挥行业协会在推进市场化中的作用**

积极规范和发展中部各类市场中介组织,可以促进中部现代市场体系的成熟与完善。市场中介组织是社会专业化分工的产物,其发育程度和规范水平往往是衡量一个地区市场体系发育和成熟程度的标志。积极发展市场中介组织,有助于促进中部地区政府职能的转变。发展市场中介组织,第一,是要规范政府行为,把原由政府承担的中介服务、行业管理和社会监督等职能,逐步交由中介组织来履行,拓展中介组织的发展空间。第二,是完善法律法规体系,实现中介组织组建、运营、管理的法制化。第三,需要加强对中介组织的监管和行业自律,营造中介组织公平竞争的市场环境,维护行业经营秩序。第四,从目前中部地区不少行业的中介组织尚处在起步阶段的特点出发,还需要从各方面加大扶持力度,不断优化有利于中介组织规范发展的社会环境。

行业协会与市场经济有着密切的关系,越是市场经济发达的地区,行业协会的作用越强。从我国区域经济发展不平衡的状况看,沿海许多地区的行业协会正在走向与国际接轨的规范发展之路,而中部地区各省的行业协会,大都还封闭在传统经济的固有模式中,行业协会与市场经济的这种密切联系提示我们:发展市场经济必须发挥行业协会的作用,按市场规则运作的行业协会,是加速地区市场化进程的一个动力轮。首先,发挥行业协会的作用可以分离政府一部分经济职能,使政府由管多家企业到只管一家协会,有利于政府工作效率的提高。其次,发挥行业协会的作用是发展外向型经济的必备条件。再次,发挥行业协会的作用有利于加强行业自律,从而有利于提高行业乃至地方的企业和产品信誉。目前我国绝大多数的行业协会都产生于"体制内的生成途径",即由原政府行业主管部门"脱胎"而来。相对于自发形成的行业协会,这类体制内的行业协会虽然在我国中部地区数量多、影响大,但因其职能不清及职能行使上的混乱而不能正常发挥作用。因此,要发挥行业协会应有的作用,必须先改变其不应有的地位和状态。一是要改革调整现有的行业协会,解决政会不分的问题;二是要发展一大批新行业协会,解决行业协会分布不合理的问题;三是要逐步完善行业协会的功能,并健全其机制,使行业协会真正成为民办的、自律的和自主管理协调的社团组织。

**(六)大力加强基础设施建设,在中部地区建立更加规范的投资市场环境**

2006 年 4 月发布促进中部六省经济发展的 36 条政策措施——《中共中央国务院关于促进中部地区崛起的若干意见》,标志着中部崛起战略进入实施阶段,激发了外资对中部地区的强烈关注。据商务部统计显示,2006年 1 至 5 月,中部地区实际利用外资近 15 亿美元,比 2005 年同期增长10.5%,远远超过 2.78% 的全国平均增长水平,比西部地区的增幅高出1.74个百分点。商务部外资司有关官员认为,虽然中部地区在开放程度以及地理位置上不及东部沿海省市,但丰富的矿产资源、充足而廉价的劳动力和巨大的市场潜力已成为其吸引国内外投资者的独有优势。

招商引资是加快经济发展的重要途径。中国加入WTO后招商引资已由政策性引资向服务引资、环境引资转变。在2006年召开的河南国际投资贸易洽谈会上，外来投资者普遍认为，促进中部地区经济发展的关键在于加强国内外经贸合作、扩大招商引资力度，这就在客观上要求中部六省逐步建立更加规范、良好的投资环境。

投资环境包括硬环境和软环境两个方面。在投资硬环境建设方面，随着国家促进中部地区崛起政策的落实，中部地区各省在交通运输、邮电、供水、燃气、电力等基础设施方面都有了很大的改善；在投资软环境建设方面，近几年随着各级政府效能建设活动和学习实践科学发展观活动的深入开展，服务意识、服务水平、服务效率都有了很大的提高。但是，仅仅做到这些是远远不够的，为了继续扩大招商引资的力度，建立更加规范、良好的投资环境，中部地区一方面要继续加强基础设施建设，创造良好的市场硬环境；另一方面还要进行体制机制的创新，创造良好的市场软环境。

**（七）从中部地区实际出发，分步实施、逐步到位**

完善中部地区现代市场体系建设，应从中部地区实际情况出发，贯彻分步实施、逐步到位的原则。分步实施，就是要先从较发达的省会城市和沿江、沿线的中心城市开始，然后逐步向周边地区进行辐射，形成区域性现代市场体系，最后再融入全国统一的现代市场体系。逐步到位，就是先从讲究诚信、创造环境开始，从易到难，从点到面，再到构建基本框架，最后形成较完善的现代市场体系。例如，通过培育一体化消费品市场，消除体制性障碍，支持各地工商企业联手建立跨区域、跨行业的大型连锁企业、物流配送中心、专业批发市场和专卖市场等；通过发展现代流通业，培育一体化的商品流动市场，加强地区之间的金融、贸易合作，促进资金商品流通，培育一体化的资本市场；通过跨地区的高校与科研院所的合作，培育一体化的科技信息市场；通过在区域之间建立科研、教育单位与企业之间的协作网络，培育一体化的人才和劳动力市场，促进劳动力和人才的合理流动和有效配置。

综上所述，完善中部地区现代市场体系建设，对充分发挥市场机制的作用，促进中部崛起与区域经济协调发展有着重大的现实意义，一定要在认真分析中部地区在推进市场化进程中面临的问题及其原因的基础上,全面把握现代市场体系建设的主要内容和要求,从中部地区的实际情况出发,有针对性地突出市场建设的重点,采取有效的途径和措施,才能逐步实现。当前,从促进中部崛起和区域经济协调发展的要求出发,应逐步健全规模不等、层次不同、功能各异的区域性市场体系。包括中部区域大市场、省级区域市场、市级区域市场和县级区域市场等不同层次、规模和功能的商品及各种要素流通中心。然后由点到面,从有限市场的开放逐步向较全面的市场开放推进,最终形成各方面都比较完善的并与全国市场有机统一的中部地区现代市场体系。

# 第十六章 大力培育充满生机与活力的创业主体

　　人是生产力中最活跃的因素,是最重要的生产力。创业主体既包括从事创业活动的个人,也包括由个人组成的从事创业活动的不同创业组织及企业。创业主体是各种创业资源的组织者和实施者,是推进体制改革与机制创新的有生力量,是最重要的社会人文资源。创业主体的数量和质量直接影响到一个地区的科学发展水平和经济增长质量。促进中部崛起与实现科学发展,加快完善现代市场体系,必须要首先培育一大批充满生机与活力的创业主体。

## 一、创业主体在推动区域经济社会发展中的地位和作用

　　改革开放以来,随着人们思想观念的解放和各地市场经济的发展,一些谋求致富的农民、谋求生存的下岗职工和谋求发展的辞职人员,纷纷走出家门和原单位,开展了各种形式的创业活动,成为改革开放初期最早的创业主体。随着我国大学毕业生分配制度的改革,许多大学生通过自谋职业也走上了自主创业之路。有些创业者依靠自身的不断努力在激烈的市场竞争中已取得了惊人的成就,成为建设中国特色社会主义事业的一支重要力量。

　　创业主体是以个人或团队为核心的具有相应能力和资本,并能协调攻关的有机整体。创业主体的活跃程度,决定着一个国家或地区经济社会的发展程度。凡是创业主体活跃的国家和地区,经济增长率、就业率和社会发展水平也高。改革开放以来,我国东部沿海地区经济社会的快速发展与这一地区涌现出来的一大批充满生机和活力的创业主体是分不开的。成千上

万充满活力的创业主体,是推动区域经济社会发展的根本动力。

创业主体在推动区域经济社会发展中的作用,主要表现在以下五个方面:

一是集聚要素作用。创业的过程就是集聚人才、集聚资本、集聚生产能力的过程,创业主体只有把各种生产要素有机组合起来,集中起来,形成现实的生产力,才有可能实现初次创业目标,并且只有不断创业,才能保障企业在激烈的市场竞争中永远保持活力。创业主体拥有的物质和技术资本,对潜在的生产要素具有吸引、激活与孵化的能力。创业主体的创业活动能够催生出一批优秀的企业家,集聚各个方面的信息、人才、资金、市场等生产要素。改革开放以来,一些发展比较快的地区,主要是通过改善投资环境,引进具有活力的创业主体,通过创业主体的生产经营活动广泛吸引和充分集聚各类生产要素,获得超前发展。

二是扩大就业作用。保持充分的就业,是保持消费适度增长,维护社会和谐与稳定,促进国民经济稳定持续增长的必要条件,各国政府都把提高就业率作为重要的施政目标。我国是社会主义国家,是人口和劳动力大国,不断增加就业岗位,是提高人民生活水平、促进经济稳定增长的需要。激活创业主体,开展各类创业活动,仍然是今后不断扩大就业空间的基本方式和途径。

三是示范带动作用。我国创业环境还不够完善,创业观念和能力还不够强,依托成功创业主体的典型示范作用,可以为更多的潜在创业者开拓思路、增强信心,发挥引导和带动作用,形成产业或区域创业集群。近些年来,安徽省一些地方通过创业主体的示范作用,有力地促进了当地经济的发展。如安徽省无为县高沟镇,通过外出农民回乡创业的示范带动,逐步形成了民营企业产业群体;还有天长市秦栏镇的电子一条街等都是由少数企业带动,以"滚雪球"的方式发展成为具有一定规模和竞争优势的"块状经济"。

四是竞争推动作用。竞争是经济社会发展的助推器。民营创业主体越多,市场竞争就越激烈。竞争形成的外部压力与内在动力,推动企业不断开发新技术新产品,减少物质和劳动消耗,严格控制生产和经营成本。市场经济的规律是适者生存,优胜劣汰,中部地区不少民营企业集团就是在竞争的压力下,不断做大、做强、做优,迈上新的发展平台。

五是创新环境作用。创业主体的快速发展和企业的集聚,势必带动水、电、交通、通信等公共基础设施的改善,带动金融、技术、信息等相关投资服务业及生活服务业的发展,推动政府不断创新政策环境,提供更加优质高效的政务服务。产业集聚不仅增强了相关环节的联系,减少企业投资成本,加强信息交流,促进资源共享,而且有利于形成规模和品牌效益,扩大了市场竞争空间。实践表明,越是创业主体活跃的地方,环境创新的步伐越快。

## 二、关于创业主体形成和发展的内在机理分析

创业主体形成和发展的内在机理,可以简要地概括为:创业主体在创业环境的刺激下,形成创业动机;在创业动机的驱使下,创业主体会根据市场需求情况和自身的素质与能力采取一定的创业行为,开始创业活动;在从事创业活动过程中,创业主体会根据市场竞争条件和已掌握的信息、资金和技术等生产要素,选择创业目标;创业目标的实现,会产生创业绩效;创业绩效的好坏,一方面取决于创业主体的主观努力程度,另一方面取决于从事创业活动所依赖的体制机制环境,并通过信息反馈给创业主体,强化或弱化创业动机。一般来讲,好的创业绩效会强化创业主体的创业动机,并吸引更多的创业主体从事创业活动,从而扩大创业规模;差的创业绩效会弱化创业主体的创业动机,并直接影响到一些创业主体下一步的创业行为,有的甚至会退出在这一领域或地区的创业活动,从而减少创业规模(见图16-1)。

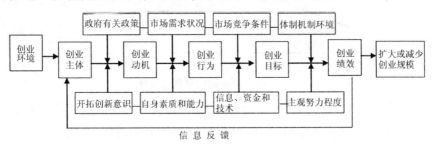

图16-1 创业主体形成和发展的内在机理示意图

## （一）创业环境对创业动机的影响

在创业主体从事创业活动过程中，创业环境的好坏，对激发创业主体的创业动机是至关重要的。创业环境主要包括：政策导向、市场空间和发展机会等因素，它们共同作用于创业主体（见图16-2）。一般来讲，良好的创业环境，如创业政策优惠，市场空间较大，发展机会很多等，容易激发创业主体的创业欲望，形成较强的创业动机；反之，则相反。

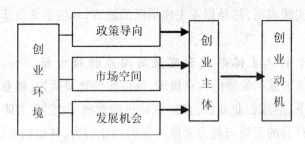

**图16-2 创业环境构成要素及其对创业主体影响示意图**

## （二）创业动机的层次性差异及其种类

创业动机是创业主体从事创业活动的一个重要环节。创业动机层次的高低，直接关系到创业行为与创业目标的选择。一般来讲，创业主体的创业动机由低级向高级发展有多个层次，大体分为谋求生存、谋求致富、谋求发展、谋求奉献等四种类型（见图16-3）。

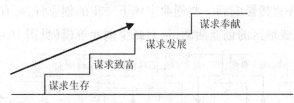

**图16-3 创业动机结构示意图**

在创业初期，对于城市一些企业下岗职工和一些人多地少的农村农民工来讲，由于家庭生活困难，一般创业动机都是为谋求生存，因为谋求生存是人的第一需要。在满足基本生存需求之后，谋求致富的动机就会随之增长，如城市一些主动停薪留职的企业职工或一些农村生活条件较好的农民工到城里打工,进行创业活动,主要是为了扩大收入来源,达到致富的目的。有些创业者,从事创业活动,是因为不满足个人财产的积累,而是为了谋求个人事业发展的需要,如一些单位工作的高级专业技术人员和管理人员,不满意原单位传统体制机制的束缚,主动辞去原单位工作,进行自主创业,就属于此种类型;还有,随着我国创业环境的改善,一些大量到海外留学的人员纷纷回国创业,也属于此种类型。还有一些创业主体,因为在创业过程中曾得到社会各方面的帮助和支持,创业成功后,继续从事创业,把创业收入自愿地以多种方式回报社会,属于谋求奉献的创业动机。目前虽然具有这种创业动机的创业主体较少,但随着社会的进步和创业成功者越来越多,具有此种创业动机的创业主体也会随之增多。一般来讲,创业动机的层次越高,选择的创业行为方式和创业目标就越高,创业活动也就越持久。

同时,创业动机的强度,对创业目标的实现有很大影响,有较强的创业动机,在创业行为上就比较积极努力,在一定程度上可以弥补创业主体在技术与能力等方面的不足,有利于创业目标的实现。这也是有些创业主体虽然技术与能力一般,但却能创造惊人业绩的重要原因之一。

创业动机的层次和强度,随着创业活动的开展是发展变化的,特别是在创业初期,在挫折面前能否保持良好的心理承受能力很重要。它既受创业环境的影响,也受创业活动过程中各个行为阶段信息反馈的影响,同时与创业主体的知识水平、心理素质和工作经历相联系。

### (三)创业动机与创业行为、创业目标及其相互关系

创业行为是创业活动的具体实施,是创业主体的创业动机转化为社会实践的过程。在创业行为阶段,往往能表现出创业主体的知识水平与工作能力以及开拓精神和意志品质等。一般来讲,有什么样的创业动机,往往就会有什么样的创业行为表现。创业动机的不同,所选择的创业行为方式也有所不同。

创业行为在创业动机的驱使下,一般是指向创业目标的,并围绕创业目标开展创业活动。创业目标的选择,既与创业主体自身的素质和能力及其所掌握的信息、资金与技术等资源要素有关,同时也与当时市场竞争环境的

激烈程度相联系。一般来讲,创业主体自身的条件较好,市场竞争环境有利,创业目标就会定得较高;反之,则相反。

同时,创业目标价值的大小及其实现目标的可能性大小,反过来,也会影响创业主体的创业动机和创业行为。一般来讲,创业目标价值越大,而且实现目标的可能性很大,创业主体的创业动机会越强烈,创业行为就会越积极,会主动增加这方面的投入;反之,则相反。

**(四)创业绩效及其影响因素**

创业绩效是创业主体从事创业活动所取得的成绩与效果的简称。它既是衡量创业目标实现程度的重要指标,同时也是创业主体从事创业成功与否的一个重要标志。在整个创业活动中,影响创业绩效的因素很多,大体上包括两个方面:一方面是客观环境因素,具体包括市场需求情况、市场竞争条件、体制机制环境以及政府有关政策等;另一方面是主观条件因素,具体包括创业主体的知识与能力水平、开拓创新意识、资金与技术条件以及自身努力程度等(见图16-4)。

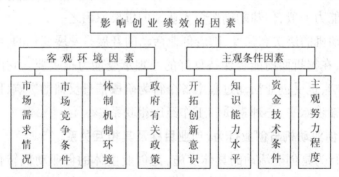

**图16-4　影响创业绩效因素示意图**

从东部沿海地区一些创业主体成功的创业活动实践来看,在影响创业绩效的主观因素中,创业主体的开拓创新意识是至关重要的。"思路决定出路",就是说创业主体首先要有敢闯敢冒的创业精神,要把自主创新作为创业的灵魂,只有敢闯敢冒才能去拓宽创业领域,只有自主创新才能提高自身的核心竞争力,自己所拥有的知识、技术和能力才能更好地在创业活动中发挥作用。

从中部地区开展创业活动的现实情况看,影响创业绩效的客观环境因素中,体制机制环境是最为重要的。因为当前对于开展创业活动,国家和地方政府的政策是大力支持和鼓励的,各类创业主体的创业动机也在不断增强,市场竞争条件和市场需求情况虽然具有复杂多变性,但只会培养、锻炼和提高创业主体的素质和能力,不会束缚创业主体的创业行为。只有传统的体制机制环境对创业主体的创业行为有直接的制约作用,有的至今还在困扰着创业主体的创业活动。只要创业的体制机制环境能够有所改善,就一定会有更多创业主体的涌现,促进中部崛起就大有希望。

**(五)创业绩效与创业规模的关系**

创业规模一般是指创业主体数量的多少和创业企业规模的大小。一般来讲,创业绩效好,创业主体数量就会增多,同时创业主体会增加对创业活动的投入,创业企业的规模就会扩大;反之,创业绩效不好,创业主体就会减少对创业活动的投入,创业主体数量就会减少,创业规模就会缩小。因此,为了扩大创业规模,努力改善创业环境,不断提高创业绩效是至关重要的。

通过上述对创业主体形成和发展内在机理的分析,可以看出,在促进中部崛起中,要大力培育充满生机与活力的创业主体,形成良好的创业绩效,并不断扩大创业规模和提高创业水平,需要从提高创业主体素质和改善创业环境两个方面进行努力。一方面要通过培训,提高创业主体自身开拓创新意识及其素质和能力水平;另一方面要通过深化体制改革和机制创新,为创业主体的创业活动提供一个公平竞争和机会平等的体制机制环境。

## 三、中部地区创业主体存在的问题与发展方向

改革开放以来,中部地区创业主体发展活力显著增强,创业队伍迅速发展壮大,创业主体对经济增长的贡献率不断提高。但是,与沿海发达地区相比,与新形势下转变经济发展方式的要求相比,中部地区创业主体在活力与能力上仍然有较大差距。促进中部崛起,应大力培育和发展充满生机与活力的创业主体。

### (一)中部地区创业主体存在的主要问题

**1. 创业主体素质偏低,自主创新能力较弱**

中部地区创业主体素质偏低、自主创新能力较弱,主要表现为拥有的大学生数量和专业技术人员数量较少,占人口总量比重较少。当前,大学生已成为一个地区重要的创业主体,一个地区所拥有的大学生数量直接影响着创业主体素质的高低,中部地区每十万人口高等学校平均在校生数不仅低于东部地区,而且还低于东北地区乃至全国的在校生数(见表16-1)。从国有企事业单位专业技术人数占地区人口的比重来看,中部地区除山西省略高之外,在总体水平上低于东部地区(见表16-2)。这种情况表明,中部地区的创业主体要想有较大的发展,还需要一定的专业技能培训。

表 16-1 四大地区每十万人口高等学校平均在校生数比较(2006 年)

单位:人

| | 全国 | 东部地区 | 中部地区 | 西部地区 | 东北地区 |
|---|---|---|---|---|---|
| 在校生数 | 1816 | 2818 | 1806 | 1397 | 2276 |

资料来源:根据《中国区域经济统计年鉴》(2007 年)有关统计数据整理。

表 16-2 中部与东部国有企事业单位专业技术人员数比较(2006 年)

单位:人

| 地 区 | 专业技术人员合计 | 地区人口 | 占地区人口比重(%) | 工程技术人员 | 农业技术人员 | 科学研究人员 | 卫生技术人员 | 教学人员 |
|---|---|---|---|---|---|---|---|---|
| 中部六省 | 4976205 | 352511000 | 1.41 | 598868 | 139707 | 26401 | 849271 | 3361958 |
| 山 西 | 675520 | 33750000 | 2.00 | 129860 | 20162 | 3965 | 100348 | 421185 |
| 安 徽 | 708707 | 61100000 | 1.16 | 82767 | 18959 | 3195 | 94947 | 508839 |
| 江 西 | 613347 | 43390000 | 1.41 | 72417 | 19837 | 3236 | 110404 | 407453 |
| 河 南 | 1252962 | 93920000 | 1.33 | 116771 | 26950 | 4960 | 179347 | 924934 |
| 湖 北 | 817456 | 56930000 | 1.44 | 85511 | 23139 | 6518 | 189613 | 512675 |
| 湖 南 | 908213 | 63420000 | 1.43 | 111542 | 30660 | 4527 | 174612 | 586872 |
| 东部十省(市) | 6943914 | 469060000 | 1.48 | 958374 | 170134 | 51984 | 1266252 | 4437170 |
| 北 京 | 338690 | 15810000 | 2.14 | 94190 | 4922 | 4261 | 76110 | 159207 |

| 天　津 | 247307 | 10750000 | 2.30 | 64632 | 2995 | 2548 | 54137 | 122995 |
| 上　海 | 331827 | 18150000 | 1.83 | 96416 | 2186 | 6366 | 79051 | 147808 |
| 河　北 | 1004491 | 68980000 | 1.46 | 117702 | 26256 | 3491 | 145179 | 711863 |
| 江　苏 | 997427 | 75500000 | 1.32 | 118228 | 30219 | 7754 | 170548 | 670678 |
| 浙　江 | 681522 | 49800000 | 1.37 | 96700 | 18316 | 5925 | 140681 | 419900 |
| 福　建 | 513586 | 35580000 | 1.44 | 65723 | 15425 | 4411 | 64213 | 363814 |
| 山　东 | 1494089 | 93090000 | 1.60 | 217171 | 49025 | 11541 | 266515 | 949837 |
| 广　东 | 1212040 | 93040000 | 1.30 | 137802 | 16999 | 5163 | 246679 | 805397 |
| 海　南 | 122935 | 8360000 | 1.47 | 9810 | 3791 | 524 | 23139 | 85671 |

资料来源:根据《中国区域经济统计年鉴》(2007年)有关统计数据计算整理。

### 2. 开拓意识不强,自主创业能力较弱

一些人小农经济和计划经济的意识比较浓,缺乏开拓意识和自主创业能力。主要表现为,愿意在国有企事业单位就业的从业人员比重高,而愿意在个体私营企业单位就业的比重偏低;愿意为外地企业打工的人数较多,而自己创办企业的人数偏少;以谋求生存和谋求致富进行短期创业的人数较多,而谋求发展进行长期创业的人数较少。因此,中部地区与西部和东北相比,虽然城镇登记失业率较低,但与东部地区相比,城镇登记失业率较高(见表16-3)。这在一定程度上反映了中部地区与东部地区的创业主体在开拓意识与自主创业能力方面存在着较大的差距。

表16-3　四大地区城镇登记失业率比较(2006～2007年)

单位:%

| 年　份 | 东部10省(市) | 中部6省 | 西部12省(市) | 东北3省 |
| --- | --- | --- | --- | --- |
| 2006年 | 3.3 | 3.9 | 4.1 | 4.6 |
| 2007年 | 3.3 | 3.9 | 4.1 | 4.6 |

资料来源:根据《中国统计年鉴》(2007～2008年)统计数据整理。

### 3. 企业数量较少,民营企业比重偏低

中部地区与东部地区相比,各类企业数量都比较少,特别是私营工业企

业和"三资"工业企业在全国同类企业中比重偏低。其中,"三资"企业所占比重不仅远低于东部地区,而且还低于东北地区(见表16-4)。

表16-4　四大地区各类企业数量及其所占比重(2006年)

| 地　区 | 国有及国有控股工业企业(个) | 在全国同类企业所占比重(%) | 私营工业企业(个) | 在全国同类企业所占比重(%) | "三资"工业企业(个) | 在全国同类企业所占比重(%) |
|---|---|---|---|---|---|---|
| 全　　国 | 24961 | 100 | 149736 | 100 | 60872 | 100 |
| 东部地区 | 10662 | 42.71 | 102668 | 68.56 | 52843 | 86.81 |
| 中部地区 | 5398 | 21.63 | 22859 | 15.27 | 2976 | 4.89 |
| 西部地区 | 6520 | 26.12 | 13951 | 9.32 | 1986 | 3.26 |
| 东北地区 | 2381 | 9.54 | 10258 | 6.85 | 3067 | 5.04 |

资料来源:根据《中国区域经济统计年鉴》(2007年)有关统计数据计算整理。

4.产业层次偏低,市场竞争力较弱

中部地区创业主体低层次经营特点明显,从中部与东部地区主要行业的全社会固定资产投资比较看,中部地区各类创业主体的投入,主要集中于传统产业、劳动密集型产业、低效益产业(表16-5,续表16-5)。其中,最为明显的是中部六省的社会固定资产投资在采矿业方面高于东部十省(市),而在制造业、科学研究和技术服务等方面则远远落后于东部十省(市)。

表16-5　中部与东部地区主要行业的全社会固定资产投资比较(2006年)

单位:亿元

| 地　区 | 农、林、牧、渔业 | 采矿业 | 制造业 | 电力、燃气及水的生产和供应业 | 建筑业 | 交通运输、仓储和邮政业 | 信息传输、计算机服务和软件业 | 批发和零售业 | 住宿和餐饮业 | 金融业 |
|---|---|---|---|---|---|---|---|---|---|---|
| 中部六省 | 598.3 | 1077.6 | 6100.1 | 1750.9 | 187.6 | 2207.9 | 398.4 | 527.9 | 236.6 | 19.6 |
| 山　西 | 51.3 | 351.4 | 669.8 | 313.4 | 8.2 | 211.2 | 40.5 | 39.4 | 15.4 | 0.6 |
| 安　徽 | 97.2 | 203.6 | 967.0 | 226.5 | 71.7 | 315.0 | 40.0 | 71.6 | 38.6 | 3.2 |
| 江　西 | 77.7 | 49.8 | 825.5 | 164.4 | 15.4 | 328.5 | 54.7 | 46.3 | 43.8 | 4.4 |
| 河　南 | 193.4 | 320.8 | 1984.8 | 431.7 | 18.8 | 628.3 | 126.6 | 189.3 | 49.3 | 3.9 |

| 湖　北 | 90.4 | 58.5 | 895.6 | 335.0 | 17.5 | 442.5 | 77.0 | 93.9 | 50.4 | 4.1 |
|---|---|---|---|---|---|---|---|---|---|---|
| 湖　南 | 88.3 | 93.5 | 757.4 | 279.9 | 56.0 | 281.9 | 59.6 | 87.4 | 39.1 | 3.4 |
| 东部十省（市） | 863.5 | 954.3 | 20298.8 | 3318.6 | 575.8 | 5039.2 | 848.5 | 1109.7 | 524.6 | 55.9 |
| 北　京 | 16.6 | 7.4 | 229.9 | 120.9 | 5.9 | 409.2 | 76.0 | 22.9 | 25.9 | 3.6 |
| 天　津 | 14.6 | 183.3 | 508.8 | 84.5 | 14.7 | 179.4 | 27.2 | 29.0 | 9.0 | 0.2 |
| 上　海 | 14.3 | 2.9 | 1029.4 | 172.7 | 7.8 | 600.8 | 127.2 | 47.8 | 32.6 | 6.3 |
| 河　北 | 239.2 | 242.3 | 2102.2 | 412.4 | 34.2 | 548.9 | 82.2 | 221.7 | 56.9 | 9.9 |
| 江　苏 | 65.4 | 37.9 | 4840.2 | 491.9 | 40.1 | 632.3 | 85.4 | 253.1 | 101.2 | 1.7 |
| 浙　江 | 61.2 | 12.4 | 2940.1 | 538.7 | 21.2 | 865.0 | 103.1 | 90.2 | 61.3 | 9.2 |
| 福　建 | 50.7 | 32.6 | 731.8 | 292.5 | 36.0 | 375.4 | 72.4 | 18.8 | 28.4 | 7.4 |
| 山　东 | 315.2 | 378.8 | 5347.2 | 508.1 | 345.5 | 544.3 | 42.2 | 306.6 | 83.6 | 4.8 |
| 广　东 | 60.7 | 53.5 | 2486.3 | 675.0 | 69.1 | 807.7 | 217.5 | 116.5 | 104.4 | 11.2 |
| 海　南 | 25.6 | 3.2 | 82.9 | 21.9 | 1.3 | 76.0 | 15.3 | 3.1 | 21.3 | 1.6 |

### 续表 16－5　中部与东部地区主要行业的全社会固定资产投资比较（2006 年）

单位:亿元

| 地　区 | 房地产业 | 租赁和商务服务业 | 科学研究、技术服务和地质勘查业 | 水利、环境和公共设施管理业 | 居民服务和其他服务业 | 教育 | 卫生、社会保障和社会福利业 | 文化、体育和娱乐业 | 公共管理和社会组织 |
|---|---|---|---|---|---|---|---|---|---|
| 中部六省 | 4419.6 | 125.5 | 87.2 | 1542.9 | 82.9 | 518.8 | 158.3 | 205.8 | 650.8 |
| 山　西 | 321.2 | 1.8 | 5.1 | 116.2 | 2.4 | 42.8 | 10.5 | 15.0 | 39.5 |
| 安　徽 | 934.5 | 20.8 | 14.8 | 308.2 | 10.0 | 68.8 | 21.7 | 40.2 | 80.2 |
| 江　西 | 495.0 | 16.0 | 6.4 | 297.4 | 7.0 | 94.9 | 31.8 | 28.0 | 96.1 |
| 河　南 | 1199.1 | 20.4 | 20.3 | 340.7 | 47.9 | 139.2 | 43.3 | 44.6 | 101.9 |
| 湖　北 | 692.3 | 32.8 | 19.4 | 258.3 | 5.7 | 90.7 | 24.4 | 50.6 | 104.3 |
| 湖　南 | 777.5 | 33.7 | 21.2 | 222.1 | 9.9 | 82.4 | 26.6 | 26.9 | 228.8 |
| 东部十省（市） | 9999.3 | 393.4 | 213.5 | 3218.0 | 147.0 | 1036.9 | 366.7 | 455.4 | 1104.5 |
| 北　京 | 1804.7 | 50.7 | 28.9 | 258.1 | 5.5 | 64.8 | 22.1 | 91.4 | 51.7 |
| 天　津 | 432.6 | 11.9 | 2.4 | 219.7 | 4.9 | 40.8 | 13.8 | 17.1 | 26.6 |
| 上　海 | 1397.5 | 10.1 | 26.5 | 289.0 | 2.7 | 67.4 | 26.0 | 11.9 | 27.3 |
| 河　北 | 851.6 | 48.5 | 43.0 | 217.6 | 28.0 | 117.7 | 47.7 | 41.3 | 1235.0 |

| 江　苏 | 2252.5 | 70.3 | 24.9 | 751.5 | 51.3 | 151.6 | 62.7 | 60.3 | 94.8 |
|---|---|---|---|---|---|---|---|---|---|
| 浙　江 | 1899.7 | 56.0 | 12.8 | 625.4 | 4.1 | 102.5 | 58.6 | 38.0 | 90.2 |
| 福　建 | 877.8 | 22.9 | 7.0 | 236.7 | 5.4 | 68.0 | 17.6 | 20.3 | 80.1 |
| 山　东 | 1810.9 | 55.6 | 42.5 | 434.9 | 31.6 | 236.7 | 52.3 | 82.6 | 488.0 |
| 广　东 | 2208.4 | 65.7 | 24.2 | 638.5 | 12.8 | 168.3 | 61.3 | 83.8 | 108.0 |
| 海　南 | 98.4 | 1.7 | 1.3 | 24.4 | 0.7 | 19.1 | 4.6 | 8.7 | 12.8 |

资料来源:根据《中国区域经济统计年鉴》(2007)有关统计数据计算整理。

5.企业规模不大、发展后劲不足

企业规模偏小,组织化程度不高。不少企业在生产成本、市场营销和技术开发等方面缺乏竞争力,抵御和化解市场风险的能力较低。不少企业固定资产的更新改造慢,技术装备和工艺流程落后,新技术新产品研发能力薄弱,劳动力素质不高。一些企业开拓创新意识不强,缺乏高素质的经营管理人才,相当一部分民营企业还是经验型和家族式管理,企业的可持续发展能力不强。

**(二)中部地区创业主体发展的主要方向**

根据中部地区"三个基地、一个枢纽"的生产力布局,适应转变经济发展方式的要求,推动中部地区创业主体向数量多、规模大、素质高、结构优的方向发展,是当前促进中部崛起的一项重大任务。创业主体是在市场竞争中发育和成长起来的,必须充分运用市场机制培育创业主体,让创业主体在体制机制转换中增强活力,在市场竞争中加快发展。

首先,要优化创业主体结构。一是坚持所有制结构多元化,使国有及国有控股企业、股份制企业、合作企业、私营企业、个体经营、外资企业各展所长、共同发展,特别是要注重推动民间创业。二是坚持行业结构多元化,要引导创业主体在一、二、三产业及各个行业全面创业,其中要注重在发展新兴产业中创业。三是坚持区域结构多元化,在统筹城乡发展中创业,可以引进来创业,也可以走出去创业,要注重把引进来创业与培育本土创业者有机结合,促使创业队伍不断发展壮大。四是坚持创业方式多元化,投资创业、技术创业、劳务创业齐头并进,要注重在创新中创业。创业是千百万群众自己的事业,要像浙江那样发展"百姓经济"、"草根经济",依靠千千万万普通群众进行创业。

其次,要提升创业主体层次。创业需要多方面的能力,包括信息获知能力、综合判断能力、决策能力、组织控制能力、沟通协调能力等。不断增强创业能力,应该是创业者不懈的追求。各类创业主体在进行多层次创业的过程中,要善于借鉴发达地区的成功经验,提高创业层次,立足于高平台对接、高水平竞争,达到高水平发展。从某种意义上说,创业的过程也是体制、机制、技术创新的过程,必须把创业与创新有机结合起来,在创业中创新,以创新推动创业。

再次,要拓展创业主体领域。除极少数国防军事投资领域以外,不分所有制性质,不分隶属关系,不分投资者身份,不限投资比重,不限投资领域,不限投资地区,推动各地全民创业,形成人人争相创业、到处创业有成的良好局面。要对民营经济实行国民待遇,凡是国有经济、外商企业可以投资经营的领域,民营创业主体都可以进入。

最后,培植全民创业精神。全民创业并非全民经商办企业。各行各业都要以不同的方式进行创业。特别是党政机关和国有事业单位,要结合本单位工作实际和自己业务专长开展创业活动。时代需要创业,创业需要精神。要大力弘扬全民创业精神,强化全民创业的氛围,引导创业成功,理解创业挫折,宽容创业失败,不以一时成败论英雄,注意保护创业者的积极性。要正确评价创业者的素质和潜质。对创业成功者要用其所长,适度使用,不能要求过急,期望值过高。按照彼得原理,每一个人的发展都有一定的限度,当发展达到极限值时,他将成为该组织成长的瓶颈。有不少企业家就是在政府和社会过高过急的要求下从成功走向失败。有的不切实际的要求企业指标翻番,有的不顾客观情况要求企业兼并困难破产企业,有的企业家的精力过多分散于社会活动,有的不适当的兼任党政机关领导工作,应当汲取这些教训。要学习浙江人的创业精神,走千山万水,进千家万户,说千言万语,吃千辛万苦,善于把小产品做成大市场,把小企业组成大集团,把民营经济发展为重要的经济支柱。

### 四、努力提高中部地区各类创业主体的综合素质

创业者的综合素质,是决定创业成败的关键。创业者的基本素质和能力主要包括:知识水平、技能水平、道德水平、责任意识、竞争意识、法律意识、事业精神、团队精神、奉献精神等。这里尤其值得首先提起的是创业者的道德素质。创业者要有强烈的荣辱观念。一个人一日不知羞耻,做人便难以做好人,办事难以为好事,从政就不会当好官。所以道德素质是最重要的。这些素质和能力不是每个创业者都能够同时具备的,但是必须具备其中的核心要素。创业者的基本素质和能力越全面,创业成功的机会就越多,创业的成效就越大。

### (一)树立新的教育观念,大力开展各类创业教育

创业者的素质和能力有些是与生俱有的,有的是在创业实践中锻炼的,有的是通过学校专业教育不断提高的。为了加快创业主体的培育过程,提升创业主体的综合素质,扩大创业主体队伍规模,积极开展创业教育显得尤为重要和紧迫。创业教育在全球已经形成一股新的潮流,在各个国家方兴未艾。联合国教科文组织认为:"创业教育,从广义上来说是指培养具有开创性的个人",教育要培养受教育者的就业意识、创业精神和社会责任感。美国是最早进行创业教育的国家,从1963年创立创业学科,获得第一个资助教育以来,已经获得4.4亿美元的资助,其中75%是在1987年以后得到的。

进入新世纪以来,我国的创业教育也在迅速发展。2002年,教育部确定清华大学、北京航空航天大学、中国人民大学、黑龙江大学、上海交通大学、西安交通大学、西北工业大学、复旦大学为创业教育试点院校。清华大学率先成立"创业管理培训学院",为MBA教育开设了"创新和创业管理方向"课程。我国创业教育正在蓬勃发展。目前,为了帮助毕业生就业,各级各类学校,包括农村劳动力转移培训,都开设了创业教育课程。我国城乡多元化、多层次的职业教育正在迅速发展,创业教育更加广泛地渗透到职业教育的各个方面,受到社会各界的广泛欢迎。近年来,我国围绕提高农民就业

技能和科学水平,依托"劳动力转移培训阳光工程"、新型农民科技培训等项目,不断完善培训内容、创新培训形式,已形成专业农民、产业工人、创业农民和科学素质提升四位一体的农民培训格局。截至 2007 年底,阳光工程中央财政累计安排专项补助资金 21.5 亿元,培训农村劳动力 1230 万人,转移就业率达到 86% 以上;新型农民科技培训工程中央财政累计安排补助资金 3 亿元,已在全国 600 个县、3.3 万个村开展培训,共培训专业农民 153 万人,带动地方培训 500 万人。2008 年,农村实用人才创业培训试点在 10 个省 257 个县开展,共计培训学员 3200 万人。

为了适应促进中部崛起与转变经济发展方式的要求、提高创业主体的综合素质、壮大创业队伍,中部地区要树立新的教育观念,加速发展各类创业教育。

一是要树立全社会办创业教育的观念,发展多元化创业教育。不仅政府要大力发展创业教育,企业和社会也要积极参与创业教育,通过多元化的创业教育,满足社会对创业教育的需要。要开发多元的创业主体,既要满足国家机关、事业单位和国有企业对创业型人才的需求,也要积极帮助民营企业、外商投资企业等非国有经济培训创业主体。不仅要培训高层次的决策人才、管理人才、营销人才、技术人才,也要培训成批的技术操作工人、生产辅助和服务人员、生活服务人员等。

二是要树立继续教育和终身教育的观念,把创业教育贯穿于创业主体活动的全过程。从中、小学开始,就要开展创业教育,培养青少年的自主创业精神。高等学校要开设创业教育专业,作为各个专业的公共课程。大中型企业要开展职工创业教育活动,帮助职工增强创业的能力。各级党校、行政学院、干部培训中心要把创业教育作为干部教育的必修课程。对重点单位的创业骨干,要实行跟踪教育制度和定期招回继续教育制度。

三是要树立全民创业的观念,发展多层次创业教育。全面发展高等职业技术教育、中等职业技术教育和初等职业技术教育,积极发展成人技术教育,鼓励在职人员接受创业教育,通过多层次的职业技术教育,全面提高各类社会群体的创业能力。

四是要树立创业队伍可持续发展的观念，把初高中毕业生作为创业教育的主攻方向。据统计，在中部地区，仅安徽省每年就有 75.54 万普通初中和职业中学毕业生不能升入普通高中，有 121 万普通中等学校毕业生不能升入普通高等学校，这两部分毕业生共有 196.54 万人。这些初高中毕业生是开发成本最低、开发周期最短的人才资源，要通过多层次的职业技术教育，帮助初高中毕业生掌握 1～2 种劳动技能，增强他们的初次创业能力和持续创业能力。

五是要树立在实践中学习创业的观念，积极发展在职在岗创业教育。要用能够亲身感受到的创业实践教育创业者。要在创业实践中把职业技术教育、职业道德教育、创新能力教育、法律规范教育、市场经济教育等有机结合起来，以增强综合型创业能力；在企业运行中把管理层、技术层的培训与普通员工的思想与行为有机结合起来，使他们成为观念相通、行为自觉、同心协力的创业群体。

六是要树立在开放中创业的观念，积极发展开放型创业教育。我们的创业队伍是在经济全球化环境下的创业，必须认真借鉴世界各个国家创业教育的理论和经验，形成有自己特色的创业教育体系和教材体系。有重点地组织有一定创业能力的党政领导干部、企业家、科技人员举办高级进修班，或者到发达地区挂职，到发达国家访问进修，进行高层次的培训。

**（二）当前中部地区需要重点培育和壮大的新型创业主体**

在传统的创业主体中，主要由农民工、下岗职工、企事业单位的辞职人员、毕业学生与部分军队转业退伍人员等社会群体所构成。这主要是由当时粗放型的经济增长方式所决定的。在当时粗放型的经济增长方式条件下，劳动密集型的产业和企业有较大发展空间，凡是具有一般劳动能力的人，只要有吃苦精神、有创业意识就可以参与其中，并有所作为。但是，随着我国经济社会的进一步发展和产业结构的不断优化升级，迫切需要转变经济发展方式，一些劳动密集型产业和企业将逐渐地被技术密集型和知识密集型的产业和企业所取代，过去那些传统创业主体的知识与能力结构愈来愈显得与现代社会发展的要求不相适应了。其中，最明显的例子就是，随着东南沿海部分中小企业受金融危机严重冲击,农民工返乡回流明显增多,加之 2009 年和 2010 年将有几百万大学生毕业后面临就业问题,使农民工就业供求矛盾将更加突出。因此,转变经济发展方式客观上要求培育一大批新型创业主体。

与传统创业主体相比较,新型创业主体应该是与转变经济发展方式要求相适应的在各领域从事新的企业活动的个人和组织,具体包括在物质生产领域、精神生产领域、社会管理领域和技术创新领域等部门从事新的创业活动的现代企业家队伍、高层次技术人才、高素质的劳动者和各类社会工作者等不同社会群体。

1. 现代企业家队伍

实现中部崛起中的科学发展需要转变经济发展方式,转变经济发展方式离不开企业管理的创新,而企业管理创新,又离不开企业家队伍建设。企业家有时也称为职业经理人,是现代企业的经营管理者,是现代企业制度的组织实施者。企业家的综合素质、知识层次与能力水平的高低,直接关系到企业的生存与发展。现代企业的发展与改革开放初期传统企业的发展有很大的不同,一般都是知识、技术密集型企业较多,需要很强的自主创新能力。因此,对现代企业经营管理者的专业知识结构、自主创新意识与科学决策水平,提出了更高的要求。他们不仅要懂经营、会管理,更重要的是要有思想道德素质、自主创新意识和不断开拓新市场的能力。

2. 高层次专业技术人才

高层次专业技术人才是企业自主创新和科技创新的主体,也是目前中部地区的稀缺资源。如果说在粗放型经济增长方式条件下,产业的发展主要依赖劳动密集型和资本密集型企业的发展,企业的产品制作与加工主要依赖于一般普通劳动者的劳动,高层次专业技术人才的作用发挥十分有限。但在转变经济发展方式过程中,在重点是发展知识、技术密集型企业的条件下,高层次专业技术人才的作用便凸现出来。因此,现代企业只有拥有更多的高层次专业技术人员,才能推动企业不断进行自主创新和科技创新,企业才能拥有美好的未来。

### 3. 高素质的劳动者队伍

高素质的劳动者是进行企业创新和技术创新的重要社会力量。培育众多的高素质劳动者是促进中部崛起和转变经济发展方式的一项重要的基础性工作。只有劳动者队伍的整体素质提高了,才能使实现科学发展的各项工作具体落实到实处,整个中部地区创业活动才能有广泛的社会基础。促进中部崛起与实现经济发展方式的转变,必须培育一大批高素质的劳动者队伍。新形势对高素质的劳动者队伍的要求,不仅要有道德、有文化、守纪律、懂技术,还要有积极参与企业自主创新的意识和对现代企业发展要求的主动适应能力。

### 4. 各类社会工作者队伍

转变经济发展方式不仅追求经济增长还追求整个社会和谐与进步,这就需要有众多的社会工作者参与。社会工作者一般包括从事各项社会工作的个人和组织,具体包括社区服务、中介服务、咨询服务等各种社会服务人员和组织。各类社会工作者是进行区域创新、管理创新与构建和谐社会的一支重要力量。在中部地区经济发展方式和经济管理体制转型过程中,不可避免地会产生不同利益群体之间的矛盾与冲突以及各种社会问题,对各种社会矛盾与问题的化解本身也是一种创业活动,而且还是一种更为重要的社会创业活动。它客观上要求各类社会工作者具有更高的素质和能力,特别是在新形势下需要提高对各种新情况新问题的及时应对能力以及对一些复杂社会矛盾处理的组织协调能力。

## 五、产业结构优化升级为众多创业主体的发展带来了商机

创业商机往往是因为经济社会环境的变化而产生。市场需求可以创造创业商机,创业者也可以创造出创业商机,只要这种创造是符合社会发展需要的。一般来说,市场越不完善,相关知识和信息缺口就越大,创业的机会也就越多。只要是别人认为有问题的地方,对创业者来说都可被视为商机。几乎是哪里存在着不方便,哪里就存在创业商机;哪里存在创业商机,哪里就会有创业主体的涌现。在中部地区"三个基地、一个枢纽"建设中,随着

经济发展方式的转变、产业结构的不断优化调整,特别是三次产业的协同发展,为众多创业主体的形成和发展带来了无限创业商机。

### (一)第一产业结构优化升级带来的创业商机

在我国中部地区,由于农业大省较多,作为全国重要的农业生产基地,正经历着由传统农业向现代农业的历史性转变。因此,第一产业不是一个"夕阳产业",而是蕴藏着巨大发展潜力的产业。特别是现代农业的发展,会促使更多的传统农业生产者变为现代农业经营者,必然催生出众多新的创业主体。

一是第一产业内部社会分工的深入发展蕴含着无限创业商机。第一产业是指种植业、林业、畜牧养殖业、水产养殖业等,生产的多为日常生活消费品,社会对它们的需求量很大,从行业的进一步分类我们可以看出这一点。第一产业中的种植业进一步细分为粮、油、蔬菜、果、茶、绿化苗木、花卉、烟草等;林业进一步细分又可以分为各种经果林、木材林、生态林、观光林等。畜牧养殖业可以是不同畜类的养殖,又可衍生出畜—禽—皮—毛、肉—蛋—奶等;水产养殖业既可以是江、河、湖、海的养殖,又可以是鱼、蟹、虾等不同水产品的养殖;另外,第一产业又催生出如园林工艺品、雕塑、农用化肥、饲料、农业机械、园艺用具以及其他各种农用物资、农林牧渔合作项目等产业,这些都为农业领域的创业者提供了无限的商机。

二是在城乡统筹发展中农副产品加工业可以走出一个大市场。城乡统筹发展过程中,第一产业在生产众多的日常生活消费品的同时,又为第二产业提供着最为基本的生产加工原料。无论是农副产品的初加工还是农副产品的深加工中都有潜在的巨大市场,也是中部地区一些省份从农业大省向工业大省转变过程中所必然显现出的巨大市场,有市场就必然有商机。农副产品加工业依托城乡统筹发展政策会带来巨大的发展机遇。城市人口集中,生活水平较高,又是农副产品的主要集散地,信息及技术较为发达,有发展农副产品深加工的原材料、资金、销路、技术等方面的优势。因而,在城郊的城乡结合部发展科技含量高的绿色食品、功能性包装食品、保鲜食品等农产品的加工和深加工,容易取得创业的成功。同时,在农副产品加工业发展中也必将涌现出更多的创业主体。

三是社会主义新农村建设中新一轮产业结构调整催生出无限商机。当前,中部地区正在通过大力加强社会主义新农村建设,巩固和加强农业的基础地位,加快实现从传统农业向现代农业的转变。例如,加快农业科技进步,加强农业设施建设,调整农业生产结构,转变农业增长方式,提高农业综合生产能力;优化农业生产布局,推进农业产业化经营,加快农业标准化,促进农产品加工转化增值,发展高产、优质、高效、生态、安全农业;大力发展畜牧业,提高规模化、集约化、标准化水平,保护天然草场,建设饲料草场基地;积极发展水产业,保护和合理利用渔业资源,推广绿色渔业养殖方式,发展高效生态养殖业;因地制宜发展原料林、用材林基地,提高木材综合利用率;加强农田水利建设,改造中低产田,搞好土地整理;提高农业机械化水平,健全农业技术推广、农产品市场、农产品质量安全和动植物病虫害防控体系;积极推行节水灌溉,科学使用肥料、农药,促进农业可持续发展,等等。随着中部地区社会主义新农村建设广泛而深入的发展,将使各种市场规模不断扩大,商机不断涌现,同时也必然需要更多的新兴创业主体参与其中。

四是新兴的旅游观光农业为创业商机拓展了新空间。以休闲度假为主的旅游观光农业是农业旅游业的一个重要组成部分,是指在都市周边地区,利用田园景观、自然生态及环境资源,结合农林牧渔生产、农业经营活动、农村文化及农家生活,为人们休闲旅游、体验农业、了解农村提供服务而新兴的一种旅游业。旅游观光农业是将农业的生产生活、生态观赏、休闲旅游等功能结合于一体的产业。这种新兴的旅游观光农业除了提供采摘、销售、观赏、垂钓、游乐等活动外,部分劳动过程可以让旅游者亲自参与、亲自体验,让参与者更加珍惜农村的自然文化资源,激起人们热爱劳动、热爱生活、热爱自然的兴趣。近年来,随着城市实行双休日及节假日的增多,"假日经济"逐渐成为市场消费的亮点。各地都安排了不同的精彩农业旅游项目,不断拓展农业创业商机。比如,养生文化节、民族风情节、金秋采摘节、重阳游山会、金秋田园捉蟹节、金秋采摘观光节、板栗旅游文化节、登山赛等以及山水风光游、山水文化游、现代农业观光游、温泉康复游、渔家农家游、市郊游等有关农业的旅游项目。随着农业旅游项目的增多,也必然会带来农业新兴创业主体的日益增多。

**(二)第二产业结构优化升级带来的创业商机**

当前,中部崛起中正在坚定不移地走新型工业化道路,抓紧建设全国重要能源原材料基地、现代装备制造及高新技术产业基地。它是以信息化带动工业化,以工业化促进信息化,走科技含量高、经济效益好、资源消耗低、环境污染少、安全有保障、人力资源优势得到充分发挥的发展道路,努力推进经济发展方式的转变。这实际上是一条中部地区工业化由"大"变"强"的发展道路。它将为创业主体在第二产业的发展提供难得的历史性新机遇。

一是中部地区基础设施建设创造巨大商机。为了提升中部地区的综合交通运输枢纽地位、增强对经济社会发展的保障能力,国家对中部地区要重点加强能源、交通、水利和信息等基础设施建设。基础设施包括:煤炭基地建设、水电和核电开发、全国电网建设、西电东送工程建设、油气领域基础设施建设等;城市轨道交通、运煤通道、区域通道和高速公路网、农村公路、内河航道及码头、机场、西气东输等包括所有铁路、公路、水运、民航、管道在内的运输线路建设;防洪抗旱工程、控制性水利枢纽、大江大河干流堤防、行蓄洪区、病险水库除险加固和城市防洪骨干工程、南水北调工程、人畜饮水工程和灌区配套工程等水利工程建设;宽带通信网、数字电视网和下一代互联网以及信息安全保障体系工程等信息基础设施建设。国家对其都有巨大的投入,这些投入对经济的影响不仅在于工程本身,还表现为对地方经济的强大拉动作用。一方面,工程本身需要许多配套性的产业去支撑,另一方面,工程所带来的资金流也会带来许多潜在的市场,这些都为创业主体的发展提供了前所未有的巨大商机。

二是中部地区现代装备制造业基地建设焕发出新的创业商机。现代装备制造业是我国国民经济重要的支柱产业,在第二产业中占据中心地位。现代装备制造业的发展是衡量一个国家和地区现代化水平的重要标志。21世纪的今天,中国作为世界上最大发展中国家,现代装备制造业已进入一个高速发展的时期。随着我国制造业的高速发展,中部地区工业产品结构调整步伐进一步加大。中部地区新一轮工业结构调整的方向以振兴装备制造业为重点发展现代制造业,更好地发挥其对经济发展的重要支撑作用。因而将为创业主体在高效清洁发电和输变电、大型石油化工、先进适用运输装备、高档数控机床、自动化控制、集成电路设备、先进动力装备、节能降耗装备等领域的发展和壮大提供巨大的商机。

三是中部地区高新技术产业发展催生无限的创业商机。高新技术产业是知识经济的产物。知识经济包括信息技术、生物技术、纳米制造技术、能源技术四大结构。"知识就是资本,知识就是财富"已成为发展经济的新理念。创业就是把知识变为财富。中部地区作为全国高新技术产业基地,正在重点发展信息、生物制药、新材料、新能源、航空航天等产业,就是要培育更多新的经济增长点。知识经济领域主要有七大产业:微电子、生物科技、新材料、电信传播、航空、机器人、电脑软件等。特别是电子信息技术领域是知识经济的核心产业。目前,国家为促进中部地区高新技术产业发展和鼓励科技创业,推出了一系列优惠政策和措施,大力兴建创业园、高新技术产业园,为科技创新企业提供"孵化器"。这些都为创业主体的发展提供了创业的新天地。

**(三)第三产业结构优化升级带来的创业商机**

中部地区第三产业发展相对滞后,但随着中部地区综合交通运输体系的完善,将会极大地促进商贸流通旅游等服务业的发展,第三产业正在实现由"慢"变"快"的历史性转变,今后发展空间较大,在全民创业中是十分活跃的领域,尤其适合个人创业。其主要包括:

一是消费服务业。包括零售服务业与生活服务业。一般零售服务业是创业者大有作为的领域,特别是日用小商品产销领域和人们的生活息息相关,可以说是永不没落的"朝阳产业"。这一领域多为劳动密集型产品,产销投资小,特别适合于个人创业。如个人开的便利商店,虽然规模较小,但由于经营商品以日用杂货为主,而且具有营业时间长、方便居民购物的特点而为越来越多的人所接受。另外,生活服务领域也是商机无限,诸如餐饮、住宿、旅游等服务业。随着人民生活水平的不断提高和对物质精神需求的不断增强,再加上市场的逐渐细分,都预示着服务领域的良好前景。针对传统的零售业、餐饮、制衣、保洁等领域"门槛"较低、竞争已相当激烈的情况,在中部地区还可以开拓其他的服务形式,如进行连锁加盟。它的创业优势是:利用知名品牌创业,风险较小,成功率较高。目前,在有些地区连锁加盟项目多达近百种,涉及服务业、零售业、教育培训业等诸多领域。据业内专家分析,教育培训、图书经营、旅游服务等是新兴领域,虽然对创业者要求较高,但发展空间相对较大。

二是网络服务业。IT 产业是全球公认的创业"金矿"。其创业优势是前期投入少,收益相对较高,往往获得风险投资商的青睐。开设综合网站依旧是 IT 产业创业的主流模式,但综合网站的发展空间已十分有限,相比之下,创办专业网站如教育网站、拍卖网站、法律网站等,则有较大潜力。网络服务的概念非常宽泛,包括为企业提供网络化客户关系、自动化办公、营销等方面的管理服务,还包括网上开店或利用网络的个人服务,还包括提供连接服务和金融行情、网上广告、电子信箱、电视新闻、文娱节目、商业信息、生活指导、软件使用、技术咨询等众多的服务项目,服务面几乎可以覆盖人们工作和生活所有的方面。

三是咨询服务业。咨询业在中国是个"朝阳行业"。据业内专家分析,到 2010 年,国内市场对咨询业的有效需求将达 800 亿元。在中部地区,对创业者来说,咨询领域将有很大的发展空间,具体形式有科技咨询、法律咨询、理财咨询、心理咨询等。在社会竞争日趋激烈的大背景下,市场对咨询的需求将不断增长。

四是设计服务业。随着人们生活水平的日益提高以及产品竞争的不断加剧,设计开始介入越来越多的领域:产品更新换代需要设计,城市规划需要设计,室内装潢需要设计,穿着打扮需要设计,等等。在促进中部崛起过程中,设计服务业正面临着前所未有的发展机遇与空间。

五是卫生保健业。随着人们生活水平的不断提高,人们会越来越注重生活质量,对健康愈益重视,从而对医疗卫生保健产生巨大的商业需求。目前,突出地表现在:第一,老年卫生保健服务。随着老龄社会的到来,庞大的老年人群已成为一支重要的消费大军。老年人收入的不断提高,消费层次多样化,为老年产业的发展开辟了广阔的空间。老龄产业涉及医药、房地产、金融、保健、食品、服装、保险、旅游等十多个行业的综合产业。我国老龄产业在医药、医疗、保健品以外的很多领域还处于起步阶段,甚至短缺,市场前景广阔。第二,健身服务领域。由于人们对健康重视程度的加大,对健身服务消费需求也水涨船高,"花钱买流汗"越来越成为一种时尚。近年来,健身服务消费群体从老年人迅速扩展到中青年,野外生存俱乐部、热气球航空俱乐部等新型健身服务,吸引了一大批具有较高消费能力的中青年。此外,健身服务衍生产品如运动服装、运动器材等的消费,也随着"流汗经济"的崛起而蕴藏着无限商机。第三,美体美容美发领域。统计数据显示,化妆品业的发展速度已高于 GDP 的增长速度。化妆品市场只是美容美发市场中的"冰山一角",可见该领域的市场潜力巨大。

六是职业技术培训业。人类社会即将迈入知识经济时代,职业技术培训业是当今很有吸引力的领域。在传统行业逐渐步入微利时代的今天,职业技术培训业却以"低投入、高产出"的赢利模式,吸引着越来越多的创业者。而且,随着网络技术、通信技术的不断发展,远程教育具有不受时间、空间限制的优势,在全球范围内异军突起,也使职业技术培训业在中部地区的发展加速。特别是近几年来,在中部崛起中与产业结构优化升级要求相配套的各类职业技术教育发展迅速。安徽省已明确提出建立"职教大省"的口号,中部其他各省也都在大力加强职业技术培训工作。随着中部地区各类职业技术培训的大规模开展,在这一领域将会涌现出越来越多的创业主体。

七是社区管理服务业。当前,我国经济社会正面临着经济管理体制与经济发展方式的两大转型任务,必然会遇到来自各方面的矛盾和问题。特别是中部地区,由于人口密集,随着体制改革的深入发展,将会使越来越多的人由"单位人"变为"社会人",社区将是各种矛盾比较集中的地方,迫切需要通过大力加强社区管理服务工作,来化解各种社会矛盾问题,维护社会的稳定。随着社区管理服务业的发展,在这一领域必将涌现出更多的创业主体。

### 六、努力为创业主体的健康发展创造良好的体制机制环境

完善的体制和机制对于激发创业主体活力、拓宽创业领域、优化创业环境具有重要的保障作用。要通过深化体制改革和机制创新,使关系经济社会发展全局的重大体制改革取得突破性进展,坚决革除一切影响创业主体发展的体制和机制的弊端,让一切劳动、知识、技术、管理和资本的活力竞相迸发,让一切创造社会财富的源泉充分涌流,形成全民创业的强大合力。

#### (一)努力为创业主体的健康发展创造良好的体制环境

加快行政管理体制改革,促进政府职能转变。在全民创业中,各级政府要适应形势发展要求,加强社会管理和公共服务,把政府的主要职能转变到为市场主体服务和营造良好发展环境上来,尤其要在制定政策、明确导向、提供服务、营造环境等方面强化行政职能。要深化政府机构改革,优化组织结构,理顺职责分工,提高行政效率。行政管理体制的创新要从服务创新做起,各级政府要以提高服务质量和办事效率为重点,强力推进机关"效能革命",健全科学决策机制和行政监督机制,建设行为规范、运转协调、公正透明、廉洁高效的行政管理体制。当前要着力解决好收费多、罚款多、检查多等若干社会反映集中、投资创业者意见较大的"中梗阻"现象,实行"阳光收费"、"检查行为规范"、"首次违规告诫"、"通行权下放、否决权上收"、"罚款行为监审"等具体规定。

深入推进国有企业改革。加大国有经济布局和结构调整的力度,扩大增量,盘活存量,推动国有大企业与国内外战略投资者开展合资合作,培育一批具有国际竞争力的大企业、大集团。加快建立国有资本经营预算制度,建立健全激励机制,完善国有资产管理和监督体系,增强国有经济控制力,发挥国有经济在全民创业中的主导作用。加快国有大型企业改革,以省属大企业为重点,以产权制度改革为核心,加快企业股份制改革,完善公司治理结构。要按照《公司法》的要求,真正形成出资人、董事会、监事会、经理

层各负其责、协调运转、有效制衡的机制。深化国有、集体中小企业改革,发展多种形式的企业组织形式,建立起适应市场经济体制要求的企业经营机制,使之成为全民创业中的一支生力军。

创新非公有制经济发展体制。认真落实促进非公有制经济发展的政策措施,进一步清除非公有制经济发展的体制性障碍,放宽市场准入,保障非公有制经济的合法权益,不断提高非公有制经济的比重。凡是法律、法规和政策没有禁止民营企业进入的行业和领域,凡是能实行多元化投资的行业和领域,凡是对外资开放的行业和领域,都让民资进入。鼓励和支持非公有制经济参与国有企业改革,进入金融服务、基础设施、公用事业等领域。加强和改进对非公有制企业的服务和监督,引导个体私营企业加快制度创新,特别是要引导私营企业从家族制逐步走向现代公司制。

加快完善中部地区现代市场体系建设。打破行政性垄断和地区封锁,建立健全与全国市场相统一的区域开放市场,提高中部地区的市场化程度。继续发展土地、技术和劳动力等要素市场,完善商品和要素价格形成机制。在要素市场中要着力培育企业家市场,让市场选择企业家。进一步整顿和规范市场秩序,打击制假、商业欺诈和侵犯知识产权等行为。要完善信用制度,建立融资担保体系。发挥政府在信用体系建设中的倡导和组织作用,以完善信贷、纳税、合同履约、产品质量的信用记录为重点,加强对信用体系建设的整体规划,明确政府部门、信用管理中介服务机构、行业协会、市场主体在信用体系建设中的职责分工。建立信用信息公开和保护制度,引导企业建立信用自律机制。建立健全失信惩戒的法律法规和制度,综合运用行政的、法律的、经济的、舆论的手段,动员全社会力量共同监督、有效处罚违规失信行为。建立和完善中小企业融资担保体系,积极开辟多元化融资渠道。

深化涉外经济体制改革。继续扩大对内对外开放,完善促进生产要素跨境跨省流动和优化配置的体制和政策,积极有效利用外资,促进中部地区产业优化升级。加强招商引资工作,强力吸引海内外客商来中部地区投资兴业。同时,支持有条件的企业"走出去",按照国际通行规则到境外投资。鼓励在境外进行工程承包和劳务输出,扩大互利合作和共同发展。

**（二）积极推进形成有利于创业主体健康发展的机制创新**

体制和机制密不可分,体制是机制所依存的宏观基础,机制是体制的微观构成。培育和发展充满生机活力的创业主体不仅要体制创新,同时还要进行机制创新。所谓机制是指系统各个要素相互依存、相互制约的关系,这种关系一般说来相当复杂、十分微妙。中部地区的机制创新是一项艰巨任务,当前可着力在以下几个方面深入探索。

第一,制定优惠政策,形成有利于创业主体健康发展的社会导向机制。一是领导干部要带头解放思想,形成鼓励全民创业的社会导向。领导机关和领导干部要以改革创新的实际行动解放思想,敢于突破不合时宜的做法和制度,敢于清除束缚发展的体制障碍;要以开放包容的胸怀解放思想,积极与投资者合作兴业;要以高度负责的精神解放思想,敢于承担创业风险,为创业者撑腰壮胆。二是向社会公开创业政策,形成全民创业的政策导向。政府要进一步放宽政策、放开领域、放低门槛、放胆实践、放手发展,把执行政策的原则性和实际操作的灵活性有机结合起来,让创业者切实感受到中部地区投资的空间广、创业的自由度大、经营的成本低。三是大张旗鼓地宣传全民创业行动的重大意义、主要内容、重要举措和创业的先进典型,在整个中部地区形成鼓励全民创业的正确舆论导向。

第二,培育创业文化,形成有利于创业主体健康发展的内在动力机制。创业文化包括人们在追求财富、创造价值、促进发展过程中所形成的思想观念、价值取向和心理意识,它主导着人们的思维方法和行为模式。积极的创业文化能够鼓励创新、崇尚合作、宽容失败,是一个地区发展的最深厚的动力。要发扬创业精神,对于创业主体,除了从物质上、体制上给予一定的鼓励和支持外,还要在精神上予以鼓励,不断激发群众创业的动力。要把推动创业与弘扬时代精神相结合,切实增强干部群众的时代责任感和创业荣誉感。

第三,转变政府职能,建立有利于创业主体健康发展的公共服务机制。各级政府和干部都要以支持创业、服务创业为己任,多服务、少干预、多帮忙、不添乱,想创业者之所想,帮创业者之所需,解创业者之所忧。尤其是各相关职能部门要切实转变职能,转变作风,积极为创业者提供政策、信息、资金、技术、市场、项目、人才、培训等方面的支持和帮助。各地可成立创业指导服务中心,建立创业辅导队伍,形成创业服务网络,将创业服务延伸到基层,免费为创业者收集项目信息,提供项目开发、就业指导、创业培训、小额贷款、政策咨询等服务。鼓励和引导有条件的地方在经济技术开发区、工业园区、高新技术园区开辟下岗失业人员、失地农民、回乡创业人员、转业复员军人和大中专毕业生、留学回国人员初次创业基地或企业孵化基地,政府相关部门提供"一站式"服务。要进一步深化行政审批制度改革,放手让创业主体按照市场经济规律自主发展。同时各行政管理部门要增强法制意识,坚持依法行政,公正执法,为全民创业营造良好的法制环境。

第四,拓宽融资渠道,建立有利于创业主体健康发展的金融跟进机制。民间资金将是具有很大活力的投资资本,开辟民间资本进入创业领域的"绿色通道",广泛吸纳社会资金投入创业,把社会大量的民间资本和多种资源有效利用起来,为加快发展增添新的活力。加快推进"银企"合作,调整信贷结构,建立中小企业专项扶助基金,为创业者提供必要的信贷支持。根据中小企业特点制定等级评估和授信制度。创新信贷产品和金融服务。推广无形资产抵押贷款、动产抵押贷款、个人委托贷款、自然人担保贷款和同一区域、行业优质民营企业联保互保贷款等形式。鼓励社会资本、外来资本以及民间投资机构设立创业投资风险基金,采取企业、财政、社会共同筹资的方式,实现担保基金构成多元化。

第五,深化财税改革,建立有利于创业主体健康发展的财税扶持机制。要发挥财政资金引导作用,优化支出结构。发挥财政的资源配置功能,建立激励性财政体制,在保障先进地区更快更好发展的同时,重点加大对落后地区的转移支付力度。要建立非正规就业劳动组织享受税费减免制度,鼓励各类下岗失业人员、大中专毕业生、转业复员军人采取自主经营和合伙经营等形式创业。

第六,健全社会保障体系,建立有利于创业主体健康发展的接续保障机制。为鼓励流动人员创业,参保人员在不同统筹区域间流动,社保经办机构要及时为参保人员转移养老保险关系,接续养老保险;参保人员在城乡之间流动,若从城镇流向乡镇创业的,保留其在城镇参保的养老保险关系,继续参加城镇基本养老保险,若从乡镇流向城镇创业的,可参加城镇的基本养老保险,按规定缴费达到退休年龄的享受城镇基本养老保险待遇。对于未参保的流动就业人员和自谋职业者,可按城镇个体工商户参保政策参加当地基本养老保险。

### (三)帮助各类创业主体加快产业组织创新的步伐

产业组织创新,是推动一个地区创业活动与经济增长的内在动力,是衡量和检验体制改革与机制创新成效的重要标准之一。中部地区各级政府要制定相应的政策,通过建立多种形式的创业园区,引导创业主体自觉地通过自组织行为,进行产业集聚,实现产业组织结构的变革。

一是要引导创业主体不断地联合、兼并或参股、合资,提高产业组织化程度。块状经济是产业组织创新的成功模式。从块状经济发展过程来看,一定范围的分工协作已使单个创业主体获得了一定的规模效益。但从总体来说,这一联合仅限于较小的范围。企业集团作为一种规模型的发展模式,是块状经济内企业再创优势在产业组织形式方面的新选择。块状经济的发展除创建大批量的生产企业外,主要途径有合并和联合,将分散的企业或资金联合成为一个统一的经营实体。为了提高创业主体的产业组织化程度,应大力加强创业园区建设。在创业园区建设中,应发挥小城镇在地理、交通及通信条件、人口素质、技术经济水平、资源分布等方面的比较优势以及在城乡之间的纽带作用。以小城镇建设带动创业园区建设,以创业园区建设促进小城镇建设。通过将企业向创业园区集中,使存在着产业纵向关联的上、中、下游企业能够在一定空间范围内形成产业集群,以加强企业之间的经济联系,降低生产成本,提高产业竞争力。

二是要加速建立和完善产权制度。交换的实质是所有权的转移,如果产权关系出现紊乱和矛盾,甚至非法现象,很难形成竞争有序的市场关系。引导创业主体进行产业组织创新必须进一步完善产权制度和规范创业主体的企业行为。同时应建立健全企业家市场,让企业所有者通过市场来甄别和选择企业家。

三是要引导创业主体自觉参与社会分工。加快发展的伟力蕴藏在民众之中,来自创业主体的自发秩序和自组织形式。由创业主体自觉推动的产业组织创新才具有生命力。要通过创业主体的自发秩序和自组织形式来参与社会分工,有效地进行产业组织的创新。政府在产业组织创新过程中主要是加强对创业主体的政策引导与提供服务,切忌搞行政命令,搞"一刀切"。

四是要利用资本市场,实现产业组织的创新。应充分利用我国资本市场成长和发育过程中提供的企业发展机会,通过资本经营,引导创业主体推进企业重组和规模扩张,从而培育优势企业,进行产业组织创新,推进结构调整和产业升级。从行业龙头企业中培育出若干上市公司,利用资本市场打破地域与所有制限制,实现资源的优化配置,提高本地区的产业集中度。

五是地方政府应在引导创业主体进行产业组织创新中发挥积极作用。在引导创业主体进行产业组织创新的过程中,地方政府必须从区域经济发展的大局出发,主动限制不合法创业主体的发展,以免产生错误的导向,造成资源浪费。同时应营造有利于新型创业主体发展的环境,积极发展创业园区,使块状经济不断向更高级的产业组织形式演进,使特色经济向生产多品种、小规模、高技术含量和高附加值的现代企业组织转变。

总之,创业主体在推动区域经济社会发展中具有着重要的地位和作用。充满生机与活力的众多创业主体是促进中部崛起的根本动力。创业主体数量少、素质不高,已成为制约中部崛起的重要因素。因此,当前应适应中部地区加强"三个基地、一个枢纽"建设和转变经济发展方式的需要,根据创业主体形成和发展的一般规律和特点,紧紧抓住产业结构优化升级为各类创业主体发展所带来的巨大商机,通过发展各类创业教育,努力提高创业主体的综合素质,重点培育和壮大新型创业主体,包括现代企业家队伍、高层次专业技术人才、高素质的劳动者队伍、各类社会工作者队伍等,并努力为创业主体的健康发展创造良好的体制机制环境,以此来促进中部地区全民创业活动的开展。

# 第十七章 促进中部崛起中的
## 政府职能转变与创新

统筹区域经济协调发展的主体是各级政府。政府掌握着进行宏观调控的资源配置权,在促进区域经济协调发展中发挥着重要的导向作用,是促进中部崛起的关键因素。促进中部地区崛起和实现区域经济协调发展,不仅要靠市场机制的基础性作用,还应充分发挥政府的宏观指导和组织协调作用。但同时,政府也需要适应实施区域发展总体战略和推动经济发展方式转变与经济体制转型的新形势,进行行政管理职能的转变与创新,制定科学的发展战略和实施有针对性的区域政策对区域经济发展进行调节,才能更好地促进中部崛起。

### 一、统筹区域经济协调发展与政府的职能作用

区域经济协调发展是指区域之间在经济交往上日趋密切、相互依赖的关系日益加深,发展关系上同向互动的过程。区域经济能否得到协调发展,与如何有效发挥政府统筹区域协调发展的职能作用密切相关。

#### (一)促进区域经济协调发展是政府的重要宏观调控职能

区域经济协调发展的目的是实现区域之间经济关系的和谐,经济发展水平的共同提高,社会的共同进步。区域经济是否处于协调发展状态,可以从三个方面来看:一是区域之间经济利益上是否同向增长;二是区域之间经济上的差距是否缩小;三是区域之间的互动机制是否健全。要实现区域经济协调发展单靠市场机制这只看不见的手是不够的。1957年,瑞典的诺贝尔经济学奖获得者冈纳·缪尔达尔(Gunnar Myrdal)指出,在循环累积因果

关系的作用下,"市场的作用倾向于扩大而不是缩小地区间的差距"。① 市场经济这种体制在促进资源流动,提高资源效率方面有无可替代的作用。但市场不是万能的,经济发展的理论和实践告诉我们,市场有缺陷,市场缺陷的外部性需要发挥政府的宏观调控职能,统筹区域经济发展需要政府职能的有效运作。

　　一般说来,市场调节机制对区域经济发展实施调节,侧重于解决区域经济发展中的效率问题;宏观调控在市场调节的基础上对区域经济发展实施调节,侧重于解决区域经济发展中的公平问题。它们共同服务于区域经济的协调发展。② 在市场经济条件下,区域经济实质上是一种竞争性的经济。因此,任何区域经济的发展都离不开政府所起的作用,任何经济发展都需要宏观调控,而宏观调控的主体也只能是政府。主张政府积极干预经济的斯蒂格里茨认为,政府的显著特征是拥有对全体社会成员的强制力,使政府在纠正市场失灵方面具有某些明显优势。他列举了政府在纠正市场失灵方面有四大优势:一、征税权;二、禁止权;三、处罚权;四、交易成本低:组织费用低、不存在搭便车现象、收集信息多、调节社会组织,避免逆向选择。许多发达国家和发展中国家区域经济发展宏观调控的经验表明,在促进区域经济协调发展方面,政府担负着不可推卸的责任。区域经济协调发展必须增强政府对区域经济的调控能力,只有这样才能避免区域竞争处于一种无序混乱的状态,促进区域经济的协调发展。

**(二)政府在促进区域经济协调发展中的基本职能**

　　第一,制定关于促进区域经济协调发展的法律法规体系。国家的法律应该科学界定效率与公平的关系,这也是政府制定和实施区域经济政策的主要依据。区域经济协调发展不能以牺牲某些区域的经济利益为代价来换取少数区域的经济高速增长,而是要实现各个区域的经济利益的同向增长。国家如何从根本上正确处理和解决区域发展不平衡的矛盾呢? 首先一条就

---

①　G. Myrdal. *Economic Theory and Underdeveloped Regions*. Duckworth. 1957. p. 20.
②　江世银:《区域经济发展宏观调控论》,四川人民出版社 2003 年版,第 39 页。

是必须依赖于法律。国家的区域经济发展需要一定的法律来规范,否则在市场经济环境中,就会破坏区域之间的正常经济关系,加剧区域之间的冲突和矛盾,并导致国民经济长期发展的低效率。区域经济协调发展还要求通过法律的形式,平衡各地区在经济社会发展中的各种利益关系,共同享受人类社会进步的成果,实现区域公共服务均等化。如果不能通过法律的形式逐步实现各类区域公共服务均等化,就不可能长期实现区域之间的平等竞争与合作,从而就无法实现区域经济可持续的协调发展。

第二,制定促进区域经济协调发展的区域经济政策,为市场机制对区域资源配置起基础性作用提供体制保证。区域经济政策,亦称区域经济协调政策,是市场经济条件下政府为优化资源空间配置、调控区域经济发展与运行的重要手段。正确制定和有效实施区域经济政策,是促进区域经济协调发展的重要保证。政府要根据国家区域经济发展战略规划和宏观调控的有关法律法规,制定促进区域经济协调发展的宏观经济政策,充分发挥市场机制的积极作用。区域经济协调发展的一个必要条件是经济要素在区域之间自由地、合理地流动,实现优化配置。所以,运用宏观经济政策,积极促进区域之间要素市场的统一是必须的。只有如此,才能发挥各个区域的比较优势,实现区域科学分工、生产力合理布局,促进区域之间相互密切合作。

第三,提出区域经济发展的方向和重点,对区域的一些基础设施和基础产业进行规划布局,以提高资源使用效率和实现可持续发展。政府可以在不同时期,在充分科学论证的基础上,根据需要提出各个区域经济发展的方向和发展重点。通过投资基础设施、环境的保护和治理以及大型资源开采项目,引导社会资本投入某个区域。政府可以实施区域特殊政策,创造发展条件,吸引企业投资,加快一些地区的经济发展和资源的合理利用。可持续发展的提出是实现人与自然、经济社会和谐发展的重大思想转变。实现区域经济协调发展也包括可持续发展。因此,区域经济协调发展必须做到区域经济稳定增长、资源的合理利用、生态环境的有效保护。政府的职责是提供公共产品,为人们的共同利益服务,只有政府才有能力努力实现区域经济可持续发展。

第四，为欠发达地区和衰退地区提供发展援助。无论是发展中国家，还是发达国家往往都有一部分地区在经济发展方面存在着某些困难或障碍，一部分居民由于各种原因处于相对贫困状态。其中，有的地区原先的经济发展比较正常，由于出现外部经济发展条件的恶化，原有的产业逐渐衰退了，而新的产业又没有成长起来，从而导致经济发展陷入困境，这就是所谓的由产业周期决定的衰退区域；有些地区由于自身缺乏经济发展的某些必要条件，经济缺乏大力推动，经济发展明显滞后。影响每一个区域经济发展的内外部条件，一般情况下不可能在短期内得到改变，因而仅仅靠区域经济系统自身调节和地方政府的努力难以解决。在这种情况下，中央政府有必要通过制定区域政策，采取可能的手段对这些地区经济发展给予援助，帮助这些地区获得较快的发展。

## 二、中央政府在促进区域经济协调发展中的职能作用

中央政府是区域经济发展宏观调控的主导者，当然在区域经济协调发展中也处于主导地位。中央政府不仅掌握着政策资源、公共投资的配置权和庞大的国家财政收支分配权，而且存在着政治上的权威。中央政府的区域经济发展战略和区域经济政策对区域经济能否协调发展产生重大而深远的影响。"只有中央政府才能推动区域经济的均衡发展，或者说，区域经济的均衡发展是中央政府的责任，而与地方政府的效应无关。"[1]特别是在统筹区域发展的新形势下，对中央政府的统筹领导和组织协调能力提出了更高的要求。

中央政府的区域发展规划和政策，在处理地区间协调发展问题上，具有逆市场流向配置资源的特殊功能，具有强有力的政策调控手段，能够防止地区经济差距过大而带来的一系列经济和社会问题。中央政府作为宏观经济的管理者，凭借其超脱于各区域利益以上的地位和权威，利用经济、法律手段及行政手段调控经济运行，其基本行为取向是实现非经济手段与市场机

---

① 张杰：《国家的意愿、能力与区域发展政策选择》，《经济研究》2001 年第 3 期，第 70 页。

制的有机结合,整合各方面利益,保障经济平稳运行,最终实现资源要素的最优配置和区域经济的协调发展。中央政府在促进区域经济协调发展中的职能作用主要有以下五个方面。

### (一)制定促进全国性区域经济协调发展的战略和规划

在经济发展中,区域经济发展不平衡是常态。因此,通过宏观调控以实现区域经济协调发展,这既是中央政府的一项重要职能,也是一项长期性、经常性的任务。中央政府通过制定促进全国各区域经济协调发展的区域经济发展战略和规划,作为地方政府促进区域经济协调发展的基本依据,并用这些战略和规划来引导社会各方面力量参与区域经济建设。2006年,中央政府公布的《中华人民共和国国民经济和社会发展第十一个五年规划纲要》,所提出的促进我国区域协调发展的规划和政策,对于促进各地区区域经济协调发展具有重要指导意义。各地区只有以此为依据,并结合本地区实际选择主导产业和支柱产业,进行科学的生产力空间布局,才能逐步形成主体功能定位清晰、东中西良性互动、区域协调发展的格局。

### (二)健全区域互动机制,推动区域间的相互合作

区域发展的总体布局是从空间上作出的战略部署,互动机制则是为落实这一战略作出的制度性安排。互动机制是围绕共同富裕目标而建立的,强调了政府在区域协调发展中的职能作用。要通过健全市场机制、合作机制、互助机制和扶持机制,推动区域间的相互合作。区域经济合作是在国家宏观指导下本着"扬长避短、优势互补、保护竞争、促进联合"的方针,经有关地区充分协商建立起来的一种平等互利的横向经济联系。它是生产社会化和区域分工协作发展的必然结果,是区域专业化和市场经济发展的客观趋势。区域经济合作是现代区域经济发展十分重要的组织形式,是区域经济发展越来越普遍的现象。完善社会主义市场经济体制,要求统筹区域发展,要求根据东、中、西部地区的经济发展情况和资源条件,确定不同的投资重点和恰当的投资比例,并通过发展横向联合,互通有无,互相支持,使东部地区的发展同中部、西部地区的开发更好地结合起来。中西部不发达地区经济实力较弱,资金、技术、人才和管理方面的困难很大,通过区域合作对口

支援,实现优势互补,这是促进不发达地区经济快速发展的一种有效方式。但由于地方政府存在着区域经济利益,差距过大的区域间的相互合作常常存在着某些困难,这就需要中央政府出面协调。中央政府掌握着大量的资源和经济信息,可以平衡经济利益,调动各方面积极性,在推动区域合作中发挥积极作用。中央政府还可以通过权威来促进区域之间的相互交流与合作,从而防止区域间的过度竞争,消除恶性竞争对区域经济协调发展带来的不利影响。

### (三)运用区域经济政策,协调各区域的经济发展

中央政府为了实现区域经济协调发展,往往运用政策引导和公共投资使生产要素在各个区域之间合理配置,协调各区域的经济发展,平衡各区域经济增长,缩小区域发展差距,实现各区域共同富裕的目标。通过中央政府财政转移支付和适度的直接投入,扶持欠发达地区经济发展和救助贫困地区,改善落后地区人民生活条件,是世界各国实现区域经济协调的重要手段。中央政府的投资主要涉及:大型能源和原材料工业项目、全国性的大型交通动力设施和邮电通信设施、跨区域的大江大河湖泊的治理、新兴产业和高新技术产业、国防工业项目、重大的农业和水利工程项目以及扶持欠发达地区的开发建设项目等。通过一系列的建设项目带动社会投资,促进欠发达地区和萧条区域的经济增长。国家通过区域金融政策来调节区域经济行为。在市场经济条件下,区域金融政策主要是通过贷款的管理和审查、利率浮动和政府扶持来进行。通过提供政策性优惠贷款,缓解区域的资金短缺状况。通过区域税收政策为特定区域的企业提供更多的发展机会,使其尽快发挥带动区域经济发展的作用。区域产业政策,是政府为实现其对产业活动的投资和经营的控制而采取的一项区域经济政策,其目的是要形成符合政府愿望的地区产业分工格局。区域产业政策与投资政策联系十分密切。在市场经济条件下,中央政府运用投资指导目录、投资优惠、许可证制度等手段来实现区域产业布局。

### (四)加强市场监管,创造有利于区域经济协调发展的市场环境

生产要素、产品、服务在区域间充分自由地流动,离不开中央政府在法

律制度和政策措施等方面的支持和保障。政府在区域协调发展中所起的作用更应着重于创造一种良好的发展环境,而不是直接投资。由于我国的行政区体制根深蒂固,区域之间的利益摩擦不断,各级地方政府从自身利益出发,往往以行政区为依托,构筑各种壁垒,实行市场封锁,阻碍经济要素资源的自由流动和全国统一市场的形成和发展。因此,依法对市场主体及其行为进行监督和管理,维护公平竞争的市场秩序,形成全国统一、开放、竞争、有序的现代市场体系,促进区域经济市场化,这是中央政府促进区域经济协调发展的重要职责。在利益机制的驱动下,地方政府倾向于争夺资源,容易形成恶性竞争,只有中央政府才能协调区域利益,纠正资源配置的区域偏向,打破区域市场封锁,实现资源在更大范围内的自由流动。为了实现区域经济协调发展,中央政府应创造一个公平的区域经济发展环境,特别是保持经济发展的制度和政策资源在区域间分配的公平性,消除要素在区际流动的障碍,促进全国统一市场的形成。

**(五)建立科学的考核指标体系,引导各区域地方政府的经济行为**

在市场经济条件下,区域经济竞争主要表现为地方政府的竞争。地方政府是所在区域的经济利益代表者,拥有对区域内微观经济主体行为进行管理、协调资源配置的权力。同时,地方政府担负着发展区域经济,促进社会进步,提高本区域人民福利的职责。尽管区域之间从根本上来说存在着相互依赖的关系,需要彼此相互支持与合作,但在市场机制的作用下,不可避免地也存在着一些地方政府行为以本区域的经济利益为导向,一味地追求本区域利益而影响其他区域利益,一味地追求短期效益而忽视可持续发展能力,从而使国家整体利益和长远利益受到损害。中央政府应制定科学的地区考核指标体系,全面衡量地方政府的政绩,正确引导地方政府的经济行为,使地方政府的经济行为自觉地与国家组织实施的区域发展总体战略保持一致,才能形成合理的区域发展格局,促进区域经济协调发展。

## 三、地方政府在促进区域经济协调发展中的职能作用

在我国行政区域都被纳入全国的各个经济区域范围之内,所有地方政

府的区域经济战略和政策必须受到国家区域经济发展战略、规划的指导和制约。但是，由于我国是一个发展中的大国，区域跨度大，人口众多，各地情况千差万别，地方政府在区域经济发展中存在着发挥作用的较大空间。在区域经济发展的层面上，地方政府与中央政府扮演的角色是截然不同的，只有当中央政府的战略举措真正转化为地方政府的行动方案时，区域经济发展战略才能得到实质上的推进。所以，在实现区域经济协调发展中调动地方政府的主动性和创造性，发挥地方政府在促进区域经济协调发展中的积极作用，显得十分重要。这样，一方面要求中央政府制定相应的协调政策保持各地区发展的平衡性；另一方面要求地方政府的区域经济政策应与国家的区域政策相配套，使区域之间经济发展趋于协调。同时，作为地方政府，一方面必须服从中央政府的区域经济发展战略，按照中央政府的统一要求，具体运用和实施国家制定的区域发展政策；另一方面又必须以促进本地区经济发展为目标，针对本区域经济发展实际自主制定政策，实现本地区经济协调发展。地方政府在促进区域协调发展中的职能作用主要表现在以下五个方面。

### （一）制定本地区的区域经济发展战略和发展规划

区域经济发展战略，就是一个地区在未来一定时期内的经济发展方向、发展模式和基本目标。地方政府一般根据本地区所拥有的自然资源状况、经济发展条件和发展的外部环境，经过科学的分析论证，制定出本地区经济发展的战略目标、战略重点、战略步骤和战略措施。区域经济发展战略虽然是以本地区自身发展为主，但它是国家总体区域发展战略的组成部分，必须以国家的发展战略为依据，与同级区域的发展战略相协调。区域发展规划是中长期的发展计划，是对区域社会经济发展和建设进行的总体部署以及为此而采取的重大方针、布局和政策措施。区域发展规划，应按照科学发展观的要求，在科学认识区域系统发展变化规律的基础上，从地域角度出发，综合协调区域内经济与资源、环境和社会等要素的关系，以谋求建立人与自然的和谐关系为基本出发点。其主要任务是：有效地开发利用资源，合理布局生产力和城镇居民点，使各项建设在地域分布上相互协调配合，提高社会经济效益,保持良好的生态环境,顺利地进行区域开发、整治和建设。因此,区域发展规划的目的主要就是为了实现区域经济协调发展。

### (二)促进生产要素合理流动,推动本地区经济发展

地方政府的主要经济目标就是促进当地经济发展。为了促进当地经济发展,政府应积极促进区域生产要素的合理流动,对一般竞争性投资的空间指向进行引导,促进跨区域企业集团的形成。中国曾有行政区经济的说法,所谓行政区经济就是我国的各级政府按行政区来组织经济活动,这是我国区域经济发展最重要的特征之一。各级政府通过行政和市场的手段组织经济资源参与经济活动,有力推动了行政区域内的经济发展,加速了区域内的工业化和城市化建设。但是,在行政区经济发展中也产生了各种负面影响,主要表现在行政区内的经济资源受控于政府的干预,区域经济发展往往带有强烈的地方政府行为色彩,在对区域资源的配置方面往往自成体系,从而形成重复建设和恶性竞争,这对于区域经济协调发展是十分不利的。因此,在促进区域协调发展的新形势下,地方政府在积极推动本地区经济发展过程中,还应转变职能,扩大对内对外开放,注意与周边地区形成良好的分工与协作关系,促进生产要素的合理流动,尽量避免因自成体系所造成的重复建设和恶性竞争的消极影响。

### (三)发挥区域比较优势,促进区域产业结构优化

促进区域产业结构合理化和正确选择本区域的主导产业是区域经济发展的重要问题。对于一个地区来讲,应该发展能充分利用本地区相对丰富的生产要素或资源的产业,这些产业就是该地区的主导产业,它代表了该地区经济发展的趋向,成为主要的经济力量。地方政府应对主导产业加以选择并进行扶持,对夕阳产业及其集中的萧条区域进行改造,发挥区域的比较优势,形成生产力的合理布局,使资源配置更有效率,在促进区域经济发展中发挥应有的职能作用。

### (四)推进区域市场化进程,创造良好的投资环境

在市场经济条件下,区域经济是开放的经济。一个地区的市场化程度越高,要素流动的障碍越少,区域的经济竞争力才能不断提高,区域经济发

展就会越快。所以,地方政府必须按照市场竞争规则,采取积极措施,加快区域市场化步伐,创造公平竞争的市场环境,改善区域投资的软环境,才能从根本上提高区域竞争力。只有积极开放本地区域市场,才能既有利于本地区域经济发展,又有利于区际经济关系的协调。有些地方政府为了保护地方企业,封闭区域市场,使外来投资者望而止步,到头来只会使本地企业失去竞争力,阻碍经济发展。

### (五)开展区域经济合作,促进区域经济协调发展

区域经济合作,是地区之间在自愿的基础上本着互惠互利的原则,所形成的一定区域经济网络联系。它有助于对内实现优势互补或优势叠加,提高区域运行的整体性和协调能力,对外能增强更高层次上的区域竞争力。区域经济合作,包括通过合作建立的跨区域的商品市场、资本市场、人才市场、技术市场,跨地区的交通、通信等基础设施建设,重要资源的合作开采和合理利用,等等。所有这些,对区域间相互依存与协调发展的推动作用越来越大。通过区域经济合作,可以从区外获得所需要的某些要素,同时可以开拓区外市场,获得更大的发展空间。实现区域经济协调发展,离不开区域间的交流和合作。地方政府是区域经济合作的主要组织者和推动者,对推动区域间经济协作与横向经济联合发挥着重要作用。地方政府应充分发挥这方面的职能作用,积极开展区域经济合作,促进区域间要素流动,实现与周边区域经济的协调发展。

## 四、统筹区域发展中的中部崛起需要政府转变职能

在统筹区域发展格局的新形势下,促进"中部崛起"已不完全是要单纯地解决中部地区的经济增长问题,或者说是中部与东部地区的经济发展差距问题,而是要实现中部与东西部地区之间的协调发展,形成优势互补、相互促进、互利共赢的格局,建立既有分工又有合作、利益共享的区际关系。因此,统筹区域发展新形势下要促进中部崛起,必须更新发展理念,在充分发挥政府在促进区域经济协调发展方面各种职能作用的过程中,努力实现政府职能的转变与创新。

## (一)区域发展模式从"分区推进"向"统筹协调"转变

改革开放以来,我国的区域经济发展基本上是采取"分区推进"的方式进行的,从东部率先、西部开发,到东北振兴,再到中部崛起,不仅制定相应的"分区推进"的区域政策,还成立了相应的组织协调机构。我们认为在促进中部崛起中,国家制定出一些有针对性的区域政策并成立相应的组织协调机构是十分必要的。但是,同时也应该看到在全球经济一体化的时代背景下,任何一个区域的发展都不是孤立的,东部的开放离不开中西部的支持,西部的开发离不开中东部的支持,中部的崛起也离不开东西部的支持。因此,从国家层面上看,解决中部崛起和区域经济协调发展问题,除了要重视中部内生自增长能力的培育之外,还应根据国家"十一五"发展规划的区域发展总体战略及其对各地区新的功能定位要求,从创新区域之间的互动机制入手,寻找切入点,在发挥政府职能方面抓紧实现由"分区推进"向"统筹协调"的转变,统筹协调的方式包括实施区域发展总体战略、健全区域之间互动机制、推进形成主体功能区,见图17-1所示。

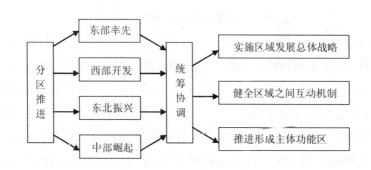

**图17-1 我国区域发展模式转变示意图**

中部地区各级地方政府也应适应我国区域发展模式的转变要求尽快转变职能,根据国家统筹区域发展的统一部署,加强相互之间的协调,在发展有比较优势产业的基础上,通过加强基础设施和现代市场体系建设,在发挥承东启西和产业发展优势中实现跨越式发展。

### (二)制定发展规划从"行政区划"向"功能区划"转变

到目前为止,地方发展规划都是行政区划,即以行政区为地域单元来制定规划。所以才有人称我国的区域经济是行政区经济。行政区划的优点在于便于操作,同时也便于直接由地方政府来推动落实。在行政区划具体操作过程中,中央对地方政府的产业选择一般不施加直接干预,中央主要通过产业政策引导、重大项目的区位选择对生产力宏观布局施加影响,而地方政府则可以广泛运用区域政策、补偿政策、投资激励等政策对行政区内的产业布局施加影响。以行政区划为地域单元组织经济运行的模式,如图 17 - 2 所示。

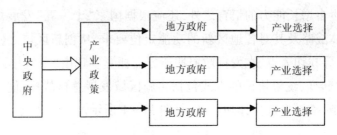

**图 17 - 2　行政区划的组织经济运行模式**

但是在统筹区域发展的新格局中,它的弊端也逐渐表现出来,这就是往往自成体系,不考虑资源环境的承载能力,都在追求"大而全"、"小而全",从而形成产业同构现象,造成重复建设问题严重,不利于实现区域的分工与协作。因此,在统筹区域协调发展的新形势下,为了实现中部崛起和区域经济协调发展,应从产生问题的源头解决问题,实现从行政区划向功能区划的转变。在功能区划的组织经济运行模式中,国家进行主体功能区划分,将不同行政区纳入了不同的功能区范畴,将不同行政区作为异质的行政区对待,对不同的功能区实行不同的区域政策,并用不同的指标衡量不同行政区的发展成绩,各行政区只能在各自的主体功能框架内自主地进行产业选择,如图 17 - 3 所示。各地区应根据资源环境的承载能力和发展潜力,按照优化开发、重点开发、限制开发和禁止开发的不同要求,明确不同区域的功能定位,并根据不同功能区的特点,制定出相应的区域发展规划。

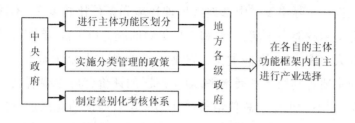

**图 17 - 3 功能区划的组织经济运行模式**

### (三) 资源配置方式从按行政区配置向按功能区配置转变

目前,在国家促进中部崛起政策指引下,中部各省都在加快发展,虽然中部各省政府之间加强了交流,但是各省的基本战略取向仍然存在着"分兵突围"的发展态势,中部地区各省之间"板块崛起"的合作机制尚未建立起来。如何处理好"分兵突围"与"板块崛起"的关系问题是一个突出问题。为了实现中部各省经济整体协调发展,政府应更新发展理念,突破行政区划的局限性,制定科学的区域发展规划,按功能区构建中部地区发展的新格局,并采取相应的配套措施促进中部各省的共同发展。一是要打破以行政区为界限谋划发展的思维定式,实现由按行政区经济配置资源为主向按功能区域配置资源为主转变,进行政府区域管理职能的创新。二是要改变单纯追求缩小区域间经济总量差距的发展模式,充分考虑中部地区资源环境承载能力,重视发挥中部地区各省的比较优势。三是对中部地区既要有发展经济的措施,又要有转移人口、财政转移支付等政策,逐步缩小中部与东部地区人均收入、公共服务和生活水平的差距,实现经济布局、人口分布、资源环境三位一体的协调发展格局。四是按照按功能区构建中部地区发展新格局的要求,对中部地区的行政区划进行适当的调整,使行政区的划分与各种功能区的划分能大体统一起来。

### (四) 考核评价体系从注重经济考核向注重全面考核转变

长期以来,我们对区域经济发展的评价基本上是按行政区划进行的,并主要考核其经济发展指标。这虽然有利于调动行政区的积极性,便于区域政策操作,但对不同发展条件的地区按同样的发展目标进行评价,必然使区域发展难以从实际出发。中部地区地理环境和条件比较复杂,不同区域由于资源环境承载能力不同,产业和人口集聚的能力也不同,有些区域主要是经济区和人口密集区,有些主要是农业区,有些则主要是生态区。对经济区的评价应主要看其经济发展水平;对生态区的评价则应主要看其生态环境保护情况,而不能把生产总值增长放在第一位。即按功能区进行的考核指标体系具有多元性,既有经济指标,也有生态指标和社会指标等。建立按功能区构建中部区域发展新格局的考核指标体系,对各地发展水平的评价可以更有针对性,对促进中部大发展成为科学的发展具有重要意义。

**(五)区域协调机制从单一互动机制向多种互动机制转变**

促进中部崛起和区域经济协调发展的重点在于形成互动机制。改革开放以来,为了有效地提高资源的配置效率,强调充分发挥市场机制的基础性作用是对的。但是,市场机制的最大弊端就是容易形成两极分化,当时虽然也注意到了公平问题,但解决公平问题的方式主要是加强中央政府的宏观调控职能,在发挥区域之间的互动与合作机制方面还显得不够充分。中国面积广大,地区差异千差万别,从目前我国区域发展情况看,单纯地依靠中央政府的宏观调控来解决所有地区的公平和发展问题,力量总是有限的。因此,必须采取多种互动机制来促进中部崛起与区域经济的协调发展。在统筹区域发展的新形势下,实现区域经济协调发展的机制,包括市场机制、合作机制、互助机制和扶持机制等。

首先,应健全在促进中部崛起和区域经济协调发展中的市场机制。区域经济发展遵循着市场经济基本规律,它的动力是内生的、受利益驱动的。由于我国处于从计划经济迈向市场经济的过渡阶段,行政推动力发挥着十分重要的作用,有时甚至还是主要推动力。但我们要着眼于长远,逐步形成利用市场来促进中部崛起和区域经济发展的新机制。长期以来,中部地区作为东部地区经济的农产品、矿产资源、原材料的供给地,其资源开发、经济发展与东部地区相比一直处于不平等的发展条件之中,这种状况由于体制原因至今没有得到根本的改变。为此,要通过深化改革逐步取消某些不利于缩小地区差距的政策规定,促使中部地区以平等的身份同东部地区进行经济技术交流与合作,促进资源开发和经济发展。

其次,应健全东部对中西部地区的合作与互助机制。国家有必要建立以财政为主体的"区域经济协调发展基金",建立健全区域之间的合作、互助机制。其主要作用是打破资源配置与市场利益的条块分割,以发挥优势、共同发展、提高效率为宗旨,在贸易、资金、物资、交通、人才、信息等领域,协调东、中、西部地区进行广泛的交流与合作,把加快推进发达地区的更加繁荣与推进落后地区的跨越式发展有机结合起来,形成地区间相互促进、共同发展的区域格局。

最后,还要健全国家对中部地区的扶持机制,按照公共服务均等化原则,加大国家对中部欠发达地区的扶持力度,加快革命老区、民族地区和贫困地区经济社会发展。

**(六)政府行为取向从注重区域竞争向注重区域合作转变**

在市场经济条件下,竞争特别是市场竞争确实能够使市场主体促进资源配置效率的提高。但是,在政企分开的体制下,政府的主要任务不是参与市场竞争,参与市场竞争主要是企业的行为取向。新形势下,政府的主要任务应该是如何构建和谐社会,为社会提供高质量的公共服务产品,使广大人民群众都能够分享到改革开放的成果。因此,在促进中部崛起和区域经济协调发展中,地方政府的重要职能应从注重区域竞争转向注重区域合作。只有搞好区域合作,才有助于实现区域共同发展。

中部各省地方政府应积极主动地参与区域间的经济合作。区域经济合作对于促进各区域经济发展,协调区域经济关系,构建联动、有序的区域经济协调发展系统有着重大作用。为了加强区域经济合作和横向经济联系,地方政府要转变思想观念,破除各种行政性、体制性障碍。中部地区的地方政府要主动撤除各种妨碍区域间要素和产品流动的行政壁垒,主动参与东部、西部的经济合作,实现区域资源共享和有效配置。中部地区要积极保持与"长三角"、"珠三角"、"环渤海"等发达经济区域的交往和联系,鼓励有竞争优势的企业"走出去",积极参与西部大开发和东北振兴。中部地区劳务输出较多,地方政府要为农民外出打工和经商提供帮助和支持,为维护农民工合法权益发挥政府应有的作用。中部各省之间要摒弃唯我独尊的腹地中心意识，加强相互的沟通、联合，发挥中部区位、资源、科技等综合优势，促进共同发展，开展多种形式的合作交流。中部各省之间可以建立相互的战略协作关系，可以在矿产资源的合作开采利用、交通运输联运、旅游资源开发、科技协作攻关等方面加强合作。有些区域合作需要大量的协调、协商工作，地方政府要看到长远利益，争取各方都有满意的结果。

总之，从中央到地方的各级政府，在促进区域经济协调发展方面都具有着重要的职能作用。但是，在统筹区域发展的新形势下，要促进中部崛起与区域经济协调发展，还必须在这方面进行政府职能的转变与创新，根据按功能区构建区域经济发展新格局的要求，尽快实现在区域发展模式、制定区域规划、资源配置方式、考核指标体系、区域协调机制和政府行为取向等方面的转变。

### 五、促进中部崛起中政府职能创新的制度安排与要求

综合分析影响促进中部崛起与区域经济协调发展的各种因素，我们认为，政府职能的创新与有效的制度安排，是促进中部崛起与区域经济协调发展的最重要因素。因此，要促进中部崛起与区域经济协调发展，必须适应新形势，进行政府职能的创新与重构相关的政策体系。

#### （一）围绕中部主体功能区建设对政府职能创新的制度安排与要求

##### 1. 按照中部主体功能区划分的要求，明确各级政府事权划分

国家对4类主体功能区确定后，中央和省级政府分别承担分类政策的设计和管理职责。中部地区省级政府部门负责制定和实施针对本省主体功能区的分类政策、实施细则和条例，它首先必须符合国家关于中部地区主体功能区定位对于该区域的政策要求，同时又能根据本省实际情况保持政策设计上的灵活性和自主性。省级以下各级政府主要是配合国家和省级主体功能区规划的工作，围绕已经确定的国家和省级两级功能区规划体系，承担贯彻落实和数据统计等方面的职能和服务。在推进形成主体功能区建设中，通过明确各级政府的事权划分与制度安排，形成中央、省、市、县各级政

府之间有效运作与协调一致的运行机制。

2.设立中部地区主体功能区建设管理机构,健全相关法律保障机制

为科学制定和有效实施中部地区主体功能区规划,可以由中央政府组建中部地区主体功能区规划委员会,负责主持中部地区主体功能区规划各项工作,中部地区主体功能区规划委员会的主要任务是:建立健全部门协作机制,精心组织有关部门参与主体功能区规划和政策措施制定工作;整合各部委现有区域管理部门和区域政策制定实施机构;促成主体功能区规划与其他规划之间的衔接协调。同时,在实施中部主体功能区规划过程中,必须建立和健全相关法律法规,明确功能区的法律地位、划分原则、确定方法、责任主体、管理机制、法律责任等,对违背功能区规划建设的单位和个人,要依法进行责任追究。通过建立健全主体功能区规划法,确保主体功能区规划决策的科学化、民主化和规范化。

3.建立中部地区主体功能区开发专项基金和生态补偿机制

政府制定各项区域规划目标,需要通过利益导向机制和完善市场机制来实现。因此,应建立统筹各主体功能区域协调发展的资金保障机制,设立针对重点开发区域和优化开发区域的开发专项基金,建立针对限制开发区域和禁止开发区域的生态补偿机制。资金来源包括中央财政专项拨款,合并现行"支持不发达地区发展基金"、"少数民族贫困地区温饱基金"、"革命老区发展基金"和财政扶贫基金,各省市地方政府的经费、生态赔偿罚没款和民间资本等。同时,推进主体功能区建设还要注重市场作用与政府推动的协调统一,依靠市场机制引导要素向规划的目标区域转移。在中部地区的主体功能区规划建设中,优化开发、限制开发区和制止开发区都面临不同程度的开发强度、密度和容积限制,在政策设计上,可将超出限定标准的容积率、建筑密度等指标通过市场交易的方式转移给重点开发地区,借助市场机制作用,引导生产要素合理流动,促进主体功能区的建设。

4.构建中部地区主体功能区规划的政策体系与绩效考评体系

中部地区现行的财政、投资、土地、人口政策及其绩效考评体系,大多带有浓厚的行政区色彩,很不适应构建主体功能区的要求,迫切需要进行调整

和完善,以保障实现区域的主体功能。

在构建区域政策体系方面,首先,需要改革现行财税体制,尽快实现从生产型增值税向消费型增值税的转变,消除地方政府盲目投资、盲目开发等非理性经济行为的内在冲动。特别是对禁止开发和限制开发区域的地方政府而言,财政收入本来就薄弱,要改变其重产值轻效率、重经济轻环保的行为,必须建立健全财权与事权相匹配的财政管理体制。此外,还可以通过财政转移支付和开征特种税等制度安排,统筹区域协调发展,实现公共服务水平的均等化目标。其次,构建土地、投资、产业和人口管理等方面的分类政策体系,约束和引导各类市场主体自觉地按照地区主体功能定位从事开发建设,逐步形成人口分布、经济布局和资源环境相协调的区域开发格局。

构建政府绩效考评体系,是约束地方政府各种非理性的政绩冲动必须解决的问题。推进中部地区主体功能区建设,要求全面调整和完善中部各省地方政府的绩效评价和政绩考核制度。其核心在于将地方政府作为一个独立的利益主体来对待,在给予其权力的同时,制定相应的约束机制,在激励与约束相容的框架下设计地方政府的权责与行为。要按照不同主体功能区的定位要求,确定相应的绩效评价和政绩考核重点,综合考虑经济发展指标和生态环境保护指标;要建立动态的监管机制和调控指标体系,根据区域发展和功能变化及时反馈和调整,保持对空间开发秩序的有效监控。[①]

### (二)围绕中部地区经济合作对政府职能创新的制度安排与要求

中部地区经济合作的实质是通过各种途径解除区域之间在市场及产业等方面的分割状态,使无障碍的资源配置所涉及的区域变得更大和更优化,最终实现经济一体化。目前总体而言,中部地区的开放更多地体现在对区域外的开放程度较高,而对区域内的开放水平较低,资源的流动程度低,消费品市场、原材料市场、资本市场、劳动力市场等在区域内的省际之间分割较为严重。虽然中部地区各省之间的互补关系不大明显,但这并不意味着区域内各省之间不需要统一的市场及协调发展的产业。中部地区各省之间

---

① 陈秀山、张若:《主体功能区从构想走向操作》,《决策》2006 年第 12 期,第 10—11 页。

的经济结构差异、互补及协调发展的产业,既可以是天然形成的,也可以是培育的。中部地区各省之间在产业结构上的高度重复建设恰恰是市场分割的结果,中部各省在区域发展规划上缺乏协调与合作,才产生了大量的外部负效应。而造成这种情况的主要原因之一,是中部各省的行政性分割。因此,在促进中部崛起与区域经济协调发展过程中,要加强中部地区各省之间的区域经济合作,就必须通过一定的政府职能创新与有效的制度安排来加以解决。

1. 运用政府干预启动和深化中部地区各省经济合作

既然行政性分割是制约中部地区各省经济合作与发展的最主要因素,那么就需要解除行政性制约,给市场以发挥更大作用的空间。但是,解除行政性制约并不是指行政手段的简单退出,而是将阻碍市场机制的行政干预解除,代之以能够弥补市场空白、市场失灵或者有利于培育市场机制的行政干预。如果说发达地区的市场经济中的政府干预是为了解决市场失灵问题,那么中部作为欠发达地区的政府干预主要是为了解决市场缺位问题。就中部地区经济目前的发展状况,骤然减少行政干预是不现实的,因为各地区现有的摊子主要是在政府的干预下铺起来的,只有在少数民营经济发展较快的地区,政府干预的范围较小,甚至一些外向型经济特征较为显著的地区也存在政府干预问题。根据中部地区经济的这一特点,如果让行政手段硬性撤出不但不会有利于区域经济的合作与发展,甚至会重返改革开放初期那种一放就乱的状态。

我国与国际经济合作的经验告诉我们,区域经济合作是资源配置跨越了原有的行政界限,用行政手段打破界限是惯用方式,也是必要方式。依靠政府干预来启动和深化经济合作的例子屡见不鲜,尤其是涉及范围、数量较大的区域更是如此,即使在市场经济高度发达的国家和地区也是如此。单独依靠市场来实现区域经济一体化是需要条件的:一是经济结构有着强大的互补性,这种互补的动力能够超越各种限制,甚至是行政性限制;二是区域之间市场机制较为完备,也能够通过市场的力量实现进一步的整合。①在这两大条件都不具备的中部地区各省之间,政府的行政力量对促进区域经济合作往往起着决定性的作用。换句话说,对中部地区各省而言,期待市场经济发育成熟后区域经济合作及一体化能够自动实现是不现实的,还将会使得中部地区经济发展进程大大减缓,部分地区甚至永远不能获得经济合作及一体化所带来的发展机会。只有通过政府职能的创新,依靠政府干预来启动和深化区域经济合作,才能保证市场机制充分发挥作用。

2. 围绕中部各省的区域经济合作构建政府协商机制

早在 20 世纪 80 年代初,国家就考虑到了通过政府协商来促进地区经济合作的问题,例如 1980 年出台的《国务院关于推动经济联合的暂行规定》,就是一个具有较高强制力的制度安排,但这一制度安排是在计划体制的背景下出台的。如果考虑到目前中部地区市场机制的发育情况,政府协商的方式应该有较大的转变。根据我国区域合作与发展的特点,可以考虑借鉴"长三角"和"珠三角"两大经济区域经济合作的经验来启动和深化中部地区经济合作。"长三角"和"珠三角"两大经济区域是在缺乏政府协商机制的条件下发展起来的,使得我国南方经济获得了起飞和初步的发展。但经济发展达到一定程度后,各地区都已经意识到在缺少政府协商的条件下,区域经济一体化进程相当缓慢,甚至有重返分割、僵持、过度竞争与无序竞争状态的危险,都认为政府之间的合作与协调是发展的前提。2004 年 11月初在上海召开的城市峰会实质是 2005 年会议的提前召开,说明了政府协商对于"长三角"区域经济合作的积极性和紧迫性。"泛珠三角"区域经济合作的政府协商中,参加领导的级别越来越高,说明该问题已经得到了政府的足够重视。

对于中部地区省际之间的经济合作,可以考虑在借鉴"长三角"和"珠三角"区域经济合作经验的基础上,根据中部地区各省的特点,应由中央政

---

① 参见王兴化:《我国区域经济合作与发展制度经济学分析》,《现代经济探讨》2006 年第 12期,第 56—59 页。

府牵头,通过地方政府平等协商的途径,形成区域合作的长效机制,从制度层面启动和推进中部地区的经济合作。其经济合作的宗旨是"开放的市场、平等的伙伴、协商的政府、自由的联盟"。目标是通过充分发挥各省的比较优势,促进产业结构的优化与升级,实现经济互补,基础设施共建共享,创建一个资源配置科学、高效运转的经济协作系统,共同促进整个中部地区的"板块"崛起。

3. 中部地区政府协商机制建立的途径与涵盖的内容

第一,对中部地区各中心城市政府协商的可行性进行系统研究,找准建立政府协商机制的有利条件与障碍因素及其整合的对策。第二,对中央与地方政府在这方面的职能应有明确的功能与角色定位。中央政府是中部地区经济合作大原则与制度框架的制定者和监督者,中部各省地方政府是中部地区经济合作的参与者与实施者。这两个层次的行政职能定位是市场机制在中部地区充分发挥作用的重要保证。第三,政府协商的内容,应包括统一市场问题、产业整合问题、资源共享问题、均衡增长问题、法律法规与政策及发展规划的衔接与协调等问题。第四,政府协商的方式,可采取多种方式进行,如合作制定发展规划、设立区域协调发展总部和中心城市论坛、定期召开各省主要负责人会议等。第五,政府协商内容要不断深化。根据难易程度,可分阶段制定协商的内容与主题,使区域经济合作更加紧密,一体化水平逐步提高。

## (三)围绕鼓励全民创业对政府职能创新的制度安排与要求

东部沿海发达地区的实践表明,全民创业可以形成推动区域经济快速发展的巨大力量。中部与东部地区相比,发展之所以缓慢,其中一个重要的原因,就是全民创业的环境不佳、动力不足。因此,在促进中部崛起与区域经济协调发展过程中,政府的重要职责就是要强化服务意识,深化改革,转变职能,提高效能,大力优化发展环境,为全民创业提供更多更好的政务服务。并以此来吸引和激励更多的人敢于创业、参与创业、能够创成业。唯有如此,才能推动本地区经济的跨越式发展,实现快速崛起。

1. 深化行政管理体制改革,促进政府职能转变与创新

深化行政管理体制改革,要按照"经济调节、市场监管、社会管理、公共服务"的要求,合理界定政府在市场经济活动中的职责范围,积极推进政企分开、政资分开、政事分开以及政府与市场中介组织分开。在抓好经济调节和市场监管的同时,更加注重社会管理和公共服务。大力创新政府管理方式,使直接干预微观经济活动过多的局面得到根本转变。要建立"决策科学、分工合理、执行顺畅、运转高效、监督有力"的行政管理体制。按照精简、统一、效能的原则和决策、执行、监督相协调的要求,完善机构设置,理顺职能分工,合理划分各级政府经济社会管理权责。要充分利用现代交通通信发达、信息传导便捷的有利条件,精简管理层级,扩大管理幅度。全面推行依法行政,强化外部监督体制,实行政府行为责任追究制度,完善政府自我约束机制。此外,还要健全科学民主决策机制。对涉及经济社会发展全局的重大事项,要广泛征询意见,充分进行协商和协调;对专业性、技术性较强的重大事项,要认真开展专家论证、技术咨询、决策评估;对同群众利益密切相关的重大事项,要实行公示、听证制度,扩大人民群众的参与度。

2. 深化行政审批制度改革,努力提高政府机关服务水平

依照《中华人民共和国行政许可法》的规定,对现有行政许可事项进行全面清理,加快以权力行使为重点的项目审批制向以制定和公开标准为主的核定制转变,所有审批项目凡能够制定标准的,要制定标准并根据标准采取核准制。对确需保留的行政审批事项,实行统一受理、统一送达制度,统一办理或联合办理、集中办理制度,相对集中许可权制度等,减少审批环节,优化审批流程,压缩审批时间。进一步修订完善审批细则,严格遵循审批标准,杜绝各种不规范审批行为。逐步推行网上审批,凡面向企业和社会的审批、管理及服务事项,符合条件的都要纳入网上窗口,实现网上运行。

3. 强力推进机关效能建设,建立健全政府公共服务机制

各级政府机关要以提高服务质量和办事效率为重点,以精简、统一、效能为目标,强力推进机关效能建设,建立健全政府公共服务机制。首先,全面落实首问责任制、限时办结制、服务承诺制等制度,推行"阳光政务",加

强行政效能监察,开展政风行风评议活动,促进服务水平提高。其次,搞好创业培训工作,把职业教育、就业培训和正在开展的"阳光工程"等资源有效整合起来,面向全社会开展创业培训,重点要抓好下岗失业人员的再就业培训、失地农民和农村劳动力转移就业的技能培训,提高全民创业的技能水平。最后,允许和鼓励机关工作人员从本岗位职能出发,运用自身掌握的信息、专业知识、长期实践工作中积累的妥善处理问题的能力和经验,扩大服务范围,为社会、为企业发展进行延伸和深化服务。计划、经贸、财税、统计、物价、工商行政管理等部门,要通过各自所掌握的产业目录、产业政策、财政政策、税收政策、成本分析、统计数据、价格行情、企业经营分布等资源,为创业投资者提供投资引导、创业咨询等相关服务,提高投资创业的成功率和回报率。

4. 政府应面向企业发展改进服务,在产业组织创新中发挥积极作用

政府创造环境,企业创造财富,是各地加快发展的重要经验。政府要让创业者切实感受到创业环境宽松,就必须从企业发展需要入手抓环境建设,包括从税费政策、资金瓶颈到治安环境、邻里关系、市场开拓、人才吸引等,都需帮助协调处理好。要进一步转变政府服务方式,变一般化服务为个性化服务,变粗放型服务为精细化服务,努力提升服务层次。

产业组织创新是推动一个地区全民创业与经济增长的内在动力,是衡量和检验体制改革和政府职能创新成效的重要标准之一。中部各级地方政府要制定相应的政策,引导企业自觉地通过自组织行为,进行产业集聚,实现产业组织结构的转变。要通过将企业向开发区集中,使存在着产业纵向关联的上、中、下游企业在开发区内集聚,加强企业之间的经济联系,降低生产成本,提高企业竞争力。产业组织创新过程中,地方政府必须从区域经济发展的大局出发,主动限制不合法产业的发展,以免产生错误导向,造成资源浪费。同时应营造有利于合法产业发展的环境,积极发展工业园区,使产业集聚,不断向更高级的产业组织形式演进。对于地方特色经济,政府应引导企业向专业化生产、规模化经营、高技术含量和高附加值的现代企业组织转变。

**5.政府应着力解决要素瓶颈制约,为投资创业者创造良好的政策环境**

首先,要放宽创业条件,降低创业门槛,营造宽松的制度环境。降低企业注册资本金限额,凡自然人申请设立的合伙企业、独资企业以及个体工商户,一律不受注册资本金数额限制。对城乡群众自主创办的小商贸、小加工、小制造、小修理、小服务等给予一定的发展宽限期,宽限期内免于工商税务登记。其次,要营造灵活的机制环境。要以激发广大人民群众自主创业、自我发展、自我约束、平等竞争为基本出发点,以民间积累、民间所有、民间投资、民间经营为主要经营方式,以政府鼓励支持、监督引导、主动服务为基本保障,以按劳分配与按生产要素分配相结合,完善分配方式,促进全民创业机制的形成。再次,要制定优惠的经济扶持政策。可建立创业发展基金,重点用于支持全民创业项目开发、信用担保体系建设、劳动力培训和政府奖励。建立创业用地政策。全民创业项目用地统一纳入政府用地计划,凡是新创业的项目,优先优惠提供用地;在工业园区兴办企业,享受园区内的供地优惠政策。最后,拓宽全民创业的投融资渠道,为百姓创业提供资金保障。要探索多元化的资金筹集方式,完善民营企业投融资机制,构建与创业相关的支持性机制,使创业者所创之业做大做强。

综上所述,政府在促进中部崛起与区域经济协调发展中具有着重要的职能作用。中央政府在制定促进全国性区域经济协调发展战略规划和区域经济政策、健全区域互动机制、加强区域市场监管、建立健全区域考核指标体系等方面具有着重要职能。地方政府按照中央政府关于区域发展总体战略的要求,在制定本地区经济发展战略规划、发挥区域比较优势、推进区域市场化进程、开展区域经济合作和促进本地区经济协调发展等方面具有着重要职能。面对加快推进主体功能区建设、省际之间区域经济合作的加强以及中部各省全民创业热潮兴起的新形势,迫切需要政府转变职能,进行职能创新,通过行政管理体制改革和有效的制度安排,大力加强机关效能建设,变管理型政府为服务型政府,加强区域合作与经济协调,向创业者提供优质服务,以便促进中部地区经济又好又快地健康发展。

# 第十八章 积极推进中部地区的区域文化心理重构

纵观国内外的区域发展,区域文化心理对区域经济发展的影响是深远、持续、全方位的。为了经济发展与社会进步,党的十七大坚持中国特色社会主义经济建设、政治建设、文化建设、社会建设的基本目标和基本政策构成的基本纲领,提出了实现全面建设小康社会奋斗目标的新要求,并相应地提出了推动区域协调发展和形成区域协调互动发展机制的新任务。这"实际上是以经济、科技发展为中心的包括政治、文化和社会心理等方面在内的有计划的社会文化变迁"。[①] 因此,新的历史条件下,我们必须回答:区域文化心理将会对推动区域协调发展产生什么样的影响,在形成区域协调互动发展机制过程中,将如何重新构造一个与之相适应的区域文化心理结构? 这正是促进中部崛起与实现区域经济协调发展过程中所需要探讨的一个新问题。

## 一、区域文化心理是影响区域经济协调发展的重要因素之一

区域经济发展是一个由多种因素相互作用而形成的经济社会发展系统。恩格斯在揭示人类社会发展规律时曾指出:"经济状况是基础,但是对历史斗争的进程发生影响并且在许多情况下主要是决定这一斗争的形式的,还有上层建筑的各种因素……这里表现出这一切因素间的相互作用","整个伟大的发展过程是在相互作用的形式中进行的……这里没有任何绝

---

① 时蓉华、刘毅编著:《中国民族心理学概论》,甘肃人民出版社 1993 年版,第 315 页。

对的东西,一切都是相对的"。① 因此,我们在探讨形成区域经济发展的内在机制时,就不能仅仅看到现实层面上的物质技术因素、社会结构因素、体制或制度因素等,还应该看到隐含在这些现实层面因素背后的文化心理因素,分析文化心理作为上层建筑的一种重要因素是如何对区域经济发展施加影响的。只有这样,才能真正找到社会进步与经济发展的内在规律。

**(一)区域文化心理的形成及其对区域经济协调发展的能动作用**

文化心理作为一种历史文化的积淀,随着人类社会的产生而产生,也伴随着人类社会的发展而发展。而人类社会的出现是分地域的,由于不同地域的人群相互隔离,于是就形成了不同的区域文化心理。马克思曾经用"亚细亚生产方式"的概念勾勒过以我国中部地区为代表的东方小农经济社会的主要特征,并指出"亚细亚生产方式"创造了一种与西方经济形态完全不同的社会经济结构和区域文化伦理。

按照马克思主义的观点,社会存在决定社会意识,但社会意识对社会存在还具有一定的能动的反作用。区域文化心理作为一种社会意识,由一定区域范围内的社会存在所决定。它在一定区域范围内的经济社会条件基础上形成,并对区域内的经济社会发展具有一定的能动的反作用。先进开放的思想观念和积极健康的社会心理可以推动人们改造世界的实践活动,促进区域经济发展;而落后保守的思想观念和消极颓废的社会心理则会导致人们实践活动的挫折与失败,阻碍区域经济的发展。

在西方初期的资本主义发展过程中,当时先进开放的区域文化心理因素曾对市场经济的发展起到过相当大的影响作用。早在亚当·斯密的古典经济学时期,博爱、同情、追求自由的欲望,正义感和相互交换的倾向等就已经被视作市场秩序必不可少的伦理道德基础。

针对经济学研究中把市场与交换的出现看作是劳动分工的必然产物,而不去深究市场与交换存在与发展的伦理道德基础的倾向,约翰·泰勒指出,认为分工为经济共同体的契约提出了充分原因是社会理论中最深的错

---

① 《马克思恩格斯选集》第4卷,人民出版社1995年版,第477、478页。

误观念之一。在他看来,说明市场与交换产生的物质条件是必要的,但仅仅做到这一点是远远不够的,还必须考察经济共同体中通过权利、道德、伦理等建立起人们之间的正常预期所必须首先具备的条件,这是我们共同依赖以建立的道德基础。① 泰勒在这里所提出的"经济共同体"中的"道德基础",正是隐含在区域经济发展过程中的文化心理因素。

马克斯·韦伯在他的《新教伦理与资本主义精神》《中国的宗教》等代表作中,通过对西方诸大宗教的比较研究,更突出地表明了这样的思想:在缺乏一种思想精神和动机力量的情况下,即使是最有希望的制度性条件也不能被有效地运用于理性的经济目的。市场经济只有在质料和精神——结构性支撑和规范性支撑——都已经出现时,才能得到发展。他把中国的儒家伦理视为一种宗教,并从考察"儒教"出发,指出由于中国儒家伦理的精神取向与西方新教伦理完全不同,所以它不可能产生与市场经济相适应的伦理道德基础。虽然韦伯对东方宗教与伦理的论断失之偏颇,但他确实深刻地揭示出了区域经济发展所必需的精神文化要素。这一点对于深入理解区域文化心理与区域经济发展的内在联系,仍然具有现实意义。

根据一些经济学家对区域文化心理因素的有关解释与阐述,可以把区域文化心理对区域经济协调发展的能动作用,主要归纳为以下几个方面:

1.区域文化心理为区域经济协调发展提供观念基础和动力源泉

美国著名经济学家托达罗在分析人力资源因素对经济增长的促进作用时,从文化层面给予强调:"在一个拥有人力资源的国家,不仅绝对的人口数量和人们的技术水平是重要的,而且他们的知识、视野、工作态度和自我提高的欲望也是重要的。"② 正如刘易斯分析 19 世纪后期英国在培养科技人力方面落后的原因时所指出的,英国在培养科技人力方面落后的根本问题是态度问题,而不是能力问题。库兹涅茨在《现代经济增长》一书中,提醒人们不要忽视经济增长的"观念基础"。他把这种影响一个经济时代的

---

① [美]V.奥斯特罗姆等:《制度分析与发展的反思》,王诚等译,商务印书馆 1992 年版,第287、291 页。

② [美]托达罗:《经济发展与第三世界》,赵荣美译,中国经济出版社 1992 年版,第 87 页。

经济观念称之为"时代精神",并认为它与代表时代特征的技术和创新一样意义重大。

因此,在经济增长过程中,无论是生产要素的历史发育、要素的社会供给,还是要素组合所追求的收益权重、要素融合于市场的成本构成,无不受社会文化理念的影响和约束。社会文化理念是规范一个社会经济活动的根本力量,进而也是规范经济增长目标合理性的根本力量。佩鲁指出,各种文化价值是抑制和加速增长的动力基础,并且决定着增长作为目标的合理性。刘易斯认为,人们从事经济活动的愿望是经济增长的重要原因之一。在马克斯·韦伯看来,文化心理为人们从事经济活动提供了精神动力,影响着人们对财富追求的欲望。没有思想解放和人的价值、自由、个性的反思,没有西方文艺复兴对人的本质、尊严、个性、自由的发现与肯定,没有人道、理性、科学的人文精神,不会诞生资本主义革命,更不会有市场经济及现代科学技术的发展。在知识经济的今天,伴随着资本与技术的蔓延,区域文化的扩张与交融成为社会发展的必然趋势之一。区域经济越发展,越需要先进的区域文化心理的支撑。正如胡锦涛同志在十七大报告中所指出的,"当今时代,文化越来越成为民族凝聚力和创造力的重要源泉、越来越成为综合国力竞争的重要因素"。

2. 区域文化心理影响着人们从事经济活动的交易费用

区域文化心理的功用在于它是信息载体,在于它所生成的习惯势力,在于生活在同一文化区域的人们共享着它所承载的信息,进而降低交易成本。有效合理的区域文化价值能建立起社会成员共同遵守和自觉履行的认知体系和信仰体系,从而实现集体行动的协调与合作,大大降低交易费用,为经济增长提供持久动力。交易双方的共同文化背景是实现这种交易的主要条件。不同文化背景商人间的贸易则需要亲属关系,设定抵押、中介人或商人的习惯来约束双方,才能使交易得以进行。

每一个区域都有一些敢于对新的经济组织形式、新的经济活动领域进行试验的人。现有的区域文化心理氛围是赞许并鼓励这些人还是压制他们,将对区域经济发展产生不同的影响。在一个区域里往往少数人作为开拓者,成功后被其他人效仿。一个地区的经济发展往往取决于作为开拓者人数的多少,这种开拓者的人数越多、活动的范围越大,经济发展就越迅速。区域经济发展的差异往往取决于区域文化心理氛围是否有利于这些人创业的程度以及给予这些人的活动范围。在一个对人们的创新行为很难容忍的社会里,人们从事经济活动的交易费用往往会很高,区域经济发展往往受阻,表现为经济长期停滞不前。因此,人们观念更新和区域文化心理重构对于一个地区的经济发展至关重要。

3.区域文化心理影响着经济制度变迁的方向、速度和路径

区域经济发展往往深深植根于区域文化的沃土之中,不同区域的社会群体由于价值观念、生活习惯、文化素质等方面的差异,所选择的经济发展道路是不同的,也就是说区域文化心理影响着区域经济制度的变迁方向。由于社会文化制度具有不可移植性,任何一个国家或地区都不可能照搬照抄别国的文化。但区域文化需要不断地创新,适宜的文化制度安排和文化心理重构,不仅可以为经济发展提供了强大的精神动力,而且也是促使正式制度安排发挥作用的不可缺少的保障。因此,任何区域文化都需要从其他文化中吸取营养来发展自己,如我国香港经济发展就与中西文化的整合有很大关系。

4.区域文化心理塑造着不同的区域特色经济

我国文化有着历史的延续性和地域的差异性,因而形成不同类型的区域文化,如齐鲁文化、巴蜀文化、三秦文化、三晋文化、湖湘文化、燕赵文化、中州文化、闽南文化等等。不同的区域文化塑造着人们不同的区域文化心理。区域经济发展决定区域文化心理,区域文化心理又反作用于区域经济发展。区域文化心理类型很多,各具特色的区域文化心理渗透进特定区域经济活动的各个环节,从而形成区域特色经济。最典型的例子是"从商文化"心理形成温州经济,"创新＋创业"文化心理打造了硅谷。

所谓特色经济,通常包括特色资源、特色产业、特色产品、特色技术、特色经济模式等。区域文化心理有利于形成区域特色经济,提高具有特色的区域经济发展水平。区域经济发展模式与区域文化心理密切相关,区域特

色文化心理渗透到区域经济中,立足于资源优势等,可形成有特色的区域经济模式,如受吴越文化心理因素的影响,在江苏和浙江形成了苏南模式、温州模式。此外,受人们不同区域文化心理的影响,区域有着不同的产业选择,合理调整产业结构,可促使形成有特色的产业。同时,区域的特色文化心理以行为、知识、信息等形式,形成特色技术,并渗透进企业的整个生产、经营过程中,渗透进产品中,渗透进品牌中,从而形成具有区域文化心理特点的企业文化和特色产品。健康而有特色的区域文化心理是区域发展的比较优势,并由此可以转化为产业优势和产品优势。

**(二)区域文化心理对区域经济发展影响作用的特点及其模式**

我国有关专家曾比较影响区域经济发展的诸多因素,如资金、技术、交通、通信和精神、观念等,发现它们对区域经济发展的影响各不相同,如图18-1所示。

**图18-1 不同因素对区域经济发展的影响**

从图18-1可以看出,在对区域经济发展影响的诸多因素中,精神、观念对区域经济发展的影响最大,是面的影响;交通、通信对区域经济发展的影响次之,是线的影响;资金、技术对区域经济发展的影响较小,是点的影响。[1]

精神、观念因素之所以对区域经济发展有很大的影响力,这主要是因为精神、观念作为一种区域文化心理因素,具有资金、技术、交通、通信等物质技术要素所不具备的特性。它具有历史的继承性、存在的持久性、发展的相对独立性、传播的感染性、作用的能动性和影响的广泛性等特征。而这些特

---

① 参见侯景新:《论区域文化与经济发展的相关关系》,《生产力研究》2003年第1期,第145页。

性恰恰是一般的物质技术要素所不具备的。一般的物质技术要素都是在人的区域文化心理因素的驱动下才发挥作用的。区域文化心理对区域经济发展的能动作用模式,如图18-2所示。

**图18-2 区域文化心理对区域经济发展发挥作用的模式**

从图18-2可以看出,人的区域文化心理因素是推动区域经济发展的原动力,正是由于它作用于物质技术要素才推动了区域经济发展。同时,区域经济发展的情况又会影响人的区域文化心理,通过反馈信息,以便促进人的区域文化心理水平向更高层次发展。人的区域文化心理与区域经济发展是一个相互作用和相互影响的过程。在这一互动过程中,才逐步促进了区域文化心理水平的不断提高与区域经济的协调发展。人的区域文化心理发展水平的不同,对资金、技术、交通、通讯等物质技术要素的配置与使用效率也就不同,而这些都会直接或间接地影响到区域经济的发展。

正是由于区域文化心理因素对区域经济发展有如此大的影响,所以越来越多的发展经济学家和社会学家开始把研究区域经济发展的目光转向了区域文化心理因素,以期通过对特定区域范围内发展主体的历史环境、文化传统和社会心理等进行透视,发现更为深刻的社会发展规律。这标志着人们的发展观念正在发生重大转变。

**(三)区域文化心理是一种复杂的能动的社会有机体**

区域文化心理作为一种复杂的社会有机体,由多层次的文化心理要素构成。区域文化心理的各种构成要素,按其对区域经济发展的影响程度和作用方式,大体上可以划分为四个层次:第一层次是区域文化理念层。它是由人们在一定文化知识基础上所形成的世界观、价值观、人生观等价值理念构成。这些因素形成区域文化心理结构中的核心层。第二层次是区域文化心理层。它是在一定的文化理念基础上所形成的社会需要、内在动机、心理态度和思维方式等心理要素构成。第三层次是区域文化行为层。它是由人的需要、动机等心理因素所支配的行为方式、行为能力、行为规范等构成。第四层次是区域文化环境层。它是由人们在区域范围内各种行为的相互影响所形成的人际关系、社交方式、社会氛围、风俗习惯等社会因素构成。整个区域文化心理结构如图18－3所示：

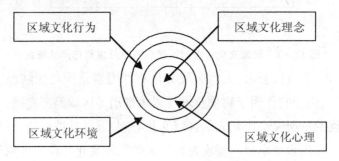

**图18－3  区域文化心理结构示意图**

从图18－3我们可以看出，从核心层由内向外依次展开，各层次心理要素所包含的内容是越来越具体、越来越丰富；而由外向内依次深入进去，各层次心理要素所包含的内容是越来越抽象，但却越来越深刻，越具有哲理性。其中，区域文化理念和区域文化心理是区域文化心理的深层结构，是人们平时所不能直接感受到的，只能通过区域文化行为和区域文化环境去间接地体验。而区域文化行为和区域文化环境则是区域文化心理的表层结构，是人们平时所能感受到的。

不同层次的文化心理要素对客观经济社会环境的适应情况及其对客观环境的影响程度是不一样的。在一般情况下，区域文化心理的表层结构由于与区域经济社会直接发生作用和影响，容易适应变化了的客观环境，而区域文化心理的深层结构则不易改变，特别是区域文化心理结构中处于核心层的文化理念一旦形成，对区域经济社会发展影响具有很强的历史惯性。

区域文化心理作为一种能动的社会有机体，其内部结构中不同层次的文化心理要素之间是相互影响、相互作用的。作为历史积淀的一定区域范围内的文化理念直接制约着人们的社会心理,影响着人们对自身周围一切事物的认识、评价、体验;同时也影响着人们对客观社会环境所做出的行为反应。因此,我们讲人们的社会心理也是一定区域范围内的文化心理。文化理念来自于历史的传承,社会心理是现实的反映。文化心理实际上反映的是历史与现实的统一,主观意识与客观环境的结合。由于每个地区人们所受到的区域文化理念的影响不同,从而形成了不同的区域文化心理。

区域文化理念对人们行为方式的影响直接表现在:一是通过区域文化理念的传承,了解本区域前人的生活经验;二是向其成员传递本区域的行为价值准则;三是使其成员能够顺利地与他人及群体建立社会联系。这一切决定了区域文化理念是影响和塑造本地区成员社会行为的一个关键因素。因此,从表面上看区域经济的发展是人的心理、行为直接作用于区域物质技术条件的结果,而实质上是区域文化理念通过人的心理行为间接发挥作用的结果。区域文化理念是制约区域经济发展的深层次因素。

由以上分析可以看出,区域文化心理作为一种能动的社会有机体,相对独立于区域经济发展系统之外,但同时又与区域经济发展系统之间存在着一定的相互作用与相互影响关系。二者之间的这种互动关系具体表现为一种信息与能量的交换关系。区域经济发展状况对区域文化心理的决定性影响作用,表现为一种信息传递或反馈;区域文化心理内部不同层次各种心理要素的相互作用,表现为一种信息的整合及其向能量的转化;而区域文化心理对区域经济发展的能动的反作用,则表现为一种信息能量的贮存和释放。在这一过程中,区域文化心理作为一种能动的社会有机体,本身所具有的对信息的整合及其向能量的转化情况,决定着它所储存和释放能量的大小,而这种能量储存和释放的程度,又直接影响着一个地区区域经济的发展潜力和发展水平。

## 二、中部与东西部的区域文化心理差异及其对经济发展的影响

我国从沿海到内地依据各省级行政区经济社会发展水平,把全国大致分成东部、中部和西部三个地带。东部最发达,中部次之,而西部较落后。

特别是进入 20 世纪 80 年代以来,东部地区国民经济的发展速度大于中部和西部,三个地带经济发展水平的差距有所扩大。从表面上看这是一种区域经济发展上的差距,而深层次地分析,它实际上反映的是东部、中部和西部地区区域文化心理上的差距。中国科学院、清华大学国情研究中心根据新增长理论以及世界银行《1998/1999 世界发展报告:知识与发展》提出的知识发展框架,建立了知识发展指标体系三大类(10 个指标),衡量不同地区的知识发展能力,从而解释了东西部地区发展差距的根源之一是知识发展差距。[①] 这里所讲的"知识发展差距",实际上就是包括知识发展能力在内的区域文化心理上的差距。由于我国"三个地带"的历史文化背景不同,各区域之间在文化心理上存在着较大的差异性,从而直接导致了对本区域经济发展的影响作用各不相同。

**(一)东部区域文化心理的特征及其对经济发展的推动作用**

改革开放以来,东部沿海地区经济的迅速崛起,在很大程度上根植于沿海人在长期对外贸易交往中逐步形成的沿海区域文化理念以及在这种文化理念影响下所产生的与现代市场经济发展要求相适应的区域文化心理。

从自然环境来看,东部沿海地区远不如中部地区,气候炎热多雨,经常遭到台风袭击,自然资源也远不如中部地区丰富。因此,沿海人很早就把学会顽强生存的本领放在第一位,往往抱着一种实利主义的态度对待人生。

从历史上看,秦汉、宋元时期随着大量的内地汉人迁至东部沿海,内地的以儒家文化为核心的中原文化对沿海地区便产生了影响。但这种中原文化也是途经湖南、江浙一带时被"南方化"之后,才逐步扩展到沿海地区的,故已非正统。相比之下,由于东部沿海人经常出海远航到南洋或日本等地从事海外贸易,所以往往受到外来文化影响很大。

到了近代,随着频繁的海外贸易、华侨出入使西方大量先进的经营方式、生活方式、建筑制造、工艺美术率先传入沿海的广东、江浙等地,使西方文化在东部沿海开始广为传播。例如富有经商传统的浙江人之所以能够大

---

① 胡鞍钢主编:《西部开发新战略》,中国计划出版社 2001 年版,第 375 页。

做生意,使经商传统得以继承并极大地发挥,尤其是"宁波商帮"对中国近代工商业的发展起到了很大影响作用,这与西方重商文化的影响是分不开的。

因此,东部沿海的区域文化实际上是一种由非正统的中原文化与外来的西方文化融合在一起的文化综合体。在这种东西方文化的相互碰撞又相互渗透中,使东部沿海在近代产生了许多新思想和新理念,并涌现出了许多的思想家、革命家、教育家和文学家。然而,这种不断创新的文化传统及其影响力在计划经济时期却受到了很大的压抑。

改革开放以来,东部沿海这种东西方文化相融合的区域文化的能量开始逐渐地释放出来,并与社会主义市场经济有机地融合为一体,形成了沿海人所特有的区域文化心理:敢为人先的人生态度、兼收并蓄的性格特征、求真务实的行为准则、经商致富的价值追求、头脑灵活的思维方式和积极健康的竞争心态。在我国加入WTO后,从过去"引进来"到现在"走出去",面对激烈的国内外市场竞争,更进一步激发了沿海人大力发展民族工商业的紧迫感和危机意识。正是这种区域文化心理,使得沿海人在发展现代市场经济大潮中充满生机和活力,从而也为东部沿海地区经济的快速发展提供了源源不断的精神动力和新的发展思路。"思路决定出路",这是被称为中国"犹太人"的温州人在总结东部沿海致富经验时所概括出来的一条重要经验。相比之下,在我国的中西部地区,由于种种原因而缺少这种与现代市场经济发展要求相适应的精神动力和创新意识。

**(二)中部区域文化心理的特征及其对经济发展的双重影响**

我国中部地区,特别是靠近黄河、长江流域的中原地区,这里土地肥沃,河水甘甜,自然条件良好,便于耕种,人口密集,过去一直是小农经济占主导地位的地区。在这种小农经济基础上所形成的区域文化,就是以儒家文化为核心并融合其他中原文化所形成的文化综合体。其基本特征就是荀子所概括的三句话:"天地者,生之本也;先祖者,类之本也;君师者,治之本也"。① 在这里，"天地"指整个自然界，表明了中原传统社会中小农经济"以土地为本，靠天时吃饭"的农耕文化特征，表现在生产经营理念上就是"重农轻商"。其次，对"先祖"的推崇，表达了中原人的祖先崇拜和宗教血缘纽带的坚韧性，表现在人际交往中就是"重义轻利"。其三，"君师"一体，君是政治权力的代表，师则是伦理道德的体现者。"君师"合一，体现了中原文化是以伦理政治为本位的，表现在人的价值追求方面就是道德至上，"学而优则仕"。

长期以来，我国中部地区人们的一切价值观念、心理需求、社会心态乃至风俗习惯都由这种以儒家文化为核心的文化伦理结构所规范和统御，并逐步形成了有别于东部沿海地区的天人和谐、人际和谐、情理和谐、不偏不移的区域文化心理模式。它具体表现为：重义轻利的人生态度、自我封闭的性格特征、注重人情的行为准则、重农轻商的经营观念、道德至上的价值追求、中庸和谐的思维方式和唯命是从的依附心理。我国过去在计划经济体制下出现的"平均主义"、"大锅饭"等社会现象之所以能够持久而广泛地存在，在很大程度上正是适应了这种区域文化心理的需要。

中部这种中庸和谐的文化心理模式，对经济的发展具有双重影响作用。一方面，在传统计划经济条件下，它对维护计划经济的高度集中统一，促进整个国民经济的协调运转，动员人们舍小家顾大家保国家，加快国有资本和集体资本的积累，促进公有制经济的发展，曾起到了很大的精神上的支撑作用。但另一方面，在现代市场经济条件下，它对经济发展的影响又显示出一定的消极、被动、保守和落后的一面，主要表现为：这种文化心理模式对充满竞争的市场环境、利益主体的角色转换、经商致富的价值追求、等价交换的市场理念以及依法办事的行为准则等方面，存在着诸多的不适应性，有时甚至对发展市场经济有一种内在的抵制心理。

改革开放以来，随着社会主义市场经济体制的逐步建立和完善，这种区域文化心理模式虽然在一定程度上受到了很大的冲击，但其社会影响仍然

---

① 《荀子·礼论》。

在中部一些地区广泛地存在。它具体表现为:在一些群众中普遍存在着"小康即安,小富即满"的小农意识,在东部扩大开放和西部大开发过程中又存在"不东不西"的自卑心理,不仅自己缺少带头致富的内在冲动,而且对外来的投资者和经商者,有一种带有地方保护性质的抵触情绪和排外心理,"看人富了眼红",就是这种心理的典型写照;在一些干部身上存在着浓厚的"官本位"意识,对上级领导有很强的依附心理,喜欢"一切看领导眼色"行事,热衷于搞形式主义和教条主义,而对本地区实实在在的经济发展问题缺少足够的创新意识。在社会环境方面,一个较普遍的社会现象就是"枪打出头鸟",对冒尖人才存在排挤心理,造成人才流失严重,"孔雀东南飞"现象时有发生。在发展现代市场经济方面,缺少与此相适应的文化理念、心理素质、创新动力和人才支持以及良好的社会环境,这是中部地区现代市场经济发展缓慢和区域经济落后于东部沿海地区的深层原因。

**(三)西部区域文化心理的特征及其对经济发展的制约作用**

西部地区是我国少数民族的主要聚居地,虽然自然资源丰富,但地广人稀。从历史上看,过去一直是以原始的农耕经济和游牧经济为生产力基础,商品经济相对于东部和中部地区来讲,出现较晚而且发展十分缓慢。尽管历史上在西南地区出现过一些"马帮"商人,在西北地区有过著名的"丝绸之路",但也主要是商品经济初期的物物交换。因此,西部地区人们的商品经济意识和市场经济观念过去一直都十分淡薄。其区域文化的形成主要来自于三种不同的文化:一是本地区原有的原始农耕文化和游牧文化;二是随着内地一部分汉人向西迁移带去的中原文化;三是外来的宗教文化。

其中,外来的宗教文化对西部一些少数民族文化心理的形成影响较大。产生于公元前6世纪到公元前5世纪古印度的佛教,向北进入我国西藏地区,与当地的地方性宗教融合后形成了藏传佛教,俗称喇嘛教,后又传入到蒙古高原等地区。还有产生于公元6世纪到7世纪的阿拉伯半岛的伊斯兰教,在7世纪到13世纪逐步扩散到亚、欧、非三大洲,同时也传入我国西部等地。我国西北部以农业为主的维吾尔族和回族等少数民族都信仰伊斯兰教。伊斯兰教的信徒被称作穆斯林,并一直延续至今。

因此,西部少数民族地区的区域文化,实际上是由当地原始的游牧文化、内地传入的中原文化和外来的宗教文化结合在一起而形成的文化综合体。在这种多元化的文化影响下所形成的西部区域文化心理也呈现出多样性的特征,并带有明显的宗教文化色彩。例如,信仰伊斯兰教的穆斯林民族具有真主前定的人生态度,一切都要按真主的意志去办;信仰喇嘛教的藏族则具有崇信喇嘛的价值追求,喇嘛在他们看来是引导人进入佛道的导师,在社会上受人尊敬并享有特殊的地位,所以藏族人都把当喇嘛作为人生的最高理想;而云南地区有的少数民族有迷信巫术的神秘心理,对鬼神的存在笃信无疑,在他们看来神灵的威力远远大于科学文化的威力。他们对鬼神表示感谢乞求宽恕的主要方式就是杀牲祭灵,并因此耗费大量的财物。"吃在酒上,穿在银上,用在鬼上",就是对这种迷信巫术的神秘心理的真实写照。除此之外,西部还有长期生活在深山里的少数民族,由于平时与外界联系较少,至今还保持着较多的原始共产主义和血缘纽带维系的氏族残余的原始文化与心理的基本特征,存在着"养牛为种田,养猪为过年,养羊为御寒,养鸡为换盐"的自然经济观念。

新中国成立后,在中央与地方政府的帮助和支持下,西部少数民族地区的经济建设和文化教育事业都有了很大的发展。特别是改革开放以来,随着社会主义市场经济的发展及其与东、中部地区经济文化交流的频繁,一些居住在城市里的西部少数民族的价值观念和社会心理发生了重大变化,但是在一些农村和牧区原有的各种传统文化心理的影响还仍然存在。有的少数民族在改革开放中通过勤劳致富生活条件变好了,但仍然存在着固守民族习俗的自尊心理。

因此,从总体上看,西部在区域文化心理方面仍然落后于东部和中部地区。这主要表现在:文化素质普遍偏低,各种人才奇缺,市场竞争意识不强,宗教文化影响仍然很大,有的地方在传统文化心理的作用下对内地先进科技文化存在着抵制心理。这也是西部丰富的自然资源不能有效地转化为经济竞争优势的主要原因。可以说在这种区域文化心理背景下,实现西部大开发的任务十分艰巨。

我国有的学者在对中国国情作了深入调查后发现,我国一些主要少数民族地区都有着令人惊诧的富饶自然资源:如云南是植物王国;青海有大量优质矿藏;内蒙、新疆的稀土储量占世界总储量的40％;西藏的水力资源列全国之首……然而这些地区却总是陷入一种"富饶的贫困",其原因何在? 归根结底在于人的科学文化素质和社会心理的落后。① 因此,在西部大开发过程中,通过各种途径来提高西部少数民族的科学文化素质和社会心理水平,具有着极其重要的意义。

### 三、促进中部崛起与区域经济协调发展的区域文化心理重构对策

我国区域经济协调发展的过程,实际上是一个由沿海到内地逐步实现东部、中部和西部"三个地带"的现代化过程。这个现代化不仅是经济、科技的现代化,而且还包括人的现代化,而人的现代化过程,则是人的价值理念、心理态度、行为方式以及整个社会环境各方面要素的转变过程。因此,在促进中部地区崛起和我国区域经济协调发展过程中,客观上需要重构一个能够促进"三个地带"经济协调发展的区域文化心理基础做支撑。

#### (一)区域文化心理重构对促进区域经济协调发展的意义

在我国东部、中部和西部区域文化心理中,有不少积极因素是值得发扬的,但是,前面所提到的那些陈旧、落后的消极因素也确实不同程度地存在于我国"三个地带"的区域文化心理中。特别是中部地区存在的一些消极的区域文化心理因素,已经成为促进中部崛起与区域经济协调发展的严重障碍。

马克思主义认为,任何一场社会革命都必须以思想解放为先导。故而,在整个中华民族全面走向现代化的今天,各民族地区要实现区域经济协调发展,跟上社会变革的步伐,就必须首先摒弃传统文化心理中的消极因素,将自身从传统精神的桎梏中解放出来,实现人的现代化,形成一个与区域经

---

① 参见时蓉华、刘毅编著:《中国民族心理学概论》,甘肃人民出版社1993年版,第316页。

济协调发展相适应的价值观念、心理态度和精神动力及其行为方式。否则，区域经济的协调发展、各民族地区的现代化就无从谈起。

按照一些经济学家的预测，在我国东部沿海经济首先发展起来以后，与中西部地区在生产力发展方面会形成一定的梯度差，依据区域经济发展过程中的梯度推进规律，东部沿海地区的一些产业会很快向中西部地区转移。但事实上并非如此。目前许多产业仍然聚集在东部沿海地区。原因何在？就是由于中西部地区还缺少实现梯度推进和产业转移的必要的社会前提。其中，一个重要原因就是由于中西部地区人们的思想观念和文化心理素质条件跟不上，在很大程度上延缓了生产力梯度推进和产业转移的进程。

英格尔斯在其《人的现代化》一书中指出："许多致力于实现现代化的发展中国家，正是在经历了长久的现代化阵痛和难产后，才逐渐意识到，国民的心理和精神还被牢固地锁在传统意识之中，构成了对经济与社会发展的严重障碍。……如果执行和运用现代制度的人，自身还没有从心理、思想、态度和行为方式上都经历一个向现代化的转变……再完善的现代制度和管理方式，再先进的技术工艺，也会在一群传统人手中变成废纸一堆。"基于这种认识，我们认为，在促进中部崛起和实现东、中、西部地区联动发展过程中，不仅要在产业结构调整、市场体系建设和行政管理体制改革等方面与东部实现对接，而且更重要是在区域文化心理方面与先进的文化心理实现对接。因此，变革封闭、保守、落后的思想观念、心理态度和行为方式，以中部地区为重点，重构"三个地带"的区域文化心理就显得尤为重要了。

有人认为，经济发展起来了，人们存在的条件改变了，旧的思想观念、心理因素也就会逐渐丧失立足之地，先进的思想观念、心理因素也就会自然而然地形成了。这种观点是不正确的。它实质上是一种机械唯物主义的观点，忽略了人们文化心理意识的相对独立性和对社会存在所具有的能动的反作用。按照这样一种观点，东部沿海地区有些地方经济已经迅速发展起来了，一些物质基础设施已经基本现代化了，人们的思想观念与心理因素也应该基本达到现代化的水平。但事实并非如此，在这些地方仍然存在着一些消极颓废的落后思想意识和心理因素。例如，一些地方的干部腐败、走私贩私、偷税漏税以及黄赌毒等不良社会现象的存在,都与这种消极、颓废、落后的思想心理因素有着密切的联系。因此,在这些经济发达的地区,也有一个区域文化心理的重构问题,那就是要树立全面、协调和可持续的发展观,在加强物质文明建设的同时,还需要大力加强精神文明建设,促进本地区社会与经济的协调发展。近年来,东部沿海有的"经济强省"在经济发展起来以后,又及时地提出了尽快发展为"文化强省"的口号,这标志着新一轮的区域文化心理重构的竞争已经开始了。

理论与实践都证明,我国"三个地带"存在的消极、落后的区域文化心理已构成对全面建设小康社会和促进区域经济协调发展的严重障碍。所以,坚持用先进的文化理念来重构我国"三个地带"的区域文化心理,通过区域文化心理的重构,可以为我国区域经济协调发展提供必要的价值理念、精神动力、智力支持、行为规范和良好的社会心理环境,这无疑是我国社会文化变迁趋向健康和促进区域经济协调发展的重要保证。

**(二)我国中部地区区域文化心理重构的目标、内容及其特征**

我国中部地区区域文化心理重构的目标,就是以科学发展观为指导,按照全面建设小康社会的新要求,在借鉴和吸收西方先进文化和充分发扬我国优秀传统文化的基础上,对我国"三个地带"现有的区域文化心理因素进行新的整合,扬长避短,形成既能体现我国中部地区区域文化特点,又能适应现代市场经济原则,促进区域经济协调发展的区域文化心理结构。

我国中部地区区域文化心理重构的内容,依据前面对区域文化心理结构的描述,主要从四个层面上展开:

首先,在区域文化理念层面上,主要由马克思主义的理论精髓、中国传统文化的优秀成分与现代市场经济的先进理念三部分构成。以儒家伦理为核心的中国传统文化是形成中国区域文化心理的历史本源,根植于广大人民群众之中;现代市场经济的先进理念是人类加快发展社会生产力的智慧结晶,具有着鲜活的时代内容;马克思主义的理论精髓作为科学的世界观,是促进中国优秀传统文化与现代市场经济先进理念有机结合的方法论基础。在这三者相互融合的基础上,将会形成一个具有中国特色的东方伦理型市场经济价值理念体系。① 这个价值理念体系的核心,就是要树立以人为本,全面、协调和可持续的发展观。

其次,在区域文化心理层面上,作为东方伦理型市场经济价值理念在人的心理活动中的延伸,主要表现为:实现团结统一、自强不息的民族精神与开拓创新、与时俱进的时代精神的有机结合,并在此基础上形成又好又快发展的强烈愿望、勤劳致富的社会动机、与时俱进的思维方式、百折不挠的意志品质、公平竞争的市场观念、顾全大局的合作意识和充满活力的性格特征,等等。

再次,在区域文化行为层面上,作为东方伦理型市场经济价值理念与区域文化心理的外化形式,主要表现为:明礼诚信、敬业奉献、尊师重教、尊老爱幼的道德规范;有章可循、有法可依、遵纪守法、依法办事的行为准则;吃苦耐劳、艰苦创业、求真务实、讲究效率的良好习惯,等等。

最后,在区域文化环境层面上,作为区域文化理念作用于区域文化行为及其相互影响所产生的社会结果,主要表现为:尊重知识、尊重人才、崇尚科学、反对迷信的舆论环境;团结友善、互敬互爱、和睦相处、社会和谐的人际环境;尊重人权、政治民主、协调统一、全面发展的社会环境;珍惜生命、节用资源、保护环境、人地和谐的生态环境。

这一全新的区域文化心理结构主要有以下特征:第一,它是中部区域文化心理的个性特征与全国各民族文化心理的共性特征的有机统一。第二,它既要继承和发扬中华民族文化心理的优秀传统,又要注入和吸收现代市场经济先进理念的鲜活内容。第三,区域文化心理的重构与区域经济协调发展互相促进,互为前提,有机统一,缺一不可。区域经济的协调发展为中部区域文化心理的重构提供了实践基础和认识源泉,中部区域文化心理的重构反过来又为区域经济协调发展提供价值理念和精神动力。

**(三)我国"三大地带"区域文化心理重构的重点及其途径**

我国区域文化心理重构的目标,就是要在全面认识我国各地区传统文

---

① 参见蔺子荣、王益民:《中国传统文化与东方伦理型市场经济》,《中国社会科学》1995 年第1 期,第166 页。

化的基础上,分析其对当代人们社会心理形成的影响,取其精华,去其糟粕,保持民族性,体现时代性,使之与当代社会相适应,与现代文明相协调。其基本要求是,通过弘扬中华优秀文化,建设区域和谐文化,形成奋发有为的科学发展理念和健康向上的良好社会心态,以此来推动区域经济协调发展和促进区域协调互动发展机制的形成。由于我国"三个地带"原有的区域文化心理的基础不同,重构的重点及其途径的选择也应该有所区别。

东部沿海地区是中国传统文化与西方文化理念的交汇处。改革开放以来,中国传统文化与西方现代文化在这里同时并存,并在一定程度上实现了有机的融合。在我国加入 WTO 以后,随着对外开放领域扩大和程度上的加深,西方现代文化正在被更多地引进,中国传统文化的影响力在这里正在面临着更加严峻的挑战。因此,对中西方文化采取有机整合的途径来实现区域文化心理重构是比较合适的。有机整合的主要任务是,在大胆引进和吸收西方现代文化价值体系中一些先进因素的同时,也要根据我们的具体国情,克服其文化价值体系中的消极因素;与此同时还要大力弘扬我国优秀的传统文化,找准中西方文化的结合点,在更大范围内和更深的程度上,实现中西方文化的有机结合,形成有中国特色的沿海区域文化,并相应地优化沿海人的文化心理结构,克服一些人身上存在的实利主义的价值取向,树立社会与经济相适应、区域之间相协调的全面发展观。在牢固树立公平竞争意识的同时,让亲情、友情、中华情的传统文化意识永续不断。

在中部地区,由于以儒家伦理为核心的中原文化价值体系不仅在中部地区影响深远,而且还十分坚固,外来的西方文化对其影响不大。因此,不能采取中西方文化整合的方式,而只能采取文化理念转型的途径来实现区域文化心理的重构。在这种重构中要充分发挥这种价值体系中的积极因素,并结合大力发展现代市场经济的时代特点和要求,实现文化理念转型。现代市场经济与传统市场经济相比较有一个显著的特点,就是要把人从"经济人"转变为"社会人",即人性化的因素在现代市场经济价值体系中占有重要的地位。而这方面的内容正好与以儒家伦理为核心的中原文化价值理念相吻合。中原传统文化价值体系中确实有不适应市场经济发展的消极因素,但辩证地分析,其中有些因素是可以转化为现代市场经济价值体系所需要的积极因素的。"一是儒家的具体伦理规范中有对促进资本积累必不可少的勤劳与节俭的精神;二是儒家忧国忧民的传统成为企业家们进行实业强国的强大精神动力;三是重视教育及以人为中心的人本思想转化为对社会人力资源'尽其才负其职'的用人制度;四是'日新又新'的开拓进取、与时俱进的创新精神对现代化进程的巨大推动作用;五是'和为贵','和谐高于一切',强调内部的和谐、团结的集体主义精神对企业集团的发展所产生的积极作用;六是'君子谋道不谋财、不与民争利'的廉政思想的社会化。"①有一个很典型的历史实例,就是过去产生在中部地区安徽的"徽商"文化。徽商就是儒商,是儒家文化与商品经济的有机结合,主张在商品经营活动中讲究诚信和团结,并形成了中国历史上著名的"徽商"商帮。"徽商"商帮在公元十六七世纪发展到了公元19世纪,曾在中国长江中下游地区活跃了三百多年,经久不衰,其贸易活动范围曾到达过南洋和日本。因此,研究和剖析历史上的"徽商"文化,对实现中部地区传统文化价值理念向现代市场经济经营理念的转型具有着十分重要的借鉴意义。

正是因为儒家文化中有许多有利于发展现代市场经济中的积极因素,有一位著名的获诺贝尔奖的大师曾经这样说过,如果人类要在21世纪生存下去,必须回头到2500年前,从孔子那里吸收智慧。战后日本及东亚四小龙所出现的高速经济增长号称东亚奇迹。人们在探索其社会经济发展的同时,自然注意到其文化背景与继承和发扬儒家文化思想中的积极因素有很大关系。因此,有人曾得出这样的结论:东亚的儒家文明是无可匹敌的经济发展的文化动力,有人甚至说21世纪是儒家的世纪。

儒家文化内涵中卓越的传统,长期以来在社会变革时期经常被忽视、批判以至曲解。一些人只看到了它维护封建社会小农经济旧秩序的消极作用的一面,可以说我们现在社会上存在的对发展市场经济不相适应的一些消极心理,也确实与这种文化的消极影响有很大关系,但由此对其采取全面否

---

① 侯景新:《论区域文化与经济发展的相关关系》,《生产力研究》2003年第1期,第147页。

定的态度是不可取的。因为任何事物都具有两面性,都要进行辩证地分析,对在中国历史上影响至今的儒家文化更是如此。其实,儒家文化中有许多积极的因素,但由于我们没有对其进行深入地学习和研究,并不是很了解,或没有发现。在这方面,我们有时了解得还不如国外详细。有一家著名的美国咨询公司曾经做过一项调查,他们分别在东京、汉城、台北、上海做了关于"中庸"的问卷,其结果是上海人最反对"中庸"。其实"中庸"讲究做事适度,过犹不及,立场中正,强调在平衡和谐中发展,其积极因素正是我们当前在构建和谐社会、全面建设小康社会和促进区域经济协调发展中所需要吸取的。

儒家文化中明礼诚信的价值理念在中部地区的民间影响是非常大的,在计划经济时期,经济发展主要由政府来推动,它对经济发展的影响并不明显,甚至被忽略。但在发展社会主义市场经济的今天,个体私营经济已成为市场经济的主体,他们迫切需要以明礼诚信、团结合作、依法办事等道德规范作为今后发展壮大的道德基础,儒家文化的这种影响作用就凸显出来了。因此,在对中部区域文化心理的重构中,我们固然应当抛弃儒家传统中在维护封建社会旧秩序方面的不适应现代市场经济发展方面的消极因素,但是,儒家文化思想中对构建和谐社会、全面建设小康社会和推动区域经济协调发展方面起促进作用的积极因素,我们还是需要结合时代的特点加以弘扬的。从某种意义上讲,中部地区区域文化心理的重构,就是克服原有文化心理结构中消极因素,继承和发扬其积极因素的过程。例如,由礼治向德治的转化,由人治向法治的转型,由人际和谐向社会和谐的转变,等等。

在西部少数民族地区,由于一直受各种宗教文化的影响很大,中原的儒家文化对其虽然有一定的影响,但总体来讲影响并不很大。所以,西部少数民族地区文化心理一直呈现出多样性的特征。从历史上来看,并没有一个比较统一的科学系统化的价值理念,可以加以继承和发扬。因此,应在尊重各少数民族风俗习惯的基础上,主要采取输入式的途径对其区域文化心理进行重构。即通过人口的流动或利用各种大众传媒等方式,把东、中部地区的先进文化理念扩散到西部少数民族落后地区。

　　实现这种区域文化心理扩散的方式主要有三种：一是传染扩散。它是指一种文化心理现象通过已经接受它的人传给正在考虑接受它的人的扩散过程。这种传染扩散，主要是通过东、中部地区选派领导干部、专业人员或大学生志愿者到西部挂职、锻炼等形式来进行，或西部少数民族地区派人到东、中部地区学习、培训后再回到西部地区工作，把东、中部先进的区域文化理念传递到西部地区。二是等级扩散，它是指一种文化心理现象在不同划分标准的空间等级中，由高至低，或由低至高的扩散过程。例如，可以把一些先进的文化理念和社会心理传递到西部一些城市，然后再由城市传递到农村或牧区。三是刺激扩散。它是指一种文化心理现象。由一地传到它地后保留其精神实质而摒弃了具体形式的扩散过程，如对现代市场经济价值理念的传递就是如此。现代市场经济的价值理念与西部少数民族传统文化心理形式的有机结合，就会形成具有西部少数民族特色的社会主义市场经济意识。

　　除了上述文化心理扩散方式之外，在现代信息化的社会里，广播、电视、通信卫星、光纤、网络等先进技术设备，大大丰富了区域文化心理的空间扩展形式。但是，要注意的是，区域文化心理的扩散与传播并不是一种简单的信息传递过程，它还需要传播者有一定的认识、体验和感受过程。对接受者来讲，对这种文化心理传播是一种主动地接受，而不是被动地接受。除此之外，还有一个文化心理形成环境的可比性问题。如果环境相差不多，可比性强，人们就容易接受。中部与东部相比，在形成区域文化心理的环境方面，与西部有更多的相似之处。因此，中部对西部区域文化心理的影响可能会更大一些。

　　同时，由于西部少数民族地区历史上没有中部地区那种影响长久的儒家文化，有的只是一种原始的简单农耕文化或游牧文化，所以在接受现代市场经济价值理念方面可能会比中部更快一些。西部少数民族地区独特的民族风情和丰富的自然资源，一旦融入了现代市场经济的价值理念，就会变成巨大的社会财富，西部大开发战略任务的实现也就有了成功的希望。

　　总之，我国区域经济的协调发展是一个由多种因素相互作用而形成的经济社会发展系统。其中,区域文化心理是影响区域经济发展的重要因素之一。我国东部、中部和西部地区经济发展上的差距,实质上反映的是"三个地带"区域文化心理上的差距。由于我国"三个地带"的历史文化背景不同,各区域之间在文化心理上存在着较大差异性,直接导致了对区域经济发展所产生的影响作用大不一样。区域经济协调发展客观上要求营造一个覆盖"三个地带"的区域文化心理调节机制做支撑。区域文化心理重构是促进区域经济协调发展的重要条件,二者之间存在着一定的内在有机统一性。只有采取不同方式对"三个地带"的区域文化心理进行重构,真正树立起以人为本,全面、协调和可持续的发展观,并形成反映社会主义市场经济发展要求的先进价值理念、强大精神动力、良好道德规范、科学行为方式以及健康的社会心理环境,才能更好地促进我国区域经济协调发展。

# 第五篇

# 区域合作与加快发展

**内容提要：**

    本篇在探讨促进中部崛起与长江经济带建设协调发展的基础上，以东中部地区泛长三角区域合作为主线，以促进中部崛起中安徽加快发展为重点，在微观层面从各种要素系统的结合上具体分析促进中部崛起突破口的选择问题。

# 第十九章 促进中部崛起与长江经济带的协调发展

长江经济带横跨我国的东中西 3 个地带,覆盖上海、浙江、江苏、安徽、江西、湖南、湖北、重庆、四川等 7 省 2 市,土地面积 147.84 万 km²,占全国的 15.4%(见图 19-1)。除沿海地区之外,长江经济带是我国经济密度最大的经济发展走廊,是缩小地区差距,促进区域经济协调发展的重要组成部分。中部沿江地区四省在长江经济带发展中具有着重要的战略地位。促进中部地区崛起,应借助长江经济带的巨大发展空间和潜力,提升沿江中部城市和地区在长江经济带中的地位和功能,充分发挥中部地区在区位、交通和资源等方面的比较优势,在促进长江上游、中游与下游的互动与协调发展中,加快实现中部崛起的步伐。

## 一、中部地区在促进长江经济带协调发展中的战略地位

整个长江经济带可划分为长江三角洲经济区(上海、江苏、浙江)、长江中部经济区(湖北、湖南、江西、安徽)和长江西部经济区(四川、重庆)3 个子区域。① 沿江分布的各大中心城市构成了长江经济带"链式"发展格局,中部经济区是长江经济带发展的中间力量,尤其是沿江中部地区的武汉、长沙、南昌、合肥等中心城市及其正在形成的产业带和城市群,是长江经济带发展的重要战略支点,它们与长江经济带的发展有着密切联系与协同效应。

---

① 上海财经大学区域经济研究中心:《2006 中国区域经济发展报告——长江经济带区域统筹发展及"黄金水道"建设》,上海财经大学出版 2006 年版,第 415 页。

图19-1  长江经济带7省2市区域范围示意图

**（一）沿江中部地区四省是长江经济带协调发展的重要战略支点**

沿江中部地区包括湖北、湖南、江西、安徽4省,既是中部地区经济的重心区,也是中部与长江经济带的复合区域,还是与东西部地区经济联动与协作发展的结合区。沿江中部地区区位优势明显,一方面是接受东部地区经济辐射和产业转移最直接的地区,另一方面又是支持西部大开发的前沿,具有东西和南北经济耦合的地理条件。沿江中部地区综合优势突出,不仅是中国重要的商品粮基地和能源原材料基地,具有丰富的生态资源、水资源和旅游资源,而且工业基础和科技实力也比较雄厚。目前,沿江中部地区各省已初步形成的以钢铁、汽车、电子信息、食品、医药为代表的优势产业,正在积极融入长江经济带的开发,形成不同特色的产业带,能够为长江经济带的发展提供坚实的基础。

**（二）沿江中部交通网是长江经济带向周边辐射的重要桥梁和纽带**

沿江中部地区4省是长江流域交通与南北交通干线的高度密集交汇区。京九铁路、京广铁路、焦柳铁路3条南北纵向铁路干线,分别与长江交汇形成了南昌、武汉、枝城3个铁路交通枢纽。沪蓉、京珠、杭兰等高速公路网,在长江武汉段交汇形成了一个"十"字型的大通道。航空运输方面,经过发展已经形成了以武汉、长沙、南昌、合肥等机场为主体的航空网络。同时,以汉江、赣江、湘江等为辅的支流水运网络使得长江水运在空间上向南北延伸。长江水运成为贯穿东中西"三大地带"的黄金水道和交通干线,同时沿江中部地区的四通八达的立体交通网络也为长江经济带促进周边地区的发展开辟了巨大的空间,已成为长江经济带辐射四面八方和促进全国区域经济协调发展的桥梁与纽带。

**(三)沿江中部地区的城市群建设是长江经济带加快发展的坚实基础**

目前已经初步形成的中部地区6个城市群中,有4个位于沿江地区,即武汉城市圈、长株潭城市群、昌九工业走廊、皖江城市带(见表19－1)。安徽省与长江三角洲毗邻,历来是长三角的腹地。近年来,安徽实施了开发皖江的战略决策,全力打造皖江城市带,并将沿江的芜湖、马鞍山、铜陵、安庆等4市列为重点开发区,形成钢铁、汽车、建材、石化等产业带,不断加深安徽与长江经济带其他省市间的经济联系。江西省同安徽省一样,也是长三角的腹地。随着长三角的加快发展与对外辐射能力的增强,江西省对外开放战略实行由南向北的转移,重点建立江东开发区,南昌至九江段正在集聚江西省许多支柱产业和优势产业,将成为江西省融入长三角及长江经济带的工业走廊。湖南正在全力打造长株潭城市群,充分利用其地处华中的地缘条件,积极调整向南融入珠三角的开放战略为"走南闯北"融入长江经济带的发展战略。湖北省正在以武汉为中心,与其周边的8市联合打造"1＋8"武汉城市圈,努力提升武汉在长江中游地区的大城市中心地位。沿江中部地区正在形成的产业带和城市群已成为长江经济带加快发展的坚实基础。

表 19 - 1  沿江中部地区 4 大城市经济圈基本情况

| 区域 | 城市经济圈名称 | 简介 | 组成城市 | 所在区域 |
|------|----------------|------|----------|----------|
| 湖北 | 武汉经济圈 | 以武汉为中心的 9 个城市,直径为 200km,总面积占全省的 33%,国民生产总值和财政收入分别占湖北省的 73% 和 74%。 | 武汉、鄂州、黄石、黄冈、孝感、咸宁、天门、仙桃、潜江 | 长江经济带 |
| 湖南 | 长株潭城市群 | 是湖南发展最快的一个城市群。人口占湖南省的 13.3%,GDP 占湖南省的 33.2%。 | 长沙、株州、湘潭 | 长江经济带 |
| 江西 | 昌九工业走廊 | 省内"4 小时经济圈"和省(市)际"8 小时经济圈",形成两大"都市经济圈"。 | 以南昌、九江为中心 | 长江经济带 |
| 安徽 | 皖江城市带 | 国土面积 5.6 万 km2 占全省的 40.3%;人口 2120.3 万,占全省的 32.5%;GDP 占全省的 42.1%。 | 滁州、马鞍山、芜湖、铜陵、巢湖、池州、安庆、宣城 | 长江经济带 |

资料来源:综合各省有关规划与资料整理而成。

## 二、长江经济带发展对促进中部地区崛起的影响作用

长江经济带的发展与促进中部地区崛起有着密切的联系。中部地区可以依托长江上游地区的资源、市场优势和长江下游的资金、技术优势以及长江"黄金水道"连通沿江中部 4 省的区位关系,促进沿江中部地区的崛起,并对整个中部地区发展格局的形成产生重大影响。

(一)长江经济带发展对中部沿江地区 4 省的崛起具有很大的推动作用

长江中游地区西起湖北宜昌东至安徽湖口,沿江流域长 24,306km,约占整个长江流域全程的 42%。沿江分布着中部地区大批的中小型城市和经济重镇,随着长江流域的整合开发,沿江各大城市的综合实力都将得到较大幅度的提高,长江中游地区初步形成超大城市—大城市—中等城市—小城市的城镇体系。这种分布密集的多层次城镇体系,构成了一条中部地区沿江流域重要的经济发展轴线(见表 19 - 2),从而促进沿江中部地区 4 省的崛起。同时,也对中部非临江地区经济的发展起着重要的积聚和拉动作用,并将整个中部地区经济的发展整合到长江经济带"链式"发展格局中,从而为整个中部地区创造了一个整合区域资源、快速提高竞争力、统筹区域

经济协调发展的平台。①

表 19－2　中部沿江地区经济发展轴线上的城镇分布

| 省份 | 超大城市<br>（＞200 万人） | 大城市<br>（100～200 万人） | 中等城市<br>（20～100 万人） | 小城市<br>（＜20 万人） |
|---|---|---|---|---|
| 湖北 | 武汉 | | 荆州、黄石、宜昌、黄冈、鄂州 | 宜都、长阳、松滋、江陵、公安、石首、监利、洪湖、赤壁、武穴、黄梅 |
| 湖南 | | 长沙 | 岳阳、常德、益阳 | 津市、华容、临湖、澧县、平江、沅江、汨罗、湘阴 |
| 江西 | | 南昌 | 九江 | 彭泽、德安、永修、星子、庐山、湖口、都昌、瑞昌、波阳 |
| 安徽 | | 合肥 | 铜陵、芜湖、马鞍山、安庆 | 池州、巢湖、枞阳、桐城、潜山、太湖、宿松、怀宁、望江、青阳、南陵、繁昌、当涂、无为、和县 |

资料来源：华通数据中心——中国城市统计数据整理而成。

**（二）长江经济带建设对沿江中部地区枢纽功能的发挥具有较大提升作用**

从目前整个长江经济带的建设布局来看，长江上游的西部地区拥有丰富的矿产资源和水电资源，是西部大开发的重心区；长江下游的东部地区，是东部率先发展的长三角经济区，拥有较强的技术、人才和资金优势。在长江流域东部、中部与西部的可持续发展中，客观上存在着资源、经济与市场的互补需求特征。生产力发展水平是东部高于中部，中部高于西部；资源分布是西部多于中部，中部多于东部。东、中、西部地区之间有着互为市场的要求，中部地区已成为东西部双向开拓的枢纽地带。随着长江经济带产业结构的升级、资源配置的优化，按照梯度转移理论，一些产业开始由东向西实现整体推进，这将会大大提升中部地区承东启西的枢纽功能，沿江中部地区在其中发挥着越来越重要的经济传导辐射作用和商业集散功能。

**（三）长江经济带开发对沿江中部地区产业结构优化具有一定整合作用**

从整个长江经济带的开发来看，其实是一个沿江各省产业结构优化与

---

① 马勇、黄猛：《长江经济带开发对中部崛起的影响与对策》，《经济地理》2005 年第 3 期，第 298—301 页。

升级的过程。近几年长江经济带建设发展很快,从三次产业结构看,长江上游的西部和中游的中部地区开始进入工业化中级阶段,第二产业产值和比重超过了第一产业,第三产业产值比重也高于第一产业。而长江下游的东部地区已处于工业化高级阶段,第二、第三产业产值的比重均远远超过了第一产业。

表 19 - 3　2007 年长江经济带 7 省 2 市的产业结构状况

单位:%

| 地　区 | 第一产业 | 第二产业 | 第三产业 |
|---|---|---|---|
| 上　海 | 0.8 | 46.6 | 52.6 |
| 浙　江 | 5.3 | 54.0 | 40.7 |
| 江　苏 | 7.1 | 55.6 | 37.4 |
| 安　徽 | 16.3 | 44.7 | 39.0 |
| 江　西 | 16.5 | 51.7 | 31.9 |
| 湖　南 | 17.7 | 42.6 | 39.8 |
| 湖　北 | 14.9 | 43.0 | 42.1 |
| 四　川 | 19.3 | 44.2 | 36.5 |
| 重　庆 | 11.7 | 45.9 | 42.4 |

资料来源:根据《中国统计年鉴》(2008 年)有关统计数据整理。

按照长江经济带沿岸产业布局规划,在钢铁、石化、机电、汽车、轻纺、食品等主要行业实行科学的分工与合作,在长江沿岸地区建设和形成全国最具有实力的几大工业走廊:钢铁冶金走廊、石油化工走廊、汽车与机械制造走廊、轻工纺织走廊;建设以电子信息技术、现代生物技术和生态环境保护技术为重点的全国最具活力的高新技术产业地带。① 随着长江经济带沿岸产业规划的实施,沿江中部地区产业发展将会被整合到长江经济带的综合开发中,依托长江经济带的发展,实现中部沿江各省、非临江省份以及中部

---

① 　陈德敏:《长江沿岸地区产业规划研究》,《中国软科学》2000 年第 4 期,第 97—99 页。

各省与长江流域其他地区省份之间的资源组合,将会加快沿江中部地区工业化进程,并促进其服务业的发展,大幅度提高第二、三产业在三次产业结构的产值和比重,从而完成从长江下游至上游经济区逐步推进的产业结构升级。

### 三、沿江中部各省与长江经济带其他省市经济互补性分析

通过上述分析可以看出,沿江中部各省依托长江经济带,具有加快发展和在中部地区率先崛起的许多有利因素。沿江中部各省与东部沿海发达地区相邻,可以直接接受沿海向内地进行的产业转移。其中,安徽对接长三角、江西对接闽三角、湖南对接珠三角,这将有利于中部沿江各省的产业结构调整与升级。沿江中部各省以武汉为中心所形成的水运、陆运、空运等四通八达的立体式的综合交通运输网络,非常有利于与区域内外的经济联系与交流。尤其是可以凭借长江"黄金水道"走出国门、走向世界,通过参与国际经济大循环,提高中部沿江地区在世界市场上的竞争力。更为重要的是沿江中部地区在产业发展上存在着一定的比较优势,与沿江的东、西部地区在经济上有很大的互补性。具有发挥居"中"优势,整合沿江的上游与下游各种资源,促进整个长江经济带协调发展的客观条件。中部沿江地区可以在这种互动发展中发挥桥梁和纽带作用,奋力实现在中部地区的率先崛起。

不同地区间的产业结构会有很大差异,也会有相似。这种差异性越大,表明地域分工水平越高,地区经济互补性越强,区际联系越密切;相反,地区产业结构之间越相似,地域分工水平就越低,地区经济互补性就越弱,区际联系就越少。地区产业结构的趋同化程度或差异程度,可以用常用的相关系数来衡量。

相关系数的公式如下:

$$r_{ij} = \frac{\sum_{k=1}^{n}(X_{ik} - \overline{X}_i)(X_{jk} - \overline{X}_j)}{\sqrt{\sum_{k=1}^{n}(X_{ik} - \overline{X}_i)^2 \sum_{j=1}^{n}(X_{jk} - \overline{X}_j)^2}} \quad (-1 \leqslant rij \leqslant 1) \qquad (19-1)$$

在公式(19 – 1)中:$r_{ij}$表示 $i$ 地区和 $j$ 地区的相关系数,$X_{ij}$、$X_{jk}$表示部门 $k$ 在地区 $i$ 和地区 $j$ 产业结构中所占的比重,$\bar{X}_i$、$\bar{X}_j$ 表示 $i$ 地区和 $j$ 地区各个部门在其产业结构中比重的平均值。

当 $r_{ij} = -1$ 时,说明地区 $i$ 和地区 $j$ 的产业结构截然相反;当 $r_{ij} = 1$ 时,说明地区 $i$ 和地区 $j$ 的产业结构完全相同;$r_{ij}$越接近于1,说明这两个地区产业结构的趋同化程度越高。①

采用公式(19 – 1),根据7省2市的产业数据,计算沿江各省产业相关系数,见表19 – 4。

表 19 – 4　7 省 2 市产业相关系数

|  | 上海 | 浙江 | 江苏 | 安徽 | 江西 | 湖南 | 湖北 | 重庆 | 四川 |
|---|---|---|---|---|---|---|---|---|---|
| 上海 | 1.0 | 0.47 | 0.93 | 0.80 | 0.70 | 0.73 | 0.56 | 0.87 | 0.76 |
| 浙江 | 0.47 | 1.00 | 0.57 | 0.68 | 0.71 | 0.04 | 0.34 | 0.54 | 0.61 |
| 江苏 | 0.93 | 0.57 | 1.00 | 0.80 | 0.73 | 0.73 | 0.52 | 0.81 | 0.76 |
| 安徽 | 0.80 | 0.68 | 0.80 | 1.00 | 0.97 | 0.99 | 0.63 | 0.97 | 0.99 |
| 江西 | 0.70 | 0.71 | 0.73 | 0.97 | 1.00 | 0.97 | 0.57 | 0.93 | 0.96 |
| 湖南 | 0.73 | 0.04 | 0.73 | 0.99 | 0.97 | 1.00 | 0.58 | 0.95 | 0.99 |
| 湖北 | 0.56 | 0.34 | 0.52 | 0.63 | 0.57 | 0.58 | 1.00 | 0.67 | 0.64 |
| 重庆 | 0.87 | 0.54 | 0.81 | 0.97 | 0.93 | 0.95 | 0.67 | 1.00 | 0.97 |
| 四川 | 0.76 | 0.61 | 0.76 | 0.99 | 0.96 | 0.99 | 0.64 | 0.97 | 1.00 |

资料来源:上海财经大学区域经济研究中心:《2006中国区域经济发展报告——长江经济带区域统筹发展及"黄金水道"建设》,上海财经大学出版社2006年版。

从表19 – 4可以看出,上海与江苏产业结构相似度较高,相关系数为0.93,表现出外向型经济产业结构。

安徽、江西、湖南、重庆、四川之间产业结构相似度较高,相关系数高达0.93以上,表现出过渡型的产业结构。

———————

① 苏东水:《产业经济学》,高等教育出版社2003年版,第300—301页。

浙江与其他各省的产业结构相似度不高,相关系数在 0.4~0.71 之间。浙江是民营企业发展比较快的省份,是混合经济型的产业结构。

湖北与其他各省的产业结构相似度不高,相关系数在 0.34~0.67 之间。但湖北也不能与浙江划归为一类的产业结构,它们的相关系数为0.34。

通过上述分析可以看,目前沿江7省2市出现有4种类型的产业结构,即上海和江苏的外向型产业结构;安徽、江西、湖南、重庆、四川的过渡型产业结构;浙江民营企业的混合型产业结构;湖北传统的内向型产业结构。长江上、中游地区的产业结构趋同化程度较高,但长江下游的地区与长江中、上游的地区的产业结构趋异化程度较高。同时,也可以看出,沿江同一地区不同省份之间的产业结构也存在着一定的差异性。如东部沿江的浙江与上海、江苏,中部沿江的湖北与安徽、江西、湖南之间的产业结构,均存在着一定的趋异化倾向。

长江下游地区与长江中上游地区在经济发展阶段和产业结构上的明显差异,为沿江中部各省与其他沿江城市之间的区域分工和协作以及协调发展创造了条件。随着长江经常带开发的不断深入以及产业结构的优化与升级,长江上、中、下游沿江地区之间的趋同化程度将会降低,趋异化程度将有所提高,呈现出各具特色的产业发展格局,相互之间的经济互补也将会进一步增强,从而更好地促进长江经济带沿江东、中、西部地区经济的协调发展。

### 四、沿江中部地区与长江经济带协调发展面临的主要问题

沿江中部地区与长江经济带发展有着密切的经济联系,二者之间是一种互相促进与联动发展的关系。但是,由于长江流域沿江城市在行政区划上分属7个省市,涉及东部、中部、西部三大区域,不仅经济联系强度较弱,同时各地之间在资源、产业、经济发展程度上都存在一定的差异,具有不同的利益诉求关系,行政区之间出于地方利益各自为政,基础设施重复建设,产业结构不合理,调整优化迟缓,使中部地区与长江经济带之间的协调发展也存在一些突出的问题。

### (一)经济发展水平存在显著的区域不平衡性

沿江中部地区与整个长江经济带从"十五"期末和"十一五"以来,在发展速度方面都比较快,从长江经济带7省2市地区生产总值及其增长指数中可得到反映(见表19-5)。

表19-5　长江经济带7省2市地区生产总值和指数

| 地区 | 地区生产总值(亿元) | | | | | 指数(上年=100) | | | | |
|---|---|---|---|---|---|---|---|---|---|---|
| | 2003 | 2004 | 2005 | 2006 | 2007 | 2003 | 2004 | 2005 | 2006 | 2007 |
| 上海 | 6694.23 | 8072.83 | 9614.10 | 10366.37 | 12188.85 | 112.3 | 114.2 | 111.1 | 112.0 | 114.3 |
| 江苏 | 12442.87 | 1503.60 | 18305.66 | 21645.08 | 25741.15 | 113.6 | 114.8 | 114.5 | 114.9 | 114.9 |
| 浙江 | 9705.02 | 11648.70 | 13437.85 | 15742.51 | 18780.44 | 114.7 | 114.5 | 112.8 | 113.9 | 114.7 |
| 安徽 | 3923.10 | 4759.32 | 5375.12 | 6131.10 | 7364.18 | 109.4 | 113.3 | 111.6 | 112.8 | 113.9 |
| 江西 | 2807.41 | 3456.70 | 4056.76 | 4670.53 | 5500.25 | 113.0 | 113.2 | 112.8 | 112.3 | 113.0 |
| 湖北 | 4757.45 | 5633.24 | 6520.14 | 7581.32 | 9230.68 | 109.7 | 111.2 | 112.1 | 113.2 | 114.5 |
| 湖南 | 4659.99 | 5641.94 | 6511.34 | 7508.87 | 9200.00 | 109.6 | 112.1 | 111.6 | 112.2 | 114.5 |
| 重庆 | 2272.83 | 2692.81 | 3066.92 | 3452.14 | 4122.51 | 111.5 | 111.5 | 111.5 | 112.2 | 115.6 |
| 四川 | 5333.09 | 6379.63 | 7385.11 | 8637.81 | 10505.30 | 111.3 | 112.7 | 112.6 | 113.3 | 114.2 |

资料来源:根据《中国统计年鉴》(2008年)有关统计数据整理。

但是,从长江经济带7省2市的发展水平情况来看,沿江中西部地区与东部地区仍存在较大差距。2006至2007年,在人均GDP总量方面,沿江中部4省除湖北、湖南较高外,其余两省,不仅远低于沿江东部地区,还低于沿江西部地区(见表19-6)。

表19-6　长江经济带7省2市人均地区生产总值比较(2006~2007)

单位:元

| 年份 | 上海 | 江苏 | 浙江 | 安徽 | 江西 | 湖北 | 湖南 | 四川 | 重庆 |
|---|---|---|---|---|---|---|---|---|---|
| 2006年 | 57695 | 28814 | 31874 | 10055 | 10798 | 13296 | 11950 | 10546 | 12457 |
| 2007年 | 66367 | 33928 | 37411 | 12045 | 12633 | 16206 | 14492 | 12893 | 14660 |

资料来源:根据《中国统计年鉴》(2007、2008年)有关统计数据整理。

### (二)制造业基础薄弱,优势产业和行业较少

沿江的中部4省是联系我国东西、南北的主要交通枢纽地带,该地区拥

有丰富的水资源,是我国主要的商品粮基地,建材、无机化工、金属和非金属等矿产资源在全国具有举足轻重的地位,钢铁、石化、电力、汽车等工业产量均超过流域的30%。但是,与沿江的东部地区相比,城市制造业基础比较薄弱,优势产业和行业较少,优势行业主要集中在资源开采、加工行业以及建材、烟草、纺织、运输设备等个别行业上,技术含量低,产品附加值不高,这也是沿江中部地区经济发展落后于沿江东部地区的一个重要原因。

### (三)大城市和特大城市偏少,辐射带动能力较弱

城市化是中部地区未来发展的一个重点。目前沿江中部地区已初步形成了超大城市—大城市—中等城市—小城市的城镇体系。长江中游地区西起湖北宜昌东至安徽湖口,沿江分布着中部地区大批的中小型城市和经济重镇。但是,沿江中部地区与沿江的东部地区相比,不仅在城市数量上少于沿江东部地区,而且在城市规模上也小于沿江东部地区,尤其是大型和特大型城市偏少。在长江下游的长三角经济区,大型城市5座,特大型城市3座。而沿江的中部地区大型城市有3座,特大型城市只有1座(见表19-7)。因而,沿江中部地区中心城市对周边地区的辐射带动能力较弱,城市经济网络尚没有形成。

表 19-7　长江经济带地级以上城市规模体系及其空间分布

单位:座

| 规模(万人) | >400 | 200~400 | 100~200 | 50~100 | 20~50 | <20 |
|---|---|---|---|---|---|---|
| 上游地区 | 2 | 0 | 10 | 5 | 2 | 0 |
| 中游地区 | 1 | 3 | 18 | 22 | 8 | 0 |
| 三角洲地区 | 3 | 5 | 8 | 8 | 1 | 0 |
| 合计 | 6 | 8 | 36 | 35 | 11 | 0 |

资料来源:根据《中国统计年鉴》(2008年)有关统计数据整理。

### (四)沿江中部地区对内对外都缺乏统一的协调规划

沿江中部地区与长江经济带协调发展方面缺乏统一的协调规划,具体表现为:一是地域封锁、资源垄断、行业垄断现象禁而不止,地方保护主义色

彩浓厚,资源分散开发和粗放开发严重。二是沿江交通基础设施的规划建设经营缺乏协调。公路、铁路、水路、航空不同方式的交通设施缺乏综合规划,交通网络的规划布局缺乏统筹协调,不但不能充分发挥交通设施的效率和效益,同时浪费了本已十分有限和紧张的通道资源。沿江中部地区的港口和岸线规划建设同样也存在重复建设问题。三是在产业布局上,沿江东部、中部、西部地区的产业带没有按照能源、原材料、初加工、深加工和高新技术的产业顺序形成有特色的流域工业综合体,而是各个省市自成体系,产业趋同现象突出。四是生态建设和环境治理缺乏统一规划,无法开展全流域综合治理。五是公共平台建设各自为政。区域内技术、人才资源共享度低,区域创新体系难以形成。因此,促进沿江中部地区的率先崛起,必须推进长江经济带的新一轮合作,建立优势互补、良性互动的区域协调机制。

## 五、促进中部崛起与长江经济带协调发展的思考及对策

统筹区域经济协调发展是促进中部崛起与实现长江开发战略的必然要求。长江下游的东部地区城市化水平快速提高与长江中上游中西部地区的城市化水平相对滞后,造成了全流域的发展不平衡以及工业污染治理滞后、生态环境恶化等问题的存在,均反映出沿江地区与城市间的发展缺乏统一的协调机制。在促进中部地区崛起过程中客观上需要解决沿江中部地区发展与长江发展战略相协调、各个城市规划与整个长江发展战略相统一的问题。促进中部崛起与长江经济带协调发展,需要在国家层面和区域层面的共同努力才能实现。

### (一)从国家层面上促进中部崛起与长江经济带协调发展的支持政策

在国家层面上,要把促进中部地区崛起作为长江经济带发展战略的一个有机组成部分,进行统一的布局与规划,形成长江上、中、下游之间科学合理的区域分工协作体系与利益协调机制。

1.明确沿江中部城市功能定位,促进沿江中部与东西部城市合理分工

促进中部崛起与长江经济带的协调发展,首先必须明确沿江中部城市在整个长江流域经济发展中的功能定位,建立优势互补的城镇经济体系,形

成中游与上、下游产业之间合理的分工与协作关系。在沿江开发中,中部地区各省市应实行差别化和错位发展策略。跨省域的中心城市以及跨市域的中心城市,应在提升劳动密集型产业技术水平的基础上,重点发展高新技术产业、附加值高和就业容量大的制造业以及其他都市型工业,逐步淘汰和转移城市中心区污染重、占地多等不符合城市功能定位的工业。沿江中小城市则应发展有优势的劳动密集型工业和为中心城市配套的工业,积极吸收中心城市转移出来的加工业。处于中心城市周边地区的中小城市和小城镇,要重视围绕大城市的需要,发展休闲服务、住宅和文化娱乐等服务业。

2. 通过统一区域规划,统筹促进中部崛起与长江经济带的协调发展

沿江中部地区各省市目前对于实施长江经济带一体化开发战略的重要性已经达成共识,应建立国家层面的协调推进机制,将促进中部崛起与长江经济带建设有机统一起来,纳入国家区域发展战略和整个国民经济社会发展的规划之中。要在区域分工的基础上,从长江经济带的整体谋划沿江中部地区的产业结构与布局,有计划、有步骤地实施区域内的产业转移,推动产业结构的优化与升级。通过区域统一规划促进中部崛起与长江沿岸地区的协调发展,实现沿江中部地区与东西部地区产业规划的协调,在充分利用沿江中部地区原有产业基础和发挥比较优势的前提下,根据国家关于长江经济带开发的产业政策,对沿江中部地区的产业发展规划进行必要的协调,以实现沿江中部地区与东西部地区产业要素的空间流动、优化组合及合理分工,避免重复建设和资源浪费。

3. 促进建立以利益共享为内在驱动力的沿江区域合作机制

长江经济带上中下游各区域间的合作平台,只有在区域之间有共同利益的基础上才容易搭建,相关利益主体才有合作的内在动力。根据各地区的比较优势和竞争优势,调整并形成产业分工合作、区域协调发展的新格局,要在区域分工的基础上从长江经济带建设的全局出发谋划沿江中部地区的产业结构与布局,要通过建立一种以市场机制为基础、以政府调控为主导、以区域利益共享为动力的区域合作制度框架,形成沿江中部地区与东西部地区合作联动的新机制。即通过市场机制实现生产要素跨区域自由流动

和最佳组合的合作方式,在国家宏观调控下形成合理的利益分配与风险分担机制,实现目前的区域经济合作组织从务虚向务实的方向转变。区域利益协调可以采取各方共同参与的区域协定或区域公约的形式,也可以使用局部协商或双方协议的形式。区域协定或区域公约是区域利益协调的主要形式,例如采取区域公约的方式,开放共同市场,统一开发利用自然资源和区域生态保护,在招商引资、土地批租、外贸出口、技术开发等方面形成统一法规,建立协调机制与管理制度等。局部协商或双方协议是区域利益协调的补充形式,通过局部或双方协商对参与区域分工合作而蒙受损失的一方进行必要的利益兼顾和补偿。

4. 要协调促进中部崛起与长江经济带发展的有关政策

国家要在沿江中部地区构建布局完善、大中小城市协调发展的城镇经济体系,需要以沿江中部地区的省会城市和资源环境承载力较强的中心城市为依托,加快发展沿长江经济带。在沿江中部地区,应以武汉城市圈、长株潭城市群、昌九工业走廊、皖江城市带为重点,形成支撑沿江经济发展和人口密集的城市群,带动周边地区发展。国家应出台和实施有关政策,支持沿江城市间及周边地区基础设施建设,引导资源整合、共建共享,形成沿江中部地区与东西部地区共同发展的政策协调机制。

5. 加大对沿江中部地区城市基础设施建设的投资力度

中部广大地区的发展依赖于其大中城市的发展,从中部城市的空间分布来看,其大多数分布在沿江及临江地区。因此,国家要加大对武汉、长沙、南昌、合肥等沿江中部大中城市基础设施建设的投资力度,将有利于发挥这些城市在区域经济发展中的集聚与扩散功能。一是在交通运输通道建设方面以国道和高速公路为主,逐步实现干线公路高等级化。二是加速以航道整治与码头建设为重点的水运工程建设,改善码头作业条件和提高港口吞吐能力,逐步建立起功能齐全的综合交通网络。三是加强通信设施建设,投资构建信息网络平台。四是加强现代市场体系建设,营造良好的市场环境,促进各种生产要素的合理流动与资源的优化配置。

（二）从区域层面上促进中部崛起与长江经济带协调发展的基本对策

从区域层面来讲，沿江中部地区应紧紧抓住国家关于促进中部崛起的政策机遇，主动加强区域内沿江省市之间以及与东西部地区之间的区域合作，在支持长江经济带开发建设的同时促进中部地区的崛起。

1. 加强沿江中部地区省市之间的合作，促进长江中游的城市化发展

根据《长江沿岸地区产业发展规划》，长江经济带的综合开发将通过沪、宁、汉、渝4个特大型城市自东向西传导辐射，沿江中部地区位于经济链上的中间位置，下游有长三角经济区的辐射，上游有三峡工程及西部开发战略的带动，中游有武汉城市圈的支撑，应加强沿江中部地区省市之间的合作，促进长江中游的城市化发展，形成以长江为中心的经济发展轴。长江中游地区西起湖北宜昌东至安徽湖口，沿江分布着中部地区大批的中小城市和经济重镇，通过加强沿江中部地区省市之间的分工与合作，随着长江流域的不断整合开发，沿江中部地区的城市群和产业带的综合实力将会得到较大提高，进一步完善目前长江中游地区已经初步形成的超大城市—大城市—中等城市—小城市的城镇体系，从而构成一条中部地区沿江流域重要的经济发展轴线，并对中部非临江地区经济的发展起到重要的辐射和带动作用。

2. 以加快与长三角联动为重点，加强沿江中部与东西部地区的互动发展

促进中部崛起与长江经济带协调发展，中部地区必须主动加快与长三角地区的联动，加强与长三角地区的合作，加快与长三角城市群的接轨和对接，积极接受长三角的经济辐射。目前，城市群已成为区域经济发展的主导力量，中部地区的崛起也必须依托各省既相互竞争又相互协作的城市群的崛起。长江中游的城市经济带的发展必须通过整合区域的资源优势，形成连接整个地区的产业链。而这一产业链要与长江下游的三角洲地区和长江上游的川渝地区相衔接，在吸引东部的产业、资金、技术、人才的同时，要大力推动与西部地区的经济技术合作与交流，努力做到"东引"、"中联"、"西进"的有机结合，在东中西互动发展中加快区域内产业结构优化与升级的步

伐。

3. 依托长江航道发展外向型经济，实现中部内陆经济与国际经济的交流

在经济全球化的新形势下，外向型经济是长江经济带的重要经济增长点，通过长江航道扩大沿江中部地区和世界各地的联系，积极发展对外贸易、旅游、进出口加工等产业，可以进一步促进沿江中部地区的快速崛起。自从中国加入 WTO 以后，随着我国经济与世界经济的接轨，沿江中部地区引进外资企业的个数和外资企业投资总额都在增长。中部地区进出口品种、总量都有了较大的增长，对外贸易进出口市场虽然仍主要集中在亚洲，但对美国和欧共体贸易增长速度较快。同时，沿江中部地区引进外资总额也有较大幅度的增长，外商投资来源地区仍以港澳台为主，来源于美日欧的投资稳定增长。但是，与长江上游的东部地区相比，在外向型经济发展方面仍存在较大差距。在统筹区域经济协调发展的新形势下，沿江中部地区应抓住国家促进中部地区崛起的政策机遇，进一步扩大对外开放，改善投资环境，并依托长江航道，大力发展外向型经济，实现中部内陆经济与国际经济的交流，加快提升中部地区在国内外市场的竞争力。

4. 充分发挥比较优势，大力提升中部优势产业在长江经济带中的地位

中部地区要实现奋力崛起的目标，必须积极寻求外部政策优势与内部产业优势。按照国家"十一五"规划纲要和关于促进中部地区崛起政策的要求，中部地区应重点发展农业、能源原材料、现代制造和高新技术产业。与上述国家重点加强与扶持的产业对照，以长江经济带的结构现状和资源禀赋，沿江中部地区各省都具有程度不等的比较优势和可供挖掘的潜在优势。特别是在农业、钢铁、石化、建材等原材料工业，汽车、电子等加工工业以及能源工业等方面，都具有很大的比较优势。根据沿江产业布局的要求和中部地区的产业比较优势，可以从产业集群、商贸流通、科技开发等要素综合发展入手，形成中部地区产业分类分区布局与协作的格局，增加其在长江经济带经济总量中的比重，提升其在长江经济带产业结构中的地位。

总之，促进中部崛起与长江经济带的发展有着密切联系与协同效应。

中部地区在促进长江经济带协调发展中具有着重要的战略地位,长江经济带发展对促进中部地区崛起具有着重要的影响作用。沿江中部各省具有在中部地区率先崛起的许多有利条件。沿江中部地区各省与长江经济带其他省市之间具有着一定的经济互补性,但在统筹协调发展方面也存在着一些突出问题。针对这些问题,从国家层面上应对促进中部崛起与长江经济带的协调发展给予一定的支持政策,同时从区域层面上应加强沿江中部地区省市之间以及与东西部地区之间的区域合作,在支持长江经济带开发建设的同时尽快促进中部地区的崛起。

# 第二十章 泛长三角区域合作与东中部"3＋1"模式的探讨

2008 年初,胡锦涛同志在安徽视察时指出,安徽要充分发挥区位优势、自然资源优势、劳动力资源优势,积极参与泛长三角区域发展分工,主动承接沿海地区产业转移,不断加强同兄弟省份的横向经济联合和协作。这是党和国家领导人第一次向国内外正式公开提出"泛长三角"概念及"泛长三角区域发展分工与合作"问题,紧接着国务院常务会议 8 月 6 日审议并原则通过了《进一步推进长江三角洲地区改革开放和经济社会发展的指导意见》。这对于加快安徽发展、促进中部崛起与区域经济协调发展具有重大指导意义。

## 一、泛长三角区域分工与合作及其重大现实意义

长三角地区是我国经济增长较为迅速的区域之一。但是,在经济全球化趋势日益深化的背景下,特别是经过十多年的快速发展,曾经支撑长三角地区经济增长的劳动力和土地优势正在消失,产业发展的资源和环境承载能力逐渐难以支撑地区经济持续快速发展。因此,在客观上,一方面长三角地区需要扩大腹地,以在更广阔的空间范围获得和配置资源;另一方面,长三角周边地区也需要长三角辐射效应的拉动,以实现区域协调发展。所以,加强长三角同内陆腹地的交流,扩展经济空间,形成泛长三角区域合作的新格局,便成为大势所趋。

### (一)长三角空间范围的调整与新的发展定位

在地理概念上,长三角是位于镇江以东、运河以南、杭州湾以北,由长江

和钱塘江冲积而成的三角洲地域。区域经济意义上,长三角是长江三角洲地理概念在区域经济上的延伸,包括以上海为龙头,由江苏的南京、苏州、无锡、常州、镇江、扬州、泰州、南通和浙江的杭州、嘉兴、湖州、绍兴、宁波、舟山、台州16个城市所组成的城市群,这一城市群所构成的长三角经济圈是我国的三大经济圈之一(见图20-1)。传统的长三角共有15个城市组成。2003年在南京召开的第四次长江三角洲城市经济协调会上,由于浙江台州的加入,使长三角城市由传统的15个扩展为16个,首次突破长三角地理概念,使之真正具有了经济圈意义。所以,有时也被称之为长三角经济圈,或"15+1"区域合作模式。

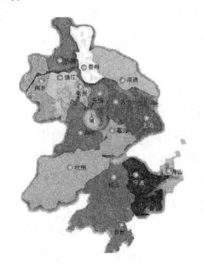

**图20-1 长三角16城市区位示意图**

2007年,长三角的空间范围由"16城市"调整为苏浙沪"两省一市"即"2+1",已显现出"泛化"的发展态势。目前"2+1"区域合作实现了由"虚"到"实"、由"小长三角"到"大长三角"的历史性跨越,初步形成了政府、行业、企业三个层次相互联动的合作机制,成为长三角地区经济发展的重要支撑。随着长三角由"16城市"扩大到"两省一市"和区域一体化进程的加快,长三角对周边的带动作用会进一步增强,辐射范围会进一步扩大。

目前,长江三角洲地区已成为我国综合实力最强的区域。2008年上半年,长三角经济圈实现地区生产总值 25618.07 亿元,同比增长 12.3%,占全国总量的 17.5%。从投资方面看,长三角完成固定资产投资 8532.86 亿元,占全国总量的 14.7%,同比增长 30.6%,比全国同期增速高 3.1 个百分点;从消费方面看,长三角完成消费 8445.4 亿元,占全国总量的 15.9%,同比增长 20.4%,比全国同期增速低 1.1 个百分点;从出口方面看,长三角完成出口 2522.06 亿美元,占全国总量的 37.9%,同比增长 25.%,比全国同期增速高 3.2 个百分点。

2008 年 9 月,国务院下发的《关于进一步推进长江三角洲地区改革开放和经济社会发展的指导意见》(以下简称《指导意见》)表明,中央已经将长三角地区的发展列入了国家战略。概括起来,国家对其定位有五大变化:一是功能定位,由中国"综合实力最强的区域之一"提升为"我国综合实力最强的区域"。两字之差,表明中央已经肯定了长三角在中国经济发展中的龙头作用。正是这样的功能定位,才要求长三角要"加强与周边地区和长江中上游地区的联合与协作,强化服务和辐射功能,带动中西部地区发展"。二是发展定位,"区域一体化"由学术概念成为中央政府确定的区域发展目标。《指导意见》中明确提出"一体化发展"、"推进区域经济一体化"等概念。这是长三角"一体化"概念首次进入中央文件,此前的提法为"长三角区域经济合作"。这意味着长三角"一体化"的概念已正式上升到国家层面。三是产业定位,由二三一产业发展序列变为"形成以服务业为主的产业结构"。根据《指导意见》,长三角地区要加快形成以服务业为主的产业结构"。这一提法说明长三角的发展定位已经由此前的以制造业为主为主向服务业发展转变。四是制造业定位,由"全球制造业中心"提升为"国际先进制造业基地"。此前,长三角一直被外界定位为"全球制造业中心";眼下,随着能源、资源成本的高涨,环境承载力的下降,长三角地区发展低端制造业的优势大大减弱。《指导意见》明确提出:全面推进工业结构优化升级,努力建设国际先进制造业基地。五是长三角的区域范围,由"16 城市"扩容到上海、江苏和浙江的全部区域,《指导意见》在强调"推进长江三角洲地区改革开放和经济社会发展重要意义"时,明确提出长江三角洲地区包括上海市、江苏省和浙江省。使用的概念是"两省一市",而非"16城市"。

### (二)泛长三角区域概念的提出与范围的界定

"泛长三角"是相对"长三角"而言的。关于"泛长三角"概念的提出,在学术界最早是2002年4月6日在江苏省南京市举行的蓝鲸管理论坛上由专家提出的。专家们认为,以往长三角多指上海及江苏、浙江的部分城市,带有区域不稳定性、行政不对称性、目标不确定性,很难形成真正意义上的或是最高层次的区域经济一体化。为此,专家们提出了泛长三角经济区概念,即"3+1"模式("上海、江苏、浙江"+安徽)。专家们认为,泛长三角经济区克服了长三角的缺点,具有地理发展的延展性、产业结构的差异性和发展水平的梯度性。

2004年,华东师范大学长江流域发展研究院常务副院长、无锡长三角发展研究中心顾问徐长乐先生发表文章,认为泛珠三角模式的付诸实践,给正在寻求合作与发展的长三角带来了启示:从长江经济带全面、健康、可持续发展的战略高度出发,积极探讨与进一步增强长三角与长江上中游区域合作的大计,显得尤为重要与迫切。根据目前长三角区域合作仍以"15+1"个城市利益主体单位的现状以及近年来浙江金华、安徽马鞍山和江苏苏北等市要求加盟长三角,长三角区域外延有待不断扩大的客观要求,"15+1"的狭义长三角应当逐步淡化,取而代之并应进一步强化的将是以江浙沪三省市为合作主体和更高行政级别的经济合作交流模式。为此,他认为:首先,要加强长三角与长江下游省份安徽的战略联盟,通过与安徽省全面合作、地区互动的一系列制度安排和非制度安排,共同打造以中、苏、浙、皖三省一市为合作主体的"泛长三角",形成长江下游及河口地区的整体联动发展新态势;其次,应切实加强上海与南京、武汉、重庆等长江沿江中心城市的合作与互动,充分发挥流域中心城市在区域发展中的主导地位和辐射、服务、带动作用;最后,要进一步加快沿江铁路和沿江高速公路等重大基础设施项目的建设步伐,并在流域综合治理、流域可持续发展等方面多层面、多渠道地加强与上中游省市的合作。①

与此同时，一些专家还提出了"3＋2"模式。例如，2004 年 9 月 17 日在浙江嘉兴召开的首届长三角城乡一体化论坛上，江苏省社会科学院副院长张颢瀚教授提出，长三角经济一体化不能停留在"15＋1"的城市范畴，提出了"3＋2"的概念，也就是把苏、浙、沪三省市和属于长江中下游地区的安徽、江西全部纳入"泛长三角"。这种长三角经济沿长江流域进行扩散的观点很有新意。还有一些学者提出了更广泛的泛长三角的概念，如长三角空间地域应延伸和拓展到山东、河南、湖北、江西和福建一线，把泛长三角经济和泛珠三角经济以及环渤海经济相衔接。谈璐、李廉水等人在《现代管理科学》上发表的文章《长三角发展的思考——泛珠三角模式所感》中指出，泛珠三角的成立给长三角带来一定的冲击和启示，因而应将珠三角与长三角进行比较，构建泛长三角经济区，并认为长三角应联合周边安徽、江西、福建等地区。

嘉容在《新时代论坛》上的文章《论泛长江三角洲区域发展规划》，是比较早也是比较系统地研究关于泛长三角经济区的文章。该文针对国家有关部门提出的启动长三角和京津冀区域规划编制试点问题，提出了泛长江三角洲及其区域发展规划的理念和构想，并对泛长三角及其规定性和泛长三角区域发展规划及其意义等问题进行了研究。该文将泛长三角范围界定为：以上海为中心，上海和江苏、浙江三省市的一部分或者上海和南京、杭州三个特大城市所构成的长三角是泛长三角的第一层级；包括安徽和江西的一部分在内，是泛长三角的第二层级；山东、河南、湖北、江西和福建的一部分以及安徽的大部分或者全部，是泛长三角的第三层级。山东、河南、湖北、江西和福建及其以外地区，包括重庆、四川等长江中上游地区则可能构成泛长三角的第四层级或者外围空间层级。这样一个递进的和渐变的空间地域结构，就构成了泛长三角经济区域概念。

---

① 参见徐长乐：《"泛珠三角"模式对长三角发展启示》，《江南论坛》2004 年第 7 期，第 16—18 页。

2008 年 7 月中旬,中国区域经济学会 2008 年年会、十七大后中国区域经济发展研讨会在合肥召开,泛长三角区域发展分工与合作成为会议讨论的热点问题之一。7 月 25 日至 26 日由苏浙沪三地社科院主办的"首届泛长三角区域合作与发展论坛"在上海举办。引人注目的是来自安徽、江西、福建和台湾的专家都参与了此次会议。来自各方面的信息表明:在国际经济一体化日益深入和国内经济转型升级压力加大的宏观背景下,"泛长三角区域发展与分工合作"问题,再次引发人们的广泛关注与热烈讨论。

在学术界关于泛长三角的各种讨论中,根据上海会议上所通过的《泛长三角合作发展建议书〈讨论稿〉》的建议,学者们比较一致的意见认为:先将上海和江苏、浙江、安徽、江西、福建等六省(市)列入泛长三角合作区域;同时把在长三角投资活跃的台湾也纳入这一范围,形成"6＋1"格局。对此,上海社科院城市化发展中心主任郁鸿胜介绍,三地社科院相关课题组对泛长三角的地理范围有如下建议:延续原来上海经济区的概念,纳入上海、江苏、浙江、江西、安徽和福建六省市;同时考虑到台湾在长三角的频繁投资和人口交流,建议还包括台湾,即"6＋1"。而当下,除了"6＋1"之外,泛长三角格局尚存"3＋N"的动议。其中,"3"是指沪苏浙一市两省,"N"是几则说法纷纭——N 是 2,那就是安徽、江西;N 是 3,即应加上福建;N 如果大于 3,长江流域的湖北、湖南、重庆都可能在其列。

我们认为"6＋1"的提出,以这些地区之间经济联系的密切程度来看有其合理性,但在这种格局中,同时存在着三种不同类型的行政体制,即参与省市的行政区、特区和综合配套改革实验区以及台湾,从操作层面上看,目前难度较大。作为"3＋N"概念,即苏浙沪加上沿着长江溯源而上的沿江省份,从长远发展来看,有其必然性,但这种划分区域范围过于庞大,经济形态过于繁杂,且超出目前长三角可能辐射的半径。泛长三角作为一个区域经济概念,"泛"的要求是既超出原有的范围,但是受一定规律的约束又不能无限扩大。具体说就是这些区域内部之间地域相连、人缘相亲、文化相融、经济相通,具有经济要素的组合优势、经济成长的后劲优势、交汇融合的环境优势等,客观上具备为推进区域经济一体化的现实条件与潜在条件。因此,从推进我国东中部地区经济协调发展的现实情况来看,当下泛长三角区域由上海、江苏、浙江和安徽构成比较合适。即采取"3+1"区域合作模式,由东部地区的苏浙沪二省一市和中部地区的安徽省共同构成(见图20-2)。同时,我们认为,可以把"3+1"区域合作作为泛长三角区域合作的一种实验模式。除此之外,长三角还可以根据各地区特点,与其他地区分别采取不同的合作模式,但可暂时不划入泛长三角区域范围之内。通过多种区域合作模式的实践,在此基础上不断总结经验,逐步把泛长三角区域合作空间范围向周边地区及中西部地区进一步扩展。

**图20-2　泛长三角"3+1"合作区域示意图**

### (三)泛长三角区域分工与合作的重大现实意义

20世纪末至今,党中央国务院先后实施了西部开发、东北振兴、中部崛起战略,所有这些战略目标均是为了防止区域差距过大,促进区域经济协调发展。完成中部崛起的使命,仅有中央的积极性还不够,还必须有东部的积极性和中部地区的主动性。改革开放30年来,长三角已经发展成为中国的经济高地,大力推进长三角与周边地区的分工,形成泛长三角合作区,是促进东部与中部互动协调发展的有效途径。因此,此时胡锦涛同志正式提出泛长三角区域发展分工与合作问题具有着极其重大的现实意义。

1. 有利于增强长三角对周边地区的辐射带动作用

2008 年 8 月国务院审议通过的关于《进一步推进长江三角洲地区改革开放和经济社会发展的指导意见》中,在说到长三角的方向、功能和要求时指出:长三角要"加强与周边地区和长江中上游地区的联合与协作,强化服务和辐射功能"。这也是对胡锦涛同志关于泛长三角指示的具体落实和推进。以上海为中心的长三角地区是我国经济最发达、实力最强的城市群,但与国际上的几大城市群相比,这里的区域太小,辐射带动性不强,在全国经济发展中的作用没有得到应有的发挥。2007 年长三角地区土地占全国 1%,人口占 6%,GDP 占全国的 18.7%。即便与国内城市群相比体量也处于较低的地位。京津唐地区面积是长三角的 1.7 倍。泛珠三角地区 9 省的人口、GDP 占全国的 1/3,土地占全国的 1/5。长三角地区的优势未能充分发挥。通过泛长三角地区一体化的战略目标实施,使之成为全国发展动力源,不仅对该区域而且对全国都有重要意义。

2. 有利于促进中部崛起与区域经济协调发展

加强东部与中部区域合作,促进中部崛起,缩小区域经济发展差距,实现区域协调发展,是落实科学发展观的具体要求。完成这一任务,目前尚没有成熟的经验和很好的措施。泛长三角地区内,一方面东部苏浙沪二省一市与中部地区的安徽省相互之间的差距很大,另一方面沿江中部地区又具有加快发展的诸多条件,处于经济崛起之中。特别是安徽省可以发挥"居中靠东"的优势,做好"左右逢源"的文章,有效地改变"不东不西"的尴尬地位和局面。长三角则可以利用泛长三角区域合作,带动周边的中部地区经济走向繁荣,同时在合作中求得自身发展,进而起到在区域合作方面的示范作用,而且也只有取得双赢之结果,泛长三角地区的"3+1"合作才能推向深入。

3. 有利于促进区域分工和产业结构优化升级

当前,转变经济发展方式,促进区域分工与产业结构优化升级是我国宏观调控的重要政策目标。此外，一批产业由沿海向内地转移已成为一个普遍的趋势。而且只有在核心区实现产业结构升级才能更好地向周边地区进行产业转移，而大量的传统产业转移出去也迫使核心区要有新的更高层次的产业填补。实现这一目标的最好方式就是通过合理的区域分工，使价值链均匀分布在合作区内。核心区向产业的高端发展，把中低端的产业向周边扩散，推动周边地区企业的专业化分工、集群化发展，把各地优势充分发挥出来。最好是通过把区域一体化的分工深入到产业内部，即相互之间形成围绕统一产品进行研发、生产、营销、策划、售后服务等分工模式，由此既可以促进专业化社会化的发展，又有利于统一利用品牌、人才和技术等稀缺资源，还有利于降低营销成本，提高服务水平。而在这方面，目前全国还没有成功的典型与案例，泛长三角"3＋1"模式将在全国的区域分工与产业升级中起到先导性作用。

## 二、泛长三角"3＋1"区域合作的现实基础与条件分析

泛长三角"3＋1"区域合作有其客观的必然性。在合作区域范围内客观上存在着地理发育的延展性、生产要素的互补性、产业结构的差异性、发展水平的梯度性和区域文化的相通性。在实现区域经济一体化方面，与其他地区相比，区域合作具有着坚实的现实基础和诸多有利条件。

### （一）泛长三角"3＋1"区域合作的现实基础

东部长三角地区企业资源市场扩展与中部的安徽省有参与区域分工的客观要求是泛长三角区域合作的现实基础。这主要表现在：

#### 1. 当前东部长三角地区迫切需要开辟新的发展腹地

东部长三角地区在经过多年的扩张和大发展之后，国有及国有控股企业、私营企业和三资企业等各类企业都达到了相当多的数量和规模，生产要素、环境容量、发展空间已经达到相当紧张的程度，迫切需要大力推进产业结构升级和产品结构优化，建立有效的高新技术转移促进机制，提升经济运行的质量、效益和水平。这就需要营造一个更强的大后方作为支撑，其对能源、劳动力和各种初级加工产品形成了较大的市场需求。中部地区的安徽

省虽然各类工业企业的数量和规模与东部长三角相比存在着较大的差距,但近几年也有较大的发展(见表20-1,表20-2,表20-3),已基本具备提供能源、劳动力和各种初级加工产品的优良条件,区域内已经形成了广泛的经济技术合作基础。当前,中部的安徽正在成为东部长三角需要开辟的新腹地。安徽省已与长三角地区开展了多层次的交流与合作,合肥、马鞍山、芜湖、滁州、宣城、黄山等城市已程度不同地与长三角融为一体。

表20-1 泛长三角"3+1"区域国有及国有控股工业企业主要指标(2007年)

单位:亿元

| 地 区 | 企业单位数(个) | 工业总产值 | 工业增加值 | 资产总计 | 流动资产合计 |
|---|---|---|---|---|---|
| 上 海 | 1164 | 7912.98 | 2167.08 | 10030.39 | 4303.52 |
| 江 苏 | 785 | 6615.77 | 1749.59 | 7000.51 | 2535.50 |
| 浙 江 | 694 | 4637.20 | 1134.97 | 4765.88 | 1525.26 |
| 安 徽 | 581 | 3447.99 | 1211.17 | 4785.59 | 1633.31 |

资料来源:根据《中国统计年鉴》(2008年)有关统计资料整理。

表20-2 泛长三角"3+1"区域私营工业企业主要指标(2007年)

单位:亿元

| 地 区 | 企业单位数(个) | 工业总产值 | 工业增加值 | 资产总计 | 流动资产合计 |
|---|---|---|---|---|---|
| 上 海 | 6214 | 2278.00 | 642.99 | 1749.66 | 1135.43 |
| 江 苏 | 25332 | 15172.55 | 3732.51 | 8153.90 | 5064.79 |
| 浙 江 | 33381 | 13541.69 | 2779.59 | 10623.72 | 6412.55 |
| 安 徽 | 4908 | 1759.65 | 537.00 | 1065.11 | 582.96 |

资料来源:根据《中国统计年鉴》(2008年)有关统计资料整理。

表20-3 泛长三角"3+1"区域外商投资工业企业主要指标(2007年)

单位:亿元

| 地 区 | 企业单位数(个) | 工业总产值 | 工业增加值 | 资产总计 | 流动资产合计 |
|---|---|---|---|---|---|
| 上 海 | 5882 | 14648.81 | 3145.29 | 11159.72 | 6543.73 |
| 江 苏 | 9853 | 22299.52 | 5256.81 | 16624.16 | 9399.56 |
| 浙 江 | 8626 | 9609.90 | 1993.87 | 8253.50 | 4911.29 |
| 安 徽 | 707 | 1210.52 | 377.46 | 1056.43 | 542.43 |

资料来源:根据《中国统计年鉴》(2008年)有关统计资料整理。

**2. 安徽省具有参与泛长三角区域分工的客观要求**

安徽省的最大特征是劳动力资源丰富,但与东部长三角相比在技术和人才等方面则比较稀缺(见表 20－4,表 20－5,表 20－6)。而要实行丰富资源与稀缺资源的置换,从分享苏浙沪经济繁荣中获取比较利益,只有参与到发达地区的市场分工中去,才能得以实现。苏浙沪具有向其他省区转移和扩散劳动密集型甚至技术、资本密集型加工业的要求,而安徽也具有接纳这种转移和扩散的需求和能力。同时,这种需求和能力正由被动式转向一种通过区域分工与合作去发挥各自比较优势、实现共同繁荣的主动创新方式。安徽省在泛长三角分工与合作中正在抢占先机,争取率先发展。2008年 8 月,安徽省党政代表团专程赴苏浙沪开展为期 7 天的学习考察活动。学习考察中,安徽省党政代表团分别与苏浙沪两省一市召开经济社会发展情况座谈会,共同探讨安徽与两省一市交流合作新途径,全面推进安徽参与泛长三角区域发展分工。在安徽省委省政府的号召下,目前安徽省一些城市已经行动起来,以积极、主动的姿态投入到泛长三角区域分工与合作中去。例如,靠近浙江的宣城市,90% 以上的省外投资来自苏浙沪,85% 以上的农产品销往苏浙沪,80% 以上游客来自苏浙沪,70% 以上的劳务输向苏浙沪。为进一步占据主动,该市明确提出把宣城建设成为承接长三角产业和资本转移的新型加工制造业基地,面向长三角的优质农产品加工供应基地、自然生态和地域文化旅游休闲度假基地。

表 20－4　泛长三角"3＋1"区域三种专利申请受理数和授权数比较(2007 年)

单位:项

| 地　区 | 申请受理数 | | | | 授权数 | | | |
|---|---|---|---|---|---|---|---|---|
| | 合计 | 发明 | 实用新型 | 外观设计 | 合计 | 发明 | 实用新型 | 外观设计 |
| 上　海 | 47205 | 15212 | 12112 | 19881 | 24481 | 3259 | 9718 | 11504 |
| 江　苏 | 88950 | 16578 | 16586 | 55786 | 31770 | 2220 | 12944 | 16606 |
| 浙　江 | 68933 | 9532 | 19270 | 40131 | 42069 | 2213 | 16108 | 23748 |
| 安　徽 | 6070 | 1602 | 2554 | 1914 | 3413 | 317 | 2003 | 1093 |

资料来源:根据《中国统计年鉴》(2008 年)有关统计资料整理。

表20-5 泛长三角"3+1"区域技术市场成交额

单位:万元

| 地 区 | 2000 年 | 2001 年 | 2002 年 | 2003 年 | 2004 年 | 2005 年 | 2006 年 | 2007 年 |
|---|---|---|---|---|---|---|---|---|
| 上 海 | 738952 | 1061603 | 1202170 | 1427790 | 1716963 | 2317328 | 3095095 | 3548877 |
| 江 苏 | 449568 | 529165 | 594873 | 765163 | 897855 | 1008296 | 688297 | 784173 |
| 浙 江 | 276275 | 316652 | 389438 | 530353 | 581465 | 386954 | 399618 | 453474 |
| 安 徽 | 61012 | 64145 | 75423 | 87960 | 90675 | 142553 | 184921 | 264515 |

资料来源:根据《中国统计年鉴》(2008 年)有关统计资料整理。

表20-6 泛长三角"3+1"区域国有企事业单位专业技术人员数(2007 年底)

单位:人

| 地 区 | 合 计 | 工程技术人员 | 农业技术人员 | 科学研究人员 | 卫生技术人员 | 教学人员 |
|---|---|---|---|---|---|---|
| 上 海 | 337699 | 100722 | 2368 | 5916 | 80551 | 148142 |
| 江 苏 | 998178 | 113031 | 28309 | 7263 | 177228 | 672347 |
| 浙 江 | 688800 | 97574 | 18852 | 6155 | 143448 | 422771 |
| 安 徽 | 711492 | 83840 | 19707 | 3310 | 94159 | 510476 |

资料来源:根据《中国统计年鉴》(2008 年)有关统计资料整理。

**3. 资源的优势互补是"3+1"区域合作的经济基础**

安徽省与东部的苏浙沪相比,在土地、森林、矿产、劳动力和水资源等方面具有着丰富的资源优势,决定了其在泛长三角区域合作中的重要地位(见表20-7,表20-8,表20-9,表20-10,表20-11,表20-12)。苏浙沪自然资源禀赋缺乏,而资本等其他生产要素则具有很大优势。目前长三角已成为安徽最大的省外资金来源地。2007 年,安徽引进长三角地区实际到位资金 869 亿,占安徽到位省外资金的 54.5%。2008 年 1~10 月份,安徽引进长三角 1000 万以上项目共 4554 个,实际到位资金达 1218 亿元,同比增长 97.2%,占安徽到位省外资金的 55.9%。苏浙沪所稀缺的正是安徽所丰富拥有的;而安徽所稀缺的,也恰恰是苏浙沪所丰富拥有的。东部的苏浙沪与中部的安徽省在资源优势上有很大的互补性,这就奠定了泛长三角实现区域合作的经济基础,且也决定了各自在泛长三角中不可或缺的战略地位。

表 20 – 7　泛长三角"3 + 1"区域土地利用情况(2007 年)　单位:万公顷

| 地 区 | 土地调查面积 | 农用地 | 比重(%) | 建设用地 | 比重(%) |
|---|---|---|---|---|---|
| 上 海 | 82.4 | 37.5 | 45.50 | 24.3 | 29.49 |
| 江 苏 | 1067.4 | 672.8 | 63.03 | 190.2 | 17.82 |
| 浙 江 | 1054.0 | 869.9 | 82.53 | 101.3 | 9.61 |
| 安 徽 | 1401.3 | 1119.3 | 79.91 | 165.2 | 11.79 |

资料来源:根据《中国统计年鉴》(2008 年)有关统计资料整理。

表 20 – 8　泛长三角"3 + 1"区域森林资源情况(2007 年)

| 地 区 | 林业用地面积<br>(万公顷) | 森林面积<br>(万公顷) | 森林覆盖率<br>(%) | 活立木总蓄积量<br>(万立方米) | 森林蓄积量<br>(万立方米) |
|---|---|---|---|---|---|
| 上 海 | 2.25 | 1.89 | 3.17 | 233.63 | 33.24 |
| 江 苏 | 99.88 | 77.41 | 7.54 | 4073.18 | 2285.27 |
| 浙 江 | 654.79 | 553.92 | 54.41 | 13846.75 | 11535.85 |
| 安 徽 | 412.32 | 331.99 | 24.03 | 12667.41 | 10371.90 |

资料来源:根据《中国统计年鉴》(2008 年)有关统计资料整理。

表 20 – 9　泛长三角"3 + 1"区域主要能源、黑色金属矿产基础储量(2007 年)

| 地 区 | 石油<br>(万吨) | 天然气<br>(亿立方米) | 煤炭<br>(亿吨) | 铁矿<br>(矿石、亿吨) | 锰矿(矿<br>石、万吨) | 铬矿(矿<br>石、万吨) | 钒矿<br>(万吨) |
|---|---|---|---|---|---|---|---|
| 上 海 |  |  |  |  |  |  |  |
| 江 苏 | 2521.00 | 22.85 | 17.58 | 1.87 |  |  | 5.70 |
| 浙 江 |  |  | 0.49 | 0.13 |  |  |  |
| 安 徽 | 142.60 | 0.04 | 80.88 | 8.78 | 0.90 |  | 19.61 |

资料来源:根据《中国统计年鉴》(2008 年)有关统计资料整理。

表 20 – 10　泛长三角"3 + 1"区域主要有色金属、非金属矿产基础储量(2007 年)

| 地区 | 铜矿(铜、<br>万吨) | 铝矿(铝、<br>万吨) | 锌矿(锌、<br>万吨) | 铝土矿(矿<br>石、万吨) | 菱镁矿(矿<br>石、万吨) | 硫铁矿(矿<br>石、亿吨) | 磷矿(矿<br>石、亿吨) | 高岭土(矿<br>石、万吨) |
|---|---|---|---|---|---|---|---|---|
| 上海 |  |  |  |  |  |  |  |  |
| 江苏 | 8.42 | 19.41 | 33.91 |  |  | 457.8 | 0.25 |  |
| 浙江 | 13.58 | 41.43 | 72.95 |  |  | 813.34 |  | 534.80 |
| 安徽 | 201.35 | 4.34 | 15.68 |  |  | 31348.08 | 0.25 | 369.28 |

资料来源:根据《中国统计年鉴》(2008 年)有关统计资料整理。

表 20 - 11　泛长三角"3＋1"区域人口的城乡构成(2007 年)

单位:万人

| 地　　区 | 总人口 | 城镇人口 | | 乡村人口 | |
|---|---|---|---|---|---|
| | | 人口数 | 比重(%) | 人口数 | 比重(%) |
| 上　海 | 1858 | 1648 | 88.70 | 210 | 11.30 |
| 江　苏 | 7625 | 4057 | 53.20 | 3569 | 46.80 |
| 浙　江 | 5060 | 2894 | 57.20 | 2160 | 42.80 |
| 安　徽 | 6118 | 2368 | 38.70 | 3750 | 61.30 |

资料来源:根据《中国统计年鉴》(2008 年)有关统计资料整理。

表 20 - 12　泛长三角"3＋1"区域水资源及供水用水情况(2007 年)

| 地　区 | 水资源总量 (亿立方米) | 人均水资源量 (立方米/人) | 供水总量 (亿立方米) | 用水总量 (亿立方米) | 人均用水量 (立方米/人) |
|---|---|---|---|---|---|
| 上　海 | 34.5 | 187.9 | 120.2 | 120.2 | 654.5 |
| 江　苏 | 495.7 | 653.3 | 558.3 | 558.3 | 735.9 |
| 浙　江 | 892.1 | 1777.2 | 211.0 | 211.0 | 420.3 |
| 安　徽 | 712.5 | 1165.3 | 232.1 | 232.1 | 379.5 |

资料来源:根据《中国统计年鉴》(2008 年)有关统计资料整理。

### (二)泛长三角"3＋1"区域合作的有利条件

1.天然的地理人文历史联系为区域合作提供了坚实基础

虽然安徽是中部的成员,但却处于特殊的地理位置,那就是居中靠东,具有参与泛长三角区域合作的区位优势。区域经济形成和发展的重要特征之一就是在地域上要连成一片。安徽位于长三角腹地,同属长江中下游地区,地理连绵,民情相通,历史传统一脉相承,文化习俗合而不同,具有天然的融合性。延绵起伏的江河原野平川,源远流长的人文历史积淀,深沉厚实的血缘亲情联结,紧密交往的经济文化关系,形成了"3＋1"区域合作模式的地缘优势。这种地理人文历史联系为泛长三角区域合作奠定了坚实的客观基础。

2.经济的层次性差异性特征形成了区域合作的现实前提

泛长三角区域内既有经济比较发达的沿海、沿江和平原,又有经济比较落后的山区、老区和库区;既有代表产业发展先导的电子信息、精细化工、生物制药等新兴产业,也有还处于较落后水平的一般种植、简单加工、初级开采等传统产业。泛长三角区域内知识密集型、技术密集型、资本密集型和劳动密集型产业地域分布特点明显。自然条件、经济发展水平具有很大的差异性;经济结构形态多样,市场发育参差不齐,物质技术基础各异,生产力呈明显的多层次性,地区发展具有不平衡性,而自然资源、经济资源和人文资源又具有很强的互补性。所有这些,为泛长三角区域多种形式的分工与合作提供了良好的社会经济条件。

3. 转变经济发展方式为区域合作提供了难得的历史机遇

国家战略意志是区域合作的最终导向。新的历史时期,国际经济形势发生深刻而重大的变化,当前国际金融危机快速扩散和蔓延,东部沿海许多企业已受到严重冲击,曾支撑我国经济快速增长多年的出口导向型战略正面临着前所未有的困难,在可以预见的相当长的时间里,转变经济发展方式,扩大国内需求,走内源型经济增长道路是我国的必然选择。协调东中西地带互动发展,形成强大的国内需求,已经成为中央和各级地方政府关注的重点问题。泛长三角经济带,是目前国内外普遍认为实力最强、势头最好、前景最优的区域。泛长三角仅涉及三省一市,且都处于长江中下游广阔平原和丘陵地带,这里人口众多、市场潜力巨大,容易形成庞大的国内需求,加快建设泛长三角区域经济带已经成为我国在激烈的国际经济竞争中立于不败之地的战略选择,这将给"3+1"区域合作提供难得的历史机遇。我们只有紧紧抓住这一难得的历史机遇,才能更好地促进中部崛起与区域经济协调发展。

**(三)泛长三角"3+1"区域合作面临的主要问题**

在看到泛长三角区域合作有利条件的同时,还应该看到从理论层面转变为操作层面还面临着一些实际问题,还有许多工作要做。

1. "15+1"与"3+1"区域合作关系的协调问题

"15+1"区域合作模式属于泛长三角核心区范围内比较紧密型的合作,目前已经运行了多年,并取得了积极成效,在推进长三角地区的经济快速发展方面发挥了重大作用。"3＋1"区域合作是属于东部长三角地区与周边中部省份的合作,经济社会发展方面的层次性差异性较大,合作难度较大,目前仍在探索之中。如何协调好核心区"15＋1"与周边地区"3＋1"区域合作之间的关系,是泛长三角区域合作中必须要解决好的一个现实问题。

2."3＋1"区域合作中的体制接轨与观念对接问题

东部的苏浙沪与中部的安徽省由于改革开放程度不同在体制机制和思想观念等方面存在着较大的差异。在经济体制方面,东部二省一市市场化程度较高,而安徽的市场化程度相对较低;在管理机制方面,东部二省一市比较灵活,而安徽省相对比较僵化;在思想观念方面,东部二省一市比较开放,而安徽省相对比较保守。这些虽然都属于区域合作中的"软件"建设,但是可能比"硬件"建设难度更大、更艰巨。

3.区域合作中的"收敛"与"扩散"的关系问题

根据有关区域经济发展规律,泛长三角地区在合作初期,一般来讲核心区对周边地区的影响呈现出"收敛"大于"扩散"的状况,即各类生产要素向核心区集聚较多,经过一段时期的发展后,才能呈现出"扩散"大于"收敛"的趋势,即核心区对周边地区的辐射带动作用日益增强。这是必然的也是合理的。但是,如果长期保持"收敛"大于"扩散"的状况,既不利于区域协调发展也不利于区域总体实力的提高,区域一体化的目标就难以实现。

### 三、构建泛长三角"3＋1"区域合作模式的若干思考

东中部地区在进行泛长三角"3＋1"区域合作过程中,应坚持以科学发展观为指导,从泛长三角社会经济发展目标和产业结构调整优化升级的实际需要出发,在适度差距中追求系统优化,在发挥各个区域比较优势的基础上,强调区域间的市场联系,从差异走向交易,从分工走向合作,进而实现区域协调发展与共同繁荣。

#### (一)泛长三角"3＋1"区域合作的目标是促进区域经济一体化发展

泛长三角地带"3＋1"合作模式提出的目的是为了使长三角与周边地区之间形成深度的一体化合作关系。其战略目标可以作出如下归纳:由区

际间外部的商品、资源的交流,深入到产业一体化分工合作模式和全要素的充分自主配置,实现优势互补形成整体合力,对外提升竞争力,提高开放水平,对内成为推动全国经济增长的火车头和区域协调发展的示范区。①

按区域一体化发展的目标要求,应坚持规划先行的原则,进行统筹安排。规划既要有思想观念和体制政策方面的融入设想,又要有产业关联、通关申报和口岸验收乃至技术接口等具体的工作机制。只有建立统一科学的规划,才能树立起良好的目标,并使双方的合作得到贯彻和落实。就是说,通过规划要实现全面对接,并把相互的战略目标具体化。

### (二)泛长三角"3 + 1"区域合作的重点是推进经济发展方式的转变

生态环境是泛长三角区域的命脉所在,也是推进区域合作的天然依托,必须把泛长三角区域生态环境保护作为重点战略工程来实施。要迅速转变目前不同程度存在的高投入、高能耗、高排放、难循环、低效益的状况,引进循环经济的理念优化产业布局。根据泛长三角总体布局的要求,把火电、重化等基础原材料工业转移到原料基地和有环境容量的地方。泛长三角区域必须通力合作,加强协调,共同开展环境保护和治理工作。高效利用土地资源和水资源,发展以效益与产业生态为中心的工业生产体系,实现环境保护与治理的区域联动。

根据泛长三角区域合作发展的重点,以产业结构调整为主线,各省市进行相关产业的收缩、扩散和转移,加速产业结构的优化升级。按照新的区域分工,东部苏浙沪地区今后产业发展的重点是现代服务业,逐步形成以服务业为主的产业结构。中部的安徽应积极承接东部长三角地区的产业转移,逐步形成以先进制造业为主的产业结构。泛长三角应重点加强地区产业发展的协调工作,促进产业结构整合。各地在制定产业发展规划时,不仅要看到自己是否适合发展某些产业,还应看到其他地区是否更适合发展这些产业,是否已经发展了这些产业,通过与其他地区发展条件的比较,明确自己的优势所在。在产业政策方面,泛长三角的各级政府应根据国家产业政策,

---

① 孙自铎:《泛长三角经济深度合作的构想》,《安徽日报》2008 年 7 月 21 日。

在维护区域整体利益的基础上,制定指导性的建设规划,避免与区域内其他省份政策的冲突。各省市要以国际国内市场为导向,优化经济区范围内的产业结构,形成合理分工与优势互补的产业体系,促进经济区的产业整合。

**(三)泛长三角"3 + 1"区域合作的关键是形成区域协调发展的机制**

首先,成立组织机构,完善政府调控机制。区域组织协调机制创新是泛长三角区域合作的保证。在泛长三角这样一个地域广阔、情况复杂、差别巨大的地区建立分工与合作关系,需要各方面长时间的不断努力的发展积累过程。因此,从国家战略高度出发,非常有必要建立一个能够统筹整个区域协调发展的具有权威性的组织机构,完善政府宏观调控机制,为区域合作和发展提供坚强有力的组织保证。同时要统筹协调"15 + 1"与"3 + 1"的关系,建立互相联系、互相依赖、互相促进和互相支持的区域互动机制。"15 + 1"地区作为泛长三角的核心区,要建立起统一高效、更加紧密合作的一体化基础,同时以积极进取的姿态更好地发挥对周边中部地区的辐射带动作用,进一步拓宽自己的发展腹地和空间。"3 + 1"地区作为长三角的辐射区,要在总结与借鉴"15 + 1"合作模式经验的基础上,努力探索东部沿海与中部内陆地区共生共赢的新机制,以良好的合作方式支持这一战略的实现。

其次,健全市场体系,完善市场调节机制。泛长三角区域内经济发展的不平衡性,决定了必须大力培育和发展现代市场体系,从思想观念和现实行动上破除地区封锁和行政限制,做到在区域内人流、物流、资金流和信息流畅通无阻。因此,建立统一的市场运行规则机制最为重要。通过市场机制协调与整合区域资源,可以为泛长三角区域合作提供市场制度保证。泛长三角必须大力培育区域统一市场,完善市场网络体系,与此同时,泛长三角要尽快建立能与国际接轨的市场运行规则,统一市场准入与市场退出机制,营造公平的市场竞争环境。

最后,完善区域协调机制的基本政策取向,是要由政府行政推动为主转向以市场调节机制为主。在初始阶段,以行政力量推动区域合作是必要的,也是有一定效果的。但历史经验表明,政府行政推动虽能取得一时之效果,但难以长期坚持,只有建立在市场调节机制上的合作,才会有长久的动力。

为此,要遵循市场要求的平等原则。要在平等互利的基础上实现体制政策的一致性,进而解决区域内收敛大于扩散的现实状况。目前,东部二省一市与安徽省在体制、政策上的确存在一些不协调的地方,可能更多的是由于利益关系不当造成的。当东部长三角与安徽在平等的基础上建立起合作关系,这种体制、政策上的趋同将会大大推进泛长三角区域经济一体化进程。

## (四)泛长三角"3＋1"区域合作的基础是交通运输信息网络的构建

泛长三角"3＋1"地区在交通基础设施方面应进一步加强合作,建设布局合理的现代化集疏运体系,进一步加强泛长三角的空中交通联系,形成合理分工的空中交通网络。加快国际航运中心建设,形成沿海港口、沿江港口统筹规划、合理布局、联合开发、共同发展的良好局面。继续加快高速公路、高速铁路为主的高效陆上交通网络建设,形成泛长三角城市相连、内外相通、多轴心辐射、无缝对接的交通网络。同时,要进一步提高泛长三角地区的信息化建设水平,加强信息网络建设方面的分工与合作,努力构建起资源共建共享的信息网络平台。另外,通过多种方式和途径加强东部苏浙沪与中部安徽之间的思想文化交流,加快泛长三角各省市之间的区域文化融合,为泛长三角区域合作奠定坚实的思想文化基础。

## 四、安徽省在泛长三角中的区域分工及发展对策

中部地区的安徽省资源丰富,生产成本较低,交通十分便利,腹地市场广阔,产业结构和经济发展同长三角梯度差异明显,互补性较强,是长三角产业转移最为有利的承接地。与苏浙沪相比,中部地区安徽省的环境容量和市场潜力有一定空间:煤电、冶金、建材、汽车、家电等产业已形成一定规模优势,新能源、新材料、节能环保等新兴产业,与之基本处在同一起跑线上。安徽省参与泛长三角区域分工合作,可以在多方面扮演重要角色。

## (一)打造泛长三角优质农产品的加工与供应基地

长三角为安徽省开拓农产品市场提供了广阔空间。长三角居民收入水平较高,是一个巨大的农产品消费市场。仅上海市每年农产品消费需求就高达1000亿元,其中约有800亿元农产品要靠外地输入。安徽省农业资源

丰富,地处我国南北过渡带,动植物品种多,粮食、棉花、油料、肉类、茶叶、淡水水产、蚕茧和蔬菜等主要农产品产量位居全国前列,且紧靠长三角,鲜活农产品销售半径小、运输成本低。安徽是长三角重要的"菜篮子"供应来源,每天超过200吨水产品、400吨蔬菜等销往长三角,常年生产的生猪、牛羊等40%以上销往长三角。据统计,安徽农产品70%销往长三角。随着长三角工业化、城镇化的深入推进,安徽省作为泛长三角优质农产品加工和供应基地的地位将进一步提升。

### (二)打造泛长三角重要的劳务输出基地

近年来,在长三角的外来务工人员已达3000万人,安徽70%以上的劳务输出集中在长三角,约占长三角外来务工人员总数的20%左右(见表20-14)。2007年安徽跨省外出务工1000万人,其中有760万人流向长三角,仅在上海的就超过210万人。随着长三角经济的迅速发展,对劳动力的需求量也越来越大,每年需求增幅约在70万~100万人。上海市目前外来务工人员主要来自安徽等地,已达400多万人,超过本市从业人员的1/3。

表20-14 长三角外来务工人员来源分布

| 省份 | 比重(%) | 排序 | 省份 | 比重(%) | 排序 | 省份 | 比重(%) | 排序 |
|------|---------|------|------|---------|------|------|---------|------|
| 江苏 | 22.9 | 1 | 江西 | 8.4 | 5 | 山东 | 2.3 | 9 |
| 安徽 | 20.1 | 2 | 浙江 | 8.0 | 6 | 湖南 | 2.1 | 10 |
| 四川 | 10.2 | 3 | 湖北 | 4.3 | 7 | 其他 | 9.0 | 11 |
| 河南 | 10.0 | 4 | 重庆 | 2.7 | 8 | | | |

数据来源:万向东:《工资福利、权益保障与外部环境——珠三角与长三角外来工的比较研究》,《管理世界》2006年第5期。

安徽省针对当前东南沿海部分中小企业因受金融危机严重冲击,使农民工返乡回流明显增多的新情况,利用阳光工程、新型农民科技培训工程、农民创业培训工程等,优先做好对需要培训的返乡农民工的专业技能、法律法规、政策知识和维权等方面的培训,为他们外出再务工或从事农业生产经营打好基础,并主动加强与长三角地区用工企业联系,争取务工岗位,为返乡农民工再务工提供服务。随着长三角以服务业为主的产业结构的形成,安徽省作为泛长三角劳务输出基地的功能将会进一步增强。

### (三)打造泛长三角能源原材料基地

长三角煤炭、原材料等资源缺乏,90%以上的一次性能源需求和30%的电力需求需要从外部调入。安徽历来是华东地区能源供应基地,安徽34%的煤炭输向长三角。2007年,安徽向长三角输出煤炭3100万吨,比上年增长12%。安徽11%的发电量输向长三角。2007年安徽省向华东电网输出电量107亿度,2008年达到274亿度,同比增长157%。"皖煤东运"、"皖电东送"在为长三角提供巨大能源支持的同时,也有利于安徽将资源优势转化为经济优势。随着长三角地区产业结构的优化升级,安徽省的能源原材料基地建设也将会有较大幅度的提升。

### (四)打造泛长三角的现代装备制造业基地

在安徽省建设泛长三角的现代装备制造业基地,不仅能减少相互竞争、扩大市场份额,而且能降低生产成本、提高经济效益。目前,安徽省装备制造业企业由2000年的803家增加到2007年的2404家,主营业务收入由363亿元扩大到2232亿元。汽车产业发展迅速,涌现出奇瑞、江淮、星马、昌河等知名品牌;彩电、冰箱、洗衣机、空调器产量分别占全国的4.3%、20.5%、14.7%和7.6%,均居全国前列。因此,安徽省依托现有知名企业完全可以打造成为泛长三角的现代装备制造业基地。

### (五)打造泛长三角科技创新基地

安徽省科技实力潜在优势明显,已基本形成了以新材料、生物医药、电子信息技术、精密仪器、光机电、新能源及高效节能领域为主体的高新技术产业体系,成为极具潜力的新的增长点。目前,安徽省高新技术企业达1141家,实现产值2518亿元。特别是合芜蚌三市已成为科技资源较为密集的地区,共有高等院校69所,占全省的77.5%,科研院所63家,占全省的51.2%;国家级工程技术研究中心6个,占全省的3/4;2007年研究与试验发展经费投入45.3亿元,占全省的62.2%;从2008年起,省政府每年安排5亿元专项资金和1亿元创业风险投资引导资金,正在形成合芜蚌自主创业实验区。随着区域创新体系建设步伐不断加快,安徽省与长三角地区的科技合作会进一步密切,将会把安徽省打造成泛长三角地区的科技创新基地。

**(六)打造泛长三角旅游休闲的"后花园"**

安徽省山川秀美,著名旅游胜地众多。安徽的黄山、九华山、天柱山、齐云山、太平湖、巢湖、太极洞、蓬莱仙洞等旅游景点,紧密相连,可以说集山、水、洞为一体。近几年来,随着泛长三角四通八达交通运输网络的建立,安徽省的旅游业也有了较大的发展。目前,长三角已成为安徽省旅游最大的外来客源地,2007 年来皖旅游人数达 2402 万人次,占全省外来客源的52.6%。随着交通条件的进一步改善、旅游设施不断升级,安徽省的旅游资源优势会加速转化为旅游产业优势。因此,通过旅游资源的有机整合完全有可能把安徽省打造成为整个泛长三角地区的旅游休闲"后花园"。

总之,"泛长三角"概念的界定及泛长三角区域发展分工与合作问题提出,对加强东部与中部地区的区域合作与促进我国区域经济协调发展有着重大意义。我们既要从战略高度确定合作的目标和任务,看到这种合作是对双方的互需互补,并且具有不可替代的作用;同时还必须科学地分析区域之间合作的基本特征和现实存在的问题,有针对性地探讨实现区域合作战略目标的路径与对策,从而进行科学的产业布局与要素整合,以便更好地促进泛长三角"3＋1"区域合作的一体化发展。从中部地区安徽省的资源优势和发展潜力来看,在参与泛长三角"3＋1"区域分工与合作中,可以把安徽省打造成泛长三角地区的优质农产品加工与供应基地、重要的劳务输出基地、能源原材料基地、现代装备制造业基地、科技创新基地、旅游休闲的"后花园"。

# 第二十一章 安徽正在奋力成为促进中部地区崛起的战略支点

安徽是中部地区的一个重要省份,具有一定的资源优势和特殊的区位条件,正在奋力成为促进中部地区崛起的战略支点。目前,安徽正在通过组织实施和提升"861"行动计划,积极参与泛长三角区域分工与合作,加快实现生产力布局的新突破,把各方面的潜在比较优势转化为现实的综合竞争优势,积极发挥战略支点作用,努力促进我国区域经济协调发展。

## 一、安徽在促进中部崛起与区域经济协调发展中的战略地位

历史上安徽是兵家必争的战略要地,也是经济开发较早的地区之一。在统筹区域发展的新形势下,由于安徽独特的区位优势,无论是东部的发展,还是中部的崛起,要实现区域经济协调发展,都离不开安徽的发展。

### (一)历史上的安徽曾是具有战略意义的经济发达地区之一

安徽在中国历史上曾经是经济发达、文化繁荣的地区。皖北是历史上中国区域开发最早的地区之一。传说中大禹治水的主要区域就在安徽的淮河流域。淮河流域在上古时期气候潮湿,水泽遍布,平行入淮的支流相当密集。当时该流域的人口还相当稀少,各个原始部落的聚居点稀疏地散布于水泽的台地或丘岗之上,人们就地披荆斩棘,焚林造田,开发土地,发展农业生产,辅之于畜牧、鱼猎和采集。作为部落首领的大禹领导人民因势利导疏导积水汇入一处处洼地,开挖沟渠,发展了原始的沟洫农业,促进了淮河流域的经济开发。

春秋战国时期,以寿春为中心的江淮区域是这一时期的经济、政治、文

化最重要的地区,是楚庄王争霸中原的基地。距今已有 2500 多年,位于安徽寿县南 30 公里的安丰塘是我国古代著名的蓄水灌溉工程,现今仍发挥着蓄水、灌溉、航运的作用。三国时期的合肥是魏国面向东吴的前沿重镇,江淮是曹操屯田的主要区域,一系列水利工程的维修,农业生产条件的不断改进,使江淮地区农业发达,经济繁荣。与此同时,孙吴政权在安徽的长江两岸大规模围湖造田,兴修圩田和水利工程改善了生产条件,因而粮食产量大增。自古至今安徽一直是全国重要的产粮区。唐朝以后,由于西北农业条件的恶化,南方江淮流域经济快速发展。到唐中叶以后,国家财赋(包括粮食、漕运)一半以上出于江淮和江南。"今天下以江淮为国命"。[1]

宋元明清时期,安徽与东部的江、浙、沪关系非常密切。《天工开物》中曾有关于"织造尚淞江,浆染尚芜湖"的文字记载,证明南宋后安徽已与上海、杭州一带的经济有了明确的关联以及分工合作。安徽凤阳是朱元璋的桑梓之地。洪武二十二年(1389)朱元璋曾下令将杭州、湖州、温州、台州、松江诸府无田少地者迁往滁、太等州。大量的移民不仅增加了当地的劳动力,更带来了先进的工农业生产技术。农业发达带来粮食的丰裕。明代后期安徽稻米已远销长江下游商品经济发达的江、浙等地。

明朝中叶开始兴盛的徽商,称雄于中国商界 300 多年。徽商的崛起源自于盐业。据研究,在鸦片战争以前中国的主要商品市场中,盐的流通额占第三位,仅次于粮食、棉布,而在棉布兴起之前,仅次于粮食而位列第二。徽商在全盛时期资本非常雄厚,在产盐最多的两淮,8 个总商中,徽商占 4 个。徽商对东南鄂、赣、皖、苏、浙、鲁的经济、文化产生深刻影响,有"无徽不成镇"的说法。清代前期,"扬州园林之胜,甲于天下",其绝大部分为徽商所建。于 1882 年左右正式开张的芜湖米市,是中国四大米市之一,1894 年贸易量达到 340 万担,出口稻米主要输往上海、宁波、广州、汕头、烟台、九江,其中以汕头、上海、广东居多。在芜湖采购的商人主要由广、潮、烟、宁四帮组成。

① 《全唐文》卷 748 及卷 660。

　　清初设省之时,安徽、江苏、上海同属江南省。1667 年,撤销江南省分设江苏、安徽二省。新中国成立后,安徽与东部的山东、江苏、上海同属华东区,政治、经济、文化往来十分密切。

　　中国近代工业大部分集中在沿海地带。20 世纪 50 年代,从战略需要和工业布局考虑,国家曾动员上海部分企业迁往内地。安徽在 1954 到 1958 年间共计陆续从上海内迁企业 106 家,多分布于合肥、芜湖、蚌埠、安庆、淮南等城市,其中合肥迁入私营企业 36 家。内迁的企业基本上都是规模较小的私营工商业。这些企业迁入后分别进行了改建、扩建、合并和内部改造,随厂还引进了一大批企业管理人才、工程技术人才和技术熟练的工人,为安徽的轻纺工业、机械工业、食品工业、化学工业的发展奠定了良好的基础。安徽作为粮食主产区、能源和原材料基地,曾经为华东和全国的经济发展做出了巨大贡献。1951~1985 年的 35 年间,从安徽平、议价调往省外的粮食多达 396.83 亿斤,特别是 1957 年、1958 年、1959 年,国家最困难的时候,从安徽调出粮食 39.14 亿斤。①

　　**(二)参与"泛长三角"区域合作与安徽在促进区域协调发展中战略地位的提升**

　　安徽位于中部地区的前沿,周边与 6 省交界,北连山东、东临江苏,东南比邻浙江,南交江西,西接湖北、河南,省界长约 4700 公里。省域东西跨东经 114°53′~119°37′,南北介于北纬 29°24′~34°39′,面积约 14 万平方公里,占全国国土总面积的 1.45%,在全国的排名第二十二位。长江、淮河两大河流自西向东横贯全域。安徽在促进中部崛起与区域协调发展中具有独特的区位优势。

　　长江安徽段,全长 416 公里,沿江的马鞍山、芜湖、铜陵、池州、安庆以及滁州、巢湖、宣城构成皖江经济带,是长江经济走廊的重要地带,也是安徽经济、社会、科技和文化比较发达的地区。从区位上看,皖江地区位于长江下游,东部紧靠沪、宁、杭、苏、锡等长江三角洲中国经济最发达的城市群,西部

---

　　①　数据来源:《安徽省志》第 40 卷,安徽人民出版社 1991 年版。

连接九江、武汉,南部和北部有广阔的腹地。区域内有丰富的矿产资源,铁、铜、硫、石灰石等储量大、矿点集中,便于开采。长江"黄金水道"得天独厚,港口设施初具规模,远洋货轮可直抵安徽。芜湖、铜陵和安庆长江大桥连接南北,淮南、宁铜、皖赣、合九等铁路在区域连成网络,公路四通八达,合肥、黄山均有机场。目前,安徽立体化的交通运输网络已初步形成。

安徽的区位功能优势十分明显,随着安徽参与"泛长三角"区域分工与合作进程的加快,安徽在促进中部崛起与区域经济协调发展中的战略地位将会有明显的提升。第一,安徽处于由东部沿海到中西部地区的必经之地,是由南至北的过渡地带,它与东部和西部、南方和北方的经济技术联系都十分密切,因而在促进中部崛起、西部大开发和振兴东北战略中,安徽承东启西、连南接北的桥梁和纽带作用十分突出。安徽融入长三角后,随着基础设施的改善,安徽将会成为长三角促进南北、东西沿线经济带发展的中心枢纽地区。第二,安徽是东部实现产业转移的理想承接地,可为东部的持续发展提供有力的支持。安徽与相邻东部地区的江苏、浙江两省经济发展水平相距甚远,落差很大,便于江浙两省的资本、技术和管理等要素,从高梯度向低梯度的安徽迅速流动。近几年来随着东部沿海地区经济的发展,东部的劳动力价格上升,地价急剧增高,资源需求量大幅增加,而安徽人口众多,劳动力成本很低,土地相对较富余,自然资源丰富,同时安徽的基础设施较为完善,消费需求量大,市场前景广阔,将成为东部产业转移的最佳区域。第三,安徽是"长三角"的腹地,与东部发达地区无缝接轨,是"中部崛起"的前沿阵地。中部地区与东部发达地区进行合作,安徽的区位和历史文化可以为东部与中部的交流往来提供深厚的基础。中部各省相互间的联合和协作,也可以充分利用安徽的资源,做到优势互补。安徽特有的矿产资源是中部其他省份经济发展所需要的,交通运输、通信、电力、港口码头等一些基础设施在中部的发展中都会发挥重要作用。第四,安徽地处长江中下游地区,长江是我国第一大河,沿长江而上是国际资本投资的一大趋势。投资考虑的因素很多,但主要的因素是投资环境和配套产业。长江安徽段的多个城市是对外开放较早、发展较快的亮点,中小企业分布密集,是投资的理想场所。

随着改革开放的推进,安徽将成为长三角推动长江流域经济国际化的重要通道。

总之,安徽通过参与"泛长三角"区域分工与合作,从促进整个中部崛起及其与东部互动发展的战略意义上讲,安徽可以在以下几个方面发挥战略支点作用:交通东连,投资东引,商品东进,能源东送,劳务东输,服务东借。但是,同时也要看到,在新的区域发展格局中,安徽在参与"泛长三角"区域合作与分工的同时,还应该加强与中部地区各省的合作与交流,这样才能够更好地发挥在促进中部崛起与区域经济协调发展中的战略支点作用。

## 二、安徽发展的现实基础及其对中部崛起的影响作用

安徽加快发展对于实现中部地区的崛起,具有着非常重要的意义。尽管安徽在促进中部崛起中做出了很大的努力,但从目前我国区域经济协调发展以及中部各省加快发展的趋势来看,安徽与中部其他各省相比较,在城市化和工业水平方面还处在相对比较落后的位置。中部地区要实现在全国的崛起,关键在安徽,难点也在安徽。

### (一) 对目前安徽经济发展阶段的基本判断

安徽如何加快发展? 由于农业对自然环境因素的依赖程度较强,依靠农业是不能实现跨越式发展的;服务业的发展受制约于农业、工业发展水平,依靠服务业也是不能实现跨越式发展的。因此,安徽要实现跨越式发展只能走新型工业化道路。走新型工业化道路,是安徽实现跨越式发展的关键所在。要发展安徽工业,首先必须了解安徽工业所处的历史阶段及现有水平。安徽社科院王可侠研究员参照国际通行的工业化阶段划分标准并结合相关研究成果,通过人均 GDP 指标、三次产业比重、非农产业就业比重和城市化水平四项内容对目前安徽工业化进程进行了评价,比较客观地描述了安徽经济发展所处的历史阶段。

1. 从人均 GDP 指标看,安徽仍处于工业化初期阶段

"十五"是安徽工业加速发展、经济水平提升较快时期。"十五"期间,全省人口以年均 0.7% 增长,而生产总值则以年均 12% 的速度增长。到

2005 年末,安徽人均 GDP 达 8250 元,按当时美元兑人民币 1∶8 汇率计算,人均 GDP 为 1031 美元。按照人均 GDP 水平,美国经济学家 H. 钱纳里对工业化阶段的划分标准是:人均 GDP 达 600～1200 美元为工业化初期阶段,人均 GDP 达 1200～2400 美元为工业化中期阶段,人均 GDP 达 2400～4500 美元为工业化后期阶段。按此标准,目前安徽的工业化水平仍处在初期阶段,而同期全国的人均 GDP 达 1743 美元,已进入工业化中期阶段。

2. 从三次产业所占比重看,安徽处在工业化中期阶段

工业化的演进与非农产业产值比重的上升是一致的。当采用三次产业产值比重作为工业化进程的评价指标时,综合库兹涅茨、钱纳里—埃尔金—西姆斯和塞尔奎尔—钱纳里 3 个反映产业结构变动趋势的一般模式,得到的评价标准是:当非农产业产值比重高于 70%、农业产值比重低于 30% 时,工业化进入中期的第一阶段;当非农产业产值比重超过 80%、农业产值比重下降到 20% 以下,工业化进入中期的第二阶段;当非农产业产值进一步上升到 90% 以上、农业产值比重不足 10% 时,工业化就处于后期阶段或基本实现的阶段。[①]

2005 年,安徽一产、二产、三产生产总值分别为 17.9∶41.6∶40.5,同期全国这一比值的平均水平为 13.1∶46.2∶40.7。按照上述评价标准,安徽与全国一样已经进入工业化中期第二阶段。但这一评价似乎并不重要,重要的是,安徽一产比重比全国平均水平高出 4.8 个百分点。安徽能否赶上全国平均水平?"十五"期间安徽产业结构调整步伐加快,一产增长下降 1.9%,二产增长提高 9.3%;而同期全国平均一产增长上升了 2.4%,二产增长上升 3.0%,如表 21－1 所示。

---

① 吕铁:《新时期中国工业化问题探索》,《学习与探索》2005 年第 6 期。

表 21-1 安徽三次产业产值增速与全国比较

单位:%

| 指标 | 2001 年 | | 2005 年 | | "十五"期间年均增长 | |
|------|------|------|------|------|------|------|
| | 安徽 | 全国 | 安徽 | 全国 | 安徽 | 全国 |
| 生产总值 | 8.9 | 8.311.8 | 9.9 | 10.6 | 9.5 | |
| 第一产业 | 2.9 | 2.8 | 1.0 | 5.2 | 1.3 | 3.9 |
| 第二产业 | 9.5 | 8.4 | 18.8 | 11.4 | 13.6 | 10.7 |
| #工业 | 9.0 | 8.7 | 20.5 | 11.4 | 13.3 | 10.9 |
| 第三产业 | 12.3 | 10.2 | 9.9 | 9.6 | 12.7 | 9.9 |

资料来源:安徽省统计局编《2005 年安徽省情》。

按照这样的速度,安徽完全可以在较短时间内赶上全国平均水平。赶超的具体时间可由下列算式计算。

假定"十五"期间,全国的一产比重为 A,一产年均增长为 T,GDP 年均增长为 G;同期安徽的一产比重为 a,一产平均增长为 t,GDP 年均增长为 g;安徽用 x 年赶上全国,那么有公式:$\dfrac{A(1+T)^x}{(1+G)^x} = \dfrac{a(1+t)^x}{(1+g)^x}$

将数字带入公式为:$\dfrac{0.131(1+0.039)^x}{(1+0.095)^x} = \dfrac{0.197(1+0.013)^x}{(1+0.106)^x}$

对数查表计算:$X = \dfrac{Log0.73184}{Log0.96527}$    $x = \dfrac{0.1356}{0.0154} = 8.8$ 年

按上式计算结果,在增长速度不变条件下,安徽的一产比重与全国平均水平持平需要 8 年多时间。

3. 从非农产业就业比重看,安徽还处在工业化初期阶段

工业化推进必然带动农业就业人口向工业领域转移,因此,非农产业就业人口的比重变化,也是衡量地区工业化进程的重要指标。根据钱纳里等人提出的一般模式,工业化不同阶段非农产业的就业比重变化指标如表 21-2 所示。

表 21 - 2　工业化进程中的非农产业就业比重指标判断

单位:%

| 指标 | 工业化阶段标志值 | | | |
| --- | --- | --- | --- | --- |
| | 初期阶段 | 中期第一阶段 | 中期第二阶段 | 后期阶段 |
| 非农产业就业比重 | 41~56 | 56~71 | 71~76 | 76 以上 |

资料来源:吕铁:《新时期中国工业化问题探索》,《学习与探索》2005 年第 6 期。

2005 年,安徽从业人员的三次产业比重为 48.6:21.4:30.0,这个比重比 2001 年的 57.5:17.3:25.2 有很大进步,但比起 2005 年全国同类指标的平均值 44.8:23.8:31.4 仍有差距。按照表 21 - 2 中的评判标准,在此指标上,安徽还处于工业化初期阶段。

4. 从城市化率指标看,安徽已达到工业化中期阶段

"十五"期间,安徽的城市化速度大大加快。2000 年,安徽的城市化率仅为 22%;2005 年,城市化率已达 35.5%。按照目前理论界通行标准衡量,城市化率在 10% 为工业化初期阶段、30% 为工业化中期阶段、70% 以上为工业化后期阶段,那么,安徽的城市化率已经达到工业化中期阶段。但是,这个比率在中部地区仅高于河南,而低于湖北的 45%、山西的 42.1%、江西的 37.1%、湖南的 37%;也远远低于 2005 年全国城镇化 43% 的平均水平。

综合上述指标整体评价,王可侠研究员认为安徽的工业化进程还处于工业化初期向中期迈进阶段。[1] 我们认为,虽然安徽在近几年,经济发展速度很快,但在工业化发展水平上与东部的沪苏浙相比,仍然存在着较大的发展差距;在城乡居民收入水平方面,在中部各省中仍然处在较落后的位置。因此,目前安徽仍然处于工业化初期向中期加速推进的阶段,在促进中部崛起过程中,安徽的工业化进程仍然是任重道远。

---

[1]　参见王可侠:《崛起中的探索——安徽工业化道路研究》,安徽人民出版社 2006 年版,第 253—256 页。

### （二）安徽经济发展水平对中部崛起的影响作用

安徽由其发展所处的特定历史阶段和独特的地理区位所决定,对整个中部崛起的影响作用是多方面的,主要表现在以下4个方面。

#### 1. 安徽的对外开放水平直接影响到中部的对外开放水平

安徽在东中部地区的联动发展与中部地区内的区域协作中地位特殊。安徽在地理区位上处于中部地区赣湘鄂沿江城市群所形成的中部沿江经济带与东部经济最发达的长三角经济圈的交汇处,北靠陇海—兰新线经济带,东有经过豫、皖、赣、鄂等省的京九铁路,北接京津塘,南连珠三角。除此之外,还有其他众多的公路、铁路及水路等交通网在安徽交汇。发达的交通网和有利的地理区位,决定了安徽在提高中部地区各省的开放水平和加强区域间协作方面都能起到十分重要的作用。安徽既是沿江中部各省承接长三角产业转移的主干通道,也是中部内陆河南等省实行"东引西进"战略的最佳平台。如果从全国区域经济协调发展来看,安徽又是整个长江经济带这条巨龙腾飞的咽喉,同时还是东、中、西部地区联动的桥梁和纽带。因此,安徽的对外开放水平直接影响到整个中部地区的对外开放水平。

#### 2. 安徽是中部地区各种社会矛盾表现比较突出的省份

安徽省社联程必定研究员通过对安徽省情的长期调查研究,认为安徽经济目前存在着五大基本矛盾:一是二元经济结构与工业化、城镇化的矛盾。具体表现为农民收入增长缓慢,内需不足,工业生产能力过剩;农业投入有限,影响了全省经济发展。二是经济发展与企业资源不足的矛盾。具体表现为,一方面企业是经济发展主体;另一方面是安徽企业资源严重不足。其结果是发展主体力量不足,全省经济发展能力也就不足;要素配置外部化,利税外流,财政增长有限;结构调整财力不足,产业结构层次低。三是产业结构调整与就业压力增大的矛盾。具体表现为产业的就业弹性系数下降,产业结构趋向高度化,就业门槛高,劳动力市场竞争激烈,就业压力大。其结果是城市失业率增加,农民转移困难,产业结构调整难度加大,居民收入增长缓慢,内需不足的矛盾更突出。四是区位相对优势和区际竞争加剧的矛盾。具体表现为区位具有相对优势,近海沿江,但沿海和沿江地区的竞争压力也在加大,其结果是影响引进外资,影响企业发展,导致人才、资源外流。五是经济发展与观念落后的矛盾。具体表现为人们的思想观念比较封闭、保守,官本位意识浓厚,发展软环境不好。其结果是经济发展受到更大限制,可持续发展的活力不够,与东部地区差距逐步扩大,与西部地区差距反而逐步缩小。由此可以看出,安徽是中部地区各种社会矛盾表现比较突出的省份。安徽上述五大基本矛盾的解决,将有助于推动中部崛起过程中各种矛盾的解决。

3. 在居民收入水平上安徽是制约整个中部地区崛起的关键因素

1978 年,当安徽小岗村十几位农民在一纸"包产到户"的内部协议上按下鲜红的指印时,根本没有想到,这些指印历史性地带来了中国农村社会的根本性变革。安徽从此成了中国农村改革的发源地。然而,近 30 年过去了,周边的省市发展了,安徽这块改革的发源地,却因各种原因丧失了一次次的发展机遇,农民人均纯收入仍处于中部各省的底部。2007 年安徽无论是城镇人均可支配收入,还是农民人均纯收入,尽管增长很快,但在中部六省中都是较低的,见表 21 - 3。

表 21 - 3 中部六省城乡居民收入情况比较(2007 年)

| 地 区 | 城镇居民可支配收入(元) | 与全国比较(元) | 比上年增长(%) | 农民人均纯收入(元) | 与全国比较(元) | 比上年增长(%) |
|---|---|---|---|---|---|---|
| 全 国 | 13786 | | 17.2 | 4140 | | 15.4 |
| 山 西 | 11565 | -2221 | 15.3 | 3666 | -474 | 15.3 |
| 安 徽 | 11474 | -2312 | 17.4 | 3556 | -584 | 19.8 |
| 江 西 | 11452 | -2334 | 19.9 | 4098 | -42 | 18.5 |
| 河 南 | 11477 | -2309 | 17.0 | 3852 | -288 | 18.1 |
| 湖 北 | 11486 | -2300 | 17.2 | 3997 | -143 | 16.9 |
| 湖 南 | 12294 | -1492 | 17.0 | 3904 | -236 | 15.2 |
| 六省平均 | 11638 | -2148 | 17.3 | 3842 | -298 | 17.4 |

资料来源:安徽省统计局编:《2007 安徽省情》。

从表 21 - 3 可以看出,如果安徽城乡居民收入水平提高了,整个中部地区城乡居民收入的平均水平也就提高了。由此可以得出,安徽的经济发展提速,城乡居民收入提高了,生活改善了,将会使中部地区的经济指标大大提高。

4. 在区域系统中安徽是影响整个中部崛起的重要组成部分

系统论认为,系统或整体大于部分之和。系统的这种属性来源是什么?是系统的结构。系统的性质在很大程度上取决于内部结构。中部地区作为一个区域系统,必须首先优化内部结构,合理布局,发挥中部地区的综合优势。中部地区要实现在全国的崛起,不仅要借助于外力,提高对外开放的水平,更要注重区域的内生成长性,加强中部省份间的联合和协作。安徽作为中部地区的一个重要省份,是整个中部区域协调发展系统中的一个重要的有机组成部分。辩证地看,一方面,安徽经济发展缓慢会制约中部崛起;另一方面,安徽经济发展水平的提高,也会促进中部崛起。安徽经济结构的优化,经济竞争力的提升,将使中部地区经济结构得到改善,综合竞争力得到提升。安徽丰富的自然资源、良好的基础设施、密集的交通网络、较多的大型企业、高素质的人才队伍、广阔的市场发展空间,对于中部的发展有着明显的潜在优势,通过中部省际之间的交流与合作,充分发挥安徽的这些优势有利于中部各省的发展。

## 三、对实现安徽经济跨越式发展制约因素的分析

所谓安徽跨越式发展,并不是指安徽在经济发展水平上要超过东部发达省份,而是指安徽在发展速度上要赶快提升,争取用 5~10 年,走完东部发达省份 10~20 年走过的历程,并争取在中部地区实现率先崛起的目标。历史上安徽错过了一些发展机会,在目前和今后一段时期,安徽经济发展又处于重要战略机遇期,能否抓住机遇,克服不利因素并利用有利条件,实现跨越式发展,是一个十分迫切的历史性任务。

### (一)安徽跨越式发展面临的不利因素

由于安徽长期被定位于农业大省和能源、原材料基地,经济结构不合理,工业化、城市化严重滞后,给实现跨越式发展带来许多不利因素。

1. 农业人口比重大,城市化水平较低

农村人口占绝对多数,城市化水平低,城乡二元结构明显,造成安徽省农业现代化进程缓慢,工业化难度较大。2003 年安徽农村人口占总人口的 68%,2007 年这一比重虽有所降低,但农村人口仍占总人口的 61.3%,远远高于全国 55.1% 的水平。

表 21-4 安徽与全国人口结构比较(2003~2007 年)

单位:%

| 指标 | 2003 年 | | 2004 年 | | 2005 年 | | 2006 年 | | 2007 年 | |
|------|------|------|------|------|------|------|------|------|------|------|
| | 安徽 | 全国 | 安徽 | 全国 | 安徽 | 全国 | 安徽 | 全国 | 安徽 | 全国 |
| 城镇 | 32.0 | 40.5 | 33.5 | 41.8 | 35.5 | 43.0 | 37.1 | 43.9 | 38.7 | 44.9 |
| 农村 | 68.0 | 59.5 | 66.5 | 58.2 | 64.5 | 57.0 | 62.9 | 56.1 | 61.3 | 55.1 |

资料来源:安徽省统计局编:《2007 安徽省情》。

这种状况使安徽省经济发展受到制约。一是农业是弱势产业,现代农业发展需要有资金、技术支持,由于安徽省经济实力不足和存在大量的农村劳动力就业问题,农业生产条件还必须不断地改善。庞大的农业比重使农业产业化、现代化进程缓慢。二是农民收入低,城市化滞后,造成市场需求不足、市场规模狭小、市场发育缓慢。低收入容易产生贫穷的恶性循环,"低收入→低需求→投资缺乏吸引力→低收入"。安徽同东部地区相比经济总量小,工业化、城市化水平低,大量的低收入农村人口限制了市场的扩张。市场规模影响企业规模,市场狭小对资金、技术、人才缺乏吸引力。市场规模同时也影响市场发育和市场化进程。三是由于农村的社会保障体系不完善,大量农村人口生活条件亟待改善,人多地少的矛盾、劳动力素质不高与农村教育落后的矛盾,对安徽经济发展产生不利影响。

2. 创新环境有待改善,企业创新能力较弱

在经济发展日益全球化和知识化的今天,技术进步和技术创新对增强企业发展活力和产业竞争能力的影响越来越大,作用越来越明显。当前安

徽省正处于由工业化初期向中期加速推进阶段,特别是面对全球金融危机的挑战,这个时期尤其要求重视企业创新和加强技术进步。但从现实情况看,科技进步在安徽省经济增长中尚未发挥主导作用。究其原因,一是科技投入不足。2007 年,是安徽省历年来用于研究与试验发展经费较高的一年,增长 25%,也只相当于全省生产总值的 1.01%。二是创新环境不利。创新特别是科技创新要有大量的投入和高层次人才。2007 年安徽省各类专业技术人才 124 万人,从事科技活动人员仅 9.6 万人,在企业的科技人才更是少而又少。安徽省的创新人才不足是问题的一个方面,更重要的是现有的人才资源没有挖掘出来,各种原因使身边的人才不被重视,创新环境有待改善。三是科技成果就地转化率不高。由于安徽省的科技投入经费不足,企业对新产品研制、开发和应用不够重视,产学研联系不紧。一些科技成果和专利不能在省内落户,只能被外省市买去。2007 年安徽技术市场成交额为 26.5 亿元,而同期江苏为 78.4 亿元,浙江为 45.3 亿元。四是企业创新能力较弱。创新能力特别是企业的创新能力是区域经济持续发展和区域竞争力的关键要素。江苏、浙江的中小企业机制灵活,创新能力强,在市场竞争中获得了巨大的发展空间。安徽国有经济比重高,而国有经济机制僵化,缺乏竞争,缺少创新的意识和冲动,创新动力不足,创新能力较弱。

3. 经济增长方式粗放,高新技术产业比重偏低

工业化应该是主导产业不断更新、升级的过程,而安徽省目前的产业层次较低,经济增长方式粗放,轻工业依赖农产品原料的特征十分明显,重工业中高能耗、高污染的采掘工业和原料工业仍占较大比重。从主要行业看,原材料和基础性产业比重大,深加工和高新技术产业比重小。2007 年安徽省工业主营业务收入中,电气机械及器材制造业、黑色金属冶炼及压延工业、非金属矿物制品业、交通运输设备制造业、电力热力的生产和供应业、煤炭开采和洗选业等十大行业累计实现利润占全省规模以上工业的70.9%。①而电子及通信设备制造业、医药制造业、仪器仪表及文化办公用

---

① 安徽省统计局编:《2007 安徽省情》。

品、机械制造业等高技术产业在新增工业增加值中所占比重较小。如果这种粗放型经济增长方式不改变,其发展结果是,一方面是高新技术产业发展仍然滞后,比重偏小;另一方面是传统产业面临着一般性生产能力普遍过剩、技术改造投入不足,从而导致产业升级缓慢等问题。这种情况使得传统产业优势逐步弱化,发展空间和潜力将会日益缩小,难以在当前全球金融危机的新形势下在国内外市场争得一席之地。

4.城市群建设还未形成规模,缺少经济增长极

目前,安徽已规划的沿江城市群、沿淮城市群、合肥经济圈以及合芜蚌自主创新试验区,正在抓紧建设之中,但是还未能形成规模。在合肥经济圈建设中,合肥市近几年有较大发展,但经济总量与周边省会城市相比仍然偏小。2007 年合肥 GDP 为 1334.2 亿元,而周边的南京、济南、武汉、郑州分别为 3275.0 亿元、2554.3 亿元、3141.5 亿元和 2421.2 亿元。沿江城市群建设目前内部经济联系还不紧密,沿淮城市群建设和合芜蚌自主创新试验区建设才刚刚处于起步阶段。从总体上看,安徽的城市群建设与长三角相比还处在较低水平,规模效益还未显现出来,安徽仍缺少能有效带动全省经济发展的增长极。

**(三)安徽经济加快发展的有利条件**

尽管安徽发展受到一些不利因素的制约,但是,如果用发展变化的观点来看,在当前东中西互动发展的新格局中,随着促进中部崛起战略的实施,一些不利因素正在转化为加快安徽经济发展的有利条件。

1.丰富的资源优势正在转化为经济优势

资源是区域经济发展的基础和前提条件。安徽自然资源丰富,在华东地区名列前茅。其中,矿产、耕地、淡水和能源 4 大资源人均拥有量在全国位居第 14 位。煤炭、水力一次性能源储量大;铁、铜金属储量丰富;硫、明矾石、石灰石等非金属矿储量大而且矿点集中。在探明的矿产储量中,明矾石居全国第 2 位;硫铁矿、水泥灰岩居全国第 3 位;铜、铁居全国第 5 位;煤居全国第 7 位。土地是不可再生的资源,东部的发展将受到土地的限制,而安徽土地相对富余。耕地面积约 600 万公顷列全国第 7 位,占全国耕地总面

积的 4.59%。淡水是重要的资源,安徽水资源总量 800 多亿立方米,在东中部的 19 个省市中排第 6 位。农业资源丰富,由于气候温暖湿润,水资源较为充足,是天然的鱼米之乡。旅游资源丰富,不仅有黄山、九华山、天柱山、太平湖等世界著名的自然风景区,也有值得深入研究的人文历史文化,如具有悠久历史的老庄文化和独特的徽文化等。随着国家促进中部崛起政策的出台,安徽正在加快推进和提升"861"行动计划,有的建设项目已经完成,还有许多项目正在组织实施过程之中,丰富的资源优势正在转化为经济优势。

2. 自主创新正在成为加速崛起的核心战略

近年来,安徽企业自主创新亮点纷呈,高新技术产业产值连续 5 年增长 30% 以上,奇瑞公司、安徽叉车、科大讯飞等一大批大中型企业在各自行业居于领跑地位,中电集团 38 所、合肥水泥设计院、蚌埠玻璃设计院等一批转制院所实现成功转型,铜陵三佳、芜湖鑫龙、合肥美亚光电等一批中小型科技企业迅速成长,成为企业自主创新的典型。2008 年秋,全省推进自主创新综合配套改革试验区的动员大会在合肥举行,此举标志着安徽力图通过体制机制的突破,探索依靠自主创新引领区域经济发展的新路径,成为中西部至全国创新型人才、企业和产业高地。

3. 良好的区位与交通优势已开始发挥作用

安徽地处华东腹地,与东部的长三角经济圈相邻,又处于陇海沿线经济带与长江经济带的交汇处,区位十分明显,是接受东部沿海发达地区产业转移的最佳区位。安徽沿江通海,长江航道可行驶远洋货轮。交通、通信发达,铁路、公路、水路交通网络已基本形成。高速公路已达 1100 公里,排全国第 12 位。公路密度达 52 公里/百平方公里,居全国第 6 位。这些良好的区位与交通优势在安徽积极参与泛长三角区域分工与合作中已开始发挥越来越重要的作用。

4. 工业已经具备了持续较快增长的能力

2006 年,虽然国家宏观调控对安徽部分行业的生产经营有所影响,但全省工业生产持续高位运行,工业企业效益逐步回升,说明经过多年的努力,安徽工业具备了持续较快增长的能力。煤炭、电力、冶金、建材和机械制造等主要行业,除煤炭价格走低、产能过剩压力较大外,电力、钢铁、水泥等行业均出现一些积极变化,机械制造业发展势头强劲,将有力支撑全省工业稳定发展。2007 年安徽省全年生产总值(GDP) 7364. 18 亿元,增长13.9%;全社会劳动生产率 19436 元/人,比上年增加 2842 元;全省规模以上工业经济效益综合指数 190.7,比上年提高 20 个百分点,创历史最好水平。随着一批工业项目陆续建成投产,将进一步增强工业发展后劲,改善工业结构,增强竞争力。

　　5. 外商直接投资正在成为推动安徽经济发展的重要因素

　　改革开放以来,安徽在吸引和利用外商直接投资方面取得了较大进步。1992 年至 2005 年间,安徽省批准 FDI(实际外商直接投资)项目约 5035个,协议引资额 107.93 亿美元,累计实际利用外商直接投资额为 54.1 亿美元。外商直接投资正在成为推动安徽经济发展的重要因素,见图 21 - 1。

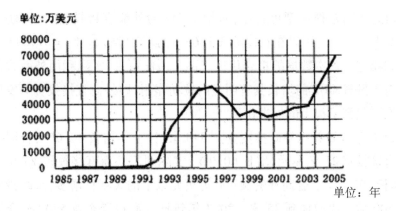

**图 21 - 1　安徽省历年外商投资额情况**

资料来源:郭云、冯德连:《外商直接投资对安徽经济发展的影响及对策》,

《华东经济管理》2007 年第 3 期。

　　关于实际利用外商直接投资对安徽 GDP 增长的具体推动作用,可以从郭云、冯德连建立的 GDP、FDI、CFDI 之间的模型得到论证。其中,GDP(安徽省国内生产总值)为被解释变量,FDI(当年实际外商直接投资额)、CFDI

（安徽省实际利用外商直接投资累计额）为解释变量，建立如下计量模型：

$$GDP = a_0 + a_1 FDI + a_2 CFDI + \varepsilon$$

两边取对数得：

$$ln(GDP) = c + a_1 ln(FDI) + a_2 ln(CFDI) + \varepsilon$$

$c$ 为常数项，$\varepsilon$ 为随机扰动项，$a_1$、$a_2$ 为待估参数。$a_1$ 且表示 $FDI$ 对 $GDP$ 增长的短期需求拉动效应，$a_2$ 表示 $FDI$ 对 $GDP$ 增长的长期需求供给效应。

根据安徽省 1985～2005 年统计数据，运用 EVIEWS（计量经济学观察）软件进行回归分析，结果显示如下：

$$ln(GDP) = -9.77 + 0.59ln(FDI) + 1.63ln(CFDI)(7.96)(8.51)$$

$$R^2 = 0.9898, \overline{R}^2 = 0.9887, D - W = 0.796, F = 876.21$$

由此回归方程模型可得出，每增加 1% 的外商直接投资，可以使当年 GDP 增长 0.59%，可以在长期带来 1.63% 的 GDP 增加。$R^2 = 0.9898$ 说明该回归模型对样本数据的拟合优度很高。由此可见，实际利用外商直接投资额对安徽省 GDP 的增长具有明显的拉动作用，即外商直接投资对安徽省经济发展起到了很大的促进作用。[①]

2006 年安徽新批外商投资企业 590 家，比上年增长 40.6%；合同利用外商直接投资 25 亿美元，增长 60.9%；实际利用外商直接投资 13.9 亿美元，增长 102.4%。合同外资额 400 万美元以上的大项目增多，来皖投资的世界 500 强企业增加到 35 家。2007 年新批外商投资企业 520 家，合同利用外商直接投资 35.7 亿美元，增长 42.8%；实际利用外商直接投资 30 亿美元，增长 1.2 倍。2007 年，来皖投资的境外世界 500 强企业增加到 40 家。2008 年安徽实际利用外商直接投资 34.9 亿美元，增长 16.4%。外商

---

① 参见郭云、冯德连：《外商直接投资对安徽经济发展的影响及对策》，《华东经济管理》2007 年第 3 期。

直接投资正在成为推动安徽经济发展的重要因素。

总之,安徽经济加快发展的潜力和优势还有许多,特别是在土地价格、劳动力价格、地理区位和交通基础设施等方面优势比较明显和突出。国际著名金融咨询机构——摩根士丹利亚洲有限公司董事、总经理谢国忠先生,曾经把中部地区的安徽和江西两省与东部沿海地区和西部省份进行比较分析后,在《新财富》杂志上撰文认为,沿海各省正经历着成本的上涨,这主要是土地价格上涨造成的,安徽的劳动力价格比长江三角洲低1/3,全国的产业和建设工人又有很大的流动性,各地劳动力价格的差异大致可以反映因土地价格差异而引起的生产成本的区别。安徽低廉的土地价格像磁铁一样吸引着长江三角洲的出口生产,良好的公路系统进一步使得出口商去掂量长江三角洲和安徽之间成本的差异。事实上,一些大出口商已经准备将他们的一些生产力重新部署于安徽,这样其生产成本就能减少1/3了。与此同时,西部省份在投资方面也会输给安徽和江西,虽然这些省份正在大力投入基础建设,希望吸引更多的生产投资,但西部生产成本较高,并存在着与国企有关的严重问题,而且远离海岸。所以不久的将来,安徽和江西两省也许会成为中国新的出口基地。他由此预言,明天的太阳从安徽和江西升起。

### 四、促进安徽经济又好又快发展的对策思考

促进安徽经济又好又快发展应坚持以科学发展观为指导,按照十七大提出的实现全面建设小康社会奋斗目标的新要求,继续解放思想,更新观念,抢抓机遇,乘势而上,东向发展,加快融入长三角,努力实现奋力崛起的目标。安徽的发展应该得到国家政策的支持,但安徽除了需要得到国家政策的支持外,主要还得依靠自身的努力,充分发挥自身的比较优势,促进不利因素向积极的方向转化,进一步深化改革与扩大对外开放,积极改善投资环境,高起点地走新型工业化道路。

#### (一)进一步解放思想,深化体制改革,进行全民创业

在过去计划经济体制下,安徽的粮食、能源、原材料等为国家的工业化和东部的经济发展做出了重要贡献。现在安徽作为中部地区的一个重要省

份,在促进中部崛起的新形势下,中央政府理应给予发展援助和更多的政策支持,特别是对于农业、水利、环保、交通等领域应给予较多的投入。比如安徽淮河水灾的彻底根治、两淮煤矿的可持续发展、交通主干线的建设等问题,可以给予更多的财力支持。但是,加快安徽经济发展主要还是依靠安徽自身的努力,特别是要进一步解放思想、更新观念,在真抓实干上狠下工夫。要进一步转变政府职能,深化体制改革,进行制度创新,要在全省范围内形成百姓创家业、能人创企业、干部创事业的大好局面。

### (二)利用区位有利条件,加快融入长三角,发挥战略支点作用

面对国家统筹区域发展带来的机遇,安徽要充分利用有利的区位条件和比较优势,抢抓发展机遇,进一步对外开放,加强与东部、西部和中部各省的交流和合作。安徽可以利用有利的区位条件与周边省市建立更广泛的区域经济联系和合作,形成区域经济要素传输的各种渠道和网络,优化投资环境,提高招商引资的能力和水平,要"东引西进联中、开放合作交流"。"东引"就是实施东向发展战略,加快融入长三角步伐,主动接受国内外产业转移,加大招商引资的力度,营造良好的投资环境,使对外开放的水平上一个新台阶。利用长江和交通干线的有利条件,着力打造皖江产业带,树立安徽品牌。加强与东部地区的人才、技术的交流,引进有效的机制与先进管理经验,提高安徽发展的基本素质。"西进"就是鼓励大集团、大企业"走出去",特别是向西部投资,利用西部的资源,使自身获得更快的发展。积极参与西部大开发,参与西部的重点工程建设。"联中"就是安徽作为中部地区的重要省份,在与东部、西部合作的同时,要加强与中部其他省的联合与协作。积极探索与中部地区各省合作的形式,避免恶性竞争。中部地区各省地理位置接近,经济发展有着共同的特征,文化背景相似,在区域规划、产业布局、能源和旅游资源的开发利用诸方面存在着广泛的合作领域。安徽应主动与中部其他各省加强交流与合作,共同促进中部崛起。

### (三)抢抓政策机遇,调结构保增长,促进全面发展

发展经济学认为,贫穷的地区要从根本上摆脱落后的面貌,必须进行工业化。安徽的崛起必须走新型工业化道路。目前安徽的工业化水平很低,

产业结构中资源型产业占有较大的比例,高科技含量的产品少。安徽应紧紧抓住当前国家为应对全球金融危机而出台的扩内需、调结构、保增长的有关政策机遇,加快组织实施一批重大项目建设,把工业化与信息化有机的结合起来,既要踏踏实实地做好能源原材料工业和现代加工制造业,也要关注新兴的先导产业和高新技术产业,争取在未来的激烈竞争中占有一席之地。安徽要用高新技术改造传统产业,让传统产业增加新的活力。积极开展资源的综合利用和精深加工增值,注重把资源优势转化为经济优势、竞争优势。加快国有企业的改革,全面提高安徽企业的素质,夯实工业振兴的基础。安徽的一些制度安排应该转向有利于尽快提高经济效益的中小企业发展方面。因为众多中小企业的发展是促进安徽崛起的基础,没有中小企业的快速发展就没有安徽经济的腾飞。

安徽省的农业仍占有相当大的比重,没有农业的现代化,也不可能有安徽的全面小康社会。安徽应积极推进农村改革发展,推进土地承包经营权流转,实行适度规模经营。农业的发展必须走产业化道路,要用工业的理念来发展农业,把工厂办到田头,建立农村的社会化服务体系,抓住农产品加工生产、销售的骨干企业,积极引导工商企业对农业投资,创立安徽农产品的品牌。政府要为农业提供技术支持与服务,加大对农副产品质量的监督和检测力度。安徽具有广阔的市场潜力,可以形成巨大的市场需求和规模。安徽要发挥区位功能优势,发展现代服务业,建立起高度发达的物流中心和商品集散地。

**(四)发挥城市的功能作用,构建城市经济网络,增强辐射源的能量**

城市是一个地区的经济发展中心,城市化不仅是经济社会发展的重要标志,也是促进区域经济发展的重要手段。安徽的发展离不开城市的发展,必须大力推动城市化,促进城乡经济社会发展一体化,加快农业人口向城市社区集中。安徽的城市化水平低,城市体系结构和功能分工不合理。安徽的城市化首先必须加大城市的建设步伐,增强中心城市的能量,提高集聚和辐射能力。首先,要突出发展合肥市及其周边地区,形成合肥经济圈,全面提升合肥的品位,把合肥建成真正的区域经济中心、科教中心和文化中心,增强辐射源能量,带动整个安徽的发展。其次,要全面发展中小城市。中小城市的发展是一个地区经济是否发达的重要表现。安徽的小城市太少,仅5个县级市,缺乏对农村的辐射力,不仅影响了工业经济的发展,也阻碍了农业产业化进程,阻碍了农村社会向城市文明转变的进程。安徽要发展一批各具特色的小城市。城市的发展要有产业支撑,要把工业化与城市化紧密结合起来,用城市化带动工业化,用工业化推进城市化。要把城市的工业园区建设好,吸引企业相对集中。最后,要构建城市经济网络。要充分发挥安徽省中等城市相对较多和城市之间水路、公路、铁路等交通网络比较密集的优势,打造沿江城市群和沿淮城市群,与合肥经济圈形成三足鼎立之势。在此基础上,大力推进合芜蚌自主创新综合配套改革试验区建设,进一步密切三大城市群之间的经济技术联系,全力打造城市经济网络,形成对全省经济社会发展的全面辐射带动作用。

### (五)科教优先发展,实施人才强省战略,储蓄后发优势

科技和教育是生产力的重要因素。在科技方面,目前安徽的科技投入不可能达到发达地区的水平,但安徽可以在一些基础好的领域,比如生物医药、新型材料、光电机一体化等方面重点投入。要促进科研成果转化为生产力,要有更灵活的政策,发挥工业园区的孵化器作用,最大限度地支持高科技民营企业发展壮大。发展科技关键是人才。安徽是培养人才的地方,然而又是人才政策最保守的省份,对人才的确认、使用、待遇、关照明显落后于周边省份。安徽要科技立省,必须要引进大量的科技人才,留住高素质的尖端人才,用好现有的优秀人才。留住、用好人才重要的是创造良好的工作环境,提供能发挥才能的平台,提高生活待遇,重奖有科研成果和突出贡献的人。科技的发展离不开教育,提高劳动力素质离不开教育。一方面必须抓好高等教育的质量,另一方面必须大力培养高素质的职业技术工人。目前市场上最缺的是高级技术工人,没有一支数量可观、质量过硬的技术工人队伍,安徽不可能成为制造业基地。各类职业技术教育要根据市场需求大力发展。要放开手脚,鼓励民办教育,积极引导社会力量办学,充分发挥安徽比较重视教育的优良传统,使安徽省会合肥成为中部地区的科教中心。

## 五、安徽功能区划分与生产力布局调整的设想

在促进中部崛起的新形势下,鉴于国家推进主体功能区建设,安徽生产力布局也应进行相应的调整,主要是根据国家对中部地区的功能定位要求,并结合安徽实际,在总结过去生产力布局经验的基础上,具体细化而来。

### (一)安徽生产力布局的演变过程及其调整方向

安徽生产力布局多年来比较稳定。改革开放以前,安徽生产力布局主要依据自然资源的分布,形成了五大农业区域和两淮能源基地、沿江原材料工业基地。从 20 世纪 80 年代以来,安徽开展了区域生产力布局研究。1986 年安徽省计划委员会根据国家计划委员会的安排,着手编制安徽省国土规划及分地区规划。"八五"计划和"九五"计划也都对安徽生产力布局进行了规划。安徽生产力布局先后经历了"三区一中心"的生产力布局、倒"T"型生产力布局、"一线两点"开发开放布局的演变过程。

1."三区一中心"的生产力布局

即着重建设好两淮经济区、沿江经济带、皖南旅游区和合肥科教中心。有的提出"五区一中心",即以合肥为中心,形成淮北平原、江淮丘陵、沿江平原、皖西山区和皖南山区五大经济区域,还有的在此基础上又分成皖东南、皖西南、皖东等更多的经济分区。这些构想大同小异,基本以自然资源的分布为走向,形成平面型布局。

2.倒"T"型生产力布局

安徽省国土综合规划课题组提出的倒"T"型生产力布局,即以长江为一条线,淮南铁路为一条线,构成安徽省生产力布局的一级轴线;以商阜、阜淮、京沪、皖赣铁路为轴线,构成二级开发开放区;把一些农业区划为综合治理区,形成多层次的生产力布局。这一布局的特点在于按照生产力发展水平,展开立体型多层次的生产力布局。

3."一线两点"开发开放布局

1990 年,安徽省委省政府为呼应上海浦东开发开放作出了皖江开发开放的布局。1992 年,安徽省政府发展研究中心建议将沿江开发开放布局扩

展为"一线两点"开发开放布局,即以沿江产业带和中小城市密集带为"一线",以合肥为中心的高新技术开发区、以黄山为中心的皖南旅游区为"两点",形成功能互补的开发开放布局。除此之外,"一点两线"开发开放布局,还包括把京九、京沪、亚欧大陆桥沿线(即"三沿")作为新兴增长区,把沿淮行蓄洪区、大别山区和皖南贫困山区(即"三区")作为安徽重点治理开发区。

"一线两点"布局的构想是:立足于充分利用中部地区和长江流域开发开放政策,按照区位优先、效率优先、突出重点、合理分工、优势互补、逐步推进的原则,形成"一线、两点、三沿、三区"为框架的多层次的生产力布局。[①]

以"一线两点"为重点的多层次的生产力布局,在当时来讲,符合我国生产力布局的一般规律,符合安徽省情,对培育安徽优势产业,发挥各地区潜能,促进安徽经济的高效、稳定、协调发展起到了一定的积极作用。但是,进入新世纪以来,随着安徽生产力布局条件的大大改善,特别是面对周边沿海和中部有些省份城市经济圈或产业带出现了加快发展的态势,安徽要在促进中部崛起中抢抓机遇,实现奋力崛起,就应该在原有生产力布局基础上进行大胆的创新,按功能区构建安徽区域发展新格局。

**(二)对安徽主体功能区划分的设想及其发展方向**

安徽主体功能区划分的基本设想是,根据各地区资源环境承载能力、发展基础和潜力,统筹考虑未来安徽人口分布、经济布局、国土利用、城镇化布局以及对内对外的经济联系,将国土空间划分为重点开发、优化开发、限制开发和禁止开发4类主体功能区,按照主体功能定位调整和完善产业发展方向,逐步形成功能定位明确、区域分工合理、各具产业特色的空间开发结构。

1.重点开发区域的划分及其发展方向

(1)以合肥、六安、巢湖为中心建设皖中高新技术产业区。首先集中抓

---

①　参见邹彦林:《安徽"十五"及2015年发展思路研究》,安徽人民出版社1999年版,第162页。

好合肥国家级科技创新试点城市建设,带动全省创新体系建设;依托众多高校和科研院所,以高新技术产业、现代制造业和现代服务业为主导产业,进一步提高省会城市合肥的经济首位度,提升六安和巢湖的产业结构和经济规模,逐步形成以合肥为中心的皖中城市圈,发挥对周边区域经济的集聚和辐射作用;积极建设干线铁路、公路,形成区域综合交通枢纽。把合肥、六安、巢湖为中心的高新技术产业区建成具有较强带动力的区域经济增长中心,在安徽奋力崛起中发挥先锋带动作用。

(2)以"马芜铜宜"为主轴构建沿江产业经济带。要进一步加快沿江地区公路、铁路、跨江大桥、水运、航空、管道等基础设施建设,重点发展冶金、汽车、化工、建材、装备制造等产业,进一步整合沿江城市功能,优化城镇布局,采取有效措施促进城市实现跨江发展,加快形成以先进制造业为主导的产业密集带和城市群,使之成为发展东向经济、融入长三角的"排头兵",推动安徽的奋力崛起。

(3)以淮南、淮北、蚌埠、宿州为中心建设皖北能源工业区。要充分发挥工业优势,大力发展能源产业,有重点地培育高新技术产业,突出发展煤电一体化和煤化工,延伸煤炭产业链条,形成以"两淮一蚌"为重点的重化工业走廊。同时注意加强生态环境的保护与综合治理,发挥其他资源的比较优势,加快培育好接续产业,发展特色制造业,尽快做大做强,促进资源型城市的转型。

(4)以滁州为中心建设皖东北综合加工服务区。大力发展粮食、蔬菜、畜牧、水产、烟草加工等农业产业化主导产业,大力发展绿色、安全深加工食品。有重点地发展特色旅游业、加工制造业和现代服务业,形成与周边的南京、马鞍山、合肥、淮南、蚌埠等城市优势互补、相互配套的产业结构。发挥皖东北与宁扬地区相邻、交通运输方便、经济影响较大等优势,可以作为安徽发展东向经济、融入长三角的前沿阵地。

2.优化开发区域的划分及其发展方向

(1)以宣城、黄山、池州为中心构建皖南旅游经济带。要壮大旅游支柱产业和环境友好的现代工业、现代服务业。要把旅游资源的保护和开发作为突破口,把红色旅游与生态旅游结合起来,广泛吸引国内外资本参与开发建设,做大做强旅游支柱产业。继续加快交通等基础设施建设,形成更加便捷的旅游交通网。按照"两山一湖"旅游规划,加强与长三角旅游城市联动发展,建成无障碍旅游区,初步成为现代会展中心和世界级旅游观光度假胜地。同时加大产业结构调整的力度,大力发展第三产业以及无污染、低耗能、可循环的现代工业,促进皖南经济全面发展。

(2)以阜阳、亳州为中心建设皖西北现代农业区。大力发展现代农业,打造全省优质粮食生产基地和集中连片的国家大型优质商品粮基地,大力发展优势特色产业,积极发展与生态环境相协调的工业、高新技术产业及休闲度假旅游产业,加速工业化、城镇化、农业产业化进程,把阜亳经济区建设成为农副产品加工基地、新兴能源基地、现代中药基地和缫丝基地。

3.限制开发区域的划分及其发展方向

沿淮行蓄洪区、大别山区、皖南贫困山区等资源环境承载能力较弱和自然灾害频发区,可列为安徽的限制开发地区和治理开发区。加强以沿淮淮北平原的治理为重点的基础设施建设,推进农村产业结构调整和现代农业建设,加快工业发展和矿产资源的深度开发利用,加快城镇化进程,妥善处理人口资源环境的关系。在重点治理开发区要工程措施与生物措施并重、开发与治理统筹安排,贯彻保护优先、适度开发的方针,不断改善和再造农业生态环境,因地制宜地发展本地生态环境可承载的特色产业,同时引导人口自觉有序地向重点开发区和优化开发区域转移,缓解这些地区人与自然关系紧张的状况。

4.禁止开发区域的划分及其发展方向

除了上述优化开发、重点开发和限制开发区外,安徽还有一些禁止开发区域,如牯牛降自然保护区、升金湖自然保护区、扬子鳄自然保护区,马鬃岭自然保护区、皇藏峪自然保护区、皇甫山自然保护区等,要依据法律法规实行强制性保护,严禁不符合功能定位的开发活动,使之成为安徽的重要生态功能区。

### (三) 加快推进安徽中心城市和城市圈建设

按功能区构建安徽区域发展新格局,应高度重视发挥中心城市的产业集聚和辐射带动作用,按照循序渐进、节约土地、集约发展、合理布局的原则,加快推进安徽沿江城市群、合肥经济圈和沿淮城市群三大城市群建设(见图21-2)。

**图 21-2　安徽省三大城市群区域分布图**

#### 1. 沿江城市群建设及其功能定位

加快以"马芜铜宜"为重点的沿江城市群建设,形成以重化工业和先进制造业为主导的产业密集带、沿江城镇密集带、沿江港口群和现代基础设施网,发挥其对皖南地区的辐射带动作用和对皖中北地区的互动发展作用以及促进长三角沿长江经济带与中西部互动发展的纽带作用,使之成为安徽跨越式发展的龙头、对外开放的门户、长江流域重要的重化工业和先进制造业基地。

2.合肥经济圈建设及其功能定位

加快由合肥、六安两市和巢湖、滁州的部分县(区)所组成的合肥经济圈的建设,形成以高科技产业为主导的产业密集区,发挥其在承南接北、承东启西、辐射八方、推动全省协调发展的功能作用,提高其在国内乃至在国际上的区域竞争力。

3.沿淮城市群建设及其功能定位

加快以"两淮一蚌"为重点的沿淮城市群建设步伐,形成我国重要的煤炭、煤电、煤化工基地和重化工城市群,使之成为皖北地区奋力崛起的龙头,成为促进东部的长三角沿欧亚大陆桥与中西部地区互动发展的桥梁。

在推进三大城市群建设中,要健全功能区之间的协调互动机制,注意各功能区中心城市之间的分工协作关系,形成对内功能各异、优势互补,对外合作共赢、协调发展的格局,以提高全省各功能区的整体发展水平和增强各城市圈的整体竞争力。

(四)安徽功能区划分的内在机理

通过上面各功能区的发展定位及其中心城市群所组成的城市经济网络体系,可以看出安徽区域发展的新格局,总体上应该是"两带"("马芜铜宜"为主轴的沿江产业经济带,以宣城、黄山、池州为中心的皖南旅游经济带)、"四区"(以阜阳、亳州为中心的皖西北现代农业区,以合肥、巢湖、六安为中心的皖中高新技术产业区,以淮南、淮北、蚌埠、宿州为中心的皖北能源工业区和以滁州为中心的皖东北综合加工服务区)、"三圈"(即沿江城市群、沿淮城市群和合肥城市圈)、"一网"(即由上述两带、四区、三圈纵横交错、多层覆盖所构架起来的立体式的多维经济网络结构)的格局。之所以进行这样的划分与定位,主要是基于以下5个方面原因的思考。

1. 着眼于社会生产的内部经济联系

功能区是根据其资源环境承载能力和发展潜力,由经济联系的网络组成的生产地域结合体。在主体功能区划分上,资源环境承载能力和发展潜力是基础,经济上的联系是最基本的,也是决定性的因素。因此,这里所讲的功能区主要是指经济功能区。我们把淮南、淮北、蚌埠和宿州划为皖北能源工业区就是出于这样的考虑。皖北地区是本省的能源基地,煤炭和电力生产在全省乃至华东地区都具有着重要的意义,而煤炭和电力生产主要是集中在淮南、淮北、蚌埠和宿州一带,它与东南部的沿淮各县市没有多大的生产联系。考虑到两淮煤炭和电力生产的整体性,就把蚌埠、宿州和淮北、淮南划为皖北能源工业区。而滁州的各县市在生产上的联系较为密切,它通过贯穿全区的津浦线又同南京城市经济有着密切的联系,在产业结构上与南京及周边的城市群有很大的经济互补性。因而它便区别于皖北能源工业区而自成为一个省内的综合加工服务区。

2. 强调了城市经济中心的功能作用

安徽的城市多为中小城市,城市的经济力量有限,因而不可能具有较大的吸引范围。“四区”、“两带”中就地域范围来讲,除了皖西北现代农业区较大和皖东北综合加工服务区较小外,其他“两带”、“二区”的经济中心城市的经济力量相差不是太大。因此,除滁州为中心的皖东北综合加工服务区外,每个经济带和功能区中都有二三个城市经济中心作为支撑,以此来辐射、带动周围地区经济的发展。同时,为了协调各功能区之间的分工协作关系,又强调了各功能区中心城市所组成的城市圈的产业集聚和辐射带动功能的作用。

3. 符合省内区域经济协调发展的要求

安徽省由于地形复杂,自然条件的地区差异较大,各地的经济发展很不平衡,皖东、皖南经济发展水平较高,皖西、皖北经济发展水平相对较低,科学的功能区划可以通过对区域经济的合理组织并同时配套采取财政转移支付等措施,实现各类区域公共服务均等化,逐步改变这种不平衡的问题,从而实现区域经济的协调发展。把安徽划分为不同类型的 6 个经济功能区,从各个功能区的内部来讲,多样性的发展条件并存,先进地区和落后地区并存,加工业和原材料生产并存,它们通过横向经济联系而组合起来,取长补短,互为利用,区内经济能实现协调发展。从功能区之间的关系来讲,各区的主体功能都有自身的优势和特点,它们在整个生产力布局的分工中都担负着特定的任务,从而形成了具有全省意义乃至华东和中部地区意义的专门化产业集群。这些产业集群又互为条件、相互促进,有利于安徽与中部各省乃至中部与东部的协调发展。更为重要的是,这种按功能区构建安徽区域发展新格局,可以为区域经济规划创造条件,为区域经济中心城市的发展规划提供依据,有利于城市经济和城乡经济统筹发展。

4.基本保持了县级行政区的完整性

功能区与行政区是两个完全不同的概念,但二者之间也有着密切的联系。按功能区构建区域发展新格局是一种功能区划,但要具体落实区域的主体功能,仍然离不开行政区的筹划。国家对有全局影响的功能区的定位,要在省级行政层面上推进;各省定位的功能区,要在县级行政层面上推进。只有行政区的高度重视,功能区的建设才能真正落实。因此,功能区划应尽可能地考虑到行政区的完整性,以利于功能区建设的组织实施。在安徽,县级行政区形成历史悠久,变动较小,加之县级行政区范围不大,县内经济发展的地域差异也不太显著。这样,除了少数县以外,大部分县都能处于同一功能区中,而地级市的设置变动较大,但地市的变动一般也都不打破县界,县在经济发展中可以保持较为稳定的区域整体性。因此,省内的功能区划不能迁就地市界限,但可以基本保持行政县界的完整性,这有利于促进全省县域经济的发展。上述功能区划就基本上体现了这样的原则。如安庆市作为城区的功能区划可以列在沿江产业带范围内,其周边的有的县可以分别划到池州和六安境内。这样,更便于针对不同功能区的定位而采取不同的政策和评价指标,有利于在全省形成各具特色的区域发展格局。

5.有利于加强安徽与省外的经济联系

安徽作为中部地区东边的省份,同周边的中部省份和长三角地区都有着密切的经济联系。省内功能区的划分必须有利于加强这种联系,并发挥各自在融入长三角和促进中部崛起中的积极作用。"四区"、"两带"的划分符合这种要求,并能以自身的优势发挥这种作用。安徽位于长三角的西缘,东临经济较发达的沪宁地区,西接经济发展中的豫鄂赣,由于东南和西部分别有天目山和大别山横亘,同省外的经济联系主要是通过东部、北部的开阔地带以及横贯南方的长江大动脉。皖北煤电能源区,能源生产具有跨区域意义,是能源缺乏的华东工业区的重要能源基地,皖电东送,可作为安徽组织实施东向发展战略的生力军;皖东北的综合加工区与宁扬地区相邻,交通运输方便,经济影响较大,可以作为安徽引进资金和技术的前沿阵地;沿江产业经济带东北与长三角相连,东南与赣湘鄂相接,是沟通长三角与大武汉经济圈的桥梁和纽带;皖南地区历史上同浙江西部的经济联系就比较紧密,加之旅游业的快速发展,又将同东部旅游区连成一片;皖西农业区与中部地区的河南相邻,经济往来密切,是安徽融入中原城市群和安徽市场西上的桥头堡;皖中高新技术区通过四通八达的交通网、信息网,对整个全省的各功能区进行辐射与协调。这样,安徽省内各功能区在推动省内外交流与区域经济协调发展中都能发挥自己的区域经济功能,并借助于优越的地理位置和各具特色的产业发展,促进安徽经济加快发展与中部地区的快速崛起。

总之,安徽作为中部地区的一个重要省份,在资源、人才、区位和产业等方面有许多相对比较优势,本应该在促进我国区域经济协调发展方面发挥重要作用,但由于受到经济社会等诸多不利因素的制约,安徽与中部其他省份相比较,在发展水平方面还处于相对落后的位置。党和国家关于促进中部地区崛起政策的提出以及当前应对金融危机有关调结构、扩内需、保增长措施的出台及其实施,给安徽加快发展提供了难得的历史机遇。当前,安徽只有抢抓机遇,乘势而上,按功能区构建区域经济协调发展的新格局,努力实现经济发展方式的转变,以相对比较超前的城市化带动安徽的工业化,促进农业产业化,加快发展信息化,形成第一、第二、第三产业协调发展的新局面,才能促进安徽经济又好又快发展,更好地发挥其在促进中部地区崛起和推动我国区域经济协调发展中应有的战略支点作用。

# 第二十二章 在中部崛起中促进"马芜铜宜"产业带率先发展

在促进中部崛起中安徽要加快发展。但是,促进中部崛起与安徽加快发展的突破口在哪里?这既是一个理论问题,也是一个现实问题。鉴于东部沿海和中部一些地区加快城市产业带建设的经验,根据安徽省内经济发展不平衡的实际情况,按照党和国家有关促进中部地区崛起的政策要求,安徽要加快发展,只能采取非均衡发展战略,以资源环境承载力较强的中心城市为依托,加快发展皖江城市群,促进"马芜铜宜"产业带的率先发展。

## 一、促进"马芜铜宜"产业带率先发展问题的提出

近几年来,在党和国家促进中部崛起政策指引下,中部各省在对中部发展缓慢原因进行深刻反思的基础上,都在加快本地区的城市化进程,变挑战为机遇,变压力为动力,变"东西夹击"为"左右逢源",抓紧制定或实施加快发展的战略与规划,培育本省具有核心竞争力的经济增长极。其中,江西的昌九工业走廊、湖南的长株潭一体化实验、湖北的武汉城市圈等沿江产业带和城市群的快速崛起,已引起国内外的普遍关注。

赣湘鄂沿江产业带和城市群的崛起表明,当前地区之间的竞争主要是城市化的竞争,而城市化的竞争又从过去的单个城市之间的竞争发展为城市群之间的竞争。城市圈是城市各种产业延长产业链条,实现优势互补,达到空间有机组合的综合体。建立城市群的意义在于,城市圈内不同城市之间分工与协作的深化会促进城市圈整体效率的提高。城市圈内的城市通过错位发展、特色发展和梯度发展,可以改变原有产业布局大而全、小而全及

其产业结构严重趋同的现象,增强城市圈内企业或城市的竞争力。哪个地区拥有庞大的城市圈,哪个地区就拥有对国内外各种生产要素巨大的吸引力和对本地区生产要素的凝聚力、对周边地区的辐射力。安徽在中部崛起中要加快发展,就必须首先打造具有安徽特色的城市群或产业带。

安徽省委省政府一直高度重视沿江城市群发展,1990 年 7 月,作出了开发皖江的重大决策;1995 年 4 月,省委省政府出台了《关于进一步推进皖江开发开放若干问题的意见》,编制了《长江经济带开发开放规划纲要》;2001 年 10 月 26 日中共安徽省委第七次党代会明确提出:"加快以芜湖为龙头的皖江经济带和皖东、皖东南地区的开放开发,使之成为全省对外开放的前沿、长江经济带新兴的经济快速增长区"。这也是安徽积极融入长江三角洲经济圈的一个强力信号。

安徽省委省政府这一次提出的"抓皖江,带全省"战略与 20 世纪 90 年代提出的"皖江开发"战略相比较,有许多创新之处:一是明确了皖江开发的重点,提出了"加快以芜湖为龙头的皖江经济带的开放开发";二是具有鲜明的"走新型工业化道路"的时代特征,即着力构造长江安徽段的高新技术产业带;三是注意到了不同区域之间的协调发展,由原来的单纯地"呼应浦东"发展为融入长三角并辐射到整个长江经济带;四是皖江开放开发的功能有了新变化,由原来的安徽对外开放的"窗口"作用发展为"全省对外开放的前沿、长江经济带新兴的经济快速增长区",即培育新的核心增长极。

但是,在组织实施这一经济发展战略过程中,当时面临着许多的问题和矛盾需要解决。一是皖江各市普遍存在着的"单打独斗"的经济发展格局,在投入资金有限和力量分散的情况下,是很难使皖江经济带尽快发展壮大起来的;二是虽然明确了芜湖市在皖江经济带发展中的龙头作用,但芜湖市与沿海一些大城市及中部一些省会城市相比经济总量仍然偏小,城市辐射功能非常有限,很难把整个皖江经济带的发展带动起来;三是市场发展的开放性与城市管理体制的封闭性之间的矛盾比较突出,直接影响到企业资本的扩张能力,很难把国内外一些大企业集团吸引到皖江各地市来,融入长三角和参与国际经济合作比较困难。

因此,有的专家和学者在借鉴东部沿海和中部地区一些省市培育经济增长极经验的基础上,认为根据安徽省内各地区经济发展不平衡的实际情况,只能实行非均衡发展战略,提出了推进皖江经济比较发达的马鞍山、芜湖、铜陵三市经济一体化合作,实现"马芜铜产业带"率先发展的设想。从实际操作意义上来讲,这是一个很好的构想。因为它有利于在皖江形成一定的产业集聚效应,有利于同时放大"马芜铜"3市的城市辐射功能,有助于从整体上提升皖江经济带的核心竞争力,有利于解决在皖江经济带开放开发过程中遇到的上述矛盾和问题。

2002年10月,安徽省加快皖江开发开放座谈会在马鞍山市举行。总结12年来皖江开发开放的成绩和经验,分析皖江开发开放所面临的新形势、新机遇、新挑战,研究推动皖江开发开放的新思路、新举措,进一步开创皖江开发开放的新局面,进而把全省对外开放工作提高到一个新的水平。要求以大开放为主战略,以招商引资为突破口,积极融入长江三角洲经济圈,主动参与国际国内分工体系,发展沿江加工制造产业带,培育沿江经济强县;建设沿江现代化城市群,使皖江地区发展成为全省重要的经济增长极、改革开放的排头兵、承接产业梯度转移的"桥头堡",为全省改革开放和经济社会发展作出更大的贡献。

按照安徽省委省政府关于推动新一轮皖江开发开放的会议精神,3市都提出率先突破的发展目标。2003年8月,安徽省马鞍山、芜湖、铜陵3市召开互动发展协调会第一次会议,共同磋商联手打造"马芜铜"产业带大计。提出3市应立即着手编制"马芜铜"区域发展规划,以马芜铜3地6000多平方公里的大地为蓝图,以经济一体化发展为目标,培育平等互利的经济产业带发展大环境。2005年,安徽省委省政府在建设"马芜铜"产业带的基础上又提出了"马芜铜宜"产业带"争当崛起先锋,发挥脊梁作用"的构想,即在原来沿江"马芜铜"3市的基础上又增加了沿江的安庆市,由沿江4市共同组成"马芜铜宜"产业带。并明确提出以"马芜铜宜"为主轴的安徽沿江城市群要在奋力崛起中发挥脊梁作用,在安徽的东向发展中要发挥排头兵作用。"马芜铜宜"属于沿江第一方阵,理当成为安徽奋力崛起的先锋。

初步构想是:以建设"马芜铜宜"临江高速公路为主干的公路网相连接,逐步形成"马芜铜宜"产业带一体化的发展格局,以现有4市为中心城市,扩建数十个卫星镇为辅助,整体考虑若干个工业园区合理分布,形成区域大规划、资源大整合,使区域资源达到优化配置,形成承接长三角产业转移示范效应,使"马芜铜宜"地区成为安徽省东部对接长江三角洲首选之地。同时,发展壮大4市自身经济实力,提升产业结构、经济总量,发挥综合优势,带动沿江发展,最终形成皖江经济走廊,整体提升安徽东部经济结构,带动区域经济发展,加速安徽融入长江三角洲经济圈的进程。

经过多年努力,皖江城市群综合实力明显增强,发展环境得到改善,在全省发展格局中的地位进一步提高。为了更好地落实科学发展观,充分发挥皖江城市群优势,2006年8月24日安徽省《沿江城市群"十一五"经济社会发展规划纲要》正式出台。规划纲要以2006～2010年为基本规划期,对重大问题展望到2020年。规划范围与1995年规划相同,包括马鞍山、芜湖、铜陵、池州、安庆、巢湖、宣城、滁州(滁州市区及全椒、来安、天长)8市及所辖29县(市),国土面积5.6万平方公里,占全省的40.3%;2005年末人口2120.3万,占32.5%;地区生产总值2261.6亿元,占42.1%。其中,"马芜铜宜"4市以占全省5%的国土面积和7.6%的人口,创造了全省20.4%的地区生产总值和26.7%的财政收入。

## 二、促进"马芜铜宜"产业带率先发展的理论依据与经验借鉴

促进"马芜铜宜"产业带率先发展,是安徽省委省政府根据皖江城市群发展的比较优势,为加快培育本地区的经济增长极而采取的重要战略举措。这一战略举措的提出,从理论上讲,主要是依据区域经济非均衡发展的有关理论;从实践上看,主要是借鉴了东部沿海产业带发展的一些经验。

### (一)区域经济非均衡发展理论及其借鉴意义

20世纪50年代,针对区域均衡增长理论的不足,形成了一些关于区域经济非均衡增长的理论。这些理论在我国改革开放以来的地区发展战略研究和中长期规划中,都曾得到普遍应用,目前对促进"马芜铜宜"产业带的

率先发展仍具有一定的借鉴意义。

**1.区域经济非均衡发展的主要理论**

区域经济非均衡发展理论中比较有代表性的是缪尔达尔的二元结构理论和佩鲁提出的增长极理论。

（1）二元结构理论。1957年经济学家缪尔达尔（Myrdal）提出了"地理上的二元经济"概念和"二元空间结构"理论。这种理论认为，发展中国家的区域经济发展中的一个基本特征是地理上的二元经济，即经济发达区域和不发达区域并存的二元结构。产生这种二元经济的原因在于各地区经济发展的差别性。对发展中国家来说，现代工业总是先集中在少数区域，而余下的空间成为区域上不发达的边缘，空间组织上表现为"二元结构"或"核心—边缘结构"，即由先进的相应发达的核心区与落后的不发达的边缘区组成的空间系统。缪尔达尔进一步指出，在循环累积因果作用过程中，从发达区域与不发达区域、核心区与边缘区的相互作用来看，存在着两种不同的效应"扩散效应"（Spread Effect）和"回波效应"（Back Wash Effect）。扩散效应是指发达区域或核心区域为了保持自身的发展，不断增加向不发达区域和边缘区域采购原材料、燃料和产品，输出资本、技术和设备，帮助它们发展经济，缩小区域经济差异。回波效应是指为了在发达区域获得更高的报酬，不发达区域流出其劳动和资本，发达区域或核心区域凭借自身的优势，从不发达和边缘区域吸入要素和资源壮大自己，引起不发达和边缘区域的衰落，扩大区域经济差异。在区域经济发展过程中，尤其是经济发展初期，回波效应往往大于扩散效应；随着经济的深化发展，扩散效应的作用才日益增强。因此，如果没有政府干预，区域差异将不断扩大。

（2）增长极理论。"增长极"这一概念是20世纪50年代由法国著名经济学家佩鲁（F. Perroux）首次提出来的。这一概念出发点是抽象的经济空间，他把经济空间划分为计划经济空间、力场作用经济空间和均质经济空间3种类型。此时的增长极思想所关心的主要是增长极的结构特点，尤其是产业间的关联效益，而忽略了增长极空间含义。20世纪60年代初，罗德温（L. Rodwin）首次提出增长极的空间含义。20世纪60年代中期，布代维尔

(J. B. Boundville)又重新系统分析了经济空间的概念,改进了佩鲁的增长极理论,首次基于外部经济和集聚经济分析,系统地从理论上将增长极的经济含义推广到地理含义,认为经济空间不仅包含了与一定地理范围相联系的经济变量之间的结构经济,而且包含了经济现象的区位关系(或称地域结构关系),着重强调了增长极的空间特征。美国著名经济学家赫希曼(Herchman)指出增长极对区域经济发展的两种影响:"极化效应"(Polarized Effect)和"涓滴效应"(Trickling – down Effect)。在经济发展初期,极化效应居主导地位,会扩大区域经济发展差异。从长期来看,涓滴效应将缩小区域经济发展差异。

2. 区域经济非均衡发展理论的借鉴意义

区域经济非均衡发展理论不论其理论形式如何,都有一个共性特征,即都强调区域经济增长是非均衡的。其中缪尔达尔和赫希曼的假说在本质上没有什么分歧。他们都认为区域经济发展的差异必然随着经济增长而扩大,在此过程中政府的干预是必要的。只不过缪尔达尔认为政府的干预是一个外生因素,而赫希曼认为审慎的政府干预是涓滴效应的一个必要组成部分。所以理论界把他们的假说合称为缪尔达尔—赫希曼模型(Myrdal – Herchman Prognosis)。其理论的积极意义在于比较客观地揭示了大国经济在一定历史阶段的区域化发展规律。其局限性在于,这些模型都是循环模型,缺乏对初始优势条件的有力解释。因此,在应用于分析我国区域经济发展实践时应有选择地加以吸收和借鉴。区域经济非均衡发展理论对分析促进"马芜铜宜"产业带率先发展的借鉴意义,具体来讲有以下两个方面。

(1)依据缪尔达尔的"二元空间结构"理论,可以把安徽省大体上分为沿江较发达区域和非沿江欠发达区域。"马芜铜宜"产业带属于沿江较发达区域,它与周边的非沿江欠发达区域客观上存在着一定的"扩散效应"和"回波效应"。在促进"马芜铜宜"产业带建设的初期,回波效应往往大于扩散效应,政府应给予必要的政策支持;随着"马芜铜宜"产业带建设的深入发展,扩散效应的作用将会日益增强,才能更好地带动周边地区经济的发展,促进全省乃至整个中部地区的崛起。

（2）依据增长极理论,在构建"马芜铜宜"产业带过程中,应注意增长极的结构特点及其空间特征。一般来讲,区域增长具有以下结构特点或空间特征:在产业发展方面,增长极通过与周围地区空间的关系而成为区域发展的组织核心;在空间上,增长极通过与周围地区的空间关系而成为支配经济活动空间分布与组合的重心;在物质形态上,增长极就是区域的中心城市。构建"马芜铜宜"产业带的过程,实际上就是培育安徽经济增长极的过程。在这一过程中,一方面要关注"马芜铜宜"产业带内部产业间的关联效益;另一方面还应注意"马芜铜宜"产业带对区域经济发展的"极化效应"和"涓滴效应"。在促进"马芜铜宜"产业带率先发展过程中,在充分发挥市场机制作用的同时,还应加强政府政策的引导作用,以便更好地促进区域经济的协调发展。

**（二）东部沿海产业带的发展态势及其经验借鉴**

改革开放以来,随着市场体制的不断完善和经济的不断发展,作为区域经济发展模式之一的产业带在我国某些地区也出现了加快发展的态势。据资料显示,中国的产业带主要集中在经济开放度较高的东部沿海地区,比较著名的有:京津唐制造业产业带、江苏沿江产业带和浙江环杭州湾产业带等。这些产业带的发展经验对构建"马芜铜宜"产业带具有重要的借鉴意义。

1. 东部沿海产业带的发展态势

（1）京津唐制造业产业带。京津唐制造业产业带以北京、天津"双核"为主轴,以唐山、保定为两翼,包括了北京、天津及河北的唐山、保定、廊坊等2个直辖市、3个地级市、5个县级市,面积近7万平方公里,总人口4500多万人,另有数百万流动人口。从历史上看,北京是典型的消费型城市,它的建设和发展是依靠全国资源的集中。天津是拱卫京畿的军事重镇,所谓"天津卫"即源于此。随着19世纪后期洋务运动的兴起,官办军事工业成为天津工业化的发端。到20世纪40年代,天津成为中国仅次于上海的第二大工业城市。唐山是京津唐都市圈的"北翼",工业以能源、冶金、海洋化工、建材、机车制造而著名,被誉为中国近代工业的摇篮。

京津唐3市有较强的经济实力、发达的工业基础、雄厚的资金优势、先进的科技及人才优势,为京津唐产业带发展提供了相互依存、相互促进的广阔发展空间。通过建立产业带,实现生产力重新优化组合、优势互补,使3市的巨大经济潜力发挥出来,形成了一个经济增长强劲、对外开放程度较高的京津唐制造业产业带。

(2)江苏沿江产业带。江苏沿江地区是我国经济发达的地区之一,该地区包括苏南地区的苏州、无锡、常州、南京、镇江以及苏中地区的南通、扬州和泰州,面积2.46万平方公里,人口2400万,2002年GDP达到8250亿元,占全国的8.6%。经过几十年的发展,该地区已经成为我国化工、冶金、能源、船舶修造、轻工等产业集聚地,初步形成沿江重化工业密集带雏形。随着沿沪宁高速公路和铁路的高新技术产业带、沿长江岸线的基础工业产业带、沿上海周边地区的加工工业带、沿太湖岸边旅游度假产业带的建设,苏州、昆山、张家港将成为高技术、旅游产业的新增长点;南京、镇江、扬州一带以炼油、石油化工、汽车制造、造船、建材、造纸、电子等行业为主,是国家重点的基础原材料工业基地;苏锡常地区则以纺织、机械、化学和家用电器等为特色;同时整个地区的高科技工业、信息产业也有相当基础。

(3)环杭州湾产业带。环杭州湾区域位于长江三角洲南翼,包括杭州、嘉兴、湖州、宁波、绍兴、舟山这6个城市。据2002年国家统计局统计,这个区域的萧山、绍兴、鄞州、慈溪、余杭、余姚、海宁、嘉善、桐乡、上虞、平湖、海盐、嵊泗13个县市均列为全国社会经济综合百强县(市)。环杭州湾的发展基础和条件十分优越。这一地区人口占浙江的50.65%左右,国土面积占浙江的44.7%左右,而其2000年GDP却占全省的72.4%左右,人均GDP是全省平均的1.42倍,是全国平均的3倍。随着"长三角"经济一体化进程的加速,其"龙头"城市上海,给环杭州湾区域的产业带提供了更加宽广的国际化"大通道"。根据资料统计,已经有184家跨国公司地区总部和中国总部进驻上海,到2005年已达250家左右,还有5000多家商务办事处。环杭州湾各地政府和产业界"接轨上海"的热情出现前所未有地高涨局面,在环杭州湾区域5万多家企业中,如今已经有一半以上已在或即将在上海设点和建立总部。为了促进环杭州湾区域快速、健康、协调发展,浙江省政府框定了这一区域6个城市的四大联动原则:以联动发展环杭州湾产业带为核心;以联动发展环杭州湾城市连绵带为依托;以联动发展各类园区为抓手;以联动建设基础设施为支撑,形成大园区、大企业、大项目联动的发展模式。环杭州湾诸城市的政府高层已形成共识:将环杭州湾产业带建设成"城市的新区和重要功能区"、"外资民资的集聚区"、"先进制造业基地的核心区"和"体制、机制创新的试验区"。目前环杭州湾沿岸各市县在建的开发区和各类工业园区规划面积已达600多平方公里,已拥有一大批各具特色并已成规模的产业集群,如嘉善木业、海宁皮革、萧绍纺织以及慈溪家电、嵊州领带、余姚塑料和宁波服装。这些产业在全国乃至全球市场上已占据了强势地位。

2. 东部沿海产业带发展的经验借鉴

从我们对上述东部沿海3个著名产业带的发展历程和发展态势的考察与研究情况来看,可以总结出其值得借鉴的成功经验主要有以下6个方面。

(1)有效的政府推动。三大产业带的发展和繁荣离不开地区政府的有效推动,政府的推动是产业带形成的前提。政府有效的推动主要表现在4个方面:一是注意搞好产业带内部产业的衔接以及与国内经济和国际经济的对接及关系协调。政府通过制定产业规划、产业政策,寻求更大的收益,减少重复建设的损失。二是不断加大投入,促进当地基础设施建设和投资环境的改善。三是依法保持本地区宏观经济和社会的稳定。四是进行合理人力资源的开发和利用,为产业带发展提供人力支持。

(2)众多企业的支撑。没有一大批有活力的企业,产业带是发展不起来的。从三大产业带发展历程来看,都有各自的特点,京津唐产业带的发展基础来自于原先就拥有的雄厚工业基础和工业企业,江苏沿江产业带的崛起则来自20世纪80年代末和90年代初利用乡镇企业发展的"苏南模式",而环杭州湾产业带的繁荣离不开浙江民营企业的贡献。但无论如何发展,它们都有一个共同点就是:不仅具有一批拥有活力的大企业,而且也拥有大量的中小企业与之配套。因此,具有活力的企业是产业带发展和完善的基础。

(3)充裕的生产要素。生产要素是现代经济中不可或缺的物质载体,在一个区域经济发展过程中至关重要。三大产业带之所以能够发展得比较好,就是因为拥有充裕的生产要素。从劳动力方面看,三大产业带都处于中国人口稠密区域,地区内人口素质较高,产业劳动力供给富裕。从资金方面看,京津唐和江苏沿江在金融方面都是比较发达的,而浙江主要是靠民间金融来支撑。

(4)良好的市场环境。三大产业带之所以能够涌现出众多的活跃企业和拥有充裕的生产要素,靠的是良好的市场环境,是良好的市场环境培育出了众多的企业并吸引了各地的生产要素在这些区域的集中。而良好市场环境的创造,又来自于这些地区对体制和机制的不断创新。

(5)便捷的交通条件。三大产业带拥有的另一个共性就是都处于交通便捷之地。在拥有"地利"的同时,各地区还加大高速公路建设的力度,构筑城市之间高速公路网络,发挥高速公路的效应。不仅如此,还注重水路、铁路及航空建设,在产业带内部和对外形成了便捷的交通网络。

(6)互补的产业结构。产业之间相互重复、不相衔接,是我国区域经济协调发展中遇到的一个通病。但从三大产业带的发展来看,相对避免了这种状态的出现,各产业带内部发展时都充分考虑了不同产业之间的互补和衔接。

从东部沿海地区三大产业带发展的基本经验及其六大构成要素来看,"马芜铜宜"沿江产业带经过多年的加快发展,目前已初步具备了率先发展的条件,并且在某些方面还具有自己的一些独特比较优势,如水路、公路、铁路等交通网络密集,大型特大型企业较多,原有工业基础较好等比较优势。但是,在整体发展水平上看,与沿海三大产业带相比,在工业化、城市化、市场化程度等方面仍存在着很大的差距,只有通过自身的加倍努力与多方面的支持与配合,才能促进其率先发展。

### 三、促进"马芜铜宜"产业带率先发展的条件分析与功能思考

东部沿海三大产业带的发展表明,产业带的发展受诸多因素的制约。当前在推进"马芜铜宜"产业带建设中,既不能不顾主客观条件盲目发展,但也不能在条件已基本具备和机遇来临时,放弃努力,以至于延误产业带发展的应有进程。同时,虽然产业带的发展对本地乃至周边地区经济的发展具有很强的辐射功能,但是由于产业带建设的性质和规模不同,其功能发挥作用的程度是不一样的。因此,在借鉴有关区域经济非均衡发展理论和东部沿海产业带发展经验的基础上,认真分析安徽产业带建设的影响因素及其功能作用,对构建"马芜铜宜"产业带具有重要意义。

#### (一)促进"马芜铜宜"产业带率先发展的条件分析

"马芜铜宜"产业带率先发展的区位优势明显,襟江通海,顺水而下紧临长江三角洲,逆水而上紧靠武汉经济圈;交通发达,城镇分布密集;开发开放较早,经济基础较好。但从调查中发现,在其发展中也存在一些不容忽视的问题,面临着经济外向度不高和产业结构调整等方面的战略性困境。

1. 促进"马芜铜宜"产业带率先发展的有利条件①

在统筹区域发展和促进中部崛起的大趋势中,"马芜铜宜"产业带率先发展不仅有着客观的必然性,而且具有着现实的可能性,其有利条件主要有:

第一,"马芜铜宜"4市是安徽经济实力较雄厚和经济增长速度较快的地区,具有实现强强联合、加快发展的经济条件。"马芜铜宜"4市是安徽省重要的工贸港口城市,工业基础实力雄厚,城市基础设施齐全,对外贸易往来较密切。特别是"马芜铜"3市,经济增长速度较快。以2007年为例,主要经济指标均位居全省17个地市的前列,见表22-1。

---

① 参见李本和:《"马芜铜"产业带率先崛起的条件分析与功能思考》,《马钢职工大学学报》(马—芜—铜产业带研究专辑)2003年12月。

表 22 - 1   2007 年"马芜铜宜"4 市主要经济指标及居全省 17 个地市中的位次

| 市名 | 生产总值（亿元） | 居全省位次 | 第二产业增加值（亿元） | 居全省位次 | 进出口总额（亿美元） | 居全省位次 | 城镇居民人均可支配收入（元） | 居全省位次 |
|------|------|------|------|------|------|------|------|------|
| 马鞍山 | 532.1 | 4 | 352.0 | 2 | 23.5 | 3 | 16137 | 1 |
| 芜湖 | 582.1 | 3 | 338.0 | 3 | 16.8 | 4 | 13234 | 4 |
| 铜陵 | 286.8 | 14 | 194.3 | 6 | 29.2 | 2 | 13266 | 3 |
| 安庆 | 593.5 | 2 | 249.1 | 4 | 3.7 | 7 | 10710 | 14 |

资料来源：根据安徽省统计局编《2007 安徽省情》有关统计数据整理。

因此，"马芜铜宜"4 市通过实现紧密合作，可以增强"马芜铜宜"产业带的整体经济实力，扩大对周边地区乃至整个长江经济带的影响力，有利于形成在安徽省乃至在整个中部地区率先发展的经济增长极。

第二，"马芜铜宜"4 市的高新技术产业的发展都具有一定的规模且各具特色，具有实现自主创新、加快发展的科技实力。近年来，以芜湖为"龙头"的皖江高新技术产业带，努力优化环境，加强"孵化器"建设，相继建成国家级安庆民营科技示范园、芜湖科技创业服务中心、铜陵电子材料产业园，"孵化"了一大批民营科技型企业。其中，芜湖的奇瑞轿车、海螺建材、实达电脑，铜陵的电子材料，马鞍山的特种运输汽车等，均已形成相当的产业规模，而且各具特色。目前，马鞍山已成为国家级新材料成果转化及产业化基地，芜湖被确定为国家制造业信息化工程试点城市，铜陵成为国家火炬计划电子材料产业基地。因此，"马芜铜宜"4 市通过经济技术合作，加强科技交流，联合进行自主创新，能更好地发挥高新技术产业集聚的整体功能，可以很快提升"马芜铜宜"产业带在国内外市场上的核心竞争力。

第三，"马芜铜宜"4 市的国有大企业集中，民营中小企业种类齐全，高科技企业发展速度较快，具有实现优势互补、加快发展的产业基础。在"马芜铜宜"4 市中，集中了省内的主要国有大型骨干企业，如马钢集团公司、海螺集团公司、铜陵有色集团公司、铜化集团公司、安庆石化总厂等。这些国有大型骨干企业又主要集中在马鞍山和铜陵两个市。芜湖的中小企业种类繁多，有轻工、纺织、机械、电子、冶金、建材、化工、医药、船舶等 30 多个门类。特别是近几年,民营科技企业和外商投资的科技企业发展速度较快。芜湖虽有比较完整的工业体系,但产业集中度相对于马鞍山和铜陵较低。因此,芜湖与马鞍山、铜陵、安庆在产业组织结构上有很大的互补性。芜湖众多的民营中小企业,有利于推动马鞍山、铜陵国有大型企业的改革、改组和改造,形成投资主体多元化的企业创新机制。马鞍山和铜陵国有大企业有芜湖民营中小企业的参与,又可以提高其竞争力。马鞍山和铜陵的工业企业较发达,而芜湖的服务业较发达,有利于形成优势互补的产业结构。安庆工业已形成以石化、轻纺、机械、建材等为支柱的现代化工业体系,是安徽重要的石油化学工业、汽车零部件业、纺织加工业基地。4市的经济联合,有利于产业组织结构的合理化。所以,"马芜铜宜"产业带通过企业整合与产业结构调整,加快发展的潜力很大。

第四,"马芜铜宜"4市产业工人队伍庞大,企业经营管理人才和专业技术人员众多,具有通过人才的合理流动、加快发展的人才优势。"马芜铜宜"4市有众多的工业企业,造就了庞大的产业工人队伍和众多的企业经营管理人才以及各类的专业技术人才。如马鞍山市区人口中,有近1/4的人在马钢工作,如果加上其职工眷属超过全市市区人口的一半以上,整座城市堪称已被马钢"承包"。铜陵市过去是以矿带市发展起来的城市,铜陵有色公司和铜化集团公司等大型企业的职工及其眷属在市区30万人口中几乎占了1/3。安庆石化总厂的企业职工及其眷属在整个安庆市城区人口中也占有较大的比重。在这支庞大的产业职工队伍中,有众多的企业经营管理人才和专业技术人才。只是由于传统管理体制的影响作用才束缚住了他们的手脚。一旦人才市场搞活,劳动要素流动起来,他们对加快"马芜铜宜"产业带的发展,将会释放出巨大的能量。

第五,"马芜铜宜"4市是安徽实行改革开放较早的地区,人们的思想比较解放,观念更新快,具有实现联合、加快发展的思想基础。马鞍山是皖江经济带离"长三角"最近的城市,人口多为外来,素有"移民"城市之称。由于"移民"中多为技术人员,人口素质较高,加之与上海、南京交往密切,不同的地域文化融合于此,因此,人们充满了开放意识和改革活力。作为皖江经济带"龙头"的芜湖市,19世纪就已成为中国"四大米市"之一,历史上就有"长江巨埠,皖之中坚"的美称。在经商传统的陶冶下,芜湖人市场经济意识浓厚。我国实行改革开放后,芜湖是我国长江对外开放最早的口岸之一,并一直就是安徽对外开放的窗口,是外商投资办企业密集的地方。长期的对外经济文化交流,使芜湖人思想非常解放,充满了改革创新意识。铜陵是我国较早的18个综合配套改革试点城市之一。改革开放以来,铜陵紧紧围绕经济建设这个中心,先后开展了3次解放思想大讨论,使人们的思想观念和精神面貌都发生了重大变化,充满了开拓进取精神,但苦于城市偏小,发展空间太少,因此,具有着与沿江其他城市一起加快发展的强烈愿望。安庆具有悠久的历史。东晋诗人郭璞说"此地宜城",故别称"宜城"。南宋绍兴年间置安庆军,始得名"安庆"。安庆是中国较早接受现代文明的城市之一。1861年,安庆内军械所,曾经云集了诸如徐寿、华衡芳、李善兰等中国一流的科学家,制造了中国第一台蒸汽机和第一艘机动船。目前,安庆已与世界上100多个国家和地区建立了贸易往来关系,出口商品达200多种。安庆人具有着较强的改革开放意识和市场经济观念。

第六,"马芜铜宜"4市都沿江而建,空间距离较近,水路、公路和铁路贯通,具有实现经济合作、加快发展的区位优势和交通条件。其中,马鞍山位于芜湖之北,铜陵位于芜湖以南,两座城市与芜湖南北对称,几乎是等距离的挨在一起,空间距离较近。3个城市之间拥有水路、公路、铁路等立体化的交通网络,客货运输都十分方便。安庆现已成为皖西南及华东地区的重要交通枢纽。长江流经安庆段260公里,合九铁路连通南北,沪蓉高速横贯东西,安庆长江大桥和沿江铁路已建成通车。沿江4市具有着实现经济联合、共同打造"马芜铜宜"产业带的良好的区位优势和交通条件。特别是位于马鞍山与铜陵之间的芜湖市,是华东地区的重要十字交通枢纽城市,拥有国家级经济技术开发区和国家一类口岸,是长江溯水而上的最后一个深水港,有3条高速公路和5条铁路在此交汇,优越的地理位置和交通条件决定了芜湖在"马芜铜宜"产业带的率先发展中可以发挥更大的作用。

2.促进"马芜铜宜"产业带率先发展的不利因素

当前,尽管促进"马芜铜宜"产业带率先发展存在着许多有利条件,具有着加快发展的良好势头,但与东部沿海产业带相比,仍存在较大差距,面临着一些困难和问题。这主要表现在:一是工业基础较好,但技术层次不高,科技含量较少。二是工业发展较快,但结构不合理,高新技术产业比重不高,第三产业规模较小。三是开发开放较早,但经济外向度不高,外资企业偏少。四是城镇个数较为密集,但城市化水平不高,城镇规模偏小。[1] 因此,只有通过"马芜铜宜"产业带各中心城市的紧密合作,在城市功能定位及其基础设施建设等方面进行统一规划与科学布局,在沿江地区不断扩大城市规模,加大对外开放力度,加快服务业发展,增强自主创新能力,促进产业结构优化升级,积极提升工业化水平,提高区域经济发展的整体协调性,摆脱目前上述不利的战略性困境,才能更好地促进"马芜铜宜"产业带率先发展。

**(二)"马芜铜宜"产业带率先发展的功能思考**

"马芜铜宜"产业带的率先发展,不仅对皖江经济带的开放开发意义重大,而且对安徽和中部地区乃至整个中国区域经济的协调发展都具有重大的战略意义,并将发挥着多方面的功能作用。

第一,对皖江城市带的开放开发来讲,"马芜铜宜"产业带的率先发展,可以发挥产业集聚的功能,能够提升整个皖江城市带的核心竞争力,从而有条件在更加广阔的国内外市场上参与竞争与合作,并通过城市圈的品牌效应,吸引更多的外商来本地投资办企业,以此来推动整个皖江城市带全面地实现开放开发。

第二,对安徽地区经济的加快发展来讲,"马芜铜宜"产业带的率先发展,通过向东西两翼的延伸,可以放大整个沿江城市对周围地区辐射的功能。"马芜铜宜"产业带的城市辐射功能向东南延伸,可与以黄山为中心的

---

① 参见韦伟、孙自铎主编:《安徽省若干重大经济问题研究》,合肥工业大学出版社 2004 年版,第 278 页。

皖南旅游经济带形成互补发展的双赢格局,从而带动皖东南经济的发展;向西北延伸,可以与"合肥经济圈和沿淮城市群"形成经济互动的发展关系,从而促进两淮经济区的发展。

第三,对中部地区的经济发展来讲,"马芜铜宜"产业带的率先发展,可以为沿江的中部省市融入"长三角"发挥桥梁作用。中部地区的安徽、江西、湖北和湖南都以长江为纽带联系在一起,都不同程度地存在着一个沿江融入"长三角"与东部沿海地区协同发展的问题。而"马芜铜宜"产业带地处中部地区各省与"长三角"的交汇处,是联结东部与中部的重要结合部。它的率先崛起,可以更好地发挥其作为整个华东地区重要的物资集散地的调节功能,能够大大地降低中部沿江各省市与"长三角"经济贸易往来的运输成本,提高资源的配置效率。

第四,对整个长江经济带的加快发展来讲,"马芜铜宜"产业带的发展,将能更好地发挥重要的战略支点的功能。人们总是把长江经济带比喻为一条蓄势待发的"龙"。如果说长三角经济圈是"龙头",武汉经济圈是"龙身",重庆经济圈是"龙尾",那么,"马芜铜宜"产业带就是龙的"咽喉"。如果只有"龙头"摇,"龙身"动,"龙尾"摆,而龙的"咽喉"被卡住了,那么长江经济带这条蓄势待发的"龙"仍然腾飞不起来。只有"马芜铜宜"产业带率先发展了,"龙"的"咽喉"畅通了,上下通气了,"龙"的全身才能充满生机和活力,长江经济带这条"龙"才能腾飞起来。

第五,对整个中国区域经济的协调发展来讲,"马芜铜宜"产业带的率先发展,可以使长江经济带更好地发挥连接南北的纽带功能和承东启西的阶梯功能。在发挥长江经济带连接南北的纽带功能方面,"马芜铜宜"产业带作为其中的一个重要环节,它的率先发展,可以实现北面的上海经济圈、南京经济圈与南面的武汉经济圈、长珠潭经济圈和珠三角经济圈的全面对接,形成一个横跨东部一市两省(上海、江苏、广东)、中部沿江四省(安徽、江西、湖北、湖南)的经济增长轴,把"长三角"与"珠三角"联系在一起,有利于南北地区的思想文化交流与经济技术合作。在发挥长江经济带承东启西的阶梯功能方面,"马芜铜宜"产业带的率先发展,使它可以与武汉经济圈、长珠潭经济圈一起,在沿江中部地区形成一个承接东部沿海向西部地区进行产业转移的阶梯,通过这个阶梯不仅可以带动中部地区的发展,而且在西部大开发过程中,有利于更好地发展东部与西部之间的经济互动关系,从而最终促进东部、中部和西部3个地带的全面、协调和可持续发展。

从以上分析可以看出,"马芜铜宜"产业带率先发展的战略意义十分重大。因此,"马芜铜宜"4市应明确"马芜铜宜"产业带率先发展,在全省和中部地区乃至在全国区域经济协调发展中的功能作用,应充分发挥自己的产业特色和区位优势,努力把"马芜铜宜"产业带建设成全国重要的加工制造业基地和长江经济带的现代物流中心,使之成为促进中部崛起与推动我国区域经济协调发展的重要战略支点。

### 四、沿江城市群产业空间布局与"马芜铜宜"的功能定位

"十一五"时期安徽沿江城市群发展的总体目标是:通过广泛吸纳国内外资本和要素,加快构筑各类要素集聚的载体和平台,形成"两带一群两网"的经济体系,即形成沿江产业密集带、沿江城镇密集带、沿江港口群、现代基础设施网和综合物流网。力争到2010年,地区生产总值达到4800亿元,年均增长13%以上,占全省经济总量的比重平均提高1个百分点以上,人均生产总值达到22500元;财政收入达到580亿元,年均增长17%。其中,"马芜铜宜"4市生产总值达到2600亿元,年均增长16%,人均生产总值达到45000元;财政收入420亿元,年均增长19%,率先融入长三角,率先全面建成小康社会。①

### (一)沿江城市群"一轴双核三带"的产业空间布局

根据安徽沿江城市群产业发展现状及未来潜力,依托长江黄金水道、重要交通干线及毗邻苏浙地区,建设以"一轴双核三带"为主体的产业集聚重点区域,更好地承接长三角的产业转移,强化南北及东西之间的沟通和联系,进一步优化产业布局,在合肥和"马芜铜宜"之间形成一个扇面状的产

---

① 安徽省政府:《沿江城市群"十一五"经济社会发展规划纲要》,2006年8月24日。

业密集区域,提高全省的整体竞争力(见图 22 - 1)。

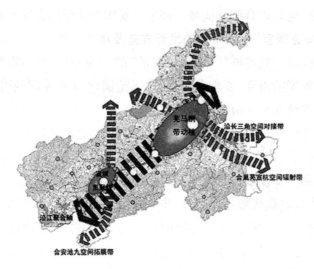

**图22 - 1 安徽沿江城市群"一轴双核三带"产业空间布局图**

资料来源:《人民日报》2006 年 12 月 20 日。

——构筑"一轴",即沿江产业发展轴。依托长江黄金水道和沿江快速通道,以岸线资源开发为重点,构筑马鞍山—芜湖—巢湖—铜陵—池州—安庆的临江产业发展轴,重点布局汽车、装备制造、冶金、建材、化工、印染等重化工业和高新技术产业,成为沿江城市群乃至全省产业发展的主轴线。

——构筑"双核",即东西产业集聚核。围绕沿江产业发展轴,重点建设"马芜铜"和安庆两大产业集聚核。"马芜铜"是沿江乃至全省经济发展迅速、综合实力较强的城市带,是推动产业集聚、辐射带动周边的重点区域。随着过江通道、沿江城际铁路和高速公路的建设,安庆的发展活力和产业集聚能力日趋显现,将逐步改变沿江城市群产业发展东强西弱、南强北弱的现状。

——构筑"三带",即沿长三角空间对接带、合巢芜宣杭空间辐射带、合安池九空间拓展带。充分发挥毗邻苏浙地区的区位优势,构筑由滁州—马鞍山—宣城等毗邻苏浙地区为轴线的沿长三角产业发展带,实现与长三角的无缝对接;依托合巢、合马、芜宣等高速及铁路干线,构筑合肥—巢湖—芜湖(马鞍山)—宣城—杭州为轴线的合巢芜(马)宣产业发展带;依托合安高速、合九铁路、构筑以合肥—桐城—怀宁—安庆为轴线的合安产业发展带。

### (二)"马芜铜宜"沿江4市的发展方向及功能定位

围绕安徽沿江城市群"一轴双核三带"的产业布局,适应沿江产业发展轴未来产业发展的需要,要重点加强对"马芜铜宜"4市发展的引导。

#### 1.芜湖市的发展方向及功能定位

芜湖市要按照东进南扩的思路,加大对繁昌、芜湖县近郊城镇的整合力度,进一步拓展城市空间,拉开城市框架。推动与马鞍山和铜陵的融合,实现资源共享和互动发展,形成组团式发展的格局。在加快发展先进制造业的同时,大力发展现代服务业,进一步完善城市功能。加强综合交通体系建设,使之成为长江流域重要的交通枢纽。力争到2010年建成区面积达到150平方公里、市区人口达到130万,地区生产总值达到1000亿元,成为马芜铜城市带的核心城市及宁汉之间最具竞争力的区域中心城市。

#### 2.马鞍山市的发展方向及功能定位

马鞍山市要发挥区位优势,率先融入长三角,实现与南京市的互动发展。按照东扩、南进、北接、西延的思路,加大对当涂县城和有关重点城镇整合力度,推动与芜湖的融合,促进与和县的跨江发展,进一步拉开城市框架,拓展城市发展空间。大力发展冶金化工、机械制造、电子信息、新材料等重化工业及现代服务业,推动产业结构调整,完善城市功能。加强港口、重要交通通道和过江通道建设。力争到2010年建成区面积达到100平方公里;市区人口达到90万,地区生产总值达到750亿元,成为马芜铜城市带核心城市及长江流域重要的重化工业和先进制造业基地。

#### 3.铜陵市的发展方向及功能定位

铜陵市要结合新城区建设,进一步优化空间布局,拉开城市框架。强化基础设施建设,完善城市功能,改善人居环境,增强城市的集聚和辐射能力。坚持东向发展,加快融入长三角。积极推动与芜湖的融合和互动发展,推动与枞阳县的跨江发展。力争到2010年建成区面积达到63平方公里;市区人口达到60万,地区生产总值达到450亿元,成为马芜铜城市带核心城市及长江流域重要的重化工业和先进制造业基地。

### 4. 安庆市的发展方向及功能定位

安庆市要结合开发区东扩及北部新城区建设，进一步优化城市空间布局，拉开城市框架。发展壮大优势产业，大力发展商贸物流等服务业，完善城市综合功能。加快对外开放步伐，主动融入长三角，强化与合肥、芜湖等城市的互动发展。加快综合交通体系建设。力争到 2010 年建成区面积达到 100 平方公里；市区人口达到 100 万，地区生产总值达到 1000 亿元，其中市区达到 400 亿元，成为长江流域重要的综合性城市及皖西南区域中心城市。

### 五、促进"马芜铜宜"产业带率先发展的战略构想

安徽要走非均衡发展之路，这是由安徽经济发展的实际情况所决定的。以目前"马芜铜宜"4 市在全省的现有实力和地位，皖江城市带发展的重点区域应该是"马芜铜宜"，只有把"马芜铜宜"做大、做强，将"马芜铜宜"产业带当作安徽经济的增长极来培育，才能提高该地区的资源聚集与产业聚集度，形成安徽皖江城市带建设的新突破。

打造"马芜铜宜"产业带，首要的是认识要统一。如果认识不能统一，必然会削弱沿江整体开发开放的进程。从"马芜铜宜"目前的发展水平来看，完成增长极的"极化效应"到"扩散效应"的转化全过程，真正发挥出对周边地区的带动作用，少则 5 年，多则 10 年。因而一旦确立了这个战略，就必须坚持不懈，不能急于求成，更不能摇摆不定。"马芜铜宜"4 市一体化发展的概念性目标，大体可以描述为：积极推动经济一体化进程，有效发挥区域经济的"累积效应"和"扩散效应"，构建城市布局合理、市场高度开放、制度建设完善、产业结构互补、信息资源共享、交通体系完备的经济共同体，从而有效降低交易成本、行政成本、制度成本，增强整个"马芜铜宜"产业带的综合竞争力。

现阶段，以"马芜铜宜"地区的经济总量和区域辐射带动能力，在省内可以是核心增长极，但与长三角任何一个经济圈或产业带都没有可比性。

要形成"产业带"这样一个区域经济体的概念,有一定的难度。需要解决的最核心问题,是要创造良好的市场环境,实现生产要素的自由流动,特别是资本的自由流动。在中国统筹区域协调发展的大背景下,随着长三角经济社会的发展,市场化程度的提高,资本特别是社会(民间)资本跨区域流动的需求越来越强烈。因此,加速推进"马芜铜宜"地区经济一体化需要借鉴国际国内经验,在现有基础上,顺势而为,利用市场机制的力量,促进生产要素的自由流动,进而形成4市间既相互带动又相互促进,既相对集中又适度分散,既分工又协作的经济格局,以此来提高区域经济的整体功能。

### (一)以强身健体为基础构筑承接长三角产业转移的平台

"马芜铜宜"地区乃至安徽的前景取决于融入长江三角洲的程度。安徽要想搞一个独立的经济体系来参与全球分工,从现在来看,既不现实,也不具备条件。"马芜铜宜"是目前安徽经济中的精华,这就需要"马芜铜宜"地区进一步解放思想,采取积极主动的态度,以"强身健体"为基础,积极构筑安徽东西开发开放的产业增长平台,全力打造"马芜铜宜"产业带,创造条件去融入长江三角洲经济体系中。只有融入了长江三角洲,下一步的发展才能借助长江三角洲的拉动,缩小与其差距。所以4市加强合作的牌一定要打好,在安徽省委省政府的领导下,通过加强协商,制定并组织实施好发展规划。但在其发展方向上仍然是主动融入长三角,要在与长三角经济互动发展中寻求市场化的产业分工和功能定位,努力把其建设成为皖江城市带承接长三角产业转移示范区的最佳平台。

目前,马鞍山与芜湖已列入了南京"一小时都市圈"范围,随着南京"一小时都市圈"的规划设想逐步落实到位,马鞍山、芜湖两市将会在更广更深的领域与南京及江苏经济进行融合。在全球经济一体化的大背景下,长江三角洲将成为跨国公司进入中国的首选地,而进入的领域主要是现代服务业和科技含量较高的制造业。根据"马芜铜宜"这种区位优势,这一地区临江近海,具有承接这种世界产业转移的有利条件。皖江地区作为长江经济带的重要组成部分,将会承接长三角地区因经济结构调整与升级而进行的产业转移,积极参与泛长三角区域分工合作。同时"南京都市圈"与"马芜铜宜"产业带的构建不会有冲突之处,它们之间将会是一种错位发展、互相促进的良性互动关系。"南京都市圈"对于"马芜铜宜"产业带的发展和壮大将起到一种很好的促进作用。

随着泛长三角区域分工合作的发展,为"马芜铜宜"产业带的打造以及皖江城市带建设提供了重要的战略机遇期,在周边省市加速发展的高压态势下,与其被动发展,不如主动出击,用足用活比较优势,抢先在产业、机制等多方面寻找融合切入点,加快融入泛长三角区域分工合作的步伐。

## (二)以产业集聚来促进区域经济一体化发展

在我国新一轮经济增长中,将会进入一个产业竞争力与产业集聚紧密相关的阶段,某一具有较强竞争力的产业,将会具体体现于某个产业集聚的区域,这样的区域,既可能是某个产业具有传统优势的地区,但更多的将是新创优势的地区,这是工业化进程中的普遍现象。产业在区域间的转移和重组将会成为经济增长中的重要过程,产业与城市发展的互动,将促进城市带的形成和发展。"马芜铜宜"4市目前正处在工业化中期阶段,应该说具有快速发展的潜力。但是能否分享出现的机遇,形成区域经济体,关键在于能否形成与市场经济具有一致性的产业集聚条件。

4市都有发展势头良好的支柱产业。比如,芜湖的新型建材、汽车及零部件、电子电器;马鞍山以"线、型、板、轮"为主的钢铁产品、造纸、专用汽车、重卡底盘;铜陵的铜材深加工和电子材料等。这些支柱产业的发展与壮大已经成为皖江地区新的经济增长点。

尤其值得一提的是,近几年"马芜铜宜"4市的经济结构调整成效开始进一步显现,基本找到了各自今后的产业方向,为下一步快速、健康发展创造了条件。芜湖利用招商引资引进了三大支柱产业,从而走出了"八五"以前的"南烟(卷烟厂)、北冶(冶炼厂)、中纺(纺织厂)"的畸形产业结构困境。马鞍山在围绕以钢立市的同时,做大非钢产业,近几年通过兼并重组、利用外资、上市等途径逐步做大了地方企业的规模。铜陵经过多年的摸索,最终确立了"做强有色、做精化工、做优电子、做大建材"的产业政策。安庆则以石油化工产业为特色。可以说,4市都拥有各具特色的支柱产业,并且

4市间的产业各不相同,避免了产业同构性问题。

因而,在促进"马芜铜宜"产业集聚过程中,大力发展该区域的城市经济一体化是十分必要的。将"马芜铜宜"4市作为整体来协调发展,做大、做优、做强,形成工业经济走廊,有利于充分发挥城市经济的群居效应,与产业集聚相互促进、共同发展,不但城市本身有所发展,而且带动邻近地区的与之配套产业的腾飞,迎接经济发达地区的辐射,充分利用区域经济传递的产业梯度推移规律,发挥经济桥梁的作用,从而带动整个安徽工业经济发展。

### (三) 以产业链为主线推进产业集群发展

"马芜铜宜"产业带融入长三角的关键,在于两个方面,一是产业关联,就是要与长江三角洲建立一种分工关系;另一个就是要素整合。建立产业关联有两种并行的方式,一种方式是垂直的产业关联,即着力发展成为长江三角洲的原材料、零部件基地,与长江三角洲相配套;另一种方式是水平层面上的关联,即行业内部生产工序的分工。例如,由安徽进行低附加值产品的加工和组装,由长江三角洲地区提供生产设计和中间产品。这种分工关系的建立,需要"马芜铜宜"用积极的思路去推动,需要通过市场的力量,通过相互间的参股、兼并、联营,通过组织专业化协作,实现要素的整合,培育和发展产业关联性企业。

可以把制造业作为"马芜铜宜"4市优先考虑的支柱产业。从产业角度来说,制造业产业链条较长,是地区经济能否持续发展的重要环节之一,是一个地区在经济成长阶段必须首先解决的问题。"马芜铜宜"地区有重要的战略资源、工业化的基础、较高的劳动力素质等,具有发展制造业的条件和优势。"马芜铜宜"地区乃至扩大到整个皖江地区,完全有可能成为安徽的制造业中心,成为长江三角洲一个重要的制造业基地。

"马芜铜宜"地区要在现有产业的基础上,通过产业链放大产业集群功能。一是把大项目做成大产业。目前四市都在建设一些大项目,规划建设好现有的大项目,有针对性地布点,充分预留产业链伸展的空间,使每上一个大项目,就能形成一条产业链。应重点围绕钢材、汽车、建材、电子信息、造纸、纺织服装等产业,全力开展产业链招商,形成集中投入,拉长产业价值链条。按照工业园区—产业功能区—制造业基地—区域经济—自由贸易区的发展方向,逐级推进,发挥"马太效应",形成人流、物流、资金流集聚,广泛吸纳生产力要素,充分发展各类加工制造业,并以此带动安徽的工业化、城市化和现代化的快速发展。

**(四)以工业园区为载体整合产业功能区**

目前4市的工业园区多为政府主导,企业间缺乏深度的产业联系。要按照功能区的发展方向,从区域经济一体化、空间布局扩容和功能提升出发,整合工业园区。一是坚持规模化。明确工业园区定位,以大项目和资本增量投入带动园区整合。按照"马芜铜宜"4市已形成的优势产业,引导配套产业围绕主导产业集聚。选择1~2个园区,参照美国硅谷和苏州工业园等国际、国内一流的园区水平建设,经过5~10年的规划建设,形成安徽省甚至华东地区的先进制造业核心区块。二是坚持市场化。政府规划,企业运作,明确工业园的招商、建设、管理等各个环节的运作主体。吸引跨国公司进入工业重大项目和基础设施建设,形成在生产环节上下游连贯配套的成块、成片、成区的强投入。三是坚持集约化。沿"三低两优"(低生产成本、低交易成本、低政策成本,体制优势、整体协调优势)方向,强化产业组织创新,建设技术创新中心、现代物流网络、信息化网络,塑造既能形成整体优势,又能发挥个体潜能的新型产业组织。

## 六、促进"马芜铜宜"产业带率先发展的基本原则和政策取向

积极促进"马芜铜宜"产业带的率先发展,是安徽省委省政府在"十一五"规划中所确定的发展重点,但在实际操作过程当中,应总结过去皖江经济带开发与建设的经验与教训,遵循正确的发展原则,并采取科学的政策取向。

**(一)促进"马芜铜宜"产业带率先发展的基本原则**

为实现"马芜铜宜"经济一体化目标,应贯彻以下基本原则:1.互惠互利原则。在充分兼顾各市利益的基础上,通过经济分工和协作,从中产生集聚和累积效益,从而实现多赢的效果。2.优势互补原则。各地按照比较利

益的原则进行合作,通过区域要素流动实行互补,最大限度发挥各地的优势,促进各地共同发展。3.市场主导原则。以市场机制调节为主导,政府推动为辅助,共同推动市场一体化进程。4.系统协调原则。应该把区域经济一体化视为一个系统,全面创新和完善协调机制、制度和组织,从制定发展规划到具体组织实施,都应实现区域经济发展的整体性协调。

当前,"马芜铜宜"4市合作发展已是客观的必然,应把是否进一步加快打造"马芜铜宜"产业带提到关系整个皖江城市带建设能否加快发展的高度来认识。4市应虚心学习彼此在改革和发展中的经验,抓住机遇,主动沟通,共同推进产业带的形成、发展和壮大。由于区域经济合作的核心是利益的重新调节和分配,在这个过程中,政府的宏观调控必不可少。因此,一要在互利双赢的前提下,保持政府间必要的推动力度,推动产业结构的调整和整合,协调跨区域的重大项目建设等问题。二要按照"市场主导,政府推动"的模式,坚持"优势互补、互利互惠、整体推进、重点突破"的原则,共同推进"马芜铜宜"4市的合作。

现阶段"马芜铜宜"产业带的构建在实际上更多的是行政区划的概念,而非市场推动下的区域经济概念,产业带的真正形成和发展壮大需要一个渐进的推动过程。中国经济是行政边界型的经济,各地都有地方行政保护,在现有的体制下,各地政府把包括财政税收、本地就业、增长速度等方面的政绩考核放在重要位置,有一定的客观性,也使得目前对投资的争夺成为城市间或区域竞争的主要手段。但在统筹区域协调发展的新形势下,政府的职能是保障资源在空间上的自由流动,当出现地区封锁或行政壁垒时,政府特别是上级政府就应该对地区间资源配置进行干预和调控,促进资源向优势区位相对集中配置,以利于形成产业的集聚效益和规模经济。因此,通过必要的行政手段进行宏观调控,推进"马芜铜宜"产业带这一战略重点区域的开发建设,应该说是政府职能的所在,也是区域经济协调发展的客观要求。

#### （二）促进"马芜铜宜"产业带率先发展的政策取向

1.加大省级政府行政推动力量

在"十一五"期间,安徽省政府对"马芜铜宜"地区的经济发展要予以充分的重视,不仅要制定规划,而且要给予实质性的政策引导和财政支持。

一是增强政府之间的统一协调功能。要在省政府的组织领导下,制定一系列相关的管理办法和规定,通过一系列的制度性安排或非制度性安排,形成四市之间在共同打造"马芜铜宜"产业带方面的整体性协调机制。四市政府也应从大局着眼,使政府行为显示出对合作的真正作用,形成"马芜铜宜"地区范围内的"乘数"效应。由于"马芜铜宜"地区的"产业带"不是在市场推动下自发形成的,省政府的政策导向和推动力量显得非常关键。特别是在打造"马芜铜宜"产业带的初始阶段,省政府要从合作与发展的现实需要出发,协调全局性的利益,协调企业之间、各市政府之间的矛盾。通过上级政府的作为,充分体现非均衡发展战略的威力,激发合作发展的活力,优化资源要素的配置,降低内外部竞争的成本,增强"马芜铜宜"经济发展的竞争力,最终使"马芜铜宜"率先完成全面建设小康的任务和基本实现现代化,进而带动全省经济的进一步发展。

二是给予"马芜铜宜"地区一些特殊支持政策。"马芜铜宜"产业带的构建和发展需要省里的政策支持与倾斜,在省内的项目布局、资金安排方面应该给予重点倾斜,在政策上加大扶持力度。要采取非均衡发展战略,优先给予"马芜铜宜"产业带作为承接长三角产业转移示范区的特殊政策,允许这个地区"敢试、敢冒、敢闯",这样才有利于皖江乃至全省经济快速发展,有利于增强"马芜铜宜"的经济聚集和辐射的功能。还要通过直接财政补贴和间接税收优惠的手段,重点培育扶持"马芜铜宜"优势特色主导产业和新兴接续产业。重大生产力布局应优先考虑"马芜铜宜"产业带。尽管省里还有开发皖北等地区发展战略,但投向"马芜铜宜"地区更能体现非均衡发展战略的实施意义。对电厂、港口等对未来经济发展有长远影响的项目都要有重点地布点,而不能总是照顾地区平衡或撒"胡椒面"。支持资源工矿城市转型的产业调整援助政策应优先考虑"马芜铜宜"产业带城市。为

"马芜铜宜"地区争取国家适度的产业援助政策,重视替代产业的选择与培育。实施必要的财政援助政策,动用必要的财政手段,比如在分级财政中增加城市的留成比例、加大骨干企业实施重大技术改造的财政贴息额度等,支持"马芜铜宜"产业带率先发展。

三是抓紧组织实施安徽省沿江城市群建设规划。在具体组织实施沿江城市群建设过程中,必须把"马芜铜宜"产业带作为皖江开发开放的"核心增长极"来看待,对区域内土地资源、水资源、岸线资源、矿产资源、旅游资源等公共资源进行统一布局、有序开发和协调管理,使区域公共资源在合理利用的基础上取得最大效益。特别要筹划好四市的城市特色产业与功能定位,在重点项目安排和审批上加大协调力度,避开相互间产业雷同的恶性竞争。促使区域内各行政单元通过良性竞争与紧密合作,逐步形成分工明确、协作配套、优势互补、整体联动和生态可持续发展格局,达到区域经济关系融洽、总体效益最佳的目标。

2. 加强 4 市之间横向经济合作

在打造"马芜铜宜"产业带与加速向长三角融合的进程中,"马芜铜宜"四市要进一步解放思想,更新观念,找准自身的发展定位,坚定不移地发展开放型经济,以海纳百川的胸襟,真心实意地打好打响"马芜铜宜"产业带的品牌。应该树立一体化的意识,在区域规划、项目布局、基础设施建设、支柱产业培育、招商引资、市场体系建设、城市职能分工等方面加强合作,促进区域内资源的优化配置,增强整体发展的协调功能。

一是搞好 4 市之间发展规划的衔接。通过四市之间发展规划的衔接,对产业发展、基础设施建设、环境保护、公共资源利用等进行统筹协调管理,以争取最大效益。规划衔接要在尊重各方利益的基础上,以追求区域整体利益和长远利益最优为准则,通过跨区域基础设施、大型骨干工程的建设和对城乡空间开发与保护的引导,形成"马芜铜宜"地区的整体实力和竞争能力,增强对全省经济社会发展的辐射和带动能力,重点是加强对 4 市之间的空间发展、城镇布局、交通网络、区域基础设施和社会公共设施、旅游空间组织、生态环境保护等重大问题的协调。空间建设布局在继续保持、发展与南京都市圈、长三角横向联系的基础上,着重建设以四市城区为核心的纵向发展轴线,构筑网络化的城镇群体空间,支撑区域空间从轴向发展转化为网络状发展,加强对已经和将要形成的城镇功能在规划、建设和管理上的协调。首先,重视快速交通体系建设。综合交通网和快速运输系统是城市密集地区演变为产业带的重要基础,要针对"马芜铜宜"产业带打造的进展状况提出相应的交通策略。其次,严格控制四市城市发展的无序蔓延。产业带是一定地域范围内城镇高密度发展的地区,应防止城镇连绵开发,划定城市之间的控制地带,严格控制限制地带的建设活动,形成集聚发展、开敞有致的产业带空间结构形态。再次,加强生态环境保护。生态保护和环境治理是必然要重点解决的问题,环境污染尤其是大气和水质污染往往是跨区域的,必须通过跨区域协调解决。最后,重视跨行政区划的协作和多元协调。应强调要从产业带整体的角度出发进行综合规划;强调城市之间的横向互动发展是不局限于行政区划的限制;还应强调规划的实施由四市共同推进,统筹规划中凡是涉及四个城市、多个部门的,应制定不同利益主体之间的协调措施。

二是共同推进重大基础设施的建设和共享。把建立城市间的共享性基础设施作为突破口,促进资源整合机制的形成。如加快"马芜铜宜"基础设施建设,在地区内高速公路实行一站式收费,城际公交一卡通等。这是由于构建网络化、开放式的基础设施体系,是营造良好一体化发展环境的基础条件,有利于增强区域整体吸引力,使长三角对4市及安徽其他地区的辐射带动作用更加直接,更加有效。规划好基础设施建设布局,在交通、通信、电力、供水、排污以及会展中心、模具加工中心、产业信息中心、人才培训中心和产品监测中心等建设方面,避免重复建设,推进城际整合,实现资源共享。①

三是积极推进要素市场一体化。以资本、技术、信息、人才等要素市场

① 参见韦伟、孙自铎主编:《安徽省若干重大经济问题研究》,合肥工业大学出版社 2004 年版,第 284—285 页。

建设为重点,疏通4市之间各类经济要素流通渠道。4市之间通过协调,可采取以下几个方面的措施:第一,建立4市人才开发合作机制,进行人才网站相互链接和维护,实行异地人事代理和派遣;协商建立4市劳动力输出的经常性工作机制,双方互相认可劳动培训部门的技能认定和资格认证。第二,建立区域服务体系,积极发展中介机构,采取政府引导、市场化运作的方式,大力发展出口代理商、生产力中心、技术信息中心、质量检测控制中心、开放性行业技术中心等集群发展机构。整合"马芜铜宜"区域内中介机构,形成汽车、纺织服装、电子信息、食品等区域性行业协会,在投融资、技术创新、市场开拓、人才培训、产业损害预测预警和反倾销等方面发挥作用。第三,统筹市场布点,引导流通。以各市的特色产业及芜湖现有的物流业为依托,培育区域性市场品牌,重视建设生产要素市场、产权交易市场,扩大建设区域性零部件配套、成品批发等专业化市场和网上商城,逐步形成大规模的钢材、五金建材、纺织服装、汽车整车和零部件供应基地或集散地。

四是健全推动全面合作的协调机制。第一,建立4市高层领导通气协调会制度。"马芜铜宜"产业带建设,是牵动全省的发展大计,首先应在领导层形成共识,定期举行碰头会、通气会,通报合作发展的情况,研究发展面临的共同问题,通过平等协商,在一些全局问题上签订协议,有的具体问题通过磋商达成谅解和备忘。涉及"马芜铜宜"全局性的问题,根据情况,还可以请省政府部门参与协调。第二,成立"马芜铜宜"区域经济合作专门领导机构。尽管"马芜铜宜"地区现阶段看不出明显的产业集聚和分工,但未来确实有形成合理分工和不同功能定位的可能。既然有可能,就要成立相应的领导组织机构进行专门协调,减少产业同构现象的发生,要在4市资源禀赋基本相同的情况下,走差别化发展道路,协调好产业上下游关系,避免恶性竞争。第三,建立促进"马芜铜宜"产业带发展的必要规则。"马芜铜宜"的合作与发展要进入实质性阶段,各个城市不能自成体系、自求平衡,在区域内部搞封锁割据,排斥资本要素在区域内的流动。这方面,4市政府要把有关政策协调一致起来,创造宽松的投资政策环境,大力发展外向型经济。比如,在税收、价格方面制定行为规范,鼓励有序竞争,形成统一的"马芜铜宜"大市场。在债务清欠、产品质量等商业纠纷方面,采取工商、质监、金融和司法联动,建立失信约束机制,按照规则进行仲裁等。

总之,通过上述分析可以看出,"马芜铜宜"产业带已经基本具备在安徽乃至在中部率先发展的条件,并在带动皖江城市带和安徽经济发展、促进中部崛起和推动我国区域经济协调发展方面具有着多方面的功能作用,应在借鉴区域经济非均衡发展理论和学习沿海地区产业带发展经验的基础上,充分发挥政府的有效推动作用、便捷的交通条件和众多企业的支撑作用,建立健全良好的市场环境,吸引更多的生产要素在此区域集中,共同促进"马芜铜宜"产业带的率先发展,以便更好地发挥其在促进安徽经济又好又快发展方面的脊梁作用以及在促进整个中部地区崛起中的桥梁和纽带作用。

# 参考文献

1.《马克思恩格斯选集》第 4 卷,人民出版社 1995 年版。

2.《毛泽东文集》第 7 卷,人民出版社 1999 年版。

3.《邓小平文选》第 2、3 卷,人民出版社 1993 年版。

4.《江泽民文选》第 1、2 卷,人民出版社 2006 年版。

5.《中共中央关于完善社会主义市场经济体制若干问题的决定》,人民出版社 2003 年版。

6.《〈中共中央关于制定国民经济和社会发展第十一个五年规划的建议〉辅导读本》,人民出版社 2005 年版。

7.《中华人民共和国国民经济和社会发展第十一个五年规划纲要》,人民出版社 2006 年版。

8. 本书编写组:《〈十七大报告〉辅导读本》,人民出版社 2007 年版。

9. 国务院研究室编写组:《十届全国人大五次会议〈政府工作报告〉辅导读本》,人民出版社、中国言实出版社 2007 年版。

10. 国务院发展研究中心课题组:《中国区域协调发展研究》,中国经济出版社 1994 年版。

11. 国务院发展研究中心发展战略和区域经济研究部:《中部崛起战略与对策》,经济科学出版社 2006 年版。

12. 陈栋生主编:《跨世纪的中国区域发展》,经济管理出版社 1999 年版。

13. 陈栋生:《西部大开发与可持续发展》,经济管理出版社 2001 年版。

14. 陈栋生主编:《中国区域经济新论》,经济科学出版社 2004 年版。

15. 陈栋生、王崇举、廖元和主编:《区域协调发展论》,经济科学出版社 2005

年版。

16. 周绍森、陈栋生主编:《中部崛起论》,经济科学出版社2006年版。

17. 周绍森等:《论中国中部崛起》,中国经济出版社2003年版。

18. 魏后凯:《区域经济发展的新格局》,云南人民出版社1995年版。

19. 魏后凯主编:《现代区域经济学》,经济管理出版社2006年版。

20. 黄速建、魏后凯:《西部大开发与东中部地区发展》,经济管理出版社2001年版。

21. 胡鞍钢主编:《地区与发展:西部开发新战略》,中国计划出版社2001年版。

22. 王一鸣:《中国区域经济政策研究》,中国计划出版社1998年版。

23. 李世华、高南扣主编:《中国区域经济管理概论》,中共中央党校出版社1998年版。

24. 宋璇涛:《寻求区域经济非均衡协调发展——中部经济结构替代与经济起飞》,中共中央党校出版社2001年版。

25. 伊继东、彭迪云等:《中国中部经济发展问题研究》,中国财政经济出版社2003年版。

26. 赵苑达主编:《城市化与区域经济协调发展》,中国社会科学出版社2003年版。

27. 江世银:《区域经济发展宏观调控论》,四川人民出版社2002年版。

28. 江世银等:《西部大开发与区域经济协调发展研究》,电子科技大学出版社2005年版。

29. 陈才:《区域经济地理学》,科学出版社2001年版。

30. 刘再兴:《中国区域经济:数量分析与对比研究》,中国物价出版社1993年版。

31. [德]约翰·冯·杜能:《孤立国同农业和国民经济的关系》,吴衡康译,商务印书馆1986年版。

32. [德]阿尔弗雷德·韦伯:《工业区位论》,李刚剑、陈志人、张英保译,商务印书馆1997年版。

33. [德]沃尔特·克里斯塔勒:《德国南部中心地原理》,常正文等译,商务印书馆1998年版。

34. [德]奥古斯特·勒施:《经济空间秩序——经济财货与地理间的关系》,王守礼译,商务印书馆1995年版。

35. [德]马克斯·韦伯:《新教伦理与资本主义精神》,于晓、陈维纲译,生活·读书·新知三联书店1987年版。

36. [美]V.奥斯特罗姆、D.菲尼、H.皮希特编:《制度分析与发展的反思——问题与抉择》,王诚等译,商务印书馆1992年版。

37. [美]阿瑟·刘易斯:《二元经济论》,施炜等译,北京经济学院出版社1989年版。

38. [美]H.钱纳里、S.鲁宾逊、M.赛尔奎因:《工业化和经济增长的比较研究》,吴奇等译,上海三联书店1989年版。

39. [美]保罗·萨缪尔森、威廉·诺德豪斯:《经济学》第十六版,萧琛等译,华夏出版社1999年版。

40. [英]A.P.瑟尔沃:《增长与发展》,郭熙保译,中国财政经济出版社2001年版。

41. [日]丸山伸郎:《中国工业化与产业技术进步》,高志前译,中国人民大学出版社1992年版。

42. [日]山田浩之:《城市经济学》,魏浩光等译,东北财经大学出版社1991年版。

43. Harriss, John. *Rural development : Theories of peasant eccmomy and agrarian change.* Lonodon : Hatchison. 1982.

44. Rondinelli, D. A. *Applied methods of regional analysis : The spatial dimensions of deuelopment policy.* Boulder : Westview. 1985.

45. Stohr, W. B. Taylor. *Development from above or below? The dialectics of regional planning in developing countries.* Chiehester : Wiley. 1981.

46. Ginsbarg , N, oppel , B, and Megee, T. G. *The ectended metropolis : Settlement transition in Asia.* Onolulu : Vniversity of Hawall. 1991.

47. 周国富:《中国经济发展中的地区差距问题研究》,东北财经大学出版社 2001 年版。

48. 陆大道:《中国区域发展的理论与实践》,科学出版社 2003 年版。

49. 谢文惠等:《城市经济学》,清华大学出版社 1996 年版。

50. 郝寿义、安虎森:《区域经济学》,经济科学出版社 1999 年版。

51. 高洪深编著:《区域经济学》,中国人民大学出版社 2002 年版。

52. 苏东水:《产业经济学》,高等教育出版社 2003 年版。

53. 李培祥:《城市与区域相互作用的理论与实践》,经济管理出版社 2006 年版。

54. 时蓉华、刘毅编著:《中国民族心理学概论》,甘肃人民出版社 1993 年版。

55. 国家统计局编:《中国统计年鉴》(2003~2008),中国统计出版社。

56. 国家统计局国民经济综合统计司编:《2007 中国区域统计年鉴》,中国统计出版社 2007 年版。

57. 国家统计局农村社会经济调查司编:《中国农村全面建设小康社会监测报告—2006》,中国统计出版社 2006 年版。

58. 中华人民共和国农业部:《2006 中国农业发展报告》,中国农业出版社 2006 年版。

59. 连玉明、武建忠主编:《中国发展数字地图》,中国时代经济出版社 2006 年版。

60. 连玉明、武建忠主编:《2007 中国国力报告》,中国时代经济出版社 2007 年版。

61. 上海财经大学区域经济研究中心:《2006 中国区域经济发展报告——长江经济带区域统筹发展及"黄金水道"建设》,上海财经大学出版社 2006 年版。

62. 田代贵主编:《长江上游经济带协调发展研究》,重庆出版集团重庆出版社 2006 年版。

63. 朱舜、高丽娜等:《泛长三角经济区空间结构研究》,西南财经大学出版社 2007 年版。

64. 刘志彪、郑江淮等:《长三角经济增长的新引擎》,西南财经大学出版社
　　2007 年版。

65. 张颢瀚等:《长江三角洲一体化进程研究——发展现状、障碍与趋势》,
　　社会科学文献出版社 2007 年版。

66. 钱方明:《转型时期区域经济发展研究——嘉兴与周边地区经济发展比
　　较》,浙江大学出版社 2002 年版。

67. 新亚欧大陆桥国际协调机制办公室、江苏省信息中心、新亚欧大陆桥国
　　际信息中心编:《新亚欧大陆桥数据库——新亚欧大陆桥国际贸易商
　　情》,2006 年。

68. 邹彦林:《安徽"十五"及 2015 年发展思路研究》,安徽人民出版社 1999
　　年版。

69. 邹彦林:《安徽在西部大开发中的战略定位与对策研究》,安徽人民出版
　　社 2002 年版。

70. 中共安徽省委宣传部理论处:《全民创业学习读本》,安徽人民出版社
　　2006 年版。

71. 王可侠:《崛起中的探索——安徽工业化道路研究》,安徽人民出版社
　　2006 年版。

72. 荣兆梓、宋宏等:《投资安徽》,安徽人民出版社 2002 年版。

73. 孙都光等:《马芜铜产业带的构建和发展研究》,安徽人民出版社 2007
　　年版。

74. 安徽地方志编委会:《安徽省志》,安徽人民出版社 1991 年版。

75. 韦伟主编:《与省长谈安徽发展》,合肥工业大学出版社 2003 年版。

76. 韦伟、孙自铎主编:《安徽省若干重大经济问题研究》,合肥工业大学出
　　版社 2004 年版。

77. 安徽省统计局编:《安徽省情》(2003～2008)。

78.《荀子·礼论》。

79.《全唐文》卷 748 及卷 660。

80. 高萍:《中部崛起战略依托、发展模式与政策原则》,2008 年 7 月中国区域经济学会 2008 年年会、十七大后中国区域经济发展研讨会《论文汇编》。

81. 林斐:《与时俱进的中国区域经济发展研究——十六大后中国区域经济发展理论研讨会综述》,《经济学动态》2003 年第 10 期。

82. 李本和:《国内外落后地区开发的比较与借鉴》,《生产力研究》2000 年第 1~2 期。

83. 李本和:《均衡·非均衡·新的均衡——党的三代领导核心区域经济发展战略思想比较研究》,《前沿》2001 年第 7 期。

84. 李本和:《论西部大开发中安徽经济发展战略的选择》,《生产力研究》2001 年第 4 期。

85. 李本和:《加入 WTO 对安徽省经济发展的影响与对策》,《中国工业经济》2000 年第 7 期。

86. 李本和:《"马芜铜"产业带率先崛起的条件分析与功能思考》,《马钢职工大学学报》(马—芜—铜产业带研究专辑)2003 年 12 月。

87. 储节旺、周绍森:《中部地区经济崛起研究现状综析》,《江淮论坛》2005 年第 3 期。

88. 安树伟:《中国区域经济学发展三十年》,《学术界》2008 年第 5 期。

89. 张奎:《创建中西部经济发展示范区研究专辑》,《生产力研究》1998 年。

90. 刘应杰:《关于中部崛起的思考》,《中州学刊》2005 年第 3 期。

91. 刘茂松:《论中部崛起战略》,《湖南社会科学》,2006 年第 1 期。

92. 张启春:《区域差距的政府调控:趋势预测与阶段性目标选择》,《江海学刊》2006 年第 2 期。

93. 陈文玲:《中部六省调查研究报告:抢抓机遇 奋力崛起》,《中国经济时报》2006 年 3 月 29 日。

94. 简雅洁、李世兵:《京沪领跑中国发展指数》,《安徽商报》2007 年 2 月 27 日。

95. 湖北省政府发展研究中心:《中部五省应有更大的作为》《学习与实践》

2003 年第 9 期。

96. 国务院发展研究中心课题组:《四条横贯东西经济带形成的战略思考》, 《经济学动态》2003 年第 7 期。

97. 豆建民:《中国区域经济合作组织及其合作成效分析》,《经济问题探索》 2003 年第 9 期。

98. 汪一鸣、李少华:《面对经济全球化的中国东西合作》,《经济地理》2003 年第 2 期。

99. 国家统计局课题组:《我国区域发展差距的实证分析》,《中国国情国 力》,2004 年第 3 期。

100. 国家发改委宏观经济研究课题组:《2004 年宏观形势及几个重点问题 分析》,《经济学动态》2004 年第 4 期。

101. 王小鲁、樊纲:《中国地区差距的变动趋势和影响因素》,《新华文摘》 2004 年第 7 期。

102. 王傲兰:《中部崛起:关键在于调整发展思路》,《宏观经济研究》2004 年第 8 期。

103. 王咏梅:《东部与中西部经济协调发展的创新策略选择》,《经济社会体 制比较》2004 年第 3 期。

104. 陈计旺:《东部地区产业转移与中部地区经济发展》,《山西师大学报》 (社会科学版)2003 年第 3 期。

105. 宋炳良:《长江三角洲经济辐射力与东西部大通道》,《同济大学学报》 (社会科学版)2003 年第 2 期。

106. 鲁志强:《四大因素影响中部崛起》,《中国经济时报》2004 年 7 月 1 日。

107. 李国平、许扬:《梯度理论的发展及其意义》,《经济学家》2002 年第 4 期。

108. 李文:《对区域经济协调发展的有益探索》,《中国社会科学》1997 年第 2 期。

109. 赵保佑:《构建促进中部经济崛起的动力机制》,《中州学刊》2005 年第

3 期。

110.路洪卫:《区域共生态:中部六省崛起的突破点》,《湖北社会科学》2005 年第 6 期。

111.陈东琪:《中部崛起面临的问题与对策》,《中国城市经济》2005 年第 8 期。

112.张建民、黄利特:《中部地区建立经济协调发展机制探讨》,《湖北大学学报》(哲社版)2006 年第 1 期。

113.张秀生、卫鹏鹏:《我国中部地区经济协调发展的问题与对策》,《武汉理工大学学报》2006 年第 2 期。

114.王泽强:《区域冲突:区域合作与中部崛起》,《当代经济管理》2008 年第 8 期。

115.高国力:《关于我国主体功能区划若干重大问题的思考》,《中国经济日报》2006 年 9 月 1 日。

116.邓玲、杜黎明:《主体功能区建设的区域协调功能研究》,《经济学家》2006 年第 4 期。

117.孙姗姗、朱传耿:《论主体功能区对我国区域发展理论的创新》,《现代经济探讨》2006 年第 9 期。

118.王东祥:《搞好主体功能区划,优化区域开发格局》,《浙江经济》2006 年第 16 期。

119.陈秀山、张若:《主体功能区从构想走向操作》,《决策》2006 年第 12 期。

120.魏后凯:《对推进形成主体功能区的冷思考》,《中国发展观察》2007 年第 3 期。

121.国家发展改革委宏观经济研究院国土地区研究所课题组:《我国主体功能区划分及其分类政策初步研究》,《宏观经济研究》2007 年第 4 期。

122.汪和建:《发展城乡联系,促进区域经济发展》,《南京社会科学》1996 年第 1 期。

123.赵勇:《新见解:大力实施城乡互动战略》,《经济日报》2004 年 7 月 13

日。

124. 叶兴庆:《扎实推进社会主义新农村建设》,《经济日报》2006 年 2 月 13
　　日。

125. 余茂辉:《中部地区工业反哺农业的战略思考》,《皖西学院学报》2008
　　年第 4 期。

126. 黄祖辉:《城乡区域协同发展的理论与实践》,《社会科学战线》2008 年
　　第 8 期。

127.《中共中央关于推进农村改革发展若干重大问题的决定》,《安徽日报》
　　2008 年 10 月 20 日。

128. 胡长顺:《对中国工业化阶段的判断》,《经济管理》2003 年第 5 期。

129. 王群:《中国中部地区走新型工业化道路研究》,《河南社会科学》2004
　　年第 3 期。

130. 中国科技发展战略研究小组:《区域创新能力谁执牛耳?》,《经济日报》
　　2005 年 4 月 12 日。

131. 中国科技发展战略研究小组:《区域创新能力五大因素谁在先?》,《经
　　济日报》2005 年 4 月 13 日。

132. 中华人民共和国交通部:《促进中部地区崛起公路水路交通发展规划
　　纲要》2005 年 12 月。

133. 战金艳、鲁奇:《中国基础设施和城乡一体化的关联发展》,《地理学报》
　　第 58 卷第 4 期。

134. 金凤君:《基础设施与区域经济发展环境》,《中国人口资源与环境》
　　2004 年第 14 卷第 4 期。

135. 徐金伟:《港口物流发展研究》,《世界海运》2004 年第 2 期。

136. 刘勇:《中部地区现代综合交通运输体系建设的基本思路》,《调查研究
　　报告》2005 年第 193 期。

137. 闫恒、李怀玉、薛冬:《中部地区提升综合交通运输能力研究》,《中州学
　　刊》2008 年第 2 期。

138. 叶青、叶跃、俞伟悦:《论中部崛起过程中区域中心角色的角逐》,《湖北

社会科学》2007 年第 2 期。

139. 张攀、徐长乐:《城市群整合与发展战略研究》,《改革与战略》2008 年第 8 期。

140. 赵勇、白永秀:《区域一体化视角的城市群内涵及其形成机理》,《重庆社会科学》2008 年第 9 期。

141. 吴新雄:《一项跨世纪的宏伟工程——再论昌九工业走廊》,《发展》2004 年第 4 期。

142. 李兴:《何路诸侯领跑中部经济圈》,《中国商界》2005 年第 3 期。

143. 王志宪、虞孝感:《构建长江干流地区沿江城市带》,《地理与地理信息科学》2004 年第 7 期。

144. 梁玉红、蓝光喜:《中部地区城市化水平对区域经济发展的绩效分析》,《中共山西省委党校学报》2006 年第 5 期。

145. 武汉市社会科学院"中部崛起"课题组:《中部地区六大城市群比较分析》,《学习与实践》2005 年第 4 期。

146. 李成勋:《汉郑轴心带动 南北双龙引领——武汉和郑州在中部崛起中的战略地位》,《学习与实践》2006 年第 5 期。

147. 姚华松:《论"中部崛起"的七大关系》,《郑州航空工业管理学院学报》2006 年第 6 期。

148. 刘玉:《中国城市化发展的若干区域特性与矛盾差异》,《城市规划学刊》2007 年第 2 期。

149. 覃成林、王荣斌:《中国区域经济增长趋同分析》,《华中师范大学学报》(人文社科版)2007 年第 3 期。

150. 马凯:《树立和落实科学发展观 推进经济增长方式的根本性转变》,《理论动态》2004 年总第 1628 期。

151. 陈召将:《从路径依赖看新一轮经济增长竞赛》,《中国发展》2007 年第 3 期。

152. 王琴梅:《区域协调发展的宏观机制——制度创新视角的分析》,《思想战线》2008 年第 2 期。

153．黄晓风：《资源结构优化与县域经济增长》，《湖南大学学报》（社科版）2007 年第 6 期。

154．黄晓风：《资源结构优化与追赶型经济增长》，《华中科技大学学报》（社科版）2005 年第 4 期。

155．周述实：《在市场化进程中重建区域经济发展新格局》，《开发研究》1994 年第 3 期。

156．樊纲等：《中国各地区市场化相对进程报告》，《经济研究》2003 年第 3 期。

157．IUD 中国政务景气监测中心：《中部六省招商环境和投资空间比较》，《领导决策信息》2006 年第 29 期。

158．张杰：《国家的意愿、能力与区域发展政策选择》，《经济研究》2001 年第 3 期。

159．王兴化：《我国区域经济合作与发展制度经济学分析》，《现代经济探讨》2006 年第 12 期。

160．蔺子荣、王益民：《中国传统文化与东方伦理型市场经济》，《中国社会科学》1995 年第 1 期。

161．侯景新：《论区域文化与经济发展的相关关系》，《生产力研究》2003 年第 1 期。

162．苏娜：《论文化生产力与中部地区的经济发展》，《湖北社会科学》2006 年第 12 期。

163．中华人民共和国国家统计局：《中华人民共和国国民经济和社会发展统计公报》（2003～2008）。

164．中部六省国民经济和社会发展统计公报（2005～2008）。

165．陈文科：《论长江沿江经济带以互补互动为中心的协调发展》，《经济研究参考》1997 年第 14 期。

166．陈德敏：《长江沿岸地区产业规划研究》，《中国软科学》2000 年第 4 期。

167．马勇、黄猛：《长江经济带开发对中部崛起的影响与对策》，《经济地理》

2005 年第 3 期。

168. 徐长乐:《"泛珠三角"模式对长三角发展启示》,《江南论坛》2004 年第 7 期。

169. 程永林:《区域合作、利益冲突与制度分析——以泛珠三角区域经济合作为例》,《改革与战略》2008 年第 10 期。

170. 孙自铎:《泛长三角经济深度合作的构想》,《安徽日报》2008 年 7 月 21 日。

171. 万向东:《工资福利、权益保障与外部环境——珠三角与长三角外来工的比较研究》,《管理世界》2006 年第 5 期。

172. 王金山:《强化自身 深化合作 共同发展——深入推进泛长三角区域分工与合作》,《江淮论坛》2008 年第 6 期。

173. 项桂娥:《基于泛长三角分工合作的安徽产业定位分析》,《池州学院学报》2008 年第 6 期。

174. 安徽省政府:《沿江城市群"十一五"经济社会发展规划纲要》,2006 年 8 月 24 日。

175. 安徽省政府:《关于沿淮城市群"十一五"经济社会发展规划纲要》,2006 年 12 月 31 日。

176. 郭云、冯德连:《外商直接投资对安徽经济发展的影响及对策》,《华东经济管理》2007 年第 3 期。

177. 马兆良:《安徽利用外商直接投资的现状及对策分析》,《华东经济管理》2008 年第 2 期。

178. 张亨明:《安徽省工业经济发展评述》,《铜陵学院学报》2008 年第 2 期。